中华文脉
SINIC CONTEXT

从 中 原 到 中 国

王战营 / 主编

中华文脉
SINIC
CONTEXT

从 中 原 到 中 国

王战营 / 主编

岳南大中华史

从北京猿人、三星堆到清东陵

岳南 著

河南文艺出版社
·郑州·

图书在版编目（CIP）数据

岳南大中华史：从北京猿人、三星堆到清东陵／岳南
著. --郑州：河南文艺出版社，2022.7（2023.7 重印）
（中华文脉：从中原到中国）
ISBN 978-7-5559-1345-0

Ⅰ.①岳…　Ⅱ.①岳…　Ⅲ.①考古发掘-中国-普及读物
Ⅳ.①K87-49

中国版本图书馆 CIP 数据核字（2022）第 055541 号

岳南大中华史：从北京猿人、三星堆到清东陵

Yue Nan Da Zhonghua Shi：Cong Beijing Yuanren，Sanxingdui Dao Qing Dongling

岳南 著

选题策划：杨彦玲　刘晨芳　冯田芳
责任编辑：刘晨芳　冯田芳
责任校对：赵红宙　殷现堂
封面设计：张　胜
美术编辑：吴　月
责任印制：张　阳

出版发行：河南文艺出版社
本社地址：郑州市郑东新区祥盛街 27 号 C 座 5 楼

经　　销：新华书店
承印单位：河南省邮电科技有限公司
开　　本：710 毫米×1000 毫米　1/16
印　　张：49
字　　数：670 000
版　　次：2022 年 7 月第 1 版
印　　次：2023 年 7 月第 3 次印刷
定　　价：198.00 元

序　言

最近20多年来，好友岳南先生以《风雪定陵》一书开端，坚持不懈地陆续撰写11本考古重大发现纪实方面的书，加上准备写作关于殷墟发掘的《青铜王国》，共计将有12本之多，总字数不下600万字。所述多为这些年来特别吸引大众眼球的考古发现的有关情况，讲的是中国历史生动故事中的重要侧面，内容翔实，旁征博引，图文并茂，可读性强，受到广大读者的热情欢迎。有几本书，我在付梓前读到原稿，有的则是出书后第一时间获赠，这使我亲见这位考古文学专业作家刻苦努力、奋斗不已的成长历程。今年春节获知岳南在已出版11本书的基础上，缩写为新著《岳南大中华史：从北京猿人、三星堆到清东陵》（以下简称《岳南大中华史》）出版，来信向我索序，感到既不能推辞，又很不好写，略说一点感想。

中国是世界上唯一五千年历史连绵未断的文明古国。历代流传下来的历史典籍，汗牛充栋，世罕匹敌。且不说纪传体"二十四史"多达三千多卷，就是如此部头的巨著，倘非专业人士无法问津。而地下埋藏的大量珍贵的古代遗迹和遗物，在考古学兴起以前，长期听任自然和人为的破坏，未能成为历史研究的资料，仅有少数人进行收集与研究。19世纪末以后，西方和日本的探险家及"考古学者"潜入我国边境地区，攫取古代文物。迟至上世纪20年代真正的中国考古学始告诞生，北洋政府聘请的外国专家安特生发现并发掘周口店、仰韶村遗址，随后，裴文中在周口店发掘出北京人第一个完整头盖骨化石，李济、梁思永等主持对殷墟等遗址进行长时间的发掘。中国人种外来和中国文化西来的说法，从此被扔进历史垃圾堆。不过由于抗日战争爆发等原因，截至上世纪40年代末，可靠的考古研究成果大多尚未详细发表。所以，将近五十年间迭出的中国通史专著和中学教科书，无论王桐龄《中国史》、邓之诚《中华二千年史》、吕思勉《中国通史》、缪凤林《中国通史要略》、钱穆《国史大纲》，还是范文澜《中国通史简编》、吕振羽《简明中国通史》、翦伯赞《中国史纲要》，仅个别著作曾引用过考古资料，却还未必正确。

中华人民共和国成立后，在夏鼐为主要指导者的培育下，以科学发掘为基础的新中国考古学茁壮地成长起来，学科体系不断地完善。1983年出版的《新中国的考古发现和研究》和1986年出版的《中国大百科全书》第一版《考古学》卷两部夏鼐主编的论著，就体现了中国考古学的发展状况。不断更新的历史教科书和博物馆历史陈列，对此也有充分的表现。即以中国历史博物馆编《简明中国历史图册》（天津人民美术出版社1979年末出版）为例，西安半坡、山东大汶口、青海柳湾、浙江河姆渡、偃师二里头、郑州商城、殷墟妇好墓、周原铜器、云梦秦简、满城汉墓、马王堆汉墓，等等，都有许多文物图片入选。文物出版社还曾出版普及性的"20世纪中国文物考古发现与研究丛书"（包含数十册，每册15万字）。

通过20世纪90年代的"夏商周断代工程"，特别是从2004年夏开始，正式命名为"中华文明起源与早期发展综合研究"（简称"中华文明探源工程"），在进行了三年预研究（2001年—2003年）的基础上，作为"十五""十一五"和"十二五"期间国家科技支持的多学科结合重大科研项目，宣告正式启动，之后广泛开展，进行了一系列重要的考古发掘与研究。最新研究成果显示：在距今5000年前，我国已进入文明阶段，出现了国家，进入"古国"时代，表明中华文明的起源和早期发展是一个多元一体的过程，最终融汇凝聚出以二里头文化为代表的文明核心，进而开启了夏商周三代文明。在此期间，中国社会科学院考古研究所编著出版了多卷本《中国考古学》（已出《新石器时代卷》《夏商卷》《两周卷》《秦汉卷》《三国两晋南北朝卷》5卷）。这在很大程度上充实和摹写了中国悠久的文明历史，使之更加丰富多彩。

虽然如此，在众多考古发现不断涌现、争奇斗艳的今天，出版《岳南大中华史》仍有积极意义。它拨开人们心目中的迷雾，告诉大家那些脍炙人口的考古发现，例如三星堆铜人、曾侯乙编钟、秦始皇帝陵兵马俑、马王堆汉墓女尸和丝织衣物、法门寺地宫佛指舍利、北京明定陵帝后冠冕等，是怎样在考古学家的辛劳下，得以完整地重现于世，使大家更加自觉地珍爱和保护各种各样的古代文物。回想与岳南先生初识时，他将近不惑之年，而今行年也已六旬，衷心希望他再接再厉，有重点地拾遗补阙，继续将那些历史上意义重大但出土文物并不华丽的考古项目撰写出来，使"大中华史"的内容更加充实和全面。

是为序。

王世民

2022年3月7日　时年八十七岁

目　录

第一章　从猿到人——寻找"北京人"的故事　　001

第二章　亚细亚文明的早晨　　039

第三章　夏商周历史年代解密　　085

第四章　三星堆传奇　　145

第五章　破译《孙子兵法》　　227

第六章　湮没的曾国之谜　　307

第七章　大秦帝国兵马俑之谜　　371

第八章　惊魂马王堆　　　　　　　　　　　431

第九章　南越国兴衰　　　　　　　　　　　501

第十章　法门之光　　　　　　　　　　　　567

第十一章　明朝那些事八　　　　　　　　　643

第十二章　寻找清东陵　　　　　　　　　　717

跋　考古碎片重组中华史　　　　　　　　　773

第一章　从猿到人——寻找『北京人』的故事

瑞典人安特生来华

1914年4月，中国北洋政府农商部部长张謇签发了一张聘请书，特聘瑞典39岁的地质、生物学博士安特生来华担任农商部顾问，协助丁文江与翁文灏领导的地质调查所，训练地质调查专业人员，到有矿藏的中国北部考察并采集化石，以便开发。安特生对于自己的职位与年薪18 000块银洋的薪水表示满意（时北洋政府教育部社会教育司第一科科长鲁迅，月薪280块银洋；北京大学教授如李大钊等月薪300块银洋），来华后很快投入了工作。

1918年2月某日，安特生在一个偶然的机会遇见了当时在燕京大学任教的麦格雷戈·吉布教授，这位化学家很了解安特生对化石特有的兴趣，当即出示一些包在红色黏土中的碎骨片。"这是在周口店发现的，详细地点是一个叫鸡骨山的山崖左侧，这个鸡骨山是由于红土中随处可见到鸟类骨头而得名。前几天我到那里考察后亲自采到了这些有骨头碎片的泥块。"吉布教授得意地说着，将碎骨从泥块中剥下递给安特生。

"这些泥块是由充满特色的红土构成的，我发现这种土在周口店地区许多地方的石灰岩洞中均可见到。但引起我注意的是其中有许多小碎骨，大部分骨头是空腔的，显然属于鸟类骨头……"吉布教授的叙述对安特生来说极有诱惑力，这不仅仅由于安特生涉猎广泛、知识渊博，激起他最大兴趣的则

是在这之前的一个学术悬案。

20年前，一位叫哈贝尔的德国医生在北京行医期间，从中药店里买到了不少"龙骨"和"龙齿"。这位医生虽不是研究古脊椎动物化石的专家，但极具科学头脑的他很了解这些化石的学术意义。1903年，当哈贝尔离开中国时，他将买到的"龙骨"经过认真挑选，装在木箱内带回了他的国家。不久，哈贝尔把这批化石全部送给当时著名的德国古脊椎动物学家施洛塞尔教授研究。

经过研究鉴定，施洛塞尔惊奇地发现在众多的"龙齿"化石中，有两颗是人的牙齿，且有一颗是人的上第三臼齿——这是整个亚洲大陆破天荒的发现。如果施洛塞尔敢于公布他研究鉴定的成果，那么，亚洲具有远古人类生息的事实论断，将会提前23年公布于世，安特生的声名也不会在日后大放光彩。但是，令施洛塞尔和哈贝尔遗憾终生的是，他们没敢正视眼前的事实，只把两颗人类牙齿当作类人猿臼齿而匆匆公布于世。

施洛塞尔和哈贝尔二人与伟大的发现荣光失之交臂。但是，这两颗牙齿还是引起了学术界的注意。因为早在1856年，就在德国尼安德特山谷深处发现了尼安德特人，1891年又在爪哇岛上发现了爪哇人，而亚洲大陆却是一片空白。这一发现，不能不引起敏感的学术界重视。

安特生来华后，始终没有忘记施洛塞尔的研究成果，并隐约感到远东大陆特别是中国这片神秘的土地，尚有一种未被参透的天机。他在广泛向中国科学界外籍朋友写信的同时，总要随信附上施洛塞尔关于中国动物化石的鉴定结果，并请他们注意收集和提供"龙骨"的线索和化石产地。

这个时候，科学界已经知道所谓的"龙骨"就是埋入地下的古脊椎动物化石，但对远古人类化石是否夹杂在"龙骨"之中，很少有人敢于大胆地做出科学推断。

面对吉布教授赠送的一捧零乱骨头，一个念头从安特生脑海中闪过：20年前哈贝尔在北京中药店买到"龙骨"，也许，施洛塞尔发现的牙齿就来自周口店。想到这里，安特生匆匆谢过吉布教授，回到自己的居室静静地默想起来。3月22日一大早，安特生从北京永定门外乘坐火车，踏上了考察周口店的旅程。

周口店位于北京西南大约50公里处，是一个极为普通的山野村镇。安特生很快找到了周口店西南约两公里处的鸡骨山，并发现这一带烧石灰、采煤以及开采建筑材料的营生相当普遍，也是这个小镇和附近居民所从事的主要行业。吉布教授正是从这里的一种深红色砂质黏土中发现化石的。

图1-1　周口店与龙骨山

山中土层充满石灰岩洞，石灰岩洞将泥土中的物质小心地保存下来，填洞的土层逐渐转变成可分离的石柱，无数碎骨化石就粘贴在这独立高耸的石柱上。安特生挥动考古探铲，在石柱四周搜寻、发掘，很快找到了两种啮齿类化石和一种食肉类化石。太阳快落山的时候，安特生将采到的化石装了满满两个背包，悄悄来到龙骨山一侧的乡间寺庙住了下来。

入夜，山野空旷寂静，周口店陷入一片黑暗之中。安特生点燃一盏油

灯，将装满了化石的皮包慢慢打开，取出化石，一一观赏着，反复思考着，内心涌起多年来少有的惊喜与激动。

两天后，安特生回到了北京。他对周口店之行非常满意。能够在北京附近找到一处"龙骨"产地，不能不说是一件幸事。况且，这是安特生来华四年来第一次发现骨化石。尽管骨骸很小，看起来属于普通的并可能是幸存下来的鸟的种类。但这个发现，毕竟为他解开施洛塞尔发现的人齿地点之谜，敞开了一扇透着些微曙光的门户。

可以说，日后周口店那轰动世界的考古发现，从安特生的这次考察开始就注定了。

叩开"北京人"的大门

1921年初夏，奥地利古生物学家师丹斯基在瑞典乌普萨拉大学维曼教授的建议下来到中国。由于维曼的热情介绍和荐举，安特生准备和这位刚刚取得博士学位的年轻人合作三年，主要从事三趾马动物群化石的发掘和研究。此时的安特生已经在这个领域的发掘和研究中初见成效并渴望获得非凡的成果。

但是，安特生仍没有忘记施洛塞尔留下的那个谜。当师丹斯基到北京后，安特生便安排他先去周口店的鸡骨山进行发掘，公开的理由是让这位年轻人体验一下中国的农村生活，以便日后开展工作。其实安特生心中另有打算。

历史在兜了一个小圈之后，师丹斯基不知不觉地走进了人类祖先的家园。

这一年的8月某日，安特生和葛兰阶博士一起来到周口店看望师丹斯基。葛兰阶是美国自然历史博物馆派往中国的著名的猛犸古生物学家，主要任务是协助由安德鲁和李契夫曼领导的考察团在蒙古的探索工作，他是作为该团的首席古生物学家出现在中国土地上的。

安特生邀请这位他敬重的古生物学家同去周口店的目的，除了看一下师丹斯基的发掘进程，更重要的是让葛兰阶传授美国先进的发掘技术，因为美国的古脊椎动物学家以及古生物学家，在发掘技术上已取得了遥遥领先于世界其他各国科学家的惊人的进步。

此时师丹斯基已在安特生1918年住过的乡村寺庙中建立起他的田野发掘指挥部，安特生和葛兰阶在寺庙稍做休息后，随师丹斯基一道向鸡骨山走去。在发掘现场，葛兰阶就美国的先进田野考古技术进行了传授和示范，并找到了一些容易漏掉的小碎骨化石。按照他的理论，在发掘中不能放过任何哪怕是极为细小的线索。

当安特生等人坐在工作现场休息时，从山下走来一位40岁左右的中年汉子。中年人先是好奇地看了看眼前的几位长鼻子洋人，又在发掘现场转了一圈，突然转身说："你们是要挖龙骨吧？离这儿不远有个地方，可以挖到更多更好的龙骨，没有必要在这里费劲了……"

安特生猛地站了起来，他清楚地知道中国人对"龙骨"的开采和收集已具有相当长的历史了。周口店从什么时候开始发现和开采"龙骨"他不知道，但据他1918年的那次访问调查，此处几乎每家都有"龙骨"收藏，有的卖给药店，有的则当作一种外伤药以备自用，因为用"龙骨"制成的药物可以止血愈伤，因而特别受到人们的青睐。而所谓的"龙骨"，其实就是埋入地下的古人类与古动物骨骼，有的因年代久远成为化石，此种骨骼被研成粉末后，撒到刀割或创伤的裂口上，确有止血愈伤的作用。从1918年安特生来周口店那时起，他在心中就有着这样的结论：也许当年哈贝尔收购的"龙骨"，就来自这个荒野山坡之中。

安特生不能错过这个线索。他在详细地询问了中年汉子后，便整理好工具包，同师丹斯基、葛兰阶一起跟中年人向北方一座石灰岩山走去。

新地点很快到达。这里位于周口店火车站西150米左右，是一地势较高的早已被废弃的石灰矿。矿墙约10米高，面向北方，呈直角状陡立着，看上去极其危险，用不了几场风雨便有倒塌的可能。中年人指着一条填满堆积物

的裂隙说："龙骨就在那里头，你们挖下去，保证有大的收获。"

安特生等人小心地来到裂隙前，只见堆积物由石灰岩碎片、砂土和大动物的碎骨组成，并与石灰岩紧紧地粘结在一起。几个人搜索了很短时间，就发现了一件猪的下颌骨。

猪骨化石的发现，说明了这是一处比鸡骨山更有希望的化石地点，这无疑是一个好的兆头。几个人在堆积层中一直搜索到傍晚，才怀揣伟大发现的梦想返回寺庙休息。

当天晚上，几个人坐下来仔细鉴别采到的各种骨骼化石。葛兰阶反复琢磨一件奇异的下颌骨后，举棋不定地递给安特生。尽管这件下颌骨的牙齿已经缺失，但安特生还是凭借自己丰富的田野考古经验及独到慧眼，大胆推测出那是一种鹿骨化石。这一论断，很快得到了证实。

第二天清晨，安特生一行在太阳的光照中沿一条直路，从居住的寺庙向那处名叫"老牛沟"的新地点走去。

新的调查收获出乎意料，采到的化石不仅有同先前相同的看似奇异的下颌骨，而且牙齿保存完好。葛兰阶赞同了安特生先前的论断，并在以后的研究中正式将其定名为"肿骨鹿"动物化石。而和"肿骨鹿"动物化石同时采到的还有犀牛牙齿、鬣狗的下颌骨、熊类的颌骨碎片……这一切的发现预示着研究人类祖先的大门即将敞开。

晚上，几个人在破旧的寺庙里喝着掺水的烈酒，庆贺这预示着美好未来的发现。安特生决定让师丹斯基在老牛沟继续发掘，自己和葛兰阶返回北京。许多年后，安特生在他的回忆录说，这一夜，他们激动得几乎没有闭眼。当翌日清晨他们准备冒雨踏上回北京的列车时，山下坝儿河的洪水猛涨，暴雨汇成水流从山谷奔腾而下，切断了去路，他们只能望洋兴叹。直到第四天清晨，雨过天晴，二人赤裸着身子，蹚过齐胸深的水向车站走去。

安特生在回忆录中特地提到，在和师丹斯基握手作别时，他面对朝霞映照下的周口店和鸡骨山，说出了这样一句意味深长的话语："等着瞧吧，总有一天这个地点将成为考察人类历史最神圣的朝圣地之一。"

回到北京，安特生对师丹斯基的发掘工作仍不放心。几天后，他又来到周口店。

这次，他从已发掘的堆积物中注意到一些白色带刃的石英碎片，并观察到岩洞旁的石灰岩中有一条狭窄的石英矿脉，这条矿脉从山顶一直延伸到发掘地。

带有锋利刃口的石英碎片的出现，令安特生蓦然意识到这是人类在原始时期所用的工具，因为最早期简陋的工具不是由人类祖先加工制造的，而是从他们经过的路旁的山野丛林中捡到的。从发掘的带有利刃的石英碎片数量来看，只有原始人类居住在周口店附近，才会有如此集中并大致相同的石英碎片。这些锋利的刃口，正是祖先用来切割他们捕捉的兽的肉的。

安特生做出这一推断的同时，用手中的石英碎片敲着岩墙对师丹斯基说："我有一种预感，我们祖先的遗骸就躺在这里，现在唯一的问题是如何找到它。如果有可能，你把这个洞穴一直挖到空为止。"

师丹斯基按照安特生的建议又在周口店发掘了几个星期，但最后没有把岩洞挖空便结束了工作，因为发掘的困难比预想的要大得多。此时的安特生却不能忘记对岩洞中存在人类的推断，在他的请求下，师丹斯基于1923年夏季再度回到周口店去发掘那个岩洞。由于可供发掘的部位已高悬于陡壁之上，再发掘下去极端危险，当师丹斯基把能采集到的化石尽量采到手后，又一次向安特生提出结束发掘工作的要求。

"对这个地点存在人类遗骸，我始终充满希望。"安特生企图再度挽留，而这次师丹斯基的决心已定，不再顾及安特生的劝阻，匆匆结束发掘工作，带上化石返回欧洲，在乌普萨拉大学开始了对周口店化石标本的研究。

1921年和1923年对周口店的调查发掘，没有使安特生立即实现找到人类远古遗骸的梦想。其实，他的好梦已经成真，只不过他当时未曾发觉而已。

早在1921年初次发掘时，他们就在堆积物中发现了一颗人的牙齿，但当时的师丹斯基却并未意识到它的真容和价值，把它当作类人猿的牙齿而置于一边，并且直到1923年在《中国地质调查简报》上发表周口店的工作报告时仍只字未提。直到1926年夏天，当师丹斯基在乌普萨拉大学古生物研究室整理标本时，从发掘的化石中认出一颗明确的人的牙齿之后，才同第一颗联系起来公布于众。而这时的安特生已经在对中国远古文化的发掘和研究中取得了显赫成就。

1926年7月某日，安特生接到了瑞典政府发来的信件，内容是瑞典皇太子偕太子妃已于5月动身做环球旅行，几个月后将转往日本和中国。瑞典政府请安特生做好中国科学界方面的安排和接待工作。

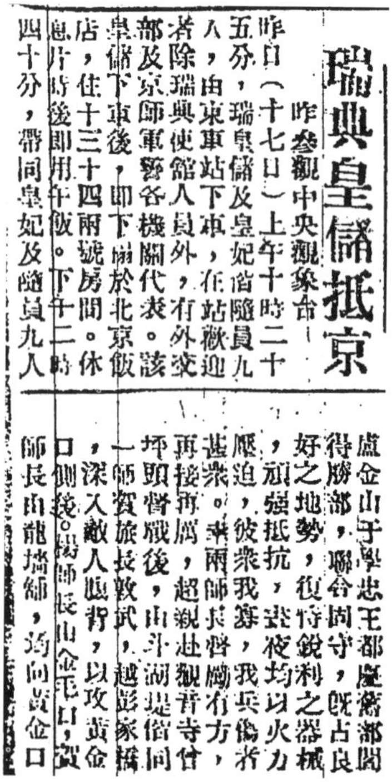
瑞典皇儲抵京

昨參觀中央觀象台

昨日（十七日）上午十時二十五分，瑞典皇儲及皇妃偕隨員九人，由東車站下車，在站歡迎者除瑞典使館人員外，有外交部及京師軍警各機關代表。該皇儲下車後，即下榻於北京飯店，住十三十四兩號房間。休息片時後即用午飯。下午二時四十分，帶同皇妃及隨員九人

图1-2　1926年10月18日，北平《晨报》登载瑞典皇储抵京的消息

这位皇太子就是后来成为瑞典国王的古斯塔夫六世·阿尔道夫。他出生于1882年，直到1973年91岁时才在斯德哥尔摩去世。这是一位学识渊博、享有国际声誉的政治家、考古学家和文物鉴赏家、收藏家。当时，他担任着瑞典科学研究委员会会长的职务，他所在的这个机构掌管包括在中国境内的瑞典科学家进行地质学、古生物学和考古学方面的考察、研究经费。安特生在中国所进行的古生物考察和考古调查发掘的经费，大部分由这个机构提供。

因此，在远东科学界，选择安特生出面安排皇太子的活动是极其自然和恰当的。

安特生接信后，立刻动身前往日本东京。在离开中国之前，他对皇太子在中国北京的活动也预先做了安排。他深知这位皇太子的才学和嗜好，如果让皇太子在中

国接触有关考古和艺术研究领域的人与物，将会有特殊的意义。他还相信如果安排召开包括其他科学领域在内的一个科研会议，北京的中外学者可能会借此机会宣布一些尚未公开的科研成果。那么，在这个会议上，安特生本人也可以借机公布自己的考察研究成果而出风头——这是件一举多得的幸事。

安特生迅速给乌普萨拉大学研究所的维曼教授写信，向他索求关于自己在中国发掘化石的有关资料。前面已经提及，安特生在中国发现发掘的古生物化石，不是留在中国，而是运往瑞典供维曼教授研究。他与维曼的合作是令人愉快的，而安特生后来之所以能闻名于世，与维曼的帮助有着密切而重要的关系。

"北京人"横空出世

10月17日，在安特生等人的陪同下，瑞典皇太子偕夫人从日本来到北京。

安特生一回到北京，就见到了维曼教授寄来的研究成果报告，内容包括在河南、山东发现的恐龙以及一些很奇特的长颈鹿和三趾马等化石的重要研究成果。最让安特生震惊的是师丹斯基在周口店关于两颗人类牙齿的发现，维曼教授将这远古人类祖先牙齿的幻灯片和研究成果一同寄往北京——安特生对周口店存在早期人类的神奇梦想终于成为现实。

10月22日下午2时，以中国科学界人士为东道主的欢迎大会在北京协和医学院礼堂举行，出席大会的有来自北京、天津的中外学者和知名人士。继丁文江之后继任中国地质调查研究所所长的翁文灏在会上致欢迎词，皇太子接着致答谢词。第一位作学术报告的是中国著名的政治改革家和学者梁启超，他作了《中国考古学的过去、现在和将来》的长篇报告。就当时梁启超在中国乃至世界的声誉，他第一个在这样的场合演讲是理所当然的事情。

安特生是作为压轴人物最后一个登场的。他代表维曼教授介绍了在乌普萨拉大学关于古生物研究的最新成果。接下来作了《亚洲的第三纪人类——周口店的发现》的长篇报告——

　　所发现的牙齿中一颗是右上白齿，大概是第三白齿。从照片看来，它那未被磨损的牙冠所显示的特征本质是属于人类的……另一颗大概是靠前面的下前白齿。它的牙冠保存很好，没有磨损。照片上所显示的特征是一个双尖齿。

图1-3　最早发现的三颗"北京人"牙齿化石，现收藏于瑞典乌普萨拉大学古生物研究所（引自《北京原人》，黄慰文著）

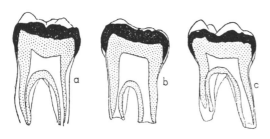

图1-4　左下第一白齿对比图：a.10岁的中国小孩；b.中国猿人；c.青年黑猩猩（引自《黄土的儿女》[Children of the Yellow Earth]）

周口店出土的白齿，在特征上与哈贝尔从北京一家中药店购来的那颗牙齿相似。这件标本在1903年由施洛塞尔描述过。它是一颗左上第三白齿。它的牙根合并，但齿冠磨蚀得很厉害。根据石化程度，施洛塞尔认为它可能属于第三纪的，分类上暂时放在"真人？"或"类人猿？"施洛塞尔在描述这个牙齿时所做的推论很值得回味。他当时指出：未来的调查者可以指望在中国找到新的类人猿、第三纪人类或更新世早期人类化石的材料。因此，周口店的发现对他的预言做出了肯定的回答。

　　现在比较清楚，在第三纪末或第四纪初，亚洲东部确实存在人类或与人类关系十分密切的类人猿。这一点在史前人类学领域是至关重要的……周口店的发现，给人类起源于中亚的假说提供了强有力的证据，在一连串链条中又增加了重要一环。

安特生的报告使几乎所有的与会者都蒙了，因为在亚洲大陆上从未发现过年代如此久远的人类化石，在这个板块上哪怕是一丁点儿关于人类化石的消息，都会使人感到强烈的震惊。

论文演讲完毕长达一分钟，台下仍然没有丝毫的反应。安特生知道为什么会出现如此的局面，是这个消息的震撼力太强大了，哪怕是极有预见的科学家，面对这个消息所产生的强烈冲击波也无法立即适应。

安特生顾不得听取众人的反响，他相信他们会清醒并由此对自己这一伟大的划时代发现投以敬慕之情的。现在最要紧的是使大家尽快相信这是事实而不是虚幻。于是，他开始放映这两颗人类牙齿的幻灯片……

安特生没有白费心机，一切都如他预想的那样顺利和自然。这次欢迎会，他语惊四座，一炮打响了。"北京人"横空出世，把安特生的事业推上了辉煌的顶峰，并使他的名字在科学历史史册中理所当然地占据了一席之地。安特生盛名的光环使他同时代的地质学家和考古学家都黯然失色。瑞典民族良好的形象给安特生提供了成功的机遇。安特生不负众望，他的巨大成功，又为瑞典民族涂上了一层耀眼的光彩。

经与会的美国地质学家和古生物学家、时在北京大学地质系任教的葛利普提议，这一人类种属被称为"北京人"。

随后几天，中外新闻媒体纷纷报道了这个震惊世界的消息。北平《晨报》以《周口店发见之最古人类牙齿》为题在显著位置做了如下报道：

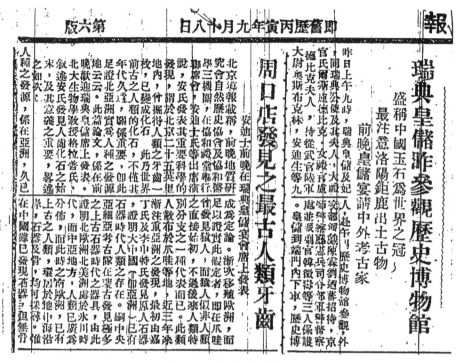

图1-5　当时的报纸

周口店发现"北京人"的消息一经传出，就像一枚重磅炸弹震撼了当时的科学界。它使一切致力于远东特别是中国考察的科学家都以无上崇敬和羡慕的心情向周口店集结而来。哪怕稍有一点科学考察知识的人都可以预料，安特生的发现，只不过刚刚揭开远古人类帷幕的一角，在它的后边将会有更加辉煌迷人的风景。

接下来，便是一个举世闻名的科学发掘计划。周口店的发掘，开创了一个国际真诚合作的先例，取得更加伟大的成果似乎是一件理所当然的事情了。

龙骨山洞中的信息

1928年冬，中国地质调查所负责人丁文江、翁文灏，与北京协和医学院代表、加拿大籍古生物学家步达生等人经过反复磋商，制订出一个为期三年的合作发掘计划。由美国洛克菲勒基金会提供11万美元经费，用以双方共同发掘研究周口店出土化石。为避免在日后进程中可能出现的许多麻烦，需正式建立一个从事新生代地质学、古生物学，特别是古人类学研究的专门机构——中国地质调查所新生代研究室。这是隶属于中国地质调查所的特别部门，一切发掘研究计划将由这个机构掌管。

1929年2月8日，中美双方在共同拟定的章程上签字。协议规定：

> 丁文江为中国新生代研究室的名誉主持人。步达生为研究室名誉主任。一切采集的材料包括人类学标本在内，全部归中国地质调查所所有，但人类学标本将暂时委托北京协和医学院保管以便于研究。当标本保存在地质调查所时，亦应随时为协和医学院的科学家们提供研究上的方便。一切标本均不得运出中国。

中国政府农矿部很快批准了这一具有非凡科学意义的章程及一切附加协议。同时，洛克菲勒基金会第一批资助款项已通过北京协和医学院拨给新生代研究室。至此，周口店的发掘研究计划，已彻底取代了几年前步达生和安特生发起的那个中亚考察计划。不同的是，这个计划的中心点是人类祖先的圣地——周口店。

新生代研究室的建立，开拓了整个中国新生代研究的新局面。它的直接收获是1929年年底第一个完整的北京人头盖骨的发现，造成了"整个地球人类的震撼"。

近代田野考古学作为一门重要的学科，在古老的中国大地上诞生了。

1929年4月，从北京大学毕业的裴文中，在接受了严格科学的考古学训练后被认为可以担负起周口店发掘负责人的重任，裴文中走马上任，他指挥民工在此前中外科学家已发掘的地方，由第五层起继续向深处发掘。早在安特生刚刚意识到周口店具有发现古人类的可能时，他就极富经验地提醒师丹斯基："在冲积地层中寻找人类遗迹，就像在德国公园寻找一枚失落的针，但在同时期的岩洞中寻找古人类，就像在皇家图书馆的阅览室中寻找一根针。后者无疑也不容易，但比在公园中寻找希望还是大得多。"

裴文中自然知道安特生所指，他决定在这个发掘区一直挖下去，直至挖到含有化石堆积的最底部。意想不到的是，第五层却异常坚硬，出现了"凿之为铿锵之声，势如铜铁"的局面。

在一番努力均告失败之后，裴文中毅然决定，用炸药将岩石炸开。尽管这个手段对于考古学来说是一大忌，但在当时的环境下，除了以"暴力"手段揭开岩石，似乎别无选择。

势如铜铁的第五层岩石最终未能抵挡住烈性炸药的威力而逐渐崩裂瓦解。堡垒一经攻克，后来的发掘便显得格外容易，发掘人员轻易取得了第六层和第七层的堆积物，随后又连克两层，即第八层与第九层，清晰的地层图已勾画出来，许多湮没难解的问题已变得明朗起来了。

发掘的遗迹显示出极厚的地层，从洞顶到空隙底部，不少于35米。而从整个洞穴堆积的内容看，从底部到顶部都属于同一地质年代的动物群。

尽管这个时期的发掘，裴文中和他的助手以及所指挥的工人们付出了极为艰苦的努力，取得了相当可观的成绩，但仍未超出安特生和师丹斯基等人发现成果的范畴。远古的祖先像是故意逗弄一群后生，而那令后世人类极度敬仰的远古祖先的身影，在世纪的光照中总是忽隐忽现、忽明忽暗，令虔诚的敬仰者越发感到扑朔迷离、神秘莫测。

桃花扑面、芬芳溢鼻的春天过去了。

雨水四溅、山洪泻流、冰雹四散的夏季过去了。

漫野红遍、层林尽染的秋季过去了。

寒冷的冬天已经来临，大雪一阵接一阵，周口店连同周围的群山一片惨白。

周口店的发掘仍在继续。随着深度不断延伸，挖出的堆积物也在增多，洞中的空间也渐渐变得狭小起来。当深度已进入地下40余米时，狭窄的空间几乎只能容下一两个人。正当裴文中考虑就此收兵时，意外地在空隙的底部凿穿了一个洞穴。这个洞穴的出现，意味着"北京人"的大门轰然洞开了。

发现"北京人"头盖骨

三个工人手持蜡烛相继进入洞内，极富远见的裴文中当然不会错过眼前的机会，他很快找来绳子拴在腰上，点燃一根蜡烛攥在手中，对后面的人说："将绳子这一头坠住，我下去看看。"

蜡烛的火苗在忽明忽暗地噗噗跳荡，使人辨不清洞的长度，阴森恐怖的气氛笼罩着裴文中。他摸着洞壁前行到五六米的地方，看到了前面的几个晃动的人影。他凑上前来慢慢将弓着的身子蹲下来仔细察看。他惊奇地发现，无数远古动物的化石都安详地躺在洞底的尘土碎屑之中，只要用手一扒，化石便清

图1-6 龙骨山北裂隙，第一个头盖骨即出自这一洞穴中（裴文中摄）

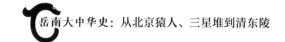

晰地显露出来。面对眼前的一切，裴文中那颗怦怦跳动的心被极度的兴奋所替代，这种兴奋使他忘记了自己是在窄小的洞穴之中，以至当他猛地起身站立时，头撞在洞顶坚硬的石壁上，一声闷响，头上剧烈的疼痛使他差点儿昏倒。

他在工人们齐心协力中顺着绳子爬出洞穴。多少年后，跟他发掘的工人还清楚地记得他刚走出洞口时的场景——裴文中一手捂着凸起血包的头，脸上荡漾着显然是高度兴奋才有的红晕，语言极不流畅地说："我……我发现了祖先，不对，是……是我感觉到将要在这里发现……发现我们的祖先。"

像当年的安特生博士一样，裴文中对洞穴内存在人类祖先的预感，再一次被验证。只是，他的验证要快得多，就在第二天。

从洞口开始的发掘已向里延伸到十米，尽管裴文中和其他三人手持的四支蜡烛仍在不住地燃烧，火苗不规则地跳动，但越往前行洞内越昏暗，惨淡的光亮使四名发掘者几乎看不清对方的脸。含大量化石的堆积物被一铲铲小心地挖出，又一筐筐拉出洞口。山野中寒风呼号，零星的雪花在风的裹挟下漫无边际地飘荡，惨白的太阳在西方的山顶悄悄从云雾中钻出，向世界做了最后的告别。天就要黑了。

黑暗的洞穴深处没有人讲话，沉寂中只有锤镐、探铲发出的冰凉的碰撞声。只有这样的响动，才显示着这阴暗的深处拥有高级生命的活动。

突然，裴文中大喊一声："这是什么？"

几个人同时哆嗦了一下，放下手中的工具向裴文中围拢过来。

一豆烛光照耀着洞底，映射着一个凸露的圆圆的东西。

"像是人头，是人头！"裴文中再次喊叫起来。

奇迹出现了。匿藏了50万年的人类祖先，终于露出了他的面庞。裴文中感到"从未有过的身心的战栗和激动，面对这辉煌夺目的伟大发现，我竟一时不知所措"。

发现的头骨化石，一半埋在松软的土层，一半在硬土之中，要想取出，首先应把周围的杂土清理干净。裴文中与几个技工将这一切做完后，找来撬棍轻轻插于头骨底部，然后慢慢撬动。由于头骨已演变成化石，撬动中骨盖破裂，无法完整地抱出洞穴。来不及找合适的包裹物将头骨包住，因为这个发现太突然，太出乎意料了，即使最伟大、最有远见的科学家，也断然不会想到这一人类研究史上照耀千古的发现就在今天。

裴文中急中生智，迅速脱下身上的棉袄，将头盖骨轻轻地包起来，小心地抱住弓腰走出洞穴。

"挖到宝贝了，这是真正的宝贝……"和裴文中一道走出来的技工，情不自禁地向等在外边的人群争相传播着这一振奋人心的消息。众人闻听，目光"唰"地投向裴文中怀中的棉袄。

"挖出了啥子宝贝，快让咱看看。"民工们围住裴文中，七嘴八舌地叫喊着，眼睛放出奇特的光，如同一场夺宝大战的前奏。

"是人，我们挖出了一个人……"未等裴文中说话，一起从洞穴走上来的技工乔德瑞做了极富悬念和诱惑力的回答。

"还活不活？快拿到村子扎一扎！"众人在诱惑力的驱使下，纷纷拥上来，用手扒裴文中怀中的棉袄，欲对挖出的"人"进行施救。

裴文中急忙转了个身，声音颤抖地说："不要抢，人已经不活了，咱回去好好看，好好看……"

"走，快回去，快收拾东西回去。"民工们吆喝着纷纷收拾发掘工具，跟随裴文中呼呼隆隆地向山下拥去。

夜幕降临了，起伏的山峦在夜色包围中格外肃穆空旷。风已停歇，雪下得越发紧了，看样子一场真正的封山大雪就要到来。裴文中怀抱头盖骨在起伏不平的山间小路上向前走着，走着……

许多年后，裴文中对此情此景仍记忆犹新：

我像一个淘金人突然遇到了狗头金，不，我怀中的头骨比狗头金要贵重得多，意义要大得多。尽管是寒雪飘洒的傍晚，但我只穿了两个褂子的身体没有感到一点寒意，只觉得心在怦怦地跳，两腮和耳朵根热辣辣的。怀抱头盖骨，在沉寂的山野中走着，思绪不住地翻腾。多少人的向往、梦幻和追求，今天终于付诸实现了。远古的祖先就躺在我的怀中，实实在在地躺在怀中，这是一件多么有趣和了不起的事情啊！想到这里，我的眼窝开始发热、发烫，最后泪水哗哗地淌了下来……

与裴文中料想的结果大不相同，北平方面接到消息后，在一片哗然中竟没有人相信这位刚走出校门的小伙子会交上如此的好运。"如果说发现了头盖骨，肯定不是人而是其他动物的，就裴文中的知识和才华，他可能还辨不清人与其他动物的差异到底在哪里，确切地说他还不知道什么是'人'……"有不少的科学界资深人士做出了如此结论。

图1-7　裴文中抱着经石膏加固后包裹好的头骨准备送往北平，技工王存义拍摄时太注意"北京人"之头而忽略了裴氏之头（王存义摄，1929年12月3日）

即使是极富远见并对周口店发掘抱有极大希望的步达生，在接到电报后也蒙了。他希望其有，又恐怕其无；希望其真，又怕裴文中走火入魔，谎报"军情"。这种复杂的心态在他给安特生的信中可以见到："昨天我接到裴文中从周口店发来的电报，说他明天将把他所说的一个完整的中国猿人头盖骨带回北平。我希望这个结果不是幻想而是真的。"

北平的喧哗与骚动，摇头与嘲讽，裴文中当然不会知道，在周口店那间冷清的屋子里，他正紧张而有序地做着如何把头盖骨安全运送到北平的准备。

几十万年的造化，将头盖骨变成化石的同时，又赋予了它一个婴儿般娇嫩的外表。整个头盖骨既酥软又潮湿，稍一震动就会发生爆裂。如此一种状况，显然无法安全无损地带回北平。经过反复思考，裴文中大胆做出先用火将头盖骨慢慢烤干，待严密处理后再送往北平的决定。如此处理方法在当时是尚无先例的。

一堆柴火在泥做的盆中噼里啪啦地爆响、燃烧起来，炭火越聚越多。待木柴全部燃尽后，裴文中将头盖骨捧在手里在死火的上方烘烤。

头盖骨在逐渐的干燥中开始硬化，初试取得成功，裴文中大喜。之后，裴文中又在变硬了的头骨四周糊上五层绵纸，再在绵纸外加石膏和麻袋片，经水浸泡后再将头盖骨放在火盆上方烘烤，直至包裹着的头盖骨形成一个干燥而坚固的整体。

12月6日清晨，裴文中宣布1929年的周口店遗址发掘到此结束。送走民工，他将头盖骨用自己的两床旧棉被包裹起来，外面捆上褥子和线毯，连同其他生活用具一道背下山，登上了去北平的长途汽车。

图1-8　第一个完整的"北京人"头盖骨（正面与侧面）

地球人类的震撼

在协和医学院新生代研究室，当步达生用别针一点点将包裹着头盖骨的硬土剔掉时，这位杰出的古人类研究专家抱着露出本来面目的头盖骨怔怔地看了十几分钟。由于高度兴奋，抖动的双手差点儿将头盖骨摔在地上。

"没错，是人的，是人的。"步达生两眼放光，站起身拍了拍裴文中的肩膀，高声说道，"小伙子，感谢你，整个世界的古人类学家都应该感谢你这一伟大的发现。记住，从现在起，你的名字可以流传后世了。"

完整的"北京人"头盖骨的发现，以无可辩驳的事实宣告了周口店发掘所达到的顶峰地位，它使一切怀疑和贬低裴文中所取得成就的人都哑口无言。

12月28日下午，中国地质学会特别会议在地质调查所隆重举行，应邀到会的除科学界的大师名流外，还有中外新闻界人士。裴文中在会上作了发现"北京人"头盖骨的报告。正如预料的一样，这一创世纪的伟大发现，立即轰动了世界。当时的北平《晨报》以巨幅标题做了如下报道：

五十万年前的人类祖先被唤醒

周口店发现一完整的猿人头盖骨

与此同时，国外报纸纷纷登载周口店发现"北京人"头盖骨的消息，并以"地球人类的震撼""古人类研究史上的一道闪电"等振聋发聩的标题，概括了"北京人"头盖骨发现的重大意义和影响。正如著名考古学家李济后来所说："'北京人'骨骸是考古学为体质人类学提供的珍贵非凡的实物资料，它不仅对人类起源的研究是一个巨大的突破，而且使人类学学科体系进一步牢牢奠定在唯物主义的坚实基础之上，使整个人类学的面貌为之一新。"

年轻的裴文中以发现"北京人"头盖骨而把周口店的发掘和研究推上了

辉煌顶峰，但这并不意味着整项事业已走到终点。几乎每一位关心周口店的科学家都清楚地知道，在那个充溢着奇迹的山洞里，一定还会有与之匹敌的惊人发现等待现代人类去叩访。

1931年春，当裴文中和新到周口店协助工作的贾兰坡带领民工清理洞中的松软堆积物时，意外发现了一层含有丰富石英碎片的地层堆积物。这个发现，立即引起了裴、贾二人的注意，遂开始组织大规模的发掘。两个月之后，在周口店一个叫鸽子堂的地方，又发现一处规模较大的石英层。

经过近一年的发掘，从发现的两个地区中，收集到不少于两千块石英碎片和十块不属于洞中的石头，五块绿色砂石、三块褐铁矿石。另外发现了两块并列着的燧石和各种颜色的石英片。所有这些发现，几乎和人类的骨骸，猛犸、鹿、三趾马等动物化石在同一地层中找到，而那些石英碎片，其中大多数没有争议地显示出加工和使用过的痕迹。由此，裴文中大胆做出了"石英碎片正是远古人类加工和使用的石器"的结论。

1931年秋，法国著名的史前石器考古学家步日耶（H. Breuil）教授，在详细考察研究了周口店遗迹的化石后，这位杰出的学者在完全接受了裴文中所做结论的同时，进一步提出"一些兽角和骨头也有明显人工加工过的痕迹，而这些发现同石器一样，都可能成为人类祖先的工具"。

当安特生最初来到周口店时，他正是把收集到的石英碎片假设成用以切割兽肉的工具，才有了进一步推断地层中可能有人类遗存的结论。十年之后，安特生假设的事实终于被科学发掘所验证。

几乎就在同时，裴文中、步达生、步日耶三位天才的学者，根据周口店堆积层中烧焦的木头和碎骨的痕迹，得出了北京人已开始用火的结论。尽管这个结论一开始遭到了部分学者的反对，但最终还是以无可辩驳的事实，得到了科学界的认同。

石器、骨器与用火遗迹的发现，使周口店的发掘又登上了一个高峰，裴文中本人也在这些伟大的发现中再度走上辉煌的人生之途。他在世界人民尤

其是中国大众心中的声名，远远超过了当年的安特生博士。多少年后，中国的青少年仍然从历史课本上读到"北京人"头盖骨及其用火遗迹这一伟大发现的介绍性文字，裴文中这个名字也伴随这一划时代的发现而被后世人所铭记。

贾兰坡的新发现

然而，就在周口店发掘出现第二个辉煌顶峰的同时，世界政治格局已发生了急剧变化。1931年9月18日夜，盘踞在中国东北境内的日本关东军，以中国军队炸毁南满铁路为借口，炮轰沈阳北大营。时为中华民国海陆空军副总司令，并在北平设置行营，全权掌控东北军政兼理整个华北地区军务的张学良严令不准抵抗，几十万东北军一枪未放退入关内，沈阳沦陷。随后三个月内，东北三省全部沦陷，膏药旗在白山黑水四处飘荡。这就是中国人早已熟知的"九一八事变"。

1933年1月，日军占领山海关；3月，占领热河省会承德；4月，占领秦皇岛；5月，占领通州对北平形成三面包围的态势。

1936年，日本军队向华北大量增兵，对中国内陆形成乌云压顶之势。

周口店遗址的发掘，在这乌云密布、刀光剑影的政治风云中，跨越了近七个年头的艰难历程。尽管开始几年的发掘一度走进了低谷，并令当时的多数学者心灰意懒，甚至感到绝望，但最终还是迎来了中外合作计划的第三次，也是最后一次辉煌。

1936年起，继裴文中之后主持周口店发掘的贾兰坡（裴文中于1935年赴法国留学），开始率领人员在周口店展开第三次大规模发掘。

6月10日这天，贾兰坡与他的团队开始向发掘点的第八层至第九层推进。开工不到十分钟，就发现了一个几乎完整的猕猴头骨。

6月20日，贾兰坡率领的发掘队又发现了两颗"北京人"门齿和一块头骨碎片，同时还有三块猕猴的上颌骨。这一连串遗物的出土，令贾兰坡精神大振的同时，也让他隐隐地预感到，比人牙更加重要的东西极有可能随之出现。

11月15日是个星期天，夜里一场雪，使天气变得格外寒冷，但贾兰坡一早便领着队伍来到了发掘现场。刚开工不久，在靠近北边的洞壁处，技工张海泉在一片松软的沙土中挖出了一块碎骨片，然后随手将它扔进了用荆树条编成的小筐里。张海泉的这一举动恰好被站在五米开外的贾兰坡看见，贾问："什么东西？"张海泉满不在乎地说："韭菜！"（按：方言，即碎骨片的意思。）贾兰坡心里一动，会不会是"北京猿人"的头盖部分呢？他马上跑过去，拿起来一看，大声叫道："嘿！这不是人的头骨吗？"

众人听见，纷纷围拢过来，仔细一看，果然是一块人的顶骨。这一意外发现，使大家群情振奋。贾兰坡带着三位发掘能手在周围继续搜寻。很快，大量的头骨碎片以及为数众多的枕骨、眉骨和耳骨相继被发现。

下午4时15分，贾兰坡率队在挖出上述头盖骨不远处，又发现了另一个头盖骨。一日之间，两个头盖骨化石被发现。

这是继1929年裴文中发现第一个"北京人"头盖骨之后，中外学术界又一次被中国周口店发现的头盖骨所震撼，人们对远东大陆华北地区这块神秘的土地再度投以惊奇的目光。然而，传奇故事并未到此结束。十天之后的1936年11月26日上午9时，贾兰坡又在风雪飘零中，再度从周口店龙骨山那个近似魔术师道具般的山洞里发现了第三个"北京人"头盖骨。

这个迟迟不肯轻易露面的头盖骨虽然深藏于坚硬的岩层之中，却不像先前发现的那样破碎，而比过去发现的所有头盖骨都要完整得多，甚至连神经大孔的后缘部分和鼻骨上部及眼孔外部都依然完好。其完整程度，前所未有！

图1-9　在西部洞顶之下约1米处发现人头骨（贾兰坡摄，1933年11月3日）

为了确保这个头盖骨的安全，贾兰坡连夜下山乘火车将其亲自送到了北平，安全交给地质研究所新生代研究室负责人、德国著名古人类学家魏敦瑞。

这个头盖骨的发现，无疑锦上添花，使本来就沉浸在惊喜中的北平科学界欣喜若狂。这是继裴文中举世闻名的发现之后第二次发现完整的人类头盖骨化石，也是周口店发掘在徘徊了6年之后，几乎是在一无所获的萧条境况下，一次具有历史意义的重大突破。两个头盖骨同时出现的事实，再次让关注周口店发掘的悲观者看到了灿烂前景。

12月29日，中国地质学会北平分会在中国地质调查所北平分所图书馆举行特别会议，有一百余名中外学者参加了这次盛会。魏敦瑞就该发现的重大意义作了长篇学术报告，认为：1929年裴文中先生发现的头盖骨属于8岁孩童。贾兰坡在11天之内发现的3个完整头盖骨，均为成年人的，保存得都很完好。前两个，一个较大，一个略小，大的属于男性，小的属于女性。四个头盖骨以及春季发现的头骨碎片，全部可以用来解释爪哇猿人的问题。爪哇猿人很早就被认为是大长臂猿的化石，但因头骨的性质与"北京人"相同，由此可见爪哇猿人并非他物，而是属于与"北京人"相类的一支人类。换一句话说，所谓爪哇猿人，即为"北京人"演化过程中的代表。然而这次找到的头骨，男性比女性高得多，并且很接近尼安德特人，所以演化过程，似从"北京人"进化到尼安德特人，然后又进化到现代人类……

会后，中外报纸纷纷对此做了大篇幅报道，尽管当时战争的烟云几乎遮住了人们对其他所有事物关注的视线和兴趣，但贾兰坡继裴文中之后在周口店发现三个"北京人"头盖骨的消息，却很快得到全球性传播。当时的中外报纸纷纷报道了这一消息。据英国伦敦弗利特街110号国际剪报社于1937年6月向贾兰坡提供的信息，该社拥有美国、英国、爱尔兰等地区发表此消息的剪报达2000条。如此大规模和大面积的信息传播，就当时的政治文化背景而言，是任何一项其他考古发现所无法匹敌的。

战争爆发

当惊喜交加的科学界欲挽起袖子准备在周口店发掘与研究领域大显身手，彻底解开人类进化之谜时，越来越险恶的战争风云，使他们不得不含恨放弃这个辉煌的梦想。

1937年7月7日，"卢沟桥事变"爆发。

中日交战的枪声惊碎了几乎所有关心周口店发掘事业的科学家的美梦。洛克菲勒基金会资助的这项具有世界合作性质的考察计划，在艰难地持续了十个年头之后，终于降下了那曾照耀全球的帷幕。

根据中国地质调查所的建议，周口店发掘人员分批撤回北平。主持人员

贾兰坡携化石标本率大部分科技人员先期撤往北平，发掘场地只留几名雇用的当地技工看守。

"卢沟桥事变"发生一个月后，随着国民党二十九军宋哲元部的溃退南下，周口店龙骨山发生了一场规模异常的血战，交战双方是日本操纵的冀东伪军与华北抗日自卫军。当年安特生住过的乡村寺庙以及寺庙总院、后来成为周口店发掘指挥部的几间大厅，全被日伪军所占，并成为阻击抗日自卫军的工事。山野中埋有"北京人"遗骸的洞穴，也成为日伪军存放弹药、食品和进行作战的天然屏障。龙骨山已完全失去了往日的孤寂与平静，隆隆的炮声震撼着山谷，喊杀声和哀号声在山野回荡。整个龙骨山硝烟弥漫、热血沸腾。寺庙、土墙在炮声的轰鸣中坍塌了，盛藏人类祖先的山洞在战火中崩裂，战争给这块圣洁之地带来了空前的劫难。

1937年11月初，周口店地区的战事处于暂时缓和的状态。华北抗日自卫队撤出龙骨山进入大石河一带，日伪军抓住这短暂的喘息机会，进行补充休整。就在这个短暂时刻，发生了一件看似平常，但与日后"北京人"头盖骨化石遗失一案关系极大的神秘事件。

11月7日，三辆汽车满载荷枪实弹的日本兵驶出北平城，来到周口店龙骨山停下。数十名日军护卫着两个身穿便装、具有学者风度的日本人，来到裴文中发现"北京人"头盖骨的山洞前。便装人先是打量了一番山洞的四周，接着掏出皮制圈尺测量山洞的长宽距离，然后用相机几乎拍下了一切可拍摄的地形、地貌和古生物堆积层。这二人就是悄悄来华搜集"北京人"情报，并参与了后来"北京人"头盖骨化石失踪案的日本东京帝国大学人类学教授长谷部言人和东京帝国大学地质系助教高井冬二。四年之后，日本派遣军总司令部正是根据他们提供的情报，开始了搜寻"北京人"化石的行动。

转移"北京人"

1941年11月，时局动荡。此时华北、华东、国民政府首都南京相继沦陷，日军展开对战时陪都重庆的大轰炸，中国的抗战到了最艰难的时期。面对危局，存放在北平地质研究所新生代研究室的"北京人"头盖骨化石的安全，成为中美两国科学界关注的焦点。若继续存放北平，则"有被窃遗失之危。倘遇不幸，乃为吾国与世界人类文化之一大损失"。

国民政府行政院召集相关人员开会相商。经过几番慎重讨论，终于做出决定：国民政府同意并允许将"北京人"化石运往美国纽约自然历史博物馆暂避风险，待战争结束后再归还中国。

会后，翁文灏立即给裴文中写信，对"北京人"化石转移之事做了如下安排：

> 先找美国公使馆对"北京人"转移之事，做个周密的计划安排，请他们委托有关部门将"北京人"化石标本运到美国，然后再交给国民政府驻美大使胡适先生。
>
> "北京人"化石运到美国后，可供魏敦瑞博士研究时使用，但保管和保存权必须在中国驻美大使馆的手上，即必须要掌握在胡适先生的手上。待战争结束后，务必再将"北京人"化石重新运回中国。

裴文中接到翁文灏来信的当天，便匆匆赶往美国驻北平公使馆，就"北京人"化石转移事宜进行交涉。裴氏在其后来撰写的《"北京人"的失踪》一文中这样说道：

> 一直到1941年11月，才由北京的美国大使馆转来翁文灏的信，允许将"北京人"的标本全部运往美国，交纽约自然博物馆保管，待战争

结束后再行运回中国。但是当我与北京的美国公使馆交涉时，他们的负责人却说没有得到重庆美国大使詹森的训令，不便负责。我又请他们急电重庆请示詹森，等詹森回电答应。时间已经到了11月底。以后，就由协和医学校的校长胡顿和总务长博文二人与美国公使馆交涉。

裴文中至死也没有弄明白为什么不让自己和美国公使馆继续交涉，而改由胡顿和博文进行交涉。而胡顿和博文与美国公使馆到底是怎么交涉的，双方谈了些什么，达成了什么协议，也是扑朔迷离、无证可查。

"北京人"化石的命运，从这时起，开始变得诡秘、复杂、恍惚起来。而这个时候离太平洋战争爆发只有十几天的时间了。

既然中美双方总算达成"北京人"化石转移的协定，面对动荡的局势，协和医学院高层不敢怠慢，立即着手行动起来。而行动的第一个环节就是装箱。这一历史性的重任，落到了中国人胡承志身上。

胡承志原是魏敦瑞的一名助手，新生代研究室的所有标本模型几乎都出自他一人之手。1931年春，年仅15岁的胡承志来到北平协和医学院解剖科当杂工。由于环境熏陶，加上胡本人年轻好学，无论是中文还是英文水平都大有长进，读写皆已达到了较为熟练的程度。后来，他进入新生代研究室，帮助步达生修补从周口店发掘的化石。步达生死后，他成为新一代主任魏敦瑞的助手，主要任务是修补化石和做"北京人"模型。其认真的工作态度和出色的成果颇得魏氏的赏识。正是由于胡承志所处的独特位置，装箱的任务就落到了他的身上——他是最后见到"北京人"的中国人。

20世纪50年代，中国政府在追寻"北京人"下落的第一个高潮时，曾专门找到胡承志问询，胡在出具的一份报告中这样说道："在珍珠港事变前，十八日至廿一日之间（余已忘其确期，此日期为十二月八日协和医学院被日人占据时推忆者，不致错误），博文先生匆匆至余处，嘱速将'北京人'装好，要在极秘密之下送至彼办公室。余当时将早经备妥之木箱二只拿出应用，并将房门锁住后装箱。该二木箱均为白木箱，一为48寸长、11寸高、22寸宽，一为45寸长、11寸高、20寸宽。至装箱之情形，颇为华贵。先将骨骼用擦显微镜头用之细绵纸包好，再用软纸包着，然后再裹以洁白医用吸水棉花后，用粉莲纸包上，然后再用医用细纱布多层包在外面，装入小箱，再用吸水棉花填满，小木箱内周围六面有具有弹性之黄色瓦楞纸数层包好，一一装入大箱内，用木丝填装。至于牙齿之类之小骨骼，具有相似装首饰之小纸匣，上面有玻璃，内填棉花，于玻璃上有红边的标志号码，以及牙齿属何部位，皆详明。两木箱装好后，即书Cad Ⅰ和Cad Ⅱ。大箱为一号，小箱为二号。旋即派工友用车亲自押送至博文先生办公室，当面交彼。彼即立刻将两箱送到'F'楼下四号之保险室，过夜后即送至美大使馆。"

自此之后，"北京人"化石下落不明。

"北京人"被劫运美国

1950年3月21日，香港左派报纸《大公报》登载了一篇专访裴文中的报道，

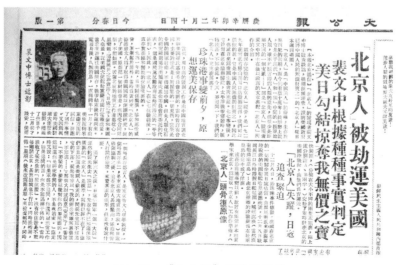

图1-10　《大公报》刊登的报道

这篇专访充满了强烈的时代政治色彩，且逻辑推理上尚欠严谨，遣词造句也显粗糙，却旗帜鲜明地向世界宣布——日美暗中勾结，已将"北京人"从日本偷偷运到了美国纽约！

这是"北京人"失踪近十年来，一直沉默的中国学术界首次公开提出"北京人"下落，并指责美国这一"贼喊捉贼"的丑恶行径。消息传出，无异于在阴霾天空炸响了一声惊雷。每一个中国人感到强烈震惊的同时，也让美国人大为惊讶。尤其是美国科学界，更感到震惊与不可思议。未等世人回过神来，另一篇发表在《人民日报》上的文章，直接将美国纽约自然博物馆和魏敦瑞推到了审判席。报道称有人在纽约自然历史博物馆发现有古人类头骨化石正在展出，经过向该馆的人类学者了解，这个头盖骨化石正是中国1941年丢失的"北京人"头盖骨。

而该文中指出的主持化石展出者，则是另一位古人类学家哈里·夏皮罗（Harry L. Shapiro）。

夏皮罗看到这篇不点名的指责报道，于极度震惊中叫苦不迭。他感到很冤枉，觉得有责任、有必要站出来为自己"辟谣"，为他所服务的博物馆正名。

于是，1951年3月27日，《纽约时报》发表夏皮罗的反驳文章。其主要内容是：本馆从来没有展出过"北京人"化石，也未隐藏"北京人"头盖骨。关于美国自然历史博物馆占有"北京人"并进行展出一事，实为造谣惑众，不能让人信服和经不起推敲。试想，如果美国自然历史博物馆对它们展览或进行科学研究，无异于向世人展示自己的盗窃行为。如果说归我自己私人占有，那么一个人拥有如此著名的东西能做何用？并且它们并不具备什么艺术价值，以供我独自把玩欣赏。对此我不愿再说什么，只等将来的事实站出来说话。

随后，美国的一些媒体纷纷站出来为美国政府和自然历史博物馆辩解。

一时间，围绕着"北京人"在不在美国的问题，中美双方唇枪舌剑，你来我往，各持一端，由此掀起了一场指控与反指控的舆论大战，使得中外不少著名的科学家、学者和记者都卷入了这场史学界空前热闹的"世界大战"之中。

从1950年到1959年，中美双方断断续续进行了近十年的指控与反指控舆论大战，尽管论战对探寻"北京人"下落起到了一定推动作用，但对中美科学家之间的感情，却形成了不小的伤害。而最后，"北京人"到底在不在纽约，不在纽约又在哪里？依然没有人能够给出符合逻辑又令众人信服的定论。

日军上尉的遗嘱

1996年年初的一个夜晚，日本东京某医院，一个日本老兵气息奄奄地躺在病榻上，向他的好友、日本剧作家久三枝透露了一个隐藏在心里几十年的重大秘密。

1941年年底，太平洋战争爆发，日军占领中国北平，这位老兵作为日军七三一部队一名上尉军医，奉命来到北平协和医学院解剖室进行有关细菌的秘密研究工作。不久，日军情报部门查获了已落入美国驻北平海军陆战队兵营中的"北京人"头盖骨化石，并再度押送到协和医学院秘密保存并研究。于是，他被指定为保管、研究"北京人"的具体负责人。

1945年日本战败后的一天，他接到了上司让其迅速转移"北京人"的命令。由于事发突然，时局紧张，"北京人"头盖骨化石已很难安全运送出境。鉴于日军大势已去，并面临行将变成战俘的危险，他趁外部一片混乱之际，在一个月黑风高的夜晚，将匿藏于协和医学院地下室的"北京人"头盖骨化石以及孙中山的内脏等珍贵标本，匆匆装箱后偷运出去，并在夜幕的掩护下，将这些东西辗转运到距协和医学院东约两公里的一个有很多古树的地方，挖坑埋藏了。把这些化石、标本埋藏完毕后，他还特意拿军用砍刀在距埋藏地点不远处的一棵粗壮的松树上，砍掉了一块长约1米、宽约20厘米的树皮做标记，以便来日辨认。

当这一切悄无声息地完成之后，他又摸黑回到了协和医学院。之后不久，他被俘了。再之后不久，他被遣送回了日本本土。

后来的岁月，这个日本上尉军医始终将这一秘密埋藏于心底，没有向任何人提起。直至这次生命行将结束之际，才向久三枝吐露了此事。讲完这个秘密后，他还专门为久三枝留下了遗嘱：请久三枝一定要将这个秘密告知中国政府，以便让珍贵的"北京人"头盖骨化石及其他贵重标本早日回到中国的怀抱。

日本老兵说出这个秘密并留下遗嘱后，很快去世了。剧作家久三枝感到事情的严重性，未敢公开对外宣扬，只是将此事悄悄告诉了一位常在中国工作的朋友嘉藤刚清。

嘉藤刚清闻讯后大为惊讶，又将此事告诉了他的老朋友仰木道之。

仰木道之长期致力于中日文化交流，时为中日合作北京共同保安服务有限公司常驻董事、顾问。得知上述消息，他既震惊又兴奋，意识到这将是一件震动世界的大事。为证实原日本上尉军医临终遗言的可信性，仰木道之凭自己对北京市地理环境的了解，按照嘉藤刚清告知的线索，首先在协和医学院以东一带悄悄进行了查寻。

几经折腾，仰木道之在协和医学院东南侧两公里左右的日坛公园神道北侧，找到了一棵树干上被砍掉树皮的古松。经初步观察，被剥落的树皮时间较长，形状和那个日本老兵所说基本相似。因此，仰木道之根据这棵古松的位置和特征推断，如果不是偶然的巧合，这棵古松下边就应该埋藏着本世纪古人类学最大的隐秘——"北京人"头盖骨化石！

仰木道之通过有关渠道向中国科学院说明了事情的前后经过。中国科学院大感意外与惊喜。毕竟这是"北京人"头盖骨失踪半个多世纪以来，又一条很有特点而又比较可信的线索。于是，1996年3月24日，中国科学院委派本院古脊椎动物与古人类研究所分管业务的副所长叶捷和张森水研究员，与仰木道之会面，以了解线索的来源和可信程度。

由于线索来源已先后经过几个人转述，到仰木道之这里可能多少打了折扣。仰木道之还是极尽可能地将听到的情况向叶、张二人做了详细说明。叶捷和张森水听罢，对若干个细节问题提出了疑问，因仰木道之并非这一秘密线索的原始提供者，故无法一一作答。叶捷和张森水只好抱着宁可信其有、不可信其无的态度同仰木道之一同前往日坛公园做实地勘察。

在仰木道之的引领下，叶捷、张森水二人很快在公园东神道的北侧见到了一棵树干上有明显砍剥痕迹的古松。二位专家经过现场勘察，再结合仰木道之提供的情况，认为此处埋藏"北京人"头盖骨的可能性不大。其主要理由是：

一、那个原日本七三一部队的上尉军医对转移、隐藏"北京人"的具体时间含混不清。

二、孙中山的内脏在手术后一直保存在协和医学院，后来日本人占领协和医学院后，将内脏送给了汪精卫，汪精卫借机搞了一个"国父灵脏奉安仪式"，将灵脏放于一个玻璃瓶里，并安葬于南京中山陵，这是众所周知的事，根本不存在和"北京人"一起转移的可能。

三、有砍剥痕迹的那棵古松，其位置在公园神道附近，如果在此树下挖坑，势必破坏神道。因为当时日军占领中国后，日本方面一直在喊"中日满亲善""建立大东亚共荣"等口号，因而破坏神道与当时的政治大背景不符。再者，神道一旦遭到破坏，势必引起众人注意，这对保密也极为不利。

尽管叶捷和张森水在理性上有着比较清醒的认识，还是认为要对仰木道之提供的线索慎重考虑，在尚未被事实证实之前，谁也不好轻率地予以否定。因此，叶捷和张森水将这一情况如实向中国科学院做了书面报告。

1996年5月3日，中科院决定由地球物理研究所对线索地点进行"地表探测"。5月8日，探测仪器发现异常体，深度约1.5米到2.5米，厚度、宽度均

为1米，长度方向占6个测点，约3米。于是，中科院决定对"匿藏点"实施发掘。

6月3日上午，日坛公园古松下的发掘拉开序幕。遗憾的是，下挖至2.8米，掘出的全是细黄砂岩，没见一件埋藏物。而此前探测的所谓"异常体"，经检测，不过是一堆由特殊分子结构而形成的碎石而已。于是，发掘工作只好停止。

历史，再一次开了一个玩笑。是喜剧？闹剧？还是恶作剧？这个隐藏了半个多世纪的"重大秘密"和临终遗嘱，究竟是发自心底的善意忠告，还是病榻上的神经质幻觉？抑或是对中国人故意的调戏与嘲弄？除了那个死去的日本老兵，恐怕谁也不知道他葫芦里卖的是什么药。

不是尾声

为继续寻找"北京人"头盖骨化石这一人类至宝，北京市房山区政府成立了寻找"北京人"头盖骨化石工作委员会，通过各种方式在全世界展开宣传和搜寻。

2005年1月的一天，中科院古脊椎动物与古人类研究所收到一条线索，大意是：河南偃师山化乡牙庄村一个姓李的农民，说自己手里有确凿的"北京人"头盖骨线索。周口店北京人遗址博物馆工作人员立即与这位李姓农民通了电话，想询问具体情况。但这位李姓老兄神秘兮兮，只吞吞吐吐地说线索证据确凿，这个秘密自己保守了几十年，一定要面谈。

这年3月，周口店"北京人"遗址博物馆的工作人员赶到偃师与李姓农民会面，地点约在一个宾馆。时年64岁的老李如约赶到，说出了隐藏几十年的秘密。

1941年深秋，一群国民党官兵开着一辆卡车行路，车到河南汝阳的时候忽然抛锚了，当地的另一队国民党官兵发现车载重不轻，就劫持了这辆车子。劫车的官兵们不仅从车厢里搜出了一些金银珠宝，还发现两个很大的白色木箱。用铁棍撬开木箱，只见里面有葫芦状的人头骨，一些玻璃瓶子里还装着人的牙齿，用红纸写着标签。在劫车的官兵中，就有李姓农民的父亲。

因为还要到前方打仗，不能携带贵重物品行动，劫车的官兵一商量，把财宝和木箱埋在了一个废弃的窑洞里，约好打完仗后大家再把财宝挖出来分配。此后，为了争夺这批财宝的归属权，劫车官兵开始了自相残杀，不少人死去了，李姓农民的父亲侥幸活了下来，从此隐姓埋名住在藏宝地附近，看守着这批宝藏，直到去世。

李姓农民说，这个秘密是20世纪70年代父亲去世前才告诉他的，父亲说，等国家时局稳定了，才可以把秘密说出来。自20世纪60年代，这位老兵每年都要带李姓农民去一次藏宝地查看有无闪失，行车路线是先坐车到汝阳，再走近两个小时的山路，到一个荒无人烟的地方，那就是藏宝地点。

这位老兵去世后，已长大成人的李姓农民自己也去看过，但他拒绝说出具体地点，并要求前往约谈的工作人员先与他签订一份寻宝协议。

2005年10月，周口店博物馆工作人员带着协议书再次找到了李姓农民，双方在协议上签字画押，而后一行人在老李的带领下悄悄来到了藏宝地点——汝阳县小店镇虎寨村。这个村子在汝阳县东南方向不到十公里，李姓农民指着一个丘陵说，宝藏就藏在那儿。前往的工作人员一打量，丘陵两边都是山，丘陵上东北方向有一面断墙，墙西南面是一片种着庄稼的坡地。老李又说，宝藏就埋在坡地上一棵迎春花旁边。

2005年11月9日，周口店"北京人"遗址博物馆的工作人员带着发掘工具再次来到汝阳，来之前已经请示了各级文物局，还得到当地公安派出所的支持。发掘工作很快在丘陵的坡地展开。未久，在庄稼地下面果然挖出了一座旧窑洞，这个窑洞的出现，标示与此前的说法吻合，工作人员欣喜万分。

但发掘工作连续进行了五天，仍没有发现传说中的木箱的踪迹，只在窑洞的地下发现一些已经变黑的散落的小米。大家有些失望，停止发掘，动用著名的洛阳铲钻探。当几支洛阳铲以梅花状铺开，叮叮当当地钻探了两天后，已经探到了窑洞的地基层，仍然没有丝毫埋藏物品的迹象。又经过三天的钻探，仍未发现半点木箱的踪迹，工作人员心中埋藏了大半年的希望破灭了，发掘工作不得不在极度的失落中黯然收场。

　　尽管此次搜寻再度失败，但寻找"北京人"的工作仍在继续，说不定哪一天，失踪80年的"北京人"将重返人类温馨的家园。

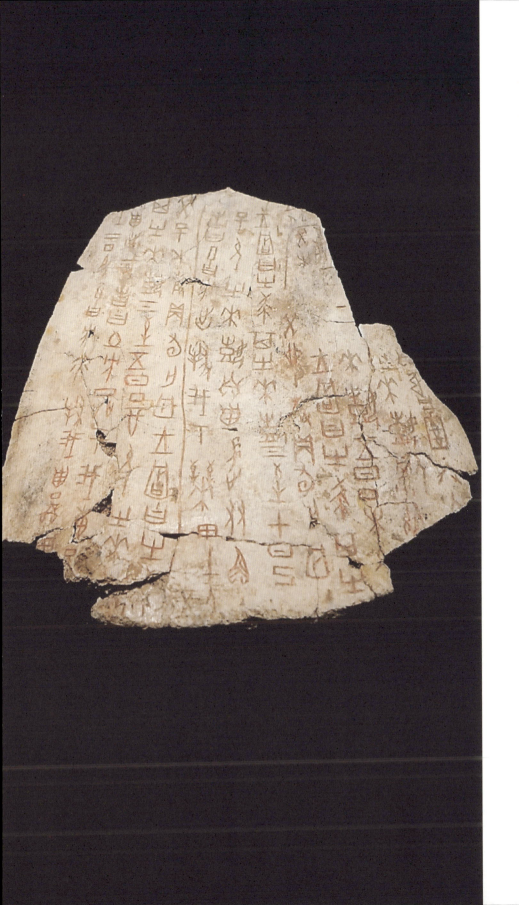

第二一章　亚细亚文明的早晨

走进仰韶村

1920年秋，安特生在周口店龙骨山的调查、发掘陷于短暂沉闷。有人告诉他，龙骨除了北京周口店一带出产，河南省地界也多得很，有人专门搜集、挖掘地下的龙骨卖钱。安特生闻讯，既惊且喜，立即派他的中国助手刘长山奔赴河南汤阴、洛阳一带调查"龙骨"的出土线索，并收集第三纪脊椎动物化石，同时让他注意有无石器时代的遗存。

这年年底，刘长山结束调查返回北京，收获是：从河南农民手中买了大量的三趾马化石，以及600余件石斧、石刀等新石器时代遗物。刘长山满带自豪地对安特生说："这些石器都是从一个村的农民那里买来的，这个村叫仰韶村。在那里，农民搜集了他们土地中所有我想要的遗物。"

安特生拿起几件石器端详了一阵，顿时两眼放光，他对刘长山说："我们已找到了亚洲大陆上第一个石器遗址，看来西方学者所说的中国没有发现石器遗址的时代应该结束了！"刘长山闻听自己弄来的东西竟如此的重要，激动得满面红光，连夜把调查经过与器物的详细来源向安特生做了汇报。安特生信心倍增，表示要亲自赴河南调查一番。

1921年4月初，安特生来到周口店，对可能遗存人类骨骸的几条山沟和洞穴再度进行一番调查，并选好几处发掘地点。4月18日，安特生离开北京，偕助手刘长山来到河南渑池县，稍做休整，便前往离县城6公里的仰韶村考察。

在距仰韶村1公里的地方，横亘着一条峡谷，这条无名的峡谷后来由于安特生的到来而被世人所瞩目。在这个峡谷的北面，安特生惊奇地发现谷底红色的第三纪泥土明显地裸露着，并和一层满含灰土和陶片的泥土混在一起。凭着这些特征，他当即做出判断，这就是石器时代的堆积。安特生对谷底做了进一步的搜索，很快便在堆积物的最底层发现了一小块红色陶片，而且这块陶片被磨光了的表面居然清晰地绘有一方黑色的花纹图案。安特生几乎不敢相信，这些精美的彩陶和石器工具，居然会在同一地点！

这些古老的器物到底意味着什么呢？难道昭示着一种尚不为人类所知的古代文明吗？

安特生怀着深深的好奇和困惑回到了北京，然后开始日夜琢磨和研究从仰韶村带回的古老器物。有一天，他无意中发现了一份探索考察的报告，是美国地质学家庞帕莱于1903年和1904年在土耳其斯坦安诺地区所进行的那次著名考察的经过，报告所载的彩陶图片令安特生眼睛为之一亮。这些彩陶的外表和仰韶村发现的彩陶竟出奇的相似！难道这两者之间有一种神秘的内在联系？安特生强烈地预感到，仰韶村的彩陶，有可能存在于史前时代！

图2-1 仰韶村遗址出土的彩陶

同年秋天，安特生再也按捺不住心中涌动的激情，在中国政府和地质调查所的大力支持下，他偕同中国地质学家袁复礼等组成一支训练有素的发掘队伍，对仰韶村遗址进行了大规模的发掘。从安特生后来撰写的著名传记《黄土的儿女》中，可以看到这位欧洲科学家此时的心情——

在中国助手的陪同下，我于1921年10月27日到达仰韶村。这个地区不仅有如此丰富的地质遗迹，它早期历史的遗迹也让人惊叹不已。只要望一眼，你就会在这儿看到汉代的坟墓和出土的青铜器，而晚些时期的建筑和纪念碑群在北部的石灰岩上随处可见。更为醒目的一座古寺和两座古城堡，看上去都经历了和平时期的安宁和战乱时代的磨难。那一个个受尊敬的传说人物，在村落旁的路边立着的精美雕刻的石碑上可清晰地见到。我深深地感受到对这富饶、文明村落的虔诚和神圣崇拜，很难想象石碑下的早期伟人对我们努力探索这庄严神圣的史前遗迹是什么感受。在这里，我惊喜地看到，石器时代的村落发展和遥远的地质堆积物的发现，都将与我们所知的这地区早期人类历史活动链条般地衔接在一起了……

仰韶史前遗址的发现与发掘，尽管比法国人类学家摩尔根在美索不达米亚苏萨地区发现彩陶几乎晚了半个世纪，但它标志着具有划时代意义的田野考古学在欧亚大陆上最古老的国家之一——中国的开始。具有史前历史的彩陶的发现使上古中国的盛世时代，不仅仅是一个推测或近似怪诞的想象。

仰韶遗址发掘的资料表明，先进的农业社会包含的内容不仅与传说中的记载有关，而且与中亚的史前史有极其密切的联系。这些发现物打破了西方历史学家一贯认为的东亚是印度——欧罗巴文明界外的神话，它以无可辩驳的事实再次提醒西方历史学家，东西亚文明并不像他们想象的那样是独立分开的。

仰韶遗址与出土器物，特别是彩陶的发现很快闻名于世，因为它在中国历史上是首次发现，按学术界以"第一次发现的典型的遗迹的小地名为名"的原则，被命名为仰韶文化。

仰韶文化的发现及其重要价值，使之很快闻名于世，安特生也因此获得了非凡的声誉。无论是中国的还是外国的学者，都公认仰韶遗址的发掘是中国现代考古学的源头，它不仅促成了中国的第一个考古学文化——仰韶文化的诞生，而且还为中国学者带来了一套欧洲先进的田野发掘方法——这套方法在整个20世纪都被中国的考古学家们所沿用。

仰韶文化的发现使安特生惊喜异常，从根据仰韶文化使用陶器和磨制石器，未发现青铜制品和文字等特点判断，他认为其时代应当晚于打制石器的旧石器时代，早于青铜时代，是一种新石器时代晚期的文化，相当于公元前3000年左右。这一论断彻底否定了一些外国学者声称中国没有石器时代文化的观点。

至于这一文化的来源，安特生在一度的困惑和摇摆后，宣布赞同某些西方汉学家的"文化西来"的假设，即仰韶遗址所发掘的最有代表性的彩陶文化，其发祥地和源头可能在中亚，经新疆、甘肃一带，最后传到中原地区，并融入以陶鬲为代表的汉文化圈的本土文化之中。

1924年，安特生把这一观点正式写进他所著的《甘肃考古记》一书中，这一"文化西来说"在国际学术界产生了重大影响。1934年，他在其最有影响力的通俗性英文著作《黄土的儿女》中，仍然坚持仰韶的彩陶制作技术是先在西方成熟后才传入中国的这一观点。

一时间，"中国文明西来说"甚嚣尘上，几乎成为世界学术界的主流观点。当然，这个观点随着另一个考古文化遗址——龙山文化，特别是后冈三叠层的发现，加之再后来的老官台、大地湾文化的发现，被从根本上彻底否定。不过，这已是安特生发现仰韶文化半个世纪之后的事了。

吴金鼎发现龙山文化

1928年夏天，清华大学国学研究院研究生吴金鼎，遵照此前的导师、考古人类学家李济的教导，借暑假的机会到济南四周进行考古调查。吴是山东安丘万戈庄人，早年就读于齐鲁大学，对齐鲁大地一往情深，很想找机会寻求故乡文明之根。这个暑假正是实现导师嘱托的难得的机会。

吴金鼎提着考古探铲出了济南城，向平陵故城和章丘县龙山镇一带走去。当他来到一个叫城子崖的地方时，发现河边有一台地，台地不大，平面呈方形，西边与南边高出地面3米至5米。远远望去，很像一座古城残废的城垣，路沟边断崖的横截面，在阳光照耀下闪闪烁烁，一条数十米的古文化层带向远方延伸，文化堆积清晰可见。经仔细观察，断崖上有残存的灰土和陶片，这个现象引起了他的注意。

此后，吴金鼎先后5次到城子崖实地考察，特别对文化层堆积较厚的城垣之西、南两面断崖仔细观测，在城子崖下层发现了一种非瓷非釉、光洁美丽的黑色陶片。颇有意味的是，这种陶片总是与石器、骨器一同出土。此一非同寻常的现象，无疑向吴金鼎昭示，这是一处极其重要的史前文化遗址，地下埋藏着华夏民族的巨大隐秘。

吴金鼎不敢大意，很快写信将这一调查情况向他的老师、正在河南安阳殷墟率队进行田野发掘的李济做了汇报。李济闻讯，与甲骨学家董作宾一起赴山东章丘县龙山镇对遗址做了复查，认为吴金鼎所言极是。

在此之前，李济、董作宾、梁思永、尹达等中国考古学家，对安特生提出的"中国文化西来说"并不认同，只是苦于没有切实的证据加以推翻，想不到吴金鼎突然在黄河下游发现了完全不同于仰韶文化的黑陶，这是否属于一种新的文化？这个文化难道也是从西方传来的吗？如果不是，又如何解释？正是怀着对"中国文化西来说"不服气的心理，李济毅然做出了这个决定：实施发掘，收获一定不小，极有可能挑战或推翻安特生的"西来说"。

　　在得到自己服务的学术机构——中央研究院历史语言研究所所长傅斯年同意和支持之后，李济迅速调集安阳殷墟发掘的大部分人马，挥师城子崖，开始了中国考古学史上又一个极具学术意义的重大遗址发掘。

　　李济率领考古队来到济南，代表中央研究院史语所与当地以合作的方式共同对城子崖进行发掘。这一方式得到了山东省政府的大力支持，省教育厅厅长何思源亲自为考古发掘队筹集发掘经费，解决发掘中的困难。在各方努力下，城子崖遗址于1928年11月开始首次发掘。1931年，由另一位考古学家梁思永接替李济主持城子崖第二次发掘，收获超出想象。

　　城子崖遗址中所出土的文物与仰韶文化出土文物风格迥异，其中发现最多的黑陶和灰陶器具，几乎完全不同于河南、甘肃的彩陶，器型也没有相同之处。而城子崖最具特征的"蛋壳陶"，通体漆黑光亮，薄如蛋壳，其制作工艺已达到了新石器时代的顶峰，并作为一种文化标志——黑陶文化，成为前无古人、后无来者的绝响。

图2-2　城子崖遗址出土的龙山文化高柄蛋壳陶

图2-3　城子崖遗址出土的龙山文化陶鬶

　　除此之外，城子崖遗址还首次发现了新石器时代与殷墟文化有着某种关联的卜骨和长450米、宽390米、基址10米的版筑夯土城墙。这一发现，正如李济所言："替中国文化原始问题的讨论找到了一个新的端绪"，"将成为中国上古史研究的一个极其重要的转折点"，为学者们寻找商文化前身夏文化增强了信心。

　　后来，由傅斯年、李济、梁思永等著名学者编写的中国第一部田野考古报告《城子崖》公之于世，并认定叠压于东周文化层之下的遗存属新石器时代。由于城子崖遗址在龙山镇，随后将这一文化遗址命名为龙山文化遗址。

　　就龙山文化的最初命名而言，是泛指以黑陶为特征的史前文化，但随着田野考古工作的全面展开，这一命名已不适应考古学的发展要求。因为此后不久，中央研究院史语所的梁思永、尹达等考古人员，又在山东日照县两城镇发现了一个大型遗址，出土了数量巨大的黑陶，与城子崖属于同一时代但又有自身的特点。再之后，考古学家亦在河南、山西、陕西等黄河中下游地区发现具有独特文化面貌的黑陶遗址。

　　鉴于此，考古学界做出新的规定，凡发现以黑陶为特征的遗存，只要在陶器质地、形制、花纹等方面具有独特的风格，其他方面也与城子崖龙山文化有所不同，则被划分出来，重新进行命名，如山东龙山文化、河南龙山文化、陕西龙山文化等。当然，这都是若干年以后的事了。

夏朝都城在何处？

　　1959年春夏之交，已是72岁高龄的考古学家、历史学家徐旭生带着助手来到豫西，对文献记载中的"夏墟"展开调查，从而拉开了实质性田野探索夏文化的序幕。

　　传统文献中，关于夏人活动区域的传说很多，总而析之，夏民族主要活动区域分布在晋南平原汾、浍、涑水流域，洛阳平原伊、洛、颍水流域以及关中平原三个大区。徐旭生此行，选择了最有可能捕捉到历史信息的豫西作为考察的首区。徐氏一行数人，在豫西这个既定圈子里来往穿行，每日步行20多公里，每当遇到大雨连绵，鞋子陷进泥中行走不便，徐旭生便干脆将鞋子背在肩上，光脚在泥泞中前行，分别对河南省登封县的八方、石羊关，禹县的阎寨、谷水河等古文化遗迹做了田野调查。

有一日，徐旭生和助手途经偃师县，准备到中科院考古所洛阳考古工作站落脚时，路过洛河边一个叫二里头的村子。徐旭生发现此处有些异常，便停下来四处转悠，以寻找心目中的东西。当他在村外转了半圈后，有一个正在田地里劳动的农民感到奇怪，以为他丢了什么东西，便主动上前询问。

这一问，徐旭生乐了，他幽默地说："丢了一件大东西，是一座城，几千年的一座城。"

农民不解，徐旭生解释说："我是搞考古调查的，想在这一带看看有没有古代留下的陶片什么的。"

农民听罢，不以为意地说："陶片，我们这里多的是呢，还有完整的陶罐、陶盆，都是搞水利建设挖出来的。"

徐旭生大为惊喜，急忙对农民说："好兄弟，你说的地方在哪里，能带我去看看吗？"

"中！"农民爽快地答应着，领徐旭生到了村东的一片田野。果然，徐旭生在这里发现了许多陶片，并且还捡到了一件完整的陶器。从遗留的陶片以及陶器的花纹、质地等特点判断，这是一处规模甚大的古文化遗址。

徐旭生对二里头遗址做了初步判断，立即回到中科院考古所洛阳工作站，将调查的情况告知了工作站的赵芝荃等人。大家一听很是振奋，决定第二天由工作站站长赵芝荃带领几名考古人员，随徐旭生赴二里头做进一步调查。

二里头遗址位于河南省偃师县城西南约9公里处，西近洛阳城。就其位置而言，它南临古洛河及伊河而望嵩岳、太室、少室山，北依邙山而背黄河，东有成皋之险，西有函谷崤函之固。其所处的河洛地带自古被称为中土、土中、地中，并有"河山拱戴，形势甲于天下"和"万方辐辏"之誉。传说自伏羲至周成王各代圣王皆在河洛地带膺图受瑞，并有"三代之居皆在河洛之间"的记载。由于武王曾在此处廷告于天："余其宅兹中国，自兹乂民。"因而这里也是本来意义的中国。后来周公遵武王旨意在此营建洛邑作成王之都。

当赵芝荃等人随徐旭生来到二里头村外时，当地农民仍在田野里大搞农田水利建设。他们一行人来到农民们正在挖掘的一个水塘边，发现遍地都是挖出的陶片。待他们进入水塘的台阶，又看到塘壁上布满了陶器的碎片，用手轻轻一摸，这些碎陶片便"哗啦哗啦"地跌落下来。这个情景让赵芝荃等人兴奋异常，在以往的考古调查中，没遇到过这般激动人心的场面。如此丰富的文化堆积，如果不是古代的都城遗址，那又是什么？

离开水塘之后，徐旭生等人又在二里头村的四周做了详细调查，估计此遗址范围东西长3公里至3.5公里，南北约1.5公里。从地理环境和历史渊源以及发现的遗迹、遗物看，这里有可能是中国历史上的一个帝都。

按照徐旭生在后来发表的调查报告中所言，他认为这里应是商汤时代的都城"西亳"。从文献方面做了论证后，徐旭生又补充道："此次我们看见此遗址颇广大，但未追求四至，如果乡人所说不虚，那在当时实为一大都会，为商汤都城的可能性很不小。"

尽管当时徐旭生对这处遗址做出的判断后来证明有误，但由于他的首次发现和随之而来的数十次发掘，使二里头成为国内外学术界最引人注目的古文化遗址之一。它不仅成为学者们探索夏史和夏文化的关键所在，也成为探讨中国国家和文明起源无法绕开的圣地。

鉴于二里头遗址在考古学上所具有的巨大潜力和学术价值，赵芝荃等人回到洛阳工作站之后，很快向中国科学院考古所打报告，请求率部移师对二里头遗址进行发掘。此后不久，河南省文管会也得知了二里头发现重大遗址的消息，并决定派队前往发掘。于是，1959年秋，得到批准的中国科学院考古所洛阳工作站以赵芝荃为首的十余人与河南省文管会派出的一个专门由女性组成的"刘胡兰小组"，几乎同时进驻二里头遗址展开发掘。

1960年，河南省派出的"刘胡兰小组"撤出了发掘工地。整个二里头遗址在以后的若干年内，只有中科院考古所下属的二里头工作队进行发掘。

经过半年多的发掘，二里头遗址已出现了考古学界所期望的曙光。考古人员发现了一组夯土基址，夯土眼很明显，其中北面的一处基址长、宽各约100米，是这组建筑的主要部分。通过仔细辨别，可以肯定发现的就是一处宫殿基址。结合此前在四周发现的相当数量的房基、窖穴、灰坑、水井、窑址以及铸铜陶范、石料、骨料等遗迹、遗物推断，二里头遗址确实具有古代早期都邑的规模。一时间，二里头遗址发现宫殿的消息迅速在学术界传开并引起震动。

图2-4　河南偃师二里头夏代遗址

　　此后，在40多年的时间里，在赵芝荃、方酉生、殷玮璋、郑振香、高天麟、郑光、杜金鹏、张立东、许宏等几十位考古学家的不断努力下，二里头遗址的文化面貌基本揭示出来。"所知范围总面积约3平方公里，文化堆积甚厚，内涵十分丰富。"遗址的文化延续时间经历了相当长的岁月，粗略估计前后400多年。

　　尤其令人震惊的是，在遗址中部发现的被称为第一、第二号的两座宫殿基址，规模宏伟，气势壮观，颇有王者气象，"其平面安排开我国宫殿建筑的先河"。仅从台基的面积来看，甚至可以与北京故宫的太和殿匹敌。如此规模庞大的宫殿基址，考古学家前后花费了20多年的时间，才使其完整地重见天日。经研究者推断，这两座宫殿都属于二里头文化三期，在这一时期，二里头文化进入了它最繁荣辉煌的鼎盛时代。

　　二里头遗址的发掘，除大型宫殿遗址，还出土了大量的玉器、铜器和陶器。其玉器多为圭、璋、戈等礼器，这些礼器在整个玉器和礼器发展史上具有承上启下

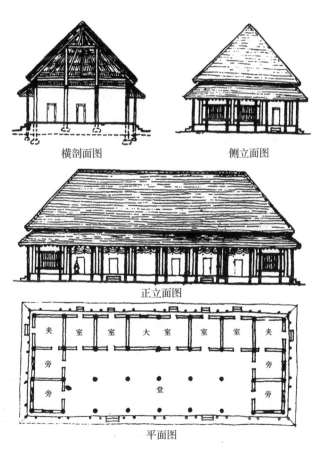

横剖面图　　　　　　侧立面图

正立面图

夹室　室　大室　室　室　夹室

旁　　　　　　　　旁

堂

旁　　　　　　　　旁

平面图

图2-5　二里头遗址主体殿堂复原设想图

的开拓作用。而出土的青铜容器和武器形状之独特，皆为中国首次发现。尤其是镶嵌绿松石的铜牌饰种类繁多，其选料之精、制作技术之高超、纹饰之精美，在整个商代考古史上从未有其先例，堪称国之重宝。

图2-6　二里头遗址出土的文化刻符和文字

图2-7　二里头遗址出土的绿松石龙

图2-8　二里头遗址出土的绿松石铜牌饰　　图2-9　二里头遗址发现绿松石龙头

很明显，从二里头遗址发掘的规模、等级、规格乃至气势来看，这里曾经存在过都城已成定论。但有些遗憾的是，考古人员历40年的发掘，踏遍了遗址的四周，居然没有发现城墙，甚至连壕沟也没有发现，于是，有人认为这是一座无城之都。

由于二里头遗址的发现和发掘是中国考古学史上最重大的事件之一，所以关于它的时代、文化性质、遗址性质等问题备受学术界关注。

1962年，考古学大师夏鼐把此类文化遗存命名为"二里头类型文化"，之后又根据新的发掘进展，将这一文化遗存命名为"二里头文化"，这一新的考古学文化的命名，更加突出了二里头遗址的典型性和代表性，从此二里头遗址的影响更为提高和扩大，二里头文化成为考古学上一个十分重要的文化概念。

随着二里头遗址蜚声中外，这个遗址的时代和具体是历史上哪个帝王所在都城的问题，成为学术界争论的焦点，导致学术界对夏文化探索出现了空前的繁荣。有的认为是商都，有的认为是夏都，有的认为是一半是夏、一半是商，有的认为少量是夏、多半属商或商都。各种观点、各种主张令人眼花缭乱，目不暇接。从河南龙山文化晚期，经二里头一、二、三、四期，到郑州商城文化之前，每两者之间都有人试图切上一刀，以作为夏、商的分界。从每一位操刀切割者的主张和观点来看，似乎都有自己的道理。

此一争论持续三十多年未有结论，成为考古、历史学界一个悬而未决的学案，直到1996年"夏商周断代工程"开始之后，方得到基本解决——二里头遗址就是夏朝某个王的都城。至于是否夏都斟鄩，还有待进一步考证。此为后话。

接下来，简略叙述夏朝之后的商朝，以及商朝甲骨文的发现与甲骨文的历史嬗变之谜。

神秘的甲骨文

甲骨文是刻在龟甲和兽骨上的一种古文字，它们的作用就像远古的先民们"结绳记事"一样，是一种"记录文字"。当这些龟甲和兽骨上的文字未被认出之前，它只是被当作不值钱的药材出现在药店。而这些古文字被确认之后，天下震惊，中国历史研究的新纪元由此开始。

关于谁是发现甲骨文的第一人有不同的说法，但学术界公认王懿荣是鉴别和认识甲骨文的第一人。

王懿荣，山东福山人，字正儒，号廉生，生于清道光二十五年（1845年）一个官宦世家。他的父亲曾以兵部主事由京城回家乡办团练，受到皇帝的嘉奖，赏戴蓝翎，加员外郎衔。王懿荣长大成人后，曾先后出任翰林院编修、国子监祭酒等职。其人"嗜古，凡书籍字画，三代以来之铜器印章货泉残石片瓦，无不珍藏而秘玩之"。因为收集和研究了许多古代文物，又曾与当时著名的金石学家陈介祺、潘祖荫、翁同龢、吴大澂等人一起切磋学术，在金石文字方面有深厚的造诣，才奠定了他后来看似偶然、实为必然的甲骨文划时代的伟大发现。

光绪二十五年（1899年）秋，时任国子监祭酒（相当于皇家大学的校长）的王懿荣得了疟疾，用了许多药仍不见好，京城里有一位深谙医理药性的老中医给他开了一剂药方，里面有一味中药叫"龙骨"，王懿荣派家人到宣武门外菜市口一家老中药店达仁堂按方购药。药买回来之后，王懿荣亲自打开药包验看，忽然发现"龙骨"上刻有一种类似篆文的刻痕。凭着金石学家对古物鉴定的敏锐，他立刻意识到这颇像篆文的刻痕，可能是一种很早的古文字，其刻写的时间要早于自己所研究的古代青铜器上的文字。这个意外发现使他兴趣大增，于是又派人将达仁堂中带有文字的"龙骨"购买回来，加以鉴别研究，同时注意在京城收购。不久，山东潍县的古董商范维卿又携带这种刻有文字的甲骨12片，进京拜见王懿荣。王懿荣一见视若珍宝，将此物全部收购下来。此后，又有另一位古董商赵执斋也携甲骨数百片来京，被王懿荣认购。这样在不长的时间里，王懿荣就收购了有字甲骨约1500片。

范维卿本是一位农民出身的古玩商贩，在山东潍县浮烟山北麓一个丘陵小庄世代居住，兄弟五人，他排行老二，人称二哥。他的经营方式是：四处周游，搜求古物，边收边卖。后来渐渐蹚出了自己的路子，将收到的古物主要贩卖给天津、北京的达官贵人和文人世家，尤以端方和王懿荣为主。由于河南安阳、汤阴一带经常有青铜器出土，范维卿便经常到此地收购。

1899年，范维卿再次来到安阳寻找"猎物"，由于久收不到青铜器，在闲转中闻知龙骨能入药，便顺手收购了一批龙骨，送到了北京的药铺卖掉。接下来便有了王懿荣因病到药铺抓药并发现甲骨文的故事。

据当代青年学者邓华考证，王懿荣在发现甲骨文后，曾亲自到药铺问过货源来路，并叮嘱药铺掌柜："若潍县古董商范某再来，必为引见。"按邓华的说法，1899年夏天，范维卿又去北京送龙骨，遂被药铺掌柜引荐到王府，范氏与王懿荣的相识或许缘始于此。

当王懿荣看到范维卿带来的一批刻有文字的甲骨后，兴奋异常，当场指认上面一些近似钟鼎文的字体给范氏看，范维卿才恍然大悟，想不到自己顺手搞来的破烂骨头竟是很有价值的古董。

真相初露

王懿荣在得到甲骨并发现了上面的文字后，是如何鉴别"审定为殷商古物"的，后人难以知晓。有人撰文说王懿荣是受《尚书·多士》篇中"惟殷先人，有典有册"的启示，并结合对周代青铜器上的篆籀文字研究而得出的结论。这个说法是否符合事实尚难确定，但有一点却是不争的事实，那就是王懿荣以及后来的甲骨文研究者，都普遍具有深厚的国学基础，即对中国古文献的博学和在音韵、训诂等方面的精深造诣，而这些正是甲骨文学者们取得成功的前提。正如著名考古学家李济后来所说："在智力的发展中，都有其特定的阶段，并遵循着某种规律性。19世纪末甲骨文被认为是一个重大发现，这个发现与其说是偶然的，还不如说是学者们不断努力的结果。1899年发生的事是有长期的学术准备的。"斯言甚是。

甲骨文被确认之后，震惊了国内外学术界，王懿荣不仅是确认甲骨文的学术价值，并将其定为商代文字的第一人，也是大量收集、珍藏甲骨文的第一人。他开甲骨文研究的先河，也拉开了商代历史研究、确认的序幕。

然而，就在甲骨文发现的第二年，王懿荣搜求千余片甲骨，准备着手深入研究之时，八国联军攻入北京，时为国子监祭酒兼京师团练大臣的王懿荣面对侵略者的烧杀抢掠和清王朝的腐败无能，自感无力回天，愤而投井自尽。

王懿荣与他刚刚开始的新事业诀别了，甲骨文研究的命运也面临着是生还是灭的又一轮抉择。所幸的是，由于刘鹗的及时出现，才使甲骨文研究的历史按照王懿荣的愿望走了下去。

刘鹗，字铁云，江苏丹徒人。曾以所著《老残游记》闻名于世。早年的刘鹗精算学、水利，又懂医术，性嗜金石、碑帖、字画及善本书籍。曾在上海行医，后弃医经商，但尽蚀其本。光绪十四年（1888年）黄河于郑州决口，著名金石学家、河督吴大澂率民众治理，但久不奏效。第二年，刘鹗投效于吴大澂的门下，决心以己之长治理黄河。由于刘鹗的积极参与，泛滥成灾的黄河郑州段得到了有效的治理，刘鹗本人因治河有功，被朝廷任命为山东黄河下游提调，相当于知府的官衔，从此声誉大起。

王懿荣发现甲骨文的时候，刘鹗正在北京候补知府。他是吴大澂的学生，也涉猎金石学，与王懿荣经常往来，后来成为至交密友。王懿荣殉难后，他极为悲伤。当时王家为了还债，就把王懿荣生前收藏的甲骨大部分折价转让给了刘鹗。

自得到王懿荣遗留的甲骨之后，刘鹗开始广泛搜求甲骨，他委托一位古董商奔走在昔日的"齐鲁、赵魏之乡"，用了约一年的时间，收集到约3000片，另外又派自己的儿子到河南一带去收购甲骨，不长的时间就收集了近5000片。

刘鹗收购甲骨，当然不是单纯地为了收藏和把玩，其根本目的是学术研究。1903年，他将自己收集到的甲骨进行整理分类，拓印了1058片，分成6册，以"抱残守缺斋"的名义拓印，从而出版了中国第一部甲骨文书籍——《铁云藏龟》。从后来的情况看，此书虽然印刷不够精细，拓本也有些漫漶不清，但它毕竟为中国的甲骨文研究提供了第一份书面资料，更重要的是为甲骨文研究者开阔了视野，开创了奠基性的学术道路。同时，也标志着甲骨文研究开始从以收藏为主的书斋走向更加广阔的社会。

在刘鹗开始搜求甲骨时，就很想知道甲骨的出土地点，因为只有搞清楚这些古物的出土地，才能最终揭开甲骨文字的奥秘。但收购甲骨的古董商人唯利是图，唯恐将甲骨的出土地泄露后断了自己的财路，便谎称甲骨的出土地点为河南汤阴或汲县，对真正的产地安阳却守口如瓶，从不泄露半字。在当时交通不便、消息闭塞的情况下，古董商的谎言使甲骨收藏者信以为真，王懿荣至死也没有弄清甲骨的真正出土地点，并有"河南汤阴、安

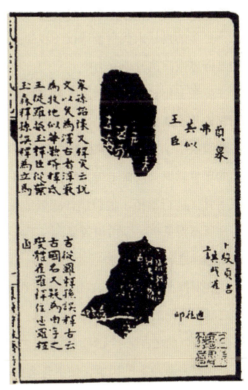

图2-10　刘鹗《铁云藏龟》一书的首页

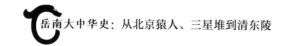

阳，不甚具体"的感慨。而天资聪颖的刘鹗也对古董商人的谎言深信不疑，在其发表的专著中称甲骨的出土地为"河南汤阴县之羑里城"。

《铁云藏龟》在海内外学术界产生了很大反响，收购和研究甲骨成为一时风尚，流风所及，刘鹗的"汤阴说"成为甲骨出土地的主要依据，这个说法不仅误导了中国人，就连日本人也受到了蒙蔽。但假的毕竟是假的，伪装总要剥去，狡猾的古董商人编织的谎言最终被戳穿，而戳穿这个谎言的不是别人，正是商人们自己。在著名金石学家罗振玉的劝诱下，古董商人终于吐露了真言。

罗振玉，字叔蕴，号雪堂，浙江上虞人。曾做过清朝学部参事官、京师大学堂农科监督等官。他精通国学，后来与日本和欧美的汉学家有不同程度的交往，使他在金石学、文字学、文献学等方面都成为不可多得的集大成者，是中国近代学术史具有重大影响的学者之一。当然，一般人对他的认识，更多的是从末代皇帝溥仪《我的前半生》中得知的，该书中他为清王室的复辟忠诚而执着地努力中。

罗振玉年轻时在刘鹗家当过家庭教师，以到后来他把长女罗孝则嫁给了刘鹗的儿子刘大绅。正是由于这种特殊的关系，罗振玉才得以于1902年某日在刘鹗家中见到了从王懿荣府中转购来的甲骨。出于学术上的远见卓识和超前的思想意识，罗振玉极力鼓舞刘鹗将其所藏甲骨拓印出版，并亲自为其所藏甲骨文进行墨拓。他曾满怀感慨地说："汉以来小学家若张、杜、杨、许诸儒所不得见也。今山川效灵，三千年而一泄其密，且适我之生，所以谋流传而悠远之，我之责也。"

在罗振玉的鼓动和亲自示范下，刘鹗的《铁云藏龟》才得以拓印出版。付印之时，罗振玉还专门写了一篇序言，认为，甲骨上的文字与篆书"大异"，其为史籀以前之古文字无疑。为此，"龟与骨乃夏商而非周之确证"。

《铁云藏龟》的出版，使甲骨文由"古董"一跃而变为可资研究的重要历史史料。可以说，刘鹗在甲骨学研究史上的功绩，与罗振玉的提示及帮助是分不开的。

罗振玉接触到甲骨文后，对于出土地点也轻信了古董商的谎言，认为在河南汲县和汤阴一带。由于没有弄清甲骨的真正出土地，研究受到了很大局限，并出现指导思想上的某些混乱。罗振玉在1903年还认为甲骨文是"夏殷之龟"，把此种文字的时代确定为夏、商两代。直到1908年，罗振玉经多方探寻，才得知甲骨文真正的出土地在河南安阳的小屯村，正如他在后来的著述《殷墟古器物图录》的序言中所说："光绪戊申，予既访知贞卜文字出土之地为洹滨之小屯。"1910年，罗振玉再次询问来自河南的古董商，进一步证实了甲骨的出土地"在安阳西五里之小屯而非汤阴"。

撞开殷商王朝的大门

随着甲骨出土地点被确认，以及甲骨文研究的深入，对甲骨文所在时代的认识也越来越清楚了。罗振玉修正了自己之前认为甲骨是"夏殷之龟"的观点，而确认为是商代之物。

也就在这一年，罗振玉应日本学者林泰辅约请，写了著名的《殷商贞卜文字考》一书。此时的他已释读出一定数量的甲骨文单字，并"于刻辞中得殷帝王名谥十余，乃恍然悟此卜辞者，实为殷室王朝之遗物"。在这部著作的"序"中，罗振玉进一步考证小屯村为"武乙之墟"。

1911年2月，罗振玉委托他的弟弟罗振常到河南安阳访求甲骨，罗振常不负所望，在安阳小屯逗留了50天，不仅弄清了甲骨所出地的准确位置，而且搜求甲骨12 000多片，分两次通过火车运往北京。

1914年，罗振玉通过对大量甲骨的进一步研究，从《史记·项羽本纪》"洹水南殷墟上"记载中得到启示，认为此地为"武乙之都"，并在新著《殷墟书契考释·自序》中又确定了小屯为"洹水故墟，旧称亶甲，今证之卜辞，则是徙于武乙去于帝乙"的晚商武乙、文丁、帝乙三王时的都城。这个考释，无论是当时还是之后，都被学术界认为是一项了不起的具有开创性的重大学术研究成果。

1916年3月30日，从日本归国的罗振玉由上海赶赴安阳做实地考察，从其后来的著作《五十日梦痕录》中可以看到，罗振玉上午9点左右到达安阳并住进人和昌客栈，吃完饭，立即找了一辆车子去小屯。他在出土甲骨最多的地方做了实地考察后，还顺手捡了一块古兽骨和一捧无字甲骨——这是甲骨学者第一次将足迹印在古老的殷墟之上。有了现场勘察的实践经验与历史记载的沟通，甲骨文的释读开始有了突破性进展。

罗振玉回京之后，学者们不仅通过古董商，而且派人直接去安阳小屯收集甲骨，从而减少了甲骨资料的损失，并扩大了对甲骨文的搜求。

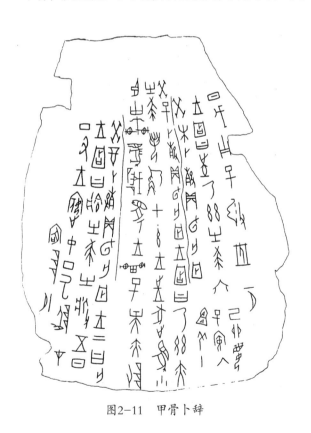

图2-11　甲骨卜辞

罗振玉除了考证其地为殷代晚期都城外，还将甲骨文中的人名与《史记·殷本纪》中的商王名做比较，发现其中大部分相同。他在1915年发表、1927年增订的《殷墟书契考释》一书中，总共释读了561个甲骨文单字，指出商王名号22个，外加示壬、示癸两个先公名号，并发现了王亥之名，这项成果成为他对甲骨学和殷商考古研究的重大贡献之一。

在此基础上，罗振玉还开始注意对整条甲骨文卜辞的通读，并提出了著名的"由许书（指许慎的《说文解字》）以上溯古金文，由金文以上窥卜辞"的治学方法。这个方法成为后来甲骨文研究者的重要法宝。罗振玉从1906年开始广泛地购藏甲骨，直到1940年去世，先后收藏甲骨达3万多片，并加以刊布和研究。由他编著的《殷墟书契前编》以及后来的《殷墟书契后编》《殷墟书契续编》和《殷墟书契菁华》，是殷墟正式发掘前零星出土甲骨的重要集录。正如甲骨学者王宇信所言，罗振玉的研究成果，"为有清一代'小学'之一总结，它标志着以《说文》为中心的'小学'的结束，代表着一个以地下出土的古文字资料为研究中心的新学科正在升起，并为后来甲骨学研究打下了坚实的基础，起着继往开来的巨大作用"。

如果说罗振玉通过对甲骨文的释读和研究使殷商的历史之门显出了一道缝隙，让学界同人得以窥视庙堂之间的些许影像，那么，王国维则把这扇封闭了3000年的殷商王朝的历史之门彻底撞开了。

王国维，字静安，号礼堂，又号观堂。1877年出生于浙江海宁。他7岁入私塾就读，16岁考取秀才。1898年2月，他离开家乡来到上海，在《时务报》谋求了一份司书、校对的差事。

在上海期间，王国维结识了罗振玉，不久即到罗振玉所办的"东文学社"学习日文，并于1900年去日本留学，由此扩大了他学习西方近代科学知识的眼界，罗、王的师生加兄弟之谊因此建立。1906年，罗振玉奉学部之命北调京师，王国维与之同行，其后的8年，罗、王两人几乎形影不离。在此期间，王国维曾出任清朝末代皇帝溥仪身边的"南书房行走"等职。

王国维早年对学术研究的兴趣相当广泛，自1902年在南洋公学虹口分校任职时起，便开始研究西方哲学，主攻康德、叔本华等德国哲学，并努力将学到的新思想用于总结中国文化发展的历史经验。从王国维留给后人的《观堂集林》中可以看到，他不仅对哲学，而且对文学、诗词、戏曲等都做过研究，取得了丰硕的成果。如他撰写的《红楼梦评论》《人间词话》

《宋元戏曲史》等都是盛极一时、颇有影响的学术著作。

1911年，辛亥革命爆发，清王朝宣告灭亡。不久，王国维随罗振玉携家眷东渡日本京都避居。在此期间，王国维开始了研究古文字尤其是甲骨文的学术生涯。由于有深厚的国学根基和自身的勤奋学习，以及缜密严谨的逻辑思维和论证方法，加上罗振玉有针对性地给予指导，同时又有罗振玉所藏的大量图书资料、甲骨文字、古器物及其拓片可以利用，所以在京都的几年间，王国维在古文字特别是甲骨文的研究上突飞猛进，取得了令人瞩目的成就，为他日后的顶峰之作铺平了道路。

1916年，王国维从日本京都归国，受聘为上海仓圣明智大学教授，主编《学术丛编》，并继续从事甲骨文字、金文及音韵、训诂等方面的研究。1917年2月，王国维撰成盖世名篇《殷卜辞中所见先公先王考》。同年4月，又撰成《殷卜辞中所见先公先王续考》。

图2-12　王国维《殷卜辞中所见先公先王考》及其《殷卜辞中所见先公先王续考》中论证商先公先王谱系所利用的由三个断片缀合的甲骨摹本（《殷契粹编》第112片）。

在此之前，尽管罗振玉于1915年刊行的《殷墟书契考释》，已指出了卜辞中商王名号22个并发现了王亥之名，但遗憾的是他并没有对整个商王室世系从整体上加以研究，也未能找出其他资料加以印证，以至未使殷代王室世系真正被确认下来。这个遗憾和空白最终由王国维在《殷卜辞中所见先公先王考》及《殷卜辞中所见先公先王续考》中予以填补并发扬光大。

王国维首先突破了罗振玉的局限和框框，将卜辞对照的文献范围，由《史记》一书扩大到《山海经》《竹书纪年》《楚辞》《世本》《吕氏春秋》等古代文献，并扩大到铜器铭文的范围。这种研究思路和方法，使他成功地发现了《史记》中误记或以通假字记载的一些殷商先公先王名号。在这两篇论文中，王国维从卜辞中考定殷代先公先王帝喾、相土、季、王亥、王恒、上甲、报丁、报丙、报乙、示壬、示癸、大乙、羊甲等13人的姓名及前后顺序，证实了历史记载的殷代王室世系的可靠性。

正所谓青出于蓝而胜于蓝，当《殷卜辞中所见先公先王考》稿初成之后，王国维即寄给罗振玉，请其斧正。罗振玉读罢，精神为之大振，惊为旷世之作。他在给王国维的回信中写道："昨日下午邮局送到大稿，灯下读一过，欣快无似。弟自去冬病胃，闷损已数月，披览来编，积疴若失。忆自卜辞初出洹阴，弟一见以为奇宝，而考释之事，未敢自任，研究十年，始稍稍能贯通，往者写定考释，尚未能自慊，因知继我者必在先生，不谓捷悟遂至此也……"从信中可见，罗振玉惊喜之情溢于言表，而王国维得到复信后，同样是"开缄狂喜"。

经过王国维研究考订，商代先公先王的名号和世系基本得到了确认，并在整体上建立了殷商历史的体系。因此，王国维登上了甲骨学研究的高峰，其所写的《殷卜辞中所见先公先王考》和《殷卜辞中所见先公先王续考》，被誉为自甲骨文发现19年来最具重大价值的学术论文，为甲骨学的研究和发展做出了划时代贡献。

甲骨文的研究虽不是自王国维肇始，但利用考古学上的新材料与旧文献的记载进行比较研究，相互验证，即用地下文物和文献相互印证的"二重证据"法，阐明殷商历史的真相，走上科学治史的道路，则由王国维启之。正是有了王国维这位旷世奇才的开创性功绩，殷商历史的大门才轰然洞开，湮没3000年的秘密得以揭开，从而直接引发了古代史，尤其是殷商史作为可靠

的信史研究的革命性突破。

当年王国维曾用宋代晏殊、柳永、辛弃疾等人的词句，来表述古今之成大事业、大学问者，必须经过的三种境界，即"'昨夜西风凋碧树，独上高楼，望尽天涯路'，此第一境也。'衣带渐宽终不悔，为伊消得人憔悴'，此第二境也。'众里寻他千百度，蓦然回首，那人却在灯火阑珊处'，此第三境也。"此正是王国维在学术和人生之路上所历过程的写照。

关于王国维的功绩，正如另一位甲骨学研究大师郭沫若所做的评价："卜辞的研究，要感谢王国维。是他，首先由卜辞中把殷代的先公先王剔发了出来，使《史记·殷本纪》和《帝王世纪》等书所传的殷代王统得到了物证，并且改正了它们的讹传。"从而"抉发了3000年来久被埋没的秘密。我们要说殷墟的发现是新史学的开端，王国维的业绩，是新史学的开山。那样评价是不算过分的"。

更为重要的是，在疑古风潮大行其道的当时，王国维能以充分的证据证明司马迁的《史记·殷本纪》确是一部信史，这在很大程度上填补了由疑古派造成的古史空白。由此可见存于周秦之间的古代传说，并不是毫无根据。

殷墟之谜

继王懿荣、刘鹗、罗振玉、王国维等人之后，随着国内外收藏家、金石学者以及达官显贵、儒林雅士的重金索求，安阳小屯有字甲骨价格暴涨，一路狂升，竟达到了一个字二两银子的价格。由此，盗掘掠取甲骨，便成为当地村民尤其是古董商人牟取暴利、发家致富的重要途径。

短短十余年间，安阳小屯等地的甲骨被从地下一批又一批地掘出，又一批又一批流散于民间和市场。盗掘的狂潮使价值连城的甲骨遭到极大破坏和损失，安阳殷墟遗址也变得千疮百孔，面目全非。许多具有科学考察价值的遗存被破坏，与甲骨共出的大量殷代遗物同样遭到毁坏和流失。更令人扼腕的是，由于外国人的染指，许多有字甲骨和文物流失海外，难以回归。

在这紧要关头，随着与地质学、生物学密切相关的西方田野考古学，经安特生等人在中国的示范和传播，一批思想敏锐的中国学者，很快接受了西方先进的科学方法，成为中国田野考古学的开拓者和实践者。

为获得更多的研究商代历史的文字资料和其他实物资料，更加全面地了解殷商都城及其政治、经济、文化面貌，同时也为了尽快制止这批宝贵文化遗产遭到破坏、流失和劫掠，对殷墟的保护和以科学考古手段进行发掘，成为学术界的当务之急。

1928年5月，民国政府中央研究院历史语言研究所成立，"五四运动"学生北平游行总指挥，北大毕业后留学英、德等国七年的"黄河流域第一才子"傅斯年出任该所所长。

当时史语所尚处于筹备阶段，傅斯年就决定派河南南阳人董作宾（字彦堂），到安阳殷墟甲骨的出土地进行实地调查。当时，这个决定遭到了不少学者的反对，尤其是以罗振玉为首的大部分金石学家认为，经过30年对甲骨的搜集，埋藏的珍品已全部被发现，再进一步搜集是徒劳无益的。傅斯年与罗振玉等人的看法恰恰相反，并坚持己见。于是董作宾于1928年8月12日到达了安阳。

董作宾到达安阳，首先访问了当地几位士绅，包括彰德府中学校长、古玩店老板、以伪造甲骨但不认识甲骨文字而出名的蓝葆光等。通过访问，获得了大量关于甲骨盗掘、贩卖及贩卖渠道等的情报。

此后，董作宾由一个向导带领，来到城西北的花园庄和小屯访问。据董作宾在报告中称：

> 花园庄有一私塾，塾师阎君金声，招待余等人舍，颇客
> 气……余则私询儿童，有拾得甲骨上有文字者否？初见，不敢

言。继有一儿，由抽斗取出一片，小如指甲，上有二三残字，予给以当百铜元一枚。他生皆窃出，归家取之，共得五六片。阎君归，亦取来二三片，云是小儿捡得者，与钱二百，小儿欢跃以去。由学塾出，乃赴小屯村北，寻求甲骨出土地点。经小屯到村北，遇一少妇，询曰："汝村中小儿女，曾有捡得田中龟版龙骨，上有文字者乎？如有，可将来，予买少许。"妇曰："客或有之，姑少待。"旋取出甲骨一盘，中有碎片数十，皆有文字，且一望而知非赝品，付洋五毫。顷刻间，男妇老幼麇集，手掬碗盛者，环列求售……村人云，古董商时常来收买，能出高价，惟不要碎者。今之小块，盖土人发掘时所弃，而为小儿女拾得者也，故贬价售之……以铜元十枚之酬金，请霍氏之子女为向导，引余等至甲骨出土之地。地在洹水西岸，为一沙丘，与罗氏（振玉）所谓之棉田，张君所谓有禾稼之土迥异。岂彼等所至非此地耶？然此地有足作证据者，一为新近土人所发掘之坑十，一为予在坑边捡得一无字之骨版也。

通过调查得知，小屯地下埋藏的有字甲骨，并不像罗振玉等人所说的那样已被挖尽，而从当地农民盗掘甲骨留下的坑痕看，殷墟规模庞大，地下遗物十分丰富，进行科学的考古发掘是必要的，且意义十分重大。鉴于此情，董作宾立即向中央研究院历史语言研究所写了报告，并拟定了初步发掘计划。

接到董作宾的报告，傅斯年颇为惊喜，决定立即在小屯进行初步发掘。经与中央研究院总部多次磋商，成功得到了1000块银圆经费，这笔经费在当时积贫积弱的中国已是相当可观的数目。正是凭着这笔经费，由董作宾组织的6名考古队员，携带购买的测量、摄影及其他必需的物品，于1928年10月7日到达安阳，开始对小屯实施发掘。这是继瑞典人安特生将田野考古学在中国成功示范14年之后，由中国学术机关第一次独立进行的田野发掘。此次以寻找甲骨文为主要目的的发掘，不仅是殷墟科学发掘的开端，也是中国现代考古学的起点。

发掘工作前后进行了24天，共掘得40个土坑，揭露280多平方米的面积，掘获石、蚌、龟、玉、铜、陶等器物近3000件，甲骨854片，其中有字甲骨784片。董作宾作为这次发掘的负责人，手抄有字甲骨392片，并做了部分考释，这个成果与他前期的调查报告，共同在后来历史语言研究所创办的《安阳发掘报告》上作为第一篇文章刊载。这篇文章的发表，不仅结束了旧的古物爱好者"圈椅研究的博古家时代"，更重要的是，为有组织地发掘著名的殷墟遗址铺平了道路。

1929年春，中央研究院历史语言研究所正式聘请哈佛大学人类学博士、时为清华国学研究院讲师的李济为考古组主任，并主持安阳殷墟的第二次发掘。

接到傅斯年的任命，李济立即赴开封和正在那里的董作宾见面协商发掘事宜，并预测下一步可能取得的成果。在阅读了董作宾撰写的报告，相互接触交流的基础上，李济对殷墟遗址有了进一步的认识，当即做出三个方面的设定：

一、小屯遗址明显是殷商时代的最后一个首都。

二、虽遗址的范围未确定，但有字甲骨出土的地方一定是都城遗址的重要中心。

三、在地下堆积中与有字甲骨共存的可能还有其他类遗物，这些遗物的时代可能与有字甲骨同时，或早或晚，当然要依据埋藏处多种因素而定。

根据以上设定，李济制订了第二次小屯发掘的计划并很快付诸实施。在董作宾密切配合下，李济率领考古队于1929年春季和秋季分别进行了第二次和第三次发掘，陆续发现甲骨3000余片，取得了令人振奋的成绩。

就在李济率考古队于1929年10月7日再次来到安阳殷墟开始第三次发

掘，考古人员踌躇满志，热情高涨，渴望一举揭开商王朝的隐秘之时，却发生了一个意外事件，导致发掘工作不得不暂时停止。

事件的大致起因是，中央研究院历史语言研究所在殷墟发掘之初，曾与河南省政府商定，所获甲骨器物暂存安阳中学。但考古队为研究方便，于第二次发掘之后，将部分甲骨和器物从安阳中学取出运回了北京。这个消息很快被安阳中学校长报告给河南民族博物院院长何日章，深受旧式挖宝思想影响的何日章听罢大怒，立即将此事直接呈报给河南省督军韩复榘，并添油加醋地说了一番不利于李济等考古人员的坏话。韩复榘本是个粗人，一听说河南地盘的宝贝被北京方面的人拿走，当场下令："河南是咱们的地盘，要挖宝，不用他们，咱自己来。"

有了韩督军的指令，何日章如同拿到了尚方宝剑，很快率领一干人马杀奔安阳小屯开始挖掘起来，同时勒令李济等外省人"立即收摊回京，不准在此随便盗抢宝物"。如此一来，堂堂的中央研究院考古人员成了盗宝者，而河南民族博物院的一干人马却成了捍卫真理的卫士。冲突自然是不可避免了。双方剑拔弩张，各不相让，争执双方各给自己的上司拍发电报，寻求支持。李济宣布发掘暂停，考古人员就地待命，自己与董作宾匆匆赶回北京，将发生的具体情况向傅斯年做了汇报。

鉴于已造成的矛盾与冲突，傅斯年不得不全力斡旋，力争协调中央政府和地方政府的关系。最后由中央研究院院长蔡元培出面呈请国民政府，打电报给河南省政府，请其继续保护和配合中央研究院的发掘工作，并让何日章无条件地停止挖掘，以免造成破坏。经过反复协商，双方终于达成了几条协议，大致内容是中央研究院在发掘的同时，应注意维护地方政府的利益，所获古物双方共同拥有等，一场冲突遂告一段落。

仰韶—龙山—殷商

1931年，殷墟开始进行第四次和第五次发掘。此时的发掘队员增加了一批朝气蓬勃的年轻学者。在李济具体指导下，有计划地将殷墟分为五个区，每区由一位受过训练且有经验的考古学家指导发掘。就在这两次发掘中，考古人员从实践中摸索出辨认版筑夯土的规律，这一点对于古代建筑多是夯土结构，而不是砖石结构的中国考古极其重要，对后来的中国考古学发展和对中华文明的认识产生了深刻的影响。

在发掘的五个区中，最令人瞩目也最让后代考古学者称道的是后岗村的发掘。这个工地的主持者是杰出的考古学家梁思永。

梁思永是中国近代史上风云人物梁启超的次子，1923年毕业于清华学校留美预备班，然后赴美国哈佛大学研究院攻读考古学和人类学。1930年夏季于哈佛大学获硕士学位后归国，加入中央研究院历史语言研究所考古组。同年秋，赴黑龙江发掘昂昂溪遗址。其间，转道通辽入热河进行考古调查。1931年春将黑龙江昂昂溪发掘报告写成后，赴安阳殷墟主持后岗区的发掘。

由于梁思永是真正受过考古学训练的学者，在田野考古发掘中，无论是思维方式还是技术，都比其他学者更胜一筹。发掘中，梁思永采用了西方最先进的科学考古方法，按照土质、土色、包含物来划分文化层，成功地区别出不同时代的古文化堆积——这便是中国考古史上著名的"后岗三叠层"，即"小屯、龙山和仰韶三种文化的堆积关系"。

这个方法一直被后来的考古学者当作圭臬沿用至今，其意义的重大已超出了殷墟发掘本身，它使中国考古学与古史研究进入一个崭新的阶段。就中国的田野考古发掘而言，梁思永是当之无愧的一代宗师。

1931年那个明媚的春天，梁思永于殷墟后岗主持发掘时，发现彩陶—黑陶—殷墟文化，以一定的顺序叠压在大地深处，安然地度过了几千年人类的生命年轮。这个重大发现，令以梁思永为代表的考古学家想起了安特生搞出

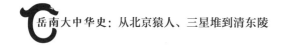
的那个"中国文化西来说"的悬案。

很明显，彩陶文化代表着安特生在河南渑池发现的仰韶文化，那么黑陶文化是否代表着山东章丘城子崖的龙山文化？带着这个疑问，梁思永在接替李济主持城子崖发掘时，将殷墟和城子崖两地的黑陶文化做了比较，发现两者基本相同。

当他回到安阳殷墟后，在以后的几次发掘中，于殷墟同乐寨又发现了纯粹的黑陶文化遗址。

这个发现使梁思永坚信，后岗的仰韶文化—龙山文化—商文化三叠层，是按先后存在的时间顺序自然形成的。也就是说，先有仰韶文化，再有龙山文化，再有殷商文化。后岗三叠层的划分，成功地构筑了中国古文明发展史的基本时间框架，使死去的文明转世还魂，使干涸的历史长河重新流动起来，形成了一条清晰的人类文化发展史的大动脉。此举正如李济所言：城子崖的发掘使"小屯与仰韶的关系问题，渐次扩大为小屯、仰韶与龙山（城子崖）的关系问题"。而后岗三叠层的发现与确认："殷商文化就建筑在城子崖式的黑陶文化之上。"这一发现，为推翻安特生"中国文化西来说"打下了坚实的基础。

当然，梁思永首次提出的仰韶—龙山—商文化的承接性历史框架，解决了中国文明史重大旧问题的同时，也衍生了许多新的问题，其中最为明显的是，这三个独立的文化系统并非紧密相连，环环相扣，中间尚有大的缺环和空隙，那么什么样的文化能连接和填补这些缺环与空隙呢？

1932年春，安阳殷墟进行第六次发掘，考古人员很快发现了殷墟宫殿基址。这个发现，无疑较单纯地发现甲骨更具科学考古价值。因为有了宫殿的出现，就进一步证明殷墟作为都城的可能性，这是甲骨文发现之后，又一个破天荒的突破。

从这次发掘开始，田野考古工作的重点由单纯寻求甲骨和器物，渐渐转变到揭示和研究宫殿基址上来。由于这些宫殿是在很长时期内陆续建造而成，旧的毁弃后新的又得以重建，前后交叠，已看不清原来的布局。随着发掘探沟与探方的展开，殷墟的神秘面纱才被一层层揭开。

1932年秋到1934年春，李济、董作宾、石璋如、郭宝钧等学者，又在殷墟进行了第七、八、九次发掘。这时考古学家的目光转向洹河北岸侯家庄的西北岗，并在这一带找到了梦寐以求的王陵区，而商王陵之所在从未见诸史书记载。

1934年秋到1935年秋，由梁思永主持的第十、十一、十二次发掘对已发现的王陵迹象紧追不舍，继续扩大战果。这时胸有成竹的考古学家们已经不再是局部试探，而是拥有了大面积揭露的胆魄，每天用工最多达到了500人。一连发掘了10座王陵，以及王陵周围的1200多座小墓和祭祀坑。发掘的大墓规模宏伟，虽经盗掘，丰富的出土文物仍举世震惊。

图2-13　殷商时期的甲骨文，一般多为卜辞，单纯记事者很少见。宰丰骨匕所刻乃是记载帝乙或帝辛时，宰丰受到商王赏赐的事情。这块牛骨所刻文字，已有精妙的间架结构，熔奇变的章法、布局于一炉，显示出卜辞的书法，在结构上重心安稳、错落有致，有疏密得当、展蹙分明的艺术效果

图2-14　殷墟出土的刻有卜辞的甲骨　　　　图2-15　殷墟出土的刻有卜辞的甲骨

　　1936年，继考古学家郭宝钧主持的第十三次发掘之后，梁思永主持的第十四次发掘，在寻求甲骨方面又取得了突破性进展。在著名的编号为127号商代灰坑中，共发现带字甲骨17096片，其中有300多块是未破损的整版甲骨。这一重大发现令学者们欣喜若狂，不仅因为发现带字甲骨数量惊人，更重要的在于整版甲骨往往刻有多组卜辞，这对于研究各组卜辞之间的区别与联系具有十分重要的价值。更为重要的是，这些甲骨出于同一坑中，说明相互之间有某种内在联系，比起零星出土的传世甲骨残片，在学术价值上显然更高一筹。

　　1937年春，考古学家石璋如主持了殷墟的第十五次发掘。到夏季，抗日战争全面爆发，殷墟发掘至此停止。

图2-16　中央研究院史语所于抗战前发掘安阳殷墟王陵区M1002大墓形制

　　自1928年起至1937年终，中央研究院历史语言研究所考古人员于10年间在河南安阳殷墟陆续进行了15次发掘，共获得甲骨24794片，虽然数量仍然和殷墟发掘前期流散于社会者不能匹敌，但由于是科学发掘所获，与前者相比就具有大不相同的价值。

　　安阳殷墟所经历的10个年头的发掘，完全是由中国考古学家按照科学的方法进行的。在当时社会环境极不安定、土匪肆虐横行、发掘工作时常需要

武装士兵保卫的恶劣政治环境中，殷墟发掘仍然取得了极为辉煌的成果，中国古史上伟大的商代文明由此显耀于世，并为全世界人类所广泛瞩目。

殷墟15次发掘的大部分文物、资料，于1948年年底随史语所人员运到了台湾，存放于台北南港"中研院"史语所文物陈列室。从此，殷墟的资料和研究人员天各一方，难以团聚。后来，在中国台湾的殷墟发掘资料由李济、董作宾、石璋如、高去寻等主持整理，先后出版了《小屯》《侯家庄》等多卷本考古报告集。

1950年始，殷墟重新恢复了系统的科学发掘，著名考古学家郭宝钧主持发掘了王陵区内著名的武官村大墓。随后，新组建的中国科学院考古研究所（后划归中国社会科学院）在安阳建立了考古工作站。在30平方公里的殷墟保护区范围内，田野考古勘探和发掘工作一直有计划、有重点地进行，每隔几年，就会有新的成果出现，并最终在洹河北岸发现了一座商代早期的都城，实现了殷墟发掘的又一次重大突破。

殷墟从发掘之初，就以无可辩驳的事实，证明了商代社会的存在和文化的高度繁盛。诚如李济所言："随着安阳发现的公开，那些疑古派也就不再发表某些最激烈的胡话了……安阳发掘的结果，使这一代的中国历史学家对大量的早期文献，特别是对司马迁《史记》中资料的高度可靠性恢复了信心。在满怀热情和坚毅勇敢地从事任何这样一种研究工作之前，恢复这种对历史古籍的信心是必需的。"

或许，正是怀有这样一种信心，商代前期的都城又一次浮出地面。

商朝第一都的发现

1950年，刚刚从战争的硝烟和炮火中摆脱出来的郑州人民，开始在废墟上建造新的家园。此时，郑州南小街小学一位叫韩维周的教师，于教课之余，经常到旧城四周新开挖的工地边转悠，目的是寻找地下出土的古物。当然，他寻找古物不是要做古董商，而是为了收藏和研究。

韩维周原为河南巩县马峪沟村人，早年就读于开封河南国学专修馆。毕业后，进入当时在开封的河南古迹研究会。这个研究会由中央研究院史语所与河南地方机关共同组建，委员长由河南省通志馆馆长张嘉谋担任，主任为李济，秘书长郭宝钧主持日常工作。成员有董作宾、关百益、刘燿（尹达）、石璋如、赵青芳等人，其职责是负责河南地区的田野考古与文物保护工作。韩维周进入古迹研究会后，以技工身份多次参加安阳殷墟和豫北浚县大赉店、浚县辛村卫国墓地的发掘，同时学到了一些考古和文物保护知识。抗战全面爆发后，韩离开研究会，到一个乡村小学任教。抗战胜利后到县政府任参议，后到郑州南小街小学任教，一度出任过郑州文物保护委员会委员等。

正是基于这样的条件和职业习性，他在课余时间，经常到离学校不远的旧城施工工地转上几圈，看有没有文物出土。也就在这段时间里，他发现了许多以前未曾见过的陶片，尤其在郑州烟厂工地，发现了大量成堆的陶片和器物。韩维周将这些陶片和器物收集起来，按自己掌握的知识分析研究，认为器物和陶片的出土点可能是一个商代遗存。如果真是商代的遗存，那就非同一般，说不定会产生第二个安阳殷墟——他知道，安阳殷墟是商代晚期的都城，大约为盘庚迁殷后的都城，商代早期都城或主要活动地点还没有发现。想到这里，韩维周不敢怠慢，便迅速向刚刚成立的河南省文管会做了书面汇报。

河南省文管会接到韩维周的报告，迅速派出安金槐、赵金昄、裴明相三位专职文物干部赴郑州调查。当三人来到韩维周住室时，只见满屋摆着各种各样的陶片，活像个陶片博物馆。韩维周的见识和对文物保护的责任感，让三人大为感动。

调查结果表明，郑州二里岗与南关外一带确实是一处商代遗址。河南省文管会得到此消息，高兴之余又多了一份谨慎，为做到更有把握，分别把调查情况报中央文化部文物局与中科院考古研究所，并请派专业人员前来复查。中央文物局和考古所接到报告，先后派专家到郑州做了实地考察，进一步证明二里岗一带是一处很重要的商代遗址，并认为这是河南甚至是整个中原地区继安阳殷墟之后，发现的又一处商代遗址，而且可能是比安阳殷墟更早的商代前期遗址。这一发现，很快引起了国内文物考古界的高度重视。

随着发掘的深入，相继发现了商代二里岗期铸造青铜器、烧制陶器和制作骨器的各种作坊遗址。此外，还出土了一片类似安阳殷墟甲骨文的所谓"习刻文字"。这些商代二里岗期遗迹与遗物的发现，对研究郑州商代遗址的性质提供了重要的实物资料。

1955年秋天，郑州市城市建设局在郑州商代遗址东北部白家庄一带挖掘壕沟、铺设地下排水管道工程中，发现一片坚硬的夯土层和许多陶片。河南省文物工作队派安金槐前往调查，想不到这一查又发现了一条重要线索。

在人类没有发明烧制砖瓦之前，中国建筑的基本方法是夯土，亦称"版筑"。墓葬的回填土，也以夯砸实。所以，有经验的考古人员凡一见夯土，就知道不是夯土墙或夯土台基，就是墓葬了。至于陶片，则是历史的脚印，有了它们，考古学家们就可以依据其器型、纹饰等种种工艺特点，把大约一万年以来的人类历史的各个阶段区分开来，并确认某一文化层属于哪一历史时期。因而，当安金槐看到夯土、陶片后，认为是一座大墓，遂率领考古人员就地开挖10平方米探沟，以考察遗址布局。出乎意料的是，只见层层坚硬的夯土、清晰的夯窝，却未见夯土边缘。

为摸清地下情况，考古人员开始改为探铲钻探。至1955年冬，已钻探出商代夯土东西长100多米，其东、西两端仍继续在延伸着。这时，安金槐与他的同事才意识到，延续如此之长的商代夯土，已不可能是商代大墓中回填的夯土了。

图2-17　殷墟洹北商城出土的宫殿夯土台基

　　1956年春，安金槐等人在二里岗一带继续进行地下考古钻探调查。通过近半年的追踪钻探，惊奇地发现夯土层构成的南北长约2000米、东西宽约1700米，略呈南北纵长方形的遗址，原来是一座古老的城垣。且这个城垣遗址围郑州一圈，全长6960米，包含范围比郑州旧城还大三分之一。这是当时中国田野考古中发现的最早的一座商代城垣遗址。

　　1973年起，以安金槐为首的考古人员重新在郑州商城内进行全面考古钻探与试掘，以寻找商代宫殿建筑基址。通过两年多的努力，在面积约40万平方米范围内，普遍发现了范围大小不同的商代夯土建筑基址遗存。稍后，又在二里岗一带发掘出数十座商代大型宫殿夯土基址，并在宫殿区周围发现宫城夯土基址和水管道设施。稍后，在郑州商城内外发掘出一部分商代祭祀场地和祭祀后的窖藏礼器坑，并在窖藏坑内出土了大量珍贵的青铜礼器。

早于安阳殷墟的郑州商城就这样被神奇地发现了，以北京大学教授邹衡为代表的考古学家认为郑州商城就是湮没于历史风尘中3000年之久——商朝第一个王——"商汤建都于亳"的亳都。

亚细亚的黎明

1955年，为配合黄河三门峡大坝建设，由国家组织的黄河水库考古工作队陕西分队华县队，沿黄河三门峡段上游和渭河流域展开文物普查。当工作人员行至华县城西南、渭河支流西沙河东岸时，一个叫老官台的遗址引起大家的兴趣，通过表面呈现的文化现象可以看出，此处应为一处远古时代的遗址。1959年，工作队对老官台遗址进行田野考古试掘。在清理的两个灰坑中，出土了大量饰有划纹、绳纹、锥刺纹的夹砂粗红陶、细泥红陶、细泥黑陶和白陶等残破陶片。

经过对出土器物以及地层叠压关系进行研究，为新石器时代早期，时间早于仰韶文化。对此，考古工作者将渭河流域同一类型文化遗存命名为"老官台文化"。

1958年，甘肃省文管会组织的泾渭流域文物普查小组，来到天水市秦安县东北45千米处的五营乡邵店村外，在一个河道山坡上发现了部分属于仰韶文化晚期的遗迹遗物，认定此处"属于需要保护的文化遗存"。

1978年，甘肃省博物馆欲举办一次全省出土文物展览，缺少仰韶时期和更早的鱼纹彩陶。甘肃号称彩陶之乡，彩陶展览是重中之重，必须通过实际发掘搞一部分仰韶或更早的彩陶展出，才能服众。于是，经省文管会研究，派出一支由岳邦湖为首的省文物工作队赴泾渭流域进行调查、发掘。

当岳邦湖等考古人员辗转来到天水秦安县文化馆后，在仓库里看到了一组陌生的陶器，有黑宽带纹红陶钵、黑彩鱼纹红陶盆、光滑如新的彩陶罐等。经询问，几年前邵店村小学修操场、建围墙，挖出了一座古墓，墓中出土了一些陶器，有的被当地村民取回家养花种草，有的拿来喂鸡饲狗，剩下的一少部分被县文化馆干部韩永录收回保存。

岳邦湖当即意识到，这是寻找仰韶彩陶文化遗址的极其重要的线索。于是，由韩永录带领来到了五营乡邵店村外，收集到若干类似残破的陶片。经调查得知，这个地点就是1958年省文管会泾渭流域文物普查小组认定的"需要保护的文化遗存"所在地。

1978年8月，考古人员进驻秦安县五营乡邵店村外大地湾古河道两岸进行发掘。随着各种彩陶器物的出土，考古学研究认定，此处是中国新石器时代已发现的最早的文化遗址，与老官台文化年代相近，比广为世人所知的河南渑池仰韶村和陕西西安的半坡村遗址都要早。也就是说，这个遗址出土的陶器就是仰韶文化的祖先。随后，考古学家将这一支最为古老的彩陶文化命名为大地湾文化。

老官台、大地湾文化，仰韶文化、龙山文化，二里头遗址，郑州商城遗址，安阳殷墟商代晚期的王都、王陵，这些遗址、王陵与王都的发现，以及出土的与之相关的数以千万计的甲骨文字、青铜、玉制礼器、陶器，无不证明着中国文化源远流长而又独立存在的事实。

驳斥中国文化西来说

安特生及其同道对中国的考古发掘成果视而不见，仍在鼓吹中国的彩陶制作技术是先在西方成熟后才传入中国的"中国文化西来说"。由美国伊利诺伊大学斯塔尔等人编著，于1964年出版的《世界史》宣称：中国古代文明的起源晚于美索不达米亚，且是受后者影响而发展起来的，中国的青铜器出现在公元前1500年左右，炼铁技术是公元前1000年后从西方传入的。中国古代文明在商之后才迅速发展起来，商朝的年代为公元前1523年至公元前1027年，安阳地区出土的文物是唯一的物证。

对于外国人的这些观点，大多数中华儿女，特别是历史学、考古学家自然无法认同。20世纪30年代和50年代中期，曾参加过安阳殷墟发掘的中国考古学家梁思永、尹达等学者，专门著文就安特生所鼓吹的"中国文化西来说"进行批驳，但仍未消弭部分西方学者对中国文明起源、发展脉络的偏见。

另一位考古学大师李济，对西方学者的种族偏见、价值偏见更是给予了严厉批判。他曾在讲演中指出，譬如讲到（中国的）年代，西洋人在选择两个可能的年代时，总要偏向较晚的一个。例如武王伐纣的年代，考古学家董作宾定在公元前1111年，而西洋人（以及少数中国人）一定要定在公元前1027年，一笔抹杀了较早的公元前1111年。在周口店北京人的年代问题上也是这样，以便在讨论文化、人种和活动方向时，他们可以随意安排。在安阳出土的青铜刀问题上，一些美国的汉学家认为中国的铜刀子与北方的青铜器有关系，而在时代上，中国的比西伯利亚的晚。这是他们把武王伐纣年代定在公元前1027年的主要依据。把中国拉下几十年，再把西伯利亚提早几十年，于是就可以证明中国文化是从他们那里来的了。

然而，随着中华大地考古遗迹与各类遗物的发现发掘，特别是^{14}C测年技术的发明与应用，彻底了断了中华文明是原生文明还是外来文明的争论。

^{14}C测年技术是放射性碳素断代技术的简称。自1949年这项技术发明以来，已成为现代考古学应用最为广泛的一种测定年代的方法。简言之，一切死亡的生物残体中的有机物，以及未经风化的树木、骨片、贝壳等，都可以用^{14}C仪器测定出具体年代。学术界将这一技术的发明和应用称为"放射性

碳素的革命"。为此，它的创始人利比荣获了1960年诺贝尔化学奖。

随着[14]C测年技术在考古学界和地质学界广泛应用，一系列令人瞩目的成果得以问世，它使全世界几万年来的历史事件和地质事件，有了统一的时间尺度。如北美洲的威斯康星冰期的曼卡托分期年代，考古学家、地质学家原认为发生在25 000年以前，后通过对冰期堆积层中提取的5种树木标本的[14]C测定，其年代只有11 000年左右。于是有科学家以此推断，"美洲的最初殖民，是在冰河北退后由亚洲经白令海峡迁移过去的，因为北美洲的这最后一次冰河的最后一个分期和欧洲北部属于一个时代，后者的年代曾被[14]C测年所证实。这个问题的解决，无论是对史前考古学还是地质学而言，都是一件极其重要的大事"。

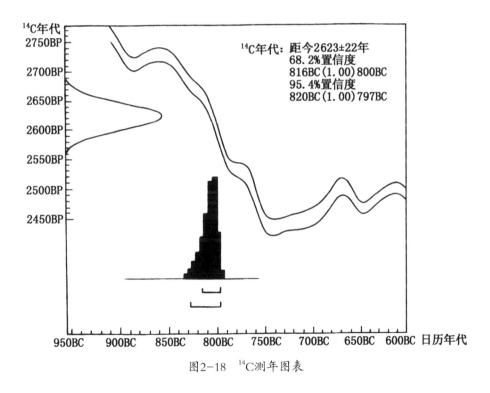

图2-18　[14]C测年图表

日本新石器文化的开始问题，有学者认为可以早到公元前3000年以前，但经过^{14}C测年之后，发现要短得多。20世纪上半叶，日本学者大贺一郎在中国辽宁省大连市普兰店河畔一个古代沼泽泥炭层中发现了几十粒莲子，当时认为这个泥炭层可能属于第四纪更新世时代，在10 000年之前。后来大贺一郎曾设法使他得到的莲子发了芽，整个学术界为之轰动。因为历史如此久远的莲子居然在泥炭中埋藏万年之后还能发芽，不能不说是个奇迹。但后来经过^{14}C的测定，大贺一郎发现的莲子不过距今1040年左右。在这个时间段之内，莲子发芽当然让人惊喜，但和以前认为的万年比起来，就不免让人感到有些失落的滋味。

1979年之后，仇士华领导的^{14}C实验室开始大规模测验，几千个考古、地质年代数据被相继测出。如旧石器晚期文化问题，从前对北京周口店山顶洞人年代说法不一，大多数学者估计"距今十万年左右"，但经过^{14}C测年，发现只有19 000年左右。对争论不休的老官台、大地湾文化、仰韶、龙山、夏、商、周，以及之后的各代历史遗址中的含碳标本进行了大量的测定，建立起一个较详细的历史年代框架。而最令人瞩目的古代遗址测年如下：

老官台+大地湾文化：公元前6000年—公元前2800年左右

仰韶文化：公元前5000年—公元前3000年左右

龙山文化：公元前2500年—公元前2000年左右

二里头夏文化：公元前1880年—公元前1521年左右

郑州商城早商文化：公元前1600年—公元前1415年左右

安阳殷墟商文化：公元前1370年—公元前1036年左右

由于这些令人瞩目的成果，使中国不同地区的各种新石器与青铜文化，建立起一个时间关系的框架，同时也使中国的考古学，因为有了确切的年代序列而进入一个新的研究时期。

与此相关的是，经过世界不同^{14}C实验室测验，当年安特生提及的土耳其斯坦安诺文化，时间为公元前4000年—公元前3000年，比之仰韶与一脉相承的老官台—大地湾文化晚了1000年—2000年。而所谓的美索不达米亚幼发拉底河、底格里斯河两河文明，最早的创造者是公元前4000年左右来自东部山区的苏美尔人。到了公元前3000年，苏美尔人在两河流域建立了众多城邦。所出土的众多遗物，^{14}C测年也大体在这个年代——这一新的科学技术的应用，以无可辩驳的事实，让那些故意贬低中华文明的不怀好意者不得不闭上嘴巴，并放下傲慢的架子，承认自己以前的错误，还华夏文明与中国古文化一个公道。

时代	黄河上游	黄河中游	长江中游	黄河下游	长江下游	公元前
青铜器时代	四坝文化	商	商	商	商	1000
新石器时代	齐家文化	龙山文化	龙山文化 屈家岭文化	龙山文化	良渚文化	2000
	马家窑文化		大溪文化	大汶口文化	崧泽文化 马家浜文化	3000
		仰韶文化	皂市文化	北辛文化	河姆渡文化	4000
	大地湾文化	裴李岗文化 磁山文化		后李文化		5000
						6000
			彭头山文化			7000
						8000
		南庄头文化				9000

图2-19　常规^{14}C技术测定的黄河流域和长江中下游新石器文化的序列与年代。引自安志敏《碳-14断代和中国史前考古学》

亚细亚——太阳升起的地方，人类文明的发源地。

1995年，^{14}C实验室首席专家仇士华，发表了《解决夏商周年代的一线希望》的论文。这篇文章就如何利用^{14}C测年技术，结合其他科学研究，对中国历史上最令人迷茫的夏商周三代纪年的年代推算问题，大胆提出了所具备的条件和成功的希望所在。一年之后，"夏商周断代工程"正式开始了。

第三章 夏商周历史年代解密

尧舜禹真有其人吗？

中国古代史学家司马迁所写的《史记》，被誉为"史家之绝唱，无韵之离骚"。这部千秋名著，以"究天人之际，通古今之变，成一家之言"为主旨，以四项史源取材，五种体裁编纂，记载了中国自黄帝以来到汉武帝时期3000年的历史文化和民族风情，为后世留下了一笔丰厚的文化遗产，开创了中国史学崭新的时代，堪称中国史学史上一座无法逾越的丰碑。由此，司马迁获得了"史圣"称誉甚至"史学老祖"的声名。

然而，司马迁也为后人留下了一个难解之谜，或者说一个学术悬案。

中国有5000年的历史，自黄帝到夏、商、西周、东周、秦、汉、晋、隋、唐、宋、元、明、清、民国，一直到中华人民共和国成立，其文明绵延不绝，未曾中断，是世界四大文明古国中唯一没有中断的民族和国家。但司马迁《史记·十二诸侯年表》记载，中国有史以来的确切纪年为西周共和元年，也就是公元前841年。再往前，只记人和事，具体年代就只有大略推论。

这个遗憾和迷惑是如何造成的？

中国的历史，自东周以后，诸侯相兼，史记放绝，文献、典籍散失、毁坏严重。秦始皇统一六国，坑杀儒生，焚烧诗书，酿成了空前的文化劫难。

原本许多上古之人的传说和上古之事，到孔子的时代已模糊不清。从孔子到司马迁时代，历史的河流又流淌了400多年，远古之事自然就更难以考证确凿了。

在这种"并时异世，年差不明"的学术困境中，司马迁凭着史家的良知，在历史年代上，只能断到西周共和元年，即公元前841年，之前的史事只记载了一个模糊的框架而无确切纪年。如果按共和元年算下来，中国有确切纪年考证的历史，到今天也才只有2800多年，与号称5000年文明史相差近一半。这不能不说是中国乃至世界历史的重大缺憾。

继司马迁之后的2000多年来，无数历史学家、自然科学家如班固、刘歆、皇甫谧、僧一行、邵雍、金履祥、顾炎武、阎若璩、梁启超、章鸿钊、刘朝阳、董作宾、唐兰、陈梦家、张钰哲等鸿儒贤哲，从古代流传下来和不断发现的文献、甲骨文、金文、天文记录等透出的蛛丝马迹中，对东周之前的史实做了无数论证与推断。终因历史本身的纷繁复杂以及研究条件所限，总是难以如愿。

司马迁当年所推定的共和元年以前的历史纪年，依然是迷雾重重，难以廓清。中国5000年文明史的链条，特别是自黄帝以来至尧、舜、禹，到汤建立的商朝、武王建立的周朝等三代历史的确切纪年问题，便成为最撩人心弦、催人遐想的千古学术悬案。

1929年，被鲁迅称为"流氓+才子"的创造社成员之一郭沫若，曾大言不惭地说道："《尚书》是开始于唐虞，《史记》是开始于黄帝，但这些都是靠不住的，商代才是中国历史真正的起头。"与郭沫若一股道上奔跑的马克思主义史学家范文澜，在其主编的《中国通史》中，将五帝、夏朝全部视为传说。在夏朝、商朝的年代之后用一个个"？"表示怀疑，将夏代遗迹统统视为假设。由毛泽东主席倡议、周恩来总理督编的权威性的《辞海》附录的"中国历史纪年表"，将中国古代确切纪年的起始年，定为同《史记》记载一样的西周共和元年。而1981年由人民出版社出版的大学教科书

《世界史·古代史》，所列"世界古代史比较表"，在公元前21世纪栏内，只有"禹传子启，夏朝建立"八个字。在公元前17世纪栏内，标注"商汤灭夏，商朝建立"八字。当年司马迁在《史记》中所列"五帝本纪"中的"五帝"，干脆被弃之不用。

正是中国学术界自己对本民族古代历史纪年的迷茫和纷乱，才导致了日本人"尧舜禹抹杀论"的出台，才有了西方人所认为的"中国文化西来说"。英国人罗伯兹在1993年出版的《世界史》中称：商代是美索不达米亚古文明以东的有证据的唯一文明，可能于公元前1027年为周朝所灭。"（西方学术界）一致公认，中国的文明史从商开始，长期以来这是研究中国历史的基础。因为中国只有公元前8世纪以后的纪年，没有更早的像埃及那样的纪年表。"

诚如著名考古学家李济所言："在20年代初，即被称为中国文艺复兴的那个短暂的时期以来，知识界有很重要的一伙人自称是疑古派。这些不可知论者怀疑整个中国古代传统，声称所谓的殷代不管包括着什么内涵，仍然处在石器时代……随着安阳发现的公开，那些疑古派也就不再发表某些最激烈的胡话了……事实上，司马迁《史记》中《殷本纪》记载的帝系上的名字，几乎全都能在新发现的考古标本——卜辞上找到"，由此"重新肯定了2000多年前司马迁在《史记》中所载原始材料的高度真实性……"

早已觉醒并重新建立文化信心的中国人急起直追，于20世纪的盛世之年开始了行动。

2000年11月，新华通讯社向世界播发了这样一条消息：《夏商周年表》正式公布。

消息说：自司马迁作《史记》以来的2000多年间，一直困扰中华文明史的一个千古谜团，终于在现代科学研究面前有了较为清晰的答案。今天正式公布的《夏商周年表》，把我国历史纪年由公元前841年向前延伸了1200多年，使中华文明发展的重要时期——夏商周三代有了年代学标尺。而世纪之

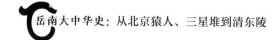

交得以完成这项任务，是中国科学界集中200余名相关领域的科学家，经过6年的努力完成的。这一成果终于凿破鸿蒙，为我国早期的历史建起了清晰的年代框架。

这份年表给出的数字是：

夏代始年约为公元前2070年；

夏商分界约为公元前1600年；

盘庚迁殷约为公元前1300年；

商周分界为公元前1046年。

年表还排出了西周10王具体在位年，排出了商代后期从盘庚到帝辛（纣）12王大致在位年。这一成果，不仅解决了我国历史纪年中长期未定的疑难问题，更为探索中华文明起源、揭示中华5000年文明史起承转合的发展脉络，打下了良好的基础。

中国最早的王朝

夏朝是中国历史上有记载的第一个王朝。夏代之前的历史，不仅社会生活一般状况极其模糊，连时间、地点、人物及世系等诸要素，也是云遮雾罩，难窥真颜。司马迁收罗各家逸闻传说，把那些远古的事迹加以梳理编排，统统归入《五帝本纪》，权当《史记》的卷首开篇。接下来就是对夏、商、周三代及其以后历史的描述。

按照《史记》的说法，夏的第一位帝叫禹，他的前面是舜和尧两帝，他们都是五位古帝的后代。据历史留下的文献资料看，尧号陶唐氏，都平阳，居地在西方；舜号有虞氏，生于诸冯，卒于鸣条，从地理位置看应属于东方。禹的父亲鲧，居地在崇，崇即嵩，应为河南嵩山一带。

禹原住在阳城，后都阳翟，这两个地方后世学者大都认为应在河南偏西地区。如果从五帝到尧、舜、禹这几位古帝对后世留下的影响来看，禹的名声最大。同许多古老民族都说远古曾有一次不可抗拒的天灾——洪水一样，据说在帝尧之时，也遇到了波浪滔天的洪水，搞得天下人民苦不堪言。为了治理洪水，让百姓安宁，帝尧让鲧来治理，结果9年而无功，洪水照样泛滥成灾。到了舜为帝时，改用鲧的儿子禹来治理，禹吸取了父亲失败的教训，改堵的方法为疏导、疏通之术，在外奔波13年，三过家门而不入，劳身焦思，终于使洪水的治理取得了前所未有的成功。于是天下太平，禹也就成为后世备受人们崇拜和赞颂的一位神人。

当时与禹同时治水的还有一位叫伯益的非凡人物，传说伯益最早发明了凿井之术，有了井，人们便可以离开经常泛滥的河流，到不受洪水所害的地方居住和生产，人身安全和农业的发展都有了保障。差不多也在这个时期，有一个叫奚仲的人发明了车，车的发明是古代社会生活中一项革命性成果，这个成果无疑对生产力的发展起到了极大的促进作用。

按一般的说法，黄帝以下诸帝，部落联盟逐渐扩大，战争也变得频繁起来。到尧、舜、禹时期，存在着以黄帝族为主，以炎帝族、夷族为辅的部落大联盟，到了禹做大酋长时，对苗族的战争获得了较大的胜利，使当时势力最大、战斗力最强的苗族和黎族被迫退到长江流域，黄、炎族开始占有黄河中游两岸的中原地区。从流传下来的史料中可以知道，神农氏用石头做兵器，黄帝"以玉为兵"，到了禹的时候则用铜做兵器。如此迅猛发展的生产力，奠定了伟大灿烂的华夏文明的基础。

在流传下来的中国最早的史书《尚书》中，尧、舜、禹的帝位传承是采取"禅让"制度。当尧在位的时候，咨询四岳（姜姓，炎帝族），四岳推举虞舜作继承人。舜受到各种考验后，摄位行政。尧死，舜得以正式即位，而即位后的舜像先帝尧一样，也照旧咨询众人，选禹为继承人。舜死，禹继位。继位后的禹仍按过去的制度，将皋陶（偃姓，夷族）作为自己的继承人。皋陶未即位便撒手人寰，众人又推举皋陶的儿子、曾发明凿井术的伯益

为继承人。禹死后，应该继为帝的伯益未能即位，禹的儿子启篡位自称为帝。从这次政变开始，原来的"禅让"制度被废弃，"公天下"从此变为"家天下"，这个历史性的重大转折，影响了以后几千年中国历史的政治制度。

自启篡位后，随着生产力的发展和私有财产的不断积累增多，启之后的政治集团和所属部落渐渐强盛于众小邦之上，而随着各种制度的日趋完善和巩固，原来的部落联盟渐渐向国家过渡，因而，中国历史上第一个国家——夏王朝形成了。

启的篡位称帝，使原有的"禅让"制度变为"世袭"制度。从历史记载看，夏代从禹开始至最后一位帝桀终结，共为17世，总年数为471年或431年，其世系表为：

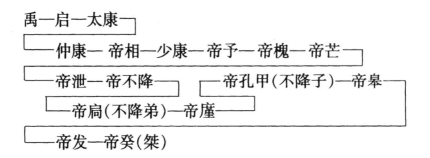

夏王朝对中国历史的进程产生了极大的影响，这是中国有史以来国家建立和文明产生发展的根基，后世人们对这一时期曾倾注了极大的仰慕之情。如最早起源、活动于西方的周族人，当他们夺得并占领中原之后，便称自己的国土为"时夏"，称自己的民族为"诸夏"。后来在"夏"字前加"华"字，这便是"华夏民族"名称的来源。这个名称直到几千年后的今天仍为中国人所称谓并为之自豪。

二里头遗址透露的隐秘

历史上的夏朝共有多少年？司马迁干脆不说。此后，历代学者的论述各不相同。"夏商周断代工程"开始后，解决的第一个问题，就是夏朝的起始之年。

专家们通过对近400种古籍进行普查和检索，发现夏代积年主要有两种说法：一是471年说，二是431年说。

综观471年和431年两种说法，发现中间相差了整整40年。对于这个不算太小的差距，中国历史上无数学者进行过研究与考证，大体上分两种解释：一是471年包括羿、浞代夏的"无王"阶段，而431年不包括"无王"阶段。二是471年自禹代他的前辈舜事开始起算，431年则起自禹执政的第一年，也就是禹元年开始起算，故有40年之差。

据文献记载，当夏王朝的历史进展到禹的孙子太康帝的时候，发生了著名的太康失国事件。太康相当荒淫，经常带着家眷到洛水北岸打猎，有时一连几个月不回朝听政。有一位叫后羿的夷族酋长利用夏民对太康的怨恨，出兵夺取了太康的帝位，号称有穷氏。后羿是当时最著名的射手，专喜欢打猎。后来他的亲信寒浞收买了羿的家奴将羿杀死，霸占了羿的妻妾和全部家业。再后来，太康的后辈少康纠集人马，攻灭寒浞，又夺回了太康失去的帝位，史称"少康中兴"。关于太康失国、后羿代夏、寒浞篡位、有穷覆亡、少康中兴的故事，《楚辞》中亦有记述。而且，在残存的《竹书纪年》中也可找到"羿居斟鄩"之类的印证。可见后羿、少康故事真实地反映了夏王朝发展过程中部族间斗争的情形，远非后代人的观念所能伪造。有鉴于此，在关于夏代积年的最终取舍中，专家组学者们在反复论证后，决定采取471年说，即整个夏代积年自禹起，终于桀，其间包括羿、浞代夏的"无王"阶段。

专门针对中华历史纪年测算的夏商周断代工程（以下简称工程）启动

后，对夏朝年代的推算，分设四个小专题，即：

> 早期夏文化研究
>
> 二里头文化分期与夏商文化分界
>
> 《尚书》仲康日食再研究
>
> 《夏小正》星象和年代

推算方法主要遵循下列三条途径：

一是文献中对于夏代纪年的记载。

二是对夏文化探讨的主要对象，即河南龙山文化晚期和二里头文化的
^{14}C测年。

三是参照文献中有关天象记录推算。

最后，将这三项研究成果汇总起来，再把相关材料加以对比、交叉、考证，夏代纪年的框架，就相应地建立起来了。

二里头遗址

二里头文化遗址，是著名考古学家徐旭生1959年发现的。关于夏王朝是否存在的问题，在20世纪20年代，史学界争论颇为激烈。"疑古派"学者代表如顾颉刚等人，公开放言中国历史上所谓的"夏朝"根本不存在，而被吹得神乎其神、"三过家门而不入"的治水官员兼专家大禹，其实"是一条虫虫"，整个夏朝、商朝甚至西周早期，都不过是"史影里的传说"，根本不能相信。

就在"疑古派"兴风作浪，制造的"传说"理论"几乎笼罩了全中国的历史界"的关键时刻，以徐旭生为代表的硕学鸿儒，处乱不惊，起而反

击，并明确指出：世界上任何一个民族最初的历史，总是用"口口相传"的方法流传下来。在古文献中保存有古代传说，而在当时尚未能用文字把它直接记录下来的史料，用这种史料所记述的时代，就叫作"传说时代"。中国的传说时代，上限尚不可定，或自炎黄时期，下限暂定在商代盘庚王迁殷以前。对"传说时代"史料的研究，首先应当对神话与传说认识清楚并加以区分——尽管两者之间相近，颇难截然分离，但绝不能混为一谈。

为此，徐旭生首次提出考古界要勇于探索夏文化，拿出切实的证据，并提出指导性意见：首先要明确"夏文化"一词包括两个含义，即夏族文化与夏代文化。两者既有区别，又有十分密切的联系。如果指前者，它的地域范围很有限，年代则包括禹以前，桀之后；如果指后者，它的地域范围较广，年代则始于禹，终于桀。文献中关于夏人活动区域的传说，是探索夏文化的重要材料。

正是怀揣打破"疑古派"笼罩、重建中华文明自信的学术理想，徐旭生不顾72岁高龄，开始了豫西之行，最终发现了举世闻名的二里头夏代帝王之都遗址。

很快，国家组织考古人员进行发掘，现在仍在发掘中。遗址出土了数以万计的青铜器、玉器、陶器等器物，以及几处宏大的建筑遗迹。部分学者认为，二里头遗址就是夏都斟𬭼。

经工程组使用^{14}C测年，二里头遗址的年代范围是公元前1880年至公元前1521年，从兴到废，时间跨度为359年。

二里头遗址由兴到废的历史长度，与文献记载的、已被夏商周断代工程专家组采用的夏代积年471年之说，尚有110多年的差距。有学者认为，二里头遗址揭示的文化，只是"后羿代夏"这一事件引起的夏代中晚期的夏文化，而非早期的夏文化，早期文化只能到河南龙山文化晚期中去寻找，才可能见到曙光。

根据文献记载，河南嵩山南北地区是夏人立国前后的主要活动区域，传

说中的禹之居阳城、启之都阳翟、太康之都斟鄩，就在嵩山南北的登封、禹州、巩义境内。因此，嵩山南北地区的河南龙山文化和二里头文化，是探索夏文化上限的主要对象。工程专家组对二里头遗址的测年结果似早有预料，并决定对河南龙山文化晚期遗址，进行考古发掘和^{14}C检测。

通过对豫西地区禹县瓦店、登封王城岗、新砦等遗址的田野发掘，证明新砦文化二期上接龙山文化晚期（新砦一期），下连二里头文化一期，正填补龙山与二里头文化中间段的空白。经^{14}C测年，整个龙山文化晚期到二里头文化的年代跨度上、下限，为公元前2190年至公元前1521年，总积年为669年。

有了这两组数字做参照，接下来是最后一项——有关夏代天文记录的推算。

天文学家的测算

中国是天文学发展最早的国家之一，早在史前时代，先民们对寒来暑往，月圆月缺，植物的生长、成熟和动物的活动规律，就积累了一定的知识。最迟在新石器时代早期，中国先民就开始对日、月等天象进行观测。

1972年，在河南郑州市大河村仰韶文化遗址出土的彩陶片上，曾发现绘有天文图案，这些图案有光芒四射的太阳纹和肉眼极难看到的日晕图，有满月和蛾眉月彩绘，还有残存的北斗星象图等，这些图反映出先民们已积累了相当多的天文知识，并把它们绘制在陶器上。据专家考证，其图案绘于5000年以前。

1963年在山东莒县凌阳河大汶口文化遗址出土的灰色陶尊上，刻画着太阳与云气的形象图案，陶尊的年代距今大约有4500年，或许在这个时候，人们就根据日的升降、月之圆缺及某星在天空的位置来定方位、定时间、定季节了。当时，除日、月外，人们对红色亮星"大火"相当重视。"大火"，现代天文学称为"天蝎座 α 星"。传说在中国古帝颛顼时代，就设置"火正"之官，观察"大火"运行，用以指导农业生产。可以说，天文学在各门自然科学中是产生最早的一门学科。诚如恩格斯所说："研究自然科学各个部门的顺序的发展，首先是天文学——游牧民族和农业民族为了定季节，就绝对已经需要天文学。"

中国早期天文学在"定季节"的同时，还伴有鲜明的占星术特点和强烈的政治色彩。《周易·象传》说："观乎天文，以察时变。"《周易·系辞上》也说："天垂象，见吉凶。"这里说的天文就是天象，按中国古代占星家的理论和学说，宇宙天体与人间社会可相互感应，天象的变化乃是上天对人间祸福的示警。这种独特的文化心理不仅促使统治者垄断一切天文占验，而且使他们不得不辛勤地观测天象，以便寻找天象与人事之间的某种联系。

从传说中的黄帝开始，历朝历代都有占星家，这些人几乎都以他们各自的占星术对当时的政治产生过不同程度的影响。

历史上的占星家关注的天象主要有两类，一类属于奇异天象，另一类则是五星运动。

关于奇异天象的占验比较简单，因为某一颗星主掌某事都已形成一套固定的模式，于是占星家根据它们的变化特点，便可预测吉凶。

相对而言，五星的占验就复杂得多，不仅各星所具有的吉凶性质不同，而且它们的动态所反映的吉凶情况也不同，占星家们把已经掌握的五星在一个运动周期内的运动情况作为五星的常态，如果它们的运动与常态相违背，就可以依据不同的变化来确定吉凶。而中国古代天象记录，其数量之多、门类之全、系列之长也是世界其他国家难以匹敌的。

正是古人留下的这笔珍贵而丰富的文化遗产，才为夏商周断代工程提供了一条重要的研究途径。

不难理解的是，由于天象自身所具有的周期性，根据其运行规律，利用现代先进的科学手段，完全可以对文献记载中早已逝去的天象进行回推，这种推算方法在科学高度发达的今天，已达到了相当精密的程度，完全可以推算出这些天象发生的准确时间，从而帮助研究者解决历史年代学中，特别是夏商周三代年代学的某些难题。

夏商周断代工程启动之初，李学勤、席泽宗等专家就注意到天象的研究将在工程中起重大作用，因而参考国外的天象研究方法，专门列出了"仲康日食""武王伐纣天象""懿王元年天再旦"等研究课题或专题，并由工程首席科学家、科学史界的翘楚席泽宗具体负责在全国范围内选择有关学者，对各个项目进行分配，然后分头研究。

奇异的夏代天象

从文献记载看，夏代有"五星聚合""仲康日食"两条天象记录，这两条记录可以通过科学的推算来考察夏代纪年。

据《太平御览》卷七引《孝经钩命诀》载："禹时五星累累如贯珠，炳炳若连璧。"另据《古微书》载："帝王起，纬合宿，嘉瑞贞祥。"

五星聚合是指五大行星在夜空中汇聚在很近的距离内，或如连珠，或如拱璧，异常壮观。这种特殊的天象，自然引起特别的关注与诠释。古人多认为，五星为五德之主，它的行度、动态与政治、灾祥有密切关系。"五星循度，为得其行，则天下太平，政和民安；乱行则有亡国革政兵饥丧乱之祸。"

由于五星聚合关系到天下兴亡，因此受到历代帝王的重视，并对社会文化生活产生了深刻的影响。在这种政治、文化背景下，许多五星聚合的现象被记录下来，并得以留传后世。

利用五星聚合的历史天象记录，讨论解决古史年代学问题，古今中外许多学者曾做过尝试。随着电子计算机和天文力学理论的快速发展，计算行星在天体上的准确位置已不困难。因此，自20世纪80年代之后，天文学家对五星聚合的问题重新进行了系统的研究。如台湾清华大学历史研究所黄一农等学者通过具体的天文计算，系统地讨论了中国古籍中记载的8次五星聚合记录，尤其是夏、商、周三代的记录，从而对西周共和以前的古史年代提出了许多具有参考意义的新见地。

夏商周断代工程启动之后，关于"禹时五星聚"的天文记录推算，由中国科学院紫金山天文台徐振韬和南京大学天文系蒋窈窕两位天文学家负责。

夏朝建国的年代，按一般年代估算，在公元前2100年左右，两位学者应用美国ARC软件公司开发的先进软件，在围绕这个年代前后相差一二百年的范围内搜寻，结果发现有一次非常理想的五星聚合。这次特殊的天象，就发生在公元前1953年2月。

电子计算机显示，从2月中旬起，在黎明的东方地平线上，土星、木星、水星、火星和金星自下而上排成一列，非常醒目壮观，能给人留下极为深刻的印象。这种天象奇景一直延续到3月初。特别值得指出的是，在公元前1953年2月26日夜，五大行星几乎团聚在一起，相互之间的角距离小于4度，更增加了"五星连珠"的神秘色彩。据此，两位天文学家断言："这个天象可能是人类文明史上发生的最难得的'纬合宿'即五大行星团聚现象。它可能被认为是一种'嘉瑞贞祥'，暗示'帝王起'，要建立新的王朝。如是，则上列两条记录反映出夏朝建立时发生的天象，其绝对年代应该是公元前1953年。"

当然，这个推算是建立在文献记录绝对可靠、日历换算也绝对准确的基础之上的。现代研究证明，古代关于天文现象的记录，绝大多数是出自实际观测，应该是可靠的。就五星聚天象而言，也应是准确和可靠的，不存在后人伪造的情况。但也不能排除的是，由于政治上的原因，记录者出于对时局、灾祥的附会，或许会将天文现象发生的年月做些改动。再加上记录中出现的缺失和传抄过程中存在的错误，其绝对值也是难以保证的。因此，"禹时五星聚"天象记录推算出的公元前1953年只能作为估定夏代年代的一个参考基点，而不能作为定点。

如同上文所言，中国在遥远的古代就将天象观测作为一个国家极其重要的政事，每一朝代都设置位高的专官，专门从事这种观测工作。而朝廷对于天官的期望也往往很高，督促极为严格，若不认真观测，就很容易出乱子，天官本人也有被诛戮的命运。如在中国最古老的典籍之一《书经》中，有一篇叫《胤征》的文章，讲述了一位司天的天官，因玩忽职守遭到杀头的悲剧故事。由于这个故事发生的年代之早和具有的典型意义，给后人留下了深刻的印象。

夏代经过禹、启到太康时代，国势就有些不妙，而这位太康掌管朝政后，放情纵欲，不理朝政，既不关心历法，也不过问天官的工作，使国家政务和农事陷入了混乱不堪的局面。这种局面，终于遭到了以后羿为代表的武装集团的反对，并起兵夺取了国家政权。太康等兄弟五人在后羿军队的凌厉攻势之下，不得不放弃京都而出逃。

太康死后，其弟仲康继位。为了吸取太康一朝的教训，仲康对朝廷内外进行了整顿，不仅新设立了司天的职官羲和，还任命胤侯执掌兵权，很有些中兴的势头。正在这个时期的某一个朔日，突然发生了一件惊天动地的大事。

只见原本高悬天空光芒四射的太阳正一点一点地消失，顿时天色由灰变暗，由暗变黑，几步之内难辨人影。在野外游荡的鸡狗鹅鸭甚至微小的蚂蚁，都因急于寻找归宿以致在黑暗中团团乱转，路上的行人面对这突如其来的天象变化，个个惊恐万状，争相夺路而逃。

按照当时的认识和天命的宇宙思想，凡日食出现，预示着国家将有灾难发生，这个灾难可能会危及帝王的地位或者性命。只有帝王亲率众臣到殿前设坛焚香舍钱才能将太阳重新召回，灾难也可以避免。这个过程称为"救日"。

此时，宫中乐官眼看太阳一点点沉没，黑暗就要笼罩大地，焦急与惊恐之中迅速敲响了救日的钟声。洪亮急促的钟声穿过一层层富丽豪华的大殿，惊动了夏帝仲康和文武百官，主管钱币的财官啬夫慌忙去库中取钱礼天，帝仲康也匆匆出后宫上朝，率百官举行救日之礼。

就在朝廷上下一片惊恐与混乱并忙得不可开交之时，独不见负责司天的关键人物羲和。帝仲康正为羲和没有提前报告日食之事大为恼火，又不见其前来行救日之礼，自是愤恨不已，情急中忙派人去找寻。意想不到的是，这羲和正醉卧屋中，发着鼾声做着美梦，外面发生的惊天动地的大事似乎与他毫无关系。

仲康闻知，气得脸色铁青，根据夏朝政典规定，凡不及时上报日食的天官"杀无赦"。于是，他咬牙切齿地高声喊道："快把这个擅离职守、违背朝纲的昏官砍头！"

这一声命令，将正沉湎于酒色美梦中的羲和推上了断头台。

以上的故事，明确表述了夏朝仲康时代的一次日食记录，也是全世界所知最早的一次日食记录。在流行的《古文尚书·胤征》中曾经这样较详细地记载了当时胤侯奉命征伐羲和的情形和理由：

嗟！惟中康肇位四海，胤侯命掌六师。羲和废厥职，酒荒于厥色。胤侯承王命徂征，告于众曰：嗟！予有众，圣有谟训，明征定保，先王克谨天戒，臣人克有常宪，百官修补厥后，惟明明。每岁孟春，道人以木铎徇于路，官师相规，工执艺事以谏，其或不恭，邦有常刑。惟时羲和，颠覆厥德，沉湎于酒，畔官离次，俶扰天纪，遐弃厥司。乃季秋月朔，辰弗集于房，瞽奏鼓，啬夫驰，庶人走。羲和尸厥官，罔闻知。昏迷于天象，以干先王之诛。《政典》曰，先时者杀无赦，不及时者杀无赦。

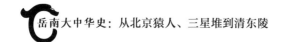

与《古文尚书》相呼应的是，司马迁在《史记·夏本纪》中对这一事件的记载："帝仲康时，羲和湎淫，废时乱日，胤往征之，作《胤征》。"

若将两文比较就可发现，后者对前文的"乃季秋月朔，辰弗集于房"等时间和日食现象没有记载。按常理推论，《史记》的可靠性很大，而《古文尚书》不足以完全置信。但《左传》"昭公十七年"条，曾在讨论若日食发生，应举行的典礼问题时，引用到这一段记载。由此可见，这次日食记录应是可靠的。依据《左传》所载"明之会是谓辰"，故"辰弗集于房"就应表明那一天确是发生过日食。

自梁代天文学家虞邝认为这次日食发生于仲康元年以来，历代天文学家如僧一行、郭守敬、汤若望、李天经等都利用不同的推算方法进行过推算，至20世纪80年代已有13种不同的结果。夏商周断代工程，同样注意到了这次日食记录，并委托中国科学院陕西天文台、南京师范大学物理系、南京大学天文系等单位的吴守贤、周洪楠、李勇、刘次沅等学者进行推算，以考察夏年。

经过研究分析，吴守贤等学者发现，在仲康日食的研究中，前贤们分别采用了两类完全不同的方法，一种是采用中国古代历数推步法，另一种是采用基于牛顿天体力学理论设计的现代日食计算方法。但不管采用哪一种方法，他们都或多或少地采用了中国历史编年史料的记载，而这些记载是否真实，往往正是历史学家有重大争议的。根据日食出现的规律，在同一地点两次日食发生的间隔时间平均约300年。由于仲康日食的天文要素记录不全，天文学家在推算时，就不可避免地要使用历史编年资料，在这样的背景和条件下，推算出的结果就很难统一和准确。

吴守贤等专家用现代方法，并使用最新的太阳和月亮历表对历代天文学家的13种说法进行核算，发现每一种说法都存在问题。现代计算的结果是，如果文献记载中所谓的"季秋"与"房宿"相对应，那么这个时代，就应是公元前14世纪至前6世纪，根本不在人们公认的公元前21世纪至前16世纪的夏代年间。夏代季秋之月太阳不在房宿，"季秋"与"房宿"这两个条件，只能有一条符合仲康日食。当然，日在何宿是看不到的，古人如杜预作《左传注》也不认为"房"就是房宿。因此，在两个条件中，非要选择其一的话，"季秋"的可能性比"房宿"要大。

于是，专题组将"季秋"设定在10月1日至12月18日之间，对洛阳地区公元前2250年至前1850年共400年间的可见日食进行普查性计算，得出符合季秋的大食分日食共有11次，其中发生在公元前2043年10月3日、公元前2019年12月6日、公元前1970年11月5日和公元前1961年10月26日的4次，可以作为夏初年代的参考。

至此，关于夏代年代学研究的三条主要途径：文献记载中的夏代积年；河南龙山文化晚期以及二里头文化的分期与^{14}C测年文献中有关天象记录的推算等已全部完成。

那么，夏代到底起始于何年，又终止于何年？

由于夏代总积年已被工程专家组根据文献记载，选定为471年。只要找出夏朝灭亡的那一年，再由这一年上推471年，便是夏朝的始年。

根据工程关于商代年代学专家们的研究结果，选定夏朝灭亡、商朝建立之年为公元前1600年。那么，以公元前1600年上推471年，则夏代始年应为公元前2071年。这个年代从考古学的角度看，基本落在河南龙山文化晚期二段（公元前2132年—前2030年）范围之内。因此，工程专家组为取整数，定公元前2070年为夏的始年。

至于这个夏商分界之年，也就是公元前1600年是如何推算出来的？将在下文给出回答。

商王朝的兴衰

就在夏王朝建立并走向鼎盛的时候，在东方一个称为商的小国也在崛起。据司马迁《史记》载，商的始祖名叫契，母亲简狄是帝喾的次妃，这位简狄在沐浴时遇到一只玄鸟下了一个蛋，简狄拾起来吃了下去，从此怀孕，之后生下了契。尧舜时，契因帮助大禹治水有功，被封为司徒之职，其封地在一个叫商的地方，因而称商族。

契死后，他的儿子昭明继位，昭明死，其子相土继承其位，相土是一位武功烈烈的国王，而且他还发明了马车，其势力曾一度达到"海外"。《商颂·长发》中的"相土烈烈，海外有截"，指的就是契的孙子相土开创的辉煌业绩。烈烈者，威武勇猛、轰轰烈烈。海外者，疆土拓展到渤海、黄海之外。有截者，四海之外皆为之臣服也。

当商族迈入文明的门槛时，产生了一位重要商王叫王亥，相传，王亥发明了牛车，大大提高了车的功用，给人们的生产运输以及交通都带来了极大的方便。据记载，王亥曾驾着牛车，用帛和牛当货币，在部落间做买卖，后来当他到了一个叫作有易的部落时，曾受到盛情款待。但后来由于他淫有易之女，而被嫉愤的有易人所杀。再后来，王亥的弟弟王恒率人战败了有易族人，夺回了牛车，并占有了有易族的土地和财物。从这个故事可以看出，商在灭夏之前已是个兴旺发达的小国，随着农业、手工业尤其是商业贸易的发展，国势渐渐强盛，因而形成了以商代夏的趋势。

自王亥之后又过了好几代，商国又出了一位颇具雄才大略的人物，名叫汤。因为这位汤王在自己的统治区域内广施仁政，国势再度加强。汤王把自己的都城，从叫商的地方迁到一个叫亳的地方，然后开始做灭夏的准备。由于这期间汤王得到了两个极有才干的人物伊尹和仲虺辅助，许多部落被征服，商的国力更加强大，灭夏的条件渐已成熟。

夏的最后一个帝，名叫桀，是个暴君，当时居住在今河南西部一个叫斟郢的地方。汤在灭夏之前，首先灭掉了夏在东方的韦、顾、昆吾等三个附属国，然后倾全力发动了对夏桀的进攻。桀、汤之间经过11次激战，桀终于力不能敌，全线溃败。夏桀率领残兵败将逃到了一个叫南巢的地方，从此宣告了夏王朝的灭亡。

这一年是公元前1600年。

偃师商城的发现

殷商灭夏之年的推断，一是靠文献记载，二是靠田野考古发掘成果。在数十座考古发掘的商代遗址中，"断代工程"专家组把郑州商城和偃师商城作为主要研究、探寻的对象，这两座地下古城已发掘了几十年，发现了宫殿式建筑遗址，并出土了数以万计的商代文物。专家通过对出土遗物考察，并与其他发现、发掘的遗址比较，认为最早的商文化遗址、遗存，就是郑州商城和偃师商城。

郑州商城是1950年，小学教师韩维周发现的，经考古学家研究，多数认为属于商代第一个王都"亳"。意想不到的是，30年后，又在偃师地界发现了一个商代王都。

1983年春，中国社会科学院考古研究所汉魏故城工作队段鹏琦等人，在配合河南首阳山火力发电厂基建选址中，在偃师县城（今偃师区）西部，距二里头遗址6公里的地方发现一段夯土城墙，随即进行大规模钻探和局部解剖发掘。经过几个月努力，确认西、北、东三面城墙位置、走向、长度、夯筑结构，由此判定城的形状为长方形，其中南北最长达1700米、东西宽约1215米，总面积200万平方米。城墙宽度一般为17米至21米，最宽处竟达28米，但未发现南城墙。据段鹏琦等考古专家推测，此段城墙已被洛河水冲毁。

与此同时，考古人员在北城墙中部发现"城门"一座，以及由此"城门"向南的大道，并在城内发现数处大型建筑夯土基址群，应是宫殿区。经过对城墙及附近试掘，发现大量具有商代郑州二里岗时期文化特征的遗物，由此初步推断该城的年代与郑州商城早期相当。

令发掘者为之激动和振奋的是，有一条低洼地贯穿城址，显然是早年一条干涸的河道，当地土著世代相传唤作"尸乡沟"。《汉书·地理志》河南郡偃师县条下明确记载："尸乡，殷汤所都。"这个"尸乡"，就在偃师商城所在地域，而偃师商城很可能就是商代前期商王汤，率众攻灭夏朝之后所营建的都城"西亳"。

既然此处是真正的第一个叫"亳"的王都，那么郑州商城就不是第一，或压根儿就不是称作"亳"的王都了。

偃师商城的发现，如一声震耳的春雷在学术界炸响，国内外许多报纸刊发了消息，其中《参考消息》报道说中国的克里特岛被发现了。日本《读卖新闻》头版头条特字号刊出成汤西亳就是偃师商城的新闻。一时间，被震蒙了的学术界不得不重新检索、思考自己的观点。北大教授邹衡提出了偃师商城并非汤都"西亳"，而是太甲流放的"桐宫"，即"早商离宫"说。而直到"断代工程"开始之后，关于这座商城是殷汤之"西亳"还是"早商离宫"的争论尚未结束。

在双方争论不休之际，"断代工程"专家组决定以 ^{14}C 测年见分晓。有点出乎意料的是，郑州商城和偃师商城的始建年代基本相同，都在公元前1600年左右。既然如此，工程专家组决定不再拿偃师商城当"西亳"或"离宫"说事，二者只被当作已发现的最早商城或商文化来断代即可。

学者们对传世文献资料进行搜集、整理，发现先秦及汉代文献中，关于商代积年的记载有十几种之多。但过滤下来，只有三说较可信：

一为《鬻子》的576年说；

二为古本《竹书纪年》记载陈梦家解释的552年说；

三为另一种解释的526年说。

由于工程专家已从"武王克商研究"这一课题成果中，选定周武王灭商之年为公元前1046年。以这个数字为定点，分别上推三说的商代纪年，可得到公元前1622年、公元前1598年、公元前1572年三组数字。

这三组数字，与此前对郑州商城和偃师商城始建年代的^{14}C测年时间段，即公元前1600年左右基本吻合。

工程首席科学家研究决定，商的始年就在这个框架中取舍，并首选与郑州、偃师两座商城最靠近的公元前1598年。为取便于记忆的整数，定为公元前1600年。

公元前1600年，是为商灭夏的分界之年。这也就是为什么夏代始年定为公元前2070年（1600年加夏代积年471年，取整数为2070年）的原因。

不断迁都的殷商王朝

夏朝灭亡后，汤率部回到了亳都，自称武王，中国历史上一个以商代夏的新时代开始了。

许多历史记载说商经常迁都，汤打败夏之前就先后迁都8次。灭夏后迁过5次，直到盘庚迁到殷（今河南安阳）才不再迁都。

商后期又称殷，或殷商并称。从记载中看，商王朝的领土大约同夏统治的区域相似，介于今山东、山西、河南、河北之间，而权力所及的地区可能达到了今陕西、辽宁甚至朝鲜半岛，这些地方可能是夏朝权力覆盖不到的。

至于商为什么前后十余次不停地迁都，是由于本民族的习惯，还是遇到了不可抗拒的天灾人祸，或者是出于商业贸易交流方面的考虑？史书少有记载，后世也多靠猜测推断，未有定论。当然，司马迁也没有说清楚。

汉代张衡曾概括道："殷人屡迁，前八而后五。"这里说的"前八"是指成汤建国前之八迁，"后五"则为成汤建国后之五次迁徙。关于成汤之前八迁的具体去处，已无明确的文献记载，现代史学巨擘王国维曾对此做过考证，指出了"八迁"的具体方位，但没有得到学术界的共识和考古学上的证实，自然难成定论。成汤之后的"五迁"，虽有文献记载，但又不尽相同，如可信度较高的三种文献《尚书·序》、古本《竹书纪年》和《史记·殷本纪》，其记载就有差异，参见下表：

商王	《尚书·序》	古本《竹书纪年》	《史记·殷本纪》
商汤	亳	亳	亳
中丁	嚻	嚻	隞
河亶甲	相	相	相
祖乙	耿	庇	邢
南庚	（无说）	奄	（无说）
盘庚	殷	殷	先都河北，后渡河南，居汤之故居

由于文献的说法不同，自汉代之后的研究者也就众说纷纭，难有一致的结论。当然这个争论主要是相对各王迁徙的具体方位而言，对总体上的"后五"并无非议，还是给予肯定的。不过这后来的五次迁徙同前八次相比，有其性质上的不同。前八迁是商族建立王朝前氏族部落之流动迁移，后五迁则为殷商王都的迁徙。按《竹书纪年》的说法："自盘庚徙殷至纣之灭，七百七十三年，更不徙都。"虽然学术界对这个七百七十三年之数是否真实表示怀疑，但都基本相信，商代自盘庚迁到殷之后，直到商王朝灭亡这一历

史时期，再也没有迁过都城了。

对于盘庚迁殷之事，司马迁在《史记·殷本纪》中有过描述："帝盘庚之时，殷已都河北，盘庚渡河南，复居成汤之故居，乃五迁，无定处。殷民咨胥皆怨，不欲徙。盘庚乃告谕诸侯大臣曰：'昔高后成汤与尔之先祖俱定天下，法则可修。舍而弗勉，何以成德！'乃遂涉河南，治亳，行汤之政。然后百姓由宁，殷道复兴，诸侯来朝。以其遵成汤之德也。"

"帝盘庚崩，弟小辛立，是为帝小辛。帝小辛立，殷复衰。百姓思盘庚，乃作《盘庚》三篇。"

关于《盘庚》三篇这颇有历史研究价值的文章，司马迁没有转载，却在《尚书》中保存了下来，并成为研究殷人特别是盘庚迁都的唯一的重要依据。

据工程文献专题组学者们的研究，现在看到的《盘庚》三篇，虽然其中加入了某些后代的言论，但其基本内容为殷代史实似无疑义，其史料价值之高也是学术界所公认的。三篇均为盘庚诰谕臣民之辞，共计1200余言，其篇幅之长为商代遗文之最，文章详细记录了盘庚迁殷前的准备工作以及迁殷后的政策措施。从三篇的记载可以看出，盘庚的这次迁殷几乎遭到了举国上下王公大臣和普通百姓的强烈反对，在强大的阻力面前，盘庚显示了他不达目的决不罢休的帝王气概。对于贵族大臣的"傲上"和"离心"，盘庚在迁殷前提出了严厉的指责："荒失朕命""汝不忧朕心之攸困""乃不生生，暨予一人猷同心""不暨朕幼孙有比，故有丧德""汝有戕则（贼）在乃心"（《盘庚》中篇）……这一连串的指责表明，当时商王朝面临的处境是很危险的，如果不听盘庚的命令后果极其严重。于是，在盘庚向贵族大臣们三番五次地"敷心腹肾肠"的劝说、动员、威逼、利诱之下，臣民们才不得不随他一同从河北渡河南，来到洹水南的北蒙叫殷的地方定居下来。

盘庚一意孤行，强迫臣民迁徙的原因，自汉之后产生了许多不同的推测和说法。有的说是为了"去奢行俭"，阻止贵族的进一步腐化堕落，颇像今日所说的"反腐倡廉"。有的说是为了躲避水灾水患。有的说是出于对"游耕""游农"的考虑，即当一个地方的地力耗尽之后，为了改换耕地，不得不常常迁徙。也有的根据《盘庚》三篇的诰辞，得出《史记》记载的"九世之乱"是促使这次迁徙的根本原因。由于当时王权与贵族之间的矛盾已不可调和，时刻面临着篡位、夺权等危险，为避免更激烈的王位纷争和政治动乱，盘庚才不得不做出迁徙的抉择。当然还有人说是为了更有效地统治华北平原和伊洛盆地的王畿地区，并通过王畿地区，驾驭整个中原地区和四土方国，安阳殷地正是理想的城址。

无论盘庚迁殷的真正原因是什么，这个举动本身却成为整个殷商乃至中国历史上的重大事件。这个事件标志着"商人屡迁"的动荡生活的终结，同时也使长期处于低迷衰退中的商王朝重新出现了"殷道复兴"的局面。或许，正是由于这个局面的出现，才有了后来包括盘庚在内的8世12王历经270余年才灭亡。

在这270多年的时间里，社会经济和铸冶工艺得到了迅猛发展。但到了最后一个叫纣的王统治时，商的国势已是江河日下，大厦将倾。

这个叫纣的昏王，本来是个文武兼备的人，凭着他的能力可以使商王朝再度中兴，但他没有那样做，反而极度的残暴、骄奢、淫乱，搞一些酒池肉林之类的场所，与后妃放荡逍遥，弄得天怒人怨。"弗惟德馨香祀，登闻于天；诞惟民怨，庶群自酒，腥闻在上。故天降丧于殷。"延续了几百年的殷商再也没能承递下去，历史上著名的牧野之战，终于使商王朝彻底覆灭。

纵观商的历史，自契到汤凡14代，从汤灭夏到纣凡17代30王（汤子太丁早死，不计在内）。总积年有496年、629年等不同的说法。其世系表为：

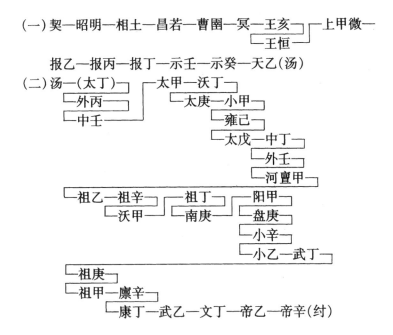

（一）契—昭明—相土—昌若—曹圉—冥—王亥┐上甲微—
　　　　　　　　　　　　　　　　　└王恒┘

报乙—报丙—报丁—示壬—示癸—天乙（汤）
（二）汤—（太丁）┐太甲—沃丁┐
　　　　├外丙┤　　太庚—小甲┐
　　　　└中壬┘　　　├雍己┤
　　　　　　　　　　　└太戊—中丁┐
　　　　　　　　　　　　　├外壬┤
　　　　　　　　　　　　　└河亶甲┐
祖乙—祖辛┐祖丁┐阳甲┐
　├沃甲┤南庚┤盘庚┤
　　　　　　　├小辛┤
　　　　　　　└小乙—武丁┐
祖庚┐
祖甲—廩辛┐
　康丁—武乙—文丁—帝乙—帝辛（纣）

盘庚迁殷的年代

　　商朝的盘庚王迁殷，是历史上的重大事件，也是"断代工程"解开的又一个历史之谜。盘庚迁殷到底发生于何年？司马迁只说了个大概，没有指出具体年月。这个缺憾如上所述，非太史公不为也，是不能也。

　　盘庚王迁殷到商朝灭亡的总年数，见于司马迁的《史记·殷本纪》、正义引《竹书纪年》。《竹书纪年》云："自盘庚徙殷至纣之灭，七百七十三年，更不徙都。"这个"七百七十三年"的记载，不同版本有所不同。明嘉靖四年汪谅刻本、群碧楼藏明嘉靖王延喆刊本，以及清乾隆武英殿刻本作"七百七十三年"。武昌书局翻王延喆刻本，以及日本泷川本皆作"二百七十五年"。金陵书局本作"二百五十三年"。

　　由此看来，这个"七百七十三年"的记载显然有误，大多数学者改作

"二百七十三年"。但这样改动，如香港中文大学著名历史学家饶宗颐教授所论，"亦乏依据，盖其确数靡得为详"。这就是说，单从文献上难以判定275年、253年、273年三说之正误。

这个时候，断代工程专题研究人员，已通过考古遗迹和天文历法、甲骨、金文等交叉考证研究，推算出周武王克商之年为公元前1046年。如采用275年说，则盘庚迁殷当在公元前1320年；如采用273年说，则盘庚迁殷在公元前1318年；如采用253年说，则盘庚迁殷在公元前1298年。

自1928年以来，有数十座宫殿遗址、十余座陵墓和十多万片甲骨以及数以千万计的铜、石、玉、陶、骨、角、蚌、牙等器皿，在30平方公里的殷墟范围内发掘出来，其数目之多、种类之齐全，是其他任何遗址都无法匹敌的。殷墟的发掘不仅对中国新史学和中国考古学的兴起产生了直接的重大影响，而且对中国历史的断代研究起到了不可替代的奠基性作用。为此，夏商周断代工程开始后，专门围绕殷墟文化设置了"商代后期年代学研究"的课题。

事实上，20世纪50年代中期，北京大学考古系教授邹衡，根据中华人民共和国成立前殷墟遗址的地层及其出土的陶器，把小屯殷商文化分成了早、中、晚三期，并把它与郑州二里岗商文化连接了起来。1959年，中国科学院考古研究所安阳工作队根据大司空村和苗圃北地出土的材料，将殷墟文化分为早、晚两期，即大司空村一期和二期。到了60年代，邹衡又根据中华人民共和国成立前后殷墟遗址、墓葬出土的陶器和铜器，重新把殷墟文化分为四期七组，并参考各期所包含的甲骨文和铜器铭文初步估计出各期的绝对年代。即：

殷墟文化一期，约相当于甲骨第一期以前，或属盘庚、小辛、小乙时代。

殷墟文化二期，约相当于甲骨第一、二期，即武丁、祖庚、祖甲时代。

殷墟文化三期，约相当于甲骨第三、四期，即廪辛、康丁、武乙、文丁时代。

殷墟文化四期，约相当于甲骨第五期，即帝乙、帝辛时代。

由于殷墟中发现了大量甲骨文，且这些甲骨文又可以根据商王来区分时期，因此，也就可以依据陶器与甲骨文的共生关系来确定殷墟各期的文化。

经工程专家组^{14}C测年，殷墟文化四期年代跨度为，最早为公元前1370年，最晚为公元前1036年。工程专家组人员对武丁王元年已研究出结果，确定为公元前1250年。考虑到盘庚、小辛、小乙一代三王总年数合理性，"工程"专家组认为以253年说较妥。

由周武王克商（伐纣）的1046年上推253年，则盘庚迁殷当在公元前1298年。为取便于记忆和计算的整数，定为公元前1300年。

接下来要叙述的，就是在工程中处于大厦基石地位的、至关重要的武王克商（伐纣）之年是如何推算出来的。

西周王国的崛起

殷商作为中国青铜文明的巅峰时期，奴隶制已高度成熟，那成千上万片刻字甲骨和雄尊巨鼎，撩拨着后世人类的缕缕思绪，那恢宏如林的王陵和殉葬坑中的累累白骨，更促使人们去追溯3000多年前这个强大王朝的轨迹。这曾是一个光被四表，协和万邦，具有光荣与梦想的繁荣鼎盛的王朝。这是一个天地互为经纬，人鬼交相感应，智者明君贤相和莽夫昏君奸佞共存、腥风飘洒、血泪飞溅的东方大国。如同世间的万事万物都有它的生老病死一样，作为在历史长河中显赫了5个多世纪的辉煌王朝，当传到纣王的时候，已是日薄西山，气数将尽，只待某日某时那震天撼地的崩溃之音轰然响起。

殷纣王，这个中国历史上几乎家喻户晓的最为臭名昭著的一代"名"王，原本是一位多才多艺、英武强健的帝王，但同时也是一个极端自负、目空一切的莽夫。在他执掌国政后，尚武轻文，好勇斗狠，酷爱美女，宠信奸佞，刚愎自用，嗜杀成性。在朝歌城台上那歌舞升平和血雨腥风相互交织的

迷雾与玄机中，殷纣王最终领略了近600年殷商社稷的绝唱。

据相关的史料和传说，作为商朝最后一个帝王的纣，执掌权柄后，恣意妄为，腐化堕落，恶贯满盈。他大造离宫别馆，在殷墟都城外的朝歌又劳民伤财建造了一个专门贮藏金银珠宝的高大的"鹿台"，在矩桥兴建了一个专门贮存粮食的仓库。为了满足自己寻欢作乐的欲望，他派人搜寻天下美女，贮存于自己的床前帐下，可谓妻妾成群，歌伎盈门，同时命乐师制作靡靡之音，日夜歌舞不休。更为甚者，他以酒为池，悬肉为林，命宫女歌伎们赤身裸体追逐其间，供自己和宠妾妲己开心取乐。他甚至荒诞到剖开孕妇的肚子，看胎儿在腹中如何养育。当他听说一位老人不畏水寒，在天寒地冻之日敢在水中行走的趣闻，便命手下的酷吏把老人抓来，砍断其腿骨，看他与一般人有何不同……百姓怨声载道，诸侯众叛亲离。对此，商纣王非但不醒悟，反而变本加厉，制定了许多残酷的刑法，如"肉脯"，即把人杀了切成肉片晒成肉干；"肉醢"，即把人杀了剁成肉酱。还有"蛇坑"等酷刑，专门对付那些敢于指责他的臣子。最为残酷的是，他别出心裁地发明了一种"炮烙"之刑，即把一个空心铜柱子烧得通红，然后将受刑人绑到铜柱之上，致使受刑人被烙焦而死，其状惨不忍睹。史载一位叫梅伯的大臣生性耿直，对纣王淫乱和残酷的行为极为不满，曾冒死进言，结果纣王大怒，让一旁的卫兵把梅伯押上铜柱，准备施以"炮烙"之刑。朝廷的大臣在惊恐之中，一齐跪下替梅伯求情，在群臣哀怜声中，纣王才收敛了一点怒气。为不再让大臣们随便诽谤自己，也为了杀一儆百，纣王又命人把梅伯推出去砍掉脑袋，剁成肉酱，包成包子，用盘子盛上，分给每个大臣食用。从此，对于纣王的所作所为，满朝文武无人再敢轻易进言，只有重臣比干仍痴心不改，一连进谏三天。最后，纣王勃然大怒，厉声呵斥道："你凭什么敢在我面前指手画脚？都说你的心有七窍，我倒要看看你的心是什么样子。"于是，纣王惨无人道地叫人剖开比干的胸膛，把他的心掏出来，用盘子托着让大臣们观看。

鬼侯、鄂侯、西伯侯（姬昌）是纣王所封的著名的三公。鬼侯有一位端庄美丽的女儿，为讨好纣王，便将女儿进献入宫。想不到此女不喜淫荡，而且对纣王的所作所为流露出极大的厌恶，这自然引来了杀身之祸。一天，纣王要与她寻欢作乐，她予以拒绝，纣王大怒，不但将其杀死，还杀了她的父亲鬼侯，并剁成肉酱。鄂侯见纣王滥杀无辜，出面极力为鬼侯的冤情争辩，纣王更为恼火，索性将鄂侯也一杀了之，并将其尸体砍碎，晒成肉干用来示众。

姬昌得知，不寒而栗，暗自叹息。不料走漏了风声，被纣王知道，便把他抓起来囚禁在羑里监狱欲令其死。姬昌的儿子伯邑考为了搭救父亲，带着珍宝求见纣王，纣王不但没有赦免姬昌，还把伯邑考一同抓起来问罪。后来，由于纣王的宠妾妲己调戏伯邑考不成，恼羞成怒，便对其谗言陷害。纣王大怒，命人把伯邑考杀掉，剁成肉馅，做成人肉包子让人给姬昌送去令其吃掉，为保住性命，万般无奈的姬昌不得不装聋作哑，将包子吃掉。纣王见姬昌吃了用自己儿子的肉做成的包子却不知晓，认为姬昌并非圣贤。不久，姬昌的大臣为营救姬昌出狱，在各处搜求美女、奇物、宝马良驹以献纣王。纣王见此，高兴之余，顺势赦免了姬昌，放其回到周原故地。

纣王滥施酷刑，诛杀无辜，堵塞言路，弄得庙堂之上人人自危，君臣之间离心离德。面对大厦将倾的危局，纣王不但不思悔改，反而穷兵黩武，不断用兵向外扩张。商王朝已是日暮途穷，面临着灭顶之灾。

与此同时，在沃野千里的黄土高原上却吹拂着和煦的春风——一个历史几乎与殷商民族同样古老的民族正在崛起。从先王弃开始的周族历经坎坷磨难，惨淡经营。在"重农慎狱，敬天保民"的旗帜和号令下，周族全体上下患难与共，休戚相关。同时，扶弱济困，主持公道，使周族赢得了众多方国的尊敬。周族的见贤思齐，求才若渴，又使四方人才趋之若鹜，纷纷来附。

被纣王囚禁了7年的姬昌大难不死，侥幸脱离虎口，回到自己的国家后，励精图治，开始了灭商的大计。他请来了大智大勇之才吕尚做他的助手，并尊称吕尚为太公望。姬昌于生前的最后7年，在吕尚的帮助下，第一年调解了虞（今山西平陆县东北）、芮（今陕西潼关西北）两国的纠纷，从而提高了姬昌在诸侯心目中的威望，自动来附者有40余国，使周族在政治、外交上取得了极大的优势。第二年，周出兵讨伐犬戎。第三年攻打密须。犬戎在周的北边，密须在周的西边。姬昌用武力征服了这两个商的属国，解除了后顾之忧，于是便放心大胆地开始向东方推进。第四年伐耆（今山西长治西南），第五年伐邗（今河南沁阳西北）。当周的东部小国相继被消灭之后，第六年伐崇，把战争推进到殷的心腹地带。经过一个多月的艰苦奋战，崇国被灭，最终使周族形成了"三分天下有其二"的局势，并渐渐完成了对殷都离宫朝歌的包围。在这种情况下，姬昌审时度势，毅然决定把都城由岐迁至丰，为灭商做了最后的准备。遗憾的是，就在大功垂成之际，周文王不幸死去。继位的武王姬发继承父亲的遗愿，决心完成姬昌的未竟之业。

此时商纣王的荒淫残暴日甚一日，域内域外烽烟四起，诸侯纷纷叛离，东南两处，刻无宁宇，殷商王朝的大厦已是风雨飘摇，几欲沉坠。

眼看伐纣的条件业已成熟，但武王还是没有轻举妄动，商王朝毕竟经营了数百年，可谓"百足之虫，死而不僵"。武王和群臣对面临的形势做了冷静、客观的分析后制定出正确的策略，首先把都城由丰迁到镐，积极做灭商的准备，然后率大队人马，东观兵于孟津，进行了一次军事演习和检阅。此时有800多个诸侯小国前来参加会盟，周武王赢得如此众多的盟国，深知人心所向，大势所趋，殷商的灭亡已为期不远了。

又过了两年，武王得知纣王更加昏庸暴虐，杀比干，囚禁箕子、太师疵，朝野上下人人自危，最后连少师疆也抱着乐器连夜出逃。贤臣良将一个个离去，纣王成了名副其实的孤家寡人。周武王认为时机已到，于是亲自率兵车300辆，勇士3000人，甲士45 000人，大举伐纣。周师从镐京出发，一路浩浩荡荡向东推进，在殷商离宫朝歌郊外的牧野与前来援助的方国联军会合，并召开了誓师大会。在这次大会上，武王以激昂凌厉的语气，愤怒声讨了殷纣王的主要罪恶，借此激发士气，鼓舞斗志，同时表达了奋勇歼敌、志在必得的信心和勇气。当殷纣王听到周军会师牧野、兵临朝歌的消息后，惊恐之中不得不从爱妾妲己的怀里踉跄走出，匆忙拼凑起17万人马，号称大军70万，亲自指挥，到牧野迎战。

中国历史上规模空前的牧野之战开始了，周武王命令师傅吕尚率勇士数人前去挑战。只见吕尚如老鹰奋击长空，大有一口将纣王吞入腹中之势。随后，武王以精锐部队"虎贲（勇士）三千人，戎车（兵车）三百辆"为先导，如疾风暴雨般向商军冲杀过去。商纣王的军队原本就是以奴隶为主拼凑而成，平时受尽压迫和虐待，对殷纣王朝早已恨之入骨。在这种情形下，面对周军的凌厉攻势，商军不堪一击，随之在阵前哗变，纷纷掉转戈头，与押送他们的商兵头领厮杀起来。号称拥有70万之众的商军，顷刻间土崩瓦解。商纣王见大势已去，转身逃回城中，登上鹿台，眼望从四面潮水般涌来的周军，知道自己已无逃脱的可能，在弥留之际，对封宫官朱升说出了自己的后悔之言："朕悔不听群臣之言，被谗奸所惑，今兵连祸结，莫可救解。朕思身为天子之尊，万一城破，为群小所获，辱莫甚焉。欲寻自尽，此身尚遗人间，犹为他人作念，不如自焚，反为干净。你取柴薪堆积楼下，朕当与此楼同焚。"朱升听罢，满脸披泪，不忍行动。纣王双目含泪，进一步说道："此天亡我也，非干你罪。你不听朕命，反有忤逆之罪。当听朕言！"朱升听罢，只好寻些干柴于楼下，举火点燃。片刻，只见浓烟冲天，风狂火猛，作恶多端的商纣王于鹿台宫中自焚身亡。

周人及其友军赢得了战争的胜利，商都朝歌内的百姓满怀喜悦地迎接周武王的到来。灭商的第二天，周武王命人扫除道路，重整河山，举行了一次即位仪式，并隆重宣布：按上天旨意，周革殷命，政权更迭，当今是周家天下。自此之后，周为天下共主，一个新兴的王朝在华夏大地诞生了。

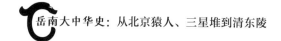
战鼓何时敲响？

武王克商无疑是中国古代历史上一次重大事件，这个事件标志着商王朝的灭亡和周王朝的建立，是无可争议的商周两个朝代的分界线，事件本身也是一个极具典型意义的历史年代学课题。从年代学研究的角度看，这一分界线的推定，对其前的夏商而言，是其总纪年的终点，对其后的西周来说，可直接影响到列王年数的估算。因而这个定点的确立，被誉为整个夏商周断代工程中最为重要和关键的一环。

由于武王克商有重大而非凡的影响力，所以传世文献对这一事件的叙述比较丰富，同时史料中还含有若干历日和天象的记录，这就为古今中外的学者利用文献和天文历法知识推定武王克商之年提供了理论上的依据和可能。但是，武王的军队何时出征，决战的鼓声何时敲响，鹿台的大火何时点燃……这一切，学者们的推算仅仅"从理论上说"是可行的，而实际问题的解决要比单纯的理论推算复杂、困难得多。因为传世文献对武王克商这一事件的记载虽丰富但不完整，而且真伪难辨，甚至相互抵牾和歧异，从而造成历代学者对材料的理解各不相同，推算时所采用的方法、角度也大相径庭，所推出的结果也就有了很大的悬殊。

关于武王克商之年问题，现代著名学者、甲骨文研究的先驱董作宾认为，早在战国时期就已有人尝试解决了，但学术界一般认为，最早从事这一问题研究的当推西汉末年的刘歆。公元前7年，刘歆制定了著名的《三统历》，并根据《三统历》推算出武王克商之年相当于公元前1122年。这一结论在此后两千年间影响至深，几乎成为正统。如宋代邵雍《皇极经世》、刘恕《通鉴外记》、郑樵《通志》、元代金履祥《通鉴前编》等皆从其说。尽管刘歆的推算并不可靠，但学术界还是公认他制定的历术开推算武王克商年代的先河，给予后世学者很大的启示。正如现代史家范文澜在《中国通史》中所做的评论："刘歆造出一整套的历学理论，又造《世经》，凡经传古史所记大事的年、月、日都用《三统历》推算得到说明。这对古史年代的探求是一种贡献，虽然准确性并不很大。"

继刘歆之后，关于武王克商之年的研究，一直是言人人殊，难有一个统一的结论。在北京师范大学国学研究所彭林教授的主持下，学者们将搜集到的各种文献，编辑成《武王克商之年研究》一书出版。书中总结出44种说法，年代最早的为公元前1130年，最晚的为公元前1018年，前后相差112年。显然，历史上真实的克商年只有一种结论。那么真正的克商之年该怎样推定呢？

为此，夏商周断代工程首席科学家经过缜密的考虑和筹划，确定了两条途径。一是通过关键性考古遗址的分期与^{14}C测年、甲骨文日月食以及文献记载的综合研究，缩小武王克商之年的范围；二是在以上范围内，通过金文历谱和对武王克商的天文学推算，寻找克商的可能年代，最后加以整合，选出一个最佳年代。

武王伐纣天象与历史事件一览表

公历日期 （公元前）	干支	天象	天象记载 之出处	事件	事件记载 之出处
1047		岁在鹑火（持续了约半年）	《国语》	孟津之会，伐纣之始	《史记·周本纪》
1045.12.3	丁亥	月在天驷 日在析木之津	《国语》		
1045.12.4	戊子	东面而迎岁（此后多日皆如此）	《淮南子》	周师出发	《三统历》 《世经》
1045.12.7	辛卯	朔	《武成》		
1045.12.9	癸巳			武王乃朝步自周	《武成》
1045.12.21	乙巳	星在天鼋（此后可见5日）	《国语》		

续表

公历日期（公元前）	干支	天象	天象记载之出处	事件	事件记载之出处
1045.12.22	丙午	望（旁生魄）	《世俘》		
1044.1.3	戊午			师渡孟津	《史记·周本纪》
1044.1.6	辛酉	朔（既死霸）	《武成》		
1044.1.9	甲子	岁鼎	利簋铭文	牧野之战，克商	利簋铭文《武成》《世俘》
1044.2.4	庚寅	朔 星在天鼋（此后可见20日）	《国语》		
1044.2.19	乙巳	望（既旁生霸）	《武成》		
1044.2.24	庚戌			武王燎于周庙	《武成》
1044.3.1	乙卯			乃以庶国祀馘于周庙	《武成》

于是，工程各课题组的考古学家与天文学家、历法学家、甲骨学家等集体行动起来。

通过对沣西遗址、琉璃河燕国墓葬、早期晋国都邑，特别是天马—曲村晋侯墓地等周代遗址、墓葬考古发掘、分期与^{14}C年代检测，结合在陕西临潼发现的"武王征商簋"青铜器和存世的数百件铜器，以及器上镌刻的金文，连同史籍记载的周代发生的天文星象，特别是"懿王元年天再旦"天象进行推算并交叉验证。结果落在了公元前1050年至公元前1020年范围之内。

最后，根据《国语·周语》伶州鸠对周景王所说的伐纣天象"岁在鹑火""月在天驷""日在析木之津""星在天鼋"等四条相互关联的信息，用最先进的天文电子软件进行回推计算，得出了公元前1044年与公元前1046

年两个年份。"工程"专家组经过反复权衡，根据两个年份与各方研究符合的条件多寡，终将公元前1046年确定为武王克商之年。

正是因为商周牧野之战这个至关重要的定点的确立，才陆续往前推算出盘庚迁殷为公元前1300年，殷商开国为公元前1600年，以及夏王朝始年为公元前2070年。

晋国风云

周武王之后，继位的分别是成王和康王，在这两个王执政的40多年间，人民休养生息，社会安宁，天下太平。

史载成康之世刑错40年不用，其国势达到了整个周王朝的全盛时期。可惜好景不长，继短暂的成康盛世之后，周王朝日渐衰落。又经过几代，到周厉王时，各种矛盾越发尖锐，国家到了崩溃的边缘，而当政的周厉王又偏偏是一位极度专制的君主，除暴虐、骄横之外，还重用奸佞小人掌管朝政，搞得朝野内外乌烟瘴气，天下民众痛苦不堪。在忍无可忍的情况下，民众只好集合起来举行武装暴动，这个行动堪称是古代世界上第一次大规模的国人革命行动。周厉王一看这阵势，知道颓局难挽，索性渡黄河逃走。

周厉王出逃后，一去不复返，最后死于一个叫"彘"的地方。那么厉王在位多少年？或者说厉王元年是历史上的哪一年？要破这一悬案，工程专家组认为，除其他的辅助材料和证据，必须从古老的晋国首都寻找主要答案。

公元前1046年早春，周武王率师伐纣，取得胜利。随着周王朝建立，在安抚殷商遗民的同时，采取"选建明德，以藩屏周"的政策，即分封周武王的同宗、亲戚和功臣，让他们建立诸侯国，形成拱卫周王室的屏障。最早得到分封的诸侯有周公家族的鲁、召公家族的燕和姜太公家族的齐等。

据《史记·晋世家》等文献记载，当武王与其后邑姜（姜太公尚的女儿）

欢会之时，梦见天帝对自己说，我命你生个儿子，名虞，将来把唐国封给他。那里是参宿的分野，叫他在那里繁育自己的子孙。不久，邑姜果然怀有身孕，当胎儿出生后，手上竟有一个虞字，故起名为虞。因为这孩子是武王的第三个儿子，按照伯、仲、叔的排法，又称为叔虞。

武王在位约4年死去，成王即位，由周公（姬旦）摄理政事，不久即发生了管叔、蔡叔之乱。周公奉成王之命，出兵征伐，历经3年终于平息了这场战乱，之后便有了晋国始封地的出现。有一天，年幼的成王与叔虞戏耍玩闹，成王削一片桐叶为珪赠予叔虞说："以此封若。"身旁的史佚听罢，立即请求成王择吉日封立叔虞。成王不以为意地说："吾与之戏耳。"史佚反驳说："天子无戏言。言则史书之，礼成之，乐歌之。"

于是成王遂封叔虞于唐。因唐国在河、汾之东，方百里，故曰唐叔虞。姓姬氏，字子于。以上这个颇有点离奇的说法，在《吕氏春秋》《说苑》中也有类似记载，只是《说苑》将史佚换成周公罢了。削桐叶为珪的故事或许是附言，但成王封唐确是事实，年幼的成王也许不会想到，他的一句戏言竟然成就了周朝境内最为强大的北方雄邦——晋国600年皇皇伟业。

叔虞死后，他的儿子燮父继位，改称晋侯，同时把唐国也改称晋国。这一国号一直延续到公元前5世纪，三家分晋，由韩、赵、魏取而代之。

当然，唐作为晋国政治中心的时间并没有600年。据文献记载，晋国早期因战乱灾祸曾几度迁都，公元前585年，晋景公听从了韩献子的建议，把国都从故绛迁到了新田（新绛），新田从此成为晋国最后200年的国都。关于晋国搬迁的次数和诸都的地望，自汉以来，异说颇多，杂乱渺茫，世人已无法确切地得知了。直到20世纪50年代，随着田野考古学兴起，这个困惑世人两千多年的谜团才逐渐解开。

晋国都城一泄其密

1952年秋，山西省文教厅副厅长崔斗辰率领随员，骑毛驴在晋南山区考察，当路过曲沃县侯马古镇西郊白店村时，在路边的断崖上发现有很多散乱的陶器瓦片。崔斗辰有儒学功底，年轻时曾当过中学教师，抗战初期曾一度出任过浮山县县长，嗜好古物并有一定鉴别能力，见此情形便下驴捡起地上的陶片仔细察看，认为年代甚古并隐含着极其重要的文化信息，或许与古晋国遗址有关。想到这里，崔斗辰把几块典型陶片携回太原交给省文物管理委员会，谈了自己的猜想。未久，文管会根据崔斗辰的指示派员来到侯马白店村勘察，果然发现此处是一处重要的古代遗迹，但是否属于晋国遗址有待进一步调查认定。1955年，侯马镇独立建市，山西文管会考古人员杨富斗等人受命参加中央城市设计院对侯马自然环境、历史地理等的综合考察。就在这次考察中，在白店、西侯马、宋郭、牛村等地的断崖上，发现了东周时期的文化层并引起国家文物考古界高层的注意，侯马晋国遗址调查、发掘、研究的序幕由此拉开。

1956年春夏，文化部文物局派出文物专家顾铁符率领一支由全国10家文物单位组成的考古队，会同山西文管会开赴晋南进行文物调查。经过勘察、钻探，确认侯马是"一个遗存相当复杂，十分重要的古代遗址"。文化部文物局对此高度重视，会同中国科学院考古研究所，商请在京的历史学家及考古学家赴现场了解情况。根据发现的遗迹、遗物，结合地形、地望，顾铁符等专家认为这里极有可能就是史书上记载的晋景公由故绛迁往新绛的都城——新田。

《左传·成公六年》载："晋人谋去故绛。诸大夫皆曰：'必居郇、瑕氏之地，……'韩献子……对曰：'不可，……不如新田，土厚水深，居之不疾，有汾浍以流其恶，……'公说，从之。夏四月丁丑，晋迁于新田。"

此为公元前585年4月13日之事，新田成为晋国最后的首都。

晋国首都迁往新田之后，晋公室励精图治，积极开疆拓土，国势日盛，由最初"方百里"的蕞尔小国，逐渐拓展至包括今山西全境，外连河南、陕西、河北、山东四省部分地区的广阔地域，一跃成为春秋时期最强势的诸侯国，作为"春秋五霸"之一，持续时间最长，达一个半世纪。正是在这个新兴都城宫殿连宇的舞台上，上演了赵氏孤儿、魏绛和戎、悼平复霸、六卿倾轧、三家分晋等一系列血雨腥风、波澜壮阔的悲壮话剧。

自景公迁都至公元前376年，晋国在新田共历经13代国君，凡209年。赵、韩、魏三家卿大夫分晋之后，苟延残喘的晋国最后一个国君被驱逐出宫，此地属魏，其政治、军事、经济地位一落千丈，终致衰落颓败，整个都城和地望湮没于战国争雄、秦汉兴替的硝烟风尘之中不复与闻。

山川有灵，大地有性，迷失了两千余年的晋国都城在中华人民共和国成立之初再度向世人一泄其密。为抢救这份珍贵的文化遗产，谋流传而悠远之，当年10月，山西省文管会设立了侯马工作站，正式组织人员对遗址进行发掘——这是全国第一个地方专业工作站。鉴于侯马遗址的重要性，1960年，国务院下发了《关于加强侯马地区古城遗址的勘探与发掘工作的通知》，文化部将侯马地区的考古工作列为全国重中之重，抽调中科院考古所、中国历史博物馆、文博研究所、文化部文化学院以及河南、山东、江西等文物部门的考古人员前往援助，山西文物部门同时抽调各县文化馆共20余名干部前往参加。其精良的队伍，强大的阵容，为中华人民共和国成立以来历次考古发掘所罕见，而国务院就一个地区的考古工作下发通知，在整个20世纪考古发掘史上空前绝后，侯马遗址重大的历史文化价值，在政府与国人心目中得到了充分彰显。

此次发掘共有上百人参加，场面蔚为壮观，号称全国首次"考古大会战"，发掘面积近20万平方米。这是国内发现规模最大、遗存最丰富的青铜时代铸铜遗址。发掘出土的铸铜陶范5万余件，其中1000多件上有精美花纹。陶范从大到小，大到有一人多高的编钟，小到空首布、车马器等，门类极多，各具风骚。在各类器物中，又以铜鼎、铜编钟闻名于世。整个遗址的生产规模、工艺技术和艺术风格，具有鲜明的时代和地方特色，反映着当时晋国青铜工业和物质文化的卓越成就，并彰显出晋国雄厚的经济实力和技术创造能力。而作为一个古代都城不可或缺的组成部分，铸铜遗址的发现发掘，从另一个侧面证实晋国后期都城——新田，就在今日的侯马。

侯马盟书透露的信息

当考古界沉浸在侯马铸铜遗址"考古大会战"喜悦之中时，想不到一年之后，侯马盟书横空出世，海内外专家学者的目光骤然投向晋南这块古老神秘的土地。

1965年12月中旬，离侯马呈王古城2.5公里处的秦村，侯马电厂基建施工正在进行，山西省考古所侯马工作站派出陶正刚、张守中等专业人员配合工程勘探，而曲沃农中的一批学生也在施工现场进行勤工俭学劳动。整个工地机器隆隆，人声鼎沸，学生们在一个边角取土时，发现土中埋压着一些薄薄的、大小不等、形状不一的石片，上面隐约有一些细小的符号。出于好奇，学生们你一片、我一片地装进口袋，准备回校后仔细把玩。此时学生们并不知道，这些石片的出土意味着什么。

中午收工的时候，一位老师遇到从另一边走来的陶正刚，顺便提了一句学生们在土坑中发现小石片之事。陶正刚闻听，大惊，急忙让这位老师把一位拿石片的学生叫到面前查看。只见石片有手指般长，像一把小刀，上面密密麻麻地写满了朱色文字，很像一篇文章。尽管陶正刚一时不能识别字意，但上面所写是古代文字却是无疑，认为此事非同小可，遂通过老师把同学召集起来，说明出土石片是极其重要的文物，必须得到保护，不得私藏和损坏云云。学生们一听这些东西竟然是极其重要的文物，震惊之余全部将口袋中的石片交到陶正刚手中。上交的石片长短不一，有的像小刀，有的呈圆形，像一叶地瓜干。陶正刚数了数，正好60件——这就是后来被编为第16号坑的第一批盟书，其中包括被编为三号后来被郭沫若认为是整个侯马盟书总序的一件国宝级标本。

图3-1　侯马盟书

图3-2　侯马盟书

图3-3　侯马盟书摹本

学生们走了，陶正刚怀揣60件带字石片独自来到发现石片的土坑旁，仔细观察坑的形状和土层，不时拿出石片辨识字迹，越来越感到此事的重要。自公元前6世纪以降，铜器铭文尤其是长篇文字已极少见，简册文字在南方易于保存，时有发现，而中原自西晋河南汲县魏襄王墓中出土过一批竹简并整理出《竹书纪年》和《穆天子传》等湮没日久的佚书外，时间的长河又流淌了千余年，见诸文字的先秦资料仍少得可怜。晋国作为东周时期的泱泱大国，铜器铭文或文物上的文字资料竟出奇地少见，已发掘的侯马晋国晚期遗址，特别是铸铜遗址，揭露面积之大，出土文物之多，世之罕有其匹，但很少见到文字资料出土，这种现象令发掘者心中郁闷又徒叹奈何。想不到一年之后，考古人员梦寐以求的文字终于现身于世，且式样之特殊，数量之多，篇幅之大，世之罕见。当前来换班的张守中来到工地土坑旁时，陶正刚手捧布满文字的石片仍沉浸在亢奋与激动之中，尚未开口叙说出土经过，热泪竟唰地流了下来。

侯马出土朱书文字的情况很快传到了太原与北京，文物专家谢辰生、山西省文管会主任张颔共赴侯马查看标本。由张守中对部分出土文字进行摹写，张颔进行简单考释，谢辰生携部分标本、摹本和释稿返回北京汇报。文物局局长王冶秋看罢又惊又喜，立即转呈中科院院长郭沫若鉴定。郭沫若经过一番研究，很快做出结论，认为朱书文字就是古籍《左传》《国语》《史记》中经常提及，而后人难得一窥真颜的盟书。

侯马盟书的发现很快传遍文物考古界并引起巨大震动，陶正刚等人受命对秦村电厂工地展开了大规模勘探与发掘。至1966年初秋，发掘工作全部结束，共发现祭祀坑401个，清理326个，其中3坑埋有卜筮文字，40个坑出土盟书，总数在5000件以上，有文字可以辨识者650余件，每件字数少者仅10余字，多者达220余字，一般皆在30字至50字之间。大多数为朱书，少部分为墨书，皆用毛笔写在石片上，字体属小篆，一字多形，异体字多，繁简体并行，假借、古体字时常出现，富有独到的艺术风格。据考古人员推测，书写者很可能出自晋国祝、史一类的刀笔吏之手，亦可见当时使用毛笔书写已很普遍，这对流传甚广的所谓秦代大将"蒙恬造笔"的说法做了彻底的否定。

盟书出土后，著名古文字学家张颔对其进行了数年研究，将其内容分为6类12种，后来考古学家谢尧亭参考各家分类意见分为6类，即宗盟类、主盟人誓辞、委质类、纳室类、诅咒类、其他类。盟书主要记载晋定公十五年

（公元前497年）到晋定公二十三年（公元前489年），晋公与赵、韩、魏、智氏等卿大夫联手，以赵简子为首共同诛灭另两家卿大夫范氏、中行氏之事。《周礼·秋官·司盟》有"掌盟载之法"郑玄《注》："载，盟誓也，盟者书其辞于策，杀牲取血，坎其牲，加书于上而埋之，谓之载书。"春秋战国之时，诸侯和卿大夫为了巩固内部团结，打击敌对势力，经常举行这种盟誓活动。盟书一式二份，活动结束后，一份藏在盟府，一份埋于地下或沉在河里，以取信于神鬼。从张颔等人的研究成果看，侯马盟书誓辞中无不体现出主盟人赵简子为打击敌人，联络本宗，招降纳叛，多次召集同宗与投靠他的异姓反复"寻盟"的言行和举动，且盟誓次数频繁，持续时间较长，埋藏盟书的土坑有先有后并有打破叠压关系，此点在考古发掘中有明显体现。据史书记载，以赵简子为首的集团与对手的博弈时间长达8年之久，所涉地域除今山西大部，还波及河南、河北西部地区，双方经过数次血战，范、中行二氏终被诛灭。

盟书还给研究者一个极其重要的关键性提示，这便是赵简子主盟的地点就在"晋邦之地""晋邦之中"。这个记载以确凿的证据向世人公示，侯马盟书不但是晋国由故绛迁都到新田以后的产物，且埋藏之地就是晋国最后一个都城——新田。

寻找晋国早期都城

就在铸铜遗址发掘之时，考古人员对已发现的侯马古城遗址进行全面的复查勘探，并详细测绘了牛村、平望、台神与马庄等几座古城平面图，并有小规模发掘。经过吴振禄、杨富斗、陶正刚、梁子明、田建文、谢尧亭、王金平等几代考古学家数十年的努力，在以侯马为中心的汾、浍两河之间，揭示晋国晚期遗址面积达45平方公里，探明和发掘的遗迹共有40余处，发现发掘10座西周到春秋时期古城遗址。从城址规模、地望以及出土器物的文化内涵等方面推断，除白店古城为晋景公迁都之前的营聚点或居邑外，其他9处都应是晋都新田宫署及其附属遗址。其中最著名的为侯马西北郊的平望、台神、牛村等三座古城，三城呈"品"字形，边角有叠压关系。平望古城夯土台基可分为三级，属于超大型宫殿格局，据发掘者推断，应为晋国的公宫。公宫乃晋国君臣商议国事，颁布政令之处，《左传》多次言及晋公与诸大夫"盟于公宫"，这个"公宫"当指此处。与平望古城相邻且略有叠压的牛村古城，经探明东城墙全长1390米，南城墙宽1070米，一般墙基厚8米至9米，中间至今雄立于表土之上的夯土台基，有可能为史上记载中的"固宫"。正是这3座"品"字形城址，构成了晋国后期200余年经国之业的政治中心。就筑城的先后顺序而言，平望古城是最早的宫城，另二城则是在此基础上扩建而成。这一现象恰好见证了晋国霸业从发轫、鼎盛直至最后衰亡的历史过程。

稍后发现发掘的呈王、北坞、马庄3座较小的古城，或为国之宗庙，或为卿大夫私家势力盘踞的地盘，而其他3座更小的城址，当为士大夫所居之所。遥想当年（公元前497年），晋国六卿矛盾激化，不可一世的范氏家族，联合中行氏，发私人武装围攻赵氏家族之宫，迫使赵氏家族首领赵简子弃宫北走晋阳。据考古人员推测，呈王、北坞、马庄3城，分别为赵氏、范氏、中行氏3家所拥有的可能性极大，那惊心动魄的搏击拼杀，这3座城池当是最直接的见证者。只是两千多年岁月飘零，风雨剥蚀，无论是古老的大城还是小城，皆成残垣断壁于旷野中形影相吊。往昔的繁华，钟鸣鼎食的盛景，连同宫闱帐下那关系着天下风云的烛影细语、血雨腥风已成为历史的烟尘，渺不可及，只有一堆黄土顶着四散飘零的荒草，在无声地提示着那个已经逝去的诸侯大国曾经的辉煌。

晋侯墓地的发现

夏商周断代工程启动后，在"西周列王的年代学研究"这个课题中，专门设置了"天马—曲村遗址分期与年代测定"这一专题，由北大考古系教授、天马—曲村遗址发掘者之一刘绪具体负责研究。

按照刘绪的解释：夏商周断代工程之所以设置这一专题，除了天马—曲村遗址像琉璃河、丰镐等西周遗址那样，有比较完整、全面的可供^{14}C测年的系统样品外，它本身的文化从西周早期一直到春秋初年都是连续发展的，特别是发掘的几百座中小型墓葬，含碳标本极其丰富，西周早、中、晚各期一应俱全，这就为^{14}C测年提供了可靠的依据。另外一个显著的特点是，包括天马—曲村遗址在内的晋西南，经过几十年的考古调查与发掘，至今未发现商代特别是商代晚期的遗存，而西周早期的文化却突然冒了出来。因为没有商代晚期的文化，西周的文化遗存就更容易确定，同时也减少了一个大麻烦，这就是避免了一件器物或一个文化现象出现，有人说是商代晚期，有人说是周代早期的争论。从考古发掘来看，商代晚期和周代早期的文化遗存不容易分辨，而事实上当西周建立王朝之后，不可能将商人全部杀光，只要人活着，原有的文化就不可能马上消失，必然沿着惯性延续一段时间。在这样一个新旧交替的阶段，要准确地划分哪是商代晚期、哪是周代早期是相当困难的。天马—曲村遗址的特殊性就在于，只要出现器物，一看便知是夏代还是周代的，同时也不存在先周文化的混乱情况。至于出现的文化面貌是周代哪一个时期的，可以参照出土的各种器物和现象进行研究、讨论、印证，但必须首先排除商末和先周的干扰，这便是天马—曲村遗址发现、发掘在历史年代学上的独特之处和重要意义。

既然天马—曲村遗址最早的西周文化很容易辨别，那么这种文化就应该接近晋国也就是唐的始封年代。如果接近了唐的始封年代，距武王克商这一重大历史事件就应该接近或相距不远了。又因天马—曲村遗址是离周朝的首都丰、镐最近的一个封国都邑，它的文化面貌跟丰、镐遗址的文化就更容易接近。事实上，从两地的考古发掘来看，所出的器物等文化遗存也是相同的。这样就有了更进一步的意义，即天马—曲村遗址的文化可牵涉和限制武王克商这一历史事件的定年。也就是说，天马—曲村遗址中最早的西周文化，用^{14}C测年所得的数据，不能早于武王克商之年，如果早于这个时间段，就证明原来学者们推算的武王克商之年的推算是错误的，因为晋（唐）国是在武王克商、周朝建立之后才就封的。同理，该遗址最早的西周文化也不能晚于武王克商许多年，至少不能晚于成王在位的年数。由此，天马—曲村遗址在考古学文化上就将武王克商之年死死地卡在一个有限的时间范围之内了。

技术测年专家对天马—曲村遗址出土的兽骨、人骨等遗物进行^{14}C测年，早期一段的中值在公元前1020年至公元前970年左右。而商王朝最后一座都城殷墟最后一个文化分期——第四期，^{14}C测年为公元前1080年至公元前1040年左右；武王克商后召公的始封地——北京琉璃河遗址第一期一段的墓葬遗物^{14}C测年为公元前1040年至公元前1006年左右。此前发现的沣西遗址分期与^{14}C测年和由殷墟甲骨月食推断的武王克商年范围，大都集中在公元前1050年至公元前1020年之间。有了这样两个条件，再结合先秦文献，可使这个论据更加充分。也就是说，真正的武王克商之年就在公元前1050年至公元前1020年这30年之间的某一年。

最终，夏商周断代工程专家组结合天象、出土金文等研究，得出武王克商之年为公元前1046年。

这个商周分界之年坐标的建立，如大海中夜航的灯塔，映照身后的彼岸和前方的航程。天马—曲村遗址的发现与研究，为这座灯塔的树立打下了坚强的基石。

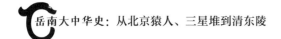

晋国列侯排序

作为早期晋都的天马—曲村遗址，由于自汉以来历史学家已不知具体地望，致使这座曾显赫一时的古代都邑在地下埋没长达两千余年无人知晓。正是由于这个缘故，在1986年考古人员正式发掘之前，该遗址从未被盗掘，成为中国大地上已发现的西周、春秋国都遗址中唯一完整的幸存者。如此罕见的典型遗址，无论是对晋文化还是对整个华夏文明的研究，都具有极其重要的意义。但自1986年之后，遗址被盗墓贼贪婪的目光所注意，在盗墓猖獗的情况下，由文物局批准的考古队对天马—曲村遗址墓地进行了多次大规模抢救性发掘。

这些大型墓葬的发掘，让世人看到了一批又一批湮没两千多年的珍贵文物的同时，也使人们透过迷蒙的烟尘，真切地感悟和洞悉西周时代晋国的历史风云——

姬叔虞封唐后，在位年限大体与周成王相始终。叔虞死后，儿子燮父继位，改称晋侯，同时把唐国改称晋国。据《史记·晋世家》载，西周至春秋初年晋侯世系为：

1唐叔虞—2晋侯燮—3武侯宁族—4成侯服人—5厉侯福—

6靖侯宜臼—7釐侯司徒—8献侯籍（苏）—9穆侯费王—11文侯仇
|
10殇叔

从文献记载看，晋国的历史在穆侯之前，似无大事发生，自穆侯之世，一个潜在的政治危机已悄悄深入晋国的权力中心。

晋穆侯在位的第四年（公元前808年），娶姜氏为夫人。穆侯七年（公元前805年）他率兵从周王室之师共讨条戎、奔戎，这是晋国历史上可考的第一次对外用兵的记载。古本《竹书纪年》说："王师及晋穆侯伐条戎、奔戎，王师败逋。"既然王师败逃，晋师必不能独胜。就在这次战役不久，穆侯夫人生下长子，因穆侯战败不悦，故取名曰仇。穆侯十年（公元前802年），又出师与戎狄战于千亩，并取得了胜利。恰巧这年穆侯夫人又生下了次子，穆侯因该战成功，遂借着胜利的喜悦，为自己的次子取名为成师，也就是能成其众之意。面对长子和次子寓意完全不同的名字，晋大夫师服不无忧虑地说："国君给儿子命名，太稀奇了！因为命名是用来制订义法，以义法来产生礼节，用礼节来完成政治，用政治来匡正人民，政治上取得了成效才会使人民服从。相反，如果变更了礼节和义法，那么国家将会发生祸乱。相爱的配偶叫'妃'，相怨的配偶叫'仇'，这是古人命名的方法。如今给太子取名叫'仇'，而把少子取名为'成师'，这是祸乱的预兆。太子将来一定会被废黜的啊！"师服接着说："太子叫仇，仇的意思就是雠；少子叫成师，这个大号就是成就事业之意。名，是自己起的；世界万物，是自己定的。现在长幼之名相反相逆，此后晋国能不发生内乱吗？"师服的不祥之语不幸应验，当穆侯在二十七年（公元前785年）寂然死去后，晋国就出现了内乱。晋国的嫡长继承制第一次被打破了，不过这次内乱不是发生在太子仇和少子成师之间，而是在穆侯之弟殇叔和太子仇之间爆发。

穆侯死后，太子仇（晋文侯）没有能继位做上国君，而穆侯之弟殇叔以弟继兄成为晋国的统治者，这表明了殇叔在穆侯生前已经掌握了相当的实权，具有相当大的势力。

太子仇不得继位，避难出奔他国。过了4年，于公元前781年率领家徒私属卷土重来，成功地杀了叔父殇叔，夺回了政权，是为晋文侯。这次内乱从表面上看，对当时晋国社会各个方面的影响并不算太大。但是，在政治变革的层面上，在晋国敲响了奴隶制社会的主要支柱——宗法制丧钟的第一声，开晋国后来长期内战的先河。

晋文侯在位35年（公元前781年—公元前746年），他在晋国历史上是一位杰出的君主，其统治晋国时，西周王朝已濒临崩溃的前夜。公元前771年，周幽王荒淫无道，废掉了太子宜臼，欲立庶子伯服，宜臼奔逃至申，申侯一气之下联合鄫国、犬戎等攻下镐京，杀死幽王和伯服，拥立太子宜臼为平王。此时犬戎进驻泾渭，侵扰京师。战火后的镐京残破不堪，周王室难以在关中立国，决定东徙成周。这时晋文侯率晋军入陕，与郑武公、秦襄公合力勤王，稳定了东周初年的局势。

周平王嘉文侯之功，作《文侯之命》，这篇文诰至今被保存在《尚书》之中。

平王在文诰中盛赞了自己的开国先祖文王和武王功德光明伟大，并认为他们的成功是因为当时的公卿大夫能够辅佐、指导和服侍自己的君主。同时赞扬晋文侯是促成他安于王位之人。勉励文侯能像文、武时代的贤哲那样勤事王室，继承其列祖列宗之余烈，治理好自己的国家。为表达自己的感激之情，平王还赐予晋文侯"秬鬯一卣，彤弓一，彤矢百，卢弓一，卢矢百，马四匹"。这些弓矢车马是征伐不廷之臣的象征，晋文侯不负所望，在公元前760年又诛杀了非正统的携王，结束了周王室达10年之久的二王并立局面，此时的晋文侯俨然周初的周公旦，成为再造周命的功臣。

晋文侯仇执掌国政时，相当于周幽王与周平王时期，晋文侯晚年时间已进入东周。文侯死后，晋国内战迭起。之后继位的昭侯、哀侯、小子侯、侯潘等，或被杀，或被虏，几乎没有建造陵墓的可能。再之后的晋武公及其以后诸公，死后或葬曲沃，或葬别处，故天马—曲村墓地能够入葬的只有文侯仇之前的诸位侯王。从已发掘的情况看，整个天马—曲村墓地东西约150米，南北约130米，共发现8组17座晋侯及夫人墓。参加晋侯墓地发掘的刘绪、徐天进、雷兴山、罗新等考古人员，根据出土器物特征以及青铜器铭文中所见部分晋侯名字的考释，结合各地已知周代墓葬资料，总结出若干从早到晚演变的规律，并以晋侯墓地各组墓葬与之比较，发表了对晋侯墓各组序列的排比意见。可推定出8组晋侯墓的墓主，依次是：

第一组M9、M13晋武侯宁族及其夫人。

第二组M6、M7晋成侯服人及其夫人。

第三组M33、M32晋厉侯福及其夫人。

第四组M91、M92晋靖侯宜臼及其夫人。

第五组M1、M2晋釐侯司徒及其夫人。

第六组M8、M31晋献侯籍（苏）及其夫人。

第七组M64、M62、M63晋穆侯费王及其夫人。

第八组M93、M102晋文侯仇及其夫人。

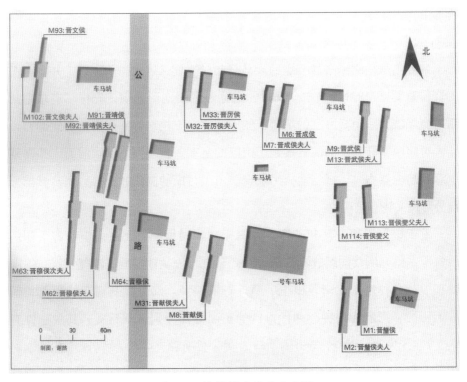

图3-4　晋侯墓地平面示意图

很显然，以上所见8组17座墓，分属于8代晋侯及其夫人，其中包括1位晋侯有两位夫人的墓葬。同样明显的是，同西周晋国所存在的11位侯相比，又缺少3位侯的墓葬。故此，自从晋侯墓地发掘资料公布之后，围绕晋侯墓地的墓位安排和墓主到底是谁的推定问题，学术界展开了长期争论。一个比较公认的结论是，早期两位晋侯没有葬在天马—曲村家族墓葬区，而是葬于别处，具体位置尚待以后的考古发掘。被文侯仇诛杀的殇叔自然不能进入这个墓地，很可能被草草埋入城外的荒野草丛之中了。

神秘的晋侯稣钟

1992年秋，刚刚平静一点的天马—曲村遗址又进入一伙盗贼，并顺利潜入晋侯墓葬区M8号大墓中。狡猾的盗墓贼利用地形地物，先将墓室东南角用炸药爆破成一个竖井状的坑道，然后顺坑道下挖至椁室东南角的底部，紧接着再向西横穿一个圆洞直接到了棺椁的足端。正当盗墓贼顺洞而入并在墓中疯狂劫掠器物时，被当地村民发现，由于村民的制止和报警，盗墓贼携带部分珍贵文物仓皇逃离。

鉴于该墓惨遭洗劫和破坏，经国家文物局批准，北京大学考古系与山西省考古研究所共同组成考古队，对此墓进行抢救性发掘、清理。就在这次清理中，在椁室的东南角出土了两件青铜编钟。编钟呈灰褐泛黄绿色，基本无锈蚀，形制为甬钟。两件甬钟的正面钲部分别镌刻铭文，其中一件有铭文7字，为"年无疆，子子孙孙"；另一件有铭文4字，为"永宝兹钟"。从出土的情形看，这两件甬钟显然有它的同伴，并和它的同伴组成一套完整的编钟系列，而这套编钟的其他几件已被盗墓贼席卷而去了。正当考古人员为编钟的流失悲愤不已、扼腕叹息之时，中国文物史上一个罕见的奇迹出现了。1993年12月，上海博物馆从香港古玩市场将天马—曲村遗址M8号大墓中被劫走的编钟全部抢救回来，这个行动的主要组织者就是马承源。

自20世纪80年代开始，一些不法分子勾结海外走私团伙，大肆走私盗卖出土文物，致使大批国宝流失海外。1992年，上海博物馆馆长马承源因公务去香港，出于职业习惯，经常趁工作空隙到香港古玩市场逛逛。也就在这看似轻松的浏览中，他发现许多内地出土的珍贵文物明码标价出售，有不少属于国宝级文物，这种状况让他感到极其痛心和内疚。自此，他暗下决心，如果条件允许一定要想办法把这些流失的国宝抢救回内地。在回上海前，他将这一想法告诉了在香港的许多朋友，并让他们留意古玩市场的动向。

1993年，香港中文大学张光裕教授给马承源打来电话，告知香港古玩市场有人正在出售一批刻有文字的青铜编钟，大小共14件，但一时还搞不准是真品还是赝品。马承源闻讯，让张光裕设法搞到编钟照片和编钟铭文拓片传真过来察看。张光裕不负所望，想尽办法将所需一切搞到手并传往上海博物馆。香港的古玩市场属于远东地区最大的市场，多年的运作形成了一个不成文的规矩，即商铺老板把东西给第一个人看了以后，如果对方明确表示不要才可以给第二个人看。第二个人表示不要再给第三人看，以此类推，绝不能同时给几个人看。张光裕在电话中对马承源说，据这家古玩铺一伙计透露，此前台北故宫博物院有人来看过这批东西，日本人也来看过，但都拿不准是真是假，不敢买，特别是钟上的文字更让他们觉得可疑。按照一般规律，大凡公开展览和公布过的西周青铜器铭文，都是和器物本身一起铸造出来的，不是器物造好后再在上面凿字。而这套编钟300多个字明显是后来用锐器刻凿而成，因而让台北故宫博物院与日本方面的收购人员疑窦丛生并最终放弃收购。

马承源看罢从香港寄来的照片和铭文拓片，凭借几十年文物工作经验，感觉到这批编钟非同小可，有可能是货真价实的国宝级文物。为慎重起见，从文字结构、布局、笔体等方面进行详细观察研究，发现上面的文字的确是后来刻凿上去的，只是他认为后来镌刻的文字，不足以证明器物与铭文是赝品。上海博物馆是国内数一数二的大馆，内藏丰富，馆内藏有一件外人并不知晓的西周青铜器盨，上面的铭文就是刻画而成，且刻画的痕迹与铸造的痕迹完全是不同的两种风格。除了这件青铜盨，馆内还藏有一件秦孝公时代的商鞅方升，俗称商鞅量。著名的秦国"商鞅变法"统一量制时，商鞅发布的一篇命令就刻凿在量器上。这些刻凿的文字有一个难以察觉的秘密，笔画拐弯的地方，由若干直刻连成，而不是一刀刻到底，显得有些笨拙，这是一种古老、独特的刻法。这种刻法自汉代以后就消失了，原因是工匠使用的工具更加锋利，一个笔画可以从头到尾一笔刻出。马承源认为，香港这套编钟的文字刻凿风格与上述两件器物相同，是一道一道，断断续续地刻凿而成，若不熟悉这种古老刻法的人，就会以为器物与文字是后人假造的。

有了这样一个初步推断，马承源又将编钟的照片和铭文拓片拿给上海文物部门的几位鉴定专家反复察看比较，大家认为这套器物属于真品的可能性极大。其理由是，除了文字的刻凿风格，还有一个现实生活常识，造假者是以追求金钱利益为目的，很难有如此大的胆量，完全违反以前西周青铜器的铸造习惯，造一篇几百字的铭文用刀刻凿上去。于是，几名鉴定专家认为这套编钟当属真品无疑，且是中国青铜器史上罕见的重宝。马承源决定立即请示上海市政府领导人，以上海博物馆的名义出资迅速将编钟购回，这一请求很快得到批准。因1993年的香港尚未回归祖国，要办理去香港的签证需要几个月甚至更长的时间，为了避免节外生枝，马承源电告张光裕教授，让其代表上海博物馆和卖方进行价格谈判。

由于香港古董商被中国台湾、日本等地的客人相继冷落，对这套编钟的真实身份起了疑心，急于出手，双方谈判较为顺利，最后以100万元港币成交。据行家估计，如果卖方当时弄清了铭文的内容和编钟的真实身份，这个价格只能购买其中最小的一件，甚至连一件也买不到。由此可见马承源的眼光和在处理此事中的精明果断。

编钟到手后，张光裕教授将其一件件包裹好，乘飞机直接送到上海博物馆，流失的国宝终于又回到了祖国的怀抱。

图3-5　从香港购回的14件晋侯稣钟

　　14件编钟在上海博物馆密室被打开时，仍保持着出土时的原貌，铭文绝大部分为厚厚的土锈所掩盖。经上海博物馆文物保护和科学考古实验室清理剔除，铭文全部显露。这14件编钟明显分成两种类型，第一类为大钟，第二类为中小型钟，两类钟的纹饰和特有的旋、斡等皆不相同。由于有以上的差别，而且不了解原有的排列顺序，因而马承源等研究者对铭文产生了种种推测，或以为铭文不全，所缺尚多；或以为铭文并不按钟的大小次序镌刻；也有的认为全铭为一篇铭辞等。马承源等研究人员在对各编钟文字做了反复研究、释读后，按照文辞先后排出编钟序列，而后检验各钟的音阶是否和谐。检验结果发现，第一组8件钟，大小成编，五声音阶，具有两列八度音。第二组6件钟，也大小成编，五声音阶，只是最后缺少相协的尾音。显然，同第一组相比，第二组缺少最后2件编钟。两组编钟何时何地出土？最后2件编钟匿藏何处？成为一个令人思索而不解的谜。

正当马承源等人困惑不解时，一个新的巧合出现了。北大考古系教授邹衡来上海开会并应邀到博物馆参观从香港购回的编钟。邹衡一见，即被眼前的编钟镇住了，这与晋侯墓中发掘出土的2件编钟是何其相似，难道二者有内在的联系？经过对器物观察以及与马承源等人交谈，邹衡认为天马—曲村M8号大墓中那残存的2件编钟，与眼前这套编钟很可能是一个整体。这个意外插曲，令在场的专家学者兴奋不已。鉴于此情，马承源很快与北京大学考古系和山西省考古研究所取得联系，迅速得到了相关发掘资料和照片，从这些资料中可以看出，2件小编钟的铭文也是刻凿而成，由此可证与上海博物馆所购编钟为同一个系列，且编钟的大小、铭文完全可以排列连缀起来。若将晋侯墓出土的2件编钟与购回的第二组编钟连在一起，正好也是8件一组。上海博物馆请音乐专家对2件小钟进行测音试验，其音阶与同组的另6件钟相协，这就更加证明两组16件编钟共同出自天马—曲村遗址M8号大墓。按郑玄注《周礼·春官·小胥》载："半为堵，全为肆。"一肆为两列八度音，是基本单位，二肆16件为一虡，这是西周晚期的礼仪用器制度，可见天马—曲村遗址M8号大墓出土的编钟为一虡之数。

由于马承源、张光裕等人的共同努力，使这批极其珍贵的文物不致失散和流入境外，且两组编钟终成完璧。编钟的回归，在创造了文物收藏史上一个奇迹的同时，也为后来夏商周断代工程在西周王年的研究中提供了重要依据。

根据天马—曲村遗址M8号大墓出土的材料推断，这座墓的墓主是晋侯稣，而此墓所出编钟的铭文中也有"晋侯稣"的记载，但《史记》所载晋国历代王侯中，没有一位叫"稣"的人。《世本》及三国时代的历史学家谯周皆称晋献侯籍为"稣"。据李学勤、李伯谦等专家考证，"籍"和"稣"相通，因而司马迁所载的晋献侯籍就是编钟铭文中的晋献侯稣，编钟也被学术界称为晋侯稣钟。

两组16件编钟共刻铭文355字，是中华人民共和国成立以来出土青铜器中最长的一篇铭文，而铭文中所记的7个历日和5个纪时词语，在已著录的西周青铜器铭文中前所未见，更彰显了器物的价值。当14件编钟材料和马承源的释读甫一公布，立即在学术界引起轰动，学术界争论日久的西周月相和西周王年的研究随之有了突破性进展。

稣钟揭开厉王隐秘

晋侯稣编钟铭文中有"惟王卅又三年"字样，这个"王"指的是西周晚期的周天子，晋侯稣就生活在这一时期。根据司马迁《史记·晋世家》记载：

> 靖侯十七年，周厉王迷惑暴虐，国人作乱，厉王出奔于彘，大臣行政，故曰"共和"。
>
> 十八年，靖侯卒，子釐侯司徒立。
>
> 釐侯十四年，周宣王初立。
>
> 十八年，釐侯卒，子献侯籍立。献侯十一年卒，子穆侯费王立。
>
> 穆侯四年，取齐女姜氏为夫人。七年，伐条。生太子仇……

通观整个西周晚期在位超过33年的"天子"，只有周厉王和周宣王，而当周宣王十六年的时候，晋献侯稣已死亡，由此可见编钟铭文所说33年，绝不在周宣王时代，只可能在周厉王时代。按照李学勤、李伯谦等专家的推断，铭文中的晋侯稣系厉王即位后追称，编钟的一部分原是他随厉王出征作战的战利品，后来将之配成了全套，作为纪念。因俘获的编钟不会有事先铸好的文字，于是后来加以镌刻，称号也依刻字时的身份而改变了，这就是编钟铭文为什么不是与钟体一次性铸成而是后来刻凿的原因。晋侯稣钟的"卅又三年"，应为周厉王时期的年数。为了检验这个推定的正确性，测年专家对天马—曲村遗址M8墓中出土木炭样品进行常规法^{14}C年代测定，为公元前816年—公元前800年。《史记·晋世家》所载晋侯籍（稣）卒于周宣王十六年（公元前812年），其年代与测年结果相吻合，因而可以推断晋侯稣钟的"卅又三年"当属周厉王时期。

既然编钟铭文"卅又三年"已定为厉王时期，根据《史记》记载，由于周厉王"迷惑暴虐，国人作乱，厉王出奔于彘，大臣行政，故曰'共和'"。文献记载中明确的历史纪年始自共和元年，即公元前841年。那么厉王在位之年又是多少呢？

据《史记·周本纪》的说法，周厉王在位共37年，而今本《竹书纪年》又说厉王在位不足30年。文献的抵牾与矛盾，令后来的研究者无所适从，但用晋侯稣钟铭文加以校正，可知厉王在位应超过33年，从而否定了今本《竹书纪年》厉王在位不足30年的说法。根据史书记载共和当年称元之说，周厉王三十七年当为公元前841年，三十三年当为公元前845年。结合晋侯稣钟"二月甲戌朔，既望辛卯十八日"等铭文日历和纪时语，进一步佐证晋侯稣钟"卅又三年"，就是公元前845年。

由于周厉王三十七年（公元前841年）奔彘，至此，可定厉王元年为公元前877年。

这是晋侯稣钟为中国年代学所做出的又一重大贡献，也是天马—曲村遗址与晋侯墓地发现、发掘的一项具有现实意义的重大科研成果。这项成果的产生，为整个夏商周断代工程三代年表的最终建立，做出了独特的贡献。

由于厉王的出逃，使得周人无君，天下无主，在诸侯的推举下，由召公、周公二相共同代行王的职权，历史上称这个时期为共和政治，而召、周二公行政的始年称为"共和元年"。也就是从这一年起，中国的历史有了确切纪年。若以公元纪年计算，这一年为公元前841年。

厉王死后，太子静继位，是为宣王。

　　宣王自小就历经艰苦磨难，即位之后，认真听取召穆公虎和众公卿的意见，努力治理政事，一时颇有中兴气象。遗憾的是，当周王朝的历史到宣王一代，外患实在太多太大，西北有强劲的戎部族侵扰，东南有夷族劫掠，南面有楚部落的进逼，虽然在召公和宣王共同努力下，最终把他们一一平定，但周王朝的国力也大大地衰弱了。

　　宣王之后，继位的是中国历史上臭名昭著的幽王，民间久传不衰的"烽火戏诸侯"的故事，便是他的"杰作"。

　　幽王即位之时，周王室已是危机四伏，内忧外患、天灾人祸不断袭来，周王室大厦即将倾塌。但这位幽王似乎并不把这凶兆险境放在心上，专事寻欢作乐，尤其在得到了一个叫褒姒的女人之后，更是骄淫无耻，荒诞暴戾。当他一意孤行地废去申后和太子宜臼，另立褒姒的儿子伯服为太子后，激怒了申后的父亲申侯，这位申侯一气之下约集曾国和犬戎，联合发兵攻周。气数已尽的周王室力不能敌，镐京被破，幽王在败逃中被杀死，西周王朝宣告灭亡。

　　幽王死后，鉴于镐京在战火中化为瓦砾灰烬，无法再作为都城，申侯便在自己的国土上立太子宜臼为王，是为周平王。

　　21年后，周平王在晋文侯帮助下取得了天下共主的地位，并以周公早年所建的东都洛邑为京畿之地，号令天下，后人始称东周。平王四十九年（公元前722年），是鲁隐公元年，相传这一年孔子始作鲁国史《春秋》。周平王元年，历史进入了春秋时代。

　　在这个时代中，周王室虽然还有天下共主的名分，但政治重心渐渐转移到列国霸主的身上。中国的历史进入了一个急剧动荡、频繁变革的新时代。

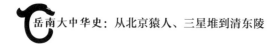
周朝历代君王表

谥名	姓号	在位时间
周武王	姬发	前1046年—前1043年
周成王	姬诵	前1042年—前1021年
周康王	姬钊	前1020年—前996年
周昭王	姬瑕	前995年—前977年
周穆王	姬满	前976年—前922年
周共王	姬繄扈	前922年—前900年
周懿王	姬囏	前899年—前892年
周孝王	姬辟方	前891年—前886年
周夷王	姬燮	前885年—前878年
周厉王	姬胡	前877年—前841年
共和		前841年—前828年
周宣王	姬静	前827年—前782年
周幽王	姬宫涅	前781年—前771年

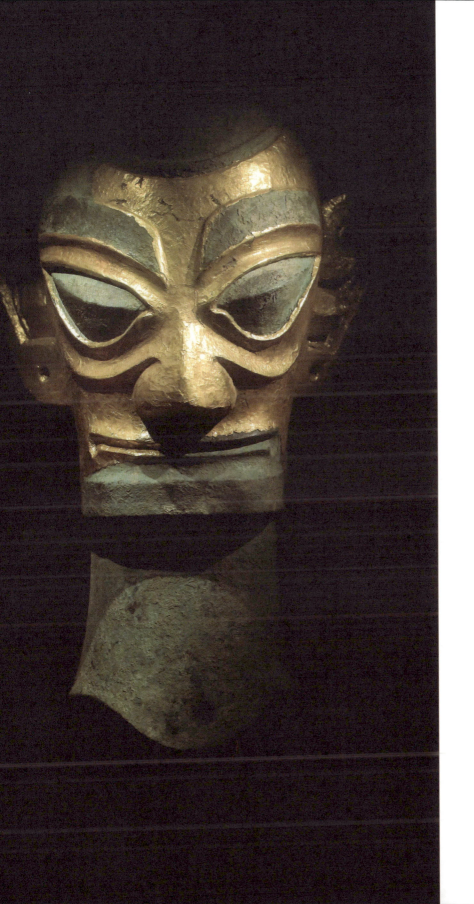

第四章　三星堆传奇

"龙窝"发现宝器

民国十八年（1929年）阴历二月，位于四川腹地的川西坝子迎来了明媚的春天。平日里靠天吃饭，从土里刨食的农民们，抓住这大好时机，开始紧张地修筑田埂，挖渠引水，准备春耕春播，插秧栽苗。成都市以北90里的广汉县太平场（后改为中兴乡）真武村的燕道诚一家同乡邻们一样，由冬季每日吃饭睡觉，改投到紧张而繁忙的春耕春播之中。

阴历二月初八这天，燕道诚老汉一大早起床，洗漱完毕，将身上的长衫和头上的礼帽对着镜子整了整，提了早已备好的礼物跨出房门。当他来到儿子燕青保房前时，大声冲屋内喊了句："青保，起床了没？今儿个可别忘了给田里车水呵！"今天，燕道诚一大早起床，是一位老友的小儿子要举行婚礼，特邀请他出席婚宴。燕道诚二话没说便置办了礼物前去贺喜。燕道诚坐着鸡公车，精神抖擞地向县城奔去。已届40岁的燕青保吃过早饭，喊上14岁的儿子牵了牛，扛了锄头，向院墙外十几米的一条堰沟旁走来，准备车水灌田。

自从燕家搬到这块美丽富饶的台地上定居，为灌田方便，就在水沟旁安了一部龙骨水车，车与沟之间有一条大约两米长的小水渠相连，车下是一个被当地百姓称作"龙窝"的水坑。此坑每到冬天闲置时便遭淤泥堵塞，

待春天灌田时必先予以清除，龙骨水车方能正常运转，车出的水也才能"哗哗啦啦"地流向田地。

这天，燕青保与他的小儿子来到水渠边，用了半个时辰多一点的工夫，就将"龙窝"掏好。龙骨水车在人力踩踏下慢慢腾腾地运转起来，清凌凌的水顺着铺好的渠道"哗哗"地流向了肥沃的稻田。

日头偏西的时候，老秀才燕道诚从城里回来了，看到水渠流淌的水有几分混浊，又低头看了看"龙窝"，便对孙子道："这'龙窝'太浅，水供不上嘛！都刮到泥底了，咋搞的，快去叫你老子把这个窝窝再往下刨一刨。"说着从口袋里掏出几块婚礼上的喜糖给了孙子。孙子兴冲冲地向家中跑去。不一会儿，燕青保扛着锄头来到了"龙窝"前重新操作起来。

老秀才燕道诚站在沟边一棵歪脖子柳树下，慢悠悠抽着烟卷观望。只见燕青保弯腰弓背，挥动锄头连续挖出了十几撮箕稀泥，"龙窝"明显加深加大。待他举起锄头想加把劲再挖深些时，锄头刚一落地，就传出"砰"的一声闷响，两手虎口被震得麻酥酥的。青保心想，是不是遇到了一块顽石，便换了个角度再次扬起锄头劈将下去，而这次又是"砰"的一声响，除两手再度被震得麻酥酥之外，翻起的污泥还溅了自己一身。将锄头抬起来察看，只见刃锋掉了一块。

"这是咋回事，难道是遇到地鬼了不成？"青保有点恼怒地小声骂着，不再用力刨掘，而是变换战术在周边慢慢清理起来。大约过了半个时辰，一块长约5尺、宽3尺，比普通桌子面大得多的石板显露了出来。

燕青保望着巨石，转身对树下的儿子说道："小子，这里有块石板，面光得很，拿回家可用得，赶紧过来帮我撬。"

儿子忙跑过去将锄柄按住，青保腾出双手，把住大石板的边缘，嘴里喊声"给我起来吧"，两膀一用力，大石板带着泥水"哗"地一下被掀起，直愣愣地立在了"龙窝"边。

燕氏老少三代目光移到石板下方时，不禁大惊失色，一个个瞪大了眼

睛，张着嘴，半天没有缓过
神来。只见石板之下，是一
个长方形的深坑，坑中堆满
了一件件大小不一、形态各
异、色彩斑斓的玉石宝器。

图4-1 燕家挖出的玉瑗

"宝……下面是宝贝
啊！"燕道诚好半天才于惊
愕之中喊了一声，随后情不自禁地弯下腰去，伸手抓起了一件玉瑗和一件玉
琮。两件器物在夕阳余晖照耀下，放射出青幽幽的光，直让人觉得眼前异彩
纷呈，雾气迷蒙又晕眩缭乱。

燕道诚手持宝器警觉地向四周瞥了一眼，只见不远处有几个农民正扛着工
具走了过来。为防暴露秘密他便将手中的两件玉器重新扔入坑中，急忙压低了
声音说道："快，快，赶快盖上。"

燕青保与儿子顿时心领神会，那扶着石板的手在松开的同时轻轻向身
前一用力，硕大的石板又"扑通"一声回归原位。随着一片泥浆"哗"地溅
出，满藏奇珍异宝的神秘土坑被重新遮盖了起来。土坑刚被盖上，远处的几
个村民就走到了近前。

燕氏三代心中紧张，却故意低头装作忙着什么，想以此避开可能遭遇的
纠缠。对方一个个含着长长的烟袋，顺着田埂慢腾腾地斜插过来，一边和燕
道诚打招呼一边问道："水咋停了，是龙骨车坏掉了？"

燕道诚表面上装出几分热情地应道："呵，呵，是有点小毛病，有点小
毛病……"

说着，又低头摸起锄头，做出一副忙碌的样子刨起沟槽来。这时有一人
突然看到"龙窝"里那块裸露着一多半的石板，略作吃惊地说道："咋有这
么大的石板，埋在地里多可惜啊，撬出来弄回家磨刀用，趁大家都在，我们
哥儿几个帮着把它弄出来好了。"说罢摩拳擦掌地就要动手。

深夜挖宝

眼看对方拉开架势，燕道诚的头"嗡"的一声，心一下蹦到了嗓子眼儿，脉管的血液在呼呼地流窜奔腾。他结结巴巴地应对道："呵，呵，放在这里有用，现在不拿，灌完田再说，灌完田再说……青保啊，快拾掇拾掇休工回家了。"他边说边做出一番不耐烦和欲收工的样子。

旁边的几人见燕氏三代不再和自己搭腔，顿觉无趣，无精打采地离去了。眼看几个人渐渐远去，燕道诚才长长嘘了一口气。他脱掉礼帽，用手理了理稀疏的头发，发现额头已沁出了湿漉漉的汗水。"好险哪，差点被他们看破了暗道机关。"

燕道诚小声说着，从长衫的衣兜里摸索出一支香烟点上火吸起来，由于刚才的紧张和惊慌，夹烟的手指不停地颤抖。此时他没有想到，一扇封闭了三千多年的古蜀王国的大门，向这个世界悄然洞开了。

过了好长一会儿，燕道诚怦怦乱跳的心逐渐平静下来。他伸手抚摩着孙子的头压低声音神秘地说道："爷爷告诉你，下面坑里埋的是玉器，这些东西肯定是稀有的古物，很贵重，说不准地下是一处古墓，坑中的东西就是为这坟墓陪葬的。我琢磨着在这堆玉器下面还会有更贵重的金银财宝哩……"接着他又对燕青保吩咐道："把石板埋好，收拾东西赶紧回家，免得在这里招人耳目，待天黑之后再来挖掘。"说完，他收起几件工具同孙子一步三回头地先行回到家中。

夜里，燕氏一家在一炷燃起的香火前，于激动兴奋中一边对这坑神秘的珍宝做着种种猜测，一边压低了声音，焦躁不安地商讨着，在什么时间行动和如何行动。待全家人大眼瞪小眼地总算熬到了二更时分。只见窗外北风飕飕，天空阴云密布，大有下雨的征兆。昏暗的灯光下，燕道诚将含在嘴里的烟头用两根蜡黄色手指捏下来，轻轻放在脚下踩灭，小声地说了句："时候不早了，青保，再去探探动静。"

青保一声不吭地站起身向外走去。只一会儿工夫，便又回到了屋里，压低声音说："外头静得很，没有人走动，动手吧。"

燕道诚转头望了望窗外，略作沉思，终于下定了决心。香火缭绕、灯光摇曳中，只见他两眼喷着欲望之火，将手臂往空中用力一挥，声音低沉略带沙哑地说了个重重的"走"字。屋子里早已整装待发的男女老少如同听到了出征的号令，一个个神色庄严，面目凝重地"唰唰"站起，各自抓了工具向外走去。

夜色笼罩下的月亮湾田野，四周分外空旷寂静，一盏马灯如同跳跃的鬼火忽明忽暗地照着那块已重新裸露在外的大石板。很快，大石板被青保父子合力掀开移到了一旁，土坑和坑中的珍宝显露出来。燕道诚提着马灯负责照明和指挥，青保父子蹲在坑边将掏摸出的玉石器一件件小心谨慎地放于箩筐中。面对燕氏祖孙三代暗夜中这番鬼打墙一样的动作，两位放哨的女将按捺不住心中好奇，不再顾及自己的职责，悄悄凑上前来瞪大了眼睛瞧个明白。面对惨淡的灯光下整整一坑形态各异并散发着幽暗光泽的器物，燕道诚的媳妇儿禁不住失声叫道："哎呀我的老天，真的有这么多宝贝哎！"燕道诚低声呵斥了几句，老太太自知失言，赶紧溜到一边不再吭声，尽职尽责地放起哨来。

大约到了三更时分，坑里的器物全部被掏拿干净。尽管灯光暗淡看不太分明，但总体上还是有一个大概的了解。所出器物几乎全部为玉石器，此前燕道诚所期望的金银器始终没有露面。心有不甘的他，让青保拿了锄头将坑中边边角角又仔细搜寻了一遍，仍未发现金银一类更加贵重的宝物。对于这个结局，燕道诚多少有些遗憾，但事已至此，不便继续耽误工夫，便和家人匆匆忙忙将挖出的器物连背带抬陆续弄回家中。

当笨重的大门吱吱呀呀地关闭后，一家人顾不上饥寒交迫与身心疲惫，于惊喜中聚在灯下检点刚才的收获，计有璧、璋、圭、圈、钏、珠、斧、刀及玉石器半成品共400余件，摆放在一起差不多占了半间屋子。出土器物中

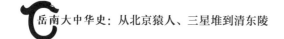

最小的只有指头般粗细，最大的一副石璧直径将近80厘米。当擦去上面附着的泥土后，各种器物鲜亮如新，光彩夺目，精美诱人。

为预防不测，避免事情泄露引起政府、村民以及土匪强盗的窥视，从而惹来杀身之祸，精明的燕道诚当即决定，将这批器物在家中院内选四个地点和猪圈内分别挖坑埋藏。于是，燕氏祖孙于家中几个角落悄然行动起来。待将几个深坑一气挖成并把所有的器物掩埋妥当之后，家中的公鸡已叫了三遍，东方已翻出鱼肚白，天就要大亮了。

燕道诚满脸严肃和神秘地向全家人宣告：从今之后，无论遇到什么人、什么事，都不许将燕家挖宝、藏宝的秘密泄露出去，平时一定要小心防范，万不可麻痹大意，否则家法伺候。鉴于"隔墙有耳"的古训，即使自家人在一起也不要轻易谈及此事，最好是当作什么事也没有发生一样，从心中忘掉它，从脑瓜子里洗掉它，从意识里铲除它。至于这批器物要在燕家院子埋藏多久，最终作何处理，其他人闲事少管，休得过问，待自己考虑成熟后再作打算。这个铁定的旨意下达后，整个燕家老老少少都闭上了嘴巴，一如既往地劳作和生活，不但对外守口如瓶，即使自家人在一起闲谈也没有人主动去触及这个敏感的话题，此事似乎真的从燕氏家族的记忆中抹去了。

眼看大半年时光过去了，通过仔细观察，燕道诚发现周围的乡民依旧像平时一样安详平静，在同自己或整个燕家交往中，也依然保持着老腔老调老习惯老动作，毫无出格的表现。在确信没有引起外人注意和警觉的情况下，他便放下心来，开始着手第二步行动。

按照燕道诚对家乡这块土地的了解，此地挖出藏宝坑绝非偶然。早在清代的时候，这一带就不断有古物出现，出土的器物以玉石器居多，但偶尔也有小件的青铜器出土，只是没有引起外界广泛的注意。据老人们代代流传的说法，此处在遥远的古代，是蜀国国王鳖灵的都城，后来一场特大洪水灾害将都城冲毁掩埋了，从此这里成了废墟。再之后成了人们耕种的土地，并一直延续至今。

　　不管这个传说是真是假，燕道诚有一种预感，他于"龙窝"发现的这个器物坑既不是孤立的，也不是偶然的，一定还有其他的器物坑秘藏于这块土地的某个角落，并且一定会埋藏着令世人为之怦然心动、梦寐以求、价值连城的金银翡翠，或更神秘、更值钱的奇珍异宝。在这个念头和思路指导下，他决定将"龙窝"中发现的那个坑再好好地翻腾一遍，看看到底有没有金子、银子暗藏在里边。于是，在一个夜深人静的时刻，在燕道诚的指挥下，儿子燕青保再次来到院外继续掏挖"龙窝"中的那个土坑。

　　一个夜晚下来，"龙窝"土坑被掘开之后他又向四周掏了几个大窟窿，依然没有找到心中渴望的宝物。

　　面对这一结果，燕道诚并未灰心，根据自己的设想和推理，又在院外的稻田选择了几个地点，像在赌桌上押宝一样指挥自己的儿子暗中挖掘。为做到神不知鬼不觉，燕青保白天猫在家中蒙头大睡，每到夜晚二更时分，便悄悄带着工具溜出家门。但几个月下来，仍是竹篮打水一场空。

　　此一番折腾，令燕道诚心灰意懒，信心顿消，燕青保为此还得了一场大病，全家惊恐不已。于是，他便断了继续寻珍挖宝的念头，转而开始琢磨将家中埋藏的玉器尽快脱手。

　　在这个新思维的指导下，一个月之后，燕道诚独自走出家门，来到成都少城路古董市场（今人民公园一带）悄悄潜伏起来，暗中观察摸底，探听各路古董的行情。

　　此时的少城路古董市场，乃整个中国西南部最大的旧货集散地、珍玩城，除四川本省外，相邻的云南、贵州、西藏、青海、陕西甚至甘肃等地的古董商，都携大批在当地收购的真古董与假冒伪劣产品来此交易，各种瓷器、木器、玉石器、铜器、金银器等琳琅满目，应有尽有。燕道诚来回转悠了几次，渐渐瞅出了点儿门道，认为时机已经成熟，便借着夜幕回到月亮湾，掘开家中埋藏的土坑选了几件上等玉器，神不知鬼不觉地来到成都少城路兜售。

古董商碰了钉子

尽管燕道诚是读书人出身，且做过师爷和未上任的县知事，见多识广，但毕竟隔行如隔山，对于古董市场以及商人们之间的尔虞我诈缺乏了解，难免上当。

当他将怀中几件玉器冷不丁亮出时，眼前那个信口开河、坑蒙拐骗的古董商当即两眼放光，激动起来。当他发现燕道诚在生意场上并不是行家里手后，一边不失时机地套近乎，一边拼命压价。燕道诚经不住对方的花言巧语，很快云里雾里地将所带玉器以极其低廉的价格抛出。

古董商得到这批玉器，很快以天价转手倒卖，众多的业内行家突然看到这批玉器，惊叹不已连呼稀世之宝，纷纷追索探寻它的来源。当最后得知这批宝物来自四川广汉县时，唯利是图的古董商怀揣一夜暴富的妄念，蜂拥而至，四处打听玉器的拥有者和知情人。

燕道诚以读书人特有的狡黠，在古董市场上只暴露了广汉县地名，未进一步说出中兴场或更具体的月亮湾，甚至自己的家庭住址与姓名。这一手让古董商们在广汉县城和四周费尽心机，吃尽苦头却总得不到确切情报。在屡次探索无果的情形下，古董商施展邪招歪术，开始大规模制作赝品，号称广汉最新出土的玉器投入市场，进行鱼目混珠蒙骗钱财。一时间，广汉玉器在古董商和古玩家之间被炒得沸沸扬扬，真的假的都成为市场内外关注的焦点、追逐的目标和猎获的对象。在这股真假难辨的强劲旋风中，不知有多少人为此一夜暴富，又不知有多少人受骗上当，钱财顿空。

在巨额利润诱惑下，古董商们并未放弃对真正货主的搜索追寻，随着各种渠道和信息不断打通，终于有人打探到了燕道诚一家挖宝藏宝的秘密，并亲自登门收购。燕氏一家开始尚能守口如瓶，故作糊涂，推托躲避，最后经不住利益的诱惑，终于吐出真情，将上百件精美玉器从家中猪圈里扒出，以低价大肆抛售。

一时间，来燕家收购玉器者络绎不绝。尽管当时买卖双方都是在暗夜里秘密交易，但这批价值连城的宝物还是很快流散出去，或落入古董商之手；或经古董商转卖外国人；或被骗子骗去流散于社会而下落不明。

聪明狡猾的燕道诚面对古董商饿狗扑食一样狂奔而来，突然有些不安和警觉起来。他深知这批东西的来路不是光明正大，怕树大招风，弄不好要引来灾祸，遂遮遮盖盖，不敢再明目张胆地向外抛售。每有古董商登门，他压根儿就不承认自己卖过玉器，在摆脱不掉对方纠缠的情况下，便谎称自家的确有过几件与众不同的石头，但那是自己的爷爷早年到外地谋生，于岷山附近的狭谷中，一场大水过后，偶尔拣了几件特殊、好看一点的带回了家中。多少年来，这几件石头一直扔在家中并没有引起重视，直到前些日子有一古董商下乡收购古物，偶尔发现了此石，以微薄的价钱收走了，自此之后燕家再也没有半块玉石之器了……

被迫献宝

天下没有不透风的墙，燕家的秘密被驻扎在广汉县文昌宫的川军第二混成旅旅长陶凯知晓了。陶旅长亲自带领一帮官兵，以检查防区军务为名，顺道来到了中兴场月亮湾燕家。燕道诚一看广汉地盘上的活阎王、威名显赫的陶旅长突然大驾光临，尽管彼此相识，但心中还是情不自禁地"扑腾"一下。

燕老汉不愧是在官场上混迹多年的老油子，表面上镇静自若，不露一丝破绽。待寒暄过后，略作交谈，果然不出所料，陶旅长直言不讳地提到了玉器并要"借"几件把玩一番，以过好古之瘾。同时还真诚地表示要找明白人看看成色，如果真的是上等玉器，自己愿意出高价买下；倘是赝品，就如数归还。

燕道诚闻听陶旅长的一番话，心想，你这位混账旅长也太会算计了，如果我给你真的，你非要说是假的，用调包计还过来一堆赝品，我岂不是哑巴吃黄连——有苦难言。

想到此处，燕道诚强打精神，大着胆子想与打发古董商一样以"捣糨糊"等老策略搪塞过去。想不到陶旅长是有备而来，看到燕道诚支支吾吾东一句西一句，天上地下没头没尾地胡吹海侃故技重演，脸色立即大变，压低了声音，将脖子伸长了，头轻轻凑上前来，柔中带刚地说道："燕师爷，你也算是在官场混过多年的老前辈了，按官场规矩，什么时候、在什么人面前装傻，都是有个界限的。常言道，有来无往非礼也，今天我陶某撇开繁忙的公务专程登门拜访，总不能让我两手空空打道回营吧。"

陶旅长说着目露凶光，语气咬钢嚼铁般生硬。燕道诚一看这阵势，心中蓦地打了个冷战，知道躲过了初一躲不过十五，这位活阎王既然来了，就不会轻易放过小鬼，还是按识时务者为俊杰的古训，索性卖个人情吧。想到此处，他一咬牙，强作笑颜道："不瞒您说，孝敬旅座的那一份儿，我都给您留着呢。刚才人多嘴杂，我没敢说出实情，您先喝口茶润润嗓子，我这就去拿来。"说罢转身进了里屋。

不一会儿，燕道诚两手捧着一个红色的布包满脸堆笑地走了出来，待来到厅堂将包放到一张红木茶桌上，故作慌张地用眼的余光冲四周望了望。陶旅长心领神会，屏退左右护卫人员，径自将包慢慢打开，那原本有些灰暗的屋子立即华光四射，通透明亮起来。陶旅长"啊"了一声，情不自禁地起身伸长了脖子瞪大了双眼。只见他面前摆放着玉璋、玉琮、玉刀等5件器物，件件玲珑剔透，精美异常。

"不成敬意，请旅座笑纳，哈哈哈！"燕道诚一改刚才担惊受怕、沮丧晦气的神情，穿着长衫的手臂冲空中一挥，划了个优美的弧线，颇具潇洒意味地说着。

陶旅长故作惊讶状，打着圆腔道："哎呀，您看燕知事，这说哪儿去了，一家人不说两家话嘛！礼重了，礼重了，哈哈哈。"

陶旅长打着哈哈将器物重新包好放入腰间，遂立即告辞。待一行人走出燕家大院，宾主就要分手时，陶凯又突然想起了什么，转身拉着燕道诚的手，半低着头，两道透着寒气的目光逼视着对方的脸，压低了声音说道："燕知事，我们都是官道上的人，明人不做暗事，你实话对我说，这些东西到底是从哪里弄出来的？"

燕道诚听罢，顿感愕然，嘴里哼哼哈哈地说着"这个……这个嘛……"很快又将心一横，牙一咬，铁青着脸冷冷地说："陶旅长，看来您真是一个不到黄河心不死，不见棺材不落泪的人啊！明人不做暗事，事到如今，对您我也就不隐瞒了，就在那块稻田的下面，家里人种地时刨出来的。"说着，抬起下巴，冲远处轻轻点了一下。

"呵，呵。"陶凯听罢点了点头，表示心领神会，随后提高了声音道，"不要烦劳燕知事再送了，请回府，请回府吧……"说话间，转身跃上副官早已备好的高头大马，抖动缰绳，率领手下官兵趾高气扬地沿江岸绝尘而去。

经华西协和大学美籍教授、地质学家戴谦和（D. S. Dye）鉴定，陶凯得到的是古蜀遗物，具体年代应在三四千年前的商周之间。陶旅长一听，这几件器物竟是三四千年前的老家伙，大喜过望，和手下商议，要打着剿匪的名号，继续挖宝。陶旅长先后派出一个工兵营和一个加强连约450人的队伍进驻月亮湾，对外宣称要在雁江一带设卡堵截悍匪朱小猪等作恶分子为民除害。在加强连架起的机枪与刺刀包围圈中，工兵营官兵以燕家大院为中心，在方圆几公里的范围内，老鼠打洞一样偷偷刨掘起来。

令陶凯没想到的是，部队进入月亮湾的第三天，就有消息传到了广汉与成都，谓陶旅长在月亮湾与雁江两岸掘了蜀王鳖灵的坟，得了两口袋金珠玉贝，还有十几棵摇钱树，等等。广汉驻军第二混成旅刨坟掘墓、劫财盗宝之事，很快成为社会各界议论的焦点。这个颇具刺激性的盗宝话题，在大街小巷流动了一阵子之后，很快灌进了陶凯的上司、川军第二十八军军长邓锡侯，又称邓汤元，外号"水晶猴子"的耳中。

这"猴子"刚刚听到风声，就立即让师长陈离把陶凯弄到军部询问实情。邓锡侯将陶旅长招来准备教训一番以杀其威。陶凯一看上司的表情，知道事已泄露，想强撑着抵赖死不承认，又深知这位"水晶猴子"的聪明与厉害，便支支吾吾不知如何是好。邓锡侯板着脸将这位毕恭毕敬的下级臭骂一顿，令其立即将兵撤回，做好善后事宜，同时要尽可能地消除不良影响。陶凯自是答应照办。返回广汉驻地后，迅速下令月亮湾的部队，将所挖洞穴全部原样回填，人员立即撤回驻地，算是对挖宝事件草草了结。

当陶旅长率部于月亮湾挖宝的传言，在广汉、成都闹得沸沸扬扬之时，戴谦和也得到了消息。这位洋教授闻听极为震惊，心想这埋藏重要文物的地方理当采取科学的手段进行发掘，怎能任凭一帮军阀胡掘乱刨？为弄清真伪，他决定亲自到广汉月亮湾看个究竟。如果事情果如传言所说的那样，自己将做些劝说工作，或在劝说无效的情况下尽可能地搜集些情报，以便向有关方面反映并予以阻止。

戴谦和等三人在陶旅长及其一大批官兵陪同护卫下，或乘车或骑马或步行，浩浩荡荡来到了月亮湾。在陶凯所部工兵营翻腾出的土中，捡到了若干颇有研究价值的陶片和零碎的小件玉石器。待检索已毕，将该拍照的地方做了实地拍摄，而后又在陶旅长陪同下来到燕家进行访问。

当听说他此前送给陶旅长的5件玉器转送戴谦和教授鉴定是距今3000多年的商周遗物，而这些遗物对研究古代历史、地理都极其重要时，燕道诚好像突然找到了失散多年的知己，从家中一个地窖里，掏出了几件玉刀、玉璧、石斧、石环等器物，嘴里嘟囔着非要请戴谦和鉴定，实则是想在洋人与陶旅长面前炫耀一番。戴谦和接过器物细心察看后，认为同前几件属于同一文化类型，并进一步推测为商周礼器。也就是说，这几件东西不是普通人家所用的普通器物，而是古人祭祀天地鬼神时专用的一种能沟通天地的特别宝器。

戴谦和一番考察之后，将获得的宝物送到他的好朋友、华大博物馆馆长、美籍教授葛维汉（D. C. Graham）手中。葛氏是人类文化学教授，早年毕业于哈佛大学人类学系并留校任教多年，研究古物与古人类遗迹是他的本行，且造诣颇深，20世纪20年代末期来华，在川南叙府（今宜宾）一带传教，同时做些田野科学考察工作。华西大学成立后，受他的好友、时任华大美方校长约瑟夫·毕启博士的邀请来到该校任教，后来兼任了华大博物馆馆长之职，自此更加注重对边疆地理的考察与古器物收集。因戴、葛二人同在华西大学共事，几次结伴外出到川西搞过田野调查，遂成为要好的朋友。

葛维汉以华大博物馆的名义，接收了戴谦和交来的玉石器，对此视若珍宝，爱不释手，以极大的热情和精力投入研究之中。在此之前，葛维汉见过并亲手摩挲过许多玉石器，但从没见到过如此精美之器物，遂于震惊中产生了现场考古发掘的念头。

拉开发掘序幕

葛维汉多次向戴谦和请教，以弄清广汉玉器出土情况，并会同华大博物馆副馆长林名均对所拍的照片做了详细研究，初步认为"月亮湾一带很可能是一处重要的古代遗址"。同时他预感到在出土器物坑的近旁，必有其他遗物埋入地下。如果找到并挖出，可作为这个器物坑和掩埋器物的旁证，加以考察研究。

为更详尽地了解这处遗址与出土器物的内在联系以及文化性质，葛维汉以《广汉遗物之富于考古价值》为题向华西大学校本部打报告，要求率领几名教职员工亲赴月亮湾玉器出土地点，做一次实际考察，通过对这一地域的

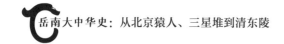

考察研究，尽可能地弄清缘由，得出合乎历史真实的结论。

这个报告很快得到校方批准，葛维汉决定筹集经费，做一次科学的考古发掘，尽快解开埋藏玉器之谜。民国二十三年（1934年）春，葛维汉终于成功组织人员开始对月亮湾进行发掘。这年的阴历三月初四、初五两日，葛维汉、林名均等华大博物馆的四位教授，携带测量器、绘图板、水准器、卷尺、铁锹、铲、锄、粗制毛刷、竹篓等发掘器物，连同十几名训练有素的发掘工人一起乘车来到了广汉。

此前，燕氏父子对私自挖掘的情形莫衷一是，燕道诚言坑中玉器的排列方式是"由小到大，分为三道，一列坑左，一列坑右，一列坑面，形如长方坑之装饰"。而燕青保则言坑中玉器形状及放置情况是"大小不等，迭置如笋，横卧泥中"。这个说法显然与葛维汉听到的不合，到底孰是孰非，只有再请燕道诚出面回忆并决断。

当几人来到燕家找到燕道诚，请求其回忆那天晚上挖玉器的具体情形，以及玉器在坑内的布置状况时，燕氏摇了摇头，晃了晃脑袋，抬起手用袖子擦了把有些昏花的眼睛说："当晚由于老天黑得伸手不见五指，还刮着寒风，下着小雨，马灯的光亮既小且暗，加上当时怕被人望见，心惶惶的，只顾向外掏东西，没顾得详细观察器物之间有啥子联系。再说它们联系不联系与我们挖宝有啥子关系，我只要把宝掏出来就对了。不过隐隐约约地还是有些印象，这个坑肯定是长方形的，坑中的玉石器整体堆放情况，似是圆形的器物如玉璧、石璧等，都是从大到小重叠在一起的，在坑的周边环放着一圈石璧，其他器物的堆放情形就模糊不清了。再说这事都过去几年了，我的身体也一天不如一天了，人老了，头昏了，也就懒得特意去记了。"

葛维汉等发掘人员听了这个模棱两可的描述颇不甘心，又找来燕青保询问，对方的回忆跟燕道诚不相上下，同样稀里糊涂说不清楚。

事实上，由于当时的心境和燕氏父子缺乏考古学方面的训练，以及从心底里滋生了不乐意去记那些事的情绪，对坑中玉石器情形的回忆，只能供考古人员做个参考，但不能当作结论搞成铁案。不过，按燕氏父子的说法，此坑连同大批器物的出现，至少给研究者留下了三个未解之谜。

一、这个坑是谁挖的，在什么时间挖的，为何不是其他形状，而偏偏挖成长方形？

二、坑里的玉石器为何要重叠堆放，横卧泥中或环坑一周？

三、这些大大小小的石璧，到底代表着什么意思，做何种用途？

为解开这一连串的谜团，葛维汉、林名均决定先将燕道诚挖出器物又回填的那个坑，重新掘开看个究竟。

此时坑边溪水暴涨，林名均只好指挥工人将欲发掘的一段用泥石断塞，并将坑之两边掘开，使溪水改道经坑边流过。后借助燕氏田溪中所设龙骨车将水车干，慢慢寻找到当初发现遗物的原址开始发掘。

经发掘后，发现其为一长约7英尺、宽3英尺、深1英尺多的土坑，坑中旧藏遗物已全部被燕氏取去。林名均等"仅得玉圭之残块两片及残缺小石璧数件而已"。因当年器物被取出之后，为寻找金银珠宝，燕青保又在坑中向四周乱挖一气，使考古人员再看到这个坑时，就显得有些杂乱和不伦不类。尽管如此，原坑的轮廓还是能辨别出来。由于坑中受到严重破坏，整个坑壁已难觅到器物挤压停靠的痕迹，当年那些器物到底如何排列组合，也只有听燕氏父子的一面之词了。

面对这个已遭破坏的神秘的器物坑，葛维汉和林名均在此徘徊思考了很久，初步认定这个土坑是一座墓葬或者是一个祭祀坑。既然如此，像这样高规格的墓葬或祭祀坑就不是孤立的，它一定有相关配套的其他设施与器物。在这一学术理论指导下，葛维汉决定在土坑四周布网发掘，尽量搜寻与之相关联的遗迹遗物。

于是，若干年后被命名为三星堆遗址的首次科学发掘，于1934年这个阳光明媚、油菜花遍地的春天正式拉开了序幕。

根据考察的情况，葛维汉与燕道诚做了一番交涉，决定先在燕氏当年挖掘的坑边开两道探沟，视发掘情形再做下一步的打算，发掘事宜由林名均具体指挥。关于此次发掘的详情，林名均在随后发表的考古报告中做了这样的叙述：

> 吾人预掘之工作地段，为小溪之左右两岸，惟溪南即紧接燕氏私宅，其人迷信风水，不允于其宅外发掘，乃就溪北葫豆田坝及溪底二处作为目标。于是先沿溪开一长四十尺广五尺之第一坑，经时四日，深达七尺。其地表面为近代之黑土层，平均深度约有三尺，其中所含陶片及破损陶器最为丰富，且有若干石器及其残块混入其间，吾人发掘所得，皆在此层之内。以其土层辨别为红色，故葛氏疑其为古代之一陶窑。再次则为未曾翻动之黏土层，带黄褐色，以探锄击洞视之，亦无遗物发现，知再掘无益于事，乃停止第一坑工作改掘溪底。
>
> …………

由于此时川西平原匪患严重，再加上一批古董商人眼看自己的财路随着几个洋人的到来被封堵，于心不甘又颇不服气，便与地痞流氓勾结，四处散布流言，称月亮湾埋有古蜀国的开国之王——鳖灵王开金堂峡口的宝剑和他的坐骑等宝物，而县政府与二十八军第二混成旅军政要员挟洋人以自重，并与洋人勾搭，出卖祖宗，近千名驻军开赴月亮湾秘密挖宝。陶旅长的挖宝大军敲了蜀王的坟，得了宝剑和一匹镏金马，挖出了两口袋金珠玉器与十几棵摇钱树。而蜀王的坟一旦被挖开，月亮湾甚至整个中兴场和广汉的风水将遭到彻底的破坏，四方乡邻百姓即将大祸临头云云。

这一番蛊惑煽动，使原本文化程度低下，整日在巫术与魔法阴影中苦度时日的劳苦大众，由最初的嫉妒变为眼前的恐惧，由恐惧演变为对县政府与驻军的愤怒，再由愤怒的火星迅速燃起了仇恨的烈火。在烈火的燃烧中，劳苦大众怀揣着关乎自己生死存亡的恐惧，开始主动与各路地痞、流氓、土匪及大胆的刁民勾结，秘密成立了一个"广汉民团乡勇爱国护宝总指挥部"，开始与驻守的军队展开游击战。

在如此民怨沸腾、险象环生的境况下，发掘队被迫于3月26日撤出工地，整个发掘过程只有短短的10天。关于这段有些出乎意料的发掘经过，林名均在他的报告中这样说道："三月六日发掘工作开始，然附近无知乡民，竟妄造谣言，谓吾人掘有金马，时邻境匪风正炽，恐因此发生不测，且夜间必须步至八九里以外住宿，为避匪患，众皆为苦，故甫十日即行结束。"

此次发掘，在沟底和溪岸，共开探方108平方米，出土、采集了600多件器物，全部移赠华西大学博物馆保存。

揭开古蜀文明一角

1936年，葛维汉于《华西边疆研究学会会志》第六卷发表了历史上第一份广汉古蜀文化遗址的考古发掘报告——《汉州发掘最初报告》。报告将月亮湾发掘出土的器物、纹饰与河南安阳殷墟、河南渑池仰韶村、奉天沙锅屯出土器物做了比较，大胆而科学地提出了"广汉文化"学说，并断定这一文化的时代上限为新石器时代晚期，下限则为周代初期，也就是在公元前1100年左右。同时极富预见性地指出：

> 这次发现的器物，至少对研究古代东方文化的历史学者们提供了三种情况。第一，随葬器物可以帮助我们了解古代的葬俗、社会和宗教习俗。第二，玉、石器以及器物上的纹饰，颇能引起考古学

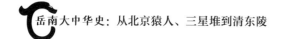

家的兴趣。第三，出土的大量陶片，为研究四川古代陶器提供了重要资料。

我们已经指出，那个令人瞩目的发现是在一个挖掘七英尺长、三英尺深的墓坑内出土的，而且几乎所有的墓葬大小大致如此。玉刀、玉凿、玉剑、方玉以及玉璧等礼品，周代时均系死者的随葬品，玉珠也为死者的随葬物。如果我们假设它是古墓这个结论正确的话，我们认为在四川古墓中发现的器物，大约为公元前1000年的时期。

墓坑里发现的器物有绿松石、绿石或粗糙的穿孔玉珠。从玉珠的两端进行钻孔，接近玉珠半心处的孔径较小。另外还有80多件小青玉片，因为考虑到它们一般作为装饰品粘牢在木制或皮制品上，没有串联或缝入的孔洞。这些玉刀、玉剑、玉凿等显然是祭祀用的。周代实行祭祀天地大典时，方玉象征"地"，玉璧代表"天"。

……目前的这些资料，也只能停留在暂时假设阶段，待将来找到更多的考古证据，以及广汉收藏品极为详细的第一手材料与中国其他地区的早期收藏品比较后，再来改变或确定结论。我们考虑广汉文化下限系周代初期，大约公元前1100年；但是更多的证据可以把它提前一个时期，其上限为金石并用时代。我们这次在四川广汉县遗址发现的玉器、随葬物和陶器系年代很早的标本。

葛维汉的报告发表后，在中外学术界引起了广泛的关注，这是历史上首次将广汉月亮湾作为一处古代文化遗址进行命名和剖析，并较详细地论述了出土器物与这一遗址内在的文化联系，揭示了掩埋者的意图和秘密，将隐匿于历史深处虚无缥缈的古蜀文明掀开了一角。

广汉发掘的消息传到日本，令在革命低潮时期流亡日本的郭沫若兴奋不已。很快，林名均和葛维汉收到郭沫若由东京发来的信函，要求赠予广汉发掘的全部照片和器物图形加以研究。郭当时正在做甲骨文研究，林、葛二人此前与郭有过几面之缘，接信后一一照办。郭收到后，于1934年7月9日回信向林名均、葛维汉表示谢忱，并畅谈他对"汉州遗址"的看法，信曰：

林名均先生：

很高兴接到你和葛维汉先生的信。谢谢你们的好意，送给我如此多的照片、图片以及戴先生发表在《华西边疆研究学会会志》上的文章，并且告诉我有关发掘的详细情况。你们真是华西科学考古的先锋队。我希望将来你们能取得更大的成绩，研究古代的遗迹和建筑、雕刻、坟墓和洞穴。这一工作将产生丰硕的成果。与此同时，我也希望今后会有一系列的发掘以探索四川史前史，包括民族、风俗以及它们与中国其他区相接触的历史。这些都是十分重要的问题。我很遗憾，我不能归国协助你们的发掘。

你们在汉州发现的器物，如玉璧、玉璋、玉圭均与华北、华中发现者相似。这就是古代西蜀曾与华中、华北有过文化接触的证明。"蜀"这一名称曾先发现于商代的甲骨文，当周人克商时，蜀人曾经前往相助。此外，汉州的陶器也是属于早期的类型。你们认为汉州遗址的时代大约是西周初期的推测可能是正确的。如果将来四川其他的地方尚有发掘，它们将显示出此文化分布的区域，并提供更多的可靠的证据。

根据你们的要求，我将我写的两本有关中国考古学的书送给你们，并且请书店直接将最近出版的一本送博物馆，另一本送葛维汉先生。以后如有新作，我也将再送给你们。

现在我很忙，就此搁笔。

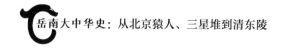

祝你们取得更大的成绩。

沫 若

1934年7月9日

就在华西大学葛维汉、林名均等学人憋足了劲准备再次赴广汉月亮湾发掘并做进一步研究之时，震惊世界的抗日战争全面爆发了。在大炮呼啸、血肉横飞的境况中，发掘工作被迫中断。后来随着形势不断变化，华西大学的洋教授一个个退出了历史舞台，先后情愿或不情愿地返回了自己的国家，发掘月亮湾的机会一去不复返了。

自全面抗战起到1948年年底，月亮湾经过了一场又一场激烈动荡、翻云覆雨的发掘与劫掠活动。中华人民共和国成立后混乱中的广汉文化与月亮湾的考古发掘，又在硝烟散尽的中国西南地区，以长江后浪推前浪的姿态，开始了新一轮流淌奔腾。

1956年春，四川省文管会田野组，先后在涪江流域和温江专区做地下文物初查工作，其中温江专区的调查，由文管会的王家祐与省博物馆的考古学家张甸潮主持。借此机会，王、张二人怀揣着一个尚有些朦胧的梦想再赴广汉月亮湾，在燕家院子四周做了较为详细的勘察。

上交宝物

当此之时，老秀才燕道诚已经作古，燕青保主持家政。来勘察的王家祐与张甸潮借住在县城文化馆一间平房里，要到月亮湾工作，来往需步行三十几里，交通和生活十分不便，每当遇到风雨天气，更是备觉困难与艰苦。面对此情况，燕青保主动邀请王家祐与张甸潮住进自己家中，二人推辞不过，便于几个风雨之日吃住于燕家。每到晚上，王家祐与年过六旬的燕青保对床而眠，长夜倾谈，一幕幕往事像流水一样从记忆深处淌出。二人越谈越投机，越谈越过瘾，越谈越觉得相见恨晚，几个晚上下来，竟成了铁哥们儿，达到了无话不谈、心心相印的境地。

王家祐在交谈中得知，燕家仍有一部分精美玉器深藏不露，便主动做燕青保的工作，告诉他现在已经是新中国、新社会了，整个中国已经是"天翻地覆慨而慷"了，那些被压迫被奴役，整天在土里刨食的苦难深重的农民兄弟，已变成了国家的主人。新中国制定了专门的政策，凡一切出土文物都归国家所有，任何个人不得私藏和倒卖。当年在月亮湾挖出的那批玉石器，如果继续匿藏不交就与新的国家法律相悖。

王家祐的一番话使燕青保幡然醒悟，决定从即日起，将家中所有的藏宝都掘出来如数交给新生的人民政府。

燕青保说到做到。第二天一大早，王家祐尚未起床，燕青保便借着黎明的光亮拿了铁锨来到猪圈。约半个时辰的工夫，便从猪圈的壕沟里挖出了一个石头做成的猪食槽。把槽的封盖打开，里面露出了深藏20多年之久的器物。

时天已大亮，燕青保喊来王家祐进行验看。王氏来到猪圈，只见猪槽内盛放着玉琮、玉瑗、玉璧、玉磬等极为精美的几十件文物，又惊又喜。未久，由王家祐牵线搭桥，器物全部交给了省博物馆收藏。这是1929年燕氏父子在土坑中挖出的那批著名的玉石器中的最后一批，也是最为精美的一批。至此，燕家声称再无一件私自存留的玉器了。

为了验证当年燕氏父子所挖玉石器在中国存留的数量和保存情况，20世纪90年代，四川省文物考古研究所与华西大学博物馆、北京故宫博物院等几家藏有"广汉玉器"的单位联系，对各自的藏品进行整理、鉴定。令人大跌眼镜的是，几家单位所有收藏的玉石器加起来，真品仅为40余件，只相当于当年总数400多件的1/10。

　　再后来，四川方面又同台北故宫博物院联系，请求其对院内收藏的"广汉玉器"进行鉴定并告知实情。台湾方面给予了全面配合，得到的结果是，只有2件玉璋属于真品，其他全部为赝品——也就是说，当年燕氏父子挖出的那批玉石器，90%已通过各种渠道流散到国外或佚失了，这个具有悲剧意味的结局，令知情者无不扼腕叹息。

　　1963年9月，四川省博物馆和四川大学历史系考古专业师生组成联合发掘队，来到广汉月亮湾燕家院子附近进行发掘。这是燕氏父子发现玉器坑34年以来，首次由中国人主持对三星堆遗址的重要组成部分——月亮湾遗址进行正式的科学发掘。此次具体的组织和指导者理所当然地归属于美国哈佛大学博士、时任省博物馆馆长兼四川大学考古教研室主任的著名考古学家冯汉骥。同时，四川大学历史系考古专业的15名学生全部参加了此次发掘。

　　此次发掘共开掘12个探方和1条探沟，发现房屋3组，墓葬6座，陶片3万多片，出土了几百件玉石器、骨器、青铜器残片等极富研究价值的文物。同时，在3个探方的第二层中，分别发现了一些零星的青铜器残块、孔雀石、铜炼渣等遗物，并发现1块沿边附有铜炼渣的粗陶片。经考古人员初步推断，当是坩埚的残片，遗憾的是没有发现炼炉的遗迹。按照原定计划，发掘于同年12月3日结束。

　　遗憾的是，后来省博物馆在迁址的过程中，由于内部混乱与人为毁坏，月亮湾发掘的器物被弄得七零八落。由四川大学考古教研室马继贤等师生费尽心血，历经一年整理出的极其珍贵的发掘资料，像抗战全面爆发之后著名的"北京人"头盖骨化石一样，从此下落不明。

发现青铜人头

岁月如梭，直到1980年，三星堆的考古发掘才再次被提到了议事日程。1980年至1986年，三星堆展开了多次田野考古发掘，每次都能取得丰硕的考古成果。考古发掘进一步证明三星堆和月亮湾一带方圆6000平方米内出土的文物和房屋遗址具有相同的特征，应是古蜀文化遗址的两个有机组成部分。而地下形成的16层文化堆积经^{14}C测定，最早年代为距今4800年左右。根据这一数据，结合其他发现、发掘的文化特征，主持发掘的考古学家认为，三星堆遗址丰富的地层堆积可为四川新石器时代晚期到夏商周三代5000年文明史的考古研究建立一个年代学体系，并成为古蜀文化断代分期的分水岭和试金石。

1986年6月，月亮湾和三星堆遗址的田野考古发掘期限已满，发掘队宣布撤离工地。没有人想到，就在这个节骨眼上，震惊寰宇的考古大发现爆发了。

1986年7月18日上午，三星堆附近砖厂的几个民工在挖窑土的时候，偶然挖出了一把宽约20厘米、长约40厘米的玉刀，以及其他很多玉石器。

陈德安等考古人员火速赶往现场，发现挖出的器物除完整的玉戈、玉琮等，另有十几件玉器在挖掘与争抢中已被折断、捣碎后扔入坑边和四周的稻田，一时难辨是何种器物。另有一些明显经火烧过泛白的碎骨渣，散落于四周和土坑之中。

从土坑所揭露的痕迹初步观察判断，地表下面一定还有大量的器物和人骨。而如此精美的器物与骨渣同出，说明此处很可能是一处与遗址有关的大型贵族墓葬。如果真的是古代贵族大墓，并且与三星堆遗址有关，其文化内涵与学术价值就不可估量了。陈德安立刻向上级做了汇报，得到明确指令"可以进行抢救性发掘"后，震惊世界的考古发掘大幕即将拉开。

当天下午，南兴镇组织当地各村民兵，与考古人员共同组成一支监护队

伍，昼夜对现场看守保护。陈德安派人到镇上买来竹竿和凉席，在土坑上方搭起棚子，以防日晒雨淋对地下文物造成损毁。

1986年7月19日，在中国西南部乃至整个长江中上游地区发掘史上，最为辉煌壮观的考古发掘开始了。

关于此次发掘的具体情形，许多年后，已近知天命之年的考古专家陈德安回忆道：

> 首先在已暴露的部位布探方两个进行发掘，考古人员不顾夏日的酷暑，冒着蚊虫的叮咬，夜以继日地工作。大家用锄头、小手铲、竹签等，一点一点地挑，一遍一遍地刮，可谓名副其实的"刮地皮"。

7月23日，探方内文化层清理完毕，两探方已露出坑的边缘，坑内暴露出夯土。考古人员在距地表深60厘米至75厘米的黄色泥土中，刮出了一个长方形、具有三条道沟痕迹的五花土。黄色的生土和棕红、棕褐、浅黄、灰白相杂的五花夯土，以及文化层以下的原生土区，分界线十分明显，考古人员欣喜之情溢于言表。摄影师江聪及时上高梯摄下了这个重要现场。绘图员立即绘制平面图，以期完整记录发掘过程，以便为日后研究提供详细的发掘资料。根据以上情况，考古人员初步推断这是一座规模颇大的"蜀王陵"。

考古人员非常激动，按照所暴露的五花土范围继续下挖。为避免地下文物被损坏，考古人员只能改换小手铲和竹签一类的小工具发掘。由于地下的夯土是经过无数次夯打而成，又黏又硬，清理起来特别费劲儿，考古人员吃尽了苦头，个个手上都打起了血泡。

7月25日，再扩方1个，原计划中的5个探方全部布置妥当。下午，未等夯土清理完毕，坑东南部经火烧得泛白的骨渣堆顶部暴露出来，骨渣的表面还放有陶尖底器、陶器座、铜戈、铜瑗，以及玉石器残块，器物看上去均被火明显地烧过。这些发现无疑透露出一个新的信息：这个坑应属于祭祀坑一类的性质，而不是大家期盼的所谓"蜀王大墓"，看来以前的推断是错误的。

7月26日，坑内夯土大致清理完毕，当考古人员对夯土下方一层被焚烧的骨渣陆续清理时，一件件全身长满了绿锈的大型青铜龙虎尊、青铜盘、青铜器盖等具有商代前期风格的青铜器皿相继出土。面对新鲜、奇特、庞大的器物，所有在场的人情绪立刻高涨起来。刘光才等几个参加发掘的民工，亢奋加茫然地瞪大了眼睛高声叫嚷道："下面肯定还有更好的东西，快挖，快挖，看看到底都有些啥！"说着便以冲锋陷阵的姿态欲把脚下的祭祀坑弄个天翻地覆。

在场的陈德安见状，忙上前阻拦道："不要胡来，大家都要按程序一点点地挖，谁也不能犯神经，把事情搞砸了。"

陈的话音刚落，只见在坑内西部躬身伏首一直默默收集骨渣的外号"铜罐"的民工杨运洪，冷不丁地尖叫起来："人头，人头，陈老师，我挖出了人头！"说着两手向外一扬，一屁股坐到了地上。

这一声叫喊，几乎使所有在场的人都打了个哆嗦。陈德安惊魂未定，火已在胸中腾地燃烧起来。他快步上前，想朝"铜罐"的屁股猛踹两脚，以

图4-2　三星堆祭祀坑出土的青铜纵目人头像初露

示对其"扰乱军心"的惩罚。待来到近前，蓦然发现一个硕大的青铜人头倒放在一边。与此同时，众人"哗"地围了上来，看到了这一奇观。

"都不要动！"陈德安顾不得再用脚去教训"铜罐"，高喊一声，把右手向后一挥，先是做了个阻止的动作，然后和陈显丹等考古专业人员，蹲下身详细观察起来。

只见出土的这个青铜人头跟真人的头大小相等，头部为子母口形，蒜头鼻，高鼻梁，表情温和，慈祥端庄，眼睛中透着朝气蓬勃的神采，具有很强的写实艺术风格。可惜自颈部以下残损，由颈中看进去，整个头像内部中空，筒壁发现有残留的泥芯，也就是通常所说的内范或内模。陈德安与其他考古专家等围着这具青铜人头经过画图、测量、拍照等一连串程序之后，怀揣惊喜与迷惑之情，小心地将其取出坑外。

图4-3　三星堆祭祀坑出土的圆头顶、戴椎髻的青铜人像正面

图4-4　三星堆祭祀坑出土的圆头顶、戴椎髻的青铜人像侧面

意想不到的是，这件人头如同暗夜中前来报告消息的哨兵，预示着庞大的部队就在身后。根据这一启示，考古人员集中精力开始有针对性地发掘。接下来，一件又一件青铜人头像神话中的英雄豪杰一样，以不同的姿态和风貌相继破土而出。有的头戴平顶帽、脑壳之后拖着一根梳理整齐的独发辫；有的头戴双三角尖头盔，蒙着一个神秘的面罩，其形象看上去严肃威武，虎虎而有生气。

图4-5 三星堆祭祀坑出土的圆头顶、戴椎髻的青铜人像背面

见多识广的考古人员，面对这一张张陌生而神秘的面孔，既惊喜又困惑，恍惚觉得自己不是在丽日中天的人间从事发掘，而是进入了志怪小说中神秘莫测的天宫或地狱，开始与天兵天将或阎王小鬼共存共生，共同迎接一场不可预知的崭新生活。

7月27日0点，由陈显丹、张文彦率领的一组发掘人员开始接班发掘。此时，蒸笼一样的酷暑渐已退去，薄薄的雾霭裹挟着淡淡的微凉在天地间飘散开来。浩瀚无垠的苍穹繁星密布，宽敞明亮的银河，横贯寰宇直通遥远的天际。弦月高挂，星光灿烂，天地分外清新辽阔。

凌晨2时多一点，发掘人员正各就各位用竹签一点一点地挑土，参加本组发掘的民工杨运洪突然发现有一个竹皮状的黄色物体在灯光照射下闪闪发光。他顿时来了精神，握紧手铲，顺着这根"竹皮"的延长方向用力剜动起来。过了一会儿，杨运洪发现眼前的黄色物体并不是刚才所想象的"竹皮"，而是一根金属物。

"金腰带"破土而出

这根金属物看上去有些像铜皮，但上面没有绿锈，也比以前所见到的青铜明亮光滑很多。因一时无法弄清这件物体的底细，杨运洪没有及时向带班的陈显丹汇报，只是照旧默不作声地继续铲挖。随着泥土不断铲除，黄色的物体越来越长，上面开始显露出雕刻的花纹，花纹的前方又显露出一尾栩栩如生的鲤鱼，紧接着一只鸟又露了出来，看样子这件物体还在不断延伸。

这一连串的景致，使杨运洪觉得纳闷，心中暗自问着："这是啥子东西，咋有这样的花花图？"在好奇与不解中他一时兴起，低吼一声："我看你还能伸到成都去？"说罢，他挥动铁铲，三下五除二又向前推进了一大截。正埋头操作的陈显丹听到杨运洪刚才那一声低吼，转过身轻轻问道："'铜罐'，看到啥了？"

经陈显丹这一问，杨运洪才猛地想起目前所从事的这份职业与挖泥烧瓦大为不同，遂以攻为守地回答道："陈老师，我掘出了一根东西，不知是啥，上头还画着鱼和鸟。"

陈显丹听罢，大惊，急忙起身前来察看。只见一件如腰带宽的黄色物体，发着明晃晃的亮光，蛇一样伏在地上，弯弯曲曲有一米多长。物体的另一端仍插在泥土里，不知其形状与长度。从已显露出的部分看，这件物品是用纯金制成，不仅上面有花纹及鱼和鸟的图形，更重要的是，在延长部位还有人的头像。就考古学家而言，无论发现发掘出什么器物，对上面的文字和

图4-6 "铜皮"大部露出地面

类似文字的符号，以及各种图像都极为看重，因为透过这些密码，更容易触摸到远古历史的脉搏，接近历史的真实，从而揭开历史烟尘中湮没日久的史事。多少年来，无数考古发掘的事实已经证明了这条铁律。可以想象，将这些神秘的图案刻在一根纯金的物体之上，这就意味着并非等闲之物，内中所蕴含的重大学术价值不可限量。

但为了安全起见，陈显丹顾不得教训对方，灵机一动，装作满不在乎的样子说："没得啥，一块铜皮，不重要的，你先把它用土埋住，到这边来挑吧。"

按陈显丹的想法，先故作满不在乎把这件器物埋起来，待拖到天亮再想法提取，比现在深更半夜挖出要安全得多。想不到此时所有的人都已围过来观看这件黄色物体。见陈显丹下令掩埋，有一民工不解地问道："陈老师，这个东西这么黄，这么亮，是不是金子做的？"

陈显丹心里一惊，暗自说声"坏了，被这帮家伙识破了"，还是强行稳住有些慌乱的心，摇了摇头辩解道："哪里是什么金子，一块普通的铜皮，这亮光都是灯光照出来的。"

"你说得不对，要是铜的为什么身上不长绿锈，是黄色的？其他的铜器都有锈，是绿色的。你是在骗人吧？"对方也学着陈显丹的样子摇了摇头，颇不服气地高声争辩起来。其他几位民工也凑上前来，跟着高声吵嚷道："眼见为实嘛，这铜和金子还能分不出来？陈老师是在骗人，胡日鬼哩！"说着就要将这件器物强行拉出，验明正身。

一看这阵势，陈显丹冷不丁打了个寒战，一道凉气"嗖"地沿着脊背蹿到头顶。为掩饰刚才的慌乱，他抬腕看了看表，见指针正指向凌晨3点12分。此时，三星堆与月亮湾连片的原野，已是万籁俱寂，大雾弥漫，四方静得让人心中发毛，脊背发凉。考虑到此时整个工地既无军警保护，又无先进的通信设备与外界联系，为出土文物和考古人员的人身安全考虑，陈显丹不得不采取相应的措施，以防万一。

只见他微笑着对几位民工说："这铜器长锈与不长锈的，是两种不同的金属物，你们要不信，叫陈德安老师来看看。"说罢，他对身旁的助手张文彦使了个眼色，大声道："你去把陈德安老师叫来看一看，快去快回。"

年轻灵活的四川大学考古系学生、发掘队员张文彦，正为刚才的阵势暗暗捏着一把汗，听陈显丹如此一说，立即心领神会，说了个"好"字，跳出土坑，撒开双腿向考古人员驻地飞奔而去。

大约3分钟后，张文彦从驻地返回工地，不动声色地和陈显丹成掎角之势，站在了坑外另一处高坡上。又过了大约5分钟，陈德安率领几位考古人员和技工气喘吁吁地跑来了。陈显丹见援军已到，危机得以缓解，遂精神抖擞地带领陈德安等人仔细察看坑中的黄色物体。

根据显露的遗迹，"二陈"和其他考古人员当即认为，这件非同寻常的器物是用纯金制成的已无可置疑。从器物的长度和上面分布的图案推断，可能是古蜀王国某一位国王或高级贵族使用的一条金腰带。

鉴于这件器物的特殊性、神秘性和重要的学术价值，"二陈"认为事关重大，必须请示上级并请派武警保卫守护。

金杖——王权的标志

陈德安赴成都报告后，省考古所的赵殿增、朱秉璋、沈仲常，以及省文化厅和省文管会等几名业务干部，乘坐一辆面包车一路疾行赶到了三星堆发掘工地。此时，整个发掘现场已被公安、武警控制。

一切安排妥当，考古人员开始发掘"金腰带"。在一片惊愕与欢呼声中，"金腰带"闪着光芒破土而出。经测量，器身全长1.42米，直径2.3厘米，净重约500克。

经仔细观察，发现原来推断的"金腰带"不正确，从残留的痕迹看，此物是用金条捶打成金皮后，再包卷在一根木杖之上而成为一个整体。出土时内层木芯已朽，但尚存碳化木渣，可知内有木杖。因发现时金皮已被压扁变形，其长度、宽度都与现代人的腰带相似，故"二陈"等考古人员认为是蜀王的"金腰带"。实际上，这件器物是一柄金杖。

关于这根金杖的性质和用途，有的学者认为具有巫术性质，是一种法器，不是实用器。有的学者认为是图腾式的族徽标志。而几位发掘者认为是古代蜀国象征王权的权杖。因为中国夏、商、周三代王朝都用"九鼎"象征国家权力，古代蜀国则以金杖标志王权，金杖成为古蜀王国政权的最高象征物。同时，也从另一方面说明，古代蜀国具有与中原同时期文化不同的来源与内涵。三星堆出土的金杖，是中国境内发现的商代最大、分量最重的金器，表示王权神授，是绝无仅有的稀世珍宝，其工艺之精湛，内涵之精深，令人叹为观止。

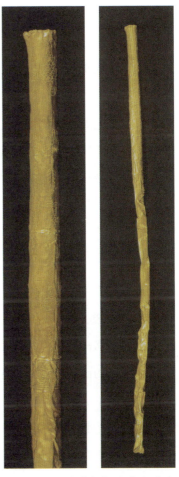

图4-7　三星堆祭祀坑出土的代表最高权力的金杖

在发现这根纯金权杖之前，世界考古学界、史学界、文艺界等，许多颇具权威的大佬曾有过定论，认为权杖这样的器物，从其产生的文化背景和文化用途判断，中国甚至整个远东地区都不可能存在。只有中东、近东和西方才有可能出现，或者说这种权杖只是古埃及法老和希腊神话中的万神之祖宙斯的专利品。然而在中国西南地区的三星堆遗址，还是出土了象征王权与神

权的金杖。这以无可辩驳的事实，彻底地推翻了原有的那些定论。

金杖出土之后，三星堆器物坑的发掘仍在有条不紊地进行，一件件珍贵器物在考古人员手中相继出土，共发掘清理器物几百件，大体可划分为青铜类、玉器类、石器类、陶器类、海贝类、金器类。

根据出土遗物大都被火烧过，或埋藏前被打碎过，以及器物坑的中间和两边都有坑道等特点，陈德安、陈显丹等考古人员初步断定，这是古蜀人专为诸神崇拜举行仪式所留下的祭祀坑，并在后来撰写的发掘简报中，将此坑正式命名为一号祭祀坑。

突遇二号坑

无独有偶，就在陈德安押运一号祭祀坑出土文物回成都之时，当初挖窑土挖出宝贝的砖厂副厂长又来到考古队驻地，对留守负责的陈显丹道："陈老师，我们的人发现了坑里的东西，这土就没有取成，现在你们东西也挖了，东西也弄走了，这会儿该给我们找个地方挖点土了吧。"

"这满地都是珍贵文物，你要我上哪儿给你找地方？"陈显丹有些不耐烦地道。

"哎，陈老师，这可是你们许下的愿啊！东西挖出来又弄走了，你们心里舒服了，我们这几十口子人家有父母老小，还等着把砖烧出来换钱吃饭哪！"对方的脸也跟着沉了下来，软中带硬地道。

陈显丹听罢，微微一笑："这个嘛，我们是许过愿，你看这地下到处是文物，如何是好？这样吧，你们在一号坑周边选块荒地把土取了，此事就算彻底了结了。"

"好，好！"副厂长答应着，走了。

8月14日下午，砖厂民工杨永成、温立元二人负责在陈显丹划出的位于一号坑东南约30米处取土。当挖到距地表约1.4米深时，杨永成一锄头劈下去，发出"砰"的一声闷响，杨的手掌与双臂被震得发麻。

"哎哈，啥子东西这么硬？"杨永成不解地自问着。

身边的温立元将头伸过来看了看杨永成刨的位置道："是不是又碰到铜宝贝了？"

杨永成微微一笑道："哪会这么巧，要是真的挖出铜人，报告考古队陈老师，可以得到200块钱奖金呢，上次挖的那个坑，'铜罐'等人就得了钱的。"

"那就快挖下去看看，说不定老天爷真的开眼，好事就让咱俩给碰上了呢！"温立元说着，扬起锄头，用足了力气，"嘿"的一声向下劈去。随着"咔砰"一声脆响，一个如真人头般大小的青铜人面像被刨了出来。

见此情形，温、杨二人先是"啊"了一声，接着瞪大眼睛俯视脚下的土坑。只见刨出的那个青铜人面像，眼睛、鼻孔清晰可见，整个面部花花绿绿的似乎涂了颜色。在青铜人面像之下，有一个硕大的筒状的青铜器也露出了边沿。在其旁边，另有几件青铜器隐约可辨。

图4-8 二号坑器物出土情形

图4-9 纵目人头像破土而出

"哎呀，真的是个宝贝窝子啊，快向陈老师报告吧，晚了，这奖金可就没咱们的份儿了！"温立元满脸激动地提醒着。

于是，二人迅速将出土的器物埋好，收起工具，争先恐后地蹦到坑外，箭一样向考古队驻地蹿去。

此时已是下午6点多钟。陈显丹听罢，难以抑制内心的激动，转身就向外跑去。其他考古队员听到风声，也跟着向工地飞奔。

现场很快勘察完毕。毫无疑问，这是一个与一号祭祀坑类似的器物埋藏坑。

面对这一突发事件，陈显丹极其冷静，理智地当场做出决定，下令将已暴露的坑口立即回填。当填到预定程度后，在最上层做出几个不同的标记，以防有人在暗中捣鬼，偷偷发掘盗宝，老考古队员戴福森等在坑边看守。陈显丹与川大学生张文彦，分别赴成都和广汉向省、县领导报告，要求正式发掘。

8月21日，举世震惊的考古大发掘正式开始了。

在发掘清理的过程中，发现坑的东南角暴露出一个大型青铜物体的一部分。因这件器物倒置于坑角，高过埋入坑内所有器物而首先露出地面。顺着露出的部分挖下去，是一块两边向里卷曲的光面铜皮。这件铜器宽近1米，下挖至半米时仍不见底部。现场的发掘人员见状无不惊奇莫名。

很快，考古人员将坑中硕大无比的青铜器全部清理出土，这时大家才看清，原来是一个巨大青铜面具，下颌中部已被打破，其中一块吊在嘴边。据陈显丹等现场专家推测，这个面具可能是附在某个建筑物或图腾柱上的图腾标志。

图4-10　三星堆遗址二号坑出土的象牙

图4-11　三星堆遗址二号坑
出土的金面青铜人头像

图4-12　三星堆遗址二号坑出土的
青铜面具

图4-13　三星堆遗址二号坑出土的金面罩

　　继大面具出土之后，紧接着，是一根又一根直至数十根象牙面世。在象牙层下方，满坑的珍宝令人目不暇接。高大、精美的青铜尊、罍，装扮各异的青铜人头像，大小不等的人面像，眼睛外突的"纵目"人面像，身躯断开的青铜立人像，以及闪闪发光的金面罩、金面青铜人头像与神奇的铜树等，令人惊诧万分，如坠梦境。那温润的玉环、玉璧、玉璋、玉戈等玉石器，一件件，一样样，犹如打开了蜀国宝库的大门，光彩夺目，令人整个身心如同置于神秘莫测的天宫圣殿与阴阳两界魔窟仙洞之中。

史影里的古蜀国

唐朝开元天宝年间，诗人李白曾发出过这样的浩叹："蜀道之难，难于上青天。蚕丛及鱼凫，开国何茫然。尔来四万八千岁，不与秦塞通人烟……"由此可知，这两位名字叫蚕丛和鱼凫的古蜀开国之君，在建立国家的时候是何其茫然混沌，令后人难以猜测。

据历代史家不断对古蜀人留下的蛛丝马迹考证，古蜀国滥觞于夏商之际，灭于战国晚期，前后相继达1600年之久。共经历了蚕丛、柏灌、鱼凫、杜宇、开明等数代王朝。从流传的文献资料看，古蜀立国的国名与传说中最早驯化野蚕有关。另外，有的学者根据殷商甲骨文考察，认为"蜀"字的造型不仅与蚕有关，而且也与龙和蛇之类的动物有关。甲骨文中的"蜀"字写作"𤇾"，其面部长着像螃蟹一样的眼睛，长长的眼球突出于眼眶之外，与三星堆两个器物坑出土的纵目面具极其相似。而下面弯曲的"虫"身则与甲骨文中的"龙"（𧈢）、"虫"（𧈧）、"蛇"（𧉞）的写法相近。因此，三星堆两个器物坑的发掘者陈显丹等学者提出，不能简单地理解"蜀"字下面的"虫"字，从三星堆纵目人面像上铸造的卷曲身体来看，"蜀"字下面的虫身亦可理解为龙身或蛇身。

那么，以蚕命名的蜀族的历史是如何开始的呢？这个久远的创世纪的起源问题同其他一切民族一样，只有借助于传说和神话并结合考古资料才能进行一个大概的诠释。

开国何茫然

在传说中，自很久以前的盘古开天辟地之后，在中国大地上相继出现了3位分别掌管天地人事的天皇、地皇和人皇。而当时的天下被分为青州、雍州、冀州、梁州、兖州、徐州、扬州、荆州、豫州九大州。现四川区域在当时属梁州和冀州管辖之内。其三皇中的人皇氏有兄弟9人，分别执掌天下九州。在人皇的后裔中有个叫黄帝的人。此人"生而神灵，弱而能言，幼而徇齐，长而敦敏，成而聪明"，智勇双全，威力无比，属于古代神话传说中的大腕级人物。这位黄帝自小脑后就生有反骨，并有发动政变争做天下共主的野心。成年后为实现这个野心，真的发动政变并率部与其他部落开始四处争夺地盘。就在相互征伐厮杀的混战中，黄帝率领手下的勇兵强将打败了不可一世的蚩尤，统一了黄河流域广大地区，成为华夏民族的始祖。

按文献通常的说法，黄帝在今四川茂州叠溪这个并不太出名的地方，娶了蚕陵氏之女嫘祖为妻。这个称为嫘祖的女娃，小名叫邛，又名皇娥，不仅美丽，还是一个了不起的大发明家。她15岁时就发明了一种养蚕织锦的方法，是整个人类社会在这方面有资格获取专利证书的第一人。依据"老子英雄儿好汉"的遗传基因，无论在哪个方面都很酷的黄帝和嫘祖结合后，很快生下了两个称得上是人杰的英雄儿子，分别取名青阳、昌意。这两个儿子后来都被派往今四川之地，开始了工作、生活和战斗的光辉历程。老大青阳降居在今四川西北地区的湔江一带，后与当地女子婚配。

老二昌意降居在今四川西部的雅砻江一带，后与居住在今茂县与汶川之间的蜀山氏之女产生了爱情并结婚。生有一子，取名颛顼。后来，颛顼与另一个草莽英雄共工争夺天下共主的位子，并将共工击败于不周之山，总算如愿以偿地坐上了第一把交椅。颛顼死后，托变为北极星，他的子孙后代仍封于蜀，世世代代相传为王。

关于以上这个远古传说，司马迁在《史记》中曾做过这样的记述："黄帝居轩辕之丘，而娶于西陵氏女，是为嫘祖。嫘祖为黄帝正妃，生二子，其后皆有天下。其一曰玄嚣，是为青阳，青阳降居江水；其二曰昌意，降居若水。昌意娶蜀山氏女，曰昌仆，生高阳，高阳有圣德焉。黄帝崩，葬桥山。其孙昌意之子高阳立，是为帝颛顼也。"按《史记·五帝本纪》索引的说法，司马迁所提到的江水、若水，据考证皆在蜀地，可见玄嚣与昌意都与蜀这个地区有着紧密联系。

颛顼崩亡后，虽然肉身已如草木一样枯萎衰败了，但他还是非常想念自己曾工作、生活和战斗过的四川盆地，梦想那已失去的天堂，在不甘和极不情愿的追思中，又来了个灵魂附体，摇身一变成为一条蛇悄悄地爬回了蜀地。后来又将档案中的颛顼帝偷偷篡改为一个年轻的鱼凫的名字，从而蒙混过关，重新当起了蜀国的国王。这个故事见于《山海经·大荒西经》。原文这样叙述道："有鱼偏枯，名曰鱼妇（凫）。颛顼死即复苏。风道北来，天乃大水泉，蛇乃化为鱼，是为鱼妇。颛顼死即复苏。"在这短短的记述中，作者提到了两次，说鱼妇（凫）就是颛顼死后复活变化而来的。在这个变化过程中，当然还有一些奇特的天象异兆相伴并出，以显示其神秘和不可知性。除《山海经》外，这个故事还被收入《吕氏春秋》《大戴礼记》《史记》等典籍，可见颛顼变鱼凫之事流传之久远。

在系统记载蜀地传说的作品中，西汉时蜀人扬雄所著的《蜀王本纪》时代最早，也更接近事实本身。其书有云："蜀之先称王者，有蚕丛、柏灌、鱼凫、开明，是时人萌（民）椎髻左言，不晓文字，未有礼乐。从开明以上至蚕丛，积三万四千岁……"

据后世学者考证，四代王的总年数显然不正确，应是不断传抄流传过程中出现的讹误，因而后来的《太平御览》在引用此段时就做了一番煞费苦心的考证，并根据考证结果改为"从开明以上至蚕丛凡四千岁"，比原来的记述一下子缩短了三万年。

除《蜀王本纪》外，还基本完整地记载四川古代历史的文献著作，首推东晋常璩的《华阳国志》。在这部著作的《蜀志》部分，常璩论述道："蜀之为国，肇于人皇，与巴同囿。至黄帝，为其子昌意娶蜀山氏之女，生子高阳，是为帝喾。封其支庶于蜀，世为侯伯。历夏商周……周失纪纲，蜀先称王。有蜀侯蚕丛，其目纵，始称王。死，作石棺、石椁，国人从之。故俗以石棺、椁为纵目人冢也。次王曰柏灌。次王曰鱼凫……"

《蜀王本纪》和《华阳国志》均称有关蜀国的开国领袖为蚕丛氏，只是活动的具体年代与地域没有明确记载，仅《古文苑·蜀都赋》章樵注引《先蜀记》说："蚕丛始居岷山石室中。"唐代卢求《成都记》也曾说过"蚕陵，即古蚕丛氏之国也"。两书所记蚕丛氏活动的地区大体相符，可见蚕丛氏主要活动在今茂汶一带。自20世纪30年代以来，茂汶一带发现了大量的古代民族墓葬。这是一种被考古学家称为"石棺葬"的特殊墓葬。当地流传有羌人居住的传说，而同样流传着的还有在羌人未到来之前，该地居住着被称为"戈基"的居民。据称，他们的生理特征是"纵目""有尾"。这些戈基人后被从北而来的羌人打败而迁走，留下了大量的"石棺葬"。这段史实反映在羌族最早的史诗《羌戈大战》和《嘎尔都》中。按照这两部史诗的说法，作为原生长在青海高原上的游牧民族的羌人来到岷江河谷后，受到了先在此处定居的戈基人的驱赶与顽强抗击。为了争夺这块肥沃的地盘，并在此长久立稳脚跟，羌人与戈基人展开了争夺大战。

据《嘎尔都》这部史诗所说，当羌人战胜戈基人后，双方首领歃血为盟，保证今后互不侵犯，共同开发利用岷山河谷。从此两个民族不断融合，逐渐形成了日后庞大的蜀山氏部落群和后来雄霸一方的古蜀王国。在今茂、汶一带有关石棺葬的传说，与上述史诗的内容基本相合，也与前引蚕丛氏"石棺石椁为纵目人冢也"的记载相合，蜀人来自羌人的演变并在岷山一带繁衍生息确有一些事实的影像可供观瞻，只是其年代难以考证。

当然，蚕丛氏并没有永久地在汶川一带生活，张守节《史记·正义》引《谱记》有"蚕丛国破，子孙居姚、嶲等处"一语，已明确透露出来后的境况。只是作者未加以说明这个蚕丛国何以被破和被谁所破，从而留下了一个悬而未决的谜团。后世有的学者认为是被殷商王朝所破，有的说是为周武王所破，有的说是由于内乱被自己人所破，也就是说堡垒是从内部攻克的。但不管以何种原因，从内部还是外部所破，以蚕丛为领袖的方国曾遭遇过残酷

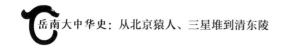

的战争是可能的。正是由于这场血腥味颇浓的战争，蜀人被迫开始了大规模的流亡与迁徙。

按照《华阳国志》等史籍的说法，蜀族的首领自开国鼻祖——蚕丛之后，接下来是柏灌，再接下来是鱼凫。但这个鱼凫王好景不长，后来也同他的祖宗蚕丛一样，演出了一场国破族亡的悲剧。有关这场悲剧的原因亦有多种说法，就古籍记载而言，只是寥寥数语，可做如下排列：

《蜀王本纪》："鱼凫田于湔山，得仙，今庙祀之于湔。"

《华阳国志》："鱼凫王田于湔山，忽得仙道，蜀人思之，为立祠。"

《太平御览》卷八百八十八引《蜀王本纪》："（鱼凫）王猎至湔山，便仙去，今庙祀之于湔。"

鱼凫国破之悲剧发生的真正原因，有史家说鱼凫王是被从南边来的杜宇王率部所灭。有的说是在岷山河谷为了争取更大的生存空间，鱼凫王率领部族在湔江与当地濮人不断发生战争，因"时蜀民稀少"，终于战濮人不过，被对方强行驱逐出境，便有了后世史家"得仙""忽得仙道""仙去"的记述。还有一种观点认为，鱼凫国破的根本原因，是与发倾国之兵参与周武王伐纣而遭到了周的暗算有关。这一问题历代学者争论了几千年仍没有得到一个圆满的结论，不过对鱼凫国破这一事件还是公认的，既然鱼凫国破并已不再为王，那下一步就该轮到杜宇王粉墨登场了。

年年啼血动人悲

有关杜宇王的事迹，《太平御览》卷一百六十六引《蜀王本纪》在叙述完鱼凫得道成仙之后，接着说道，"后有一男子名曰杜宇，从天堕，止朱提。有一女子名利，从江源井中出，为杜宇妻。乃自立为蜀王，号为望帝，移居郫邑"。

《华阳国志》云："后有王曰杜宇，教民务农，一号杜主。时朱提有梁氏女利，游江源。宇悦之，纳以为妃。移治郫邑，或治瞿上。七国称王，杜宇称帝。号曰望帝，更名蒲卑。自以功德高诸王，乃以褒斜为前门，熊耳、灵关为后户，玉垒、峨眉为城郭，江、潜、绵、洛为池泽，以汶山为畜牧，南中为园苑。会有水灾，其相开明，决玉垒山以除水害。帝遂委以政事，法尧舜禅授之义，遂禅位于开明，帝升西山隐焉。时适二月，子鹃鸟鸣，故蜀人悲子鹃鸟鸣也。"

其实，常璩弄出的那个所谓鱼凫王"忽得仙道"与杜宇帝"升西山隐焉"的故事，实际都是被迫移交政权，与"尧幽囚，舜野死"之说相似。现代研究表明，氏族公社时期的首领是由群众推选交替的，不一定是由本人主动择人授权，更没有父死子承的事。不过群众归心的人，必然是本氏族内的人，只有发展到几个氏族联合建成一个公社时才会有氏族交替的事情出现。可以想象的是，杜宇能教农，就会受大众拥戴，前酋长不能不退位。后来的开明能治水，又会受大众的拥戴，杜宇亦不能不退位，退位是他们必然的归宿，所以杜宇到了晚年便大权旁落了，只是在旁落之后，较前几位国王更加悲壮和令人怜悯罢了。

那么，杜宇的位子是如何被挤掉的呢，挤掉之后又是怎样的一种命运？

据《蜀王本纪》载："望帝（杜宇）积百余岁。荆有一人名鳖灵，其尸亡去，荆人求之不得。鳖灵尸随江水上至郫，遂活。与望帝相见。望帝以鳖灵为相。时玉山出水，若尧之洪水，望帝不能治。使鳖灵决玉山，民得安处。鳖灵治水去后，望帝与其妻通。惭愧，自以德薄不如鳖灵，乃委国授之而去，如尧之禅舜。鳖灵即位，号曰开明帝。"

后世有学者解释，谓《蜀王本纪》文中之"尸"字，与殷墟甲骨卜辞中"尸方"之"尸"相同，与"夷""人"音同字通，从而把故事中"死而复活"的神话色彩冲刷殆尽。很显然，这个叫鳖灵的人是怀揣着一种不可告人的目的由楚国来到蜀地，并演绎出一连串精彩故事的。

关于鳖灵来自何处的问题，有些学者释荆为楚，但现在看来此"楚"不应当是楚族而是楚国，也就是说鳖灵是从楚国入蜀的。而他为何要由楚国入蜀，是否只身亡命入蜀等，又是后世学者试图解开的一个谜团。有学者根据鳖灵在当了蜀王之后，便自号为开明氏这一点推断，认为其不会是只身入蜀，必有家族若干人同来。来蜀的原因，最大可能是鳖灵随着政治野心的膨胀，策划指挥了一场政变，在这场政变中举邑叛楚。由于不可避免地要受到具有强大军事力量的楚国皇家军队的讨伐，鳖灵的叛乱同样不可避免地要以失败告终。在败局已定，或者在败局未定之前鳖灵就做好了潜逃的准备。大敌当前，鳖灵在做了种种伪装后，率族人躲过了楚国军队的围追堵截，一路辗转到达蜀国。当时的蜀国之王，实际只掌管川西大平原的黄土丘陵地区。平原以外的山区部落，只是蜀国的附庸，只有经济联系，并非政治隶属。在这种情况下，鳖灵率族人到达蜀国后，先在今乐山市地面立稳脚跟，当渐渐解除了后顾之忧后，才到郫邑去晋见杜宇。这样说的证据是，《水经注》南安县云"县治青衣水会，襟带二水矣。即蜀王开明故治也"。足见鳖灵当年不但率族奔蜀，而且还在今乐山市一带建成过蜀国的附属部落。当鳖灵来到郫邑之时，便抓住蜀国君臣面临的最紧迫也最头痛的水患问题，用楚人治理云梦泽之法游说杜宇。

就地理位置而言，当年杜宇所管辖的成都平原是个冲积、洪积平原，西北高，东南低，地面平坦，坡降3%到5%的幅度。岷江上游每当春夏山洪暴发之际，自灌口汹涌冲出，弥漫整个平原地区，故地表堆积物不断增厚。东部一般厚30米，西部则厚达100米，最厚处300余米。现代考古学家在平原地区所发现的古文化遗存多在地表以下，正是这种原因所致。当年这种洪水四溢，到处奔泻的状况严重妨碍了居民们的生产与生活。鳖灵来自水灾频繁的江汉平原长江沿岸地区，此地的文化与较偏僻的蜀地相比，当更加发达和进步，这里的人通过不断对长江水系与云梦泽的治理，早已积累了丰富的防洪排涝经验。当鳖灵到达成都平原时，目睹了洪水之灾，而杜宇王朝又苦于无法治理。在这种情况下，鳖灵的适时来访，很容易被对方接纳并授权于他，使其率族调动部分蜀民治水。心怀阴谋和梦想的鳖灵巧借这一历史性契机，大显身手，在深山密林中"决玉山"以开沟通渠，使高地的洪水得以畅通并分流到大江大河之中。按《水经注·江水》所载："江水又东别为沱，开明氏所凿也。"也就是说当年是鳖灵率人开渠引岷江水入沱江以达到分洪的目的，为了使沱江畅流，鳖灵再率部族与蜀人凿金堂峡，让更大规模的洪水得以宣泄，从而达到了"民得陆处"的可喜成果。

当治水成功、水患消除之后，国人的生产和生活都安定下来，鳖灵自然得到了人民大众的爱戴，成了功德昭著、威望兴隆、如日中天的英雄人物。相比之下，老蜀王杜宇则有些猪八戒照镜子——自找难看，里外不是人了。在这种强大落差和鲜明对比下，鳖灵取代杜宇已是大势所趋，只是选择什么时机和采取什么方式的问题了。于是，鳖灵在一帮幕僚和他老婆的紧密配合下，弄出了一个天下皆知的桃色事件。这一事件就是《蜀王本纪》记载的杜宇趁鳖灵外出治水之机，跟鳖灵的夫人行通奸之事。

其实，所谓杜宇这一"风流韵事"，在当时的华夏君臣父子之间实在是屡见不鲜，如把这种事情放到"西僻戎狄之国"的小邦之中，更是如同喝一碗凉开水那般平常。但由于此时国人从心理上已抛弃了老迈无用、腐败无能且面目丑陋的老男人杜宇，而像墙头上的乱草一样，随着疾风的吹来全部倒向了意气风发、豪情满怀的新领袖鳖灵，老蜀王杜宇也就随之沦落到无人问津的境地了。国人的这种集体有意识或无意识的倒戈，正好落入了对方事先设好的圈套，从而引发了倒杜的热潮。于是在鳖灵的胁迫、群臣的劝诱以及天下百姓的叫骂、责难中，杜宇交出了蜀国最高的权力。从此，杜宇从豪华的王宫中突然蒸发，仓皇出逃到野外的深山密林，躲在一个密室里，当起了亡国之君。而鳖灵以胜利者的姿态登上了蜀国的政治舞台，成了新一代领导人，开始了新一轮治国安邦的伟大事业。

杜宇流亡之后，沉浸在痛苦中不能自拔，越来越觉得自己受了冤枉和委屈，尤其是被自己的人民所误解，更加重了他内心的痛苦与悲哀，不久便在极度的悲愤、忧郁中死去。杜宇死后化为一只杜鹃鸟居住在岷山之中，每逢阳春三月，就张开翅膀飞到蜀人中间，字字血、声声泪地不住呼喊着"没干，没干，我没干……"

在他如泣如诉的呼唤声中，蜀国人民渐渐从迷惘中觉醒，顿悟这杜宇与鳖灵的夫人并无行苟且之事。蜀国黎民百姓也对自己过去的言行表示悔悟，不禁思念起这位当年曾带领大家兢兢业业地从事农耕，勤劳致富奔向美好生活的老国王来。为此，《蜀王本纪》曰："望帝去时，有子规鸣，故蜀人悲子规，鸣而思望帝。"《太平寰宇记》引《蜀王本纪》说："望帝自逃之后，欲复位，不得，死化为鹃，每春月间，昼夜悲鸣，蜀人闻之曰：'我帝魂也。'"由于这段意外插曲，后世留下了"子规（杜鹃）夜半犹啼血，不信东风唤不回""杜宇冤亡积有时，年年啼血动人悲"等诗句。几千年来，人们借着这些诗句，对杜宇这个饱受误解的流亡国王，表达伤怀之情。

古蜀国的覆亡

鳖灵取代杜宇成为新的蜀王后，仍定都郫邑，号开明，又号丛帝，建立了开明王朝，其"后世子孙八代都郫"。今郫县境内仍有蜀人为纪念杜宇和鳖灵修建的祠堂，名曰"望丛祠"。望丛即望帝与丛帝之意，可见杜宇、鳖灵在蜀人心目中是有明确的先后排序的君王。按史书记载推知，鳖灵上台建立开明王朝在公元前666年左右，相当于春秋中期。此后的300多年间，是古蜀王国发展的重要阶段，也是最为辉煌的时期。在这种辉煌荣光的照耀下，开明王朝最终完成了古国—方国—帝国的转变。

从历史的角度看，与杜宇相比，鳖灵显然是一位更富远见和更有作为的政治家。他刚一上台，就从血腥的宫廷斗争的旋涡中拔出，将主要精力迅速转移到开疆拓土、建功立业方面。他亲自统率他的儿子和部族将士南征北战，东伐西讨，很快打拼出一块比杜宇时代辽阔几倍的疆域，并将周边各部族更紧密地联合到以自己为中心的蜀国阵营中来。到了春秋战国交会的时代，蜀国已是雄踞西南的一个幅员辽阔的泱泱大国了。也只有到了这个时候，其疆域才形成了真正意义上的"东接于巴，南接于越，北与秦分，西奄峨嶓"的辽阔局面。

据《华阳国志》载：鳖灵渐老之后，不能再亲自统兵征战，便把军权授予自己的儿子卢帝，令其继续展开对周边国家的攻伐。为了从强秦手中夺取更多的地盘，卢帝按照老子的愿望，率领蜀国大军出师北伐，并一度创造了司马迁所记载的"攻秦至雍"的辉煌战果。

雍在今陕西凤翔，是当时秦国的首都。蜀国在杜宇时代虽然取得了"以褒斜为前门"的势力，但毕竟还没有跨过秦岭。而此时的秦国正是春秋五霸之一秦穆公在位，综合国力处在急剧上升阶段，出现了"并国三千，开地千里，遂霸西戎"的大好局面。就是这样一个处于强势进攻姿态下的秦国，竟被开明氏率领的蜀军一气攻到了都城，蜀势之强劲也就不难窥知了。正是凭着这样的气势与实力，开明王朝最终奠定了"据有巴蜀之地"的大国地位，并在战国初年相当长的一个历史时期内，与在西北部崛起的强秦保持了国与国之间的平等又相互制衡的关系。《华阳国志》曾曰："周显王之世（公元前386年—公元前321年），蜀王有褒、汉之地。"这说明开明二世的地盘已到了汉中接近咸阳了，蜀国的鼎盛气象由此可见。

这种英勇豪迈、气吞山河的气象延续到开明十二世时，整个蜀国已看不到长江后浪推前浪的盛景，而是一派江河日下、风雨飘摇的颓败之象了。相反的是，北部的秦国自商鞅变法之后国富兵强，实力迅速增长，已成为地方数千里、带甲百万众的头等强国。在这种欣欣向荣的局面下，秦国君臣滋生了荡平天下、统一宇内的野心，从而不断向外扩张。就当时的情形论，经济、文化已经高度发展的中原固然是诸国争夺的焦点，但具有重要战略地位的巴蜀同样也是秦国要铲平的对象。于是秦国君臣制定了一方面东击三晋，另一方面图谋汉中、兼并巴蜀的战略决策。在如此严峻的形势面前，蜀王非但不痛改前非，亡羊补牢，采取应对补救措施，以挽救大厦之倾斜，挽狂澜于既倒，反而搞得朝廷上下内讧不断，鸡飞狗跳，四方百姓怨声载道，甚至揭竿而起，公然与朝廷分庭抗礼。蜀国的灭亡已成不可逆转的潮流了。

随着蜀王越来越贪恋酒色，倒行逆施，以及朝廷内外乱象纷纭、政局动荡的加剧，许多"灾异"之说也跟着在朝野内外蔓延开来。据《华阳国志》载：开明十二世时，武都出现了一个由男人变成的女人，既美丽又妖艳，其实是山精变来的，蜀王便将其纳为后妃。或许因为这"人妖"有着男人和女人都缺少的万种风情，末代蜀王将三千宠爱集于她一身，对其百般迷恋，以至她死后还要为其大张旗鼓地做个纪念碑式的形象工程以作永久怀念。

周显王二十二年（公元前347年），蜀王派使者朝秦，秦惠王为达到彻底灭亡蜀国的目的，利用蜀王贪图美色和金钱的弱点，用计引蜀王落入自己的圈套，让其为秦国入侵军队开道，终使蜀国覆亡。关于这个圈套的具体情形，《水经·沔水注》引来敏《本蜀论》记载："秦惠王欲伐蜀而不知道，作五石牛，以金置尾下，言能屎金。蜀王负力，令五丁引之成道。秦使张仪、司马错寻路灭蜀，因曰石牛道。"

这个离奇的故事当然不可能是历史的真相，但后人会从这"春秋笔法"的记载中看到一个历史真相的轮廓。这个轮廓显示的是秦人用计从蜀人那里得到了伐蜀的必经之路这一至关重要的军事情报。既然石牛道的情报已被虎视眈眈的秦人所掌控，处于优势地位并呈战略进攻姿态的秦军伐蜀已成为水到渠成的事情，剩下的问题就是寻找师出有名的借口和最佳的进攻时日了。

周慎靓王五年（公元前316年）秋，秦大夫张仪、司马错、都尉墨等统领大军开始沿石牛道一路往南，杀气腾腾地向蜀地扑来。此次征伐的目的正如秦国重臣司马错、田真黄等臣僚所言："蜀有桀、纣之乱，其国富饶，得其布帛金银，足给军用。水通于楚，有巴之劲卒，浮大舶船以东向楚，楚地可得。得蜀则得楚，楚亡则天下并矣。"这就是说，伐蜀不仅可以得到巴蜀地区富饶的物资、充足的人力，而且还可以取得一块东向伐楚的重要基地。这一高瞻远瞩、避实就虚的策略，为秦惠王所赏识，并终于做出了南下伐蜀的具有重大历史战略意义的决定。

蜀王派五丁力士所开的石牛道，由今陕西勉县西南越七盘岭进入川境，至今广元朝天驿入嘉陵江河谷，是历代由汉中入蜀的主要交通大道。面对秦国大兵突至，蜀王得知消息后仓促下令应战，并亲自率兵在葭萌（治今广元市老昭化城）迎击。

想不到两军初一交手，蜀军大败，丢盔弃甲退至武阳（治今彭山），蜀王在溃败中被秦军所杀（《蜀王本纪》作获之）。蜀的丞相、太傅和太子都败死于白鹿山（今彭州市北30公里）。

据司马迁的记载，秦惠王起兵伐蜀，"十月，取之，遂定蜀，贬蜀王更号为侯"。灭蜀之后，"（张）仪贪巴、苴之富，因取巴，执王以归"。

后来的史实证明，司马错等人的战略决策是完全正确的。蜀国灭亡，出现了"蜀既属，秦益强，富厚而轻诸侯""秦并六国，自蜀始"的政治战略格局。

秦统一巴蜀之后，初立巴、蜀二郡，后分巴、蜀二郡再置汉中郡，共3郡31县。自此，北至秦岭，东至奉节，南至黔涪，西至青衣，包括今阿坝、甘南、凉山等州部分，以及鄂西北在内的广阔地区，都置于秦的郡县制度统治之下。继之，秦国的制度政令逐步推行到巴蜀地区，促使青铜时代的古蜀文明，逐步融汇于铁器时代的中国文明之中。

旧的古蜀王国死去了，一个新的大一统时代到来了。

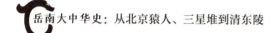
是人头还是兽面？

既然古蜀的历史已有了一个雾中楼阁般隐隐约约的传承组合系统，下一步就要看三星堆遗址两个祭祀坑出土的文物，是否与这段历史和这个系统相匹配。也就是说，这些文物与古蜀历史上的蚕丛、鱼凫、柏灌、杜宇、开明等为王的时代有无内在的关联。如果没有，当作别论；如果有，属于哪个时代，相互间是一种怎样的关系，如何对号入座，并找到自己的最佳搭档等。

1987年5月26日，经四川省考古研究所修复专家杨晓邬等人的共同努力，对三星堆遗址一、二号祭祀坑出土器物进行了清理和修复工作。按照四川方面的规定，此次修复的器物主要是受到社会各界特别关注的青铜大立人像、大面具、纵目人面像、青铜人头像以及金杖等器物。通过各方修复专家的密切配合与通力合作，修复进展顺利，在4个多月的时间内，就将两个祭祀坑出土的保存较好的主要文物，最大限度地恢复了原貌。

三星堆遗址两个祭祀坑共出土了54件青铜纵目人像及面具。这些面具看上去奇特古怪，整个造型似人非人、似兽非兽，因而两坑的发掘主持人"二陈"在共同撰写的《发掘简报》中，最早把这批器物称为"青铜兽面""纵目兽面像""青铜纵目兽面像"等。这一提法公之于世后，很快受到了张明华、杜金鹏、高大伦等学者的质疑，并认为这些面具的形象压根就不是兽，而是活灵活现的人，应该称作"人面像"才合乎事实本身。这种面像的形式是从河姆渡文化的太阳神徽、良渚文化的祖神徽演化而来并更加图案化和人形化的。著名考古学家杜金鹏

图4-14　修复出土器物

还指出，良渚文化里的一件所谓"兽面纹"的上半部，原本就不是什么鬼兽，而是一个明显戴皇冠的人的形象。学者高大伦认为杜氏的这一说法更合乎历史的真实，并进一步补充说这种人面是从河姆渡"双鸟负阳图"演化而来。这个观点得到了许多学者的认同，因而为"二陈"最早所称的"兽面"变为"人面"，做了阶段性的、更加符合理性的诠释。

在这些人面像中，有的两个眼角向上翘起，如同竖眼一般；有的眼球向外高度突出，如同战场上的指挥员架上了现代化的俄罗斯高倍望远镜。如在二号坑发现的15件人面像中，均为半圆形，根据形态可分为3个型号，其中造型最神奇怪诞的就是那件被当作古蜀王"背椅"或"宝座"，并轰动一时的眼球向前突出16厘米的巨大青铜面具。

关于这件通高65厘米、面部至两耳尖宽138厘米的纵目面具的性质，有的学者开始把这件器物往已大体划定的历史框架中乱装猛塞，并根据《华阳国志·蜀志》中"有蜀侯蚕丛，其目纵，始称王"的记载，认为这就是蜀人的始祖神——蚕丛的影像。文献记载中所谓的"纵目"，应是古代蜀人对自己祖先形象的追记，即采取极度夸张的艺术手法塑造的蚕丛纵目的图腾神像。这一形象，是人类对自然界和自身的认识尚处于原始水平时期，对其祖先神化加工的生动写照，就犹如女娲造人以及伏羲女娲人首蛇身的传说形象一样。

有学者根据《山海经》所谓天神烛龙"直目正乘"的记载，认为这件青铜纵目面像并不是什么所谓的古蜀始祖——蚕丛，而很可能就是《山海经·大荒北经》中记载的"烛龙"。这部古代地理名著，除记载民间传说中的地理知识外，还保存了许多远古的神话传说。如在一段故事中这样说道：大约在距今6000年前，西北方的钟山上有一条巨龙，它的身躯很长很长，一伸腰就能达到千里之外。它的样子很怪，浑身通红，虽是蛇身，却长着人的面孔，但眼睛不是横着长，而是竖立起来。

这个人面蛇身的怪物经年蜷伏在钟山脚下一动不动，不吃、不喝、不睡觉，也不怎么呼吸。但只要它什么时候想起来呼吸，普天之下就会立即刮起飓风，搞得飞沙走石，日月无光，弄不好还会像当今的原子弹爆炸一样，造成房倒屋塌、天崩地裂的恐怖局面。不仅如此，这家伙的眼睛又大又亮，一睁眼就能把天外的阴极之地全都照个通亮，这个时候的天外就变成了白天。待它一闭上眼睛，天外立刻又成了伸手不见五指的黑夜。只要它吹口气，天外就立刻会变成狂风呼啸、冰雪漫天的寒冬。它只要轻轻地吸口气，天外又变成了炎炎似火、酷热难忍的夏天。真可谓达到了通天入地、偷天换日的神奇境界。由于它能像蜡烛一样发出光亮，人们便称它"烛龙"。又因为它能照亮天外阴极之地，所以又叫它"烛阴"。

烛龙的眼睛何以如此厉害？《山海经》说它"直目正乘"。"正乘"之意，语焉不详，历来颇多分歧，但对"直目"，大多数注家都赞成晋代学者郭璞的说法，即"目纵"之意。从"烛龙"的眼睛联想到三星堆二号坑出土的这件特大号青铜人面像，有的学者便开始颇为自信地认为，这就是烛龙"直目"的真实写照，也是三星堆遗址为什么在出土的器物中有不少龙的形象的原因。如出土的大型青铜立人像左衽上的龙、青铜爬龙柱形器上的龙，以及青铜神树复原后上面那条长达3米多长的巨型盘龙等，都应与烛龙这个神物有关。

另据当代学者王兆乾等人的研究，认为神话传说中的火神、光明之神和南方之神祝融读音与烛龙相近，因而烛龙又可视为祝融。也有学者认为三星堆二号坑出土的十几件眼球突出的青铜人面像，既不是烛龙，也不可能是祝融，就是传说中的蚕丛及其部族的高级官员。

当然，考古人员还注意到一个不可忽视的事实，和这个被称为蚕丛影像的蜀人老祖宗同时出土的，还有一件鼻梁上装配有"龙"或"蛇"的青铜纵目人面具，此件器物堪称整个出土青铜器群中的绝品。这件面具宽78厘米，通高82.5厘米，在额正中的方孔中，补铸有高达68厘米的夔龙形额饰，耳和眼采用嵌铸法铸造，角尺形的一双大耳朵向两侧充分展开。最奇特的是一双眼睛，呈柱状外突的眼球向前长伸约10余厘米。鹰钩鼻子，大口微张，舌尖外露，下巴前伸。出土时尚见眼、眉描有黛色，口唇涂有朱砂的印痕，估计应是这个青铜家族的一位高级神灵。

由于这件文物在构思和制造过程中都被赋予了极其伟大的天才的想象力，使它在各类面具形象中异军突起，光芒四射。尤其是额上那道长长的直立的冠饰，犹如一道灿烂夺目的旗帜，壮美挺拔，迎风招展。只要站在它的面前，似能听到"哗哗"摆动的天籁般神圣高洁的声音。而那完美的造型设计以及精湛

图4-15　青铜纵目面具

的制作工艺，又使这件器物显得威震四座，气盛八方，凛凛然有天神突降人间的神秘震撼之感。如此大胆狂放，具有穿越时空的丰富想象力的造型艺术，不只是在蜀地前所未见，即便是在中原乃至整个世界同期的青铜艺术中也是闻所未闻，前所未见的。

举世无双的青铜巨人

三星堆出土文物修复后，曾在北京故宫搞过一次展览，布展人员特地将一件形体高大的青铜立人像安排在整个展厅的中央位置。

这件青铜立人像出土于二号器物坑的中层，身高122厘米、冠高10厘米，连座通高达2.62米，重180多公斤。出土时从腰的下部断为两截，下层方座底部残损。经修复专家杨晓邬妙手回春的修复，基本保持了原貌。据

陈德安等考古学家推断，此像铸造历史距今已有3000多年。如此巨大的青铜人像，在中国出土的商周器物中可谓前所未有，其精湛的铸造工艺，也为中国美术史和青铜冶铸史所罕见。这尊青铜立人像不仅填补了中国青铜文化在这方面的一项空白，而且就时间论，比古希腊的德尔菲御者铜像、宙斯或波塞冬铜像还要早四五百年以上。即使在古埃及等世界文明古国中，也从未发现时间如此久远、体量如此巨大的青铜人像。1972年，在意大利亚契市海湾发现了两尊希腊青铜武士像，使整个欧洲为之狂欢。14年后，三星堆大型青铜立人像横空出世，使整个世界为之瞩目，并再度引起了全人类心灵的强烈震撼。这是迄今为止中国发现最大的远古青铜人像，也是世界上同时期古文化遗存体积最大、艺术水平最高的罕见的绝品之一，是中国乃至整个世界青铜艺术发展史上的一座无法逾越的奇峰。

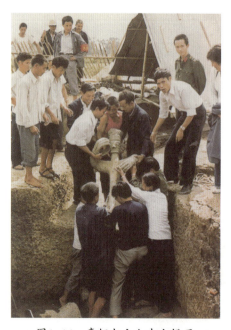

图4-16　青铜大立人出土场面

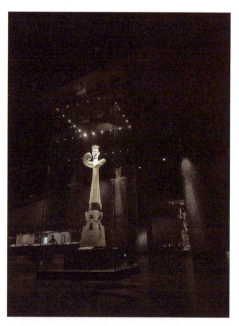

图4-17　青铜大立人像

　　从外观上看去，这件罕见的青铜大立人像，身躯修长挺拔，头戴回纹筒形高冠，身穿窄袖与半臂式套装三件，前裾过膝，后裾及地，长袍上阴刻两组龙纹。有专家推测，这套打扮可能就是商代祭祀时穿着的"衮冕服"。大立人的左肩向右斜挎一条"法带"，目光炯炯，直视天下。小腿和手腕上戴有镯子，赤脚，一双大手做"掐指一算"状，透视出神秘威严、变幻莫测、法力无边的魔力，大有视天下苍生如草芥、揽天下沉浮于股掌之中的气势。在3000多年以前，中国古代的君王都具有多重身份，既是号令天下的一国之君，又是统率全国大、小巫师的群巫之长。国君平时做一些统治国家、压榨剥削劳动人民的事情，战时则统率三军出征，用劳苦大众的鲜血保住他的统治地位。如遇天灾人祸或祭祀祖先、社祭、军祭时，则亲自出马，举行隆重的祭礼，以保统治阶级的地位平安与迷惑人民大众不要揭竿而起，毁了自己的安宁与幸福。基于这样一个历史事实，有学者认为这尊立人像代表的是政教合一的领袖人物，也就是蜀王兼群巫之长的形象。

　　也有学者认为这一青铜大立人像，应是宗庙内祭祀先王及上帝特设的偶像，其作用是沟通天地、传达天神的旨意。著名考古学家俞伟超在大立人像赴北京展出之前，于四川省考古研究所修复现场，对这件刚刚修复完成的器物亲自做了考察后，对陪同的林向、赵殿增、陈德安、陈显丹等三星堆的发掘者与研究者们曾这样说道："大铜人站在祭坛上，大家都会推测他是一个神祇。但究竟是什么神祇，似乎难以琢磨。我看，如果把大铜人双手所持之物的原来面貌弄清楚，则神祇的属性就容易搞明白。这个铜立人双手皆握成圈状，握的方向又表示出所持为一长形物品。如做仔细观察，其双手所握之物的断面大体呈方形。在当时存在的物品中，只有琮的形态与这种情况最为符合。由此可推测，铜人双手原持一大琮，如为玉琮，则埋藏时可能取下而置于他处，如为仿玉木琮，则就会因腐朽而不存了。三代之时，礼天用璧，祭地用琮。铜立人既然手持大琮，当为祭地之神，可知大铜人本身也就具有地神的性质。"在这个推论的指导下，俞伟超建议发掘者和修复者一道，仔细查找玉琮的踪迹，以便确认这一推论的可能。遗憾的是直到所有的器物都修复完毕，也没有发现可以和这件青铜大立人相关联的玉琮出现。

通天神树

三星堆遗址二号坑共出土了8棵被称为神树的青铜器物，这些树有大有小，但均被砸烂并经火烧，大多残缺不全。最大型的被称为一号的神树，修复专家杨晓邬与他的助手们经过3年多呕心沥血的修复，总算比较完整地呈现于世人的面前。此树通高3.95米，整株树分为底座、树身、龙三部分。圆圈形的底座上有3个拱形的足如同树根状，主干之上有3层树枝，均弯曲下垂，树枝尖端有花朵果实，每一枝的枝头上都站立有一鸟，全树共9只鸟。树的顶端因为残缺，不知顶部的具体情况。但从残缺的顶部仍能看见有一个巨大的果实，推测树的顶部也应该有一只鸟站立，因为它的结构与其他枝头的结构在整体上相同。神树的主干外侧有一条身似绳索的残缺的青铜龙，由树冠

图4-18 青铜树

沿着树干蜿蜒而下，那弯曲的身子总长度达到了5米。龙身是用铜管扭成绳索状而成的，直径约18厘米，呈由天而降之势。整个形象看上去大气磅礴、雄壮威武。那高昂的龙头与扭曲的龙身，给人以腾云驾雾、自由流动于天地间之感。这棵神树是中国国内出土青铜器中体量最大的一件，同时也是全世界范围内体量最大的青铜文物之一。

据修复专家杨晓邬说，在一号神树的修复过程中，开始并不知道树干与那条残缺的青铜龙有何种关系，待各自修好后，神树怎么也不能单独立起来，非要有个支撑架才能立稳。经过一番观察，发现神树的底座和树干有几块多出的小铜片，望着这几块小铜片，杨晓邬突然意识到可能与刚修复的那条巨型龙有内在的关联，于是赶紧和助手把那条青铜龙搬过来核对，结果发现树与龙正是相互配套的一件器物。待把龙配上之后，神树站立后便不再倒下。这个时候杨晓邬才明白，这条攀在树上的巨龙除了它的文化内涵和寓意外，在技术工艺上明显地起到了保持树的重心稳定而不倒的作用，单是这一方面的铸造技术，就是一项了不起的发明创造和技术成就。后来经过多个实验室配合研究，神树的树身采用分段铸造法制成，运用了套铸、铆铸、嵌铸、铸接等手法，可谓青铜铸造工艺的集大成者。从现代美学的角度看，神树造型结构合理，布局严谨，比例适宜，对称中有变化，对比中求统一，整棵树虽由多段多节组合而成，但观之仍有浑然一体、天衣无缝之感，完全称得上是鬼斧神工、巧夺天工，达到了登峰造极的艺术境界。

除排序为一号的大型神树外，那棵中型神树的下半部分保存得比较完整，只是上部已基本残断无存，仅有一根枝头上有鸟造型的树枝大致可以复原。树的底座呈山形状，应表示神树长在神山上，上面刻有太阳和云气纹。座圈的三面各铸有一方台，上面有跪坐人像，人像双手不知握有什么东西。估计此树原高度也应在2米以上。小神树共有4棵，但均因残缺太甚，无法修复了，不过从残件上可看出这些树的树干呈辫绳状，树座盘根错节，浑然一体，树枝端头造型应为人首鸟身像，有学者把它喻为人们常

说的"连理枝"。

关于这大大小小的青铜树所体现的主题和用途，著名考古学家俞伟超在铜树修复之时，曾受四川方面的邀请到成都做了亲身观察，并对当地学者发表了自己的看法。据俞伟超云：三星堆祭祀坑大量出土物中，最引人注目的就是这两棵大铜树和一个大型铜立人像。这不仅是因为它们形体高大，形象奇特，更在于其含义难明，可以引起很多遐想。据初步推断，二者都应是当时土地崇拜的体现物。三星堆的早期蜀文化既然存在着很多商文化的因素，当时的蜀人同商人一样崇拜社树就成为很可能的事情。"社祀"是一种祭祀土地神的活动，古代的农业部落因为见到粮食是从土地中生长出来的，为了祈求农业丰收，所以普遍崇拜土地神，并把这种土地之神叫作"地母"。社树就是一种地母崇拜的体现物。当时的蜀人，既然已经以农业为生，当然会出现这种地母崇拜。况且以后的东汉时期，四川又是铜质摇钱树最流行的地区，这自然潜藏着一种历史文化的传统。如果把这几方面的情况结合在一起考虑，把三星堆大铜树推定为社树的模拟物，看来是问题不大的。

对于俞伟超的看法，考古学界没有太多的争论，只是有不少补充或另外一个系统的全新论述。如参加三星堆发掘的敖天照则认为，这几棵神树应是"早蜀先民宇宙观的实体模式，也是太阳崇拜的实物写照，与古代民族普遍存在的自然崇拜有关。《山海经》和《淮南子》曾有扶桑和若木的记载，三星堆祭祀坑出土的一、二号铜树，就是栖息神鸟的扶桑和若木。扶桑在东方太阳升起的汤谷上，若木在西方太阳落下的地方。天上的10个太阳，由10个神鸟运载。1个在空中，9个在枝头……这就是远古时代人们认为宇宙有'十日'的神话传说，即太阳崇拜在三星堆遗址出土的青铜大神树上的具体体现。用这种方式以祈求太阳适时出没，风调雨顺，五谷丰登，人畜兴旺"。

关于敖天照所说的扶桑与若木的提法，早在20世纪70年代，史家郭沫若曾有过一番论述。当三星堆二号坑出土青铜树的消息披露不久，就有一大批学者以老郭的这篇文章为底本，再次推断、论证青铜神树所牵涉的扶桑与若木等问题。不过如同古人所云，姜还是老的辣。就学术水平而言，后来者似乎都未超出当年老郭论述的范畴。

除郭沫若所说的扶桑之外，在古代还有"建木"与"若木"两种树的说法，并且与四川之地有着不可分割的关联。据传在"都广之野"这个地方，有一棵树名叫建木，此树有枝叶、花卉和果实，还有龙蛇等动物。它的位置恰好处在天地的正中央，即所谓"天地之中"。一些名叫"众帝"的神人通过这棵树上天下地，此树由此成了登天之梯。关于这个"都广"的具体位置，学术界大多认为就是现在的成都平原，或更大胆地说是广汉的三星堆一带。而传说中的若木，生长在建木的西边，和扶桑树一样，也是树枝上有10个太阳。那太阳的光华普照大地，大地万物在这光明的照耀下得以生长。

扶桑、若木、建木，这三棵古代神话传说中的神树到底代表着什么，它们与三星堆出土的青铜神树又有着怎样的一种关联？学界至今没有一个统一的定论。

权力的魔杖

曾被误认为是"金腰带"而风靡一时的金杖自一号坑出土后，经清理、修复后，全长1.42米，直径2.3厘米，净重约500克。从制作工艺看，系先用金条捶打成金皮后，再包卷一根木杖而成。出土时金皮已被压扁变形，木杖因年代久远早已荡然无存，只是金皮内尚存炭化的木渣，依此推测原来内里应有木杖。

这根金杖之所以引起学者们的高度重视，除了本身是用黄金做成的器物之外，最为珍贵和富有研究价值的是在杖的一端，有长46厘米的一段图案。

这段图案经修复专家杨晓邬用特殊的化学药品清洗除污，极清晰地发现图案共分三组：靠近端头的一组，为两个前后对称，头戴五齿高冠，耳垂三角形耳坠的人头像，一副笑容可掬的样子。另外两组图案相同，两只两头相向钩喙似鱼鹰的鸟，在展翅飞翔，背上各有一支射进鱼头的箭——对于这个图案，学者们有两种不同的解释：一是认为表示箭贯穿了鸟身又射中了鱼头。再是认为那不是箭，应叫"穗形物"，并进而推测当时的农业已有了水稻种植。

由于金杖图案的鱼和鸟紧密地联系在一起，有学者认为，表现的应是分别以鱼和鸟为祖神崇拜的两个部族，两个部族联盟组合成了传说中的鱼凫王朝。另有学者认为，图案中的鱼和鸟本身就是鱼凫的图画阐释，也就是鱼凫氏及鱼凫王朝图案与图画性质的徽号和标志。据《蜀王本纪》记载："蜀之先称王者，有蚕丛、柏灌、鱼凫、蒲泽（即杜宇）、开明。"其中柏灌、鱼凫、杜宇都崇拜鸟，并以鸟为图腾。鱼鹰即鱼凫，纹饰图案的意义可能是通过巫术作用，祈求捕捉到更多的鱼。鱼凫时代的经济来源以捕鱼为主，出土的金杖应是与鱼凫时代有关的具有巫术性质，兼具象征古代蜀国王权的权杖。

四川学者屈小强在将这根金杖与中西亚文明做了对比后认为，以杖作为王权或神权的象征，虽然在古埃及文明、爱琴海诸文明以及西亚文明中是司空见惯的文化现象，却毕竟不合中华古文明的传统。中国夏、商、周三代王朝都用"九鼎"象征国家权力。夏代开国，"禹铸九鼎"。从此，易鼎成为权力转移的同义语，并有"楚子问鼎""问鼎中原"一类的成语典故传世。而古代蜀国为什么不用鼎而是以金杖标志王权，并当作古蜀王国政权的最高象征物，这可能是古蜀王族毕竟与中原华夏族关系较远（虽可能同属北蒙古利亚小种族），不是中原王朝的支裔或封侯的关系。因而，在政权象征问题上，便没有按中原方式去做。这个现象说明古蜀国具有与中原同时期的文化不同的来源与内涵。而权杖所反映出的异域文化因素，则有可能再次证明古蜀社会的对外开放程度，证明古蜀王族可能引进了古埃及文明、古西亚文明的某些政治制度，只是这些引进形式多于内容罢了。

屈小强的这一论断，学者刘少匆明确表示不敢苟同。刘氏认为屈小强是只知其一不知其二。真正的历史事实是，古代中国并非无权杖之说。中国人用杖，由来已久。杖，既是一种生活用具，也是一种装饰品。《山海经·海外北经》，就有"夸父追日，弃其杖，化为邓林"之说。《山海经·海内经》说都广之野"灵寿实华"，这灵寿木就是做杖的好材料。《汉书·孔光传》中有"赐太师灵寿杖"的说法。古蜀人来自山区，用杖助力，更是一种必要的器具。而中国历代王朝，都有赐杖与老臣的惯例。如《礼记·曲礼》曰："大夫七十而致仕。若不得谢，则必赐之几杖""谋于长者，必操几杖以从之"。而不同身份的人，手杖的装饰和长度都各不相同。戏曲中，皇家使用的"龙头拐杖"虽是道具，长度就和三星堆所出金杖差不多。至于包金拐杖、包银拐杖、木杖、藤杖、竹杖……品种甚为复杂。而杖首杖身装饰各种花纹，各种造型，更是珍贵手杖所必有。否则，怎么表示自己的身价？既然可以表示身份，当然可以代表权力。因此，用金杖象征至高无上的权力当是一个不争的事实。

为此，刘少匆还举例说，据古玉研究专家古方考证，在江浙一带的史前良渚文化的大墓中，就有包括玉戚、玉镦等在内的仪仗性质玉质附件出土。这些出土的附件连起来，就是一件完整的玉杖。如江苏武进县寺墩遗址三号墓的平面图上，明确地显示玉戚上部约6厘米处的"玉格饰"和下部44厘米处的"带槽玉器"，应属同一玉戚的上下两个附件。考古工作者对各部件进行了装接复原，就形成了一件长68厘米，有柄首饰（即玉首）和柄尾饰（即玉镦）的完整器物，这件特殊的玉器就是墓主人生前用以显示自己地位的权杖。这一考古证据至少可以说明，中国之权杖古来有之，且是土生土产的，不一定是受西亚文化的影响。

当然，寺墩遗址墓葬中出土的玉杖与三星堆出土的金杖，在形式和性质上都有区别。前者是方国的国君，后者是一个联合王国的君王，将金杖称为王杖，恐怕更为确切。同时可以认为，鱼鸟象征吉祥，箭翎则表示威武，这正是金杖作为权力象征的应有之义。但有人认为，这支金杖的图案，有鱼有鸟，当印证是鱼凫王所执掌。但直到目前，尚无任何实物能证明鱼凫王朝的族徽是由鱼和鸟组成。金杖上的图案，第一组当然是王者之像，但第二组、第三组，从顺序上看，是先鸟而后鱼。这种排列方式则很难解读成鱼凫，而应读成凫鱼才对，但历史上的蜀国又没有凫鱼这一名称的国王。所以，要说这根金杖为鱼凫氏所用，理由还欠充分。

关于刘少匆对鱼和鸟这两种图案所做的结论，有学者认为这是刘氏本人只知其一不知其二的表现和明证，并表示这柄金杖上的图案毫无疑问就是鱼凫王的象征和整个族属的族徽的铁证。由此提醒刘少匆不要忽视或视而不见的是，在三星堆二号坑与金杖同时出土的还有一件青铜大鸟头。这件器物通高40.3厘米，头顶原似有冠饰。出土时，发现其钩喙口缝和眼珠周围皆涂朱砂，原本是一只彩色的雄鹰。鹰颈下端有三个圆孔，估计是做固定用的。从制造形式上看，有可能是神庙建筑上的饰件，也有可能是安装在什么物体之上作为仪仗用途的象征标志。无论是文献记载还是远古传说，作为远古时代图腾遗存及自然崇拜、神灵崇拜、祖先崇拜之物，鸟与蜀人有极为密切的关系，几代蜀王直接以鸟为名，足证此点。而三星堆文物中众多的鸟形器物及纹饰图案，更从考古发掘的角度提供了有力的实证，反映出古蜀先民的鸟崇拜观念。

有相当数量的学者认为，三星堆二号坑出土的青铜大鸟头，其造型与鱼鹰（鱼凫）的造型十分接近，应是蜀王（鱼凫）的象征，也有蜀族的族名、徽号之意蕴。结合遗址出土数量巨大的鱼凫造型的勺把即鸟头勺把这种情况，并综合其他各种因素进行分析，认为三星堆古蜀国最繁荣的时代属鱼凫王朝时期。如再联系到广袤的蜀文化分布区域内，大量出土鱼凫造型的勺把这种情况，可推测三星堆古蜀国鱼凫王朝时期的势力，已达到了一个相当广阔的范围。根据三星堆文化稍后时期的汉中平原出土、不乏带鱼凫造型意味的青铜器群的研究，有学者认为汉中平原一带是三星堆古蜀国的东北边界，当盛极一时的三星堆古蜀国突然消亡之后，鱼凫氏的一支就迁徙到了此地，开始了新的生活。

毁于援周伐商

既然三星堆古城的前世今生已有了较为清晰的线索，那么，在古蜀人类历史上曾辉煌盖世的三星堆古城，又是如何走上毁灭之路的呢？

遗憾的是，古代文献没有点滴记载，专家学者只能根据考古发掘资料透露的点滴信息，谨小慎微地进行探索追寻，以希望有新的发现与突破。若按三星堆遗址主要发掘者陈显丹的观点，三星堆古城是毁于古蜀人参与周灭商的一次军事行动。

按陈氏的说法，从古文献中，可以看到古蜀人不仅与夏人发生争战，而且在商王朝统治时期也常与商人发生冲突。因此，在商王朝的甲骨文中留下了只言片语。从三星堆遗址发掘的情况来看，至迟在二里头文化（学术界普遍认为是夏文化）时期，蜀族就与中原有文化交往。商、西周时期交往更为密切。一号祭祀坑出土的器物中，除金杖、金面罩、青铜头像、部分玉璋等具有强烈的地方特点，为商文化所不见外，其他如尊、罍、盘等青铜容器与玉璋等都和商王统治区域内出土的商代前期器物的形制、花纹基本一致。在祭祀礼仪上，蜀人用"燔燎"法可与殷墟甲骨卜辞中"燎祭"相印证。甲骨卜辞中的"至蜀""征蜀""伐蜀"所指的蜀，应就是川西平原的蜀。这个川西平原的蜀与商是仇敌，但与西北部的西岐是要好的盟友。

由此，陈显丹认为，西岐是周人的领地，当时周人也常与商人发生恶战，周、蜀自然成了朋友和盟军。因此，周武王在与商纣王的决战中特邀蜀军前往参加，蜀军答应后，迅速在预定的甲子日前赶到了集结地应是可能的。历史上著名的牧野决战前，周武王和他的弟弟周公统兵车300辆，勇士3000名，及西南盟军蜀、巴、庸、羌、微、卢、彭、濮等国的精锐之师，在牧野举行誓师大会。誓言说：我的朋友们，纣王的军队虽然很多，但天帝就站在你们的前面，你们必然会打胜的。你们不要害怕，但也不要掉以轻心，拿起你们的戈，举起你们的盾，勇往直前吧！誓毕，周武王率军与商王的17万大军在牧野（今河南淇县西南）之地进行了生死决战。

周朝的胜利，可以说主要依靠了四川境内几个方国的军队，特别是巴、蜀的军队功不可没。因此，当时的史官在《尚书·牧誓》中这样赞誉道："武王伐纣，实得巴蜀之师，巴蜀之师前歌后舞，令殷人倒戈。"

陈显丹结合文献《逸周书》推断出结论："就在周与蜀等国联合灭掉商王朝之后，蜀国的厄运到来了。由于蜀军参战将士对胜利果实的分配不满，加上蜀王不愿受周武王的支配，两国之间便产生了新的矛盾。周王朝认为，商王朝虽已消灭，但蜀国却是一个强国，而又不肯臣服于周，将来必是一大隐患。因此，周武王在克商的第37天，突然派兵袭击蜀军。蜀军毫无准备，被周武王的军队打得七零八落，溃不成军。蜀王手下的霍侯、佚侯等主要将领和其他46名各级军官被生擒，损失车辆辎重达1000多辆，士兵死伤者无数，蜀军元气大伤。周朝自周厉王以后，由于朝野内外矛盾加剧，天下开始大乱。位于西南的蜀国首举反周大旗，并率先称王称帝，以至各国仿效，纷纷割据，自立为王。在楚、秦、晋、韩、赵、卫等国称王时，蜀又改王称帝，并东伐西征。一会儿与楚国交战，一会儿又与秦军对垒，乃至蜀王的江山，曾被楚国的开明氏所取代，直至若干年之后被秦所灭，成为华夏大国的一部分。"

蜀亡于水

针对陈显丹这一说法，四川大学教授林向明确指出，三星堆古城既不是毁于杜宇攻击的战火，亦不是终结于援周伐商的军事事件，而是毁于一场特大洪水的侵袭。据林向回忆，考古人员在现场发掘的某一天，四川省水利研究所的几名工程师特地来工地参观考察，当他们站在壕沟边听完林向的介绍后，面对发掘后特意留下作为研究之用的巨大"关键柱"久久审视不去。在这根"关键柱"的剖面上，可以看到整体为16层的文化堆积中，第7层是个明显的分界层，这是厚20厘米至50厘米的洪水淤泥层，顶面呈水平状，底面则随第8层的顶面形状而倾斜，呈凹凸不平状。发掘时，考古人员清楚地观察到这一淤泥层在壕沟及其周围存在，颜色为青黑色，纯净而几乎没有什么包含物，只是在底部发现过一柄长24厘米的柳叶形铜剑。在这一层之上，1层至6层分别是现代耕土层到东周层，下面的8层至16层。根据地层叠压与陶器形态分析，可分为四期：

第一期，时代相当于新石器时代晚期。

第二期，时代相当于夏、商之际。

第三期，出土一组有特色的陶器，如小平底罐，鸟头勺把高柄豆形器、杜鹃、绵羊等，还有一个被反缚的无头石人像，相当于商代中期。

第四期，富有特征性的文化发展到鼎盛，相当于殷末周初。建筑遗址分属于第三、四期，整个漫长的文化堆积看上去在第7层突然产生了断裂。

由此可以看出，这根"关键柱"的剖面所透露出的文化堆积突然中断的信息，可能与不可抗拒的特大洪水有关。对此，林向专门与前来参观考察的水利专家就这一问题进行了讨论。按水利专家的说法，成都平原的东北部属于沱江水系，东向穿越龙泉山的金堂峡，峡谷长12公里，最狭处不到150米。而平原西部，水系的上游素有"西蜀天漏"之称，雨量集中在夏秋季节。每当暴雨成灾，东向穿峡的径流量可大于3000立方米，所以至今峡口的金堂县常发生水灾。加之金堂峡常有壅塞的危险，两岸山岩属于侏罗纪蓬莱镇砂岩与泥岩石层，最易风化崩塌，又恰有一条东向的断裂带通过，存在着每千年发生一次大于5级地震的危险性，更加大了水道堵塞的可能。一旦金堂峡被阻，就可使广汉、德阳、新都一带低洼处成为洪涝泽国。

从文献记载看，古代蜀国确有自己的洪水传说，同时由于水的原因而发生了政变，并导致了改朝换代，甚至迁徙都城的重大事件发生。杜宇时代就发生过一次特大洪水，并有了"其相开明，决玉垒山，以除水害，帝遂委以政事""帝升西山隐焉，时值二月子鹃鸟鸣，故蜀人悲子鹃鸟鸣也""开明王自梦郭移，乃徙治成都"等记载。尽管古代史学家常璩等人对这种包含真实历史内核的神话传说往往加以篡改，但至少可以从中看到三个方面的事实：一、杜宇时洪灾极为酷烈，《蜀王本纪》说"若尧之洪水"，民不能"陆处"。二、因灾而变，改朝换代，开明乃荆人鳖灵，等于是"异族王蜀"。三、杜宇下台是被迫的，蜀人才会悲子鹃。过去，史家总说蜀史可信成分不多，今见这根"关键柱"，可作为一件历史史实来证明文献记载并非空穴来风，事实胜过了雄辩。

按林向的研究成果推断，三星堆遗址出土的大量青铜鸟头，钩喙的鸟头与杜鹃的形象相同，还出土了一件陶塑展翅的杜鹃鸟。这一连串的现象并非偶然，结合那根"关键柱"所透露的远古信息，可以这样认为：三星堆古城的最后放弃不是发生在鱼凫时代，而是晚于鱼凫的杜宇时代。在这个时代里，代表古蜀文明权力中心的三星堆古城被洪灾所困，当杜宇王所属的四方部族领地被洪水淹没，村寨被冲垮，三星堆古城在洪水的冲击浸泡下，即将面临灭顶之灾时，不得不率领举国民众弃城出逃。其后，古蜀国的这个权力中心都邑，便转移到现成都市区的金沙遗址中去了。

若林向的说法成立，则三星堆古城最后一幕场景应是这样的：

大雨滂沱，电闪雷鸣，连续不断的暴雨仍在不住地下着。这场雨对三星堆古城的老国王杜宇与统治之下的四方族人而言，是一场末日之灾。夜里，杜宇躺在宫中那潮湿的床榻上，听着洪水在城墙外面不断拍打撞击的声音，心中充满了焦虑与不安。这种声音越来越壮阔响亮，越来越令人心慌意乱、胆战心惊。直觉告诉他，岷江上游的狂涛巨澜正以万钧雷霆之势向三星堆古城冲压而来。这一夜，杜宇几次披衣坐起，来到大殿门口，望着漆黑的雨幕不时闪过耀目的电光和随之爆出的隆隆雷声，在心中不住地祈祷和哀叹。

翌日清晨，老态龙钟的杜宇在近臣的服侍陪伴下，忧心忡忡地登上了城楼。就在登城的过程中，他感觉原本坚实的城墙此时已经像浸泡在水里的蛋糕一样有些酥软了。惊恐中他不禁问道："上个月我们祭祀过几次天神、雨神和水神了？"

负责国家祭祀仪式的大臣立即上前躬身禀报："我们一共祭祀十几次了，前一段每3天祭祀1次，这几天改为每日1次。"

杜宇听罢，将那早已昏花的眼睛转向城外，望着在雨水泥泞中背筐挑担、四散奔逃的草民百姓，又望望城内四处涌动的水流和一个个脸上布满了惊恐之色、精神即将崩溃的纷乱的人潮，绝望地垂下了头。刚才答话的那位臣子看到主子一副忧郁的表情，心中泛起了一股酸楚，感到面临局势的危难与自己责任的重大。他忙凑上前来既表现自己又推卸责任地说道："依臣之见，这些太庙里的神灵好像一点也不中用了，是不是被娇宠坏了，或者是中什么邪了，在我们急需它们鼎力相助时，它们却像死了一样，一点表示都没有，索性给点颜色瞧瞧，看它们还敢不敢发邪？"

"不许胡说！"杜宇用沙哑的语调打断了这位臣僚的话，停顿片刻，又突然想起了什么，轻轻地对陪同的众臣僚们说道："走，大家一起到太庙去看看这些个神灵到底是咋了。"言毕，在群臣的簇拥下，他走下城楼的瞭望台，向城内的太庙走去。

太庙那高大的殿堂里，香烟缭绕，雾气迷蒙。只见一尊尊、一排排、一列列由青铜铸成，神态各异、大小不一的神偶、神物和由各种玉器组成的祭品，错落有致地摆放在不同的位置，呈现出一派众神荟萃的天国景象。

老杜宇先是在群神面前跪拜、祈祷了一番，然后起身围着庙堂转了一圈，心怀怨恨与愤懑之情暗暗想道：眼看我的蜀国就要国破家亡了，这些神偶一点救援的表示都没有，看来确乎是不甚灵验了，还是赶紧想别的办法自救吧。

回到宫殿之后，寻找新的居住地和迁都的想法终于被杜宇提了出来，众臣在表示全力拥护的同时，认为应迁往成都平原的腹心地带，而不应该再回到平原西北边祖先们居住的山地里去了。假如再回到那里，对于已经熟悉了平原农耕生活的部族来说，无疑将面临着更多、更大的灾难。杜宇听罢，表示赞同，遂吩咐臣僚速派人到成都腹地去联系其他部落，寻找新的居住地，并令全城的官员和百姓做好大搬迁的准备。

洪水依然没有退去的迹象，而且来势更加凶猛。在越来越混乱危急、诸事纷杂的局势中，主持搬迁的大臣向杜宇禀报道："那些用于祭祀的国家礼器是否全都带走？"杜宇蹙着眉头想了想说："带走一点象征性的神物就可以了，其余的留下，在我们撤出这座城之前要举行一场盛大的祭祀，把这些不中用的偶像烧了。"

众臣僚对老国王的话语，纷纷表示理解与赞同。是啊，即使再伟大的神灵，也要为天下苍生服务，如果不为天下民众服务，那么将不再被人民尊称为神灵。

这天上午，折腾了十几个昼夜的狂风暴雨，总算有了短暂的停歇，笼罩在滚滚乌云中的三星堆古城迎来了一个短暂的喘息机会。但几乎所有的人都清楚地知道，这是又一场更大暴风雨来临之前的预兆，这片刻的安宁根本无法阻拦城外的洪水以更凶、更猛、更快的速度和更为浩大的流量涌向这座已岌岌可危的古城。

就在这个危机四伏、灾难临头的空隙里，一场特殊的祭祀在满城哀怨与愤怒的目光中悄然开始了。在一块高高的台地上，一头头无法带走的战象和牛羊等牲畜被宰杀，以慰劳全城的将士和有功的官员。一件件青铜神偶和玉石礼器，被从太庙里搬出，一堆堆散发着潮湿与霉味的木柴被架了起来。大火终于点燃了，呈麻花状的滚滚浓烟伴随着霉烂的气味冲天而起，径直插入低低悬垂着的铅灰色云层。古城的上空，不祥的大鸟扑扇着黑色的翅膀在天地间低低盘旋，不时发出一阵阵恐怖、凄厉的哀鸣。

火堆旁的台地上，两个宽大的土坑在苦力们挥汗如雨的抢挖中很快完成。烈烈火光映照下，土坑外的武士们在如狼似虎地吞吃了烤熟的大象肉、牛羊肉之后，开始举起铜锤、铜刀、铜棍、石头等一切可用以撞击与切割、分裂的工具，咬牙切齿地打砸和焚烧着从太庙里搬来的各种青铜礼器。平日里躲在太庙高高的殿堂之上养尊处优的神偶们，面对这突如其来的灾难却神通顿失，束手无策，一个个缄默不语，任凭众武士的刀劈、锤砸与焚烧。

几天之后，滔天洪水夹带着滚滚巨浪动地而来，在江河震荡、山呼海啸中，汹涌澎湃的浪头伴着声若巨雷的音响撞开了高大坚固的城门，折断了城中高大的旗杆，席卷荡平了城中的大街小巷、殿宇茅舍。瞬间，三星堆古城变成了一片泽国，水中漂浮着屋顶的茅草和婴儿的衣衫……

3000多年之后，考古人员在三星堆遗址，发现了这次特殊祭祀留下的两个土坑，以及壕沟中那一层青黑色的沙砾淤泥。

又过了十几年，在成都平原腹心地带，人们又发现了杜宇王朝自三星堆迁徙之后，在这里建造的另一座新的都城——金沙遗址。

金沙：古蜀国的承续

2001年2月的一个下午，在一个工地意外发现一挑铜人、玉器，成都文管会得知消息后迅速派文物科科长弋良胜和成都市考古队勘探研究一部副主任冯先成前往处理。

弋、冯二人赶到金沙工地后，同警方一道维持秩序，保护现场，并迅速和成都市考古研究所有关人员取得联系。当所长王毅、副所长蒋成得知情况后，感到事关重大，当即派副所长江章华带领考古队勘探二部主任、当年曾参与著名的三星堆祭祀坑发掘的朱章义偕同副主任张擎，连夜返回成都处理这一突发事件。

又一个"三星堆"面世

第二天一大早，江章华等从绵阳连夜返回的三人和考古所的另外两名工作人员一同来到了现场。只见在人群围观的中心部位开挖出了一条长约20米、宽约6米、深约5米的壕沟，壕沟内外一片狼藉，壕沟四周的剖面上有三处明显的象牙堆积，壁上还残存有大量的玉器、石器，沟底散落着石璧、玉璋、玉琮残片和为数众多的象牙。很显然，这是一处重要的文化遗迹。当这一切安排妥当后，接着组织市考古所技工和从当地招募的近200名民工开始清理散土中的文物。仅一天工夫，就从散土中清理出金、铜、玉、石、象牙、骨器等精美文物400多件。此后近两个月的时间，又清理出金冠带、太阳神鸟金箔饰、金面具、金箔蛙形人等极为珍贵文物1300余件。由于大多数器物被损坏，器物的定名、拼接、整理工作极其困难。考古人员经过多次努力，还是以最快的速度将第一批文物拼接成功，为了解金沙遗址出土文物的概貌以及遗址性质的最终定性提供了有力的实物证据。

鉴于金沙遗址发现宝藏的消息在社会风传开来，成都市委宣传部指示市考古队和市公安局于2003年4月4日，就金沙遗址的清理和发掘等情况，召开新闻发布会，向国内外媒体公布阶段性成果，并组织媒体到现场做了参观考察。会后，各家媒体除发表了派出记者撰写的文章外，还在显著位置以大字号标题转发了新华社发出的电文：

又一个"三星堆"惊现成都

新华社讯 四川广汉三星堆遗址以其神奇而辉煌的古代文明令世人瞠目，如今，又一个堪与三星堆遗址并驾齐驱的"金沙遗址"在成都西郊现身惊世。4月4日，记者从有关方面召开的新闻发布会上获悉，目前考古工作者已在此发掘出土1000多件极其珍贵的玉器、金器、青铜器、象牙器、石器等，其中有属"国宝"级的文物数件。会后，记者在发掘现场看到，200多名考古人员与民工正在紧张发掘。据介绍，现共布探方50多个，发掘面积达4000多平方米。目前的发掘工作仅是冰山一角……

随着这一消息的公布，金沙遗址立即进入世人的视野并在国内外引起了强烈震动，人们以极大的热情与好奇将目光投向成都平原以及那个被称作金沙的城郊一角。遥想当年，三星堆遗址初露峥嵘，特别是1986年两个大型祭祀坑的发现与一大批青铜器的横空出世，在震惊寰宇的同时，也让见多识广的考古学家大开眼界、大长见识又大伤脑筋。成都平原突然出现的这批如此高度发达的青铜文明究竟是如何产生和发展的？这个文明为何到了商代晚期在毫无历史迹象和记载的情境中突然断裂消亡？消亡之后它的孑遗又去了哪里……诸如此类的种种谜团，使无数专家学者于困惑之中在学术界掀起了一场空前的探讨热潮。在为期十几年连续不断的论争中，尽管各种不同的观点、不同的猜测、不同的论证不断抛出，但参与论争的所有专家、学者都曾近乎一致地预言："三星堆文明在商代晚期因某种外来的不可抗拒的力量突然断裂消亡之后，它的孑遗如同在滔滔洪水中漂流而去的诺亚方舟，永远地离开了成都平原，再也没有回来。这个辉煌盖世的文明可谓是孤峰独立，一骑绝尘，整个成都平原甚至长江流域再也没有与其相匹敌的古代文明了……"

意想不到的是，随着金沙遗址地下宝匣的突然打开，此前各路专家的一系列论证、预言、神话甚至胡话相继宣告破灭，一件件鲜活的出土文物以叮当作响、清脆震耳的铁证，昭示着三星堆文明在突然消亡之后，并没有从蜀地这块热土上蒸发，而是从广汉悄然迁徙到了成都平原的腹心地带，继续维系和延续着这一文化血脉，并以其独特的风骚和更具魅力的文化气象迎来了古蜀文明第二个奇峰。面对金沙遗址这座突兀而起、诡谲奇异的文化昆仑，凡参与考察的专家学者们在大感惊讶与惊叹的同时，不得不开始重新思索一个无法绕开的命题——三星堆文明是如何兴起与消亡的，它和金沙文明到底是怎样的一种内在联系？金沙文明真的是三星堆文明的孑遗吗？

太阳神鸟再现人间

随着金沙遗址被发现的消息公布，考古人员对此展开了持续不断的大规模发掘，遗址的文化内涵以及与三星堆遗址的关系，也越来越清晰明了，林向等考古学家的预言与推断，在一点点地得到证实。

自2001年下半年开始，成都市考古所的考古人员，又对出土玉石器、铜器、象牙等器物的地点进行了普遍调查。与此同时，考古队还集中精力，对遗址范围内的摸底河南侧金沙村一带进行了文物勘探与考古发掘，并对摸底河北侧的黄忠村、龙咀村周围，及沿河地带进行了大规模考古钻探、文物勘探和考古发掘。

经过两年多的努力，到2003年9月，考古人员进行文物勘探的工地达66个，共分布探沟1700余条，钻孔5000余个，布置5米×5米的探方2200余个，发现各类遗迹单位近3000个，商周时期文化堆积面积近35万平方米。基本弄清了遗址的大型建筑基址区、祭祀区、一般居住区、墓地等几大功能分布区，对遗址的性质、时代等也有了较清晰的了解。发掘钻探可知，整个金沙遗址面积达到了5平方公里以上。

从考古人员勘探和考古发掘的阶段性成果可知，金沙遗址有着严格的布局结构。遗址的东部是宗教仪式活动区，遗址的中南部是居住活动场所，遗址的中部则是居住区和墓地，遗址的北部，是先后进行过两次大规模发掘的黄忠遗址，其主体遗存的时代为商代晚期至西周时期，据考古人员推断应是金沙遗址的一个重要组成部分。

发掘成果表明，遗址内文化现象极其丰富，共发现房址、窑址、灰坑、墓葬等近千座。其中有10余座房址长度在20米以上，最大的一座六号房址长度为54.8米，面积达到了500多平方米。这些大型的建筑布局都遵循一定的规律。据考古人员分析可能属于同一组建筑，而这组建筑极有可能就是金沙遗址宫殿区的一部分。无独有偶的是，这一地区的位置分布与三星堆遗址两个祭祀坑和内城宫殿区的分布格局完全一致。发掘人员由此推断，这可能是一处与三星堆遗址性质相同的大型的商周时期蜀文化中心区域，是三星堆古城毁弃之后古蜀国的又一都邑所在。

从金沙遗址出土的文物数量来看，可谓数目众多，种类丰富。已出土金器、铜器、玉器、石器、象牙、骨器、漆器等3000多件，另外有数以万计的陶器和陶片。其中仅出土的金器就高达90余件，器物种类有金面具、金冠带、蛙形金箔、太阳神鸟金箔、鸟首鱼身金箔、金喇叭形器、金盒形器、鱼形金饰及大量金器残片等。在这些出土物中，以金冠带、太阳神鸟金饰、金面具最具特色和文化价值，器物制作工艺达到了极高的水平，堪称同时期金器加工工艺的经典之作。

图4-19　金冠带，现藏金沙江博物馆

　　最引人注目的金冠带为一圆圈形，直径约59厘米、宽约4厘米、厚0.02厘米。此器物表面錾刻四组图案，以其中的一人面纹为中心，分布两侧的图案完全对称。每组图案由一鸟、一鱼、一箭和人头图案组成，纹饰构图简洁，主要使用錾刻技术，间或采用了刻画工艺。考古人员发现，金带上的图案和錾刻工艺与三星堆遗址一号坑出土的金杖上的图案几乎完全相同，因而可进一步说明金沙遗址和三星堆遗址的关系极其密切，属于一个连续的文化系统。

　　为此，成都市文物考古所所长王毅通过研究对比后，曾明确对外宣称："这条金冠带不是一般的装饰物，它肯定是当时此地最高统治者戴在头上，象征着特殊权力和地位的装饰物。金冠带上的花纹也不是普通的图纹，而是这个民族或统治阶层的特殊徽记，具有特殊含义，并非一般人可以使用，这种花纹在其他的考古发掘中极少发现。金冠带上的鱼、鸟纹饰与三星堆遗址最高权力的象征——金杖的图纹惊人相似，这几乎可以肯定金沙遗址的主人与三星堆的统治者一样，同属于蜀王，而不是隶属于三星堆统治者的藩王。

而两种文化也同属一个文化系统，并且两个遗址之间必然存在着某种特殊的联系。尽管具体联系的情况一时尚难以确定，但可以初步推断这个遗址的主人肯定是古蜀国的最高统治者之一，与三星堆的统治者地位相当。"

至于这条堪称绝品的金冠带出土的具体情形，据当时发掘的考古人员张擎事后回忆说："金冠带的出土使我们激动不已，但也让我们深感后怕，因为这条金冠带出自雨水管道的回填土中。要知道这些回填土是挖掘机从沟中挖出，又堆放在人来人往的露天地方，待管道修好后，再由人工进行回填夯筑，我们就是从杂乱的回填土中发现了它。现在想来，这件宝物没有在中间的流动过程中被不法分子趁火打劫，能完整地保存下来，真是不幸之中的万幸啊。"斯言甚是。

图4-20　立在金沙遗址的中国文化遗产标志

　　遗址内出土的另一件堪称神品的金器——太阳神鸟金箔，器身为圆形薄片，空心部分是图案，外径12.5厘米，内径5.29厘米，厚仅0.02厘米，重20克。从外形上看，与现代剪纸工艺制出的物品极为相似。据器物的发掘者朱章义、张擎等考古学家研究认为，中心镂空的圆形代表太阳，其外侧12道弧形代表太阳的光芒，整个器体形象地表现了运行中的太阳特征。在器物外缘与12道太阳光芒之间又镂空出4只飞鸟，鸟的形制相同，均引颈伸腿，首足相接，张开的喙微微下钩，逆时针同向飞行。中心的太阳及光芒和周边的4只鸟，共同组成了一个圆形的极具动感的图案，因而又被称为"四鸟绕日"图。其构思新颖，极富现代气息，在商周时期出土的文物中属于极其罕见的神品，达到了同时期工艺技术的顶峰。2005年8月17日，国家文物局正式公布采用成都金沙"四鸟绕日"金饰图案为"中国文化遗产标志"。

　　关于这件器物所代表的文化内涵，学术界基本倾向于"太阳崇拜"说。远古时期的人类对太阳的东起西落，还没有像现代人这样具有科学认识。他们看到能在天空中飞翔的只有鸟，因此认为太阳的东起西落，是鸟背负着在天空中飞行，而且由一只鸟来背负着又大又热的太阳飞来飞去，一定感到很累，所以想象中应有多只鸟轮换着背负才比较合理，于是便有了白天和黑夜。《山海经·大荒东经》记载："汤谷上有扶木，一日方至，一日方出，皆载于鸟。"通过这个记载可知这件器物表明了古蜀人对太阳的认识和崇拜。

金沙——大时代的终结

　　金沙遗址出土的铜器均为小型器物，大多不能独立成器。据考古人员分析判断，应是大型铜器的附件。而在发掘中发现的少量铜尊圈足残片和大型铜异形器残片，则暗示着在未来的发掘中极有可能出土大型青铜器。此次出土的器物主要有铜立人像、铜牛首形饰、铜戈等。其中青铜立人像高约20厘米，重641克。人体立于座上，头戴有13道光芒的太阳帽，长辫及腰，脸形瘦弱，两耳有穿孔，双手握于胸前，手腕上戴一铜饰物，腰系带，内插一物。其造型特征与人物形象和三星堆二号祭祀坑出土的大型青铜立人像极其相似，这一鲜明特征再度反映了金沙遗址与三星堆遗址在文化脉络上惊人的一致性。

除金器与青铜器外，金沙遗址出土玉器1000余件，这在所有出土文物中占有十分重要的地位。主要器类有玉琮、玉璧形器、玉璋、玉戈等，尤以十节玉琮、玉璋、玉人面等最有代表性。这批玉器表面色泽艳丽，呈现出红、紫、褐、黑、白等多种颜色，极富层次变化，打磨极其细腻规整，表面异常光洁，堪称玉器中的极品。令考古人员格外注意的是，有几件玉琮在出土时，射孔中均填满了沙子。在太阳的光照下，沙子金光闪闪，异常明亮。考古人员联想到"金沙"的得名或许就是由于古河道中有沙金的缘故吧。

最令发掘者难以忘怀的是2001年2月12日上午。那是一个阴沉沉的天气，考古人员张擎手拿微型摄像机正在聚精会神地拍摄发掘人员从散土中清理翻查出来的文物。9时30分左右，一位技工突然喊道："来，来，快来这里拍一下，我发

图4-21 金沙遗址出土的大型玉琮

现了一件宝贝呢！"张闻声立即赶过去，只见这位技工手拿一件东西，正轻轻抹着上面的泥土。仔细一打量，原来是一件青色的大号玉琮。张擎见状大惊，急忙对正在现场检查工作的成都市考古所所长王毅喊道："王所长，快过来，不得了了，这里发现宝贝了！"王毅闻听急奔而来，从技工手中小心翼翼地接过玉琮一看，脸上立即露出惊喜之色。他捧在手中一边观察一边情不自禁地说道："旷世珍品，旷世珍品啊！"赞叹声中，众考古人员纷纷围了上来，共同目睹了这件宝器的旷世风采。

只见这件青色的玉器为十节玉琮，高约22厘米，重1358克。青色，上下共分十节，外方内圆，上大下小。玉器上共雕刻出40个神人面，每一个人面均雕刻出冠饰、眼睛和嘴，冠饰和嘴上还雕刻有比发丝还细的微雕。这件器物和长江中下游地区新石器时代的良渚文化玉琮十分相似，但也有一定的不同之处。从整体上看，良渚玉琮有粗犷之感，一般内壁较为粗糙，打磨不精，而这件玉琮却精雕细刻，内壁打磨十分光滑，看上去比较内敛。特别令考古人员感到不可思议的是，著名的良渚文化是长江下游地区的一个新石器

图4-22　金沙遗址出土的石雕跪坐人像

时代文化，而金沙遗址则是位于长江上游的一个商周时期遗址，两者之间的时间差异达1500年到2000年，在地理位置上也相隔数千公里。如此大的时间、距离之差，其中间的文化传承关系是直接的还是间接的，颇令人费解。据王毅、朱章义、张擎等考古人员后来考证，这件器物的制作者可能不是金沙遗址的古蜀人，而是良渚文化的先民。也就是说，这件器物在商周时期已经是一件拥有1000多年历史的文物了。至于这件器物是如何历经1000多年而保存下来，又是如何辗转数千公里而流传到成都平原，并经古蜀人之手埋藏于金沙遗址之中，则成了一个难解的谜团。

同三星堆遗址有所差别的是，在发现大量精美玉器的同时，金沙遗址还发现了近700件形态各异、用途不同的石器，品种主要有璋、璧、虎、蛇、龟、跪坐人像等。据发掘人员研究，这些器物大多不具有实用性，而与祭祀宗教活动密切相关。尤其是跪坐人像和动物形石刻圆雕作品，造型优美，栩栩如生，是中国目前发现的时代较早、制作最为精美并和祭祀活动有关联的石雕艺术品。其中几件跪坐人像，高15厘米至25厘米不等，总体形象是头发中分，长辫及腰，双手反缚并有绳索捆绑。两耳穿孔，嘴部和眼眶涂抹鲜艳的朱砂，如同现代女性一样吊耳环、涂口红，表情各异。

据分析推断可能是奴隶或战俘的象征。令考古人员大感兴趣的是，这几件跪坐人像均出土于金沙遗址的祭祀区，并和玉器、铜器等一起出土，说明它们同样是作为祭品被埋于地下的。这一祭祀的形式，又可说明成都平原已具有了高度的文化和文明程度。而同一时期，中原地区商周王朝的王和贵族们杀人祭祀还是一种普遍现象，这在甲骨文中有很多的记载，考古发掘中也发现大量的实物，二者的文化差异如此之大，是学术界在此之前所未曾想到的。

就整个金沙遗址的发掘而言，除发现各种大小不一的器物外，更重要的是发现了远古时代的建筑遗存，其中在位于摸底河北岸的黄忠村"三和花园"工地内，一次性发现了17座大型房屋建筑基址。房址均为木（竹）骨泥墙式建筑，多数为长方形排房。这些排房在建造时，一般是先开挖墙基，再做其他各部件的安置，墙体多采用木骨泥墙或加立柱的方法。由于时代过于久远，晚期破坏比较严重，发掘时墙体和地面均已不存，仅有墙基槽和柱洞尚依稀可辨。

那些被埋在黄土之下数米，开口都在第5文化层之下的6座房址，布局较有规律，均为大型排房建筑，虽然因发掘场地限制，有3座房址未能发掘完毕，但可以肯定这6座房址为同时规划和修建的一组建筑。

这一组建筑基址的发掘总面积在1000平方米以上，是西南地区所发现的最大的一组建筑群。从几十年的考古情况看，以木骨泥墙为主体的宫殿式建筑基址在西南地区极少发现，据发掘者推断，这种成组的大型排房建筑绝非一般平民所能拥有，只有古蜀国最高统治阶层才有能力组织人力、物力来修建这一工程浩大的建筑物。结合金沙村出土的大量同时期祭祀用品和专用祭祀场所分析，这一组建筑基址很可能是金沙遗址的中心宫殿区，也就是当年古蜀国的国王临朝听政、发号施令，以及群臣朝议之地。

九歌

随着金沙遗址的发现与发掘的进展，三星堆遗址与出土文物也更加引起世界性关注。

2003年5月10日，新华社对外播发了这样一条消息：

金沙江再次震惊世界

中华人民共和国成立以来四川省规模最大的一次科学考古发掘——金沙遗址考古发掘工作再次取得突破性进展，3000多件珍贵金器、玉器、石器、青铜器、象牙器和数以万件陶器、陶片的出土震惊了社会各界。该区域占地200亩的地下，已探明有数万平方米的文化遗存堆积，神秘的金沙遗址的地下分布情况正逐步明朗。

据考古专家称，金沙遗址极有可能是三星堆文明衰亡后在成都地区兴起的一个政治、经济、文化中心——古蜀国在商代晚期至西周时期的都邑所在。通过对金沙遗址的发掘与研究，对建立成都平原先秦考古学文化序列和对巴蜀文化的深入研究，以及破解三星堆文明衰亡之谜等具有重要的学术意义。据初步研究结果表明，古蜀国统治者在成都附近的活动从原来认为的2500多年，向前推进到3000多年之前。

另据可靠消息，由于金沙遗址近期不断地有惊世发现，已引起国际社会和联合国教科文组织的极大关注，国家文物局近日已决定将金沙遗址和三星堆遗址联合申报世界文化遗产。四川省和成都市政府部门已决定重新投入经费启动已停止几年的三星堆遗址的勘察与发掘，并对原出土的文物进行全面修复和展出。金沙遗址的发掘和保护也将按照三星堆工作站的模式，在此处建立长期的考古工作站和兴建一座大型遗址博物馆。

或许，这是一个自1986年三星堆两个祭祀坑发掘以来，向外界传递的一个最令人振奋，也是最自然和正常的信号。这标志着几十年来，在与文物相关各方经历了如此多的风霜雨雪、明争暗斗的角逐拼杀之后，一段非正常的悲怆苍凉的历史有可能宣告终结，从而在法制规范与建设和谐社会的大背景下，走上以国家利益为最高目标的理性、祥和、自然的坦途，但愿这一美好的愿望能在新的世纪光照中成为现实。

第五章　破译《孙子兵法》

银雀山奇缘

1972年4月，位于山东省临沂县城南一公里处的银雀山，一群工人在城关建筑队负责人朱家庵带领下，在银雀山的上半部，挥动手中镐头噼里啪啦地凿石刨土。

突然，一个人送外号"驴"的建筑工人感到自己挖的部位有些不对劲儿，便停下手中镐头，怀着好奇四周察看。待他换了铁锨，将可疑处的碎土乱渣一点点扒开，眼睛蓦地一亮：在刚才刨凿的坑中，有一个长方形竖穴边沿显露出来。尽管这竖穴填塞着泥土碎石，但从外部遗留的印痕可以看出不是天然形成，像是人工开凿而出。

因为这一偶然发现，"驴"的眼睛亮了几秒钟，又渐渐黯淡下来。在他看来，这不是一件什么了不起的大事，只是平常一点意外而已。这一带，星罗棋布地散落着许多古墓葬，这些墓葬由于年代久远，有许多已经被无意挖掘或有意被盗，尚有零星的墓葬土堆还能看得见、摸得着，但多数已失去了地面标志，而不为世人所知。像眼前这类竖穴，当地百姓在刨土掘坑时多有发现，已是见怪不怪，统统以烂坟圹子相称。

一个上午过去了，"驴"挖掘的竖穴离地表已深约1.5米。此时，不仅坑壁完全暴露在外，随着镐头劈将下去，坑底开始传出异常的声音，一块块质地细腻的灰白色黏土逐渐被挖了出来。这一奇特现象依然没有引起"驴"的重视。在他的心里，不管白泥还是黑泥，反正都是烂坟圹子的污泥垢土，统统掘开扔出去，以尽快把自己的那份活儿干完。

直到下午3点多，建筑队一个叫孟季华的老设计员无意中转了过来，方才改变了这座古墓的命运。

"驴"看这个老头不同于往常，颇有些悲愤的模样，并不理会。那孟老汉更不想跟这个全队出了名的犟驴一样的光棍汉啰唆，接近坑边，便想绕道走开。刚一转身，被什么东西绊了个趔趄，惊悸之余，放眼环顾，突然发现了一大堆白色的土碴。

"咦，咋有这玩意儿？"孟老汉心中问着，愣怔片刻，突然意识到了什么，急忙迈步来到坑口，眼睛为之一亮，脱口喊道："哎呀，这不是座古墓吗？'驴'呀'驴'，别再挖了，我去跟文物组那帮家伙说一声，看他们咋办吧！"

满身热情加激情的孟老汉走下山来，骑上停放在草丛中的脚踏车，一路急蹬来到临沂县文化局文物组，跟该组业务骨干刘心健说明情况。刘心健听罢觉得有点意思，便和另一位业务干部张鸣雪一同骑车随老孟到银雀山看个究竟。

银雀山并不高，跟一个土岭差不多。在银雀山东南边，还有一个相似的小山冈，名曰金雀山。当地《城区略图》记载："城南二里有二阜，东为金雀环，西为银雀环，挺然对峙，拱卫县治。"

此时的银雀山已今非昔比。自1958年始，整个临沂城掀起一股挖掘矿石的风潮，金、银二山是首选之地，几年工夫，两山已是千疮百孔，窟窿密布。1972年，临沂地区卫生局决定在银雀山上半部兴建办公楼。工人们对高低不平的石头坑进行清理挖掘，准备做楼房地下室基槽。就在这次清理中，意外挖到了墓穴。

刘心健、张鸣雪来到"驴"挖掘的地方略作观察，只见坑的下面明显是一处古墓，就其大小而言，在临沂城周边地区属于中上等的类型。至于墓葬的年代，是秦汉还是唐宋，以及是否被盗，价值如何，一时尚无法断言。不过据先前发掘的经验判断，银雀山是一个比较大的汉墓群集中地，想来汉墓的可能要大一些。但不管是不是汉墓，既然已经发现，就要做相应的清理发掘。

此时，在场的所有人都没有想到，这座看起来并不显眼的古墓，几天之后将引爆一场轰轰烈烈、震惊寰宇的考古大发现。

开始发掘

这是一座长方形竖穴式墓葬，墓坑直接在山冈岩石上开凿而成，墓壁直上直下，没有发现其他墓葬惯有的斜坡墓道。墓室南北长3.14米，东西宽2.26米，地表至墓底深度为3米。不知是因为年代久远还是其他原因，墓室上部有较大面积的残损。正是因为这残损，才导致室内积了约有半米厚的污泥浊水。从残损部位处可见在墓坑与椁室之间曾填入大量质地细腻的灰白色泥土。这种泥土俗称白膏泥，它的作用主要是隔绝墓室与外部空气，防潮防腐，保护墓室，特别是保护棺椁内尸体和器物长久不朽。

尽管墓室残破，渗入了积水，内部的器物明显受损，但对墓主人棺椁似乎影响不大，若用镐头敲敲椁板，尚能听到"咚咚"的声音。只是这声音并不清脆，绵软中透着沉闷，表明这上等木材已经腐朽。

发掘人员将零星的碎石、散土清理后，做的第一个大动作就是起取木椁顶层盖板。将棺椁板盖的大部分揭开后，望着污水中一堆乱七八糟分布的文物，刘心健喊来"驴"和他的几个同伴，先用几个铁桶将墓坑内的积水舀出一部分。然后由刘心健、杨佃旭沿着椁箱自上而下、自南而北，一层层起取。随着时间推移，先后有鼎、盆、壶、罐、盘、俑等陶器，以及耳杯、

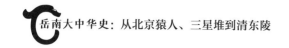

盘、奁、木盒、六博盘、木勺等漆木器出土。

到了下午4点30分左右，杨佃旭发现一个陶盆，立于边箱东北角的泥水中，由于相距较远，难以提取，便找来一根绳子拴在腰上，让"驴"和他一个同伴在后边拽住，身子大幅度倾斜于边箱中。待稳定后，双手伸出，手指捏住陶盆边缘用力往上一提，盆子底部受到其他器物挤压，竟"啪"的一声断为两截。懊丧中的杨佃旭心痛地"哎——"了一声，调换了个角度，准备提取其他器物。身旁的刘心健见此情形，急忙劝说道："老杨，你还是把那半块盆子拿出来吧，要不编号不好编。"

竹书显露

杨佃旭闻听此言觉得有理，回到原来位置，伸手提取残留的半块陶盆，但提了几次都没有成功。由于器物底部连泥带水看不分明，杨佃旭不敢硬取，只好找来一把木勺，将残存的积水，一点点向外舀刮。

随着水减少，厚厚的淤泥如同粉条作坊中的淀粉，渐渐凸显出来，随葬器物也比先前看得分明。原来这半截陶盆被一件歪斜的椭圆形木盒和一件彩绘筒形漆耳杯覆压着，木盒与漆耳杯又同时和一堆乱草状的物体相连。由于泥水混杂其间，只看到黑乎乎一片，难以详细分辨。

按杨佃旭推断，这一堆乱草状的物体，似乎和先前提取的南半部，一个盛栗子、核桃之类瓜果的竹筐相似，或者说这就是一个竹筐，只是不知什么时候，竹筐已被压扁，目前和泥水挤成了一堆并有些腐烂罢了。

既是竹筐，按照一般常识，其世俗的价值就不是很大。但既然是田野考古发掘，就要按科学规则办事，价值再小也要取出来。想到这里，杨佃旭弓腰伸臂，将面前那堆已粘在一起的器物稳稳地揽于手中。只见他运足了力气，"嘿"的一声喊，几件连体器物被一齐从泥水中托将出来。正在旁边舀水的刘心健放下勺子转身接过，本想一次运出坑外，又觉过于笨重，犹豫片刻，决定将那件连在一起的小木盒和漆耳杯单独分离出来，这样向外搬运就方便一些。

只见刘心健将器物放到眼前一个土台上，左手按住一堆烂草状的东西，右手抓住盒、杯二器，张口呼吸，气贯丹田，双臂一较劲儿，嘴里喊声："给我开啊！"

随着"噗"的一声响，手中的物体瞬间断为两截，那个木盒和漆耳杯如愿掰掉。有些意外的是，那看似一堆乱草状的物体，在力的作用下随之断为两截，一截仍附身于盒、杯二器；一截则散乱不堪地四散于地下的泥水之中——此时此刻，无论是刘心健还是杨佃旭，抑或还有上面的王文起、张鸣雪等人，万没想到这一堆乱草状的器物，正是后来举世震惊的、包括千年佚书《孙子兵法》在内的绝世珍品——竹简书。

由于刘心健的错误判断和操作，致使原本一个好好的整体分裂与散乱，为后来整理工作和学术研究，埋下了灾难性的伏笔。当然，就这批价值连城的珍宝而言，这个令人扼腕的结果，仅仅是一个不妙的开端。随着发掘的不断进展，尚有一连串的劫难还要在这块多灾多难的土地上反复上演。

刘心健将一堆零散器物分几次托举出墓坑，由王文起等人传递给张鸣雪，再由张氏装入坑边的平板车中。就在这次传递中，竹简的命运又雪上加霜，被弄得乱上加乱，整个坑内、坑外，遍地都是残断的竹简，灾难性恶果进一步加剧。

此时，处于墓坑边箱最前沿的杨佃旭，又从污泥中摸出了几件漆器与几枚铜钱。漆器和刚才摸出的基本相同，铜钱经刘心健察看，是西汉文景时期的"半两"。这种"半两钱"，在以往发掘的古墓中多有发现，因为其多，用世俗的眼光看就很"不值钱"，但若用学术眼光看，却有其独到的价值，尤其在断定古墓年代方面，有着其他器物不可替代的重要地位和作用。

正因如此，刘心健才意犹未尽地对杨佃旭喊道："老杨，再摸一摸，看还有没有，这钱重要着哩！"

听对方如此一说，杨佃旭嘴里"噢、噢"地答应着，双手又在边箱泥水里摸索起来。就在这时，荡动的泥水从靠近箱壁的地方缓缓冲出一块薄薄的、约有3寸多长、草叶样的竹片。这竹片如同一叶小舟，在宽阔的河面上轻轻荡漾。这个细小的插曲意外地引起杨佃旭的注意，冥冥中似有一种不可言状的神秘力量使他的眼睛为之一亮。似乎得到神的启示，杨佃旭下意识地将竹片顺势捏在手中，并借助箱中的积水将污泥冲刷一遍，而后随手递给了身后的刘心健。

刘心健突然接到半截小竹片，第一个感觉是属于哪个陪葬核桃筐掉下的残渣，这种毫无价值的东西，杨佃旭打捞上来，纯属多此一举。这样想着，刚要扔掉，又突然想起三天前老局长威严的"哪怕是一片草叶，也要给我拿回来"的训示，心中蓦地打了个冷战，暗想眼前这东西不正是一片草叶吗？既是草叶都要拿回去，那就照办吧，否则屁股可能要挨板子。

想到此处，他刚要松开的手又缩了回来，眼望半截竹片端详起来。他朦朦胧胧地意识到，眼前这半截竹片并不像核桃筐的残渣，究竟是什么东西？一时无法弄清。

在这个意识驱使下，刘心健急转身，对仍趴在边箱提取器物的杨佃旭喊道："老杨，你再摸一摸，看还有没有刚才那个像草叶一样的东西？"

杨佃旭"噢、噢"答应着，伸手在原来的地方摸索了一遍，扭头说道："没有，啥也没有，我看你没喝酒像喝了酒一样。"说罢便不再理刘心健，继续提取其他器物去了。

刘心健拿着半截竹片爬出墓坑，正当他欲借着阳光端详，要弄个究竟之时，突然看到不远处，一前一后走来两个人。待这二人来到近前，刘心健一眼认出了其中一人，随即喊了声："老毕，你们怎么来了？"

对方打着哈哈走上前来，刘心健忙向前与来者握手，并向坑外其他几位介绍道："这是省博物馆的老毕……"于是，大家暂停了发掘，在墓坑内外寒暄起来。

突然来人

来人是省博物馆文物组工作人员毕宝启、吴九龙。

因毕宝启过去和刘心健有过业务上的联系，算是老熟人，因而，一见面双方便热情地寒暄起来。毕宝启简单说明来临沂的目的，刘心健便热情地邀请二人道："既然来了，你们今天就别走了，干脆和我们一块儿发掘吧。"

满脸写着疲惫的毕宝启对眼前这个墓没有多大兴趣，便推托道："我们还没有同地区的领导见面，明天再说吧。"说着，就要招呼吴九龙告辞。

此时，吴九龙正对着墓坑外一堆被刘心健扔掉的乱草样的东西好奇地观看，听到毕宝启招呼，顺手将那乱草样的东西捡起了两根，轻声说："老毕，我怎么看着这东西像是竹简，找点水冲一下，看看有没有字。"

说着，他来到一个破水桶边，用一块小布片在水桶里蘸了水，慢慢擦洗那两根竹片上面的淤泥与水锈。当他的手指携带布片，在竹片上最后一次划过时，眼前蓦地一亮，竹片上真的显露出一行黑色字体，吴九龙禁不住"啊"了一声。惊愕之中，他强按住狂跳的心，瞪圆了眼睛，仔细辨别面前的文字。上面是带有篆意的隶书"齐桓公问管子曰……"七个字。

按吴九龙所掌握的历史知识，这上面的几个字并不难懂。齐桓公乃春秋时期五霸之一、齐国最高领导人。管子则是这个国家一人之下、万人之上的宰相。这七个字，说明君臣正在进行一场对话。关于这场对话的内容，很可能写在其他的竹简中。想到此处，吴九龙对毕宝启与刘心健等人说："不得了了，这墓里挖出宝贝来了，是竹简，有字，上面有字！"

几个人闻听，大惊，立即围上来，瞪大了眼睛，争相观看吴九龙手中的竹简。毕宝启看罢，满脸的疲惫荡然无存，情绪高昂、神态激动地说："没错，是竹简，是竹简！"他一边说着，一边像突然想起了什么，对众人道："这墓中突然出现两根竹简残片，绝不是孤立的，也不是偶然的，应该有它的同伴，有它必然的时代背景，快找找，看还有没有。"

话音刚落，吴九龙几步上前，来到刚才捡拾竹简的地方。蓦然发现，原来那看似一堆乱草的东西，竟全部是竹简残片！——这堆残片，长短不一，混合于污泥中，如不仔细辨别，很难认出这就是价值连城的竹简书。

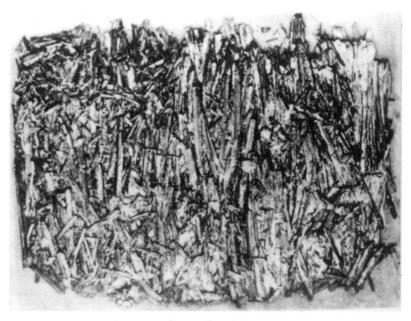

图5-1　银雀山汉墓竹简出土时形状

"快来看，这一堆全是竹简！"吴九龙大声喊着。众人"哗"地围过来，嘴里叽里咕噜地说着什么。待一阵骚动过后，吴九龙弯腰将那一堆散乱的竹简小心谨慎地捡起来，悄悄放于坑外由张鸣雪守护的两轮地排车中。为进一步证实竹简真伪，并了解其中的内容，刘心健快步来到平板地排车旁，又从那堆腐草状的竹片中随便抽出长短各一枚，来到不远处的铁桶边，学着吴九龙的样子，用水擦去污泥，眼前又出现了"齐威王问孙子曰……""晏子曰……"等文字。

这表明眼前这一堆乱草状的竹片，应全部或大部书写着文字，记载着一篇或数篇古代文献。由于时代久远，这些出土文献无疑具有重大学术价值。

望着手中的竹简，他们感到事关重大。和县文化局领导及省博物馆领导汇报后，经省、县双方人员商定，于第二天开始联合发掘。同时，鉴于这一墓葬所出竹简的重要价值，由临沂方面和当地驻军联系，请求派出一个排的兵力，对墓坑特别是出土文物进行警戒、保护。

联合发掘

4月16日上午，省、县双方组成的联合发掘组进入工地，临沂军分区根据当地政府请求，令直属独立营派出一个加强排，荷枪实弹开赴银雀山，对墓葬进行日夜守护。

按照此前双方商定的计划，墓室发掘主要由吴九龙、毕宝启、蒋英炬三位省里来的考古学家负责，县里的刘心健等人员则负责排水、传递器物、维持秩序等二线工作。当一切正常运转后，当天下午2点钟左右，吴九龙等发掘人员在边箱西南角发现了一批竹简。鉴于上次被折断的教训，发掘人员找来一块大木板，由吴九龙、蒋英炬二人轻轻插入竹简下部，然后将竹简和泥水一块儿托举出来。这一看似简单的做法有效地避免了悲剧重演。

当竹简被托出之后，为验证真伪，蒋英炬从中间提取一枚查看。经用水冲洗，竹简上面赫然出现了"而擒庞涓，故曰，孙子之所以为者"十几个墨书隶字。

"这文字与孙膑有关，是不是我们发现了《孙子兵法》？"蒋英炬脱口喊了一句。

图5-2　一号墓出土的汉简

众人一听，精神大振，围上前来议论纷纷："上回刘心健抽出的那枚竹简就有孙子二字，这回又有孙子，上面的文字既有庞涓，又有孙子，那么这个孙子应该就是人们比较熟悉的孙膑，如果这批竹简记载的不是《孙子兵法》，也当与孙膑有关，若果真如此，这批竹简将具有不可估量的重大学术价值。不得了，不得了啊！"大家议论着，猜测着，一时群情激昂，干劲儿倍增，仅用一天时间，就将边箱的器物全部清理完毕。

正当大家为此次发掘成果庆贺之时，在同一天，远在千里之外的湖南长沙，几十名考古人员正云集马王堆一号汉墓的墓坑，打开了庞大厚重的棺椁，保存完好的千年女尸随之横空出世。这一偶然性的巧合，揭开了新中国成立以来又一轮震惊中外的考古发现的序幕，不仅给刚刚复苏的中国文物界带来了剧烈冲击，同时也吹响了中国20世纪"考古中兴"的号角。

由于银雀山汉墓（此时根据出土器物等初步断定为汉墓）重大考古发现被证实，前来增援的蒋英炬和其他发掘人员把棺内器物清理完毕后，准备连夜回济南复命。临行前，征得临沂方面同意，他们将已经抽出的那枚记载孙子与庞涓之事的竹简带回，以做实物证据请领导过目。出于安全考虑，蒋英炬专门派人到医院买来一支玻璃管，将竹简装入管内后密封。

发现二号墓

就在蒋英炬回到济南的第二天，银雀山挖地基的"驴"等几位工人，在墓坑的周边清理时，偶然发现另外一个墓葬坑的痕迹。

根据"驴"等上报的情况，毕宝启、吴九龙、刘心健等再次前往银雀山察看，证实这确是一座古代墓葬。由于银雀山只有一层薄薄的植被，植被下面就是巨石，墓坑是凿石而成，上面的覆土显得格外松软。正是这种特殊情况，才让"驴"等工人轻而易举地发现了这座匿藏千年的古墓。

考古人员根据此墓墓坑与已发掘的墓葬只有几十厘米之隔的现象推断，二者可能有一定关系。尽管在发掘前不能确定为夫妻合葬墓，但就这种葬式论，发掘人员把此前的墓坑编为一号，未发掘的编为二号。

当例行的测量、画图、照相等一系列工作完成之后，接下来就是起运椁板。就当时的情形而言，整个中国物资极端匮乏，而作为革命老区的沂蒙山区更是贫穷到了极点。多少年后，据吴九龙回忆，这个后来震惊中外的考古发掘，发掘人员竟连一双薄薄的手套都无条件配备，更遑论其他诸如排水、起吊等机械设备。而重达三四百斤的椁板，只有依靠人力抬出3米深的坑。

此时的吴九龙、毕宝启等发掘人员，正弯腰伸臂抓住椁板，瞪眼咬牙向外腾挪。由于墓坑深邃、狭小，抬椁板人员必须站在椁箱之外，脚下几无立足之地。加之白膏泥粘足，又弄得大家寸步难挪。十几名发掘人员费了九牛二虎之力，总算将庞大笨重的椁板弄出了坑外，而后一个个喘着粗气，又将注意力移向椁内。

椁内同样布有边箱，其中的器物同一号墓基本相同。由于泥水浸泡，显得凌乱不堪，待发掘人员小心谨慎地将污水排出后，各器物的轮廓基本显示出来。出于对一号墓发现竹简这一事实的考虑，吴九龙、毕宝启等发掘人员初步判断，二号墓也可能有类似竹简出土，只是数量多少的问题。

当椁板揭开，污水排掉后，吴、毕二人首先观察是否真的有竹简随葬。环视一圈，发现边箱东南角有异样，很有可能匿藏着大家梦寐以求的无价珍宝——竹简书。为最大限度地保证东南角这批想象中珍宝的安全，吴九龙、毕宝启决定先从边箱的最北端开始清理。他们密切配合，按照严格的考古程序，先后于污泥中提取了若干件陶鼎、陶盆、陶壶、陶俑等陶制器物。在两件形态各异的夹砂灰陶罐中，有一件肩部刻有"召氏十斗"四字。这四个字立即引起发掘人员的注意，并成为后来研究该墓墓主的重要材料。

在清理过程中，吴、毕等考古人员发现了一个不同于一号墓的特殊现象，这就是出土的陶器，几乎分散于整个边箱，由于通高都不超过30厘米，体积相对较小，并未占多大的空间，边箱的大部分空间都被漆木器所占。由于泥水的浸蚀，漆木器有部分脱皮、变形现象，但总体完好，尚称珍品。当清理工作推进到南半部时，接连发现了38枚"半两钱"，钱币的出土，为墓葬的时间断代再次提供了珍贵佐证。

竹简再次出土

"半两钱"清理过后，面对的就是那堆想象中的竹简。为一次性提取成功，并做到万无一失，动手前，吴九龙、毕宝启详细研究了一套清理方案，并按方案做了各种准备。当一切就绪后，具有决定意义的发掘开始了。

吴、毕二人身子趴伏在椁室中，手里各拿一把小铁铲轻轻地刮着淤泥。一刻钟之后，第一枚竹简露了出来。紧接着，第二枚、第三枚相继映入二人的视线。约一个时辰，众人期待已久的秘密——32枚竹简全部凸现出来了。这批竹简外观完整，排列有序，静静地躺在椁箱中，似在等待有缘者的相会。

边箱清理完毕后，吴九龙、毕宝启又同其他发掘人员一起打开了棺盖。一切都在意料之中，墓主尸骨早已腐烂，性别难以确定，但从棺内残留的木枕、漆奁和一面铜镜均在棺的南头来推断，可知墓主是以头向正南的方式入葬的。至此，银雀山一号、二号古墓全部发掘完毕。接下来要做的，就是对出土器物的整理、保护与研究，并尽快弄清两座古墓的年代、性质、墓主是谁、具有何等身份，以及神秘的竹简都记载了什么内容等。

从总体上看，银雀山汉墓竹简出土数量之多，内容之丰富，以及残损之严重，都是罕见的。银雀山汉简整理小组通过对竹简认真释文并加以分类校勘，将其重点内容分为以下两个部分：

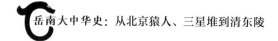

第一部分　周秦诸子

1.《六韬》十四篇

2.《守法守令》等十三篇（简本只得十篇，包括《墨子》《管子》等篇）

3.《晏子春秋》十六篇

4.《孙子兵法》十三篇

5.《孙子》佚文五篇

6.《尉缭子》五篇

第二部分　佚书丛录

1.《汉元光元年历谱》

2.《孙膑兵法》十六篇

3.《论政论兵》之类五十篇

4.《阴阳时令占侯》之类十二篇

5.其他之类（如算书、相狗、作酱法等）十三篇

银雀山两座汉墓一次性出土类别、字数如此之多的先秦古籍，这是自西晋太康二年（公元281年），在河南汲县经盗墓贼不（做姓氏时念fǒu/biāo）准盗掘的那座古墓出土《竹书纪年》等大批竹书之后的近1700年间，最为重大的一次发现。

据史载，汲冢出土的古籍，大部分又重新散失。而银雀山汉墓出土竹简，大部分得到了整理与保存，特别是大批兵书的出土，其意义当更为独特和重大。自宋之后的1000多年来，学术界许多大师、巨擘都曾把《六韬》《孙子兵法》《尉缭子》《管子》《晏子》等古籍，统统说成是后人假托的伪书，压根儿不能当作真正的学术著作来研究。

银雀山汉墓发现的大批竹简书，以无可辩驳的事实证明这批古籍至少在西汉早期就已存在并开始广泛流行的事实。尤其是失传长达1700多年之久的

《孙膑兵法》的面世，使学术界聚讼千余年的孙武、孙膑是否各有其人或各有兵法传世的历史悬案豁然冰释。

《孙子兵法》书写与墓主年代

墓葬的年代已经确定，所葬竹简产生的年代，下限究属汉初哪一阶段，学术界尚有争论。吴九龙、毕宝启执笔的《银雀山汉墓发掘简报》（简称《简报》）称："根据竹简中有汉武帝元光元年历谱，据此推断其产生年代，下限最晚亦在汉武帝即位的第七年（公元前134年）。"

但有学者认为这样论述不够确切，其时间跨度太大。在这批汉简中，有105枚、计1000余字的《孙子兵法》残简。通过对这些残简的研究，可以深入思考许多问题。将竹简《九地篇》残文与传本相校，可发现汉简本作"卫然者，恒山（下缺）"，传本此句作"率然者，常山之蛇也"。前者不避汉文帝刘恒名讳，则可知其产生年代，非但不在武帝元光年间，而且跨越了汉景帝在位期间的16年（公元前156年—前141年），上溯到文帝刘恒即位（公元前179年）之前，即西汉王朝开国或吕氏专权时期，这就比《简报》的推断提前了许多年，而这个推断似乎更接近事实本身。

除此之外，还有一个较明显的证据是，从出土竹简字体来看，其抄写年代当在秦到文景时期。这又比《简报》的推断提前了若干年。从另一个侧面也可以看出，汉简本《孙子兵法》的抄写年代，比早期著录《孙子兵法》的《史记》《叙录》《汉书·艺文志》，都要早几十年至200余年。可知汉简本《孙子兵法》更接近孙武手定的原本，因而也得以让现代人首次有机会窥知西汉早期《孙子兵法》一书的真实情形。

一号汉墓出土的具有重大研究价值的《孙子兵法》竹简书，其整简和残简近300枚，计2600多字，超过宋代刻本《孙子》全文的三分之一。通过校释，竹书《孙子兵法》与宋本《孙子》内容基本相符，但也存在明显的差异，从各方面的研究结果看，竹书更符合孙子军事思想。

至于所发掘的银雀山两座汉墓的主人，由于缺乏完整的、具有说服力的资料，考古发掘者与汉简整理小组人员，都难以做出确切的判断。

图5-3　出土耳杯的杯底刻有"司马"二字，似乎传达出墓主人的信息

在一号墓出土的两个耳杯底部，刻有隶书"司马"二字，刻工较粗，据吴九龙、毕宝启等估计，这个"司马"应是墓主人的姓氏，不会是官衔。因为按照一般习惯，不会把官衔随意刻在器物上。但从墓葬出土的大批兵书来看，可以推断墓主当是一位关心兵法或与军事有关的人物。

二号墓出土的陶罐上，其肩部刻有"召氏十斗"四字，据吴九龙、毕宝启推断，"召氏可能是墓主姓氏，但从1951年湖南长沙西汉刘骄墓曾出土署有'杨主家般'四字漆盘的情况来看，也可能是赠送人的姓氏"。

整理人员根据银雀山一号和二号两墓出土的陶器、钱币、铜器、漆木器等器物的形制、纹饰、风格等特点以及墓坑形制等分析，可断定这是两座西汉前期的墓葬。特别是鼎、盒、壶等陶器组合的出现，进一步证明了这一推断。两座墓出土的"半两钱"及一号墓出土的"三铢钱"，更是确定这两座墓葬年代的有力佐证。

据《汉书·武帝纪》记载，建元元年（公元前140年），始铸"三铢钱"，到建元五年（公元前136年）"停罢"，流通的时间仅为短短四年，由此可以进一步断定，一号墓的年代，上限不会早于建元元年。在这座墓葬里既出土了"半两钱"，而没有发现武帝元狩六年（公元前117年）始铸的"五铢钱"。由此可以推断，墓葬年代的下限不会晚于元狩五年。即一号墓的确切年代，当在公元前140年至公元前118年。

考古人员在二号墓发掘中，还发现了一份完整的《汉武帝元光元年历谱》，这同样是判断墓葬年代的重要依据。

通过两位天文历法学家的研究，初步断定，出土的这部分残简，就是汉元光元年历谱。根据《汉书·武帝纪》记载，建元六年次年，改为元光元年。这份历谱，即汉武帝建元七年。

银雀山二号墓出土的《汉武帝元光元年历谱》，是考古史上所发现的中国最早、也是最完整的古代历谱，历谱中还附记了与农事有关的节气时令征候等，它较《流沙坠简》著录的汉元康三年（公元前63年）历谱，要早70余年。有了《汉武帝元光元年历谱》作为标志，年代上限应断定为汉武帝元光元年（公元前134年）。即银雀山二号墓的年代，当在公元前134年至公元前118年，起始年代比一号墓晚了6年。

在此之前，对汉代太初以前所用的历法究竟是什么样子，由于缺乏实例，始终是一个未解之谜。银雀山汉墓《汉武帝元光元年历谱》，为建元六年尚未改元时，所制翌年（公元前134年）的实用历，不但可以校正以往推算的历史年代，千年来沿袭之谬误，而且为学术界提供了研究古六历的重要实例，对研究整个古代历法，具有其他文献不可替代的重大作用和价值。

随着这一消息的发布和在世界范围的传播，人们惊奇地发现这批文化瑰宝里有相当一部分古籍，不仅对生活在20世纪的现代人类是久已失传的佚书，即使是两汉时期的司马迁、刘向、班固等学术巨擘，也无缘一见。

这批竹简在悄然无息地掩埋了两千多年之后又横空出世，洞开了一个湮没日久的古老神秘世界，曾呼风唤雨、显赫一时的晏婴、伍子胥、孙武、孙膑等风云人物，又携带着历史的滚滚风雷，再度跃入现代人类的视野。

田氏崛起

故事还要从春秋时期的齐国说起，齐景公执政之初，强大的晋国和凶悍的北燕，分别向齐国的阿、鄄、河上之地杀掠而来。齐国虽出兵抵抗，但终因对方攻势过于凶猛而败退。眼看敌军步步进逼，齐师无力阻挡，搞得朝野震动，四方不宁，刚过了几天好日子的齐景公，更是满面焦虑，深为不安。就在这样的危难之中，丞相晏婴向齐景公推荐了田穰苴。

田穰苴以大将军之职，对军纪做了一番肃整，率部出征，很快抵达前线阵地。晋军眼看这位新上任的将军田穰苴指挥大军杀奔而来，慌忙连夜逃遁。燕军一听强大的晋军不战而逃，自己也不愿睁着眼跟这位活阎王较劲找死，于是亦引军渡河北归。穰苴趁势率部追击，斩敌首万余级，燕军大败，齐军很快收复了失地。

大军凯旋，齐景公拜田穰苴为大司马，令其掌握国家的重要兵权，其他有功人员的官职各有加封。自此以后，田穰苴又被称为司马穰苴。若干年后，田穰苴的军事思想由田氏家族的后人——已夺取齐国最高领导权的齐威王令学者整理成书，是为《司马兵法》。

晋、燕两国军队败北，齐景公甚为得意。相邻的莒（jǔ）国在交往礼节中有所冒犯，齐景公大怒，决定出兵攻伐莒国，教训一下那位不知天高地厚的小国之君，对其他邻国起到杀一儆百的作用。

战争之初，齐景公派一位名叫高发的将军率师征伐。莒国君主主动弃首都，率部退奔纪彰城拼死抵抗。见齐军久攻不下，齐景公便改派老谋深算、久经战阵的田书为将，再度对纪彰城展开围攻。

田书，字子占，为正宗的田氏家族后裔，是齐国上大夫田无宇的儿子，与田穰苴属同族兄弟。田书在继承父亲的政治谋略和军事才能的基础上加以发扬光大，年轻时即被齐景公拜为上大夫并得以重用。尽管现已年近花甲，但宝刀不老，仍经常统兵打仗，尽军人之职。

纪彰城虽小，但设防完善，兵精粮足，易守难攻。田书通晓兵法，尤长于谋略制敌。兵临纪彰后，他充分利用地形地物，白天轮番做表演性质的佯攻，以麻痹和疲惫敌人，使其渐渐放松警惕。几天之后一个月黑风高、伸手难见掌的夜晚，田书令兵卒利用一名织妇所献绳索，缘绳登城。但刚刚登上60多人，绳索突然发生断裂，部分兵卒如同地瓜一样噼里啪啦从高耸的城墙上摔将下来。这个意外事件，惊动了城内的敌人。在这显然无法于短时间内继续登城的紧急关头，田书果断命令城外的军队击鼓呐喊，城上60多兵卒也立刻响应。一时，城上城下里应外合，鼓声、喊声震天动地。正在熟睡的莒国君臣突然在暗夜里闻听外面如此大的响动，误认为是齐军已经破城并向城中掩杀过来，于失魂落魄中连忙命人打开西城门，老鼠搬家样迅速逃窜。齐军一举占领了纪彰城，取得了本次伐莒的胜利。

莒国溃败，齐景公又赢得了一次在诸侯面前抖威风的机会，自然格外高兴。他不但下令将一个被称作乐安的地方作为采食之邑赐给田书，又赐了一个孙氏的姓氏给田书，以彰其功。——从此之后，田氏家族中，自田书之后都改姓孙氏。这也就是后来的孙武、孙膑等著名兵家之所以姓孙的源头。

孙武奔吴

大司马田穰苴和上大夫田书，因作战有功，在得以加官晋爵，封地、赐姓、赏爵的同时，还联合起来操握兵权，控制军队，有遮天盖日之势，朝野为之侧目。

田氏家族的敌对势力——齐国贵族高氏、国氏、鲍氏等政治集团感到了一种强大的压力与威胁。为打破这种被动局面，高、国、鲍三个家族摒弃前嫌，组成暂时政治联盟，以战略进攻的姿态，向田氏家族实施政治打击。

与此同时，三族联盟暗中勾结齐景公夫人燕姬，让其在景公身旁大吹枕边风。燕姬不负重托，在同景公一番云雨过后，于轻声慢语中略带杀机地说道："如今田氏家族兵权在握，尾大不掉，君令不行，如此下去，很快将爆发政变。到那时，齐国就不再是姜家的齐国了……"

齐景公被燕姬三寸不烂之舌哄得晕头转向，最终做出了"宁信其有，不信其无"的决定，下令将田穰苴削职为民，宣布孙书离休，立即离开首都，回到乐安自己的采邑去蹲着。与此同时，凡与田氏家族沾亲带故的各色人等，无论官职大小，一律调离国家机关，远离权力中心。

这一顿不问青红皂白的拾掇，使田氏家族呕心沥血建立起的权力大厦在一夜之间轰然倒塌。面对主公的昏庸和政敌的幸灾乐祸，田穰苴悲愤交加，忧郁成疾，不久便撒手人寰。

田穰苴的猝死，在朝野内外特别是田氏家族引起极大震动。已赋闲在家的孙书，深知田氏家族处境艰难，说不定哪一天会遇到灭门之灾。经过一番深思熟虑，孙书将他的儿子孙武叫到面前，以忧伤的语气说道："阿武呀，如今孙氏家族已进入低潮，我们的对立面已成洪水决堤之势，快要将孙氏家族这片庞大的政治森林淹没了。但是，洪水总是要流走的，森林是会长久留下并不断生长的，我家族需要保存实力，把根留住。现在你走吧，到别国去，远走高飞，在那里养精蓄锐，打拼出一块新的地盘，以迎接国内二次革命高潮的到来……"

此时，已是24岁的孙武面对父亲忧郁的神情和期待的目光，说了声"孩儿遵命"，俯身顿首叩拜。当他站起身时，父子二人相对无语，泪流满面。

孙武腰佩长剑，站在一辆高大宽敞的战车里，携带四名卫士与两位姬妾，离开了自己祖辈的封地——齐国乐安，踏上了去吴国的大道。

他所要去的吴国位于长江下游，亦即许多年之后以苏州为中心的大片地盘。吴国原为一个蛮荆人为主的卑湿小国，春秋中晚期，终于以辽阔的疆域、强大的军队和丰富的物产，一跃成为南方的军事强国。差不多就在这个时间段的早些时候，孙武踏上了吴国的土地。

多少天之后，当那高大的战马拉着高大的战车，映衬着孙武高大的身躯以及身边姬妾那柳条状曲线形的剪影，在灿烂温柔的夕阳沐浴下，来到吴国境内穹窿山下时，孙武令驭手勒住战马，像一位将军观察即将出生入死的战场一样，手搭凉棚，面对暮色中葱郁浩茫的群山沟壑，用他那极富磁性、略带沙哑的声音大声说道："我有一种预感，命运的扭转将从这里开始，走上前去，让我们在这几百里云霄雾霭中开辟出一块属于我们的天地吧！"——自此，一行人就在这浩瀚苍茫的穹窿山驻扎下来。

接下来的日子，孙武和他的追随者，在连绵的山野、茂密的丛林、偏僻的乡村，开始了具体的实践活动。随着工作不断深入，形势逐渐好转，根据地在不断扩大。为了对正在兴起的革命大业尽可能多地做一些贡献，孙武在艰苦复杂的组织和领导工作之余，对齐国的开国元勋姜子牙、一代名相管夷吾和本家的叔叔、著名将领、军事家田穰苴等英雄大腕儿修身齐家治国平天下的理论与实践进行广泛深入系统的研究，结合穹窿山实际发展历程中的经验和教训，写出了《兵法十三篇》这样的光辉篇章。

一晃五个年头过去了，孙武和他的追随者在穹窿山地区组建了一个规模浩大的游击兵团，游击队员由当初的几十人发展到7000余人之众，号称万人兵团。正当孙武怀揣着满腔热情、崇高的理想、坚定的信念号召他的追随者团结起来，以摧枯拉朽的战斗力和爆发力，荡涤吴国境内一切污泥浊水之时，一个人的意外闯入，使正乘风破浪的航船悄然无声地改变了航向。

——来者是楚人伍子胥。

孙武校场斩姬

伍子胥原为楚国人士，受到奸臣迫害追杀，逃往吴国，他发誓要搞垮楚国，以报仇雪恨。彼时寂寞忧郁的伍子胥在一次外出打猎时，意外结识孙武，二人相见，聊起彼此的经历。伍子胥痛说自己流窜到吴国，准备发动一场伟大的革命战争，将楚政权一举推翻的崇高理想和远大志向。待二人在酒桌旁推杯换盏，酒过三巡，菜过五味，并经过了几乎所有酒场所具有的窃窃私语——和风细雨——豪言壮语——胡言乱语——默默无语等五大程序后，两人变成了生死之交的好哥们儿。

三天后，伍子胥离开穹窿山。回去之后他辅佐吴国公子光，利用吴国伐楚、国内空虚的机会，以专诸为刺客，袭杀吴王僚，公子光成功上位为王，称阖闾。阖闾即位后，重用伍子胥，令其全面负责吴国的军政事务。从此，整个吴国在政治、经济、军事等诸领域，均有了突飞猛进的发展，综合国力大大增强。但要同强大的楚国较量，前景仍是堪忧。为解决这一困境，伍子胥决定请一个人来觐见阖闾。这个人就是在穹窿山的孙武。

伍子胥犹记得上次与孙武会面的情景。二人就用兵之道进行了交流和切磋。开始，子胥并未看重这位来自齐国的贵族青年。过招之后，他马上意识到对方出手不凡，且越来越重，越来越狠，越来越出神入化，直搞得自己眼花缭乱、头晕目眩，只有招架之功，并无还手之力。最后，子胥按捺不住心中的激情，大喊一声："好，说得好，在下实在是佩服、佩服！"借此表示自己已经认输服软。

见子胥心悦诚服，孙武自是心欢。酒过三巡、菜过五味之后，孙武借着酒劲，从箱子里拿出了他的大作《兵法十三篇》请子胥过目。

这部兵书，开始于孙武在齐国的时候，经过几年时间陆续写成。通篇吸收了齐国的开国元勋姜子牙、一代名相管仲、司马穰苴等伟人的军事战略思想。司马穰苴作为孙武父亲孙书的同辈人，不仅善于统兵作战，还谙熟兵法，在军事理论方面有精深的造诣，对从小就爱好兵书战策的孙武非常器重，把一生的作战经验与教训毫无保留地传授给孙武。

观毕兵书，子胥彻底被孙武的军事天才所征服。在他心目中，孙武的《兵法十三篇》在军事战略史上的地位，绝不仅代表一个时代的高峰，而是前无古人、后无来者、空前绝后的一座奇峰。

伍子胥想到这里，便很快把孙武的能耐及所著兵书战策之事，向吴王阖闾做了报告。吴王一听，大感兴趣，遂有招抚孙武为己所用的想法。子胥携令重返穹窿山，与孙武相商。经过三轮密谈，孙武终于答应以《兵法十三篇》见吴王。

吴王阖闾看过兵书后，冲伍子胥说："不错，有些意思，也有一定的水平，这天南地北地论起来头头是道，不容易，值得表扬，也值得各位统兵将领好好地研究学习。不过我们知道，是骡子是马需要拉出来遛遛才知道，阿武弄出了这本书固然很好，但能不能经得起时间的检验，他本人究竟在多大程度上将理论运用到实践中来，并使二者有机地结合到一起，这当是个值得思考的问题，你说是不是这个道理？"

不待子胥发话，立在殿前早已按捺不住的孙武大声放言道："大王今日在众臣面前对我的讥讽，我暂时不做计较，待日后再向大王讨教。只是这理论与实践的检验问题，我看明后天就可以现场演示。请大王给我一支军队，我当场演示给大王。"

于是，中国历史上一场奇特的校场大练兵开始了。

操场上，站满了300多名后宫女子。此为狡猾奸诈的吴王阖闾想出的特

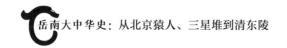

别招数，以后宫女子充当官兵，令孙武亲自训练以验其能。或令其当众出丑，以验其不能。

孙武作为这次演练的总指挥，站在两个方队阵前，神情严肃地高声宣布纪律：如有违反，视情节轻重，军法论处云云。之后，孙武亲自排兵布阵，以五人为伍，十人为总，各路队伍脉络清晰，条理分明。

按照操作规程，孙武要求所有参加演练的人必须随鼓声进退、回转。当一通鼓响过，全体官兵正直前进；二通鼓，左队右转，右队左转；三通鼓，各自挺剑呈争斗之势。若听到铜锣响起，双方收兵。

然而，当鼓声响起，方队中的官兵，有的向前迈步，有的则无事一样地站着不动，这一走一停，整个方队乱将起来。方队一乱，这些后宫女子已忘记军中规矩，直把校场当成了王宫内的歌舞厅，开始掩口嬉笑，相互推拉。

站在高台帅位上的孙武大声道："不要吵闹，赶紧给我向前！向前！"台下，没有人理会这位披甲戴胄的将军。孙武见状，引咎自责道："约束不明，命令不起作用，这是将领的责任。尔等听着，现在本大帅再给你们申明一次军令：第一，……"孙武把三条纪律，又啰唆了一遍，如雷的鼓声再度响起，震撼着训练队伍和检阅台上观阵的吴王阖闾。

鼓声中，两个方队的人越发混乱不堪。孙武见状，强忍愤怒从帅位上站起来，让一军吏再次高声宣读刚才已申明过两遍的军令。但方队中依然哄笑不止，如同潮水一样席卷弥漫了宽阔明亮的校场。

孙武跃身跳下帅位，蹿到战鼓跟前，将司鼓手弄到一旁，挽起双袖，亲自擂起战鼓。鼓点越来越快，越来越紧。鼓声震荡校场，响彻云霄。众人一看，孙武放着大元帅的位子不待，竟自己降格凄凄惨惨地当起了孤独的司鼓手，越发张狂起来。

端坐在检阅台上的吴王阖闾，望着这乌烟瘴气、一塌糊涂、不可收拾的场面很是开心，不禁仰天大笑，最后笑得眼泪都流了出来。正在擂鼓的孙武，见阖闾的神态，认为这是对自己的公然羞辱——尽管孙武在练兵之前就有想过，只是没想到这一众男女无耻到如此地步。忍无可忍中，孙武将鼓槌高高举起，然后又猛地砸向绷紧的鼓面，鼓声戛然而止。

孙武脸呈黑色，双目圆睁，大喝道："执法官安在？"

不远处的执法官听到喊声，迅速跑将过来，单腿跪地，双手抱拳于胸前，满脸严肃地高声答道："末将在。"

孙武抬起头，望着在校场中央乱扑腾的女人，声音略显沙哑地说道："约束不明，命令不起作用，是我阿武的罪过。但我将命令申明再三，尔等仍不遵从，那就是对方的罪过了。"言罢，转身望着执法官问道："如此罪过，按照军法规定的条款，对待这样鸡飞狗跳的乌合之众，该怎么个弄法？"

执法官再次抱拳当胸，干脆利索地回答道："杀！"

孙武听罢，说了声："好！"遂转过身，眼睛盯着庄妃和荀妃两位现任队长道："士兵不服从号令，罪责在队长身上，现在我正式宣布命令，把这两个带头捣蛋的弄出来给我宰了！"

话音刚落，左右军士抢步上前，分别卡住两位女队长的脖子，提鸡一样弄出了队列，而后找绳子捆了，一个勾踢肘击放倒地下。

这突如其来的一幕，令校场的官兵大为震惊，个个张口结舌，呆了似的立在地上不再动弹。端坐在检阅台上的吴王阖闾，一看两个爱姬被突然弄出来放倒，以为是操练的什么课目，禁不住笑了起来。

孙武如同一只被激怒的狮子，瞪着血红的眼睛，来回走动了几步，而后打起精神，扫了一眼检阅台方向的吴王阖闾，慷慨陈词道："现在，我下令，正式判处庄、荀两人的死刑。来人，速将两个头给我砍下！"

话音传出，早已恭候多时的刀斧手，大喝一声，双臂扬起，寒光闪过。随着两股鲜血喷出，两个头如同半生不熟的西瓜，"噗、噗"地滚到了地下。

两个活蹦乱跳的美人眨眼间横尸校场，这些后宫女人先是目瞪口呆，接着像突然听到枪声的鸡群，惊叫着扑扑棱棱地四散奔逃。孙武从地下抓起两根崩飞的鼓槌，猛地一敲战鼓，大声喊道："都给我回来，有临阵脱逃者，格杀勿论！"

此时，一直在校场内暗中控制局势的伍子胥，早已通过亲信被离指挥手下官兵，将炸了群的女人们团团围住，然后一顿枪戟横扫，将众人逼回了原来位置。在惊魂未定之际，孙武又令军吏从人群中拉出了两个老妪充当两个方队的队长，而后大声宣布道："现在重新开始演练，如有不听号令者，与刚才那二姬同罪。"言毕，奋力敲响了第一通战鼓。

面对血淋淋的一幕，她们再也不敢怠慢，经过一阵短暂的混乱，队伍在两个队长带领下，开始有规有矩地前行。第二通鼓敲响，左右两队开始按规定向不同的方向行走转动。第三通鼓响起，众人开始纷纷拔剑做格斗状。当三通鼓完，开始鸣锣收兵。如此往复三遍，整个队伍越来越整齐划一，步伐越来越娴熟。

孙武看罢，觉得火候已到，便派军吏到检阅台向吴王阖闾报告，说现在军队已经训练完毕，请下台检阅。已被刚才的血案弄得懵懵懂懂的阖闾听罢，慢慢回过神来。他望了望校场内的队伍和作为指挥的孙武，勃然大怒道："我还检阅个啥？给我滚！"说着，猛起身，双手一用力，身前的案桌被"咣"的一声掀于台下。阖闾用手往校场中心一指，骂道："好一个阿武，你害得我好苦！"卫士们拥上前来，把吴王阖闾扶下检阅台，匆忙起驾，回宫而去。

孙武拔郢

孙武校场斩姬，阖闾是哑巴吃黄连——有苦难言，只是心痛得三天不吃不喝。后经伍子胥反复劝说开导，并谓："兵者，凶器也。不可虚谈，更不可开玩笑。经此一斩，可见孙武确是刚正不阿的良将，他日率兵出征，必然是攻无不克，战无不胜。"

公元前506年，给楚国致命一击并使孙武功成名就的历史契机终于到来了。

这一年的秋天，外貌强大雄壮，但内部早已乱象丛生的楚国，因与相邻的蔡国发生矛盾，在双方谈判无效的情况下，倚仗自己具有地区性超级大国的地位，悍然出动大军围攻蔡国。弱小的蔡国一看这阵势，深知自己瘦弱的身躯根本无力支撑，便急忙向吴国求援。几乎与此同时，楚国的另一位邻居唐国的国君，一看楚、蔡二国为了一点鸡毛蒜皮的小事，楚国就大兵压境，以强凌弱，搞得蔡国上下人心惶惶、胆战心寒，觉得这楚国早晚有一天会欺负到自己头上，便主动派人到吴国，要求通谊修好，并以全国之力，协助吴国共抗强楚。

唐、蔡两国虽是兵寡将微的小国，但因位于楚国的北部侧背，从战略角度看则显得相当重要。如果吴国和他们结盟，便可在伐楚战争中避开楚国重兵把守的正面，从其北部侧背大举突袭，而后尖刀一样直捣楚国的腹心。关于这一点，早在几年前，孙武就曾以一个卓越战略家的敏锐眼光，高屋建瓴地向吴王阖闾指出："王欲大伐楚，必得唐、蔡之助而后可。"但这二国在历史上就与吴国有些过节，而这些疙瘩一直没有解开，突然提出要他们相助谈何容易？正当阖闾同子胥、孙武等为如何能得到唐、蔡之助而大伤脑筋之时，想不到对方却主动找上门来，这等好事当然不能放过。于是，阖闾当场答应出兵抗楚援蔡，并和唐国结为联盟，共同对付楚国。由于吴国的援助，楚国吞并蔡国的计划破灭。

经过一段时间的准备，就在这一年的九月，吴王阖闾正式宣布要对楚国发动一次强大的秋季攻势，争取一战而取楚之首都郢城，彻底将这个邪恶轴心铲除掉。为坚定全军将士必胜的信念，阖闾御驾亲征，并担任这次伐楚远征军的总指挥，伍子胥为副总指挥，孙武出任前线委员会总指挥兼参谋长，伯嚭（pǐ）为副总指挥兼总后勤部长，阖闾的胞弟夫概为前敌先锋官。此次远征，正式拉开了自商周以来规模最大、战场最广、战线最长，以攻克对方首都为主要目标的历史上称为柏举之战的伟大序幕。

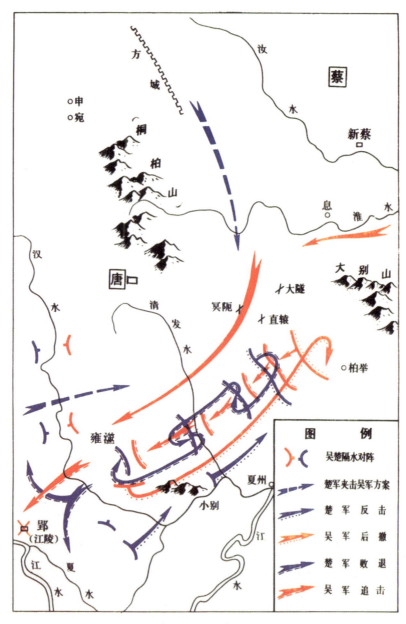

图5-4　春秋吴楚柏举之战示意图

　　正在围蔡的楚军闻报，担心吴军乘虚入郢，遂迅速收缩兵力，回防楚境，确保郢都的安全。吴军遵循孙武倡导的"出其不意，攻其无备"的作战指导思想，"经迂为直"，实施大规模的战略迂回。当远征军逼近楚国边境时，又转溯淮水悄然西进，在进抵凤台附近后，弃舟登陆，并以劲卒3500人为前锋，兵不血刃，迅捷神速地通过了楚国北部的大隧、直辕、冥阨三关险隘，然后穿插挺进到汉水的东岸，在战略上占领了优势之地。

　　吴军的突袭行动终于引起了楚国朝廷的震动，楚昭王于匆忙中急派令尹囊瓦、左司马沈尹戌、武城大夫黑、大夫史皇等人会集楚国20万大军，从不同的驻地昼夜兼程奔赴至汉水西岸进行防御，吴、楚二军遂呈隔江对峙状。此时无论是吴军还是楚军，双方心中都十分清楚，汉水是抵挡吴军进逼楚国郢都的最后一道防线，只要这道防线一失，郢都大势去矣。所以，向以头脑冷静、深谋远虑、极富韬略著称的楚军名将左司马沈尹戌，在认真研究了吴军的战略思想之后，建议囊瓦统率楚军主力沿汉水西岸阻击吴军的进攻，从正面牵制吸引吴军。他本人则北上方城，征集那里的楚军机动部队，迂回到吴军的侧后，毁坏吴军的舟楫，阻塞三关要隘，切断吴军的归路。待这一切完成之后，再与囊瓦所率主力部队实施前后夹击，将立足未稳的吴军一举歼灭。

　　对于沈尹戌的这一明智之计，并不算愚笨的囊瓦表示同意和配合，但待这位有胆有识的沈将军率部奔赴方城不久，囊瓦便出于贪立战功的心理，竟毫无原则地听从了"内战内行，外战外行"的武城黑和大夫史皇的挑拨怂恿，置楚军生死存亡的大局于不顾，擅自抛开了与沈尹戌约定的正确的作战方针，采取冒进速战的做法，未等沈部完成迂回包抄行动，即率军仓促渡过汉水，进击吴军。

　　孙武见楚军主动出击，大喜过望，心想愚蠢的楚军肯定是窝里斗起来了，否则不会出此下策主动出击；遂同阖闾、子胥等密议，果断采取了后退疲敌，寻机决战的方针，主动由汉水东岸后撤。骄傲自大的囊瓦不知是计，还以为是自己的名气和阵势使吴军怯战，于是率部追进，步步进逼。吴军做出不得不回头迎战的姿态，自小别山至大别山之间，楚、吴两军先后进行了几次规模不大的交锋，但每次过招，楚军总是被动挨打，因而渐渐造成了部队士气低落、疲惫不堪的局面。眼看楚军已陷入完全被动的困境，孙武等吴军将领当机立断，决定同楚军来一次真正意义上的战略决战。这一年的阴历十一月十九日，阖闾、孙武等指挥吴军在柏举地区（今湖北麻城）安营扎寨，排兵布阵，以与尾追而来的楚军决一雌雄，举世震动的"柏举之战"就此开始了。

阖闾之弟、吴国远征军前敌先锋官夫概，见楚军正在不远处扎下大营，摆出了要与吴军决战的架势。根据不同的情报观察分析，夫概认为楚军主将囊瓦狂妄自大、骄横跋扈，向来不得人心。跟随他的将士，都有怯战偷生之心，无死战求胜之志。只要吴军的先锋部队突然发起总攻，楚军必然陷于混乱，而趁对方混乱未定之时，再以主力投入战斗，必能一举将其击溃，从而大获全胜。为此，夫概请求立即发起对楚军的攻击。但是，阖闾、孙武出于"慎战"的考虑，断然否决了夫概的意见。血气方刚、青春勃发，尊重权威但不迷信权威的夫概，认为这是攻击楚军的天赐良机。机不可失，时不再来，情急之中，他索性率领自己所部5000余人，以迅雷不及掩耳之势攻入楚军囊瓦部大营。果然未出夫概所料，楚军一触即溃，阵势大乱。阖闾、孙武等见夫概部突袭成功，也乘机指挥吴军主力投入战斗之中。在吴军的凌厉攻势下，囊瓦所部力不能敌，全线溃败。不可一世的囊瓦在吴军的打击面前，早已丧魂落魄，置残兵败将于不顾，仓皇逃离战场，远奔郑国寻求政治避难。而教唆他的史皇则死于乱军之中。吴军取得了柏举之战的决定性胜利。

楚军遭受重创之后，余部仓皇向西南方向溃逃，孙武等吴军将领指挥军队及时实施战略追击，并在柏举之南的清发水（涢水）追上楚军残部。吴军采取孙武"因敌制胜"的战略思想和"半济而击"的战术原理，再度给予正渡河寻求逃命的楚军残部以沉重打击。而后，吴军继续乘胜追击，当追至30多里时，正赶上埋锅做饭的楚军残兵败将和从息地引兵来救的楚军沈尹戍部。狭路相逢勇者胜，两军经过一番血战，楚军被孙武坐镇指挥的吴军再度击溃，主将沈尹戍当场阵亡，20万楚军主力全军覆没。至此，曾经称霸于世的强大楚军全线崩溃。

吴军在孙武的指挥下乘胜前进，一路势如破竹，五战五胜，长驱直入，兵锋直指楚国首都郢城。楚昭王一看大势已去，置全城军民生死于不顾，于惊恐中仓皇偕自己的后宫妃嫔及少数臣僚、太监、厨师等，弃郢都出西门向云中方向逃窜而去。驻守郢城的近10万御林军听到昭王出逃的消息，争相传递着"楚王都领着小蜜跑了，我们还在这里死守个啥"的口号，顷刻瓦解，一哄而散，争相逃命而去。十一月二十九日，孙武所部未经大战，一举攻陷郢都，历时两个多月的破楚之战终于以郢都的陷落和吴军的全面胜利而告结束。

吴国破楚之战是春秋晚期一次规模宏大、战法灵活、影响深远的大战，也是史籍记载中孙武亲自指挥并参加的唯一一场战争。这次战争双方投入兵力近30万人，战线绵延数百里，正式交战两个多月。一向被中原诸侯大国瞧不上眼的小小的南蛮吴国，在阖闾、孙武等人的指挥下，运用灵活机动，因敌用兵，迂回奔袭，后退疲敌，寻机决战，深远追击等战法，仅以7万之众，一举战胜多年的敌手——号称拥有百万之师的超级大国，给长期推行霸权主义的楚国君臣和右翼势力以极其沉重的打击。

这在其他诸侯国朝野内外引起了一次强烈震动，吴国以天下强国的姿态傲然登上了历史舞台。而此前曾被普遍认为最有希望完成统一中国大业的楚国，尽管后来又死而复生，却从此一蹶不振，再也没有了昔日那咄咄逼人的锋芒与泱泱大国的气象。有研究者认为，正是这场战争的爆发，才使统一中国的桂冠最终落到了偏于西部的秦始皇的头上。从某种意义上说，这场战争在很大程度上改变了春秋晚期的整个战略格局，扭转了中国历史的进程，汹

涌奔腾的历史长河自这场战争悄然拐弯。

至于这场战争的最大功劳，应该归于那位英雄豪杰。伟大的史学之父司马迁，在他的《史记》中说得极为清楚："西破强楚……孙子有力焉！"

吴国危机

吴军自入楚之后"仁义不施，宣淫穷毒"，致使"楚虽挠败，父兄子弟怨吴于骨髓，争起而逐之"（清高士奇语），也就是说吴军在楚难得民心。而此时的楚国逐渐得到了"国际社会"的同情与支持，楚军人数倍增，战斗力加强，并在秦国救援军的帮助下，开始由全线溃退转为战略进攻，逐渐形成了对楚都郢城的包围态势。面对楚秦联军强大的压力和步步进逼，无论是伍子胥还是孙武都意识到，吴国已陷入了政治与外交的困境之中，要想长期占领统治楚国已不可能。更为严重的问题是，驻楚吴军从将领到士兵，整日沉湎于酒色之中不能自拔，搞得纪律松懈，军心涣散，每个人脑海中装的除了美酒便是女人，整个军队已呈现出无法遏制的糜烂状态。而国内又有夫概趁机叛乱，虽已平叛，但暗藏和潜逃的敌人依然存在，一时难以全部剿灭，他们人还在、心不死，伺机对刚刚平静的吴国政权进行打击反攻。

于是，阖闾根据国内外的情况，果断下令伐楚远征军留守部队在做好善后工作的同时，实施战略大撤退，以保存吴国的军事实力，稳住国内的政治局面。孙武、子胥得令后，子胥觉得楚都已被占领一年余，离当初和孙武密谋的让自己弄一个楚王当当的辉煌梦想只有一步之遥了，而现在突然回转，总觉于心不甘，便同孙武密议，欲抗令不遵，继续率领手下残兵余部同楚秦联军在郢都周边地区对峙周旋，进行持久的游击战争；待国内局势完全平静之后，再请阖闾遣兵于吴，与守军会师，以实现第二次伟大的反攻，彻底覆灭楚国，从而使自己渐渐登上楚王的宝座，对楚国国民进行统治。只要这个计划得以实现，孙武也可按照当初的构想开始行动，最终窃取吴国大权，成为终极意义上的最高国家领导人。

子胥的这个打算，却遭到了孙武的否定。孙武以悔恨的心情道："当初我们入郢后书呆子气太浓，暴发户的心态太重了，致使全军具有决策权的高级将领甚至包括吴王阖闾，还有你我都因胜而骄，屡犯错误，直至造成了今天这样一个政治、外交、军事等各方面都极其被动的局面。尤其在军事战略上，我们已在大意与迷糊中先失一子，那就是把精锐部队无声无息地交给了阖闾老儿，现在所剩的残兵败将，据我所知，脑子所想的除了女人还是女人，对什么都不感兴趣了。要想继续留在这里已经不可能了。这次阖闾有令召我们回去，依我之见还是借坡下驴，免得引起他的猜疑。我有一种预感，现在的阖闾已经在伯嚭的诱导下，开始怀疑我们在搞阴谋诡计了，只是现在正处于半信半疑阶段罢了。为打消他的疑虑，避免过早地暴露目标，我们应无条件、无脾气地尽快率残部回转，待回国后再见机行事。如果老天不假手扼杀我们，或许还有机会一显身手吧。"

孙武的一席话，终于将子胥说动。二人决定按阖闾的命令，开始有计划、有步骤地组织部队撤退。凡楚国的府库宝玉，全部装载运回。同时拿出主要精力，将万余家楚人全部迁往吴境，以充实吴国空虚之地。经过前前后后几个月的忙碌，驻守在吴国的远征军余部和万家百姓安全进入吴境。

原由夫概引兵入关，配合发动反革命政变的越国部队，尽管遭到了阖闾部的打击而退却，但仍在吴越边境大肆侵扰吴军和百姓，使吴国方面疲惫不堪。当越王听说孙武、子胥统兵回吴后，知孙武诡计多端，善于用兵，再继续闹下去越军将遭重创，便主动避开锋芒，退守越境，并停止了侵扰活动。

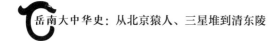

重修《兵法十三篇》

吴国远征军完成了战略总撤退，在军心、民心得以稳定后，经吴国中央政府首脑集体研究同意，决定给伐楚远征军将士论功行赏。但是，功劳最大的孙武没有受到奖赏和重用，反而卸任将军之职，在阖闾麾下挂了个相当于军事理论研究院第一副院长兼办公室主任协理员，同时被聘为一万五千名禁军政治工作教官的名分，从事日常活动。

孙武卸了军权，开始静下心反思吴楚之战的经验与教训，特别是自己在战争中的所作所为以及对后世战争和整个华夏版图所产生的重大影响。与此同时，从一个破旧的木头箱子中，翻出在穹窿山时期写就的光辉著作《兵法十三篇》，结合此次统兵伐楚的经历与得失，进行全面而系统的加工修订。

在吴军占领楚国的后期，当楚秦联军反扑时，孙武、子胥率吴军余部曾在雍澨击败楚军先头部队，但很快又被赶上来的楚秦联军主力击溃，而吴军尚未稳住阵脚，又遭到了楚军的火攻。吴军在烈焰升腾中阵脚大乱，一个个弃枪扔戟，哭爹喊娘，抱头鼠窜。无奈烈火来势凶猛，吴军未逃出火海，便死伤近半，从而使孙武所属部队付出了自远征楚国以来最为惨烈的代价。正是缘于这一战争实践和惨败的教训，孙武对火自身的规律以及在战争中的应用做了潜心研究和诠释。在修改后的《兵法十三篇·火攻篇》中，他曾这样写道：

行火必有因，烟火必素具。发火有时，起火有日。时者，天之燥也；日者，月在箕、壁、翼、轸也；凡此四宿者，风之起日也。凡火攻，必因五火之变而应之。火发于内，则早应之于外。火发兵静者，待而勿攻，极其火力，可从而从之，不可从而止。火可发于外，毋待于内，以时发之。火发上风，毋攻下风。昼风久，夜风止。凡军必知有五火之变，以数守之。故以火佐攻者明，以水佐攻者强。水可以绝，不可以夺。夫战胜攻取，不修其功者，凶，命之曰费留。故曰：明主虑之，良将修之……

（见银雀山汉简《孙子兵法》十三篇）

篇中除了说明实施火攻的天时地利、方式方法外，还将水与火的两种攻击方法做了对比。强调用火辅助进攻，效果显著；用水辅助进攻，攻势强大。水可以达到把敌人分割、阻绝起来的效果，却不能夺取敌人的积蓄。根据吴军后来失利的切身体会，孙武特别指出："凡是打了胜仗，攻取了土地城邑，而不能修道保法、巩固胜利成果的，就必然会有祸患。这种情况，叫作劳民伤财的'费留'。所以，明智的国君要慎重地考虑这个问题，贤良的将帅要认真地处理这一问题。"最后一段文字，便是孙武对于吴国远征军破楚入郢之后，因"不修其功"最终导致失败这一教训的深刻反省与检讨。

除根据战争实践不断地反思自省，修订补充视若生命的《兵法十三篇》之外，在尽可能的范

图5-5 墓内出土的《孙子兵法》木牍摹本

围内，孙武仍热切关注着吴国的命运，并在政治、军事、外交等方面施加着自己的影响。

此时已经强大起来的吴国要想进一步发展并称霸争雄天下，就势必要在"南服越人"和"北抗齐晋"两个方面做出正确的选择，并需要在决策和行动上分轻重缓急，采取各个击破的战略方针，尽量避免在同一时间陷于两线作战的被动局面。这一大的战略决策确定之后，在南进还是北上的问题上，在吴国庙堂之上展开了一场激烈争论。

以伍子胥为首的部分文臣武将，坚决主张南进伐越。而以阖闾、伯嚭为首的一派，见强楚已破，渐渐滋生出一种引兵北向中原，与齐、晋等超级大国一争雌雄的雄心壮志。孙武此时虽已被隔离到最高决策圈之外，由于他在征楚战争中所显露的卓越才华和崇高威望，加之和伍子胥的私人关系，以及他本人的不甘寂寞，不可避免地卷进了两派相争的旋涡。在这个热得有点发烫的旋涡中，他旗帜鲜明地站在子胥一边，竭力主张南进伐越。

在他看来，位于吴国南部并相邻的越国，尽管属于贫困的第三世界国家，但它长期与超级大国楚国狼狈为奸、沆瀣一气，一直与吴国作对。现在它的盟友楚国已遭到了吴军的重创，但它似乎并未引以为戒，反而亡吴之心不死，摆出一副爱谁谁的架势，不知深浅地增派大军压迫吴境，张牙舞爪，兵锋咄咄，大有闻风而动，一举吞灭吴国之势。相对于越国的敌对态势，北边的齐、鲁、晋等大国则显得并不那么迫切和严峻。按照子胥的说法，北边的齐、鲁不过是吴国身上的一块"疥癣"罢了，即是攻陷齐、鲁，也"譬犹石田，无所用之"。而越国则是吴国的心腹之患，如不尽早将其放倒摆平，则必受其大害。因而，孙武除了私下里向南进还是北向的决策圈施加自己的影响外，还从不同的角度论证南越国对吴国的威胁以及即将形成的心腹之患，并以越国为假设之敌，形象地阐明了自己的战略原则与政治主张。这一原则与主张，大多通过不同的渠道献给了阖闾，有一部分精华留在了其不断修撰的《兵法十三篇》中，为后世所了解。

阖闾、伯嚭之流尽管与孙武、子胥的观点和主张态度相反，但毕竟越国近在咫尺，并屯兵边境，整日对吴国虎视眈眈，隔三岔五地还要来一次骚扰进犯，弄得吴国上下鸡飞狗跳，不得安宁。在这种情况下，阖闾不得不暂时采纳孙武、伍子胥等人的战略方针，将进攻打击的矛头首先对准越国，并等待机会给对方施以颜色。

吴越之战

周敬王二十四年（公元前496年），阖闾已不再年轻，身体从上到下，从里到外，再也没有了当年发动政变、抢夺大位时的风采和气魄了，每一根毛孔里都透出腐朽与骄横之气。就在这一年，越王允常去世，其年轻的儿子勾践嗣立。年老昏聩的阖闾认为这正是进击越国的大好时机，便不顾子胥、孙武等人呈递的"敌人已有准备，此时进攻并非良机，务必等待一个适当的时机，于适当的地点，向敌人发起总攻"的分析报告，大兴吴师，攻打越国。

为了显示这次出征的重要性与必胜的信念，已呈猖狂状态的阖闾撇开了伍子胥、孙武以及最宠信的干将伯嚭等人，自任总指挥，亲率一干人马，大呼小叫，扬风扎猛，摇头晃脑，浩浩荡荡地向越境杀来。新上任的越王勾践闻报吴师来犯，沉着冷静，本着"兵来将挡，水来土掩"的战略原则，果断命令正处于一级战备状态的越军出营抵御。两军在吴越边境的檇李遭遇，大战随之爆发。激战中，年轻的越王勾践指挥灵活，出其不意，将士奋勇当先，拼死而战，整个越军以哀兵必胜的强势控制了战场上的主导地位。而与此相悖的是，由于阖闾刚愎自用，狂妄自大，冒进轻敌，指挥不当，致使战略战术破绽百出，战机贻误，一步步陷于被动挨打的境地不能自拔。几十个回合下来，吴军死伤大半，无力再战，最后以全线溃退的惨败结局而告终。

最为不幸的是，阖闾本人在溃逃中身负重伤，躺在担架上吐血不止，未等回到吴国他那寻欢作乐的老巢，自己那西瓜一样的头颅往担架下一斜楞，两只胳膊一挓挲，便撇下了手下的残兵败将呜呼哀哉，算是了结了罪恶的一生。

阖闾归天之后，他的次子夫差成了新一代领导人，这位用他父亲的话说，是既愚蠢又残暴的新领袖，上台之后最上心、也是最想干的一件事，就是为其父报仇雪恨。按夫差的打算，待老爸三年丧满，立即发兵攻越复仇。

正当夫差整日磨刀霍霍、咋咋呼呼、要杀要砍之时，一直密切关注吴国动向的越王勾践决定孤注一掷，先发制人，打吴国一个措手不及。在这一战略思想的指导下，越国方面于周敬王二十六年（公元前494年）春天，也就是阖闾丧期尚不满三年的时候，悍然挑起了对吴战争。越军以精锐之师，采取速战速决的闪电式战术，迅速突破边境防线，向吴国内地纵深穿插而来。吴王夫差闻报越军来犯，大声骂道："好一个越王勾践，看我怎么教训你这个黄口小儿。"

按照此前拟订的战略部署和作战计划，夫差立即下令调集全国约10万兵力御敌。其军队的最高统帅、总指挥由夫差本人担任，同时任命伍子胥为前敌总指挥兼参谋长，伯嚭为副总指挥、秘书长兼夫差行辕主任。在子胥的力荐下，孙武出任本次战役的军事顾问，主抓情报的辨别和战略方针的咨询工作。战争开始之初，吴军故意示弱，很快被勾践的精锐击垮，军兵四散奔逃。勾践一看眼前的阵势，下令直进逐敌，力争一举歼灭吴军。越军追追停停、停停追追，直追到位于太湖边的夫椒才彻底停止了追击——越军精锐已完全陷于夫差大军布下的埋伏圈，不得不停了。直到此时，勾践才蓦地意识到自己犯了一个多么严重的轻信冒进的常识性错误。但是，无论这个错误有多么严重，现在也只有拼死一搏，弄他个鱼死网破、你死我活了。

两支大军短兵相接，可谓是仇人相见分外眼红。双方抢起刀枪剑戟，你来我往厮杀起来，直杀得天昏地暗、日月无光，整个太湖的碧水春波被血水染成惨淡瘆人的殷红色。当战争进行到上半场的晚些时候，越军虽处劣势，但仍困兽犹斗，置生死于度外，顽强拼杀。当进行到下半场时，勾践察觉自己败局已定，且无回天之力挽回颓势，若再继续拼杀下去，必将全军覆没，片甲难存。为保存实力，勾践收拾残兵败将，瞅准吴军的薄弱环节，杀出一条血路突围而出。而吴军凭借兵强马壮，地形熟悉，尾随越军，穷追不舍，于浙江（今钱塘江）边迫近越军。勾践一看这情形，感到无法再逃，无奈中只好下令残兵败将摆开阵势与吴军做最后一拼。强大的吴军如泰山压顶一般砸了过来，在战马的嘶鸣与车轮的隆隆滚动中，越军残部又损兵折将，死伤大半，勾践不得不带领中央军5000名亲兵夺路逃窜。当一路马不停蹄，人不歇脚，狼狈不堪地窜至会稽山上一个小城之中时，从君臣到甲士都感到再也无力往前行进一步了，勾践只好决定不管是死是活，都要在这里依山凭险抵抗到底。一直跟踪追击的吴军见越军进入小城不再出来，便尾随而至，将小城连同整个会稽山麓团团包围。勾践连同中央军将士被困在会稽山上，先是断水，后是断粮，处境日渐困难。

就在这一干人马即将全部玩完之时，勾践听从了手下臣僚的建议，本着"留得青山在，不怕没柴烧"的生存之道，决定在保存越国江山社稷的情况下，通过贿赂伯嚭让其从中调停，并表示向吴国名义上屈辱求和，实质上是屈膝投降，俯首称臣。愚蠢残暴的夫差在伯嚭的教唆、蛊惑下，不听子胥、孙武等人提出的宜将剩勇追穷寇，一举将越国灭亡的苦谏，毅然接受了对方的求和请求。此时的夫差当然不会料到，举世震动的吴越夫椒之战，以吴国的胜利、越国的失败而暂时画上了句号的同时，也为吴国埋下了国破家亡的伏笔。

伍子胥等人对夫椒之战的胜利并不感冒，反而对越国一直保持高度的警惕，多次以现实为据揭露越王勾践的狼子野心。而这个时候，勾践骗得了夫差的绝对信任，被恩准回到了自己的祖国，开始了励精图治、富国强兵的行动，并在民族复兴的道路上迈出了坚实的步伐。与此同时，勾践在其手下弟兄范蠡、文种的策划下，于越国的芸芸众生中，挖掘出一个令人看了最有想法的名为西施的美女，悄悄送与吴王夫差享用。

这个时候的越国，国力已有了很大恢复，并具备了东山再起的可能。放眼国内，"其民殷众，以多甲兵"。这一点，无论是尚未完全失宠的子胥，还是潜心越国情报研究的军事战略研究员孙武都心知肚明，并为此忧心忡忡。

夫差自有了西施之后，宫中乌烟瘴气，意见纷纷。子胥与孙武以书面形式向夫差打了报告，措辞强硬地指出："越国已经死灰复燃并即将东山再起，如不赶紧将勾践、西施消灭干净，在不久的将来，吴国就要被越国所灭，坠入万劫不复的深渊。"

刚愎自用的夫差看罢子胥、孙武二人弄出的这份很不吉利的报告，顿时火起，先是用朱笔在抬头上批了"天方夜谭"四个大字，接下来顺着胸中的火写道："乱臣贼子，天下共诛之。子胥今后你赶紧给我闭上嘴巴，亦告知孙武，少搞些与吴国大政方针相悖的歪理邪说为妙。否则，本大王不再心慈手软，先斩了你们两个的头，以更好地破除迷信，北伐中原，完成天下统一霸业。"

子胥一看自己的好言相劝对方不但不听，还要开刀放血，决定从此闭上嘴巴，不再叫嚷伐越之事。与此同时，也开始琢磨为自己留一条后路，一旦跟夫差彻底闹翻，仍可以像当年由楚入吴一样，进入另一个大国重起炉灶，另行开张营业，以实现自己的未竟之梦。待主意打定之后，子胥瞅了个出使齐国的机会，将自己的儿子偷偷带出国门，托付给齐国一位鲍氏大腕儿照顾培养，为自己日后叛国投敌开辟了一条地下暗道。

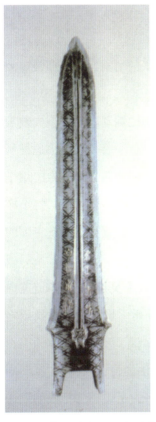

图 5-7　吴王夫差鉴（河南省辉县琉璃阁出土）

图5-6　春秋时期吴王夫差青
铜矛（1983年湖北江陵出土）

图
5-8
伍子胥画像镜（汉代）

图
5-9
越王者旨於睗剑

269

孙武最后的时光

当夫差从伯嚭处得知伍子胥偷送儿子去齐国潜伏的情报后，当即破口大骂，下决心收拾对方。

终于，有一天夜晚，一番豪饮过后，在美女西施的煽动蛊惑下，夫差下令伯嚭立即派人把子胥抓到了宴席之前欲施以刑罚。待子胥稀里糊涂地被从热乎乎的被窝里强行拖出，只穿了一条裤衩到来后，一把明光闪亮专门用于赐死的"属镂"之剑伸了过来。一直处于朦朦胧胧之中的子胥见状，打个冷战，思维顿时清醒了过来，知道自己的阴谋已经败露。根据天下所有王国的法律规定，凡谋反者均是杀无赦，看来今天只有死路一条了。

想到这里，伍子胥静了静神，而后心一横，仰天大笑道："我知道这一天早晚是要来的，想不到竟是今天晚上。我伍子胥死不足惜，只是我死之后，吴国也会很快灭亡的。"言罢他从地下捡起"属镂"宝剑横在脖子上，转身看看夫差，又望望身边的伯嚭，面色冷峻地对伯嚭道："我们同乡、同事一场，临死前有一事相托，想来你不会推辞。我死之后，请你把我的眼珠挖出来，挂在东门之上，我要亲眼看着越王勾践是怎样率领人马攻进城来吞灭吴国并杀死夫差这个天下头号傻子的。"伍子胥说完大笑两声，挥剑割喉，砰然倒地。

孙武得知伍子胥的下场后，心骤然紧了起来，周身的血液加快了流动，脑海中所有的细胞都集中在一起快速运转，开始思考自己应该如何面对这场突如其来的变故。经过短暂的快速反应，意识到自己留在此地凶多吉少，必须在夫差派出前来捉拿的人到来之前尽快潜逃，此所谓三十六计，走为上策。

在山雨欲来风满楼的危急时刻和生死存亡的紧要关头，大半生戎马倥偬，在吴楚两国纵横驰骋，演绎了一段传奇故事的孙武，就这样开始了另一种潜逃的人生体验和传奇历程。

关于他潜逃时的具体情境以及逃亡去向，由于历史的记载极其模糊难辨，由此成为历代兵家学者几千年来苦苦探寻追索的一个谜团。有关孙武的流窜方向、潜伏地点与最终结局，在庙堂、民间与江湖之中，大体有如下几种说法：

1. 被杀戮而死。《汉书·刑法志》称："孙、吴、商、白之徒，皆身诛戮于前，而功灭亡于后。"颜师古注"诛戮"的人名云："孙武、孙膑、吴起、商鞅、白起也。"唐李筌《太白阴经·善师篇》亦承袭其说，谓"孙、吴、韩、白之徒，皆身被刑戮，子孙不传于嗣"。从这些描述的情况来看，孙武晚年的景况必然不妙，在伍子胥被杀以后，他受到牵连应是很正常的。不过，孙武被"诛戮"之说尽管《汉书》有载，但《史记》没有记录，《汉志》也未言其原委和出处，因而这个说法应属于存疑的范畴。

2. 部分史家的推测是，由于伍子胥被杀，孙武开始潜逃流窜，他先是携家带口流窜到穹窿山曾造反起事的老巢潜伏下来，一边悄悄联络散落在周围地区的旧部，重温在此建立根据地时那个辉煌的旧梦，一边根据新的人生经历和对战争艺术的进一步观察与思考，继续对自己所著《兵法十三篇》进行修订。到了晚年，随着夫差朝廷对子胥其人其事的逐渐淡忘，他的存在与否已变得无足轻重。在这个背景下，孙武悄然离开了曾两次工作、学习、生活和战斗过的穹窿山，移至姑苏城外的郊区埋伏起来，除了做一点力所能及的耕种外，还以一个知识分子的使命感与责任心，继续对军事理论做深入研究，直到精血耗尽，一命呜呼。

3. 另有史家和研究者认为，孙武在其晚年的时候，穹窿山地区的革命处于低潮，由于叛徒的出卖，他被打入革命队伍内部的吴国特务秘密逮捕，在姑苏由伍子胥当年亲自设计和督造的监狱里度过了一段苦难的时光，最后被夫差所害，葬于吴都郊外的一片荒野之中。

4. 还有一部分史家通过对《孙子兵法》的研究认为，孙武自第二次亡命穹窿山后，随着吴国对他的淡忘和自己一天天老去，心灵深处渐渐滋生了一种落叶归根的思乡情结，在这个情结一日甚过一日的纠缠和折磨下，他决定离开穹窿山奔赴齐国故地。而就在这个时候，吴国在越国的连续打击下，已呈苟延残喘之势。孙武趁乱回到了齐地。奔齐后的他或仍回祖上的封地乐安居住，或周游四方并最终在齐国西南部一带终了一生。

但不论他在哪里居住，依然没有放弃对战争规律的探索，并极有可能在吴国灭亡之后才命归黄泉。这样认为的其中一个理由是，《孙子兵法·作战篇》指出："夫顿兵挫锐，屈力殚货，则诸侯乘其弊而起，虽智者，不能善其后矣。"这段记述，显然是对夫差放松对世仇越国的警惕，举兵北上，争当一个虚妄的盟主，最后却导致越国乘隙进攻，破军亡国历史悲剧的深刻总结。

吴国的覆亡

周敬王三十八年（公元前482年），吴王夫差突然心血来潮，野心再度膨胀，率领吴军精兵劲旅，携西施，浩浩荡荡，趾高气扬地进抵黄池，同鲁哀公、卫出公一起，约请晋定公在此处会盟。就在这次会盟中，夫差以外强中干的军事力量做后盾，将其他诸国唬倒，争得了一个盟主地位。由于他的虚张声势，摆出了一副普天之下舍我其谁的大腕儿派头，早已成为诸侯傀儡的周敬王不得不出面以实际意义上的公证人身份，赐给夫差一张大弓和一块祭肉，表示承认吴国为当今天下霸主。

就在夫差率领手下弟兄，扛着周天子赏赐的具有天下霸主荣誉称号的一块特大号猪肉，一路凯歌高奏跨过淮河、长江之时，当年伍子胥、孙武等人所担忧的事情终于发生了。勾践趁夫差率吴军主力北上，国内空虚之际，派范蠡为大将，率越国精锐之师进攻吴国。越军一路势如破竹，直指吴都。留在吴国国内主持全面工作的太子友见状，急调留守军队，亲任前敌总指挥，号令所部御敌。由于越军来势凶猛，风头正劲，而吴军仓促上阵，太子友指挥失灵，几个回合下来，吴军伤亡惨重，都城姑苏面临沦陷的危险，身为前敌总指挥的太子友不幸以身殉国，壮烈牺牲……噩耗很快被正回国途中的吴军将士知晓。这帮踏着硝烟走来的热血男儿，连年征战在外，身心早已疲惫不堪，脉管里的热血已在岁月的冷风苦雨中渐渐冷却。想着这次跟主子赴黄池会盟，弄个天下霸主的牌子，扛回家中往宫中大门外一摆，就可以镇住所有的诸侯，从此之后再也没人敢找吴国的麻烦，自己也可以领到一大笔转业退伍费，解甲归田，休养生息。谁知这小山一样的大块猪肉还没扛回家，越国的军队就杀气腾腾地攻进来了，且国内守军屡战屡败，姑苏即将沦陷，亡国在即，这怎么得了？想到这里，将士们纷纷流露出恐慌、哀怨、厌战之情。也只有到了此时，夫差才感到形势严峻，立即驱兵向国内奔来。面对越军势不可当的锐锋，为保住行将灭亡的吴国，在伯嚭的建议下，夫差无可奈何地同意和越国讲和，算是得到了短暂的喘息机会。

从此之后，越国作为一个独立自主的军事强国在东南区域迅速崛起，同时以战略进攻的姿态屡屡发动对吴国的战争，并在战场上节节胜利。夫差集团大势尽去，一蹶不振。

吴国这个超级大国随着夫差的死去彻底消失，随之而来的是相邻的越国进一步强大。若干年后，那位当年靠变戏法吃大便苟活下来的"职业革命家"勾践，也阴差阳错地登上了天下霸主的地位。随后历史进入了更加纷繁离乱的战国时期。也就在这个大时代里，孙武的后代、人称孙膑的齐国军事家，又以长江后浪推前浪的雄姿登上了战争舞台，并在历史的腥风血雨中，演出了一幕幕诡谲离奇、慷慨悲壮的传奇。

孙膑的身世

按照历代史家较权威的说法，当吴国破灭之后，孙武趁着吴都姑苏沦陷，携带家眷仓皇逃出吴境，来到齐地的西南边陲鄄城一带定居下来。

几年之后，这位曾叱咤风云的著名军事指挥家、战略家、国王战略顾问孙武将军，总算了却了他那令人说不清、道不明、稀里糊涂、四处流窜奔波的一生。若干年之后，他的玄孙、在家中排行老三的孙膑，于齐国阿、鄄之间一个乡村降生了。

孙膑当然是后来的姓名，且是一个外号，意为"被剔掉膝盖骨的孙姓人氏"。他的膝盖骨是谁剔掉的呢？这就是在民间流传甚广、早年与孙膑同拜鬼谷子为师的同学庞涓。至于孙膑原名为何，已无从考究。为叙述方便，权以孙膑为名，贯穿文本始终。

关于孙膑其人其事，司马迁在《史记》中这样记载："孙武既死，后百余岁有孙膑。膑生阿、鄄之间。膑亦孙武之后世子孙也。孙膑尝与庞涓俱学兵法。庞涓既事魏，得为惠王将军，而自以为能不及孙膑，乃阴使召孙膑。膑至，庞涓恐其贤于己，疾之，则以法刑断其两足而黥之，欲隐勿见。齐使者如梁，孙膑以刑徒阴见，说齐使。齐使以为奇，窃载与之齐。齐将田忌善而客之。"

孙膑早年的经历大致同《史记》中记载的一样。他与庞涓二人当年一同拜师鬼谷子，情同手足，庞涓入魏后却忘记了当初的海誓山盟，墨子将孙膑引荐给魏王时，也是万万没想到他的一番好意害得孙膑险些丢了小命，乃至于孙膑最终靠着鬼谷子赐予的锦囊妙计"要想活，装疯魔"，才终于为自己博得活下来的机会。

这个机会的源头仍要追溯到当年向魏惠王推荐孙膑的墨翟，墨翟师徒周游列国，一路风餐露宿地来到齐国临淄的时候，墨翟一位叫禽滑釐的弟子从魏国来齐。师徒于闲谈中提到了孙膑，墨翟问道："这后生在魏国混得咋样？"禽滑釐摇了摇头说："别提了，被庞涓害惨了，现在可说是生不如死。"接下来，禽滑厘便把孙膑在魏国的遭遇说了一遍。墨翟听后很感震惊，慨叹道："我看其人才华出众，本是要推荐他，想不到反而害了他，这事跟老田说说，看有什么办法没有。"

田忌听说之后，在愤慨之余表示要伸张正义，伸出援助之手，想办法把孙膑弄到齐国。本着这一人道主义关怀原则，田忌向齐威王做了汇报，并强调道："我们齐国有如此著名的兵家巨星，却无端在异国蒙受奇冤大辱，这真如孔仲尼所说，是可忍孰不可忍了。"

田忌回府和墨翟师徒合计了一下，想出了一个可行的办法，在征得齐威王点头同意后，开始按计划实施起来。

几天后，齐国外交部礼宾司司长淳于髡（kūn）带领几名手下弟兄，组织了一个出使团以送礼为名到魏国去执行任务，禽滑釐也扮成其中的一名随员前往。待来到魏国后，淳于髡见到魏惠王并将礼单呈上，转达了齐威王的友好之情。魏惠王见中原大国亲自登门送礼，感到自己很有面子，对淳于髡一行盛情款待之后，又安排下榻。

按照事先的分工，作为随员的禽滑釐暗中见到了依旧在街头装疯卖傻的孙膑，为防止庞涓的眼线察觉，白天并未与他讲话，只是到了深夜才悄悄只身前去探望。此时孙膑双腿残疾，披头散发，背靠一个井栏，低头似睡非睡。禽滑釐将其唤醒，孙膑抬头瞪着眼凝视着来者，并不言语。禽滑釐借着明亮的月光细看了孙膑的惨状，顿时泪流满面。他抽泣着压低声音道："孙先生，我是墨翟先生的弟子禽滑釐，我的业师将您的遭遇已经告诉了齐王，这次受业师和齐王的委派，专为营救先生而来……"

孙膑辨清了来者的身份，明白了来者的意图后，百感交集，不禁潸然泪下。过了好一会儿，他才缓缓说道："我孙某原以为自己非惨死于沟渠不可了，没想到会有今日之机会。不过庞涓疑心太重，防范甚严，恐怕……"

禽滑釐道："先生不必多虑，一切自有安排，到了行期，便来此处接

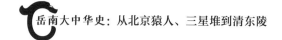

您。"当下，两人秘密约好了接头暗号，单等第二天开始行动。

第二天晚上，禽滑釐领着一个30多岁的叫花子，趁着夜色悄悄来到了孙膑所在的井边。只见孙膑快速把衣服脱下，递给叫花子穿上，而后爬到禽滑釐的背上，禽滑釐背着孙膑行走如飞，眨眼消失在茫茫夜色之中。

次日上午，淳于髡等一行就来到王宫向魏惠王辞行。魏王除回赠了一些稀有礼物外，又派相国和元帅这两位国府大员为齐使团摆宴饯行。待酒过三巡、菜过五味之后，齐使与庞涓等相互告别。此时孙膑早已被藏于禽滑釐的车中，淳于髡令禽滑釐护车快马加鞭先行进发，尽快脱离魏境而入齐国，自己随使团一行断后，以免庞涓派人追赶好做应付。就这样，孙膑在齐使的保护下，神不知鬼不觉地消失了。

孙膑拜入齐王麾下

齐国大将军田忌和墨翟得到孙膑已来齐的消息，一同前往看望。墨、孙二人相见，自是感慨多多，相互倾诉了一番分别之苦与思念之情，谈了齐国的形势和当前的状况，使孙膑对齐国的整体局势有了大体的了解。同时他们对今后的前景也做了一个简单的策划，使孙膑在感到欣慰的同时也增强了生活的信心和勇气。

第二天上午，田忌带领孙膑乘坐一辆残疾人用的专车直入王宫拜见齐威王。这齐王一看号称天王级的兵学大腕儿孙膑来到殿前，表面上做欢迎状，心中却在琢磨眼前这个瘸子是否像田忌、墨翟之流所说的那样神乎其神。为了验证孙膑的能耐到底是大是小，是英雄好汉还是酒囊饭袋，齐威王象征性地打完了哈哈之后，当场考问孙膑道："听说你是先祖孙武子之后，并得到兵学圣人孙武子的真传，深谙《兵学十三篇》的精髓，应算是当代兵家大腕儿了。这几年整得我后脑瓜子生疼也没整明白，你说这战争打仗的事儿到底该咋弄？"

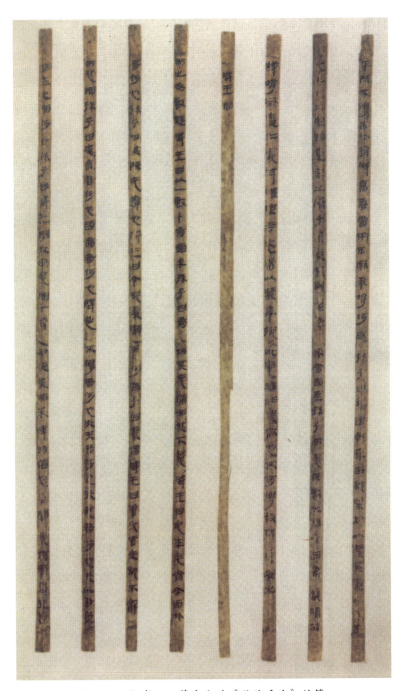

图5-10　银雀山汉墓出土的《孙膑兵法》竹简

面对齐威王突然又似乎是很自然的提问，孙膑心中明白，这实际上是一次命题考试，而这次考试的成败，将关系到自己的命运以及田忌、墨翟等人的面子。不过，就孙膑的才华和所学而言，这个题目算不上什么难题，早在拜鬼谷子学艺时，这样的作文就已交过多篇了，加之昨日自己对齐国的形势已有了大体的了解，并做过一番思考，对战争已经有了独到的看法和见地。于是，孙膑清了清嗓子，开始一字一句，嗓音略呈沙哑，声调低沉有力地演讲起来：

关于战争，并不是倚仗自己有强大的军队就可以说打就打，这是先祖帝王已经证明并传下来的道理。如果打了胜仗，就能保存处于危亡中的国家，并可延续将被毁灭的世系。如一旦打了败仗，就会丧失国土而危害整个国家。因此，对战争不能不认真考察和研究。可以这样说，轻率好战的人，会导致国家灭亡；一味贪求胜利的人，会受挫被辱。战争是不能轻率进行的，而胜利也不是随意可以贪求的。要先做好准备，而后才能采取行动……任何一代帝王都不能平素贪图安逸，无所作为而取得胜利。只有用武力战胜敌人，才能使自己强大巩固，实现万民归服，国家统一……那些功德不如五帝、才能不如三王、智略不如周公的人，却在叫嚣什么要积累仁义、推崇礼乐，不用武力的办法来制止战争，这种办法尧舜不是不想做，而是根本做不到，所以才用战争的办法来制止战争。（原文见银雀山汉墓竹简《孙膑兵法·见威王》）

孙膑一番讲演，将自己的战争观念和战争思想明确地提了出来。这篇讲演，后来成为《孙膑兵法》最为重要的一篇。它的核心思想是"战胜而强立"，这是孙膑战争观中的灵魂，也是对孙武《孙子兵法》关于战争观问题的一个发展和创造性的提升。

庙堂之上，面对齐威王的考问，孙膑一开始就先声夺人地指出，战争是关系国家安危存亡的大事，"战胜，则所以在亡国而继绝世也。战不胜，则所以削地而危社稷也。是故兵者不可不察"。

此时的孙膑冷不丁地提出这一问题，绝不是危言耸听，无的放矢，或捡拾重复他祖上孙武的牙慧故弄玄虚，而是针对齐国的现状发出的心灵的呼声。因为孙膑已从墨翟等人的口中了解到，在齐威王即位前和刚刚即位的一段时间内，齐国的形势相当不妙。公元前405年，三晋（魏、赵、韩）联合伐齐，廪丘一役，"得车二千，得尸三万"，齐军惨败，从此一蹶不振。次年，三晋联军又和齐军交手，齐军大败，联军一直攻入齐国的长城防线才算罢休。公元前380年，三晋伐齐，一直到桑丘才停住脚步。公元前378年，三晋伐齐又一直打到灵丘罢兵回归。公元前373年，燕败齐于林营，魏伐齐到博陵，鲁伐齐入阳关。次年，连小小的卫国也攻占了齐国的薛陵。公元前370年，赵伐齐攻甄。公元前368年，赵伐齐攻到长城脚下……因此，齐威王即位时，齐国正好处于"诸侯并伐"的乱象中，能否改变这一被动挨打的局面，的确关系到齐国的命运和前途。也就在这个节骨眼上，孙膑适时而大胆地提出了"战胜而强立"的政治军事理论。相对而言，这一思想较其他各种乱七八糟的学说更符合当时历史发展的客观趋势，因为在封建割据的情况下，任何一个统治者都不会自动退出历史舞台，放弃固有的权力，只能用"举兵绳之"的手段解决问题。

对于孙膑这番云山雾罩的夸夸其谈，齐威王虽然没有全部听懂弄明白，但整体上觉得对方说得有些道理，大多数观点还是比较合乎自己口味的。于是，他脸色比先前好看了许多，并半真不假地赞许道："你刚才说得有点道理，不愧是孙武之后，鬼谷子之徒，当代著名兵学大腕儿啊！你既然来了，总得给你封个一官半职的，否则对外界都说不过去，你自己琢磨什么官职比较合适？"

孙膑听罢，觉得齐威王并未真正从内心里看得起自己，言语中总有些敷衍的味道，而眼下正是一个包装炒作和自我推销的时代，看来不说点大话是不可能真正引起他的兴趣和敬重的。想到这里，遂拱手施礼道："感谢大王救命之恩和对我的关爱栽培之意，我作为一介残疾书生，身残却志坚，胸藏甲兵，有吞并敌军十万之众的雄才韬略。但是，我自入齐国后，到现在一计未献，寸功未立，何谈要什么职位？再说，假如给我一个官职，那魏国的庞涓知道后，一定会起嫉妒之心而生事端，这样得不偿失。不如暂时对外保密，等到大王哪一天有用人之处，我一定在所不辞，竭诚效力，以报答您的救助和知遇之恩。"

齐威王听了，顺水推舟地说："这样也好，你先到田忌将军家住着吧。"

孙膑答应着，离开了大殿，从此蜗居于大将军田忌家中，成了一名门客。

既然做了人家的门客，就要象征性地做一点门客所做的事情，否则每天端着个大碗白吃白喝，总觉得不好意思。就在孙膑思考着怎样可以一展身手时，一个机会来临了。当时齐国的庙堂之上，从君王到朝臣，大都沉湎于声色犬马之中，除了整日莺歌燕舞之外，还有一个重要课目就是赛马。当然这个赛马并不是许多年之后所提倡的友谊第一、比赛第二的那种体育比赛，而是金钱第一、比赛第二的赌博。因为每一位参赛者在赛前都要押上重金以赌输赢。对于这个比赛，或者说对于这个赚钱的机会，齐威王和大将军田忌两个重量级财迷都分外热心，总想在赛场上大捞一把。除了和其他群臣开赌外，齐威王与田忌还不时地较劲，一试高下。当然，既然是赌博，就有得有失，每次上场交锋，田忌只要和齐威王对阵，总是败多胜少，这令田忌感到格外头痛和苦恼。现在又到了赛马的时候，田忌见孙膑老待在家中有些烦闷，就说道："这次赛马你也去看个热闹吧。"于是孙膑就跟着田忌到了比赛现场，意想不到的是，这一去就看出了门道。

当齐威王和田忌二人所属赛马开始对阵比拼时，孙膑发现双方的马都分上、中、下三个等级，且要一个等级一个等级地赛下去，田忌的马与齐威王的马各等级之间足力相差不大，只要合理搭配是能取得胜利的。于是，孙膑让田忌到下次比赛时，要下大赌注，并表示自己有办法保证让他赢得这场比赛。田忌听信了孙膑的安排，当第二天比赛开始时，田忌在第一场用下等马对齐威王的上等马，结果自然是田忌败北。而接下来的两场，田忌则用一等马对威王的二等马；二等马对威王的三等马，结果田忌皆胜。三场下来，田忌是一负二胜，从而轻松地赢得了威王的大把金钱。

齐威王对这次败北感到有些意外，私下问田忌胜出的原因，田忌将孙膑出的主意说了出来。齐威王开始从心里佩服，并有些真诚地对田忌说道："看来孙膑还真有两下子，下次对外用兵你就和他搭伙吧，看看他在战场上的能耐咋样。"

孙膑桂陵之战

就在齐威王此话说过不久，魏惠王称霸中原的野心再次膨胀，他想一举吞并与之相邻的卫国，但卫国的盟友赵国表示不答应，于是魏惠王干脆派庞涓率八万大军伐赵，要给赵国君王一点颜色瞧瞧，如能借机灭了赵国，当然更是好事一桩。赵国听到这个消息，自知力不能敌，国王紧急修书向齐求救。齐威王在召集群臣商量之后认为，齐、赵这几年关系一直不错，算是友好邻邦，如果眼睁睁地看着魏国军队灭赵而坐视不管，不但在道义上说不过去，对齐国本身也不利。如果此次伸手援赵，不但可以保住赵国，增强两国之间的友好关系，同时还可以伺机破魏，从而慢慢取代魏国在中原的霸主地位。出于这几个方面的考虑，齐威王决定立即组建救援军援赵。

为借机试探一下孙膑到底有多少真才实学，威王专门将其召到王宫谈话，慷慨许诺要任命他为齐国救援军主帅，田忌为副帅。孙膑听后，心中尚未忘了自己的身份，心想这个主帅是万万不能当的，于是当场表示道："我是从酷刑之下侥幸逃生之人，现在被庞涓弄成残疾，搞成了人不人鬼不鬼的样子。如果我当这个主帅，让不知底细的将士们和外人见了，不但要吓一大跳，还可能让人产生堂堂齐国别无人才可选的错觉，从而产生轻视之意，这对统兵作战是极其不利的。为使这次远征马到成功，我建议这个主帅还是由

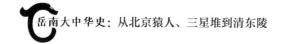

田忌将军来当比较合适。"

经齐威王与朝臣们商量，决定任命田忌为主帅，孙膑为总军师。齐国救援军在经过一段紧锣密鼓的组建后，终于以八万人的庞大阵营，浩浩荡荡地出发了。当这支军队快到齐卫边境时，根据密探探得的最新情报分析，庞涓已经对沿途的卫国进行了沉重打击，现率大队人马向赵国的首都邯郸扑去。面对此情，田忌对孙膑说："赵国跟强大的魏国比起来，如同狼和老虎搏斗，只有招架之功，并无还手之力，我们是不是赶快去救援邯郸？"

孙膑坐在车中轻轻摇摇头道："不能救邯郸。"

"不救邯郸，那我们咋办？"田忌问道。

"我设想了一个作战方针，叫作批亢捣虚，围魏救赵，你看行不行？"孙膑说着，对田忌解释道，"目前，魏国独霸中原的威势尚在，其兵锋正盛，我们组建的这支志愿军原是一群乌合之众，整天只知吃喝玩乐，战斗力跟人家差一大截，明摆着是敌强我弱。在这种状况下，若我军直接救邯郸，免不了要与魏军进行一场大规模的关乎两国命运的生死决战。在正面战场硬碰硬的情况下，并不能保证我军会占上风，一旦战败，后果不堪设想。如果我们不救邯郸，而是反其道而行之，趁魏国精兵北向，国内空虚之际，率部直捣其首都大梁。大梁的君臣一看我大军来犯，必急招庞涓弃赵而归，以解大梁之围，这样赵国也就得救了。当然，仅仅做到让庞涓返回魏国并不能从根本上解决问题，他既然能回来，也可以再回去，我们要设法让他有来无回。要做到这一点，唯一的办法就是尽可能地消灭他的军队，而要消灭他的军队，就需在攻打平陵上做文章。"

"这是哪儿跟哪儿，怎么又弄到平陵上去了？"田忌不解地插言道。

"是的。"孙膑望着田忌有些疑惑的神态，解释道，"平陵是我们去大梁的必经之地，此城虽然城池较小，但所辖的县境很大，人口众多，是魏国东部地区的军事重镇，也是齐、卫两国通往大梁的门户。我军进攻平陵，其目的不是为了破城，而是为了用疑兵之计迷惑敌人。根据当年我在魏国时对平陵地形地貌的观察，此处南面有宋国，北面有卫国，途中有市丘国，四周地势险要，兵力部署甚强，很难攻取。我军如孤军进击，自己无法备足粮草，而取粮于敌的路也将被断绝。陷于这种境地，就会给庞涓造成一种错觉，以为我军将领不懂得作战规律，对战略战术一窍不通。有了这个假象之后，庞涓便不会把我们放在眼里，从而集中精力攻打邯郸。而邯郸的守军知我们来援，必拼命死守，这样魏、赵双方必有一场又一场的拉锯战。待双方力量都消耗得差不多的时候，我们再分出一支军队袭击大梁，庞涓必然回救，到时我军设下埋伏，可一举击溃敌人，从而使魏军再无反扑的力量。"

面对孙膑的计策，田忌想了想，觉得有些道理，便说道："那就按你说的办吧。"于是拔营启程，指挥军队向平陵方向进发。

待快到平陵的时候，田忌向孙膑问道："你看这仗咋个打法好呢？"

孙膑不假思索地说："我已经想好了，为尽可能地保存实力，不能让我们军中的将军去统兵交战。据你了解，在我们的都大夫中，有谁平时说话办事稀里糊涂不懂人事？"

田忌想了一会儿说道："齐城、高唐的两位将军靠了相国邹忌的关系才当上将军的。这两个家伙平时不学无术，只知吃喝嫖赌，终日无所事事，典型的两个糊涂虫和败类。"

"天作孽，犹可违，自作孽，不可活。你马上下发命令，让我们的精锐部队按兵不动，令齐城、高唐二将军带着自己的手下弟兄去攻打平陵吧。按照我的构想，他们一旦进军，就必须要经过魏国的横、卷二邑附近，而二城之外都是四通八达的环形大道，恰是敌军集结兵力和布阵的好地方。这样齐城、高唐二部到达后，前有平陵坚城之阻，后有来自横、卷二邑魏军沿环涂大道的袭击，两路夹击，必败无疑。照这二将的能力估计，活着回来的可能不大。"

田忌听了孙膑的话，觉得有些不忍，但最后还是一咬牙听从了孙膑那借刀杀人的阴谋，命齐城、高唐二将军兵分两路去攻打平陵。

果然不出孙膑所料，齐、高所部不但未能夺取平陵，反遭横、卷二邑魏军沿环涂大道的连续攻击，结果在途中被打得大败，齐城、高唐二将在逃窜中被魏军所杀。

面对这种早已预料的结局，孙膑对田忌说道："立即派遣轻车甲士快速前进，直捣魏都大梁的城郊，造成大军压境之势，迫庞涓回救。同时分派少量步兵跟随轻快的战车西进，以向敌人显示我军势单力薄，使其轻敌麻痹，进而入我圈套。"

田忌按孙膑的策划而行。此时的魏惠王正在后宫酒宴起舞，突然听到齐军神兵天降一样包围了自己的首都，惊恐之中急忙派人拿着令箭让庞涓回师救驾。这个时候庞涓刚刚攻破邯郸，正在赵国王宫准备好好享受一番，忽然接到回师的急报，气得七窍生烟，五官冒火，既不情愿放弃邯郸，也不能不回救大梁。在极端痛苦中，只好兵分两路，留下部分人马驻守邯郸，自己亲率主力部队回奔大梁。孙膑得到庞涓作战部署的情报，迅速带领主力于平城北部的桂陵一带设下埋伏，单等庞涓主力部队到来。此时庞涓率军日夜回赶，他与手下大多数官兵近年来南征北伐，所向披靡，打遍天下无敌手，压根儿就没把齐军放在眼里。心想只要自己的主力一到大梁，甚至不用到大梁，齐军就该望风遁逃了。

令庞涓想不到的是，自己的部队刚到桂棱，就遭遇了孙膑、田忌布下的伏兵。骄横自大又毫无戒备的魏军，在齐军的突然攻击下，一触即溃，官兵死伤多半，庞涓本人率领几名贴身侍卫于乱军之中杀开一条血路，狼狈逃回了魏国，齐军大获全胜。

几十年来在诸侯眼里向以"怯弱"之态出现的齐军，由于这次实施了孙膑的战略战术，击败并重创了向以"悍勇"著称的魏军，从而创造了流传千古的桂陵之战这一光辉战例，为齐国在后来的岁月中称霸中原迈出了重要的一步。（见银雀山汉简《擒庞涓》）

马陵之战与庞涓之死

桂陵之战后，魏惠王被迫同赵国议和，并撤兵邯郸，赵国亡而复存。当然，魏国毕竟是久霸中原的强国，尽管桂陵一战损兵折将，但仍有较强的实力，在不算太长的时间内就恢复了元气。特别是率领十二诸侯朝见周天子于孟津后，魏惠王又骄横起来，他忘记了桂陵之战的教训，开始实施吞韩灭赵、独占中原的计划。到公元前340年，魏惠王再也按捺不住心中的欲火，他令庞涓为远征军总司令，率兵大举进犯韩国。韩国君臣一看魏军来势汹汹，自知不是对手，火速向齐国求援。

齐威王自桂陵之战后，渐渐从声色犬马中清醒过来，开始将主要精力放在治理国家上，并暗中图谋中原霸权。这次见魏、韩已经交手，认为正是借机破魏救韩的好机会，便召集群臣商量对策。相国邹忌首先跳出来反对，并放言道："魏、韩两国没有一个好东西，这是他们之间一场狗咬狗的战争，没什么正义与非正义之分，我们还是少管这些闲事，坐地观狗咬比较合适。"

大将军田忌的看法同邹忌正好相反，他不但主张救韩，而且要尽快出兵。作为特邀代表列席会议的孙膑则认为，韩要救，但如果过早出兵，无疑形成了齐国代替韩国对魏作战态势，如果齐、魏两败俱伤，后果必然是齐国要听从韩国的摆布，这对齐既不利又不公平。最好的处理方法是，答应救韩，但不急于出兵，先让魏、韩两国进行拼杀，等到韩危魏疲之时，齐再发兵救韩击魏，这样才能名利双收。

齐威王一听，觉得这个观点正合自己的心意，遂采纳了孙膑的建议，许诺韩国出兵却一直按兵不动。

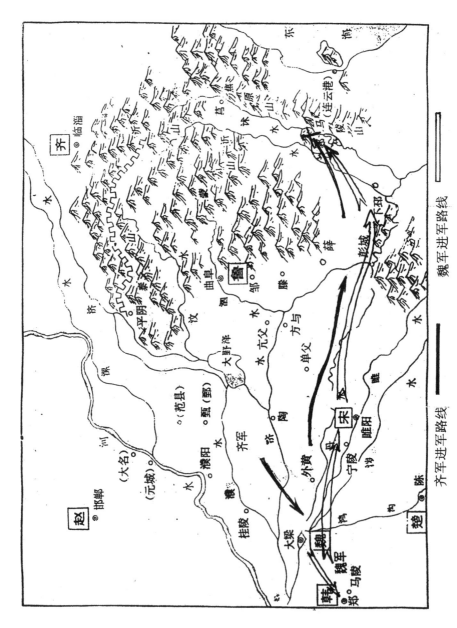

图5-11 郑城"马陵之战"考察小组绘制的"马陵之战"示意图

庞涓率大军与韩军先后进行了五次较大规模的战争，魏军五战五捷，韩国已危在旦夕，而魏军也师老兵疲。齐威王在孙膑的提示下，决定出兵。按照传统史学家如司马迁等人的说法，这次齐国出兵，同上次救赵基本相同，任命田忌为主帅，孙膑为军师，统率大军十万救韩。孙膑故技重演，再次沿用上次批亢捣虚、攻其必救的战略，大军不奔韩国，却直扑魏国的首都大梁。征战在外的庞涓正要进逼韩都，忽然接到本国急报，只好停止攻韩，火速撤兵回援。与此同时，魏惠王吸取了上次的教训，在国内积极发动大量兵力，以太子申为主将，主动抵抗潮水一样涌来的齐军。

齐军突破魏国边境后，向纵深穿插而去，不久就接到庞涓回援的情报及太子申出兵抵抗的消息。孙膑建议田忌不等魏军赶到，就先避开锋芒，绕道向东撤军。庞涓率部昼夜兼程赶回魏国，一看齐军不战而退，想溜之乎也，便与前来御敌的太子申合兵一处，立即沿齐军退路急追而来。此时魏军依仗人多势众和在本土上御敌，可谓气势汹汹，锐不可当。田忌探知魏军情报，对孙膑说："我看魏军还是不减当年伐赵之勇，这次也是来者不善，看看我们弄个什么办法给他们一个迎头痛击，否则这事就没完没了了。"

孙膑说："这事我心里有数，这魏军一向自恃勇猛强悍而轻视我军，我军也确实是不够争气。在这种情况下，只能智取，不能正面交锋和恃勇斗狠。我们应利用庞涓及其部将急于和我们决一死战的焦躁骄横心理，设下圈套，引诱他们中计。先祖兵法有云，用急行军赶百里路去争取的，会折损领头的大将；用急行军赶五十里去争取的，只能有一半部队跟进。根据这个规律，我们要诈为怯弱，采用减灶之计，迷惑他们，让其急行冒险，这样我们就可相机将其歼灭了。"

田忌听罢说道："尽管没有绝对把握，但也不妨一试。"遂指挥军队依计而行。

庞涓率部追赶齐军，尽管士气高昂，精神抖擞，骄横之情溢于言表，但毕竟在桂陵之战中吃过大亏，因而庞涓在骄横之中一直藏着小心。更让他为之战战兢兢和赔着小心的是，他通过各种情报探知孙膑早已亡命齐国，并曾担任过桂陵之战的总设计师。既然孙膑能参加桂陵之战，这次很可能就在齐军中担当一个重要角色，只要孙膑在齐军之中，就很难对付了。所以对齐军这次不战而退，庞涓总在心中打鼓生疑，而对齐军撤退的情报和蛛丝马迹，也就格外留意并时刻提防上当受骗。当他率大队人马追至齐军曾放弃的扎营之处时，发现规模宏大，气派非凡。派人清点做饭的锅灶，其数量可容十万人吃饭，庞涓为此甚感震惊和不安，于继续追赶途中就更加小心谨慎。当第二天追至齐军安营扎寨处时，发现锅灶只够五万人所用。待追至第三天，又对锅灶进行清点，发现只够三万人之用。看到齐军做饭的锅灶一天天锐减，沿途又抛下了许多兵器、粮草、战车等物资，渐渐放松了警惕，认为齐军仅三天时间就伤亡大半，确实是一帮乌合之众。于是，庞涓的焦躁之情又在周身和脑海暴起，为了尽快消灭齐军，庞涓下令丢下步兵与辎重，亲自率一部分精锐骑兵，向前狂追猛赶。

孙膑在撤退途中得到了庞涓已经先行追赶而来的情报，他按照魏军前进的速度计算了时间，急率部队赶赴马陵山埋伏起来。

这马陵山有一条十几里长的古道，古道两旁是高低不平的悬崖峭壁，溪谷深隘。溪谷两旁，则是乱树丛生，野草遍地，其地形地貌，正是兵家设伏奇袭的好地方。孙膑让田忌派兵把大量树木伐倒堵塞道路，只留一棵当道而生的老树，把树身向东的一面树皮刮去，露出白木一条，然后用黑煤在上面写下八个大字"庞涓死于此树之下"，字的上部另有横批"孙膑特赐"。

待这一切准备完毕，孙膑又让田忌挑选五千名弓弩手，埋伏在大树两侧的山野丛林之中，并吩咐他们说："只要看见对面山崖上火光燃起，你们就对准树下之人和所率部队一齐放箭。"与此同时，田忌按孙膑的计划，派自己的儿子田婴领兵一万在离马陵道三里的丛林中设伏，待魏兵蹿出峡谷后进行围追堵截，不让庞涓像上次一样再杀出一条血路死里逃生。

部署已定，孙膑又让田忌将大队人马屯扎于山野之外三十里处，形成一个口袋状的大包围圈，以达到全歼庞涓和太子申部的目的。

当齐军布置妥当后，庞涓的大军也到了马陵山下。此时正是阴历十月下旬，最后一抹晚霞从西边的天际隐去，夜幕开始笼罩大地，整个山区显得一片苍凉、肃穆。突然，魏军先头侦察部队前来报告："马陵山道发现断木塞路，难以前进。"

庞涓听罢，看了看即将完全黑下来的天空，心想，齐军就在眼前，假如跨一大步，伸手可得。如果今夜放其翻过马陵山遁去，以后的追剿无疑将困难许多，常言道，过了这个村就无那个店了，一定死死咬住，绝不能放松。尽管此时进山有军事冒险主义的成分，但除了冒险，别无选择。想到这里，他一咬牙，下令先头部队搬掉乱木，全力向前推进。夜幕笼罩下的魏军精锐徐徐进入马陵山道，悬崖峭壁、草丛树木将惨淡的月光遮蔽起来，使狭窄的山道漆黑一团。越往前走，眼前越阴森恐怖，心中越发紧张，头皮阵阵发麻。庞涓有些悔意，想命令部队返回，但数万人马已经进入峡谷，身前身后乱树丛生，很难有回旋的余地，只好心存侥幸，硬着头皮继续闯下去。

不知过了多少时候，一群官兵摸索着来到了那棵齐军特意保留的大树旁，在偶尔显露的朦胧月光照耀下，忽有一眼尖嘴快的兵卒喊道："树上有字！"

众官兵围上来抬头一看，只见一棵突兀而立的大树黑乎乎地挡在道上，树身有一片明显泛白，上面隐约可见涂着什么文字，但由于月色太暗，一时看不分明。正吵吵嚷嚷间，有精明负责、惯于拍马溜须的官兵早已报知了庞涓。

"娘的，难道是遇到鬼了？"庞涓听到这件奇事，心中发慌，但还是装作若无其事的样子，怀着好奇带领几个亲信走马来到大树跟前。

只见大树的空白处，确实有隐隐约约的字迹，但又看不清楚，庞涓令军士取火把照明，以便弄清真相。火把很快拿来，树上的一切尽显眼前。

庞涓看罢，大惊失色，脱口说道："这个瘫子，我今天又中了他的阴谋诡计了！"说罢，匆忙转身下令撤退。

就在这时，对面山崖上火光突起，早已埋伏在山谷两侧的齐军看到动手的信号，顿时引弩发箭。具有强大威力的劲弩如骤雨狂风一般席卷了山道上的魏军。那当道而立的大树，更成为齐军弓弩手瞄准、射杀的重要目标。在如蚁似蝗的乱箭之下，庞涓躲藏不及。他于危难之中突然忆起了当年离开鬼谷时，老师鬼谷子曾说过的"遇马而卒"的话，现在自己身陷马陵道，可能是在劫难逃了。又忆起自己离开鬼谷时，面对孙膑所说的"死于乱箭之下"的咒语，庞涓一手扶树，强撑着身子直面箭雨，满含怨恨地说道："我后悔当初没有杀掉那个瘫子，以致如今虎陷狼群，生生落于他的手里。唉，看来这都是上天安排的定数呀，天命难违，我庞某去也！"说罢，庞涓拔出随身佩带的宝剑自刎身亡。

庞涓既死，魏军顿时乱上加乱，经过一夜的激战，太子申被俘，十几万魏军全面崩溃瓦解。这是齐军在孙膑的具体策划指挥下，继桂陵之战之后在马陵所创造的又一个流传千古的光辉战例。（这场战争的记载见银雀山汉简《陈忌问垒》篇）

第二天黎明，在打扫战场时，有官兵将庞涓的尸体抬于孙膑、田忌跟前领赏，孙膑看到已成为血葫芦的庞涓，立即怒火中烧，悲愤交加，千头万绪涌上心头。为了发泄心中的愤怒和报当年刖刑之仇，他命兵士将庞涓的尸体抬到自己的专车前，取过一把长剑，"咔嚓"一声，将头颅斩下，说了句："庞兄，咱俩的一切恩怨情仇今天算是一刀两断了，到阎王爷那儿咱再做同窗吧。"然后命人找根绳子将鲜血淋漓的庞涓头颅挂在了田忌乘坐的战车横木之上，借以宣扬军威，庆贺胜利。

马陵之战在让孙膑得以复仇的同时，也彻底改变了齐国与魏国的命运，历史的进程又一次得以改写。

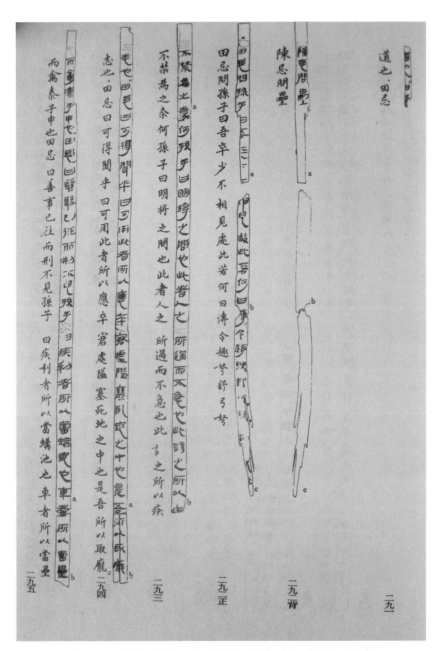

图5-12　银雀山汉墓出土《孙膑兵法》摹本《陈忌问垒》

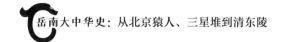

对司马迁的挑战

马陵战役之后，魏国一蹶不振，走上衰败，齐国则借这次军事胜利强盛起来。诸侯们见风使舵，纷纷弃魏奔齐，向齐国进献金钱美女，以示亲近，齐威王终于实现了称霸中原的梦想。而孙膑自入齐以来，通过两次战役，也初步实现了平生理想和政治抱负，除了报仇雪恨，也弄了个名扬天下、万古流传的著名军事战略家美名。

随着时间的推移，渐渐强大起来的齐国，将相不和的矛盾日益激化尖锐，孙膑作为田忌的前门客和军事助手，不但难以施展才华，为国尽忠，即使是安身立命也越来越困难，只好识趣地主动向齐威王提出归隐山野田园的请求。齐威王深知孙膑的难处与明哲保身的想法，很痛快地答应了，并以特事特办的名义赠送一大笔安家费和两名男童、四名女子给孙膑。自此之后，孙膑远离了齐国都城，归隐山野田园，开始了修身养性、著书立说的新生活。

当然，孙膑归隐之后，在什么地方隐居，每天怎样生活，以至什么时候撒手归天等，史家少有记载，而民间传说也多模糊不清。但有一点却是肯定的，即孙膑在深入研究前人的兵书，特别是《孙武兵法》的基础上，根据自己平生所学，结合亲身实践和战争经验，殚精竭虑，呕心沥血，终于完成了名垂千古的皇皇巨著——《孙膑兵法》八十九篇和四卷图录，从而成为中国历史上，继孙武之后又一位承上启下、继往开来的伟大的兵学巨匠。

由于孙膑和他的高祖孙武，在春秋战国诸侯混战的大舞台上，都曾做过划时代的表演，并创造了出神入化、登峰造极的兵学文化，而这笔文化遗产作为人类的瑰宝，在社会各阶层特别是军事领域产生了广泛而深远的影响，人们习惯上把孙武、孙膑统称为孙子。而这个提法，被后来的司马迁于《史记·孙子吴起列传》中记载了下来。

司马迁的传记，对两位孙子的身世、战功以及著作等方面的记述，虽略显简单，但基本情况说得还算分明。即孙武是春秋末期仕于吴国的著名军事战略家，著有兵法十三篇。孙膑是孙武的后世子孙，二人有血缘关系。孙膑生活在战国时代的齐威王时，同他的祖先孙武一样著有兵法传世。

继司马迁之后，东汉史学家班固在其《汉书·艺文志》中，著录了《吴孙子兵法》八十二篇和《齐孙子》八十九篇。班固的史料来源不得而知，但记述明确。《吴孙子兵法》指的是孙武所著的《孙子兵法》。《齐孙子》则是孙膑所著的《孙膑兵法》。另外，在《吴越春秋》和曹操的《孙子序》中，也有一些关于这方面的记载。

《史记》与《汉书》有关两个孙子其人其书的记载一直为人们所尊信。然而，到了唐代，才子杜牧根据司马迁与班固对《孙子兵法》篇数的不同记载，在其所著《樊川集·孙子序》中提出了一种说法，认为传世的《孙子兵法》十三篇是曹操删削的结果。他说："武所著书，凡数十万言，曹魏武帝削其繁剩，笔其精切，凡十三篇，成为一编。"

杜牧这一搅和，平静的池塘顿生涟漪，好事者纷至沓来，开始怀疑孙武其人其书是否真实存在过。在各说之中，影响最大、最早者当数北宋仁宗时代注释《孙子》的学者梅尧臣，梅氏认为《孙子兵法》这本书带有浓厚的战国色彩，不足为信。

南宋中期的史家叶适，进一步明确表示，孙子书不合儒家军事理想，此书中的很多思想和名词都非春秋时期所常见，而为战国时期所独有。他认为《孙子兵法》是后人伪造而冒孙武之名顶替的，历史上根本就没有孙武此人，也就是说孙武是那些伪造者凭空虚拟的一个神话人物。为证明此说正确，叶氏列举了很多条证据加以支撑。言之凿凿，证之锵锵，此说影响巨大，近似铁证。

明代学者章学诚、清代学者姚鼐受杜、叶等前辈儒生影响，认为《孙子兵法》"皆战国事"，并宣称："吴容有孙武者，而十三篇非所自著。"主要理由有二：一是春秋时期用兵规模不大，即使是大国也不过数百乘，而《孙子兵法》中则有"兴师十万"的记述，显然记述的是战国时期的事情。

二是《孙子兵法》中称国君为"主"，这是战国时期的称谓习惯，而"主"在春秋时期是士大夫之称。

曾在晚清戊戌变法中大出风头的梁启超，在有关先秦诸子的论述中，谓孙武的兵法十三篇，乃战国人伪托，并有可能是孙膑所为。按梁氏的说法，兵书中所言，"皆非春秋时所能有……此书若指为孙武所作，则可决其伪；若指为孙膑所作，亦可谓之真"。梁氏没有说这个论断的根据是什么，可能是出于他的主观臆想，而不便或不能举例加以论证。

孙武、孙膑各有兵书

除上述诸君发表的论断和宣言，尚有多种纷纭繁杂，甚至是突兀离奇的不同论调。更有奇者，清人牟默人在《雪泥书屋杂志·校正孙子》一文中，宣称孙膑为伍子胥的后代。文中说道："古有伍子胥无孙武，世传《孙子》十三篇，即伍子胥所著书也。而《史记》谓"孙膑生阿甄间为孙武之子孙者，实即子胥之裔也。"

另一种说法更加大胆，称孙武与孙膑为同一个人，著名的《孙子兵法》实际上是战国时孙膑所著。如现代学者钱穆在《先秦诸子系年考辨》中说，孙膑名武，其人在吴、齐两国都曾工作、学习、生活和战斗过。司马迁作《史记》时"误分以为二人也"。

另有日本学者斋藤拙堂作《孙子辨》一文，同样因孙武之事不见于《左传》，而怀疑《史记》中所载的孙武到底有没有其人。经他如写侦破小说一样反复推理，得出孙武与孙膑原本是一个人，名武而绰号叫膑，相当于梁山好汉鲁智深绰号叫花和尚，孙二娘绰号叫母夜叉一样。其理由大意是：司马迁记载，孙武见吴王，当在吴伐楚之前，此时孙武就已经将自己所创作的兵法十三篇献给吴王看过。但这个时候偏安南方一隅的越国尚小，其兵力不可能比吴国多。而《孙子兵法·虚实篇》却说："以吾度之，越人之兵虽多，亦奚益于胜哉。"很明显，此话是越国比吴国强大之后的语调，是战国时期的孙子所言。另有证据，如《左传》昭公三十三年，吴伐越，为吴越相争之始。而《孙子兵法·九地篇》则说"吴人与越人相恶"，这是后来吴越相结怨之证据，因此也就说此著当是战国之后所作。又《战国策》一书称孙膑为孙子，结合《史记》中的列传，特别是自叙传中所称的"孙子膑脚，而论兵法"，可知现行流传的《孙子兵法》一书，是孙膑所著无疑，而孙武和孙膑同为一人，武为其名，膑则为绰号。

就在诸多怀疑论者势如蝇蟑，将孙武、孙膑及其著作搅得一塌糊涂、乱上加乱之时，1972年银雀山汉墓竹简横空出世。在让世人亲眼领略这批文化瑰宝的同时，也确认了所出的这批书籍至少在西汉初年已广为流传的事实。特别是《孙子兵法》与《孙膑兵法》同时出土，如同一道闪电划过迷茫的夜空，使聚讼千年的学术悬案顿然冰释。这批汉墓竹简，如一面迎风飘扬的旗帜，以鲜活亮丽和无可辩驳的存在吸引着人类惊喜的目光，并以自身具有的深刻内涵向世界昭示了如下历史事实：

第一，汉简的出土证实了《史记》有关孙子和《孙子兵法》记载的真实性。与《孙子兵法》十三篇同时出土的，还有一些与十三篇关系十分密切的、至为重要的《孙子兵法》佚文残简，其中《吴问》一篇记述的是孙子与吴王的问答，其主要内容是：吴王问孙子曰："六将军分守晋国之地，孰先亡，孰固成？"孙子曰："范、中行氏先亡。""孰为之次？""智是为次。""孰为之次？""韩、魏为次。赵毋失其故法，晋国归焉。"

简文中所说的"六将军"，即晋国六卿范氏、中行氏、智氏和韩、魏、赵三家。春秋时期，卿与将军不分，平时为卿，战时统率一军，则以"将军"相称。

据《史记·晋世家》载，晋定公二十二年（公元前490年），赵、韩、魏和智氏联合赶走范、中行氏。晋出公十七年（公元前458年），四家世卿瓜分了范、中行氏的土地。晋哀公四年（公元前453年），赵、韩、魏共灭智氏，尽并其地。

从以上的记载中可以看出，《孙子兵法·吴问》产生的时间应在范、中行、智氏灭亡之后，否则，作者绝不会那么准确预料到三卿的灭亡次序。对于赵、韩、魏三家的发展，作者认为韩、魏相继在智氏之后灭亡，晋国全部归属赵氏。然而这次他的估计却全然错了，说明作者既没有看到晋静公二年（公元前376年）三家最后瓜分晋公室，也没有看到晋烈公十七年（公元前403年）三家正式建立封建诸侯国的重大历史事实。由此可知，《吴问》是在智氏亡到赵、韩、魏三家自立为侯的五十年内撰写的。而孙武主要活动在吴王阖闾执政（公元前514年—公元前496年）时期，与《吴问》撰写时间相去不远。因而，这篇文字的作者不论是谁，把孙武的言行记录下来，都有时间上的便利条件。因此，把《吴问》视为孙武言行的可靠材料是没有问题的。

此外，竹简本中另一篇《见吴王》则记述了孙子吴宫教战等传记材料，不但与《史记》《吴越春秋》等记载相吻合，而且有些情节较《史记》更为详尽，据汉简整理小组专家吴九龙等推断，出土的篇章很可能就是当年太史公所依据的古本史料。由此可见，《史记》关于孙子的记载并非空穴来风，而是当时的流行之说，至少在当时人们并不怀疑孙子是春秋末期的吴国将领，同时也是《孙子兵法》一书的作者。

第二，汉简本《孙子兵法》与《孙膑兵法》同时出土，以无可辩驳的铁证破除了孙子、孙膑同为一人的谬说，粉碎了孙子就是伍子胥等妄言。

在出土的编号为第0233号竹简中，有"吴王问孙子曰……"等字样，在第0108号竹简中，有"齐威王问孙子曰……"等文字。这些鲜活可见的文字，不但充分证明有两个孙子，且同时昭示一个服务于吴国，一个服务于齐国。这两个服务于不同国度的孙子，就是太史公在《史记》中所记载的孙武和孙膑。此二人处于不同的时代，各有兵法传世。因而，那些鼓吹孙武、孙膑同为一人的谬论，也就不攻自破了。

第三，汉简的出土证明《孙子兵法》确系十三篇。明显的证据是，在一同出土的《见吴王》篇中，其中两次提到孙子书为"十三扁（篇）"。另外，在十三篇简文出土的同时，还发现了一块记录有竹书篇题的木牍。尽管这块木牍已破碎成六块小片，但从其行款及残存的内容看，简本《孙子兵法》确为十三篇，且其篇名与传世本基本相同，只是在个别篇名与篇题上与传本有些出入。

还有一个不可忽视的重要证据是，就在银雀山汉墓竹简发现6年之后的1978年夏季，考古人员在青海省大通县上孙家寨——五号汉墓的发掘中，出土了一批木简。与木简同时出土的还有三面铜镜和一些五铢钱，一枚私印，印文为"马良"。经观察分析，三面铜镜花纹皆为四乳四螭纹，铜钱与洛阳烧沟Ⅰ、Ⅱ型相同，由此推断该墓时代当为西汉晚期。结合随葬品的组合和木简情况推断，考古人员认为墓主人马良当为一个军事将领，因史书无传，其身世无从查考。但在出土的木简中，其中一部分是与《孙子兵法》有关的兵书。例如，有一支木简（061号）上明确书有"孙子曰：夫十三篇……"这个记载比银雀山竹简还要明确，从而进一步说明《史记》所记述的孙武有兵法十三篇是完全有根据的。另外，在残简当中，还有一支（001号）上书"……□可与赴汤火白刃也"的文字，这与《史记》记述孙武见吴王阖闾时所说一段话的末句"虽赴水火犹可也"两者相似。因这一句话不见于银雀山竹简，从而又可以作为银雀山竹简的补充。

与此同时，竹简还提供了一些《孙子兵法》的重要佚文，例如：

"《军斗令》，孙子曰：能当三□"（047号）

"《合战令》，孙子曰：战贵齐成，以□□"（355号）

"《□令》，孙子曰：军行患车错之，相（？）□□"（157号、106号）

"子曰：军患阵不坚，阵不坚则前破，而"（381号）

"□者制为《军斗》"（346号）

"□制为坚阵"（078号）

"行杀之，擅退者后行杀之"（063号）

据参加整理这批残简的考古人员说，类似以上的佚文在出土的竹简中还有许多。此简文是不是《汉书·艺文志》所提到的《吴孙子兵法》八十二篇尚无确切根据，但可以肯定的是，至少在汉代初年，《孙子兵法》十三篇已经作为一部单独、完整的著作而流传于世了。至于班固弄出了一个《吴孙子兵法》八十二篇，如果不是无中生有、凭空捏造、故弄玄虚，那最大的可能就是西汉末年刘向等人在整理过程中，把与孙子兵法相关的材料，如上孙家寨汉墓部分残简，以及在银雀山汉墓中同《孙子兵法》十三篇一同出土的《黄帝伐赤帝》《地刑（形）二》等孙子后学的解释发挥之作也收入其中，致使篇目大大地扩充了。而曹操在为《孙子兵法》作注时曾明确指出"孙子者，齐人也，名武，为吴王阖闾作《兵法》一十三篇"，可见当时的十三篇早已成为定本，而不是几十篇捆绑在一块儿的羊杂碎式的大杂烩。曹操之所以为《孙子兵法》作注，正如他在《孙子序》中所言，是不满于一般注释之作的"未之深究训说，况文烦富，行于世者失其旨要"。后来的杜牧不解其意，妄下论断，误以为曹操删削八十二篇而成十三篇，以至于谬种流传，贻害了四方。

两部兵书之谜

孙武的《孙子兵法》之所以引起了千余年来聚讼纷纭的论争，除了已表述的种种理由外，还有一个重要原因，那就是《孙膑兵法》自《汉书·艺文志》以后不再见于著录。即使《汉书·陈汤传》曾引用了兵法"客倍而主人半，然后敌"之句，但后人都不知出自何典。随着银雀山汉墓竹简《孙膑兵法》的出土，这个问题迎刃而解，千年悬案得以更加明晰地昭示天下。《汉书·陈汤传》这句话原来是出于汉简本《孙膑兵法》的《客主人分》篇。由此可以看出，在西汉时《孙膑兵法》还相当流行，但不久就散佚不传，从而使纷争骤起，绵延1000多年而未绝。

银雀山汉墓出土的《孙膑兵法》汉简，经整理小组努力，共整理出竹简364枚，分上、下编，每编各15篇，计11 000余字。尽管字数已较原简失去大半，但据整理者吴九龙说这一成果已来之不易。失传1700余年的《孙膑兵法》终于阴差阳错地重见天日，这就为研究孙膑及先秦历史提供了极其珍贵的资料。

根据银雀山汉简整理小组的考释成果，汉简本《孙膑兵法》的篇目和主要内容列表如下：

编次	篇名	主要内容
上编	擒庞涓	桂陵之战
	见威王	孙膑的战争观
	威王问	孙膑的战略战术思想及治军、地形、阵法问题
	陈忌问垒	战术运用并以马陵之战为例加以说明
	篡卒	军队建设原则和战争胜负的因素
	月战	战争与天时的关系
	八阵	选将标准和八阵的运用原则
	地葆	军事地理
	势备	阵、势、变、权四项作战指挥原则
	兵情	将、卒、主之关系

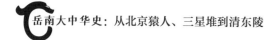
续表

编次	篇名	主要内容
上编	行篡	关于选拔任用人才的方式方法和原则
	杀士	军纪和赏罚原则
	延气	鼓舞士气的原则和方法
	官一	军队组织、作战指挥和后勤保障
	强兵	富国、强兵
下编	十阵	十种阵法的特点和运用
	十问	敌我力量不同情况下的不同击敌方法
	略甲	简文残缺，难以看出主要内容
	客主人分	取胜的保证
	善者	如何使自己处于主动，使敌人处于被动
	五名五恭	对付敌人的不同方法
	兵失	作战失利因素的分析
	将义	将帅必备的品质
	将德	将帅品德
	将败	将帅品质上的缺点与战争失败的关系
下编	将失	将帅作战失利的各种情况
	雄牝城	雄城、牝城的地理特点
	五度九夺	避免不利条件，争取有利条件
	积疏	积疏、盈虚、径行、疾徐、众寡、逸劳六对矛盾的相互关系
	奇正	奇正的相互关系

关于汉简本《孙膑兵法》的作者，据整理小组人员吴九龙等从已整理的篇目分析，认为大部分为孙膑所著。另有一部分篇目，记述孙膑的事迹，如

《擒庞涓》《见威王》《威王问》《陈忌问垒》《强兵》等，其中有些语句对孙膑进行了明显的褒崇，这些篇目应是孙膑的弟子或后人根据孙膑的事迹和理论编纂而成。

通过对汉简本的考释可以看出，孙膑在齐国时已有弟子，如《孙膑兵法》残简中有下面一段话："孙子出，而弟子问曰：'威王问九，田忌问七，几知兵矣，而未达于道也。……'"（第65简）这当是孙膑有门下弟子的明证。还有，在第8简有"曰孙子之所为者尽矣"句，这样高度赞扬孙膑的话，从语气来看，不像出于孙膑同龄人的笔墨，更不像出自他的上级齐威王、宣王或田忌之口，而极可能是他的弟子所说。另外还有一些篇目应是孙膑语录的汇编，如《篡卒》《月战》《八阵》等，推测也应是其弟子整理而成。因而吴九龙认为，《孙膑兵法》的编定，和一些先秦其他古籍一样，当出于其门弟子之手。当然，也不能排斥这样一种推断，即《孙膑兵法》的一部分或大部分是孙膑的原著，最后经过他的弟子增补编定。但无论如何，编定的年代，当在孙膑死去以后。尽管不能肯定孙膑的对话是原话，但其主旨却反映了孙膑的思想，是后人研究孙膑军事思想最为可靠的资料。关于《孙膑兵法》成书的时代，学术界虽存有争议，但以银雀山汉墓发掘者吴九龙为代表的相当一部分学者，根据对汉简的考证，认为完成于战国中期。

当然，从银雀山汉墓出土的简本《孙膑兵法》中不难看出，此书并不是无源之水、无本之木，凭空产生创造出来的孤立之作。它在很大程度上继承了《孙子兵法》十三篇的军事思想，是孙武战略理论和战略思想的进一步发展与完善。从如下的列表中可以看到其异同之处。

序号	《孙子兵法》	《孙膑兵法》
1	《始计》："攻其无备，出其不意，此兵家之胜，不可先传也。"	《威王问》："威王曰：'以一击十，有道乎？'孙子曰：'有，攻其无备，出其不意。'"

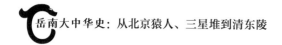

序号	《孙子兵法》	《孙膑兵法》
2	《始计》："道者，令民与上同意也，故可以与之死，可以与之生，而不畏危。"	《兵失》："兵不能胜大患，不能合民心者也。"
3	《始计》："将者，智、信、仁、勇、严也。"	《将义》："将者不可以不义……将者不可以不仁……将者不可以无德……将者不可以不信……将者不可不智胜。"
4	《谋攻》："以虞待不虞者胜。"	《威王问》："用兵无备者伤。"
5	《虚实》："故兵无常势，水无常形，能因敌变化而取胜者，谓之神。"	《见威王》："夫兵者非士恒势也。此先王之傅道也。"
6	《行军》："平陆处易，而右背高，前死后生，此处平陆之军也。"	《八阵》："险易必知生地、死地，居生击死。"
7	《行军》："凡军好高而恶下，贵阳而贱阴，养生而处实，军无百疾，是谓必胜。兵陵堤防，必处其阳而右背之，此兵之利，地之助也。"	《地葆》："凡地之道，阳为表，阴为里，直者为纲，术者为纪，……凡战地也，日其精也，八风将来，必勿忘也。"
8	《行军》："绝水必远水。"	《地葆》："绝水、迎陵、逆流、居杀地、迎众树者，钩举也。"
9	《行军》："凡地有绝涧、天井、天牢、天罗、天陷、天隙、必亟去之，勿近也。吾远之，敌近之；吾迎之，敌背之。"	《地葆》："五地之杀曰：天井、天宛、天离、天隙、天招。"
10	《地形》："夫地形者，兵之助也，料敌制胜，计险厄、远近，上将之道也。"	《威王问》："料敌计险，必察远近……将之道也。"

由上表可知，《孙膑兵法》在一定程度上继承了《孙子兵法》的军事思想，但由于孙膑处在战国时期，军队构成和作战方式已与孙武所处的春

秋时期发生了较大的变化。因此，孙膑又在某些方面对《孙子兵法》进行了发展。例如，《孙子兵法》对战争主张速决，反对持久，认为"兵贵胜，不贵久""久则顿兵挫锐""夫兵久而国利者，未之有也"，甚至说"兵闻拙速，未睹巧之久也"。这就是说，虽然是计谋拙劣的速胜，也要比筹划巧妙的持久战好。与这种思想相一致的，《孙子兵法》还反对攻城战，认为"攻城则力屈"，甚至把攻城战当作一种万不得已的"下策"。

　　孙武这种反对持久、攻城，主张速胜的思想，是同春秋末年社会经济状况相联系的。春秋末年，生产力相当落后，各国的经济力量都不可能支持旷日持久的攻坚战、消耗战。所以《孙子兵法》说："凡兴师十万，出征千里，百姓之费，公家之奉，日费千金。"从而特别提倡和主张对战争要慎重处理，既要知道"用兵之利"，又能了解"用兵之害"，才是"智者之虑"。书中还说道："国之贫于师远输，远输则百姓贫；近师者贵卖，贵卖则百姓财竭。"同时还指出"军无辎重则亡，无粮食则亡，无委积则亡"，从而主张要"因粮于敌"。这些论述，都是春秋末年社会经济状况的具体反映。从另外一个方面来看，当时的城邑，并不是很普遍、很具规模，在战争中，还不能成为双方争夺的重点。因而，攻坚和旷日持久的消耗战并不是十分必要。而且，从战争的武器来看，当时主要是铜制的刀、剑、戈、矛、戟、殳、钺等武器，宜于近战但不宜攻坚摧垒。虽有些弓弩箭矢，但是射程短，不具有攻克城寨的能力。供攻城用的所谓"战车"也只能是掩护士兵接近城墙，并不能作为冲破城寨的具有强大杀伤力的装备。因而《孙子兵法》的军事战术思想，就不能不受到这些历史条件的制约。

　　诞生于战国中期的《孙膑兵法》与《孙子兵法》的战术思想相比，就有了明显的进步与发展。由于时代变迁，经济发展，交通改进，孙膑在战争思想与战略战术方面具有明显的战国时代特征。具体表现为：

　　一、先进兵器的较广泛使用。《孙膑兵法》曾多次提到使用弩，如"劲弩趋发""厄则多其弩"等。弩较弓强劲，可以远距离杀伤敌人，在当时属于一种先进兵器。与此同时，孙膑还在书中提到了"投机"，这种机器即抛石机，利用机械力量投石，击杀远处敌人。这样先进的兵器用之于战，可以较多地杀伤敌人，并减少白刃战的伤亡。

二、兵种变化。到了孙膑时代，交战国双方都普遍使用了骑兵，《孙膑兵法》云"险则多其骑"便是例证。骑兵的大量投入，使军队的机动性、灵活性、突发性有了较大的增加。

三、编制变化。骑兵、徒兵增加，战车兵减少，孙膑的战略思想也自然要发生变化并在其著作中有所体现。

四、各种外在条件的变化，自然引起了战术、阵法变化与发展，出现了《孙膑兵法》中所说的"飘风之阵""雁行之阵""锥行之阵"等多种阵法。

五、随着战争规模的扩大和城市特点的突出，孙膑开始主张攻城战略，这恰是孙武所反对的"攻城为下"的战略战术。孙膑具体提出了什么城可以攻打，什么城不可以攻打，并且还讲到要把野战与攻城结合起来等战略战术。这些论述，虽然并不见得完全合理与全面，但反映出了当时与城市的发展相适应的战略思想与战争方法。这些思想方法的发展变化，正是《孙膑兵法》对《孙子兵法》有所发展和创新的强有力的佐证。

发现孙膑洞

银雀山汉墓发掘者之一刘心健在《莒州志·古迹》中，查到了一条"莒县东南百里甲子山前麓有孙膑洞"的记载。此后，他曾几次按这个记载到甲子山一带调查，结果真的找到了"孙膑洞"，并认为此处是孙膑晚年的隐居之所。

甲子山孙膑洞属山东省莒南县朱芦镇石汪村地界，确切位置在石汪村北三里拉子山西楼顶山的后山坡，即甲子山主峰玉皇顶以东半山腰上。此处群峰起伏，层峦叠嶂，是个隐居的好地方。

据载，孙膑洞"洞旁有泉，下有饮牛汪。山水环绕，境极幽僻"。实地观察便可发现，此洞洞口朝东南，洞深4米多，高3米多，宽10米许。洞内巨石参差，台坎天然。洞口有长形砖墙，墙内有孙膑师徒三人及其坐骑的泥塑像。孙膑像高4尺，两个徒弟李睦和袁达侍立在侧，3尺高的独角牛作为坐骑居右，现依然可见。孙膑洞的东面不远处有一座高山，号称蒙山，据当地传说是鬼谷子当年设坛授徒的地方。蒙山中有鬼谷洞，传说当年孙膑、庞涓就曾在此读书受教，也就是说当年鬼谷子搞的那个训练基地就在此处。甲子山上的孙膑洞，选在他曾读书就学的地方不远处，当是思乡和落叶归根的寄托。

孙膑洞前有平地一块，由东、南、西三面的残存石垣围成一个院落，院中央有一饮水池泉，水由洞内石壁缝中流出汇此。暗流至洞，汇成小溪，再下流三里，抵村东北角斜坡，则哗然成瀑。瀑下就是个石汪，传说这就是孙膑当年耕作休息和饮牛的地方，山村即以此石汪而得名。在村的东北角流淌的一条河边，仍可看到在一块大青石板上有一串串茶碗大的小洞，据说这是孙膑的牛来饮水时踏踩而出的印痕。

据当地风俗习惯，地名以人名命之并立祠塑像纪念，一定与其人在此活动过有关。莒地既非孙膑的家乡出生地，也不是其采邑封地，而竟然能以孙膑之名命洞，且祠以师徒塑像，一定是有些来头。

按照刘心健考察研究所得出的结论，此洞很可能与孙膑当年离开齐国官场和战场后，曾在此隐居过有关。此地远离齐国都城临淄，可避开政敌的注意，又不出齐境，还可慰其爱国之心，再加上"山水环绕，境极幽僻"，正是一难得的隐居"圣地"。洞内塑有其二徒，亦与史料记载相符。《孙膑兵法·威王问》篇即有"孙子出而弟子问"的话，但没书其弟子姓名。根据孙膑洞现有的塑像印证，其弟子中较亲近者，可能就是民间传说中的李睦和袁达，后随师父隐居于此。

图5-13　甲子山孙膑洞中的塑像，孙膑（中），左右站立者是他的两个徒弟

洞中右边另有独角牛和牧童塑像皆栩栩如生。孙膑刑余，不能行走，需要坐骑。官场失意隐居，乘不起车马，牛既可代步，又可从事耕作，恰合隐士之需。

据当地人说，1955年以前，这里有传统的"牛旺香"山会。每年农历正月十五，群众会于此地烧香祈祷牛旺禾收，虽然这一做法带上了迷信色彩，但从当地农业世代相传并把孙膑和他的牛神化的情况来看，也似乎说明孙膑在此隐居很久，留下了巨大而深刻的影响。

《史记》载，孙膑的故里在阿、鄄之间，也就是今菏泽地区鄄城县境内。孙膑离开齐国官场之后，没有再回到鄄城老家，很可能来到了甲子山一带，就此隐居并著书立说。只是著名的《孙膑兵法》是否就产生于甲子山这个洞内，尚难做出定论。

千年隐秘，期待有识之士前来解开。

第六章 湮没的曾国之谜

擂鼓墩风水之谜

历史的契机于漫不经心中突然降临。

如同世界上许多重大考古发现都肇始于野外修路造房、挖坑筑坝一样，曾侯乙墓的面世，正是源于当地驻军一次偶然性施工。

1977年秋，在湖北省随县城郊擂鼓墩，武汉军区空军雷达兵部想要在原军械雷达修理所（后文简称"雷修所"）基础上扩建两个兵器大修车间，由负责营区基建工程的副所长王家贵主持这一工作，9月，正式破土动工。

一直在工地监工的王家贵突然发现中间一个地方土质由褐色泥土构成，便蹲下身详细观察。这泥土不像红砂岩那样坚硬，像是人工挖填的地层。于是他问了当地一位外号"万事通"的白发老者。这位老者煞有介事地说，此处在很久以前是一座小庙，庙里住着一个和尚。这位和尚经常下山勾引女人，后来和一位前来进香的年轻寡妇勾搭上了。一年后，东窗事发，寡妇的族人前来兴师问罪，一气之下，把小庙一把火烧了个精光。许多年之后，此处已长满了荒草野树，日军占领随县进驻擂鼓墩时，又在这一带挖战壕、修碉堡，好一阵折腾，说不定下面就是日本投降后废弃的战壕或地道。

白发老者一席话令众人半信半疑，王家贵轻轻摇了摇头，小声说："我看不像小庙，也不像战壕和地道，依我的知识和经验，下面怕是一座古墓。"

雷修所所长郑国贤听罢，略微一惊，随后又神态自如地笑了笑，道："你是不是考古的电影和杂志看多了，有点走火入魔，想在这里也挖出个女尸来啊？不过……"郑国贤停顿了片刻，又说："我刚才也有这个念头，只是现在还不能确定，再挖挖看。你密切注意下面的情况，若有了其他变化再想办法。"

施工照常进行，没有人再去关注地下是一座小庙的地基还是日军挖掘的战壕陷坑，而王家贵的心就此与这片异样褐土紧紧拴在了一起。

施工仍在继续。擂鼓墩东、西两团坡，在炸药爆响与推土机轰鸣中进入了深秋。这天上午，参加施工的随县城郊公社团结大队第八生产队二十几名社员，被安排在东团坡东部边缘清理石渣碎土，并用钢钎钻眼放炮。其中生产队会计梁升发与侄女梁爱琴被分到一个较为偏僻的坡下清理碎石和泥土。当二人连挖带刨掘下一米多深时，随着梁升发举起的镐头从空中落下，只听"咚"的一声，镐头被弹了出来，梁升发的胳膊被震得发麻。

"咳，遇到硬石了！"梁升发自言自语地说着，用镐头轻轻地向外勾着泥土，看是否需要钻眼放炮。就在镐头的利刃在泥土中无目的地搅动时，"咕咚"一声轻微响动，一个圆圆的铜质物从土中滚出。

梁升发眼睛一亮，扔下镐头，好奇地蹲下身，拾起铜质物，一边用手擦着外面的泥土，一边观察起来。只见眼前的铜质物，特别像一只"香炉"，口部比碗略大一些，坛子状，肚子鼓起，下面有三只脚，内外长了斑斑点点的绿锈，拿在手中感觉沉甸甸的。

梁升发将"香炉"放下，迷惑不解地用手在眼前泥土里扒了几下，三个小型的青铜箭头陆续出土。此时，梁升发意识到了什么，拾起镐头拉开架势，用力刨将起来。不多时，一件青铜壶随着"咔嚓"一声，被带出坑外。不远处的侄女抬头间猛然看到这个情景，疾步上前，瞪大了眼睛对梁升发问道："挖出啥子了？"

此时梁升发已回过神儿来，知道自己挖出了宝器，遂一脸严肃，急忙用眼神阻止侄女，同时迅速脱下褂子，把几件铜器盖了起来。他向四周看看，见其他社员并未注意自己的举动，遂转过身，压低声音，满脸兴奋并带有几分神秘地说道："铜家伙，宝贝疙瘩，别吭声，让那边的人看见，就没咱的了！"

梁爱琴虽无见识，但觉得新奇，而从叔叔的面部表情和一系列动作中可感知眼前的"疙瘩"很不一般，于是点头表示心领神会，不再吭声。

发现青铜器

梁升发在坑外蹲下身子，用略带颤抖的手卷了一根纸烟，点火抽着，有些不安地望望岗坡上挥锨扬镐的人群，又瞟了几眼面前的土坑，沉思了一会儿，轻轻对侄女说道："我估摸着，下面肯定还有好东西，咱俩悄悄掘。要是让他们瞧见，都来抢，就没得咱的份儿了。"

言毕，将烟头"唰"地扔到地上，精神抖擞地复入坑中，小心地挖掘起来。未久，一连挖出了20余件器物（梁爱琴后来说24件），全部为青铜器。有的像罐子，上面有盖；有的像香炉，带三只脚；有的长方形带四只脚；有的像灯座；另外还有几十个箭头。所出器物大者有十几斤重，小的只有几两重。因土质松软，挖的时候又格外小心，青铜器出土后绝大多数完整无损。为防止其他社员发现，梁升发在旁边另掘一小洞，将出土器物陆续放入洞中，用土覆盖，然后再用褂子掩住。

中午放工，梁升发与侄女故意磨蹭拖后，见工地上再无人影，便把器物从小洞中扒出，用褂子包住，各自背着向外走去。因两包东西又大又沉，很是惹眼，引起雷修所站岗巡逻哨兵的注意和怀疑。哨兵追上前来，当场喝住二人，命令其放下包裹接受检查。梁升发无奈，只好硬着头皮一一照办，同时解释是自己从地里掘出的破铜烂铁，准备拿回家，做喂鸡养兔的家什等。

哨兵觉得事情蹊跷，但并不知这些满身长着绿锈的"破铜烂铁"有何价值，又看到这些器物确实不是部队的东西，一时不知如何处理。梁升发见哨兵犹豫不决，一边笑哈哈地打着圆场，一边示意侄女梁爱琴拎包快走。侄女心领神会，梁升发也借机提起包溜之乎也。

梁升发带领侄女一路小跑，气喘吁吁地将东西背回家，一颗悬着的心"咚"地落下。在他看来，只要进了家门，这堆东西就理所当然地成为自己的合法财产，无须再担心村里其他人前来哄抢和掠夺了。于是，梁氏以暴发户心态，当场在家中搭起一块木板公开展示挖出的青铜器，以显其能。

梁升发在家中办展览的消息很快在村中传开，张二毛、王拴狗、李铁拐等闻风而动，纷纷前来观展。王拴狗在当地算是见过一些世面的能人，面对一堆长着斑斑点点绿毛的青铜器，当场断定此为古铜，比一般的废铜值钱些，遂劝梁升发赶快找锤子，把长着三只脚的"香炉"、没长脚的"铜壶"以及带盖的大肚子器物砸开捣碎，用水冲洗干净后卖给供销社废品收购站。据王拴狗估计，这一堆东西可卖十几元钱，可换几条好烟与几斤咸鱼尝尝。

另一位村中"能人"李铁拐，对王拴狗的说法不屑一顾，认为不能轻易开砸，说不定那带盖的坛坛罐罐里头装着宝贝，现在最明智的做法是，赶紧撬开看看。一番巧舌如簧的鼓动，梁升发豪气大增，内心充满着希望与幻想，找来一柄大铁铲一连撬开了两个带盖的坛子和三个罐子。令在场者大失所望的是，里边除了泛着绿锈的脏水和一点零碎的骨头，再无他物。

刘歪嘴见状，唾液四溅地咕噜道："这可能是人的骨头，小孩死了之后把骨头装进去的。"

朱小猪疾步向前，摇着头道："不可能是人的，这是古人吃剩的排骨汤。"说着，他拿起一把小锤子将几件青铜器敲打一遍，鼓动梁升发尽快将其砸开，冲洗后卖到供销社废品收购站，换几包上等的黄金龙牌香烟，让大家过过瘾。

在众人一片喊砸的呼声中，梁升发按捺不住心中的激情，进得里屋拖出一把大号铁锤就要向一个铜罐抡去。

像众多古典小说常有的"刀下留人——"惊险情节一样，恰在这时，忽听门外一声大喊："住手——"

众人闻听大惊，抬头望去，只见雷达修理所的副所长解德敏带领几名官兵急匆匆冲了进来。梁升发高高举起的铁锤停在空中，不再动弹，场面进入短暂凝固状态。

一个小时前，梁升发走出雷修所大门，见哨兵没有追赶，心中忐忑不安地向后瞟了一眼，而后突然加快步伐，将包重新搭在肩上，偕侄女慌里慌张地朝岗下奔去。一直默默注视两人行踪的哨兵见状，蓦然意识到不对劲儿。这一老一少，心中一定有鬼，说不定那些破铜烂铁还是什么宝物。想到这里，哨兵感到问题有些严重，急忙来到连部向指导员做了汇报。

指导员立即将器物与在电影上看到的马王堆出土文物联系起来，顿感事关重大，立即向负责施工的王家贵及分管生产、行政、招收工人的解德敏做了汇报。王、解两位副所长一听，当即断定是从坑中刨出的古物，既然出自雷修所这块地盘，理应及时上交，此人却胆大妄为，以破铜烂铁蒙混过关，携带古物溜之乎也，这还了得？事关重大，不能稍有迟缓，必须立即追回。于是，王、解二人强压怒火，果断做出由解德敏亲自率人追回文物的决定。解德敏等人赶到团结大队一打听，有几位嘴快的社员抢着说道："哎呀，你说的人是会计梁升发，正在家里做展览呢！"

解德敏急忙找人带路奔向梁家。就在他跨进大门的一刹那，梁升发已将铁锤高高举起。沉重的锤头尚未落下，解德敏一声断喝，避免了青铜器粉身碎骨的下场。

解德敏进得门来，表情冷峻地围着展出的青铜器看了一遍，突然抬头对梁升发说道："挖出东西要及时上报，这是早已宣布的规矩。你今天弄来的这些东西属于珍贵的国家文物，必须立即交给国家。私藏就是犯罪，你是不是想成为现行反革命分子？"

在场的众人听罢，大骇。梁升发望着身穿军装、威风凛凛、满脸怒气的解德敏，深感事情不是说着玩的，涨红着脸，惊恐中似笑非笑地道："我咋想当反革命呢？东西是你们检查的，都在这里，一件也没少，你们说咋办就咋办吧。"

解德敏说道："东西先拿到雷修所保存，然后上交县里，看如何处理。"言毕，他示意一同来的官兵将东西重新包好，全部带到了雷修所。

现场勘察

解德敏一行携青铜器回到驻地，所里几位首长观看后，认为是古物，但属于哪朝哪代却说不清楚。几人一起来到梁升发挖坑的地方查看，没有发现异常情况。施工现场依旧机器轰鸣，人声鼎沸，爆炸声此起彼伏，火药味四散飘荡。1978年2月21日，当推土机把炸松的红砂岩与中间地段约半米厚的青灰土推去时，又出现了一个奇特现象：只见青灰土里夹杂着一些麻灰色碎石块，这些石块显然与红砂岩大为不同。未久，在中间部位的东南角，一块长、宽各一米多的麻灰色花岗岩大石板，在推土机的轰鸣中破土而出。

一直在工地观察的王家贵见状急忙走上前来，凭着自己的所学知识和多年积累的经验，一眼看出这显然是一块经过加工的石料。他立即命令推土机停止推进，让一名技术员速把所长郑国贤、政委李长信、副所长解德敏等所领导请来观看。

郑所长赶到后，令几名技术人员用铁锹将石板周围的土挖去，以便详细观察。一经清理，众人大吃一惊，只见灰白色土层中竟铺了一层大小相近的石板。石板经过人工凿制，且铺砌成一个平面。一连掀起五块，皆是如此。

既然是人工加工，又有规则地铺砌而成，意味着地下肯定有不同寻常的建筑物。结合上面的"五花土"与下面铺设的石板，除了说明这是一座古墓，没有什么其他合理的解释。

3月4日，正在宜城主持楚皇城勘探的襄阳地区博物馆考古人员王少泉被单位召回，要他去施现场查看。3月5日，王少泉一行人进入施工现场勘察。他们迅速做出了判断，认为此处是一座大型墓葬，年代应为春秋至秦汉之间。3月9日，王少泉向省博物馆副馆长龚凤亭和考古队长谭维四详细汇报了勘察情况。龚、谭二人听罢，大为震惊，如果此墓是一座，而不是多座连在一起，其墓主身份之高、埋葬器物之丰是不可想象的。龚、谭二人当场拍板，省博物馆即刻从野外调集一流的考古、钻探人员，前往助阵，探明情况，抢救地下埋藏的珍贵文物。

发现盗洞

3月19日，考古队长谭维四率领从江陵纪南城调集而来的技术人员王正明、陈锡岭，携两根探铲匆匆赶往随县。

谭维四详细查看了暴露痕迹，挖出的土层、土质以及钻探的资料，又亲自拉着皮尺对墓坑做了测量，情况大体清楚。这是一座"岩坑竖穴木椁墓"，即先在红砂岩山包上开凿一个竖穴为墓圹，然后在圹内置木质棺椁，再用泥土回填，层层夯筑，在夯筑层的中间，又铺了一层大石板，以巩固墓顶。

谭维四还看到，钻探出的几块椁板木屑附有竹席残片，淡黄色的残片在阳光下泛着亮光，如同刚刚编织完成。这个奇特的迹象，很可能意味着整个墓葬并未遭到盗掘，并像马王堆汉墓一样，随葬品完好如初地保存于地下宝库之内。想到这里，谭维四惊喜不已，当场握住雷修所所长郑国贤的手说："你们这次可是帮了我们的大忙，为国家立了大功了！"

吃过晚饭，工地现场挂起了电灯，考古人员开始挑灯夜战，四根探铲从不同方位往下打眼。因工地中有一个水塔压住了墓坑东南部一角，根据谭维四指示，两根探铲着重探其四周，以探明塔基与墓坑的关系。想不到探铲刚深入地下两米多深，阴沉的天空下起了蒙蒙细雨，高出河畔几十米的山冈，北风呼啸，寒气袭人。雨越下越大，风越刮越紧，人站在山冈上开始打哆嗦，无奈中，考古人员只好拔出探铲，收工回营。

次日，风雨未停，急不可待的考古人员身披雨具来到现场继续钻探。经过一上午的努力，考古人员弄清了墓坑的准确形状与椁室深度以及椁板的铺盖方法，掌握了填土与地层关系，绘制了平面图。

令考古人员不可思议的是，此墓形状极为特殊，坑口呈不规则多边形，这样的形状在湖北省境内属首次发现。靠水塔的部位，墓坑内的椁盖板，离地平面最深处不到2.5米。而中部靠东部位东室与主室交界处，一字排开连打四个探孔，在地面下方70厘米至80厘米深处见到木椁。面对这一情景，谭维四大为震惊，脱口而出："好险，这可真是千钧一发！若再向下放一炮就完了。说不定墓里的尸体都给炸出来了，要感谢人民子弟兵啊！"

下午，考古人员继续钻探。在墓中间偏北的部位，省博物馆的陈锡岭手持探铲刚打下半米深，感到有些不对劲儿，继续下探，仍是如此。"不对劲儿呀，是不是探得盗洞了？"陈锡岭于迷惑诧异中，情不自禁地叫了起来。

"盗洞？"众人纷纷抬头转身，面带惊恐之色围拢过来。"是扰土，很有些不妙！"陈锡岭将拔出的探铲铲头平放在地下，让谭维四等人查看。众人看罢，皆沉默不语，谭维四站起身，面色沉重地说："是有些不妙，再探再看，争取在天黑之前探个清楚。"

陈锡岭复把探铲插入探孔，双手持杆，一上一下，娴熟轻巧地钻探起来。根据谭维四指示，钻探手李祖才也持铲前来钻探。

天渐渐暗了下来，阴沉的天空又下起了蒙蒙细雨。凄风苦雨中，考古人员身披雷修所胡股长送来的雨衣，将目标全部集中在这个可疑的盗洞之上。

当陈锡岭手持的洛阳铲下探至1.8米深时，一铲触到了木椁板，再一铲打下去，触到了石块，表明木椁板与石块挤压在一起。此时，李祖才的探铲已触到巨石，铿锵不能进。拔铲做倾斜状继续下探，铲头正好从一块木椁板与巨石中间穿过，"噗"的一声插入墓坑之内。待把洛阳铲拔出，一股混浊的水流喷涌而出，众人大骇，纷纷退避。

情况已经基本明了，眼前就是一个盗洞，且这个盗洞不偏不倚，就打在中室部位。如果估计不错，这个室当是主要存放陪葬品的地方。所探到的三块巨石与木椁夹杂在一起，是盗墓贼凿断椁板之后，上面的石块跟着下塌，然后插入棺椁之中，这便有了石块与木椁板夹杂堆砌在一起的情形。除了表明此处是一个盗洞，根据水流突然喷出的现象，可以断定，整个墓坑内已积满了水。至于水是从盗洞灌入，还是因渗漏而积聚坑内，不得而知。但无论如何，既发现盗洞又见积水，这对于下葬的墓主和陪葬的器物，都是《易经》卦象上"主大凶"的预兆。

一阵大风呼啸着掠过山冈，将众人扫了个趔趄。雾气飘荡中，一个响雷在擂鼓墩上空炸响，雨更大了，一个不祥的阴影向考古人员的心头笼罩而来。

洞下是水库

21日上午，由省、地、县三级组成的联合钻探队全部进入工地，继续清理昨天发现的盗洞，以期将地下情况弄个清楚，探个明白。

现场施工的民工把墓口浮土用铁锨全部清理干净，考古人员陈锡岭、刘柄等开始清理盗洞内淤土。盗洞直径约90厘米，深入地下约1.1米见到椁板，正对盗洞的一块椁板东段显然是被盗墓贼斩掉了一截，导致这块盖板的西段失去重心，斜插着塌入椁室内，上部的填土也随之而下，几块石板因失去支撑物而落入洞内与淤泥搅在一起。当清理到椁底时，一股混浊的水流再

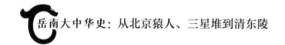

度涌出，上面的考古人员无法看清椁室内的情况。

既已把椁板斩断，那么这个贼娃子是钻入了椁室还是没有钻入？如果钻入椁室，后边箱里的陪葬品是否已经被劫？棺材是否已被劈开？墓主人的尸体是安然沉睡，还是已被贼娃子拖出棺外，抛入椁室的某个角落而早已腐烂成泥？如果此墓已经被盗，里边是否还有幸存之物？

谭维四面对水流涌动的洞口，对雷修所的郑所长道："洞内情况不明，用你们的抽水机把水抽一下，看看椁室的情况再说吧。"

一部小型抽水机很快运到现场，吸管插入盗洞之内，抽水机开始作业。洞内的水流由浊变清，源源不断地流出，两个多小时过去，仍未见干枯的迹象。

"真是活见鬼了，这个墓坑到底有多少水，不要抽了，停机。"谭维四说罢，抽水机停了下来。

吸管拔出，谭维四伸头向盗洞看去，只见水位与抽水前基本持平，没有明显变化，抬头对身边的刘柄说："我明白了，整个墓坑已积满了水，并与地下水有关联，这样下面就成一个水库了，再抽也是白搭。我看这样吧，联合勘探就到这里，李祖才负责找人把这个洞口回填，其他的人到办公楼开会，看下一步如何行动。"

众人听罢，沉默不语，个个面露悲观失望之色，无精打采地来到雷修所三楼会议室商量对策。

根据谭维四的分析，如果盗墓贼没有把椁室劈开，而多重内棺密封又好，出古尸的希望还是有的，至少百分之几的希望是存在的。"不过，"谭维四说，"在我看来，这个墓的重要性并不在此，比古尸更为重要的文物肯定是不会少的，发掘价值依然大得很。退一万步说，即使是被盗掘一空，按照国家文物法规，这么大规模的墓也要正式清理发掘，何况不发掘又怎么能知道墓中的情况呢？"

众人听罢，认为言之有理。发掘人员开始昼夜奋战，力争早日结束。下一步急需做的，是取出椁板，进入墓坑。

所谓椁，就是指套在棺材外面的大棺材。所见椁盖板，共由47块巨型梓质枋木组成，分东西向和南北向铺就。每块枋木最短者5.68米，最长者达9.85米，宽度和厚度均接近半米或超过半米，最大者达到了3.1立方米。因长年在地下泥水中浸泡，枋木外表均呈黑色，每块重量约在1吨以上，大者超过两吨。

图6-1　将木板吊出坑外（周永清提供）

5月18日，在驻随县城郊炮兵某师的支援下，吊车将一块块椁板吊起，露出的墓室中果然满是积水，水的颜色虽然比盗洞所在的中室清了许多，但水面除了漂浮几小块残竹片，什么也看不见。向下望去，只见黑乎乎一片，是淤泥还是由于水质本身混浊造成的，一时难以弄清。谭维四命人找来一根铁丝顺椁墙徐徐伸下，测知椁室水深竟达3.13米，差不多是两个人接起来的高度，近似于一口水井的水位。

众人看罢皆大吃一惊，如此深的水位意味着什么呢？为尽快弄清底部的情况，谭维四令杨定爱继续指挥向北起吊，直到把整个北室全部揭开为止。与此同时，在北室安放潜水泵，加速抽水，来个竭泽而渔，水落石出。

潜水泵抽了几个小时的水，北室的水回落约有半尺。按这样的速度，需要几天几夜才能见底，难道下面与地下暗河中的水道相通不成？谭维四想着，围绕椁室转了几圈，除发现北壁椁板上有藤条做的缆绳痕迹外，其他异物一件也没看到。

"看来真的要坏事了！"一位同事向前小声提醒道。

"不可能，难道一点骨渣也不给咱留下，这个盗墓贼也太绝了吧！"谭维四言毕，以悲壮的心境冲众人大声喊道，"大家再坚持一下，把盗洞南边的几块椁盖板吊起来，看看这下面到底葫芦里装有什么药。"

吊车的长臂再度转到盗洞南侧，随着哨声响起，一块椁盖板被吊离原处。众人急不可待地伸头观看，只见下面全是淤泥和浊水。又一块椁板吊起，下面的情形仍如此前。

当第三块吊起，下面仍是淤泥与浊水。此时，天空已经大亮了，下面的情形比先前看得更加清晰，但除了泥水什么也没有。

第十块椁盖板被吊了起来。众人探头观看，下面还是积水一片，发掘队员们似已习惯了这种场面，情绪不再波动。

起重机的长臂再度旋转过来，巨大的铁钩对准了第十一块椁盖板，套装工作完成，起重机轰然一声加大油门，粗壮的钢丝绳开始绷紧，椁盖板腾空而起。就在这时，只见水下一个巨大的黑影一闪，"哗"地蹿起，仰起的头颅在空中停留片刻，又一个滚翻落入水中，激起的浪潮漫过椁盖板，打湿了坑边人员的裤腿。

未等众人明白过来，又一个巨大黑影在波浪中腾空而起，像一条受伤的大鲸，发着呼呼的怪异之声，在空中旋转飞舞片刻，又一个滚翻跌回水中。浪头冲击处，一块开裂的墓壁"呼隆"崩塌下来，站立其上的考古人员险些落水。

"水鬼！"不知是谁喊了一声，沉沉的夜幕中如同一声惊雷，令人不寒而栗。众人先是各自后撤了几步，而后回转身慢慢围将上来，瞪大了眼睛久久凝视着眼前两个长形"怪物"。现场一片死寂。

十具棺材同时冒出

水面渐渐平静下来，两个"怪物"在水中轻微荡动，人群中喊声再起："大漆器，彩绘的大漆器！"

"不是，像是棺材！"

谭维四踏着樟板走上前来，果然看到水上漂浮着两口黑漆彩绘长棺，每一口长度约两米，大部没于水中，只有盖板等少部分浮于水面。

"终于显示尊容了！"谭维四说着，眉头舒展，脸上露出了一丝笑容。无论棺内情形如何，毕竟大家亲眼看到有东西冒了出来。兴奋之中，谭维四抬腕看了一

图6-2　彩绘棺浮出水面，考古人员在绘图与做吊棺的准备工作

下手表，将近凌晨5点，东方天际泛出鱼肚白，新的一天就要来了。

"起吊到此结束，下一步如何行动，等研究后再说。"谭维四于惊喜中下达了收工命令，众人看着水中漂浮的两口巨棺，恋恋不舍地撤出了工地。

第二天，两口棺相继被吊出。第三天上午，考古人员先行对一号棺进行清理，棺内骸骨虽零散，但基本未缺失，另有小玉环、小木篦等文物，尸骸的下颚骨与牙齿整齐完好，估计死者是一位比较年轻的女性。

为探清墓坑情况，当天下午，取吊椁盖板的工作全面展开。随着盖板的起吊，水底又"呼呼啦啦"接连蹿出了几口彩绘木棺。负责记录的刘柄推断这些应是陪葬棺。这些木棺有的盖、身分离，有的完好，有的横卧，有的完全倾覆，似是刚刚遭到了一场大规模洗劫。

众人见状，无不惊骇。偌大的墓坑如同一个山顶水库，本就形成一大奇观，想不到东、西两个墓室竟有十口彩绘木棺冒出，自是奇中加奇。这是湖北省考古界所挖的几千座大小墓葬中，未曾遇到过的先例。

无头小鸭浮水而来

椁盖板和浮起的木棺全部取走了，深埋地下的木椁初露真颜，尽管整个场面有如"水漫金山"之势，但大轮廓还是可以分辨出来。

整个木椁空间差不多有半个足球场一样大，如此庞大的木椁不仅在湖北省考古发掘中从未有过，就是在整个中国也属首次发现。

十几天没白没黑地折腾，只见到了一个大木椁的轮廓、十口浮起的陪葬彩绘木棺，另外就是一汪清浊不一的深水，其他的文物什么也没有见到。谭维四等考古人员决定，立即动用潜水泵抽水，尽快解开墓坑藏宝之谜。

当天夜里11点，开始抽水。

潜水泵发着"隆隆"响声转动起来，一股股清水顺着8米长的管道喷射而出，流入山冈下的沟渠。

突然，看上去平缓无波的西室"咕噜"一声轻微的响动，从水下冒出了一个黑红色枕头一样的物体。"有东西！"人群中有人喊了起来。

"是一只鸭子。"又有人喊道。

众人循声望去，只见这个形同枕头又好像一只鸭子的器物，正随着抽水泵的吸力，缓缓向北移动。当要抵达坑壁时，考古人员才发现确是一只"无头小鸭"。待打捞上来仔细观察，方知是一个木制漆盒。

这只漆盒整体被雕成鸭子形，周身髹黑漆，绘羽毛纹饰，腹内中空，靠近颈部有一圆形榫眼，眼内两边各有一凹槽，由此可知还有一个头插入其上，形成了一个极富艺术特色的"鸭形盒"。

不过，这只"鸭子"，只有鸭身没有鸭头。想不到两天之后，室内清理人员陈恒树等人在清理西室浮起的二号木棺时，

图6-3　木雕鸳鸯形盒。第一件从墓中水里冒出的文物。通高16.5厘米，身长20.1厘米，宽12.5厘米

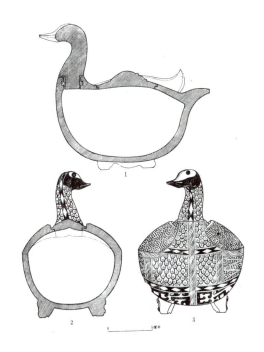

图6-4　鸳鸯形盒图

（1.纵剖　2.横剖　3.前视）

从棺内清理出了一个有颈彩绘漆木鸭头，当时就有人联想到这个"无头小鸭"，将二者一拼对，鸭头颈部两个凸起正好插入盒身凹槽内，转动一下方向，鸭头即被闩卡在盒体内，形成了一只完美精致的小鸭子。

这个时候大家才明白，二号棺出水时，棺盖与棺身早已分崩离析，棺身侧翻，小鸭子也随之身首分离，鸭身落入水中，鸭头仍在棺内。落水的鸭身因缺失头部，水从颈部灌入腹中沉没。当潜水泵抽水后，鸭身受吸力的作用在水底摆动翻滚，最后浮出了水面，重返人间大地。这是考古人员除棺椁之外，在墓坑中直接提取的第一件珍贵文物。

不久，这件文物在工地现场举办的一个小型展览中展出，所标的器名是"鸭形盒"。雷修所政委李长信看罢，对谭维四说："这个名称不够雅致，而且依我看它的外形不像鸭子，更像一只鸳鸯。鸳鸯是中国老百姓所熟悉和喜欢的一种吉祥鸟，为何不叫它鸳鸯形盒呢？这样又雅致又吉祥，还更接近实物。"

当天，谭维四与其他考古人员接受了李长信的建议，修改了标签及各种记录上的称谓，改为"鸳鸯形漆盒"。

按照考古业内规定，凡已经上记录的器物，不能轻易更换名称。此次更名，是整个发掘过程中唯一的一次例外。1993年12月20日，中国国家邮电部向全球发行的一套《中国古代漆器》特种邮票，其中有一枚就采用了这只鸳鸯形漆盒图案，名称为"战国·彩绘乐舞鸳鸯形盒"。从此，这件器物高贵典雅的名字走向了世界。

当然，鸳鸯漆盒之所以被邮电部选中，除了年代久远和精美别致的工艺造型外，更重要的还在于器身腹部那两幅"彩绘乐舞"的图案。正是这两幅图案所具有的深刻文化内涵和暗含的玄机奥秘，才使后来的谭维四等考古人员在冥思苦索之后，终于找到了破译出土编钟演奏的密码——按照盒上的绘图，乐师分立两侧，用木棒直接撞击编钟，从而使湮没了两千多年的音乐之门，轰然洞开。

墓坑水位在缓缓下降，西室再无小鸭子之类的器物浮起，北室和东室也无异常情况出现，最大的中室非但没有器物露头，因盗洞淤泥受到吸力而泛起，搅得满室积水混浊不清，似在向考古人员提示着盗洞的存在。

凌晨两点钟，水面上仍无异常动静。谭维四望着下降水面与坑壁的比例，认为至坑底至少还有两米的水位，无论如何今夜都不可能把水抽干，遂决定安排几人轮流在现场值班看守，其他人全部回驻地休息。

众人揉搓着上下打架的眼皮，拖着疲惫的身子，向山冈下驻地走去。发掘现场由考古队员冯光生、彭明麟二人各带一名实习生值班。

抽水泵"咚咚咚"地响个不停，山下的鸡鸣也一声接一声地传上山冈，墓坑的水位在一点点下降。就在几人坐在坑边一条椅上打盹儿之时，忽听墓坑深处传来"哗"的一声响动。几人从迷糊中惊醒，打个激灵，纷纷蹦将起来。

"什么东西？"冯光生大喊着，率人向墓坑西室边沿狂奔而去。

灯光映照下的西室水面，只见一具木棺像一个全身穿着迷彩服的巨人在坑中站立而起，随着全身摇晃打转，头上的水流向下狂泻。

就在这时，坑内又响起了"哗哗啦啦"的声音。水波涌动处，三具木棺飞身立起，如同大海中三只翻卷的黑色海豹，又如同斗在一起的牤牛，在空中扭打了半圈后各自斜着身子倒卧下去，水面激起一阵大浪。

坑边人经此一番惊吓，睡意全无，瞪大了眼睛注视着面前四具横竖不一的木棺。

蛟龙出水

当手电光对准中室的时候，一个眼尖的实习生喊了一声："有东西！"与此同时，大家的目光都集中在中室西侧两个长形黑影身上。因离得较远，手电光照在水面上有些反光，难以看清真容，只感到黑影像两条长蛇在水面上起伏游荡。再往南部照射，同样发现一条长形黑蛇状的东西浮在水面上，若隐若现。离黑影约两米多远的中室西南处，有一个圆形的黑点露出水面，因光线暗淡，仍然无法判明这个黑点到底是什么。

"向别处看看。"冯光生说着率领几人由中室南部转到东室东北部，手电光照射着水面，一个巨大的黑色物体露出水面，长宽各有几米，如同一艘潜水艇停泊在神秘的港湾，又如同传说中的水怪蹲卧在水中，看不到水怪的头颅，露出的只是那倾斜的令人毛骨悚然的脊背。

水位不断下降，约半个小时后，中室西部和南部边沿三条起伏的蛇状的黑影已清晰可辨。原来是三根方形的长木，每根1.8米左右，因长木的两端各镶有浮雕蟠龙花纹的铜套，朦胧的灯光下看上去如同黑色的游蛇。

令冯光生等大吃一惊的是，三根横木下方竟各自悬挂着一长串青铜编钟。这三根小方木是悬挂编钟的木架，靠西壁的两架因与椁壁靠得近，看得较清晰，每根方木悬挂编钟六件。从挂钮下视，粗细不一，大者比碗口粗些，小者比大茶杯口略大。南部一挂编钟因距椁壁较远，看上去有些模糊，但整个形体轮廓与西部两架编钟相同。

几人看罢，狂喜不已，一位实习生没见过如此场面，情绪失控，当场跳着脚，摇头晃脑，呜里哇啦地大喊大叫起来。

"要不要告诉谭队长他们？"彭明麟惊喜中对冯光生道。

"你快去报告，我在这里守着。"冯光生说罢，彭明麟转身低头猫腰，向山下冲去。

"谭队长，了不得了，墓里出了编钟，三排，还挂在上面。"随着"砰砰"的敲门声，彭明麟声音嘶哑地在暗夜里大喊大叫起来。

"是不是看花了眼，没弄错吧？"屋里传出谭维四怀疑的声音。

"千真万确，不会错的，三排几十个。"彭明麟答。

"这就不得了了。"谭维四说着穿衣出门，其他的考古人员也闻声陆续蹿出门来。

"快去，快去，大家快去看！"谭维四挥舞着手电筒，声音由于过分激动明显有些颤抖。众人不再追问什么，一个个揉着眼睛，随彭明麟向三里外的发掘现场急速奔去。

众人抵达现场，水位又下降了约15厘米。此时，靠近中室西壁和南壁的三排编钟，已大部露出水面。

"没错，是编钟！"谭维四看罢脱口而出。一向精明干练的杨定爱转动了聚光灯，扭开了强光电灯，各路灯光集中射向中室部位。只见三排编钟整齐地排列着，耀人眼目。

"怎么这排是五个，好像中间缺了一个？"谭维四在详细观察三排编钟后，发现西部两排分别是七件和六件，而南部一排只有五件，显然中间有一件阙如。

"不会是被盗墓贼盗走了吧？"有人小声提示。

众人听罢，突现惊疑之色，谭维四心里也"咯噔"一下，心想这个可恶的盗墓贼，怎么随时随地都有他的影子。他拿过一个长柄大号手电筒，对准缺口部位仔细观察。木梁下方部位有个豁缺，很像是编钟自身脱落造成，而不是被盗，钟体很可能就在下面的水中。如果确有一钟掉于水中，则

图6-5　中室的青铜编钟等礼、乐器出水时的情景

共有十九件编钟，一座古墓出土这么多完整、成套的编钟，这在全国也是少见的。

此时，冯光生最初在中室东南部发现的那个黑点，随着水位降落露出了一根胳膊粗细的尖头木杆。木杆髹红漆，直立水中，众人望之大惑不解，程欣人惊呼道："很像是旗杆。"

一位青年考古人员道："不可能，这个墓室就像一个房间，旗杆应该插到广场上，怎么能插到屋里去？你见过有在屋里竖旗杆的吗？"

这时，只听武汉大学教授方酉生站在东室边沿喊道："老谭，快过来，彩绘棺露出来了。"

听到喊声，谭维四急忙来到东室边沿，只见一个长3米多的庞然大物紧贴南壁椁板处，斜侧立于水中，上部是一块平板铺就，上漆并彩绘，两端和中部有细长的铜钮伸出，像怪兽的利爪。

这个时候，大家才恍然大悟，当初看到的水下巨大的黑影既不是潜水艇也不是怪兽，应是一副大型木棺，也就是墓主人的棺。因大部分仍没于水中，无法得知其准确的体积大小，仅从上部观察，这副棺比先前发掘的最大陪葬棺还要长出一米多。如此巨大的墓主棺在中国考古发掘史上未曾有过，即使是举世闻名的马王堆汉墓也无法与之匹敌。假如棺椁没有被盗和损坏，墓主的尸体应该保存完好，堆积如山的珍宝一定还闪耀着当初的光芒，这是多么辉煌的前景啊！在场者欣喜欲狂。

就在众声欢呼之际，谭维四头脑冷静下来，必须减慢排水速度，否则中室的编钟很有可能就会因为缺少水的浮力而垮掉。于是，当即下令，暂停抽水，研究对策。

经考古人员仔细检查测算，椁室深3.3米以上，已出水的木架横梁不过一米左右，其下还有两米多的躯体浸在水里。考古队员经过讨论，最后想出了"两防一保"的应付办法：

一、防晒。二、防倒。三、保水。

　　办法既定，各小组按分工开始行动。谭维四下令继续抽水，尽快解开水下编钟之谜。

　　5月24日午夜时分，由上而下，一层横梁又从水中露出。

　　灯光下，只见长短两根曲尺相交，梁体粗大，紧靠西壁的横梁长达7米，紧靠南壁者3米有余。南架由两个铜人支撑钟架，最东端一铜人双手上举，腰挂佩剑，北端因淤泥包围，不见何物支撑。梁架悬挂一串长枚青铜甬钟，由小到大依次排列，皆有茶罐般粗细，显然比上层编钟大了许多。甬钟一字排开，气势磅礴，蔚为壮观。钟架两端皆有半米多长的青铜套，套上满饰深浮雕镂空龙首花纹，梁身皆以黑漆为地，米黄色漆彩绘菱形几何花纹。猛一看去，恰似一条蛟龙正浮出水面，欲凌空而起，呼啸苍穹。

　　"蛟龙出水了！"负责中室观察的考古队员中，不知是谁突然"嗷"地喊了一声，一时间，工地震动，众人皆惊。

　　水波涌动中，黑乎乎、滑溜溜的钟架，悬挂一排甬钟，在灯光下闪耀，真有蛟龙出渊，呼风唤雨之势。

　　甬钟花纹精美，皆有错金铭文。考古人员左德承当场认出两件铭文，一为"宴宾之宫"，一为"午钟之宫"。这架甬钟从顺序看应是33件，但有两件挂钩残断，甬钟落入水中暂不可见。

　　5月25日傍晚，编钟架下又露出一层横梁，与其上梁结构形体相近，经清除淤泥，发现梁下亦有三个佩剑铜人及一根铜圆柱

图6-6　全套编钟出水时的情形

顶托，共有12件大型甬钟及一件特大型镈钟，或悬于梁上，或掉在梁下的泥水中，最大者有锅口般粗细，形同一个装满粮食的麻袋。木梁两端仍配置铜套，皆有透雕镂空龙首、凤鸟、花瓣的图案。黑漆朱黄色的横梁，上层的彩绘菱形几何花纹，观之令人惊叹不已。

至此，编钟三层全部露出，原来是一架完整的特大型编钟。就在青铜编钟全部露出的同时，中室东壁有两件大型铜壶和一些残瑟、笙、竽等乐器显露出来；西室亦有六具棺材浮出水面，其中四具竖立，盖、身分离，多为彩绘；北室南壁出现两件大型铜缶，体高至人的腰部，直径一米余，器型之大为全国罕见。

在铜器旁边，还散落着一堆腐朽的华盖、甲胄等器物；东室内，如同一座房子状的庞大主棺已露出大半，遍体彩绘，朱黑色的怪异花纹，望之令人生畏。在主棺的一侧，散落着一些青铜鹿角飞鸟等器物。放眼望去，整个墓坑泥水荡漾，珍宝遍地。各色器物令人眼花缭乱，叹为观止。

当编钟全部显露之际，墓坑内的积水还有近一米深。

随着水位下降，中室北部露出的淤泥越来越多，清除淤泥就成了最紧迫的工作。考古人员决定此次清理工作先从盗洞四周展开。

5月30日午夜，考古人员将两个掉入淤泥中的长枚甬钟先行取出，用水小心谨慎地清洗后，发现甬钟钲部有"曾侯乙乍时"错

图6-7 墓中出土编钟下层转角处佩剑青铜武士，通高1.16米（含榫头与底座），重323公斤

金铭文，其正鼓部位还有标音铭文，反面铭文更多，篆体错金，虽在泥水中浸泡千年，仍金光闪闪。

受此启发，负责中室清理的郭德维对悬挂在梁架上的甬钟仔细观察，发现所有的甬钟均有铭文，皆错金。每件铭文除一面钲部为"曾侯乙乍時"几个相同的字外，其他全是关于音乐的内容。令郭德维等考古人员感到不可思议的是，最下层有一特大型镈钟，正面钲部有铭文3行，计31字：

> 佳王五十又六祀，返自西阳，楚王酓章乍曾侯乙宗彝，奠之于
>
> 西阳，其永時用享。

从字面表达的内容看，与排列的甬钟铭文完全不同，且无一字涉及音乐。钟体本身似与其他编钟没有关联，似是羊群中一头高声鸣叫的驴，显得突兀和另类。

在一组完整的编钟系列中，为何出现这样一件硕大而奇特的青铜器物，内中含有什么样的历史隐秘？据历史记载，楚惠王名酓章，这件镈钟既有"楚王酓章"字样，应该与楚惠王和一个叫曾侯乙的国君或封疆大吏都有些关联。以武汉大学方酉生教授为代表的考古人员认为这是一个侯的墓葬，主人应是曾国的一个侯，名字叫乙。

图6-8　编钟架上悬挂的青铜楚王镈钟

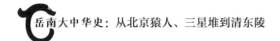

起吊主棺

就在中室紧张清理淤泥之时，水位不断下降，杨定爱主持的东室清理工作也已铺展开来。当水位下降至距椁墙顶约1.5米时，庞大的主棺显露出来。只见这副巨棺屹立于东室中间偏西南部位，黑漆为地，上施朱彩，看上去像小山一样巍峨壮观、气势恢宏，又像一个庞大的怪物静静地卧于泥水中，等待着某一个瞬间突出深渊，纵横天下。

经仔细观察，发现主棺外棺盖，是在巨大的四横两竖的铜框架上嵌厚木板，旁边伸出12个铜钮，钮下铜框各有铜楔，用以卡紧铜框；框下有10个铜榫，用以嵌入棺身铜立柱。棺身用10根工字形铜立柱，嵌10块厚木板构成。棺身上共饰20组图案，每组以阴刻的圆涡纹为中心，周边饰以朱绘龙形蜷曲勾连纹。这种庞大的铜木结构的棺和埋葬形式，在中国属首次发现。

经测量，整副主棺长3.2米，宽2.1米，高2.19米，正南北向放置，底部有10件圆形兽蹄形足，用以支撑主棺。在考古人员此前发掘的几千座墓葬中，所见最大的主棺长度也未超过2米，宽度和高度也仅仅一米左右。两者相比，真是黄犬比骆驼，小巫见大巫了。

按照常理，主棺应该是四平八稳地立于墓穴，但此棺一边伸出的铜榫嵌入椁墙之内，整副棺只有西部四个铜足着地，一边悬空，盖面呈倾斜状，导致棺盖东南角与棺身脱离，出现了一个8厘米的缝隙。从缝隙中往里窥视，清楚地看到里面还有一具内棺，且比外棺更加华丽。棺身在墓室中倾斜，且与盖脱离，这在以前的考古发掘中尚未遇到。

从主棺外形估计，重量当在4吨以上。这样一个庞然大物，当年用什么运输工具将其运往墓地，又如何下葬于墓坑，已无从知晓。按照考古人员郭德维的推断，棺椁到了墓地后，先在墓坑之上将棺的四角固定好木桩或铜桩，棺的四角拴上绞索，绞索靠墓坑边固定的桩，由人力操作徐徐下放。当主棺下放到一半时，东南角的绳索突然绷断，主棺立即发生倾斜并急速下沉，其他三面的绞索无力支撑。结果是棺盖东南角的铜钮随着棺的坠落而重重地撞向南部椁壁板，并插了进去。因棺身重力过大，被钉牢的棺盖板"咔嚓"一声与棺身分裂开来，整个主棺呈半悬空状立于墓中。墓主的外棺盖板与棺身，原由铜榫镶牢，但在下葬时棺身倾斜，盖板镶钉撞向椁壁，导致盖与身之间起钳榫作用的铜榫大多数被拉断或拉折，留下了宽达8厘米的缝隙。

生前威震一方的墓主，面对这一操作失误，只能无可奈何地歪着身子躺在倾斜的棺材里，于冥冥世界中长久地睡下去了。

当主棺内的骨架移入库房之后，发掘领导小组邀请中国科学院古脊椎动物与古人类研究所专家张振标对人骨架的年龄、性别等做了初步鉴定。随后又请湖北医学院楚莫屏与湖北省博物馆李天元两位专家，对墓中出土的22具人骨架进行了仔细观察与测量。鉴定结果显示，墓主和陪葬者人骨的主要特征属蒙古大人种，接近蒙古人种的东亚和南亚类型。墓主为男性，年龄42岁至45岁，身高1.62米至1.63米。

地下兵器库

东室主棺的文物与墓主骨骸全部取出，尽管没有见到完整古尸，但出土的珍稀文物仍令人兴奋。此后，大家的主要精力集中到其他几个椁室的清理之中。

6月10日下午，墓坑北室的清理工作接近尾声。

最初露出的器物是靠南壁的两件特大型铜缶，中间是一些伞盖等物。整个北室北部全部被散乱的一堆甲胄片所覆盖。当把甲胄片清理之后才看到，此室原来是个大杂库。兵器之多、之精、之独特，让考古人员眼前一亮，有矛、戟、殳等多种长杆青铜兵器，一般在3米以上，最长的达4.36米。

另外有成捆的带杆箭镞，每捆五十支左右。此前考古发掘中所见箭镞一般只见箭头而不见箭杆，北室出土的箭头都完好地安于箭杆之上，且箭杆捆扎的羽毛也皆完好，殊为罕见。

整座古墓共出土各类兵器4777件，北室就占了3304件，其数量之大，保存之完好，令人惊叹。其中，30件戟和60多件戈的清理出水，令考古人员格外关注。

与以往所有发掘的出土物都大不相同，北室的戟头，或由三戈一矛组成，或无矛而由三戈或两戈组成。从保存的情况看，无论是4米多长的带杆矛戟，还是3米多长的带杆青铜戟，皆完好无损，如同刚刚放入般光亮如新。而戈头、戟头还完好如初地捆扎在兵器杆上，这一发现，令考古人员大为震惊。因戈杆本身极不容易保存，凡墓中出土而戈头仍扎于杆上者极为稀少，因而后人很少见到实物。自宋代以来，学者们对戈头的捆扎方法一直争论不休。中华人民共和国成立后的考古发掘中只有少数几座墓葬有过出土，但因保存不好，无法全部明了当初原形。曾侯乙墓60多件完整戈的出土，使这一历史悬疑顿然冰释，而关于戟的形状之谜与学术争论，至此也得以解开。

戈作为一种勾兵或啄兵，最早是受到石、骨、陶镰的启示而产生的。在华夏民族领域新石器时代晚期遗址里就出土有石戈，其状如横长形的镰刀，没有明显的援与内的分界线。中国大地上所发现的最早戈头出土于距今约3600年前河南偃师二里头夏代遗址中，长条形的援稍稍弯曲，虽然形似镰刀，但两面起脊，尖锐，内作直内或曲内。到了商代，这种兵器又有发展，但变化较小。

西周到春秋时期，青铜戈的制造产生了一个飞跃，制造者根据新的战争和多兵种出现的需要，在商戈的基础上，延长胡，增加穿数，终于发展成完备的戈式。作为一柄长兵器，在秘的前端装戈头，后端装鐏。其次戈与秘由垂直相交，变得大于90度的钝角，使戈援上翘，从而加强了钩击的效能，在车战时代扮演了威武雄壮的重要角色。车士站在车上，利用错车的时机，从车侧伸出戈钩杀对方的车士。

因戈的强项在于勾和啄，不能直刺，在发挥效力上就受到限制。春秋后期，随着步兵和骑兵的出现，在战场上拼杀时，多做正面交锋，横勾式的戈就很难派上用场。于是，一种在勾、啄、援之外，又能刺的多功能武器——由戈和矛联装的戟就应运而生了。

战国时期，刺、援合体的铁质"卜"字形戟开始出现，它不但逐渐取代了青铜戟，而且也彻底淘汰了青铜戈。及至隋唐时期，长兵器除矛、槊和长刀之外，在战争舞台上称雄一时的戟也被排挤出实战的行列，并很快湮没于历史的烟尘之中。宋之后，世人只闻戟之名，而不知其形了。

后人谈及周代车兵五种，只是根据文献记载言其为戈、戟、殳、酋矛、夷矛。宋代徐天麟在《西汉会要》中引初唐颜师古曰："五兵谓弓矢，殳、矛、戈戟也。"至于这五种兵器的器形是什么样子，历来对弓矢、矛的看法没有异议；对酋矛、夷矛的说法有争论，但未形成气候；唯对戈戟与殳的争论此起彼伏，近千年来一直没有消停过，遂成为一桩悬而未决的兵学要案。

争论直到曾侯乙墓30柄青铜戟横空出世，以活生生的实物与现身说法解开了千古之谜。这批戟大多为三戈或两戈连装，身上铸有"用戟"或"行戟"的铭文，明确无误地告诉世人，它就是史籍上记载的五兵之一的青铜戟。

令考古人员倍感兴奋的是，与戟一同放入墓坑的三棱矛状青铜器，也以无可辩驳的"铁证"，为世人解开了另一个湮没遁失千年的不解之谜。在清理中，考古人员于墓中北室发现了7件带三棱矛的长兵器。器身通长均在3.3米左右，三棱矛头长12厘米至17.9厘米，后部相接的是带刺的球形铜箍一个，再后面隔49厘米至50厘米的一段是套在柄上的第二个刺球铜箍，样式独特而威武。

与三棱矛同时出土的还有14件长杖式器物，顶面均有半圆形铜环，又称铜柲帽。杖式器物长度为3.12米至3.26米不等，与三棱矛杆皆为"积竹木柲"，分别横置在室内泥水中。清理人员程欣人等小心谨慎地把7件三棱矛头取出坑外，洗净淤泥并去锈，发现其中三件有同样内容的篆刻，一行六字，解读后为"曾侯（郮）之用殳"。

图6-9 镌刻铭文的"曾侯郮之用殳"殳首。殳上铸刻"曾侯郮之用殳"铭文，确知类此形制之兵器自名为殳

图6-10 墓中出土的矛（中）与殳（左，右）

　　显然，这个三棱矛就是远古时代的兵器——殳。为了这件兵器的形状与作用，学术界为此争论了千余年而得不到统一结论。而如今，曾侯乙墓一次出土7件，且有铭文为证。以研究古代兵器著称的考古发掘人员程欣人，见后兴奋不已，当场说道："千年之谜，今可解矣！"

墓主就是曾侯乙

当擂鼓墩古墓发掘即将结束时，从各地赶赴发掘现场的专家、学者与考古人员一道在发掘工地分别举行了数次学术讨论会、座谈会。来自北京大学的古文字专家裘锡圭、李家浩通过对墓葬出土10 000多字的资料研究（编钟铭文2800字左右，竹简墨书6600字，另有刻在钟磬、青铜兵器上的文字600余字），得出了自晋代汲郡魏墓发现《纪年》《穆天子传》等竹书之后，此为先秦墓葬出土文字资料最多的一次。墓中出土青铜礼器铭文，多为"曾侯乙作持甬终"，大部分编钟在乐律铭文之外，也有"曾侯乙作持"的铭文，这些铭文，充分说明曾侯乙就是这座墓的主人。换句话说，这座墓中埋葬着古代曾国的头号人物——一位名叫乙的曾侯。

裘、李二人的观点得到了大多数考古发掘者赞同，在后来编撰的大型学术报告《曾侯乙墓》中，编撰者对各种观点总结后说道："在此墓出土的青铜礼器、用器、乐器和兵器上，'曾侯乙'三字，计有208处出现。在考古发掘中，同一人名作为物主如此多地出现于一座墓的器物上，还没有先例，不容忽视它对判明墓主的意义。"又说："更能说明问题的是：墓中出土的铜镈上面的铭文，载明该镈是楚惠王赠送给曾侯乙的。楚惠王为曾侯乙铸镈，而'曾侯乙'三字又作为器物的所有者反复出现于许多铜器上，这就只能说明，接受楚王赠镈的曾侯乙正是拥有这些铜器的曾侯乙，也正是此墓的主人。"

既然墓葬的主人是曾侯，那就应该有个曾国。据文献记载和现代考古发掘，在随枣平原及其附近地区出土过大量春秋战国时期的曾国铜器，其中一部分确是来自湖北的襄阳、孝感等地区。这些铜器的出土，以确凿无疑的事实证明，春秋战国时期在随（县）枣（阳）走廊及其附近，确有一个曾国存在。

然而，奇怪的是，史上著名的《左传》《国语》《史记》等典籍，对春秋战国时期随枣走廊这一地区大小国家的活动都有过详细记述，却唯独没有提及从铜器铭文所知的存在了几百年、活动范围在汉东流域最为广大

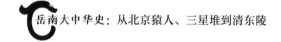

的曾国。

随县境内在史籍上一直记载有一个随国，如《左传》《春秋》《国语》中都提到随国，但从未提到曾国。可在这一带出土文物的铭文中，唯有曾国的器物而不见一件随器。许多年以来，无数鸿学硕儒怀着一种宗教般的虔诚和希望，企图在不为世人熟知的古代文献和出土资料中寻找到有关曾国的记事本末，但一代又一代过去了，尽管学者们殚精竭虑，在浩如烟海的故纸堆和斑驳锈蚀的出土资料中，四处扒寻梳理，仍未发现关于曾国的只言片语和蛛丝马迹。也就是说，地下出土的文物与传世文献无法对号入座。世人所谓的神龙见首不见尾，毕竟还有个或大或小的尾巴可见。可这个曾国只存在于地下的青铜器中，在传世文献上连个小小的哪怕是细如游丝的蝌蚪文也无从寻觅。这是历史本身的误会，还是后人的疏忽？神秘的"曾国之谜"真相到底是什么？

6月10日，在随县发掘现场的著名史家陈寅恪弟子、武汉大学历史系教授石泉，应邀向全体考古队成员和其他学者作了《古代曾国——随国地望初探》的学术报告。石教授以丰富广博的学识和天才的预见，率先提出了"曾、随为同一国家"这具有划时代意义的非凡见解。报告旁征博引，环环相扣，列举了湖北省随枣走廊和豫西南、鄂西北之间南阳盆地南部出土的大量有铭文的曾国青铜器，以及这一地区大量的历史地理学调查资料。在将这批资料与古代文献记载对比研究后，石泉说道："考古材料中的曾国和文献记载中的随国，时限一致，地望（特别是在今随县一带）重合，族姓相同，而在现有的曾器铭文与有关随国的史料中，又未见此二者的名称并存。凡此迹象，似只有把曾与随理解为同一诸侯国的不同名称，才讲得通。"

继石泉之后前往擂鼓墩发掘现场参观考察的中国社科院历史研究所研究员李学勤，在工地举办的讨论会中，对石老前辈的见解表示赞同，在广泛搜集资料的基础上，经过一段时间的研究，对神秘的"曾国之谜"做了进一步推论。他认为："姬姓曾国不但在《左传》里有记载，而且有关的记事还很多，只不过书里的国名不叫作曾罢了。大家知道，当时有的诸侯国有两个国名，例如河南南阳附近的吕国又称为甫，山东安丘的州国又称为淳于。从种种理由推测，汉东地区的曾国，很可能就是文献里的随国。大洪山以东有随、唐、厉三国，姬姓的随国最强，所以《左传》说'汉东之国随为大'。春秋前期，公元前706年，楚武王侵随，随侯做好了准备，楚军不敢进攻。公元前704年，楚再伐随，虽获胜利，但未占领随国，只结盟而还。公元前690年，楚武王第三次伐随，死于军中，由大臣与随侯结盟。公元前640年，随国又率领汉东诸侯叛楚。分析这一时期的形势，汉东小国境域能北至新野、南至京山并与楚抗衡的，只有随国。"

　　擂鼓墩古墓的主人是曾侯乙，曾国与随国为同一国家之说，经南北两位历史学家首倡，在学术界引起了强烈反响，和者甚众，应者云集。曾参加擂鼓墩古墓发掘的方酉生在表示支持曾、随同为一国说的同时，还根据对历年来在湖北随县、安陆、京山、枣阳以及河南新野等地出土曾国铜器铭文的研究，提出了自己独特的见解。按方氏的说法，从文献记载看，周王朝几次将一些姬姓王室宗亲以及异姓功臣，分封到各个边疆地区去"以藩屏周"。当时分封到汉水流域的姬姓国家有唐、随、聃、巴、厉等国，后来随成了诸姬中的老大，称霸汉东，鼎兴一时。

　　周王朝原来分封的本意是"以藩屏周"，即让这几个姬姓宗亲国家监督控制南方的苗蛮，包括居住在荆蛮之地的楚国，以巩固周王朝的统治。但随着时间的推移，现实情况发生了巨大嬗变，日趋强大的楚国像一头虎虎生风的雄狮在江汉平原四处捕获猎物，吞噬周围的小国。曾国与楚国只有一条汉江阻隔，面对楚国咄咄逼人的气势和周王室的日趋没落，无力与其相抗，深感凶多吉少的随国越来越难以担当周王室对自己的厚望，最后只好掉转屁股背周附楚，唯楚王马首是瞻，才勉强生存下去。如此所作所为，与当初周王室分封时镇抚南方、拱卫周室的本意，显然是背道而驰了。

　　面对这种在正统者看来大逆不道的行为，《春秋左氏传》为了维护周天子的宗主地位，就用周礼来贬低它，将曾国贬低称为随国。所谓"随"，即墙上之草，随风而倒，有奶便是娘，无奶就跳墙，含有讥讽、敌忾的意思。因而，所谓的随国，实际上就是姬姓的曾国，曾国和随国实际上是同一个国家，只是叫法上不同而已。也许周天子当初封的是曾侯，而以后建都于随这个地方，随着曾国撇开周室依附于楚，南沦为楚的附庸，别人就叫他随侯、随国，但他则一直称自己曾侯。今天的随县就是古代曾国的延续，曾侯乙墓的发掘算是正式解开了这个千古之谜。

原作为周天子宗室一支的曾国，之所以自称为曾，而其他诸侯国将其贬称为"随"，除了曾国后来像墙头之草顺风而倒，不断围着楚国的屁股转圈以图自保外，还与一次重大的历史事件有关。这个事件就是弑杀周幽王，也就是坊间流传甚广的周幽王"烽火戏诸侯"而亡国的故事。

整日沉浸在声色犬马中的周幽王为讨好妖艳美女褒姒的欢心，除了淫乱不止，暴虐异常，还不惜废掉申后及太子，换上了褒姒及其儿子。更为荒唐的是，为博得褒姒一笑，周幽王竟丧心病狂在维系着周王朝生死存亡的军事重地烽火台妄点烽火，前来支援的诸侯备受戏弄，深感羞辱。如此闹腾的结果是周幽王被申侯联合其他方国与部落的军队弑杀于骊山脚下。

当此之时，包围周王朝首都并干掉幽王的主角是申国的军队，配角则是犬戎和曾国兵马。申国是申后的娘家，太子宜臼的姥娘家，当被废掉的太子悄悄潜往申国避难时，申侯不禁怒从心头起，恶向胆边生，索性联合曾国与犬戎部落共同发兵讨伐周幽王。申国的位置在今河南西南部的南阳盆地，与曾国为邻，西夷犬戎是北方一支凶悍的少数民族部落，活动范围当邻近今宁夏、甘肃的陕西西北部地区，处在周朝王畿之地的西北部。申、曾与犬戎联手，正好形成对周王朝中央的夹击之势。当时的太史伯已清醒地意识到这种危局，《郑语》载："史伯谓（郑）桓公曰：'王欲杀太子，以成伯服，必求之申，申人弗畀，必伐之。若伐申，而缯与西戎会以伐周，周不守矣。'"可惜的是整日沉浸在逐鸡追狗、寻欢作乐中的周幽王已顾不得这些了，在联军以迅雷不及掩耳之势的强大重击下，周王室力不能敌，镐京陷落，幽王在败退中被杀身死，延续了275年的西周王朝宣告灭亡。

就当时形势和各路诸侯的习惯思维而言，虽然周幽王德衰无道，内外结怨，但仍是普天之下众人仰望的天字第一号人物，是当时人世间近似神灵的天朝国君，谁要是胆敢伤害他一根毫毛，就是弑君弑父的叛逆行为，属于十恶不赦的滔天大罪。周昭王南征死于汉水，300年后齐国的管仲仍在追究这件事的责任，这固然是齐国君臣施展的伎俩，想借此要挟压制楚国，但从另一个侧面也可以看出，凛然的王权是不容侵犯的。只是楚的使者咬紧牙关，就是不认这笔账，此事才算不了了之。周幽王正是依仗世俗中认同的王权神圣不可侵犯这一点才有恃无恐，任意折腾，直弄得国破人亡方才罢休。很显然，在周宗室各路诸侯看来，幽王骊山被杀，是申、缯、西戎明目张胆地犯上作乱，此举乃逆天大罪。在这三个凶手里面，申虽是具体的发动者和组织者，是典型的首犯，但他是太子宜臼的舅氏，拥立新天子平王的功臣元勋，功过是非纠缠在一起，其他诸侯一时还无法对其鞭挞和兴师问罪。至于两个从犯或曰帮凶，西戎尽管也很强大，但他不是诸侯，又是另类民族，事成之后退守其所在的边疆猫了起来，不再抛头露面，此事便不了了之。只有缯国是罪责难逃的帮凶，也是最适合当替罪羊并由各路宗室诸侯讨伐的对象。虽然缯国依靠自身的力量和申国以及周平王的支持，暂时没有被其他诸侯明正典刑，但在当时各路诸侯和普天下百姓之间，受到了道义上的讨伐与责难。到了汉代，当司马迁写《史记》的时候，在《楚世家》中还曾这样说过："若敖二十年，周幽王为犬戎所弑，周东徙，而秦襄公始列为诸侯。"这里，司马迁用了一个"弑"字来表示周幽王身亡的历史事件。"弑"的本意固然可解释为臣杀死君主或子女杀死父母之意，但还有一种犯上作乱、大逆不道、伤天害理的弦外之音隐含其中，对"弑者"无疑是含有明显贬义的。或许正是处于这样一种道德层面上的原因，缯国在参与弑君的一年之后，古代典籍中就再也见不到"缯"的面了。尽管缯国后来力量不断壮大，开疆拓土，及至京山、新野、随县等大片区域，并在今随县城区立都，由缯改曾，成为汉水以东各诸侯国的龙头老大。但在其他诸侯国看来，这个国家只配叫一个随风飘摇或见风使舵，有奶便是娘的"随国"，而断不能称其为有着周王室血统的曾国了。

——这就是曾即随，随国与曾国关系转变的来龙去脉。

一件奇特的衣箱

既然墓主姓名身份已经弄清，那么，这位叫曾侯乙的大佬葬于何时呢？

按考古专家推断，曾侯乙的死亡时间，当为楚惠王五十六年（公元前433年）五月初三，主要依据来源于曾侯乙墓出土的一件衣箱。——这件神奇的衣箱，竟成为解开墓主人死亡之谜的一把隐秘而玄妙的钥匙。

衣箱出自东椁室中的西南隅，共有五个，皆木质，除编号为E66号的衣箱为朱漆外，其他四件皆髹漆，绘以朱漆花纹，但纹饰各不相同。谭维四专门聘请相关的专家、学者对其进行了详细研究，并着重瞄准编号为E66的衣箱进

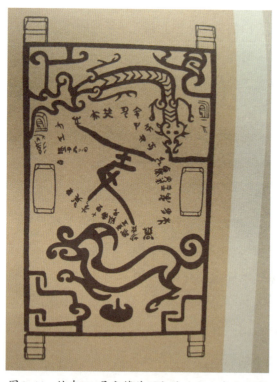

图6-11 绘在E66号衣箱盖顶上的二十八宿天文图

行攻关，希望能从中找到不为外行所知的密码。

从整体看上去，E66号箱体作矩形，箱盖拱起，与其他衣箱稍有差别。最为独特的地方是盖面正中有一个朱书篆文的大型"斗"字，与青龙、白虎两幅巨画。

"斗"字无疑表示北斗星，环绕"斗"字周围，书有二十八星宿名称，这是中国乃至世界所发现的二十八宿全部名称最早的文字记录，故命名为《二十八宿图》。

E66衣箱盖上各个星宿，按顺时针方向排列，与人们平时仰头观察的天象正好相反。这个现象是西周初期存在于人们心中的宇宙观念，也是"盖天说"的具体反映。盖面两端，画师洒脱地描画了两只巨型青龙、白虎，青龙一端的侧立面加有大蘑菇云状纹饰，白虎一端的侧立面绘有一只蟾蜍。箱的另一立面绘有相对的两只兽，另一面没有彩绘。

这件漆箱与相关文字绘画一经公布，立即引起世界性轰动，当年举行的中国天文史学会，特地邀请发掘曾侯乙墓的考古人员谭维四等前往介绍出土经过和相关内容。时已定稿并等待开印的《中国大百科全书·天文卷》的编者闻听这一消息后，立即决定停止印刷，对书中所涉相关内容重新修改，并加入了E66箱盖上的天文内容。这件漆箱的图片也迅速由中国传到海外，被数十种杂志特别是天文杂志作为封面广泛传播。欧美与日本等国的天文学家闻风而动，纷纷前往中国参观实物，进行研究。一时中外震动，举世瞩目。

曾侯乙墓E66衣箱二十八宿天文图的发现，以无可辩驳的事实证明，这是迄今所见世界上最早的二十八宿天文图。竺可桢、夏鼐两位学术大师把二十八宿的起源定在中国，时间断在公元前7世纪，即春秋时代。若按事物循序渐进的发展规律推算，二十八宿的起源，或许比这个推断还要早些。

由于处在天球的不同位置，二十八宿又被古人平均分为东、西、南、北四组，每组七宿，分别用青龙、白虎、朱雀、玄武等动物的形象来表示。这一对应关系的文献起源于秦汉时期，后人普遍认为四象是从二十八宿演变而

来的。

曾侯乙墓E66衣箱天文漆画的发现，修改了这一历史错误结论，不仅将四象与二十八宿相对应的记录提早到战国早期，而且促使历史学家对二十八宿与四象的关系问题重新考虑并做出新的抉择。

在研究中，专家们注意到了一个特殊现象，即E66衣箱天文图上只画出了青龙与白虎，并没有出现文献记载中的朱雀与玄武，但是青龙与白虎在图上的位置，与四象的划分基本一致。这一现象令学者们感到困惑的同时，也备受刺激，深感其中一定含有外人不易察觉的隐秘。经深入研究才逐渐觉悟到，之所以没有出现朱雀、玄武的图像，可能是衣箱盖上不再有空余的画面，画工只好将其省略了。

二十八宿的名称，是在写好"斗"字并画好青龙、白虎后，于间隙中填补的。不过在箱身的另一面画着鸟形的怪兽。有研究者认为，这就是代表南方的朱雀。如果按这一思维方式推断，箱身的另一面应有代表玄武的图象或寓意才能对应，但对面涂满了黑漆，黑乎乎一片，如同漆黑的夜幕，什么也没有。这又做何解释呢？

对此，谭维四等专家认为："把天球分为东西南北四方，用动物和颜色来标志它。东方是青龙，西方是白虎，南方是朱雀，北方是玄武。青、白、红、黑都有了。"当然，这个说法，只是一种附会而已。

曾侯乙死亡之日

谭维四与相关专家认为，古人对天象的观念，除依此定时节指导农业生产，又从中演变出一种带有浓厚迷信色彩的占星术，把星象与人的命运或者国家的命运连在一起，成为一种"宿命论"。《史记·天官书》则有"二十八宿主十二州"之说。与此同时，星相家还根据人的生辰八字，对应天相，以此推占其人的寿夭贵贱，使“宿命论”更加细化与具体化。

按古人的思维以此推论，曾侯乙墓中衣箱所绘图画，也有把人的吉凶祸福与星象联系起来，并把这种信息留存于绘画中的可能。按照这一思路推理下去，终于从“山有小孔，仿佛若有光”的小隧道，一下子进入了土地平旷、阡陌纵横的桃花源，豁然开朗。

在二十八宿其中之一“亢宿”之下，清晰地写着“甲寅三日”四个字。

这显然是个时间的标志，这个时间意味着什么呢？甲寅三日，又到底是指哪一年哪一日？带着这一连串的疑问，查日本汉学家新城新藏所编《战国秦汉长历图》，公元前433年五月初三正是甲寅日。

受这一研究成果鼓舞的谭维四等人又邀请天文学家进行推算，结果不但表明上述日期准确，而且这一天，北斗的斗柄也正好指在“亢”的位置上。天文学家还进一步推算出，在那一天的黄昏，北方七星隐没在地平线下，人们已无法看到。原来，这是描绘公元前433年五月初三黄昏时候的天象图。

至此，E66衣箱星相图的玄机奥秘得以破解，它与曾侯乙的命运果然有着神秘的联系。曾侯乙的死亡之谜也随之豁然开朗。

楚惠王五十六年，即公元前433年农历五月初三黄昏时分，曾国国内发生了一件惊天动地的大事。朝堂之上，奏钟石笙篪未罢，天大雷雨，疾风发屋拔木，桴鼓播地，钟磬乱行，舞人顿伏，乐正狂走。雷电交加中，一阵怪风袭来，“哗”的一声荡灭了灯火。沉沉黑暗中，一代国君曾侯乙极不情愿地咽下了最后一口气，撒手归天。

40多岁的曾侯乙死了。是死于暴病，还是群妃、臣僚或其子与外戚合弑，一命呜呼，皆不得而知。根据墓中出土遗物和文献记载，可以推测的是，当曾侯乙断气闭眼，不顾宫中近侍、臣僚、妃嫔爱姬们或真或假的哭号，一路急行，匆匆赶往另一个世界那阴森恐怖的阎王殿，欲登鬼录之时，仍在阳间大千世界为各种欲望和利益算计奔忙的亲族家人，开始调集各色官僚、术士和勤杂人员，为其紧急招魂，以期让这位国君重返人

间大地。

在一片白幡飘荡，萧飒凄凉，鬼气迷蒙的气氛中，只见作为山林之官的虞人满面肃穆庄严，快步登上房檐的梯子，早已恭候在庭前的乐队开始弹奏起曾侯乙生前喜爱的乐曲，身穿白色细纱的歌舞伎随之起舞翻腾。

紧接着，专门负责招魂的礼仪之官头戴爵弁，身穿朝服，在乐曲、歌舞以及白幡交融飘荡中，从东边的屋檐登上房顶，手持曾侯乙生前所穿的衣服——周王室赏赐的礼服，随着阵阵呼天抢地的哀号与嘤嘤低泣，面向北方连呼三声曾侯乙的名字："皋——乙复！"而后将衣服自上至下，抛入前庭放置的竹篚中。

立在前庭的受衣者，立即将投下的衣服覆盖在曾侯乙身上。如果曾侯的灵魂只是暂时离去，身上覆盖招魂之衣，则灵魂复归，曾侯乙很快就会醒来。若这位国君一意孤行，下定了决心要与他的血亲、近侍、臣僚、妃嫔、爱姬等一切相关者叫板耍横，在奔往阎王殿的鬼道上死不回头，招魂者则迅速转到曾侯乙的大小寝宫、始祖之庙和国都城郊，做最后的努力。

于是，成片的白幡随风飘动，哀号恸哭的人群四处奔走，招魂官满面凄楚，声声呼唤："皋——乙复！"如此循环往复，连续三天三夜。直至哀哭者泪干力尽，招魂官伏地泣血，方才罢休。

按《礼记·问丧》的说法，人死之后"三日而后敛者，以俟其生也。三日而不生，亦不生矣"。意为死者在三天之内，尚有还魂复活的希望。若三日内不能生还，希望就此寂灭。死者的血族近亲须放弃妄念，赶紧准备小敛大敛的仪式，以安葬死者。

公元前433年农历五月初三这一天黄昏，曾侯乙在凄风苦雨中走了，再也没有回头。等待他的便是擂鼓墩那个幽深阴暗的地下宫殿。

琴声飞扬的年代

现场发掘记录显示：考古人员在中室内除发现一架65件大型编钟外，还发现编磬一架，有磬32件、鼓3件、瑟7件、笙4件、排箫2件、篪2件，共计115件。出土时，基本保持下葬时的陈放位置。瑟、笙、箫（排箫）、篪和两件小鼓虽因椁室内积水漂动有所移位，但大体上仍可看出当时是被列于钟、磬、建鼓所构成的长方形空间之内。整个中室三面悬金石、中间陈丝竹的场景，与该室沿东壁陈放的尊盘、鉴缶和联禁大壶等礼器，以及东室内的墓主之棺相对应，从而展示了一个规模宏大的宫廷乐队的基本建制与奏乐时的大体布局。

除中室这一宏大场面的布置，在墓主安寝的东室也陪葬部分乐器，计有瑟5件、琴2件、笙2件、鼓1件，共10件。出土时虽因积水流动而漂离了原来的位置，但多数仍集中在墓主棺东侧，可看出下葬时的大概方位。仅有两件瑟漂离较远，几乎到了墓室的东端。此室的乐器配备似展示了寝宫乐队的建制，乐人们是专门在寝室中为君王演奏取乐的。

图6-12　墓中出土的联禁铜壶

发掘报告特别显示，编磬出土时，因该处恰在盗洞之下，被盗墓者截断的椁盖板与上面塌下的填土、石块将大部掩埋。清去覆盖的积压物发现，磬的横梁中部、上层梁端的龙角以及西部的圆立柱已被砸断，多数磬块因此受损，几件完整的磬块也因挤压和积水浸泡，表面有不同程度的腐蚀，有些甚至成粉末状，仅在泥土中留下了形迹或碎末，无法提取。庆幸的是，横梁和立柱虽断，因有淤泥的支撑，全架仍保持着原来的结合形式；磬块虽损，仍保持着当年的悬挂方式和排列关系。复原后可知，整个磬架悬挂磬块32件。在最底层支撑整个磬架的是两个龙首、鹤颈、鸟身、鳖足统于一体的青铜怪兽，各重24.8公斤。不知是何原因，东边怪兽的舌头不知去向，清理时未发现遗物。据发掘人员推断，一是被盗墓贼取走，二是原本缺失，三是下葬时趁混乱之机被人掠走。最后一种可能性最大。

在完整或残破的磬块中，有刻文和墨书共计708字，所有刻文显然都是在磬块磨制完成后所刻。其内容可分为三：一是编号；二是标音；三是乐律关系，这是继编钟铭文之后在音乐学上又一个了不起的发现。尽管编磬没有像编钟那样保留着原来的音响，多数磬块已无法击奏，少数完整者也不能发出乐音，但仍可以看到大多数磬块的外形。那依然如旧的编悬形式和可与钟铭相通的整句成段的刻文，以及保存完好的击奏工具和磬匣等，为考古人员探寻其昔日的音容提供了指南。

由《中国大百科全书·音乐舞蹈卷》可知，至少有21种优秀的中国乐器失传了。这本书上说古代有一种特别大的鼓，叫"咎鼓"，在演奏大型音乐作品时应用，特别气派与提神，至于这种鼓到底是什么样子，众说纷纭，难以窥其真面目。古代文献《周礼》谓"鼓长寻有四尺"。寻乃古代长度单位，一寻等于八尺，寻有四尺，当为一丈二尺。如此宽大的鼓实在是神奇得很。有人认为这么大的鼓实在不可思议，它是用什么皮做成的，如何敲击？有研究者认为，很可能此鼓就是曾侯乙墓中出土的建鼓，鼓面本身并不大，只是立柱之类的东西加长罢了。

　　摆放在中室南部的4件鼓，分别为建鼓、扁鼓、悬鼓。而以南半部靠东壁处以单柱竖立的建鼓最为庞大耀眼，摆放的位置也最为重要，可惜发掘时由于考古人员的疏忽大意，没有及时用支撑物支撑，致使鼓柱因水的下落而折断，成为一大憾事。

　　对于建鼓的敲击方法，考古人员通过曾侯乙墓西室木棺中出土的鸳鸯漆盒找到了答案。这个后来轰动世界的漆盒，腹部除绘有一幅撞钟图外，在另一面还有一幅击鼓舞蹈图，当中以一兽为座，上竖一建鼓，一旁绘一似人非人、似兽非兽的乐师，双手各持一鼓槌，正在轮番击鼓。另一旁绘一高大武士，头顶高冠，腰佩宝剑，身着广袖，随着鼓声正在翩翩起舞。画师寥寥数笔，击鼓者的形象就活灵活现地呈现在人们面前。这一幅图画，为建鼓乃乐器之一和它的敲击方法提供了有力的佐证。

图6-13　鸳鸯形盒上的钟磬乐舞图，此图以朱漆绘于鸳鸯形盒腹部左侧，画面中钟磬悬于一对兽形柱的钟磬架上，旁绘一乐师握棒撞钟，生动地反映出当年宫廷钟磬乐舞的生动场面。这一图像为我们研究当年编钟，尤其是下层大钟演奏用具及方法做了明确的提示

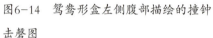

图6-14　鸳鸯形盒左侧腹部描绘的撞钟
击磬图

图6-15　鸳鸯形盒右侧腹部描绘的击鼓
舞蹈图

　　与建鼓同出的十弦琴、五弦琴、排箫和篪等乐器，由于历史的某种原因，久已失传，现代人类只能在历史典籍上见到它们的名字，有的甚至连名字都被遗忘了，更不要说其形状和曲调了。

　　在当今乐坛，当说到排箫的时候，很容易让人联想到西洋的排箫，有好多排箫的音乐带，流行于世界各国并被音乐发烧友喜爱。西洋的排箫还有个别名儿叫潘管（pandeanpipe），又称"绪任克斯"（syrinx）。据希腊神话说，这个"潘"是个牧神，长着一个羊的脑袋，两只山羊腿，还有两只山羊的犄角，搭配不协调，丑陋难看。就是这样一个丑八怪也在做爱情梦，它暗恋上了河神的女儿绪任克斯，但美丽的姑娘并不喜欢既无德无才又无耻的"三无"人员小潘，恋爱自然无果。想不到这个小潘一看软的不行，索性摆出无耻的嘴脸动起硬来，并以猎狗逐兔的战略战术，对这位女神采取了强硬行动。女神绪任克斯一看小潘疯狂地向自己扑来，撒腿就跑，小潘在后边紧追不放，眼看就要被追上了，女神的父亲河神发现后前往搭救。他喊了一声，念了一个咒语，绪任克斯立刻进入河中变成了一丛芦苇。按老河神的想法，我的女儿都变成一丛芦苇了，你还追什么，追上又能怎么样呢？应该放弃邪念，不再妄为了吧。想不到小潘是个心狠手辣的无赖仔，他冲入河中恨恨地把芦苇折断，上得岸来，又把一根根的芦苇用绳子系在一起，一共七根，有长有短，这样就有了七个音符的一个排箫。小潘拿着排箫迎风跑到奥林匹亚山上吹起来，排箫发出了嘤嘤嗡嗡的声音，似是绪任克斯的呼唤和低泣。这个故事，是在说小潘终究还是占有了女神绪任克斯，显然带有强悍、霸道与掳掠的味道。后来潘管流传开来，欧洲及南美均有此乐器，罗马尼亚及匈牙利民间尤为流行，形制不一，从最早的七管发展至二十余管，其音色独特，音量变化不大，适于演奏抒情乐曲。

中国的排箫历史比西洋人的排箫历史要悠久得多。相传黄帝命伶伦作乐律，编竹制作排箫以来，这一乐器就以其得天独厚的地理优势，占据了重要位置。虽然石、陶、金属等都可作制排箫的材料，但音质最纯正的还要数竹制品。古今中外的排箫大多数为竹制品，而中国是世界竹类植物发源地，素有"世界竹子之乡""竹子王国"的美誉。全世界竹类植物约70多属1200多种，中国占50多属900多种。中国至今仍是世界竹类植物最大分布中心，竹子种植面积、产量及竹文化都居世界首位，这也为制作排箫提供了丰富材料，因而中国的排箫也有一个别名，叫比竹。

比竹之名，除了自身材料由竹构成外，还有一

图6-16 墓中出土的竹排箫，通长22.5厘米，宽11.7厘米，厚1厘米

个原因就是中国的排箫小的由十六支组成，大的二十三支，这样一个规模和形制就比西洋排箫音域大得多，声音也好听得多。从外形看，比竹就是说好多竹子像兄弟一样站在一块儿，亲切交谈。这个情调给人一种四海之内皆兄弟的和谐感觉，比潘管的寓意强多了。可没想到，小潘制出的那个含有复仇加掳掠味道的潘管倒是遍地开花，中国讲求"和为贵"的排箫却失传了。后人只能从一些历史典籍中去寻觅它的踪影，揣测它的相貌。屈原《九歌·湘君》曰："君不行兮夷犹，蹇谁留兮中洲？美要眇兮宜修，沛吾乘兮桂舟。令沅湘兮无波，使江水兮安流。望夫君兮未来，吹参差兮谁思？"此篇为祭祀湘水男神湘君的颂歌。屈原在另一篇《湘夫人》中所赞颂的湘夫人，同为湘水之神，在楚人心目中，与湘君是一对配偶，故两篇颂歌多对唱的词句，描述了他们相互爱慕思恋的故事，抒发了湘夫人思念湘君那种临风企盼，因久候不见湘君依约赴会而怨慕神伤的感情。旧说或谓湘君即舜，湘夫人即舜之二妃娥皇、女英，是因舜死于苍梧的传说而附会。

屈原在歌中所咏的"参差"，即别号比竹的排箫，因其形状如凤鸟的翅膀参差不齐，故又名参差，成语"参差不齐"就来自这种乐器的意象。但"参差"究竟有何所指，形若何，音如何？汉代石刻、魏晋造像甚至隋唐壁画中尚能见其形，但难闻其声，再往后则是形迹难觅，没有人说得清楚了。

曾侯乙墓排箫的出土，使世人终于看到了它本来的面目。两件排箫，正是由参差不齐的13根竹管并列缠缚而成，在未脱水的情况下，其中一件有七八个箫管能够发音，可以听出不是按十二律及其顺序编列，由之构成的音列至少已是六声音阶结构。这种形制的排箫和古壁画、石雕中所见形象一致，并与今天仍在东欧舞台上演奏的排箫相同。中国先秦编管乐器如排箫者有称为"籁"，至今罗马尼亚的排箫名"nay"可能与此不无关系，或者东欧的排箫正是由中国传播过去的。就在曾侯乙墓发掘两年后，河南淅川下寺春秋楚墓又出土了一件石排箫，形制与曾侯乙墓出土的竹排箫完全相同，再一次证明了先秦排箫的形制，廓清了历史迷雾。当世人听到两千多年前的实物吹奏出的乐音，见多识广的音乐界专家如黄翔鹏者亦称赞为"人间的奇迹"。

绝响

曾侯乙墓出土的五弦琴，《史记·乐书》里曾经提到："昔者舜作五弦之琴，以歌南风。"《通礼纂》也提到："尧使无勾作琴五弦。"这个五弦琴恐怕比瑶琴失传还要早，曾侯乙墓发掘前，世人并不知五弦琴是什么样子，发掘之后，学术界对其定名仍有不同看法。

从出土实物看，器为木质，形若长棒，首段近方，尾段近圆，全长115厘米，出土时弦已朽烂无存，琴身首起长52厘米为一狭长形内空的音箱，周身以黑漆为底，底板、侧板均以朱、黄两色描以精细缛丽的彩绘。有专家认为这件乐器与文献记载中先秦一种名叫"筑"的乐器相仿，应该称为"筑"。《说文解字》注："筑，以竹（击之成）曲，五弦之乐也。从竹，从巩。巩，持之也。竹亦声。"在曾侯乙墓发掘之前的长沙马王堆三号墓中，出土了一件通体髹黑漆的器物，此器长31.3厘米，形如四棱长方木棒，首部的蘑菇形柱上，还残存缠绕着的弦丝。首尾两端各嵌一横排竹钉，能张五条弦。此为何物？在发掘现场的考古学家如睹天外之物，不辨牛马，没有一人能说出它的名字，更不知其从哪里来，最后到了何处。因而在编写的《长沙马王堆二、三号汉墓发掘简报》中，避而不谈，编写者眼中视同没有或者只是一块拿不上台面的烂木头而已。许久之后，有音乐学家根据这座墓葬随葬品清单的记载，认为是一件久已失传而又极其宝贵的古代乐器——筑。

随着研究的不断深入，学者们在长沙马王堆一号汉墓黑地彩绘棺上，发

现一只怪兽在弹击一件乐器，所绘之器与出土的筑形状相同。至此，当年参与发掘的考古人员才恍然大悟，原来这个怪兽所击的东西就是筑。

筑在战国、秦汉时期是非常有名的乐器。秦汉古籍中有很多关于它的记载。《史记·刺客列传》载，当荆轲受燕太子丹之命，怀揣地图与匕首赴秦国欲搞刺杀秦王的恐怖活动时，燕太子丹与知其事者，"皆白衣冠以送之。至易水之上，既祖，取道，高渐离击筑，荆轲和而歌，为变徵之声，士皆垂泪涕泣。又前而为歌曰：'风萧萧兮易水寒，壮士一去兮不复还！'复为羽声慷慨，士皆瞋目，发尽上指冠。于是荆轲就车而去，终已不顾"。祖，是一种祭奠路神的仪式，古人出远门时常有这种仪式，以图平安顺利。变徵之声，是指变换音调。古代乐律分为宫、商、角、变徵、徵、羽、变宫七调，大致相当于今之CDEFGAB七调。变徵，即F调。此调韵味苍凉，悲惋凄切。羽声，相当于今之A调，韵味激昂慷慨，令人热血奔涌，具有极强的蛊惑力与煽情效果。

荆轲抵秦国，刺杀秦王事败被剁成肉饼，燕太子丹与他的国家随之招来了身死国亡之祸，燕王喜被掳。

《史记》载："其明年，秦并天下，立号为帝。于是秦逐太子丹、荆轲之客，皆亡。"又说："高渐离变名姓，为人庸保，匿作于宋子。久之，作苦，闻其家堂上客击筑，彷徨不能去。每出言曰：'彼有善有不善。'从者以告其主，曰：'彼庸乃知音，窃言是非。'家丈人召使前击筑，一坐称善，赐酒。而高渐离念久隐畏约无穷时，乃退，出其装匣中筑与其善衣，更容貌而前。举坐客皆惊，下与抗礼，以为上客。使击筑而歌，客无不流涕而去者。宋子传客之。闻于秦始皇，秦始皇召见。人有识者，乃曰：'高渐离也。'秦皇帝惜其善击筑，重赦之，乃矐（huò）其目，使击筑，未尝不称善。稍益近之。高渐离乃以铅置筑中，复进得近，举筑扑秦皇帝，不中。于是遂诛高渐离，终身不复近诸侯之人。"

这个故事在司马迁笔下可谓一波三折，离奇诡异，险象环生，犹如一篇惊悚小说，令人读之头皮发麻，心惊肉跳。想不到当荆轲的一帮狐朋狗友在秦王朝强大压力下四散逃亡之时，高渐离却化装打扮，摇身一变成了宋子之庸保，也就是今河北省赵县东北一大户人家的仆佣。一连串的因缘际遇，使高渐离阴差阳错地当上了秦始皇的私人乐手，且在被人认出的险境中免于一死却又被熏瞎了眼睛。读史至此，真为高氏之不幸而痛切扼腕，怅然太息。同时也可看到筑作为一种乐器在当时是何等的重要和流行，其身份地位如此之高贵，可谓在百乐中独树一帜，备受帝王将相与贵族士大夫宠爱，否则秦始皇不会冒生命危险专门听仇敌高渐离为其击筑作歌。当然，高氏击筑的技艺之超群也是一个重要方面。只是这对昔日的冤家相聚，最终演绎了一场令世人不忍闻见的人生悲剧。

秦亡之后，作为乐器的筑并没有随着战争的烽火硝烟而消失，汉代人对击筑的爱好程度有增无减。汉高祖刘邦统兵于淮北战场击败叛乱的劲敌英布后回到故乡，在召集父老乡亲的盛大宴会上，以复杂的心境亲自击筑，令青壮年与他一起高歌："大风起兮云飞扬，威加海内兮归故乡，安得猛士兮守四方……"史载，高祖的姬妾戚夫人也是一位击筑高手，刘邦常令戚夫人击筑，自己唱歌，每次演奏完毕，总是泪水涟涟，难以自制。

汉之后，筑作为一种乐器渐渐没落并终于失传了，《中国大百科全书》说因为筑失传太久，它是什么形制，什么构造，如何演奏，后人都不知道，就连它是几根弦也不知道了。马王堆汉墓出土的筑与曾侯乙墓出土之筑形状相同，但有些专家认为曾墓出土的这种乐器形体狭长，岳山低矮，不便"以竹击之"，因而认为不是筑。经此反对，曾侯乙墓发掘报告的撰写者也就不敢轻言定名，按这种乐器上面张有五弦，且又近属琴类，暂且以"五弦琴"而名之。悲夫！

脸上涂着血污的人

青铜重器和各种乐器全部放入墓室后，接着进行的一项最牵动人心的活动，就是如何将21名女人作为陪葬品装殓入棺，抬入墓坑为主人殉葬。

曾侯乙墓发掘后，谭维四、舒之梅曾撰文对这一事件进行过如下论述：

> 马克思主义告诉我们，古往今来的一切剥削阶级其共同的本性，就是残酷剥削和压迫劳动人民，擂鼓墩一号墓又为我们提供了一个生动的例证。这座墓主人是曾侯乙，即曾国一名叫乙的君主，是战国早期一个诸侯国的封建头子。墓内放置的几千件随葬器物，都是劳动人民辛勤劳动的成果，封建统治阶级不仅生前占有享用，死后还要带进坟墓，充分暴露出他们的骄奢淫逸和对劳动人民的残酷压榨。更有甚者是用人殉葬，这座墓殉葬了二十一人，经科学工作者对其骨架的研究鉴定，全是女性青少年，年龄最大者约二十五岁，最小者仅十三岁左右。
>
> 人殉制度起源于原始社会末期，盛行于殷商、西周奴隶社会，当时一个奴隶主死了，往往要杀殉或生殉（活埋）奴隶几十人，多者达数百人，殉者不是身首异处就是颈上戴有枷锁，身上缠有绳索。擂鼓墩一号墓的二十一名殉葬者骨骼齐全，未见刀砍斧伤痕迹，而且还都有一具彩绘木棺，内有木梳、木篦、玉环之类的少量随葬品。结合有关文献推测，封建统治阶级对这些殉者很可能是采用"赐死"的办法，即用欺骗手段迫使她们为墓主人殉葬的。从形式上看，这种殉葬方式似乎较殷商、西周时代文明一点，但本质上其对殉者的压迫之惨，并没有两样。
>
> 上述规模庞大的墓坑和木椁，几千件随葬器物，二十一具无辜殉者的累累白骨，都是对封建统治阶级残酷压迫剥削劳动人民的血

泪控诉，是我们向人民群众宣传历史唯物主义、进行阶级教育的生动教材。

透过文献记载，活着的人为死去的人殉葬，谓之"人殉"。这一现象在古代的许多地方曾存在过，尤以亚洲为重，埃及、西亚两河流域、印度、日本和中国皆然。至于这种制度的形成是人种使然，还是社会环境等因素所决定，史家说法不一，争论也一直没有平息，但作为这一酷烈的事实却是铁板钉钉，毋庸置疑的。

中国的人殉从什么时候开始，又是怎样的一种形式，典籍多有记载。《左传·成公二年》说："宋文公卒，始厚葬，用蜃炭，益车马，始用殉。"正义引郑玄注："杀人以卫死者曰殉，言殉环其左右也。"《墨子·节葬下》说："天子杀殉，众者数百，寡者数十，将军大夫杀殉，众者数十，寡者数人。"《史记·秦本纪》载："武公卒，葬雍平阳，初以人从死，从死者六十六人。"又说："缪公卒，葬雍，从死者百七十七人。"

田野考古发掘的事实让世人看到，宋文公"始用殉"的记载并不可靠，这种恶习早在原始社会末期的龙山文化（公元前20世纪左右）和齐家文化（公元前17世纪左右）时期就已出现。甘肃武威皇娘娘台遗址、永靖秦魏家遗址的齐家文化氏族公共墓地中都曾发现女子为男子殉葬的合葬墓，考古学界公认这是中国已知最早的杀妻（妾）殉葬墓。

那么殉葬的女人或男人是以怎样的方式从死而作为祭品埋葬的呢？史籍记载和考古发掘证明，有的被活埋，有的被杀后整体埋葬或肢解后埋葬，有的被活活饿毙，有的被强迫上吊自杀，其方式多种多样，惨不忍睹，令人闻之心寒。抛开氏族群落的殉葬不谈，仅以发掘证实的夏商周三代及其之后的各个朝代，大体可以看出古代中国殉葬制度残忍酷烈的一个轮廓。

1957年，著名考古学家徐旭生在河南偃师二里头村发现了一处古代遗址。在已发掘的灰层和灰坑中，考古人员发现人殉墓葬数百座，人骨或身首异处，或双手被缚，或一手反折背后，或两手上举过头。另有一些零星的人头和肢骨，想是被刀砍或活埋。据发掘人员分析，这些惨遭杀害之人，应当就是奴隶。1955年，郑州商城在考古发掘中始见殉葬坑和殉葬墓，在一个编号为171的坑中，考古人员发现了两具人骨，又有一个人头及两只腿骨。人骨双手反绑，手指骨、手臂骨和脚趾骨全被砍掉。此举令发掘者发出了"奴隶主对奴隶们的杀害，就是如此的残忍"的感叹。

殷墟1001号大墓，虽遭多次盗掘破坏，但仍然在墓底、墓道等处发现杀人殉葬者共达225人之多。据推测，整个墓内殉葬的奴隶可能有三四百人。考古人员通过细致的观察研究，推断出当时杀殉的步骤是：当墓坑墓道填土工作进行到一定阶段的时候，奴隶们就被双手背绑，一队一队按顺序被牵到墓道之中，面向墓坑，并肩东西成排跪下。刽子手从一头到另一头，按序砍杀。被杀者倏忽间人头落地，肢体向前扑倒，成为俯身，随之为填土所埋。填土一至二层后，再按原样杀殉一些奴隶填埋。如此循环，直至砍杀到一定数量为止。经骨骸鉴定，被杀的奴隶多数都未成年，一般在十几岁，有的只有几岁，更小的连天灵盖都还没有长满。较之1001号大墓，发掘时，殷墟其他各墓破坏得更加厉害，但无一例外都有人殉。少则几人，多则几十人，如1550号大墓，中心腰坑殉葬一人一狗，墓室四角四个小墓坑，各殉葬一人，北墓道口，又殉葬十具一排的人头骨数列，共计残存殉葬的奴隶有几十人至上百人之多。从现场情形看，这些殉葬的奴隶，多数身首砍断，有的只有肢体，有的只有头颅，有的双手背缚，有的抱手蜷腿，有的张口歪头，悲惨之状不忍目睹。在殷墟大墓区东部，考古人员揭露附属小墓1242个，多有殉人，估计总数达2000。

图6-17　商代统治阶级用奴隶做人牲的场景

在殷墟小屯北地，靠洹河的弯曲部位，是商王朝举行祭祀的地方，从考古揭露的25个土坑看，共祭用62只羊、74只狗、97个人。用作祭祀的奴隶年龄不等，小孩为完整躯体，成人皆被杀头。杀头后，人骨呈俯身状，头与颈完全脱离。有的被砍头后留有下腭，有的脊椎骨上还带有腭骨和颈骨。有的呈仰身状，头部仅被砍去上部，下部还连在颈上。被砍的地方，有的在鼻部，有的在眉际，刀砍的痕迹，还清楚可见。对于此种情形的出现，考古人员做过各种研究和猜测，有的认为可能是刽子手偷懒耍滑或者太不把这些奴隶的生死放在眼里，如同砍杀一条狗一样随便。有的认为是在砍头的一刹那，出于本能反应，奴隶的头发生了颤动，刀走偏锋，从鼻子处掠过。在刽子手或主持祭祀的贵族看来，反正被杀者已是脑浆迸裂，扑地而亡，也就不再计较是从颈上还是颈下开刀了。据参加发掘的考古人员胡厚宣说，小屯殷王的宫殿宗庙区，截至20世纪70年代已发现人祭738人，倘若把残墓复原，数量将有千人以上。如果把其他各地的商代遗址人殉人祭的发掘数目加以统计，确切的人数达到3684人。除殷墟之外，其他商代墓葬也发现人殉现象，如河北藁城台西商代前期的一号墓，"在西阶上殉葬未成年女子一人，两腿相交，两臂上屈，似是捆绑所致"。这个姿势，显系是被活埋而形成。假如这些考古发掘的墓葬在此前不被破坏的话，殉葬者可能多达四五千人。这个数字仅是由田野考古工作者地下发掘所见，至于从甲骨文字所见殷代人祭的情况，将大大超过此数，更加令人惊骇。对此，作为考古学家兼甲骨学者的胡厚宣曾专门著文做过说明：截至20世纪70年代初，在已发现的甲骨文里有关人祭，以殷代武丁（公元前1250年—公元前1192年）在位的时期为最多。在所见1006条卜辞中，祭用9021人；另有531条未记人数，一次用人最多的是500个奴仆，这里所说的仆就是奴隶。武丁之后，祭用人最多的是廪辛、康丁、武乙、文丁，计有卜辞688条，祭用3205人，另有444条未记人数，一次用人最多的是200人。

在所见殷墟卜辞中，有一条为"不其降曲千牛千人"。有甲骨文学者认为，千牛千人也是一种祭祀，即杀掉了1000头牛，1000个奴隶。日本立命馆大学汉学家白川静教授对此有不同看法，认为这是以牢闲养兽备供牺牲挑选的仪礼。

对这一说法，胡厚宣表示赞同，卜辞的意思是以牢闲把千人与千牛一道关起来，以备他日举行祭祀时挑选牺牲之用。这些奴隶最终被杀掉是肯定的，但不是卜辞记载的一次性人头落地，就如同树上的柿子，有的要一两个月，有的要用更多的时间才落下。这些成千上万用作祭祀牺牲的奴隶，有男有女，有臣有妾，有姬有婢。被关者或被押赴断头台者，或戴枷锁，或双手背缚，或用手勒发，或以绳引牵。或焚烧，或土埋，或割裂，或用手扼制。或被剁成肉酱，盛在豆中，或用钻镟，取其脑浆，或杀人而以其血祭，或斫伐而取其头颅。有的奴隶头被砍下，随着喷出的淋淋鲜血一同被掩埋，直到几千年后发掘时，斑斑血迹仍清晰可见。真可谓"断头台上凄凉夜，多少同侪唤我来"。从卜辞上看，有刻画奴隶的象形字，像被击扑倒，刨坑活埋，张口呼号，做竭力挣扎之状。也有的被砍下头后，还要在头骨上刻以铭辞。胡厚宣说，这些卜辞中的人祭，与地下考古发现互相印证，结果完全相符。种种凄惨形象，触目惊心，令人发指。当年鲁迅先生曾言："我向来是不惮以最坏的恶意来推测中国人的。但这回却很有几点出于我的意外。……竟会这样地凶残……竟至如此之下劣"，但是他们"居然昂起头来，不知道个个脸上有着血污"。（《记念刘和珍君》）此话虽说的是鲁迅那个时代的当局和当局豢养下披着警察外衣的鹰犬，但读罢此语，似乎又让人回到了遥远的商代和商代的人殉现场。或许鲁迅的伟大之处正在于此吧。

21位女人之死

商代如此，作为承接了夏商两代道统的周代，人殉制度又是如何呢？《西京杂记》卷六记载："幽王（周幽王）冢甚高壮，羡门既开，皆是石垩，拔除丈余深，乃得云母深尺余。见百余尸纵横相藉，皆不朽。唯一男子，余皆女子，或坐或卧，亦犹有立者，衣服形色不异生人。"周幽王是西周最后一位天子，也就是宠爱褒姒而不惜以烽火戏弄诸侯，最终导致失国的那一个臭皮囊。最后一位尚且如此，前面的君王也不会好到哪里去，由此可推知整个西周的殉葬尤为盛行。

东周时代关于人殉人祭，地下已被发现的遗存不多，但依然存在。如安徽寿县的蔡侯墓，属于春秋时期，1955年发掘时，考古人员在墓底东南角，发现殉葬一人。又《左传·文公六年》载："秦伯任好卒，以子车氏之三子奄息、仲行、针虎为殉，皆秦之良也。国人哀之，为之赋《黄鸟》。"诗曰：

交交黄鸟，止于棘。

谁从穆公？子车奄息。

维此奄息，百夫之特。

临其穴，惴惴其慄。

彼苍者天！歼我良人！

如可赎兮，人百其身！

穆公，即春秋时秦国之君，名任好，卒于周襄王三十一年（公元前621年），以177人殉葬。从，即从死之意，也就是殉葬。子车奄息，子车是氏，奄息是名。一说字奄名息。夫，男子之称。特，匹。这句是说奄息的才能可以与一百个男人匹敌。穴，指墓圹。

这首诗译成现代白话，便是：黄雀叽叽，酸枣树上息。谁跟穆公去了？子车家的奄息。说起这位奄息啊，一人能把百人敌。走近了他的坟墓，忍不住浑身哆嗦。苍天啊苍天！我们的好人一个不留！如果准我们赎他的命，哪怕是用一百个人也可以。

此诗被编选于《诗经·秦风》中，它无疑是一首挽歌，全诗共三章分挽三位杰出的良才。每章末四句是诗人的哀呼。见出秦人对于三良的惋惜，也见出秦人对于暴君的憎恨。

秦穆公死后不过一百年，社会发生了剧烈变革，人殉制度开始引起非议并产生动摇。春秋时代的孔子曾站出来公开反对殉葬制度，既反对以活人殉葬，同时也反对以活人生前占有的珍贵器物随葬，直至反对用仿真人的木俑殉葬。按照这位圣人的说法，人鬼殊途，并不能同归，完全没有必要瞎折腾和浪费财物，甚至损害人的生命。入葬的时候，只要用泥巴做个小车，用稻草扎个小人作为明器殉葬就可以了。但用逼真毕肖的木偶人殉葬就会走上邪恶之道。因为用逼真毕肖的木偶人与用活人殉葬几乎相同，是对活着的人大不敬。后来的孟子在与梁惠王对话时也曾提到这一问题，他说："孔子曰：'始作俑者，其无后乎！'为其象人而用之也，如之何其使生人饥而死也。"孟子的话明显反对统治者不顾人民大众的死活，甚至置人民于水火之中而不顾，竟把人活活饿死。他把饿死与殉人相提并论，是对这两者的双重憎恨。孟子在世的时候，去秦穆公也不过两百余年。在这一二百年时间里，整个社会的确是发生了巨大变革，也就是马列主义学派的历史学家们经常挂在嘴上的奴隶制处于崩溃，先进的封建阶级登上历史舞台的转折时期。较之孔子，孟子在社会政治问题上言辞更加犀利而鲜明，他宣称："君视臣如手足，臣视君如腹心；君视臣如犬马，臣视君如国人；君视臣如粪土，臣视君如寇仇。"（《孟子·离娄》）至于对一般的臣僚，孟子更不以为然——"今之所谓良臣，古之所谓民贼也"（《孟子·告子》）。孟子自称"吾善养吾浩然之气"（《孟子·公孙丑》），"富贵不能淫，贫贱不能移，威武不能屈"（《孟子·滕文公》），此番言论，颇有点"指点江山，激扬文字，粪土当年万户侯"的英雄气概。正是因了这样的气魄、学识和人格魅力，举国有识之士纷纷响应支持，有的甚至不惜抛却身家性命为之阻谏呼号，延续了几千年的人殉制度终于得到了一定程度的遏制。

春秋之后，人殉制度基本废除，大多数贵族改用木制或泥制人形偶像殉葬。战国时的秦国在献公元年（公元前384年）曾正式下令废止人殉。但是到了公元前221年秦统一六国后，殉葬制度死而复生，令人不寒而栗。《史记·秦始皇本纪》载，秦始皇帝死后，"二世曰：'先帝后宫非有子者，出焉不宜。'皆令从死，死者甚众。葬既已下，或言工匠为机，臧皆知之，臧重即泄。大事毕，已臧，闭中羡，下外羡门，尽闭工匠臧者，无复出者"。从这段文字看，不只一大批后妃宫女从死，由农村进城参与陵寝建设的民工也无一幸免，皆稀里糊涂地成了秦始皇的殉葬品。

秦亡之后，除边远地区强制妇女殉葬外，人殉作为一种制度已趋湮灭。据《三国志·吴书》载，三国时吴将陈武战死，孙权破例下令以陈爱妾殉葬。吴亡，这一"恩典"即遭到指责："权仗计任术，以生从死，世祚之短，不亦宜乎！"孙权的这一做法同吴国短祚的命运联系起来，可见时人对殉葬这一做法已是深恶痛绝了。

按这一思想观念传承下去，本应不会再出现殉葬这一逆历史潮流而动的惨剧，但几个朝代的攻伐轮换之后，想不到当江山社稷落到一个叫花子与和尚出身的朱元璋手中时，早已成为腐尸的殉葬制度再度从阴间冒将出来，随着南京城荡漾的血水泪滴，重返大明王朝的舞台。

洪武二十八年（1395年），朱元璋的次子秦王朱樉死，以两名王妃殉葬，自此，潘多拉魔鬼的盒子正式启封。朱元璋本人死后，亦有嫔妃、宫女陪葬孝陵。《明史·太祖本纪》载，1398年闰五月初十，"（朱元璋）崩于西宫，年七十有一"。长孙朱允炆继大位，史称建文帝。新皇帝遵遗诏，凡太祖没有生育过的后宫妃嫔，皆令殉葬，另有若干宫女从死。具体殉葬是多少人，史上并无确切记载。据明末人毛奇龄所著《彤史拾遗记》载："太祖以四十六妃陪葬孝陵，其中所殉，惟宫人十数人。"殉葬的步骤不再像商周时期直接拉到墓地砍头活埋，因为时人确信被砍头者的鲜血会玷污主子的灵魂，使之在阴曹地府内感到不爽，便改弦更张，用"文明"的方法干净利索地处死。具体操作方法是，临刑前于宫内摆设宴席，请这些妃嫔盛装打扮后赴宴。宴罢便被带到指定的殿堂内，由太监分别架上木床，将头伸进预先拴好的绳套中，太监撤去木床，一个个年轻的生命就此消亡。

朱元璋的四子朱棣在夺得侄儿建文帝的政权登上大位后不久，即在北京昌平建造十三陵首陵——长陵地宫。据文物专家王秀玲考证，朱棣死后有七名妃嫔殉葬。当时有一个朝鲜籍妃子韩氏也在被指定殉葬之列，这个妃子明知自己将死，心有不甘又无力抗争。当她被太监架上木床，将要把头伸进帛套的刹那间，猛地回首呼唤自己的乳母金黑："娘，吾去！娘，吾去……"其凄惨之状和悲恸之声，连监刑的太监都潸然泪下。少顷，太监将其头颅强行按进帛套中，抽掉木床，韩氏挣扎了几下便气绝身亡。金黑是韩氏从朝鲜带来的乳母，后来被放回故国，把这段详情说出，被朝鲜文献《李朝实录》记载下来，始为世人所知。

明亡之后，这一制度在清朝初年又出现过一个小小的反复。天命十一年

（1626年），68岁的努尔哈赤病死，令大妃阿巴亥殉葬，诏曰："俟吾终，必令殉之。"阿巴亥为了保全几个儿子，盛装自尽，年仅37岁。实际上，除了阿巴亥以外，努尔哈赤生前侍奉他的四位宫女也一块儿殉葬了。

据传，在清康熙皇帝之前的清世祖福临、清太宗皇太极与努尔哈赤一样，死后都有活人殉葬。一直到康熙年间，御史朱斐针对此恶习上书曰："屠残民命，干造化之和。僭窃典礼，伤王制之巨。今日泥信幽明，惨忍伤生，未有如此之甚者。夫以主命责问奴仆，或畏威而不敢不从，或怀德而不忍不从，二者俱不可为训。且好生恶死，人之常情，捐躯轻生，非盛世所宜有。"或许这个反对意见起了作用，或由于其他更复杂的原因，康熙十二年（1673年），开始明令禁止八旗包衣佐领以下的奴仆随主殉葬。从此，帝王死后的殉葬制才算真正退出中国历史舞台。

透过几千年漫长而惨烈的人殉事例与制度，真让人生发出鲁迅先生在看到明代"以剥皮始，以剥皮终"的黑暗政治和残酷刑罚之后的感慨："自有历史以来，中国人是一向被同族和异族屠戮，奴隶，敲掠，刑辱，压迫下来的，非人类所能忍受的痛楚，也都身受过，每一考查，真教人觉得不像活在人间。"（鲁迅《且介亭杂文·病后杂谈之余》）

尽管不像活在人间而是活在地狱之中，也还要活下去。活着就是为了活着，无他。只是每个人活法不同，死法也各异罢了。曾侯乙墓的墓主与殉葬的21名少女即是这一活命哲学的生动注释。

曾侯乙墓陪葬者生前的身份，从其所用葬具、在椁室内的陪葬位置、与墓主木棺及墓内随葬文物的关系等方面分析，东室的8位，因与墓主人葬在同一室内，当为曾侯乙的近侍妃姜或宫女。其中6位在主棺之东，木棺呈一字式平行排列，所有木棺制作较讲究，内面均髹黑漆，有一具表面髹红漆，余均黑漆为底绘红彩。髹红漆者体积最大，放置居中，可能为墓主的爱妃。其余5位可能为近侍妃姜。主棺之西的两具木棺，位于东室通向中室的门洞旁，与狗棺为伍，生前地位应比前6位要低，有可能为墓主人生前的近侍宫女。结合秦始皇入葬情形，殉葬者身份大致如此。至于西室的13位陪葬者，皆为棺葬，但年龄较小。此室除了13具陪葬棺，别无他物，据此推断，很可能是墓主人生前的歌舞乐伎或称乐舞奴婢。类似的以乐舞奴婢殉葬之事，史籍亦有记载，例如，《汉书·赵敬肃王传》中有彭祖的后人胶王元"病先令，令能为乐奴婢从死。迫胁自杀者凡十六人"。

通观曾侯乙墓21位殉者，其遗骨鉴定既未见刀砍斧伤和被毒杀的痕迹，又入殓于髹漆彩绘木棺内，且有衣衾或竹席包裹，还有些许器物随葬。谭维四、郭德维等学者认为，极有可能是采取赐死的办法来殉葬的。即每人先赐以红色绸带，命其自缢身亡后入殓于棺，然后随墓主一同埋入坟墓。这些死者大多数被迫从死，从出土的尸骨形态仍可想象她们当年惨死的情景是何等的凄凉。

发掘显示，墓坑西室与中室隔墙中段有约50厘米的四方小洞一个，与中室相通。而中室、北室各室之间都有一四方小洞相通，这是为了便于曾侯乙在阴间宫殿寻花问柳而特别设置的。颇令人感慨的是，在靠近东室通中室门洞的地方，还放置有一具殉狗棺。狗棺比陪葬的殉人棺小，没有施彩，棺盖上却放有两件石璧。显然，这是墓主生前的一只爱犬，死后仍守候在墓主的足下，并为其守门看户。由此更可以看出，这些陪葬的少女在墓主及其家族眼中，也不过相当于一条狗罢了。

图6-18 曾侯乙内棺上描绘的神怪图像，意在保护死者的灵魂

发掘中还可看到，墓主外棺北侧下部留有一个小门，内棺的足档描画了一个

窗框，这里是曾侯乙的安息之所。很显然，在这位君主有了兴致，希望遨游天国的时候，小门和窗框是他灵魂出入的通道，他的家人和臣民在这点上想得非常周到，可谓关怀备至。曾侯乙在另一个世界里绝不会有行动不便的感觉，无论是东室的近侍宠妾，还是西室的歌伎少女，她们生前为主子服务，死后仍然要尽职尽责。她们的棺上都绘有类似主棺的窗格，就是随时准备听候主人的召唤，顺通道而出入服侍。特别值得一提的是，西室二号棺中20岁的少女，或许是个乐舞领班，或许有特殊的身份，她的鸳鸯盒可作为一个象征。这件美丽奇特的鸳鸯盒与少女一起随葬，用意何在？发掘者郭德维推断，鸳鸯盒显然是这位少女生前所喜爱之物，埋葬时，考虑到她生前的喜好或遗愿，将这件艺术品做了她的陪葬品。自然界中的鸳鸯总是成双成对地生活着，人们常用来比喻恩爱的恋人，此女怀抱鸳鸯伴其生前身后，是否在婚恋上有什么隐秘？这件器物是曾侯乙赏赐，还是她本人所置，或许是心上人暗中赠送，以此作为定情的信物？如果真的是定情之物，只能随着这一破碎的爱情之梦，共同被殉葬于幽幽地宫之中。

曾国的真相

阴风阵阵，满城萧瑟的曾国首都，外宾接待组的治丧人员也在频繁而友好地接待着来自国外与盟友赠送的吊唁礼物。

从曾侯乙墓出土的240枚竹简6696字中可以看到，除兵甲类的登记，就是参加葬仪的车马及馈赠者的清单。其中记载曾侯乙死后，馈赠车马的人有王、太子、令尹、鲁阳公、阳城君、平夜君等。王、太子、令尹当是指楚国的王、太子和令尹。曾人对楚王等人如此称呼，从另一个侧面看出，这时的曾侯，已经完全附属于楚。也就是说，这个由周王朝分封名为曾的姬姓国家，实际上已完全沦为楚国的附庸了。

简文还明确地表明，曾侯乙死后，他人所赠之车共26乘，自备之车共43乘，总数为69乘。另外有他人赠送和自备之马超过200匹，由于竹简出土时已残损，原来的数字估计更大一些，因为墓中所出的戈头、殳等兵器以及箭镞都多于简文所记的数量。但墓中只有兵器而没有车马，按裘锡圭的说法，从《周礼》等书有关记载来看，简文所记的车马大概多数不会用来从葬，很可能有一定数量的车马埋在墓外专门设置的车马坑之中。可惜发掘前墓地周围已遭到严重破坏，详情已无法查明。

当各种入葬事宜就绪后，在整个葬仪中最为重要的高潮大幕开启了——这便是曾侯乙进入墓室前的最后一道程序。按照当时的葬制和礼数，先是有专门人士为曾侯乙香汤沐浴，而后梳洗打扮，穿衣戴帽。与此同时，在衣内衣外的尸体四周，放置大小、形制不同的玉器和少量金器等物。放于死者脸部者，称为"缀玉面罩"。最具特色的是用玉石雕刻了几十件小动物，分别置于死者的七窍和肛门与生殖器上，置于口中者则谓玉琀，塞于鼻、耳、肛门与生殖器者叫玉塞。搞这套行头，主要为了传说中的千年尸骨不朽。

图6-19 曾侯乙墓墓主口含的玉雕小动物，大如黄豆，小如绿豆，有玉牛6件，玉羊4件，玉猪3件，玉狗2件，玉鸭3件，玉鱼3件，共21件，这是其中的一部分

巨大的漆棺，在汗水流淌与泪水飞溅的肃穆哀苦气氛中终于到达擂鼓墩墓地。一阵手忙脚乱、大呼小叫的折腾，架在墓坑之上的巨大套棺随着一根绞索突然断裂，"咕咚"一声摔入墓坑东室之内，半尺长的铜钮利剑一样斜插入墓壁椁板之中，严丝合缝的棺盖板随着棺身下沉的重力"咔嚓"一声被撕破，裂开了一道拳头般粗细的大口子。面对这一突然而至的凶象，哀号之声顿绝，现场鸦雀无声，一片死寂。众人惊恐又莫知奈何，主持者已是全身抖如筛糠，面如死灰，汗如雨下。

少顷，当主持者于惶恐不安中企图指挥众人以最快的速度将这个庞然大物"改邪归正"时，所有的人使尽招数，用尽力气，但斜趴在坑中的巨棺已如泰山压顶，岿然不动。无奈之下，曾侯乙的亲族与重臣只好决定放弃，就此掩埋。

于是，上百人开始按照原计划行动。把所有该放置的小件陪葬物放置完毕，而后于墓坑之上加封椁盖板，铺竹席、丝绢与竹网，再用6万多公斤的木炭铺填于椁顶与椁壁之间，最后覆土掩埋加固。当这一切做完后，曾侯乙墓的地下宫殿已完全封闭于山冈旷野之中，春秋晚期一个诸侯国的秘密，就这样悄然消失在历史视野之外。

外棺的开裂与倾斜，为尸体的腐烂埋下了祸端。

最后的归宿

曾侯乙墓深入山冈地表以下13米，内椁底板直接建在坑底岩石上，没有像椁顶和椁墙四周那样填埋木炭或白膏泥并加以夯实，只有中室局部椁底做过类似努力。这一明显对尸体防腐构成巨大威胁的重要缺陷，是由于时间仓促来不及施行，还是设计者眼见坑底岩石干燥无水，而自以为是地认为万事大吉？或许由于墓主家族产生内讧，各自争抢财产与权力，矛盾激化，而只

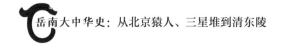

顾眼前之事，顾不得棺下情形？

总之，一根又一根的宽厚木质椁板是直接铺在了坑内的岩石之上，而墓坑的位置正处于风化岩石地质带上，红色的岩石具有透水性。墓坑四周岩石本身和地下都含有大量水分，且擂鼓墩山冈地下水又埋藏较浅，最浅处埋深小于0.5米。

也就是说，当曾侯乙梳洗打扮好，携21位青春靓女进入幽暗的地下宫殿，准备在阴间这个小型世界好好安息享乐一番之时，墓底和坑壁四周开始通过微小的空隙，向坑内渗水，且以每昼夜2立方米至3立方米的速度推进。约经过242个昼夜，墓坑内的水已涌至2.19米，这正是墓主外棺的高度。

假如棺椁下葬时没有开裂倾斜，曾侯乙尚可一如既往地躺在棺内，优哉游哉地过他的阴间钟鸣鼎食的生活，做着一个个桃色美梦。很不幸，棺盖撕裂，缝隙难填，从地下与四壁悄然无声漫过来的冷水，先是探头探脑蛇一样一缕缕地钻入棺内。继之凛冽的激水"哗"的一声翻棺而过，呈瀑布状涌跌入棺内，很快将相当于卧室的内棺包围。棺内那具酒肉充塞的臭皮囊，遂被冲到内棺一角，不再动弹。

当坑内地下涌出的水流上升到2.2米之时，戛然而止，且永久停留在这一水平线上。这个高度，仅比墓主外棺高出0.01米。世间之事如此之巧，足以令鬼神唏嘘。曾侯乙的臭皮囊将在凛冽的清水浸泡中，一点点腐朽成泥。

一百多年后，身穿老鼠衣的盗墓贼在月黑风高之际，掘开了曾侯乙墓穴，凿断了椁板并捞取了少量器物。继之，大雨来临，水流顺洞灌泻而下，墓坑积水暴涨一米多，直至升至椁盖板，将整个墓坑全部浸泡为止。污泥浊水的进入和水位上升，加剧了曾侯乙那具臭皮囊的腐烂。

又是两千多年过去了，现代考古人员打开墓穴，进入棺内，看到了一堆被浸泡成黑黄色的碎骨。一扇埋藏于尘烟雾霭中的历史之门由此开启，湮没千年的秘密得以揭开，曾侯乙墓葬发现发掘的故事，就此结束。

第七章　大秦帝国兵马俑之谜

骊山脚下

1974年初春，严重的旱情威胁着中国西部八百里秦川。坐落在骊山脚下的西杨村也未能幸免，田园的麦苗几近枯萎，再不设法施救，将颗粒无收。

夕阳的余晖笼罩着村南的柿树园，折射出令人心焦的光。奔走了一下午的西杨村生产队队长杨培彦和副队长杨文学站在柿树园一角的西崖畔上，眼望着这片只长树木不长庄稼的荒滩，踌躇不定。

眼看太阳就要落山，杨培彦吐了一口烟雾，终于下定决心，挥起笨重的镢头在脚下石滩上画了一个不规则的圆圈："就在这里打井吧！"

杨文学望望骊山两个山峰中间那个断裂的峪口，正和身前的圆圈在一条直线上，心想，水往低处流，此处跟山峰间的沟壑相对应，地下水肯定不会少。于是，他点了点头说："好，但愿土地爷帮咱的忙吧。"

翌日清晨，以西杨村杨全义为首，包括杨新满、杨志发等6个青壮年，挥动大镢头在杨培彦画的圆圈里挖掘起来。他们要在此处挖一眼大口径的井，以解燃眉之急。

尽管地面布满了沙石，一镢头下去火星四溅，但在干旱中急红了眼的农民，以锐不可当之势穿越了沙石层。当挖到1米多深时，出乎意料地发现了一层红土。这层红土异常坚硬，一镢头下去只听到"咚"的碰撞声，火星溅

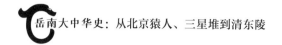

出，却无法穿透它。

"是不是咱们挖到砖瓦窑上了？"井底的杨新满放下镢头，擦把额头上的汗水，不解地望着众人。"可能。听老人们说，咱这一带过去有不少烧砖瓦的土窑。"杨全义说着，递过一把镐头，"来，用这玩意儿挖挖看。"井下又响起了咚咚的声音，坚硬的红土层在杨新满和杨志发两个壮汉的轮番攻击下，终于被凿穿了。这是一层大约30厘米厚的黏合状红土，很像烧窑的盖顶，但大家并未深究，只凭着自己有限的见闻，真的认为是一个窑顶。

越过了红土层，工程进展迅速。不到一个星期，这口直径为4米的大井，就已深入地下近4米。此时，他们手中的镢头离那个后来震惊世界的庞大军阵，只有一步之遥。

历史记下了这个日子——1974年3月29日。

当杨志发的镢头再抡下去又扬起来的瞬间，秦始皇陵兵马俑军阵的第一块陶片出土了。奇迹的第一线曙光划破黑暗，露出地面。遗憾的是，这块陶片的面世并没有引起杨志发的重视，他所渴求的是水。在他的心目中，水远比陶片重要。于是，杨志发和同伴的镢头便接二连三地向这个地下军阵劈去。

一块块陶质头颅、一截截陶质残肢、一根根陶质断腿相继露出，这奇特的现象，终于引起了大家的注意。"这个砖瓦窑还有这么多烂东西。"一个青年将一截陶质残肢捡起来又狠狠地摔在地上，沮丧地小声嘀咕了一句。"砖瓦窑嘛，还能没有点破烂货，快挖吧，只要找到水就行。"杨全义在解释中做着动员。那青年人叹了一声，又抡起镢头劈向军阵。

几分钟后，在井筒西壁的杨志发突然停住手中的镢头，大声喊道："啊，我挖到了一个瓦罐。"听到喊声，正在运土的杨彦信凑上前来，见确有一个圆口形的陶器埋在土中，便好心地劝说："你慢慢地挖。要是还没坏，就拿回家到秋后捂柿子，听老人们说，这种瓦罐捂出来的柿子甜着呢！"

杨志发听罢，镢、手并用，连刨带扒，轻轻地在这个瓦罐四周活动。土一层层揭去，杨志发心中的疑惑也一点点增加，当这件陶器完全暴露时，他才发现自己上当了。

眼前的东西根本不是可以用来捂柿子的瓦罐，而是一个人样的陶制身子（实则是一个无头空心陶俑）。他晦气地摇摇头，然后带着一丝失望和恼怒，用足了劲将这块陶俑身子掀入身旁的吊筐，示意上面的人拉上去扔掉。

当这块陶俑身子刚刚被抛入荒滩，井下忽然又发出一声惶恐的惊呼："瓦爷！"

众人又一次随声围过来，几乎同时睁大了眼睛，脸上的表情比刚才有了明显变化。摆在面前的是一个陶制人头。只见这个人头顶上长角，二目圆睁，紧闭的嘴唇上方铺排着两撮翘卷的八字须，面目狰狞可怕。有一大胆青年用镢头在陶人额头上轻敲，便听到咚咚的响声。

"是个瓦爷。"有人做了肯定的判断，紧张的空气稍有缓解。"我看咱们挖的不是砖瓦窑，是个神庙摊子，砖瓦窑咋会有瓦爷的神像？"有人推翻了以前的判断，同时又提出了新的见解。这个见解得到了多数人的认可。

"甭管是砖瓦窑还是神庙摊子，找到水才是正事，快挖吧。"身为一组之长的杨全义出于对大局的考虑，又理性地把大家的注意力拉回到现实生活中来。满身泥土的农民们又开始挥镢扬锨挖掘起来，没有人再去为刚才的"瓦爷"发表不同的见解并为此大惊小怪。

随着镢头的劈凿、铁锨的挥舞，一个个陶制俑头、一截截残腿断臂、一堆堆俑片被装进吊筐拉上地面，抛入荒滩野地。出土的陶俑引起了村中一群少年的兴趣。他们纷纷奔向荒滩捡拾俑头，先是好奇地玩弄，接下来便将俑头立于荒滩作为假设的坏蛋，在远处用石头猛烈轰击。有聪明的孩子将俑身和俑头一起搬到自家的菜园中，在俑的手里塞上一根长杆，杆头上拴块红布，然后再找来破草帽，将陶俑打扮成一个活脱脱的看园老翁，日夜守护菜园，使麻雀不敢放肆地前来啄食返青的菜苗。

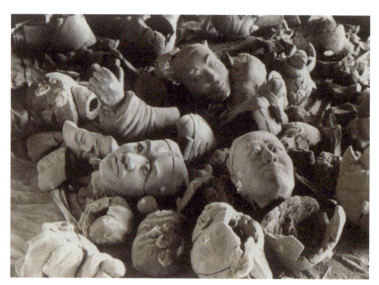

图7-1　挖出的陶俑残件

　　正当人们对陶俑大加戏弄、损毁丢弃或顶礼膜拜之时，村前的井下又发现了更加奇特的情形。在离地面约5米的深处，大家发现了青砖铺成的平面台基，同时还有3个残缺的弩机和无数绿色的青铜箭头。

　　这是地下军阵向两千年后的人类发出的最后一个信号，兵器的出土意味着对砖瓦窑和神庙两种推想的彻底否定。可惜，这里没有人去理会最后的信息，更没人再围绕这稍纵即逝的信息去思考些什么。

　　让众人欣喜和激动的是，尽管没有人找到地下水，但找到了硕大的青砖和铜器。虽然一时还不能辨别是不是秦砖，但毕竟是古代的东西，多数人认为，拿回家做成枕头可以医治失眠症。于是，井下的秦砖很快被哄抢一空，进入各家的炕头、被窝。

　　正当大家在井里井外大肆哄抢秦砖之时，有一位青年却棋高一着。他默默伏在井下，从泥土中拣拾看上去并不显眼的青铜箭头。待拣拾完毕，他脱下身上的破褂子一包，然后直奔附近三里村的废铜烂铁收购站，以14.4元的价格将几公斤青铜箭头售出。

当这位青年摸着已经明显鼓起来的上衣口袋，叼着香烟，一步三摇，满面春风地返回时，村人才蓦然醒悟："还是这家伙有心计。"悔恨之中蜂拥于井底，却已经晚了。

绝处逢生

整个西杨村围绕着"瓦爷"的出现，沸沸扬扬热闹了一阵子之后，又归于静寂。村民们重新进入井中，抡起手中的镢头向下劈去。

此时，出现了一位改变兵马俑命运的人，历史应该记住他的名字——房树民，临潼县（今陕西省西安市临潼区）晏寨公社水管员。

他的工作职责是管理、调配晏寨公社的水利建设和水源利用，西杨村打井与他的工作职责发生联系。事实上，当这口井开工的第三天，他就察看过地形和工程进展的情况，并对在此处取水充满了信心。当听说井已深入地下5米多却仍不见点滴水星时，他便揣着诸多疑问来到西杨村看个究竟。

"这口井为啥还不出水，是不是打到死线上去了？"房树民找到生产队长杨培彦询问。

"不像是死线。可不知为啥，打出了好多瓦爷。"杨培彦回答。

"瓦爷？什么瓦爷？"房树民惊奇地瞪大了眼睛。

"跟真人差不多，还有好多青铜箭头、砖坯子。"杨培彦吸着纸烟，像叙述一段久远的往事，详细地介绍了打井过程中发生的一切。

房树民来到了井边。他先在四周转了一圈，捡些陶片在手里端详敲打一阵后下到井底。井壁粗糙不平，一块块陶片、碎砖嵌在泥土里，只露出很小的部位。他拿着用手抠出的半块砖来到组长杨全义的跟前："这井不能再挖下去了。"

"为啥？"杨全义吃了一惊。

"你看，这砖不是和秦始皇陵园内出土的秦砖一样吗？"此前，临潼县文化馆收集了一些从秦始皇陵园出土的秦砖。房树民与县文化馆文物干部丁耀祖是好朋友，平日常去馆里找他，时间长了，就从他那里学到了一些文物知识。

"可要这些东西也没啥大用处。"杨全义仍然不解其意地说。

房树民爬出井口，找到生产队长杨培彦："我看这像古代的一处遗址。先让大家停工一天，我打电话让县上来人看看再说吧。"

房树民骑着自行车到临潼县文化馆，在半路上碰到了正要回家的丁耀祖。丁耀祖听完房树民说的情形，立即掉头返回文化馆向副馆长王进成做了汇报。王进成觉得此事有点意思，便又叫上管文物的干部赵康民一起去西杨村。而房树民在见到丁耀祖后，即返回西杨村召集干部去打井工地等候。

四人会合后，先是在工地上仔细察看了一遍，然后又在杨培彦带领下，到堆放井土处观看。只见几个比较完整的无头陶俑横躺在地上，王、赵二人十分震惊。1964年4月，县文化馆在秦始皇帝陵冢附近村民家里征集到一件秦代踞坐陶俑，才65厘米高，就引起了各方面的关注。这次突然出现了跟真人一样高大的陶俑，当然令人震惊。不过，这些陶俑还难以断定是不是两千多年前的秦代文物。按常规判断，若在秦始皇帝陵冢周围出土则很可能是秦代的。可是这里离陵冢有一二公里之遥，秦代陶俑放到这么远的地方似乎不大可能。

几人没有为此多伤脑筋，目前最急需的是把这些文物收拢起来，以后再慢慢研究。"这可能是极有价值的国宝，井不要再打了，赶紧把这些东西收拢起来，送往县文化馆收藏好……"副馆长王进成对杨培彦叮嘱了一番，即刻返回临潼。

第二天，赵康民又来到西杨村组织村民收捡散失的陶俑、陶片，同时又赶到三里村废品收购站，把被收购的青铜箭头、弩机作价收回。为了尽可能地挽回损失，赵康民又带领村民用借来的铁筛子，把可能带有文物的井土全部过筛，许多残砖、陶片，包括陶俑的手指、耳朵等被筛了出来。

在赵康民的指导下，村民们把这些完整的和不完整的、大大小小的文物装了满满3架子车，拉到5公里外的县文化馆。赵康民当场给了村民30元人民币以示奖励。拿到钱后的村民们十分惊讶："这3车破砖烂瓦给这么多的钱！"回到村后，这些村民把30元钱如数交到生产队，队里给每人记了5个工分，算半个劳动日。当时5个工分可换算为1角3分钱，大家都感到十分满意。

赵康民把社员送来的文物做了初步整理，觉得有必要再亲自做些考察发掘，于是，便在5月初又到打井处招来一帮村民发掘了20多天，直到村民准备夏收时才停止。这次发掘，在井的周围掘开了南北长15米、东西宽8米的大坑，发现了更多的陶俑。此后，赵康民每天待在文物修复室，对这些没头和缺胳膊少腿的陶俑及一大批残片做了清洗，并细心地进行拼对、黏接、修补。没过多久，就修复出两件比较完整的武士俑。

图7-2　修复后的兵马俑

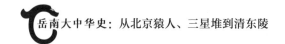

正当赵康民躲在僻静的文物修复室潜心修复陶俑时，这年5月底，由于一位不速之客的偶然"闯入"，使这支地下大军又绝处逢生，大踏步走向当今人类的怀抱。这位不速之客就是新华社记者蔺安稳。

一个记者的推断

蔺安稳是临潼县北田乡西渭阳村人，1960年高中毕业后考入西北政法学院新闻系，1964年毕业分配到北京新华总社工作。他这次回临潼，是利用公休假探望仍在临潼县文化馆工作的妻子以及家人。就在这次探亲中，他从妻子口中得知文化馆收藏了农民打井挖出的陶俑。有一天，闲极无聊的蔺安稳突然想起妻子所言，便径自走到文化馆文物陈列室后面一个光线暗淡的房间看个究竟。只见几个高大魁梧的陶俑身着铠甲，手臂做执兵器状，威风凛凛，气势逼人。他在身心受到强烈震撼的同时，当即断言："这是2000年前秦代的士兵形象，为国家稀世珍宝。"

自小喝渭河水长大的蔺安稳，太熟悉自己的故乡了。周幽王戏诸侯的烽火台、杨玉环洗凝脂的贵妃池、项羽火烧阿房宫、刘邦智斗鸿门宴……无数流传民间的故事伴他度过了天真活泼的少儿时代。当他还是一名中学生时，便按照父辈讲述的故事四处寻觅遗迹，秦始皇陵那高大的土冢由此成为他嬉戏的乐园。他曾无数次从陵冢的封土上滚下，又无数次攀上去，这里留下了他童年的足迹和青春的梦。

蔺安稳之前常读《史记》《资治通鉴》等史书，对其中有关家乡的秦始皇陵修建情况及秦始皇的生平事迹更是格外注意，并熟记于心。正因为有了这样的功底，他才能对面前的陶俑做出大胆的判断。

此后，蔺安稳多次找赵康民了解发现经过，交流对陶俑的看法。又到西杨村打井工地实地勘察，找打井干部、社员交谈。通过一次次座谈和调查得

图7-3　骊山下的秦始皇帝陵

知，当地农民过去由于打井、平整土地等生产活动，陶俑曾几次露头出土。有位70多岁的老人说，在他10岁时，他父亲也曾在这一带打井，本来已挖出了水，但不几天水就没有了，后来再向下打，发现地下有些空隙。当时他父亲在井底四壁发现过像人的"怪物"，认为是这些"怪物"在作怪，才打不出水，就把它们提上来，放在太阳底下暴晒，结果还不见井里出水。一气之下，他父亲就把它们吊起来，用棍子打个粉身碎骨……

　　6月24日，蔺安稳怀着兴奋、激动和忐忑不安的心情，匆匆乘火车回到北京。回到北京后，蔺安稳将武士俑的基本情况和当下问题清楚地叙述出来，撰写成报道发表在了《人民日报》的内参《情况汇编》上，报道很快引起了中央的注意，要求写出具体调查报告，迅速上报。经国务院和国家文物局批准，陕西省委迅速组成了秦始皇陵秦俑坑发掘领导小组。

情况汇编

第二三九六期

人民日报编印　　　一九七四年六月二十七日

秦始皇陵出土一批秦代武士陶俑

　　陕西省临潼县骊山脚下的秦始皇陵附近，出土了一批武士陶俑。陶俑体高一米六八，身穿军服，手执武器，是按照秦代士兵的真实形象塑造的。这批武士陶俑的发现，对于评价秦始皇，研究儒法斗争和秦代的政治、经济、军事，都有极大的价值。

　　秦始皇陵周围以前曾出土过陶俑，但都是一些体积不大的跪俑，像这种同真人一样的立俑，还是第一次发现。特别珍贵的地方，在于这是一批武士。秦始皇用武力统一了中国，而秦代士兵的形象，史书上未有记载。这批武士陶俑是今年三四月间，当地公社社员打井时无意中发现的。从出土情况推测的当时陶俑上面盖有房屋。后来，被项羽烧焚，房倒屋塌，埋藏了两千多年。这批文物由临潼县文化馆负责清理发掘，至今只清理了一部分，因为夏收，发掘工作中途停止了。临潼县某些领导同志出于本位主义考虑，不愿别人

　　　　　　　　　　　　　　　　　　　　— 1 —

图7-4　"内参"复印件

同时陕西省委决定成立考古发掘队，派出最为精锐的考古分队之一，对遗址进行发掘。

7月15日下午，考古队人员携带几张行军床、蚊帐等生活用品及发掘用具匆匆离开西安，乘一辆敞篷汽车来到西杨村，在生产队长杨培彦的安排下，于村边生产队粮库前的一棵大树下安营扎寨。

当一切安排妥当，又匆匆吃了几口自己携带的干粮后，夜幕已降临了。四周看不到一点灯火，沉寂苍凉的秦始皇陵被蒙上了一层阴森恐怖的面纱。高大的骊山在夜色中辨不分明，只有阵阵凄厉的狼嚎隐约传来，使这块土地显得更加荒蛮、更具野性。

第二天，考古人员携带工具到农民打井处实地勘察。大家站在荒芜的田野上看到当地农民挖出的那个深4.5米的方坑，从断面农耕层以下布满了红烧土、灰烬、陶片和俑的头、臂、腿。俑虽已残破不堪，但多少可以看出它的大小。如此规格的陶俑令考古学家们大为惊异。尽管此前在陕西这片黄土高原上挖过不计其数的春秋、战国、秦汉、隋唐等时期的墓葬，却从没见过如此高大的陶俑，他们内心禁不住惊叹道："奇迹，真是奇迹！"

在一番感慨惊叹之后，考古人员按照发掘程序工作起来。首先是对地形地貌进行调查。通过现场勘察，这里位于骊山北麓、秦始皇帝陵园东门的北侧，距陵园东垣外约1.5公里，地处骊山溪水和山洪暴发冲积扇的前沿。多年来，屡经山洪的冲刷和淤沙堆积，形成了1米多厚的沙石层，表面浮积了大大小小的河卵石，上面长满了灌木丛和当地常见的柿树、杏树等。

地理环境基本搞清后，他们又进行一系列拍照、文字记录、测量等对考古人员来说不可或缺的工作，然后开始普查。通过查找文献，走访当地群众，他们发现历代王朝编纂的史书上没有任何有关兵马俑的记载，一切故事都来自民间。

历史信息之一

明崇祯十七年（1644年），李自成在西安建立"大顺"政权后，亲率大军东渡黄河，直扑北京。多尔衮带领数十万八旗子弟进驻山海关以东的茫茫雪原，虎视眈眈翘首西望。大明帝国已走到了它的尽头，向历史的死海沉去。

由于战火连绵，骊山脚下难民云集，西杨村顿时添了不少逃难的百姓。

依然是春旱无雨，村中仅有的一口井已无法满足众人的需求。于是，难民们便组织起来到村南的荒滩上掘井取水。

一切都极为顺利，仅三天时间，井下已冒出清澈的泉水。然而，一夜之间井水又流失了，众人见状，无不称奇。

有一位年轻后生找来绳子拴在腰上，下井查看。当井上的人们急着要得知缘由时，却意外地听到井下一声惨叫，随后再无声息传出。众人急忙把年轻后生拉上来，只见他已口吐白沫，不省人事。大家在惊恐忙乱中将他抬回村中，姜汤灌之。约一个时辰，年轻后生苏醒，嗓子眼儿叽里咕噜地响着并用手比画，但就是说不清是何缘故。

一大胆的汉子纳闷之中，对年轻后生装神弄鬼、支支吾吾的做派颇不以为然，提刀重新下井，探看究竟。因眼睛一时不能适应井底的灰暗阴森，大汉以手摸壁，四处察看，发现井壁已被水泡塌了厚厚的一层。

正在这时，只听身后"哗啦"一声响，大汉打个寒战，急转身，见一块井壁塌陷下来，随之出现一个黑乎乎的洞口。洞口处站着一个张牙舞爪的怪物，晃荡着身子似向他扑来。

大汉本能地举刀砍去，随即向井上发出呼救。当他被拉出井口时，已面如土色，昏倒在地。

消息传开，无人再敢下井探寻。西杨村一位老秀才遍查历史典籍，终于找到了"不宜动土"的根据，谜一样的水井也随之填平。

老秀才用"笔记"形式记载了"不宜动土"的缘由：

大明崇祯十七年三月初七，民于村外掘井，三日，乃水出。是
夜，则水失而不得倒桶。众人见状，无不称奇。一后生缒井而下，
遂恐嚎而昏厥。姜汤灌之，后生乃不知井下何者也。另有壮士提刀
复入其井，壁塌，见一怪物如真人，咄咄作噬人状。士骇极，举刀
砍之。怪物乃不倒。村人闻呼将士提出，士乃久昏不醒。吾闻之，
告不宜动土也……

这份"笔记"成了最早有关秦始皇帝陵兵马俑信息的记录。

历史信息之二

1932年春，在秦始皇帝陵内城西墙基外约20米处，当地农民在掘地中，
从1米多深的地下挖出一个跪坐式陶俑，此时关中正值军阀混战，狼烟四
起，这个陶俑很快便下落不明。据推测，此俑很可能被后来逃往台湾的国民
党军队带走了。

1948年秋，在秦始皇帝陵东的焦家村附近，农民又挖出两件陶俑。两俑
均为坐姿，身着交襟长衣，脑后有圆形发髻。一件被临潼县文化馆收藏，另
一件藏于中国历史博物馆。

尽管这三件陶俑已幸运地重现人间，但人们在拥抱它的同时，只是欣赏
敬慕它们自身的价值而做出"属于秦国全盛时代的伟大艺术创作"的结论，
却未能做更详尽的研究。无论是一代名家郑振铎还是中国历史博物馆有研究
员头衔的专家，都把那件男性跪坐俑误标为"女性"。当然，从外表看，那
件俑也确实像一位腼腆的少妇。

历史信息之三

1964年9月15日，《陕西日报》一个并不显要的位置登载了一则消息：

临潼出土秦代陶俑

最近在临潼秦始皇陵附近又发现秦代陶俑一个。是在焦家村西南约150米处，今年4月，群众在整理棉花地时，距地面约1米深处发现的，为一跪式女俑。这一陶俑比解放前发现的两俑更为完整。头发、衣纹清晰可见，神态幽静大方，栩栩如生。现文物保存在临潼县文化馆内。

这是秦俑被埋葬20多个世纪以来，第一次官方文字报道，也是这个地下军阵最有可能走向人类的重要信息。但随着人们好奇心的满足，这一信息很快烟消云散，缥缈于无限的宇宙了。地下这8000伏兵要走出黑暗，重见光明，还要等到10年之后。

无边俑坑与神秘人物

考古人员进入工地的第三天，围绕赵康民原来发掘的俑坑向外扩展。此时，考古人员对发掘前景并未抱很大的希望。从考古的角度来看，此处距秦始皇陵太远了，两者很难扯到一起。退一步说，即使此处是给秦始皇陪葬的俑坑，按过去考古发掘的经验，也不会有多大的规模，十天半月就可全部发掘完毕。没想到半个月发掘下来，连俑坑的边都没摸着。考古人员觉得有些不对劲，怎么还有没边的俑坑？

当俑坑开拓到400多平方米时，仍旧不见边际。考古人员大为惊讶，有人提出疑问："这是不是陪葬坑？如此规模的陪葬俑坑在世界考古史上也未曾发现过。"

"不能再继续发掘了，还是先派人探查一下再说吧。"死人唬住了活人。考古人员面对这支地下大军神秘莫测的阵容，不得不考虑重新派出侦察部队探查虚实。

发掘暂时停止，考古队将遇到的情况和心中的迷惑向领导小组做了反映，同时提出增派力量进行钻探的建议。这个建议很快得到批准。于是，8月初，又有三名考古队员来到了俑坑发掘工地。

吕不韦戟出土

经过大约半年时间，考古人员通过大面积钻探和部分解剖，终于大体弄清了俑坑的范围和内容。这是一个东西长230米，宽62米，距地表4.5米至6.5米，共有6000个左右武士形象的陶俑组成的军阵。如此规模庞大的军阵令考古人员目瞪口呆。他们在为自己当初未免有些"小家子气"的设想而感到汗颜的同时，依然不敢相信眼前的事实。

于是，赵康民提出了一个新的见解："俑坑中间夹着其他的玩意儿，世界上怎么会有这么大的俑坑？"

"也许坑中间没有俑。"有人提出了相似的猜测。

大家围绕俑坑中间到底有俑还是无俑的主题，展开激烈的争论。争论一时难定胜负，只有通过发掘予以验证。考古队把情况向上级业务部门汇报后，遂开始大规模发掘，并把此坑定名为秦俑一号坑。

根据考古界以往惯例，考古队在附近村庄招收一批民工协助工作。随着规模不断扩大，又请求当地驻军派来百余名解放军战士参加发掘。西北大学历史系考古专业的几十名学生，在刘士莪教授率领下，也前来工地助阵。

图7-5　最早发掘的一号坑情形

图7-6　陶俑刚出土时的情形

发掘进度明显加快，仅1个星期已揭露土层1000多平方米，陶俑出土500余件。从带有花纹的青砖和陶俑的形状可以断定，这个俑坑属于秦代遗迹无疑，但俑坑与秦始皇帝陵的关系尚难断定，因为这个俑坑距离秦始皇帝陵内城1.5公里多，在这样远的地方放置陶俑陪葬，在当时的考古资料里还没有先例。

尤其令人不能迅速得出结论的是，在秦始皇帝陵周围分布了许多秦代的大墓葬，这就让考古人员不得不对陶俑与陵墓的从属关系倍加慎重。事实上，当这个兵马俑坑全部掘开，考古界对俑坑与秦始皇帝陵的从属关系做出结论的10年之后，依旧有人提出，此坑不是从属于秦始皇帝陵，而是为宣太后或不远处的秦大墓（又称将军墓）陪葬的，这一理论曾引起学术界一片哗然。

要想弄清历史的真相就必须有确凿的证据，设想与推想固然有可取之处，但证据更为重要。俑坑出土陶俑已达到了500余件，始终未见与它的主人相关的点滴记载和可靠证据。这个现象令考古人员由惊喜渐渐陷于迷惘，如果陶俑与陵墓的关系搞不清楚，那么俑坑的内涵也就难以弄清。

正在这时，一把足以揭开谜底的钥匙出现了。

在一个被打碎的陶俑身前，静静地躺着一把未见锈痕、光亮如新的青铜戟，戟头由一矛一戈联装而成，顶端戴有类似皮革的护套。戟柄通长2.88米，朽木上残留着淡淡的漆皮与彩绘，末端安有铜镦。

从外形可以断定，这是一把典型的秦代青铜戟，戟头内部鲜亮地刻着"三年相邦吕不韦造寺工口"等珍贵铭文。铜戟与铭文的出现，在提供了确定兵马俑坑为秦始皇陪葬坑的重要证据的同时，也再现了两千多年前那段风起云涌的历史，以及大秦帝国两个闪光的名字：秦始皇、吕不韦。

传奇吕不韦

约公元前260年，战国时期的韩国阳翟城里有一名富商姓吕名不韦，往来于中原各国做买卖。据史料记载，此人善于投机取巧，颇有胆识。

吕不韦靠他的聪明与胆略赚得了万贯家财的同时，苦恼也随之而来。他不时地看到那些家资巨万的阳翟大商人，一旦得罪了官府贵人，顷刻间便家破人亡，钱财也随之烟云一样散去。面对随时都可能发生但又无法改变的事实，聪明的吕不韦悟出了一个道理：钱是需要依靠权势来保护的，或者说，有了权也就拥有了钱，而靠权势得钱要比辛辛苦苦、提心吊胆地做买卖更为便利和稳当。

于是，吕不韦把他在商界的才智运用于进出官府、结交权贵，暗暗物色足以改变自己身份与地位的后台老板。经过两年的奔波与努力，契机终于到来了。

一天，吕不韦在赵国邯郸结识了作为人质的秦公子异人，这位公子本是秦国太子安国君的儿子。因为他的母亲失宠，不再被重视的异人便被羁留在赵国邯郸做人质，此时落魄的异人生活困窘，十分失意。吕不韦以他的机智与政治敏感，立即意识到这是改变自己命运的绝好良机，认为异人"奇货可居"，决定在这个落魄公子身上下大赌注。有一天，两人在欢宴之后，他告诉异人："我可以改变你这种落魄的状况。"

在这之前，吕不韦对各国权势集团做了详细研究，他知道秦国太子安国君最宠爱的是华阳夫人，而华阳夫人又偏偏无子。他正是瞅准了这个缝隙，开始了狡黠政治投机的第一步。

吕不韦先是赠给异人大笔金钱，让他在赵国广交上层，以便提高身价。然后携带金银财宝亲赴秦国做政治赌博，准备说服华阳夫人与安国君立异人为嫡子。

华阳夫人收到以异人名义贡奉的珍宝，深为感动。她觉得异人是个聪明孝敬的孩子，虽在赵国吃尽了苦头，仍然念念不忘她这位非亲生的母亲。不久，她又听到宫廷大臣们开始称赞异人，甚至有些老臣说他是立嗣的最佳人选。华阳夫人动心了。这时，她的姐姐和弟弟已被吕不韦买通，纷纷前来向华阳夫人陈述见地，使她越发明白自己虽受安国君宠爱，但毕竟没有儿子，一旦容颜衰退，必遭冷落，甚至会遭到不测。假如立异人为嫡子，他将来必定会知恩图报，自己将永远不会失势，即使失宠，仍有异人作为依靠。

华阳夫人是个聪明又机灵的女人，她趁安国君正对她迷恋，劝说立异人为嫡子。安国君的长子奚当时正由相国杜仓教导培养，按照惯例，嗣子之位已稳如泰山，可万没想到由于吕不韦的出现，形势急转直下，命运和他开了一个残酷的玩笑。

安国君没有吕不韦和华阳夫人那样精明的头脑，当然也不明白其中的圈套，他认为一切都顺理成章，答应下来倒也皆大欢喜。

于是，往日的落魄公子正式成为秦国的王太孙，吕不韦也顺理成章地成了这位王太孙的师傅。

一日，吕不韦在赵国家中宴请异人。两人喝得兴致正浓，只见一个美丽绝伦的舞女从帘后闪出来为他们跳舞助兴。异人一见为之倾心。吕不韦见异人已完全被自己这名已怀孕的爱妾所迷，便不动声色地笑笑，装出一副慷慨大度的样子："如果王太孙喜欢这名侍姬，就让她跟你去吧。"异人喜不自禁，匆匆结束晚宴，将女人带回府中。

吕不韦的结局

若干年后，归国后的异人改名子楚。公元前251年，太子安国君继位为王，是为秦孝文王。孝文王在位三天突然暴薨，子楚继位，是为庄襄王。即位后，他做的第一件事就是拜吕不韦为丞相，赐给他食邑洛阳十万户，封为文信侯。同时封华阳夫人为太后，至于自己的亲生母亲就不再顾及了。

从落魄公子到一国之君，这极大的反差使子楚忘乎所以。他纵情享乐，结果乐极生悲，一病不起，为王不足三年就一命呜呼了。国君的位子由年仅13岁的太子嬴政继承。羽翼未丰的秦王政，尊吕不韦为相国，并称仲父，一切政事全由这位仲父操纵。吕不韦当仁不让地利用手中的权势力主秦国对外征战。在连续取得了军事上的胜利后，他自己在秦国的威望进一步提高。

吕不韦不惜心血和钱财所做的政治赌博终于取得了成功，他的梦想彻底实现了。当年他送给子楚的侍姬、如今已贵为太后的女人仍然对他旧情不忘，暗中往来，以致"淫乱不止"。这一切对一个商人来说，无疑是登峰造极的杰作。

随着秦王政年龄的增长，老谋深算的吕不韦怕遭到他这个私生子的报复，惊恐之中想出一条妙计，找来一个叫嫪毐的"大阴人"作为替身推荐给太后，这位年华正盛的女人与被当作宦官送进宫中的嫪毐私通后，很是满意，对嫪毐"赏赐甚厚，事皆决于嫪毐"。后来，太后与嫪毐竟秘密生下两

个儿子，为避人耳目太后诈称卜卦不宜留居咸阳，迁往雍都宫殿。

公元前238年，已23岁的秦王政按照秦国礼制在雍都蕲年宫举行加冕礼。这一礼仪意味着他亲自执政的时刻已经到来。这位始皇帝对母亲与嫪毐的丑事早有耳闻，他一旦执政，其结果可想而知。

嫪毐已察觉秦王政有除他之意，在性命难保的危急关头，决定孤注一掷，先发制人。他动用秦王御玺及太后玺发兵进攻蕲年宫，企图将刚刚加冕的秦王政置于死地。年轻气盛的秦王政当机立断，派兵镇压，结果嫪毐兵败被诛三族，与太后生的两个儿子也被秦王政装入袋子活活摔死，风流太后本人则被迁到雍都软禁起来。

早就对吕不韦独揽大权心怀妒恨的秦王政，借铲除嫪毐之机，毫不留情地免去了吕不韦的相国之职，并削去侯爵及一切封地，逐归洛阳。几年后，又把吕不韦贬至巴蜀。不久，又追去一道诏书：赐其自刎。

吕不韦跪对亲生儿子发来的赐死令，知道已经山穷水尽，再无机可投，不禁老泪纵横。商人毕竟是商人，尽管他可以凭借自己的聪明才智取得一时的显赫，但毕竟不具备也不可能具备真正的政治角逐本领。或许，他的悲剧性结局，从那个辉煌梦想的实施之初就已注定了。因此，他悔恨交加而心胆俱裂，一杯毒酒才喝下两口，就砰然倒地。

一连串"宫闱秽事"和内部争斗的曝光，使后来的秦始皇曾怀疑吕不韦是自己的生父，但残酷的政治斗争已使他顾不得这些儿女情长，而这种复杂的身世对他性格的变化产生了极大的影响。

秦俑一号坑中青铜戟与铭文的出现，证实了秦始皇为王初期吕不韦曾掌控了炙手可热的权力，也证实了秦代青铜兵器技术在这时已达到了炉火纯青的境地。更为重要的是，证实了眼前的兵马俑坑确与1.5公里外那座高大的秦始皇帝陵有着千丝万缕的联系。

秦世系表

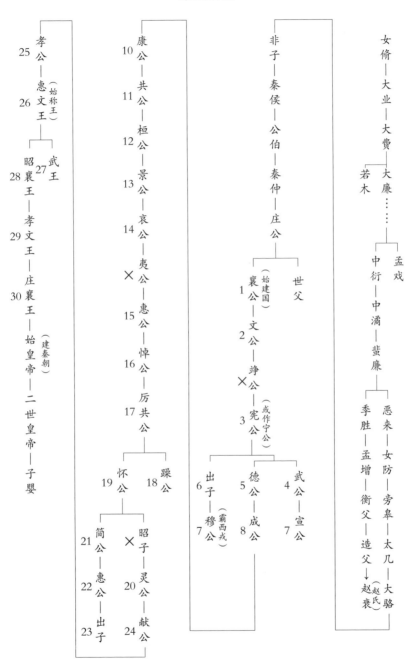

……：世代不清　→：后世族裔　×：不享国者

当然，吕不韦戟埋藏地下两千年出土的意义，绝不是让人们重温过去那段历史故事，而是透过蒙在表面的铁幕和迷雾，更加深刻地认知历史的真实，从而得到新的启迪。

例如，以吕不韦戟为代表的一系列出土文物，就完美证明了"相邦"这个历史真相。相邦，简称相，是战国时期百官至高者。战国初年，有些国家的卿大夫因掌握大权而渐渐变为有国之君，作为他们亲信的相室便成为"邦国之相"，相邦由此得名。据曾主持秦始皇兵马俑发掘的考古学家王学理研究，秦国设置相这个职位最迟是在惠王四年（公元前334年），直到秦王政十年（公元前237年）免除吕不韦相位止，相邦之称历时98年未变。

秦地遗址与墓葬，特别是秦始皇兵马俑坑出土的"相邦"兵器，为后世研究者提供了比文献记载更可靠翔实的证据——其中一个最大特点是没有避讳。如发现的十三年相邦义戈（惠文王十三年）、十四年相邦冉戈（昭襄王十四年）、三年相邦吕不韦矛（秦王政三年），以及出自秦俑坑的三年相邦吕不韦寺工戟头、四年相邦吕不韦寺工戈、五年相邦吕不韦诏吏戈、七年相邦吕不韦寺工戈、八年相邦吕不韦诏吏戈、九年相邦吕不韦蜀守戈等，都弥补了文献记载的缺遗与错误。

汉代之后几部重要的史书皆写相邦为相国，例如：赵武灵王传国于少子何，《史记·赵世家》记载曰："肥义为相国。"《资治通鉴》胡注引应劭曰："相国之名始此，秦、汉因之。"又《史记·秦始皇本纪》曰："庄襄王死，政代立为秦王……吕不韦为相，封十万户，号曰文信侯。招致宾客游士，欲以并天下。"史书改相邦为相国的原因是汉朝的开国皇帝叫刘邦，为避其名讳，儒生们便改"邦"为"国"了。秦始皇兵马俑出土的"相邦"戟，就是这一湮没史实的铁证。

荆轲刺秦王

随着俑坑的扩展和陶俑的陆续出土，考古人员的思路也随之开阔活跃起来，按照古代兵马一体的军事形制，既然有如此众多的武士俑出土，应该还有战马俑埋在坑中。可是这迟迟不肯面世的战马俑又藏在哪里呢？

图7-7　陶马出土时情形

地下的战马似乎听到了人们寻找自己的声音，就在青铜戟发现的第三天，它们的第一个群体面世了。

这是四匹驾车的战马，马身通高1.5米，体长2米，四马齐头并立，驾一辆木制战车。尽管战车已经朽掉，但马的神态和雄姿仍给人一种奔驰疆场、勇往直前的豪迈气概。

随着陶马与木车的出土，发掘人员再度陷于亢奋与激动之中，而使他们更加亢奋与激动的则是青铜剑的出土面世。

这是一个寒冷的下午，在坑内西南角一个残破的陶俑下，一把银白色铜剑静静地躺卧在泥土中。尽管经历了2000多年泥水侵蚀的漫长岁月，当考古人员发现时，它依旧闪烁着昔日的雄风华彩——通体光亮如新，寒气逼人。由于当时民工众多，人员混杂，考古人员未敢当众提取，而是悄悄地用土掩盖。待全体人员收工后，袁仲一等考古人员才再次围拢过来，按照考古程序将铜剑提取出来。此剑长达91.3厘米、宽3.2厘米，其形制与长度为典型的秦代精良宝剑。

它的出土，无疑为研究秦代兵器的制造和防腐技术提供了极为珍贵的原始实物证据。同时，它在诱使人们重新忆起"荆轲刺秦王"那段惊心动魄的故事的同时，也揭开了这个故事留下的千古之谜。

公元前222年，强大的秦军灭掉赵国后，兵临易水，剑指燕国。燕国军臣人心惶惶，眼看国亡在即，燕太子丹为挽救危局，导演了一幕荆轲刺秦王的历史悲剧。

荆轲为报答太子丹的厚待之恩，以"风萧萧兮易水寒，壮士一去兮不复还"的慷慨悲壮之信念，离燕赴秦，去实施行刺计划。

荆轲与壮士秦武阳来到咸阳，向秦王政献秦国叛将樊於期的人头和燕国地图。当他们来到宫殿前，号称13岁就因杀人而出名的副手秦武阳，被眼前威武森严的秦宫气势吓得面如土色，双腿打战，大汗淋漓。卫士将他挡在门外，无奈之中，荆轲一人手捧地图从容自若地走向大殿。当他在秦王政面前将地图缓缓展开时，一把锋利的匕首露了出来。这是燕国太子丹花重金从赵国徐夫人手里购来并让工匠用毒药煅淬过的特殊凶器，经过试验，这把匕首只要划破人的皮肤流出血丝，无不当场毙命。

荆轲见匕首已现，再无掩饰的必要，急忙扔掉地图，冲上前去抓住秦王政的衣袖挥臂欲刺。也就在那一刹那，秦王政本能地跳起来，荆轲抓住的衣袖哧的一声断为两截。秦王政绕宫殿的大柱子奔逃，荆轲紧追不放，情况万分紧急。奔逃中的秦王政下意识地伸手去抽身佩的青铜宝剑，可剑身太长，连抽三下都没能出鞘。在这紧要关头，一个宦官大呼："王负剑！"秦王政听到喊声，猛然醒悟，将佩剑推到身后斜抽出来。随着一道寒光闪过，荆轲的左腿被齐刷刷斩断，顿时血流如注。躺在地上的荆轲忍住伤痛，用力将匕首向秦王政掷去，但未能刺中。秦王政挥剑连砍荆轲数剑，侍卫上前杀了荆轲。作为副手的秦武阳也被宫廷卫士随之剁成肉泥……

这一惊心动魄的历史事件，给后人留下了难以磨灭的印象。就当时的情形而言，如果秦武阳没有因胆怯而止步，而是和荆轲一起去刺杀秦王，那么中国历史的进程将重新改写。可惜这位秦刺客没有做到，只以其自身的悲剧给后人留下了不尽的感叹和惋惜。有诗云：

> 卅岁徒闻有壮名，
> 及令为副误荆卿。
> 是时环柱能相副，
> 谁谓燕囚事不成！

随着这场悲剧的结束和岁月的流逝，人们对秦王所佩宝剑提出了种种疑问：为什么在绕柱奔逃时抽不出剑？负剑抽出又是怎样的一种动作？他的剑何以锋利到足以一次就将荆轲左腿斩为两截的程度？

一号坑秦代宝剑的出土，使千百年来的秦王负剑斩荆轲之谜迎刃而解。

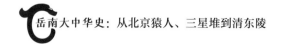

秦剑之锋

从考古发掘中得到证实，剑作为一种兵器，起源于西北地区的游牧民族，大约在殷商之前就已开始使用，西周时传入中原。从西安张家坡西周墓出土的剑来看，全长仅为27厘米，并且非常原始。即使是春秋时期，中原地区的铜剑也为数不多，且剑身短小，形同匕首。

这时南方的吴越之地，铜剑铸造业却发达起来。从已出土的吴王光剑、吴王夫差剑来看，都不失为天下名剑。而在江陵望山一号墓出土的越王勾践剑，其精良程度达到了当时铸剑的高峰。这柄宝剑出土时不仅未见任何铜锈，而且表面光彩照人，刀锋锐不可当，在布满菱形暗纹的剑身上，铸有"越王勾践，自作用剑"的铭文。吴越之剑的剑身长度都在60厘米以下，越王勾践剑的剑身长度只有55.7厘米。

战国时期乃至秦代青铜剑，在吴越剑的基础上又得到进一步发展，将古代青铜剑的铸造工艺推上顶峰。秦代剑的锡含量明显比吴越铜剑多，由于含锡量的增加，硬度也随之增强，锋利程度得到明显提高。最为不同的是，秦剑的身长已不像吴越之剑那样短小，由先前不足60厘米发展到90厘米至120厘米。随着剑身增长和锋利度的提高，青铜剑作为一种武器渐渐被将士普遍使用，并作为一种常规武器装备用以防身和作战。当然，在统治阶级内部，佩挂宝剑除防身外还有显示身份和地位的功能。

一号坑出土的青铜剑，尽管不能判断是不是秦王政当年斩荆轲之剑，但可以由此推断，他所佩宝剑的长度不下91.3厘米。以秦王政好大喜功的性格看，他的佩剑可能比出土青铜剑更长，甚至达到120厘米。这样宽长厚重的兵器悬于腰的旁侧，当身体急剧运动时，势必造成大幅度摆动。随着秦王政身体不断扭动、前倾，佩剑就势前移，直至胸前。尽管秦王身高臂长，但也不能将1米多长的宝剑迅即从剑鞘中抽出。

有史学家认为秦王政将剑推到背部之后才得以抽出，这显然是出于对

"负"这个字的考虑，并认为"王负剑"就是从背后抽出剑。但事实并非如此，这里的"负"应是今天的"扶"字之意，只要秦王抓住剑鞘，使其恢复到身旁原来的位置，凭他手臂的长度完全可以将剑出鞘。我们可以想象，他很可能正是这样做的。在那千钧一发之际，秦王政左手后搭的片刻，剑鞘被拉到胸前，右手瞬间出剑，间不容发。寒光闪过，鲜血喷射大殿柱上，荆轲半条腿从殿宇上方呈飞舞状，"咣"地砸于殿上。这一刻，历史宣布了秦王的胜利。"王负剑"之谜，则在两千年之后的兵马俑坑中得以揭开。

对秦俑坑出土的这柄青铜剑，考古人员张占民曾做了一个有趣的实验。他先在桌面上放一沓纸，然后轻轻将剑从纸上划过，其结果是，一次居然可以划透19张纸，其刃之锋利可想而知。后经科学测定，此剑由铜、铅、锡三种金属构成，由于三种金属比例得当，才使秦剑坚硬锋利而又富有韧性，达到了"削铁如泥、断石如粉"的神奇境地。

而使秦剑历两千余年泥水侵蚀依然光亮如新的秘密，经研究则完全归功于剑身表面那层10微米至15微米厚的含铬化合物氧化层。化验表明，秦剑已采用了铬盐氧化处理。令人惊叹和遗憾的是，这种化学镀铬技术，随着青铜兵器退出战争舞台也随之失传了。直到20世纪30年代，才由德国人重新发明并取得专利权。至于中国人是怎样将铬盐氧化物镀于秦剑之上，直到今天，这个谜也未能揭开。

经过一年的发掘，一座东西长230米、南北宽62米，总面积为14 260平方米的大型兵马俑坑终于被揭开，6000余件兵马俑和数十辆战车面世了。人们在目睹了秦兵马俑神姿风采的同时，也有机会对它们的设计和创造者做进一步的考察与探索。

据《史记·秦始皇本纪》载："始皇初即位，穿治骊山，及并天下，天下徒送诣七十余万人，穿三泉，下铜而致椁，宫观百官奇器珍怪徙臧满之。"可以看出，这位后来的始皇帝嬴政，在公元前247年他13岁登上秦国王位的同时，就开始为自己营建陵墓了。这座位于骊山脚下的陵墓，前后修

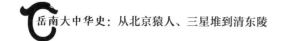

建达37年，直到他死亡并葬入地宫后，陵园的工程尚未全部完成。可见工程规模之浩大，建筑之复杂与用工之多。

而作为陵墓附属建筑的兵马俑坑工程，在秦始皇入葬地宫后仍继续修筑，直到周章率领数十万农民军攻入关中对秦朝廷构成巨大威胁时，兵马俑坑的修筑才被迫中辍，草草收场。

两千多年后，当年兵马俑坑的设计者和修筑者已不复存在，一切的悲壮和苦难也早已随风而去，留在这个世界上的，则是他们在酷烈的政治背景和生活遭际中用心血凝成的伟大的不朽之作——庞大的地下军阵。

1975年7月12日，新华社播发了秦始皇兵马俑一号坑发掘的消息。这支阵容整肃、披甲执锐的地下大军将从中国走向世界，接受整个现代人类的检阅。

二号俑坑现世

1975年，为保护秦俑，经由国务院同意，秦始皇兵马俑遗址博物馆工程建设拉开了序幕。

1976年春节过后，整个秦俑坑发掘工地，大家都围绕着建设博物馆而忙碌、奔波起来。与此同时，筹建处的领导根据博物馆的规模及人员编制情况，决定在一号俑坑东北方位一片空旷区修建职工宿舍。

在文物重地建房，先要勘探地基。鉴于考古队钻探人员正在其他地方工作，筹建处便从陕西省第三建筑公司找了一名高级探工徐宝山来此处钻探。意想不到的是，没过几天，徐宝山便于地下发现了"五花土"，继而又探出"夯土"，当钻探到离地表5米深时，发现了铺地砖。每一个探工都知道，既有夯土又有铺地砖，预示着下面是一处遗址并可能会有文物。徐宝山将这一情况迅速报告了筹建处的领导杨正卿。

当徐宝山满面红光地从杨正卿的临时办公室出来时，迎面碰上了考古队的程学华和钻探小分队的丁保乾一行四人。徐宝山按捺不住心中的激动，两眼放光地对丁保乾说："俺探清了，地下有文物，5米深见砖，接下来就是你们考古队的事了。"

第二天上午，杨正卿找到程学华，请他带人到徐宝山钻探的地方复探。一个上午下来，证实徐宝山提供的情况不虚。这一发现，真是大出人们的意料。考古队钻探人员为找新的俑坑，曾苦苦探寻了百余天而未果，想不到就在离一号坑东端北侧约20米的地方，居然还深藏着一个俑坑，埋伏着一批兵马。真可谓"踏破铁鞋无觅处，得来全不费功夫"。

这一天是1976年4月23日，考古人员将这个俑坑编为二号坑。

划时代的强弓劲弩

为弄清二号坑的形制和范围，在得到国家文物局批准后，1976年4月，考古队对二号兵马俑坑进行试掘。发现这是一个完全不同于一号俑坑、近似曲尺形的地下建筑。它长96米、宽84米、深约5米，总面积为6000平方米，约相当于一号俑坑的一半，其结构明显地分为左右两大部分。右侧近似一个正方形，属于坑道式建筑。面开8间，分为前后两部分，前后有回廊，东西两端各留两条斜坡门道。左侧近似一个长方形，亦为坑道式建筑，同样分为前后两部分，前半部略呈正方形，面开6间，前后回廊贯通。在东西两壁和北壁，各留两条斜坡门道。

根据钻探和试掘的情况可知，坑内埋藏木质战车89乘，陶俑、陶马2000余件，青铜兵器数万件。整体推断，这是一个由弩兵、轻车兵、车兵、骑兵四个不同兵种组成的大型军阵。

这个军阵与一号坑军阵的不同之处，首先是在最前方的一角排列着弓弩手组成的小型方阵。秦代弓箭手有轻装与重装之分，轻装弓箭手称作"引强"，重装弓箭手称作"赾（chě）张"。这是以引弓的不同方式命名的。引强是指用手臂张弓，赾张则是用足踏张弓的强劲弩手。秦俑二号坑以334名弓弩手编成了一个独立的小方阵。

关于弓箭手的作用和在战争中发挥的威力，历代兵家均有论述，100多年前恩格斯在论述古代战争时曾特别指出："军队的力量在于它的步兵，特别在于它的弓箭手。"二号坑出土的弓弩方阵部队以及精良的装备，充分显示了弓弩在古代战争中的特殊作用。

当历史进展到秦代，弓弩手已成为一支完整而相对独立的兵种，在战术上与车兵、骑兵密切配合。从文献中可以看出，作为秦代的弓弩手，必须是年轻健壮的"材力武猛者"，经过至少两年的训练才可作为射手初入军阵。

图7-8　跪射俑

图7-9　跪射俑持弓姿势

图7-10 弓弩手阵前姿势

图7-11 二号坑出土的立姿弓弩手陶俑

　　二号坑弓弩手的形象，正是这些"材力武猛者"的生动写照。立姿射手体形匀称，身材高大，均在1.80米以上，面部表情透露出青壮年特有的坚毅与刚强。而那阵容严谨、姿态整齐的跪姿射手，身着战袍，外披铠甲，身体和手臂向左方倾斜，二目向左前方平视，两手在身的右侧持弓搭箭，背部置有上下两个对称的负矢陶环，每个陶环装置铜镞多达100支，其负矢之多，比起当初魏国武卒"负矢五十"的数量，多了一倍。由于射手面容和衣褶纹的不同，使这个特殊的军阵在整齐严谨中又充满了鲜活的个性，尤其射手头部那向左或向右高高绾起的发髻，髻根均用朱红色丝带系扎，有的飘于肩下，有的似被风吹动向上翻卷，显得英武神俊，潇洒自如。

　　特别值得注意的是，这个特殊的方阵四周均是持强弩的立姿射手，方阵的中心则为持弓的跪姿射手。这种并非偶然的列阵方法，明显地告诉世人战争中的程序和步骤。当敌人接近时，立姿射手先发强弩，继之跪姿射手再发弓箭。一起一伏，迭次交换，从而保证矢注不绝，使敌人不得前来而毙于矢下。跪射俑左腿支起，右腿下跪，左膝朝上，右膝着地，是古代军事中善射之法的充分写照。这种善射方法，在保持身体平稳、准确击中目标的作用中，具有极为科学的依据。两千多年后的人民解放军在应用小口径半自动步枪无依托射击中，所采用的跪姿，与秦俑弓箭手的动作完全相同。

和弓箭手处于同等地位，并密切配合的是弩机手。弩是一种源于弓，而不同于弓的远射武器，"言其声势威响如怒，故以名其弩也"。汉代人认为，弩是黄帝发明的，《吴越春秋》则把弩的创始人，说成楚人琴氏。从历史资料来看，青铜弩机在战国时期，才大规模地登上战争舞台。《战国策》曾有"天下之强弓劲弩，皆自韩出。溪子、少府、时力、距来，皆射六百步之外"的记载。

关于强弩最初大规模应用于战场的记载，当为公元前341年，发生在魏国的大将庞涓与齐国军事家孙膑之间的马陵之战。孙膑制敌的绝招就是劲弩齐发，箭如飞蝗般向庞涓的军队射击。不但导致赫赫有名的将军庞涓中箭，身负重伤，自刎身死，其所率大军除战死外全部被俘。劲弩作为那时一种新型的兵器，在战争中发挥了巨大威力。

随着历史的进展，这种曾在古代战争中发挥了强大威力的劲弩，渐渐从兵器家族中消失，后人只能从文字记载中感知它的形貌。

二号坑强弩之阵

二号坑近百架强弩的出土，无疑为后人对这种古代兵器的认识和研究，提供了一个有力的佐证。马陵之战，在首次显示了弩这一新式武器的威力的同时，也反映出当时齐国军队已广泛使用弩的事实。当时远在西部的秦军，对这种新式武器所发挥的强大作用自然深知，必然加以借鉴和应用。于是，在他们后来的战术中，有了"强弩在前，锬（tán）戈在后"的最新式的排列方法，这种战术排列，在二号俑坑中得到了鲜明的体现。

当然，作为一种在战争中足以发挥重要作用的弩，它自身的改进与发展随着战争的不断延续，变得越发精良和实用。秦俑坑出土的弩，有许多与史书记载不同，并且形制多样。秦俑二号坑发掘出一种形制极为特殊的劲弩，在长64厘米的弩臂上重叠了一根木条，还夹有青铜饰件，显然这些装置都是为了增强弩臂的承受强度，从而可以推断它是一种张力更强、射程更远的弩。

图7-12　秦俑坑出土的青铜弩

图7-13　秦俑坑出土的青铜箭镞

这种推断，除弩有不同形制外，从其所配的特大型号的铜镞也可得到验证。这些历经千年而不朽的铜镞，每支重量达100克，较其他铜镞长一倍有余。这是古代兵器史上发现的型号最大的铜镞。可以想象，这种特殊的强弩配以硕长沉重的铜镞，必然会产生一种其他劲弩所不能匹敌的巨大杀伤威力。当然，这种弩机与铜镞的出土，尚不能代表秦代弩兵器的最高水平。从史料中可以得知，秦代高水平的劲弩似乎比这更为先进和更具有杀伤力。具体事例如下：

公元前210年，秦始皇最后一次出巡。当他来到琅琊时，受方士徐福所骗，亲备连弩，乘船下海捕捉巨鱼。船行至芝罘半岛海域，果有一条大鱼搏浪而来，秦始皇和身边卫士拉动连弩，将巨鱼射死在海中。

在这场人鱼搏斗中，秦始皇和卫队到底使用了怎样的一种具有强大杀伤力的连弩？《史记》中记载的秦始皇陵墓道上装置的自动发射"暗弩"，又是怎样的一种新型武器装备？这些至今仍是不解之谜。

纵观世界兵器发展史，最早将弩装备正规军并使之在战场上发挥重要作用的国家无疑是中国。当历史进展到中世纪时，西欧诸国尚未制造出连弩这种具有强大杀伤力的兵器。

尽管二号坑的弓弩方阵处于一个特殊的地位并形成一个独立的军阵，但这种独立只是相对的，它是整个二号俑坑军阵的一部分。这一部分和其他的兵种相连，呈唇齿之势。

在弓弩方阵的右侧便是一个庞大的战车军阵。它纵为8列，横为8排，战车共计64乘。每乘战车上有甲俑3件，御手居中，车左、车右居两侧。御手身高1.9米以上，双足立于踏板，两臂向前平举，双手半握，拳心相向，做握辔状，食指与中指留有空隙，以便辔索通过，在拇指的内侧有一半圆形陶环，似为勒辔时拇指的护套。3俑均身穿战袍，外披铠甲，手上罩有护手甲，颈围方形盆领，胫着护腿外套，足蹬方口齐头履，头顶右侧梳髻，潇洒飘逸，双目炯炯前视，全身的装束显示了秦兵在阵战中，凶悍威武的旷世雄威。

秦始皇兵马俑坑排列的兵阵，既有古代兵书所说的"鱼丽之阵"[1]的车、步协同的宽大界面，又突破了在二线或三线的兵力配置，从而出现了强大的纵深，形成了"本甲[2]不断"的雄壮气势。

由于骑兵跻身于战场并日益显示出强大的优越性，才使中国古代那动

---

1 古代将步卒队形环绕战车进行疏散配置的一种阵法，能够在车战中尽量发挥步兵的作用，即先以车战冲阵，步兵环绕战车疏散队形，可以弥补战车的缝隙，有效杀伤敌人。
2 主力部队。

辄千百乘、大排面密集的车阵战，在中华大地上叱咤风云地度过了十多个世纪之后，不得不渐渐退出历史舞台，消逝在战场上。如果追溯中国古代骑兵何时登上战争舞台，自然以公元前4世纪赵武灵王"胡服骑射"的改革为标志。但通过考古资料可以发现，在殷代甲骨文中已经出现了记载骑兵作战的事例，可惜那时的骑兵并不普遍，只局限于西北地区的游牧民族，况且战争的规模比之战国时期要小得多，不足以称为真正意义上的战争。因为在战国之前一千多年的时间里，毕竟是战车统治疆场的时代，况且随后它又陪伴车兵同步度过了一百多个春秋。

骑兵的演变

赵武灵王的"胡服骑射"已被公认为中国产生骑兵的标志，但它显然处于中国骑兵史上的"童年时期"，之所以说是童年时期，是因为除在战争中的作用不甚明显外，一个显著的标志是没有马鞍和马镫，武士们只是骑着一匹匹裸马在作战。到春秋时代中期，秦国的骑兵才作为一支能够独立作战的兵种崭露头角。当然，因时代条件的局限，同样发挥不了太显著的作用。直至秦始皇发动歼灭六国的统一战争，骑兵数量才急剧增多，其战斗力也明显加强。但在战车仍充当着主力、步兵已承担起重要角色的情况下，无论从战略上还是具体指挥艺术上，骑兵还只能暂时作为一种配合性兵种来发挥它的作用，其性质依然属于一种机动力量。因此，在兵力的布置和指挥上，还是按照以车为正、以骑为奇的战术来适应战场的需要。当需要骑兵搏杀时，仍然遵循"用骑以出奇，取其神速"的战术原则，以便在运动中消灭敌人。

当秦王朝建立后，军事重心转移到国防，接敌对象由原来的山东六国变为北攻胡貉、南攻扬粤。对付强悍的匈奴骑兵，没有一支训练有素、强健精锐的骑兵是难以与其匹敌的。所以，这时的秦军加强了骑兵部队的建设并大规模用于军事行动，出现了大将军蒙恬率军击败匈奴骑兵，使之远退漠北，十余年不敢南下的战争胜局。特别是秦50万大军进军岭南，长途驰驱，当然更少不了骑兵的配合。此时的秦骑兵已作为一支举足轻重的军事力量纵横驰骋在各地战场上。遗憾的是，古代骑兵的装饰、布局及军阵的风采随着岁月的流逝而失落于茫茫烟尘之中，纵使后人绞尽脑汁，也无法从根本上领会它的真正内蕴和叱咤风云的壮观雄姿。秦俑二号坑骑兵俑的出土，为后人无声地打开了一扇神秘的窗户，2000多年前骑兵军阵的阵容再度呈现在世人的面前。

图7-14　牵马骑兵俑

二号坑的骑兵俑群位于模拟营垒的左部，占有3个过洞，并呈现纵深的长方形小营。小营中的每一骑士牵一战马入编定位，行列整齐，纵向12列，横向9排，共计108骑。另外，在车兵、步兵混编小营的3个过洞里尚有8骑殿后，整个俑坑的骑兵总数为116骑。

骑兵俑的装束与步兵、车兵俑有着明显的不同。它头戴圆形小帽，帽子两侧带扣紧系在领下。身着紧袖、交领右衽双襟掩于胸前的上衣，下穿紧口连裆长裤，足蹬短靴，身披短小的铠甲，肩无披膊装束，手无护甲遮掩。衣服紧身轻巧，铠甲简单明快。这一切完全是从骑兵的战术特点考虑和设计的。由于骑兵战术所显示的是一种迅猛、突然、出其不意的特殊杀伤功能，这就要求骑士行动敏捷、机智果断。假如骑士身穿重铠或古代那种宽大的长袍，则显然违背了骑兵战术的特点。事实上，也只有穿着这种贴身紧袖、交领右衽的胡服才更能自由地抬足跨马，挎弓射箭，驰骋疆场。

从另一角度观察，秦俑坑的骑兵军阵，完全是模拟现实的艺术再现，每个骑兵的身高都在1.80米以上。从体形的修长匀称、神态的机敏灵活，以及身材和面部显示的年龄特点，完全符合兵书所言："选骑士之法，取年四十以下，长七尺五寸以上，壮健捷疾，超绝伦"的要求。那些站立战马身旁，抬头挺胸，目视前方，一手牵缰、一手提弓的骑士陶俑，其真实传神的造型姿态，成功地突出了秦代骑兵待命出击、健壮捷疾的精神风貌。

兵马俑发现之前，有研究者认为，古代骑兵使用马鞍当是在西汉时期，此前尚无先例。秦俑坑陶马的出土，对这种理论做了彻底的否定。每个陶马的背上都雕有鞍鞯，鞍的两端微微翘起，鞍面上雕有鞍钉，使皮质革套固定在鞍面。同时鞯的周围缀有流苏和短带，鞍后有鞦，下有肚带，遗憾的是未配马镫。这些实物的出现，完全可以证明早在秦代甚至战国后期骑兵就已使用了马鞍。一个简单的马鞍的使用，当是一件了不起的大事。它使骑兵的双手进一步获得解放，更加有效地发挥和增强了战斗能力。

二号坑发现的骑兵军阵，置于整个大型军阵的左侧，这种排列特点，使我们进一步认清了它在战争中所发挥的正是其他兵种所不具备的"迅猛"迎敌的战术特长。

当然，骑兵在战场上取胜绝不是靠单骑的速度，而是凭着一个有组织的队形，否则，有如个人在体育场上的竞技一样，只能赢得一时的喝彩，而对一场战斗来说却是毫无意义的。

著名的兵书《六韬》在说到骑兵作战时，往往把车骑并提，这显然是早期骑兵尚未独立的一大特点。而在《均兵》中，关于骑兵的作战能力，太公望认为，如果对车骑运用不当，就会"一骑不能当步卒一人"。但是，列阵配备合适，又是在险要地形上，也能"一骑当步卒四人"。由此可以看出，兵法家在这里明确地揭示了队形和地形是骑战威力所在的两大因素。车骑作为军中的"武兵"，如果安排得当，就能收到"十骑走百人，百骑走千人"的战争艺术效果。

秦俑二号坑的骑兵俑群，向后人提供的是一个宿营待发、配合车兵和步兵待战的实例。若从整体观察，就不难发现这样一个事实，即在兵力配置上，骑兵俑群僻处一隅，其数量也远远地少于车、步俑之数。结合文献记载可以说明，此时的秦骑兵虽已是一支雄壮强盛的独立兵种，但毕竟还没有取代车、步兵而成为作战的主力。尽管如此，在统一战争的交响乐中，却是一支最强音。因为骑兵行动迅捷灵活，能散能集，能离能合，若远距离作战，可以快速奔驰，百里为期，千里而赴。不仅可以达到短时间内长途奇袭，使敌防不胜防的战争奇效，还可迅速转换作战方式，成为兵书中共誉的"离合之兵"。

具有悠久养马史的秦国，在骑兵的运用上自然优于山东六国。其高度的机动性和强大的冲击力，都是其他国家的其他兵种所无法匹敌的。

马镫成为限制骑兵发展的关键

当然，历史的长河流淌到秦代之时，骑兵虽已初露锋芒，但迟迟没有成为战场主力，造成这种状况的原因固然很多，但有一点是不可否定的，这便是在骑兵的改革进程中很小又极为重要的一个部件——马镫的产生和利用。

从秦俑二号坑的骑兵俑来看，骑兵们不但既无马镫，连踏镫也没有，由此可以断定骑兵在上马时是双手按住马背跳跃上去的。上马后的骑兵抓紧缰索，贴附马背以防颠落。由于没有马镫，在奔驰特别是作战时，就不能靠小腿夹紧马腹来控制坐骑，更谈不上腾出双手来全力挥动武器与敌搏杀，攻击力与灵活性都大受限制。在这种情形下，就注定了不能使用长柄兵器更有效地杀伤敌人，这是一个时代的局限和遗憾。

那么，作为极具重要性的小小马镫是何时产生的这一问题，不同国家的学者有不同的看法。英国著名的中国科技史专家李约瑟对中国发明的马镫给予高度评价，他说："关于脚镫曾有过很多热烈的讨论，原先人们似乎有很充分的证据表明这一发明属于西徐亚人、立陶宛人，特别是阿瓦尔人，但最近的分析研究，表明占优势的是中国……直到8世纪初期在西方（或拜占庭）才出现脚镫，但是它们在那里的社会影响是非常特殊的。林恩·怀特说：'只有极少的发明像脚镫这样简单，却在历史上产生了如此巨大的催化影响。'因而我们可以这样说，就像中国的火药在封建主义的最后阶段帮助摧毁了欧洲封建制度一样，中国的脚镫在最初帮助了欧洲封建制度的建立。"

或许李约瑟的这个评价是有道理的。传说中的中国最早的马镫是受登山时使用的绳环的启发，但是绳环不适于骑马，因为如果骑士从奔跑中的马上摔下来，脚就会被绳环套住，飞奔的马会把人拖伤。于是古人就对绳环加以改进，用铜或铁打制成两个吊环形的脚镫的雏形，悬挂在马鞍两边，这就是马镫。从考古发现来看，长沙出土的西晋永宁二年（公元302年）陶骑俑的马鞍左侧吊有一镫，于是被多数学者认为是中国最早的马镫。但因为只有一只，有的学者便认为不是马镫，而很可能是上马时的踏镫。

1965年至1970年，南京市文物保管委员会在南京象山发掘了东晋琅琊王氏族墓群，在7号墓中出土了一件装双镫的陶马俑，墓葬年代为东晋永昌元年（公元322年）或稍后。这件陶马的双镫是已知马镫的较早实例。

1965年在辽宁北票西官营子发掘了北燕冯素弗墓。北燕是公元4世纪初迁到辽西的汉族统治者冯氏在前燕、后燕基础上建立的鲜卑族国家，冯素弗是北燕王冯跋的弟弟。这是一座时代明确的北燕墓葬。墓中出土一副马镫，形状近似三角形，角部浑圆，在木心外面包镶着鎏金的铜片。

此外在敦煌石窟壁画中有不少马镫形象的资料。其中最早绘出马镫的是北周557—580年所绘的第290窟，该窟窟顶绘有规模宏大、构图复杂、内容丰富的《佛传故事》，在画面中有3处出现了备鞍的马，鞍上均画了马镫。在该窟的《驯马》画面中，马鞍上也画了马镫。

从已发掘清理的山西太原北齐娄睿墓壁画中，可以清楚地看出马镫、马鞍与人三者之间的关系变化情形。该墓墓道绘有出行与回归图，图内绘有许多鞍马人物，其中马、镫、人三者关系表现极为充分。画中的马，或悠然前行，或奔驰如飞，有的做勃然跃起状，骑乘者靠脚下所踏的马镫保持身体平衡。据考证，娄睿墓的时代为北朝晚期（570年左右），足见当时中国不同地区的人们已经熟练地使用马镫了。

马镫发明以后，很快就由中国传到朝鲜，在5世纪的朝鲜古墓中已经有了马镫的绘画。至于流传到西方的马镫，首先由中国传到土耳其，然后传到古罗马帝国，最后传播到欧洲各地。

如此看来，一个小小的马镫，在产生骑兵之后的近千年才被发明创造出来，也真令后人有些不可思议了。不过在西汉大将军霍去病墓前有一石牛，牛背上也有一个镫的雏形，这个镫的雏形又给了研究者一个新的启示。难道在西汉有骑牛的习惯？如果有这个习惯并有镫产生，对骑兵达到鼎盛时期的西汉军队来说，不也是一个极重要的启示吗？那牛镫不正是马镫的另一种安排吗？如果看一下汉代骑兵的强大阵容和赫赫功绩，就不难推断出，在那个时代产生马镫或产生了马镫的雏形并用于战场上的骑兵部队是极有可能的。

秦末汉初之际，中原战火频仍，这个状况正好给了远在北方的匈奴一个扩充自己骑兵部队的机会，几年的时间，其骑兵总数便达到了30余万。渐已强大的匈奴趁汉朝立国未稳之时，大举进兵南侵，并很快占据河套及北方的伊克昭盟地区。

匈奴铁骑势如破竹，于汉高帝七年（公元前200年），单于冒顿率部攻下马邑，并把刘邦亲率的32万汉兵围困于平城（今山西大同市东）的白登山七天七夜，致使刘邦险些丧命。平城之战，使西汉统治者强烈意识到：要战胜匈奴骑兵，只靠步兵是远远不够的，必须建立强大的骑兵。

基于这样一种明智的思考和选择，自汉文帝起，就开始正式设立马政，加强全国的养马事业，并很快收到成效。汉文帝前元三年（公元前177年），匈奴大举进入中原北部上郡一带掠夺财物，丞相灌婴率8.5万骑兵进击匈奴，取得了初步胜利。到了汉文帝前元十四年（公元前166年），匈奴单于率14万骑兵进入中原西北部的朝那、肖关一带，文帝以中尉周舍、郎中令周武为将军，发车千乘、骑兵10万，驻守长安一侧，"以备胡寇"。与此同时，还封卢卿为上郡将军、魏仁为北地将军、周灶为陇西将军、张相为大将军、董赤为将军，以车兵和骑兵大举反击匈奴，迫使匈奴再度退出中原属地和西北边地。

当汉朝到了武帝之时（公元前140年—公元前87年），骑兵部队迎来了它的鼎盛时期，并承担了抗击匈奴的历史使命，独立的骑兵战术理论体系就此形成，在中国千年长河的骑兵史上写下了光辉的一页。

发现三号坑

秦始皇兵马俑坑发掘工地，自确定建立博物馆之后，逐渐形成了三支不同的队伍——建馆、发掘、钻探。一切都在紧张进行中。

因二号坑的意外发现，考古钻探人员越发变得小心谨慎，同时也更富经验。他们在一号、二号坑之间和四周展开地毯式密探，每隔一米打一个探眼，终于在发现二号坑18天后——1976年5月11日，于一号兵马俑坑西北侧25米处，又探出三号兵马俑坑，这一发现无疑又是一个极大的喜讯。

图7-15　三号兵马俑坑全景

1977年3月，考古人员对三号兵马俑坑做了小型的试掘，发现是一个形制和内容完全不同于一、二号坑的奇特的地下营帐。遂小心翼翼地按照它原有的遗迹脉络进行发掘。当它的庐山真面目完全显现后，人们才发现，这是一个奇异的俑坑，占地面积仅为300平方米，尚不到一号坑的1/40。但它的建筑形制特殊，坑内结构奇特，令考古人员一时难以作出确切的结论。

从总体上看，一号俑坑平面呈长方形，二号俑坑平面呈曲尺形，唯有三号俑坑平面是一个不规则的凹字形。它的东边为一条长11.2米、宽3.7米的斜坡门道，与门道相对应的为一车马房，两侧各有一东西向厢房，即南厢房与北厢房。

遗憾的是，坑中陶俑的保存情况远不及一、二号坑。由此，考古人员推断三号俑坑曾遭受过比一、二号坑更加严重的洗劫。然而，令人不解的是，三号俑坑的建筑未遭火烧，而是属于木质建筑腐朽后的自然塌陷。这种奇特的现象又成为一个待解之谜。

随着发掘的不断进展，一个古代军阵指挥部的形貌出现在世人的面前。三号俑坑作为古代军阵指挥部完整的实物形象资料，是世界考古史上独一无二的发现。它的建筑布局、车马特点、陶俑排列、兵器配备，都是人们重新认识和研究古代战争以及出征仪式等方面难得的珍贵资料。

自1974年3月西杨村农民发现第一块陶片到1977年10月，秦始皇帝陵兵马俑坑的8000地下大军，以磅礴的气势和威武的阵容，接受了当今人类的检阅。它的出现，如同一轮初升的太阳，使沉浸在漫漫长夜的东方古老帝国的神秘历史，再度灿烂辉煌。

综观三个兵马俑坑，不仅在建筑形制上完全不同，而且在陶俑的排列组合、兵器分布和使用方法上也各有特色。

一、二号俑坑的陶俑都按作战队形作相应的排列，而三号俑坑出土的武士俑则呈相向而立的形式出现，采取了夹道式的排列。无论是南北厢房还是正厅，武士的排列方式均为两两相对，目不斜视，呈禁卫状。

图7-16　一号坑兵马俑军阵

　　一号俑坑的武士俑，有的身穿战袍，有的身披铠甲，有的头梳编髻，也有的将发髻高高绾起，而三号俑坑的武士，均身披重铠，头梳编髻。其陶俑造型魁梧强悍，面部神态机智灵活，充分展示了古代卫士特有的性格和威武的精神风貌。

　　当然，三号俑坑最显著的特点当是兵器的不同。一、二号坑有大量的戈、矛、戟、剑、弯刀之类的兵器，而三号俑坑只发现一种在古代战争中很少见的无刃兵器——殳（shū）。这种兵器的首部为多角尖锥状，呈管状的殳身套接在木柄上，它只能近距离杀伤敌人或作为仪仗，显然不是应用于大规模厮杀的兵器。从大批殳的出土和武士俑的手形分析，三号俑坑的卫士无疑都是手执这类兵器而面对面站立的。

　　显然，一、二、三号兵马俑坑及其内容的排列组合，绝不是无意识或无目的的安置和布置，而是一个经过深思熟虑、奥妙无穷的实战车阵的模拟，是一幅完整的古代陈兵图。

一号俑坑和二号俑坑模拟的是两个实战的军阵，三号俑坑实乃军队的最高指挥部，三个俑坑是一个密不可分的军事集团。

秦俑坑军阵布局和兵种的排列，隐现着一种随战场情况变化，军阵和兵种配置也随之变化的迹象。执弩的前锋射击后，可随即分开居于两侧，给后面的主力让路。骑兵则根据不同的敌情，以迅疾的速度冲出军阵和步兵主力形成掎角夹击敌人。这种战术上的变化，在春秋中期的车战中就已开始出现，到战国时期，随着步兵与骑兵的兴起，这种以夹击为队形的阵法渐趋成熟。春秋时期大排面的车阵战已被这种追击、包围、正面进攻的战略战术所替代，兵法中所云的"雁行之阵"由此形成。

秦俑坑布置的军阵，无疑是已趋成熟的"雁行之阵"的再现。当战争一经开始，阵前的弓弩手先开弓放矢，以发挥其穿坚摧锐的威力。一号坑的步兵主力乘机向前推进，二号坑的骑兵与车兵避开敌军正面，以迅猛的特长袭击敌军侧翼。一号坑步兵主力在接敌的同时将队形散开，和车骑兵种共同将敌包围，致使敌军呈困兽之状，从而达到歼灭的目的。这种战术，正如孙子所言："凡战者，以正合，以奇胜，故善出奇者，无穷如天地，不竭如江海。"

一号俑坑是以传统的车兵与密集的步兵组成的庞大军阵，兵力部署相当于二号俑坑兵力的3倍，而二号俑坑则是由弩兵、骑兵、车兵组成的军阵，当二号俑坑的兵车、战马以"取锐""迅疾"的快速进攻战术冲入敌阵时，一号坑的大军则"无穷如天地，不竭如江海"，与敌军正面交锋。这种布阵方法，可谓大阵套小阵，大营包小营，阵中有阵，营中有营，互相勾连，又有各自摧锐致师的性能和目标。

曲阵的神奇变化，迅疾勇猛；方阵的高深莫测，雄壮威武，使这个雁行之势，攻无不克，战无不胜，所向无敌。秦王政利用这样一支所向披靡的

大军和划时代的军事战略、战术思想，以气吞日月之势，血荡中原，席卷天下，终成千古一帝，开创了二千年未改的大一统政治局面。

秦王扫六合

当历史进入公元前475年前后，中国大地上继春秋时期之后的大变革时期再度来临。

在喜马拉雅山东部和天山、阴山、大青山区域的千里大漠上，烽烟不断，厮杀连年。凄凄大漠深处，匈奴、东胡、月氏族展开了争夺区域霸主的拼杀。战马的嘶鸣伴着劲风吹起的狂沙烟尘，在箭雨刀光的浪涛中起伏跌宕，滚滚前涌。

黄河、长江两大流域的广袤土地上，经过春秋时期（公元前770年—公元前476年）旷日持久的争霸战争，诸侯国数量大大减少。历史的河流进入公元前453年，晋国的韩、赵、魏三家推翻智氏，瓜分了智氏的领地，三家分晋，奠定了战国七雄的格局。此后一个相当长的历史时期，强盛的齐、楚、燕、韩、赵、魏、秦七家雄主，为争夺霸权而拼杀搏击，逐鹿中原。黄色烟尘遮掩下，到处大军云集，鼓号震天，车骑交错，戈矛并举，刀剑进击，战马嘶鸣。其战争之频繁、规模之巨大、兵车之众多，远非西方战场所能比。而交战双方投入军队的数量，随着战争的发展急剧增多，几乎每一次战场交锋的人数，都有数十万之众。战争的方式由较原始的车战、阵战的直接对抗逐渐演变为以步、骑、弩兵为主的野战和赋予多种变化的包围战。著名的秦赵"长平之役"，两军从公元前262年一直拼杀到公元前260年，结果是赵国40多万降卒被坑杀，秦国军队也伤亡过半。

历史的动荡急需一位铁腕人物站出来，用超人的智慧和强大的武力完成统一。秦王政正是在这历史潮流的发展中挺身而出，"奋六世之余烈，振长策而御宇内"，以叱咤风云的盖世雄威，席卷天下，荡平六国，完成了历史赋予他的伟大使命。

公元前237年，秦王政亲政并以他的机智与果敢粉碎了吕不韦和嫪毐集团，稍试锋芒后，便开始实现吞并六国、统一天下的雄心壮志。

这一年，呈现在秦王政面前的是两种针锋相对的战略主张：一是吕不韦之后继任丞相的李斯提出的"先取韩"的战略；另一种是大思想家韩非提出的"举赵、亡韩、臣楚魏、亲齐燕"的战略。六国中韩国最弱，赵国较强，齐国、燕国远离秦国本土。李斯的主张体现了先弱后强的作战方针，而韩非的主张则体现了先强后弱、远交近攻的战略部署。

李斯与韩非虽系同学，一旦发生关系到自己前途命运的利害冲突时，两人由相知、相亲变为相互残杀便无法避免。李斯联合重臣姚贾先发制人，在秦王政面前分析了韩非的战略方针，无非是"存韩"和"谋弱秦"。按照李斯的说法和观点，韩非是韩国的宗室贵族，人虽在秦，其心向韩，故不让首先举伐最弱的韩国而攻赵，不如及早杀韩非以绝后患。秦王政为李斯所言而动心，下令将韩非关进监狱听候发落。

既然冲突已经开始，就要置敌于死地，否则后患无穷。深知权术之道的李斯不会放过这个机会，他以毒药将韩非毒死，从而取得了这场冲突的胜利。

韩非既死，李斯又备受秦王政宠幸，在这种情况下，如果对战争的形势和六国的格局没有深刻的了解，对敌我双方的力量没有正确的估计，缺乏战略头脑和眼光，此时的秦王政可能就要按照李斯的作战方针行动了。

然而，秦王政没有行动。

秦王政认识到，秦国的军事力量比任何一个诸侯国的力量都要强大，若单个较量，秦军无疑占绝对优势。但是，秦国面临的是山东六国的敌人，若以秦国兵力对六国总兵力，优势则归对方。灭六国不能四面出击，而各个击破的战略方针无疑是正确和明智的。要想各个击破，就必须防止诸侯合纵。六国中，韩国较弱、赵国较强，如按李斯的战略方针，"先取韩以恐他国"，就很可能再"恐"出一个以赵国为首的合纵抗秦的强大势力。公元前241年，赵将庞煖统率赵、楚、魏、卫、韩五国之师合纵伐秦，赵国就是这五国的盟主。前车之鉴就在眼前，不能再蹈覆辙。韩非的主张，无疑是为打破诸侯合纵考虑的，是一种新的形势下战略目标的发展与转移。"举赵"以击其头，使六国群龙无首，同时"亲齐燕"以断其身，合纵难以形成。

秦王政以一个战略家的杰出才智，不顾李斯等人的强烈反对，毅然决定采用韩非的战略方针：远交近攻，举赵亡韩，集中主力打击赵国。

公元前236年，秦王政派名将王翦、杨端、桓齮率30万大军进攻赵国。时赵国大将庞煖正率兵与燕国交战，秦军乘虚而入，占领了上党郡及河间地区。第二年，秦军又攻下平阳、武城。赵国军队阵亡10万余众，大将扈辄死于乱军之中。公元前233年，秦军又一举攻下了赵国的赤丽、宜安，兵临邯郸城下。赵国危在旦夕，急从北方调回正在防御匈奴的名将李牧。当时李牧所率军队为赵国的精锐之师，从北方返回后，士气高昂，锐气逼人。李牧以出色的军事才能指挥将士与秦军在邯郸城外进行了一场血战。结果是秦军遭到了攻赵以来的第一次惨败，指挥战斗的主将桓齮由于战败而畏罪潜逃燕国。之后，秦国大军再次进攻赵国，又被李牧指挥军队击退。

尽管秦军兵败，但赵国的势力已大大削弱。祸不单行，公元前230年，赵国又出现了百年不遇的大旱灾。战争的消耗，灾情的折磨，政治的昏暗，此时的赵国已成强弩之末，灭亡之日已为期不远。

赵国自身难保，合纵已不可能。趁此良机，秦王政派兵一举将小小的韩国拿下，昏庸无能的韩王被俘，韩国灭亡。

李牧尽管两次大败秦军，但未能挽救赵国灭亡的危局。公元前229年，秦国大将王翦、杨端兵分两路扑向赵国。久经战场的宿将李牧、司马尚率赵军拼死抵抗。两军进行了数百次厮杀，均遭巨大伤亡。将士血染战袍，尸骨遍地，双方苦苦搏击一年之久未分胜负。

秦王政亲临现场督战，以鼓舞士气，要求将士拼全力拿下邯郸。与此同时，他采用尉缭的"离间其君臣"之计，派人用重金贿赂赵国权臣郭开。郭开贪利而向赵王诬告李牧、司马尚欲谋叛乱，只守不攻，作战不力。难辨真伪的赵王立即派赵葱、颜聚取代李牧、司马尚。李牧深知赵葱、颜聚皆非将才，绝不是秦国名将王翦的对手，在大敌当前的危急关头，李牧以国家存亡为重，抵抗王命，拒不交出兵权。赵王与郭开密谋后派人将李牧抓获并处以死刑，司马尚被免职关入大牢。可惜李牧忠诚一世，壮志未酬，没有战死沙场，却被奸臣所害。

李牧一死，赵军军心大乱，结果秦军用时不到3个月，便攻克邯郸。赵国从此一蹶不振，苟延残喘。

强大的赵国彻底被打残，弱小的魏国和燕国的悲剧命运已无法改变。尽管不乏有荆轲那样的壮士，慷慨悲歌，以死相搏，但仍未能摆脱国破家亡的结局。公元前226年，燕都蓟被攻陷，燕国北迁，公元前225年，魏国灭亡。

横扫六合

时势造英雄，但英雄必须正确驾驭和把握时势，否则便不再是英雄。

韩、魏灭国，赵、燕偏安一隅，秦国面临的敌人便是齐、楚。很明显，这两国的实力，楚远比齐强大，而秦与齐和亲修好四十余载，和楚数次结怨。面对齐、楚两国的不同局势，如何确定征讨战略方针？

当秦王政征求文臣武将的意见时，听到的多是先攻齐、再伐楚的观点。这个观点实则是李斯"先弱后强"作战方针的延续。

秦王政依然没有这样做。他再次清醒地认识到，齐国虽弱，但有相当的军事实力。如若先攻齐，免不了还要和强楚进行一次恶战，同时还要遭到齐、楚合纵的威胁。若先灭楚，可使齐秦之交不破，齐楚合纵不成。一旦楚国灭亡，齐国不战而降。

于是，秦王政再次采用了集中主力打击主要敌人的战略方针。公元前225年，秦王政派大将李信率20万秦兵伐楚，李信过分轻敌，秦军惨败，退回秦国。

公元前224年，秦王政改派王翦率领60万大军出征伐楚。当秦军压入楚境时，楚国名将项燕立即调动国内全部兵力迎战。王翦吸取了李信兵败的教训，坚守营盘而不出战。待秦军养精蓄锐、斗志旺盛之际，突然下令出击。60万大军洪水般冲入敌阵，楚军猝不及防，被秦军一举击溃。项燕战死于乱军之中。公元前223年，秦军攻下楚都寿春，楚国灭亡。

公元前221年，秦国灭齐国，秦王政称帝，是为始皇帝。

齐楚征战，在显示了秦王嬴政杰出的军事战略才能的同时，也暴露了他使用将领的失误和弱点。但他的失误和自身的弱点并未妨碍他建立伟业。至公元前221年，山东六国在秦军15年的征讨中全部灭亡。中原大地上为期几百年的割据混乱局面宣告结束，历史由此揭开了新的一页。

然而，六国灭亡，中原统一，并未标志着秦军的征战已经结束，因为此时中原北部的情形已发生了剧烈的变化。匈奴人由弱到强，趁秦灭六国之机，单于头曼率匈奴大军南下，攻占了黄河河套以南的地区，致使秦都咸阳面临严重威胁。"亡秦者必胡"的议论已在民间流传开来。

同时，地处五岭之南的"百越"陆梁人对秦的统一和政治的稳定也造成一定的威胁和困扰。要建立一个强大而牢固的帝国，就势必要对这两股军事力量给予打击。

问题出现了。摆在秦始皇面前的是匈奴人，剽悍强壮，以战征之，难攻难守；而"百越"虽远隔千山万水，路途遥远，但部族分散，军事力量相对较弱，攻取较易，守戍也可能成功。

面对新的局势，秦始皇采取了先弱后强、先远后近的征战方针，这实则是15年前李斯等人战略思想的复活，秦始皇终于在历史发展进程的这一阶段付诸实践了。

50万秦军兵分五路，以战略进攻的姿态出现在"百越"战场上，很快取得了胜利，占领了这块土地。南海也因"百越"的征服而打通了。

随着对"百越"战争的胜利，秦始皇立即派大将蒙恬率30万大军攻击匈奴，由战略防御转为战略进攻。结果匈奴退却700余里，并最终形成了"胡人不敢南下而牧马，士不敢弯弓而抱怨"的战略局面。

至此，大秦帝国才真正达到了诸侯尽西来、四海归一统的局面。

两千多年后，人们看到的秦始皇帝陵兵马俑这一庞大的地下军团，正是为悼念扫平六合、血染华夏的秦军忠烈的。

秦始皇之死

1976年秋，秦俑三号坑被发现试掘之后，在省文物局支持下，程学华从考古队分离出来，单独带领部分从当地招收的"亦工亦农"考古训练班学员，组成一支钻探小分队走进秦始皇帝陵园，开始大规模钻探，以期揭开秦始皇陵地宫及周围埋葬的所有秘密。

毫无疑问，秦始皇帝陵在中国几千年陵墓建造史上，可谓是最浩大、最辉煌、最令世人充满遐想的顶级帝王陵墓，但在时间的排序上不能称之为最早的。陵墓在中国的起源要早于这位始皇帝的时代。

图7-17　考古队招收的亦工亦农学员在一号俑坑清理

研究资料表明，最初在陵墓上筑丘和植树的陵园形式来自春秋时代的孔子。在孔子之前的葬仪极为简单，死去的人抬到野外，挖坑埋掉，坑的上方不加封土，周围不种树木。有研究者认为这种葬仪是由于当时人们的物质条件简陋和思想方式简单所决定的。简陋的物质条件赋予人类一种深刻的思想内蕴，使他们相信人类来自自然的孕育，最后必然要回归到自然的怀抱之中。

尽管殷商时代葬仪已实行棺椁和墓穴制，但仍未起陵丘。而春秋末期的孔子之所以在父母的墓穴上筑起四尺高的土丘并种植几棵小树，实则是因为他四处奔走，怕回来时找不到父母的墓地，无法施行其一生为之苦苦宣教的两个字——"礼制"而已。这时的孔子想不到他推行的礼仪收效甚微，而在陵上筑丘和植树的行为却在各国风行起来，并且愈演愈烈，直到涂上了一层浓厚的政治色彩。

秦始皇一生讨厌儒学，但唯独在陵墓的兴建上没有拒绝孔子最先创立的在陵上封土植树的礼制，并把它加以发展而系统化，建造了在中国历史上空前绝后的陵墓陵园机构，从而开了两千多年来历代帝王在陵墓建制上的先河。

据西汉史学家司马迁记载，在秦始皇13岁刚刚登上秦王宝座时，他的陵园建造工程也随之开始，建造人数最多时达70万人。直到他死亡并葬入地宫后，陵园的工程尚未全部完成，前后修建时间达39年，其规模之庞大、建筑之豪华可想而知。

公元前210年，秦始皇带着左丞相李斯和小儿子胡亥，在近侍中车府令赵高等臣僚、卫队的簇拥下，开始了第五次，也是他一生中最后一次出巡。

大队人马伴着初升的旭日从都城咸阳启程，在金风丽日下出武关、过丹汉两水域，沿长江东下分别到达虎丘山和会稽岭。秦始皇在会稽岭祭奠大禹，刻石颂功，并针对东南地区存在的氏族社会婚姻习俗和男女淫乱的现状，提出了"咸化廉清，大治濯俗，天下承风"的新型封建思想。同时刻石

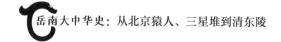

宣示，以醒臣民。

离开会稽岭，秦始皇率大队人马沿水路到达琅琊。在方士徐福的诱说下，秦始皇亲率弩手进入东海寻找鲛鱼，并将一条巨鳞可辨、若沉若浮的大鱼用连弩射死。

当秦始皇满怀胜利的喜悦，在琅琊台饮酒作乐之时，忽感身体不适，只好下诏西还。车队到达平原津，秦始皇竟一病不起。左丞相李斯见状，急令车驾速返咸阳。

时值盛夏，如火的烈日灼烤着这支车队，大路上弥漫升腾着黑黄色烟尘。李斯、胡亥心急如焚，秦始皇痛苦不堪，不时发出阵阵呻吟，死神在一步步向他逼近。

当车队到达河北境内的沙丘时，病入膏肓的秦始皇自知将不久于人世，弥留之际，他强撑身体把李斯和赵高叫到跟前，让他俩草拟诏命，传诏在北疆防御匈奴的长子扶苏速回咸阳视疾。

李斯、赵高匆匆把诏书拟好，秦始皇过目后，用颤抖的手把玉玺递给李斯，有气无力地说道："速派使者送达扶苏……"余下的话尚未说出，便撒手归天了。

这位在中国政治舞台上翻云覆雨、改天换地的一代伟人，终于走完了他那辉煌的人生旅程。死时年仅50岁，从他自称始皇帝算起仅为12年。更令人扼腕的是，当秦始皇的尸骨进入他生前修筑的那座地下迷宫时，大秦帝国已是日薄西山，只靠惨淡的光晕来照耀这块板结、干裂的黄土地了。正是：

秦皇扫六合，虎视何雄哉！

挥剑决浮云，诸侯尽西来。

明断自天启，大略驾群才。

收兵铸金人，函谷正东开。

铭功会稽岭，骋望琅琊台。

刑徒七十万，起土骊山隈。

尚采不死药，茫然使心哀。

连弩射海鱼，长鲸正崔嵬。

额鼻象五岳，扬波喷云雷。

鬐鬣蔽青天，何由睹蓬莱？

徐市载秦女，楼船几时回？

但见三泉下，金棺葬寒灰。

大秦帝国的崩溃

秦始皇在出巡途中，于沙丘驾崩。丞相李斯深知，在新主尚未确定和登基情形下贸然宣布帝王死讯将意味着什么。于是，李斯断然决定秘不发丧，知情者仅限于自己、胡亥、赵高和几位近侍。

李斯与赵高秘密筹划后，始皇帝的遗体被放入一辆可调节温度的辒辌车中。放下车帷，令其他臣僚无法知道车内虚实。每日照常送饭递水，臣僚奏事及决断皆由胡亥、中车府令赵高和李斯代传批示。在这新旧政权交替的危急之时，李斯急催赵高速发诏，召扶苏立即赶回咸阳守丧和继承皇位，以免发生不测。

然而，这时的赵高却另有打算。在他的威逼诱劝下，李斯终于被迫同意篡改始皇帝的遗诏，派使者赐剑给屯守北疆的公子扶苏，罗织罪状命他自杀，改立胡亥为皇帝。

为等待扶苏的死讯，车队故意从井陉绕道九原，再折回咸阳。漫长的旅途和酷日暴晒，始皇帝的尸体已腐烂变质，恶臭难闻。李斯、赵高速命人买来几车鲍鱼，随辒辌车同行，以鲍鱼之臭掩饰尸臭，使随行臣僚不致看出破绽。

车队就要驶进咸阳时，扶苏自杀的消息传来。于是，李斯、赵高才公开始皇帝的死讯。九月，始皇帝早已腐烂的遗体，被草草葬于骊山陵中。胡亥由此登基称帝，赵高随之升为郎中令，李斯仍为丞相。

在赵高的唆使下，胡亥登基后办的第一件大事就是命人用毒酒将北疆屯边的将军蒙恬赐死。然后将6位皇子和10位公主抓捕，押往长安东南处一一杀死。紧接着，又逮捕12位皇子，押往咸阳闹市斩首示众。其余皇室宗亲，有的被迫自杀，有的则在出逃中，被"御林军"截杀……所有这一切，都是为了确保胡亥的帝位不受侵害。为彻底斩草除根，胡亥下令，对朝廷中持有异议的臣僚格杀勿论。最后，曾为赵高所惑，昧着良知和冒着风险进行政治投机、帮助胡亥登上帝位的丞相李斯，也在赵高的操纵下被腰斩于咸阳……

随着秦帝国大厦的倾塌和历史的延续，这段震惊天下的血案，也渐渐埋没于岁月的尘埃之中。后人再也无法见到朝廷内外涌动的血水，更听不到那凄厉悲怆、撕心裂肺的呼号，一切都成为梦境般遥远的过去。

然而，1977年10月，程学华率领的秦陵考古钻探小分队在陵东发现了17座殉葬墓，无意中为后人打开了一扇透视两千年前那段血案的窗户。

为弄清墓坑的形制和内容，程学华带领考古人员对其中的8座进行试掘，墓葬形制均为带有斜坡墓道的甲字形状。其中斜坡道方圹墓2座，斜坡道方圹洞室墓6座。墓的独特形制表示了墓的主人应是皇亲宗室或贵族大臣，因为秦代的平民不享有这种带墓道的安身之所。从墓中发现的异常讲究的巨大棺椁推断，也非一般平民所能享用。

之所以把这些殉葬墓看作窥视那段历史血案的窗口，是棺内尸骨的凌乱和异常器物的发现。有的尸骨下肢部分被埋入棺旁的黄土，头骨却放在椁室的头箱盖上。有的尸骨头盖骨在椁室外，其他骨骼却置于椁内。更为奇特的是，一具尸骨的躯体与四肢相互分离，零乱地葬于棺内，唯独头颅却在洞室外的填土中。经考古人员仔细研究后发现，这个头颅的右额骨有一块折断的箭头，显然是在埋葬前被射入头部的。在已发掘的8座墓中，共有7具尸骨存在，其中有一座竟找不到一块残骨，却发现了圆首短剑一柄……

一切迹象表明，墓中主人是受到外力打击而死亡的。从尸骨凌乱和出土的器物推断，这些墓主大多是被砍杀、射杀后，又进行肢解才葬于墓中的。

证明墓主人是皇亲宗室、臣僚贵族的理由，除独特的斜坡墓道外，考古人员还在墓中发现了极为丰富的金、银、铜、玉、漆器及丝绸残片。其中一件张口鼓目、神似鲜活的银蟾蜍，口中内侧刻有醒目的"少府"二字，说明此件葬器来自秦代少府或由中央铸铜官署——少府制造，后为墓主人所有。如此珍贵的器物，亦是平民百姓所难拥有或见到的。

面对如此残酷的历史事实和见证物，不能不令人想起胡亥制造的那场宫廷血案。这一具具凌乱的尸骨，无疑都是被杀的王子、公主或宗室大臣，绝非正常死亡。因为科学鉴定的结果表明，这7具尸骨，除一人为20岁左右的青年女子外，其余均为30岁左右的男性，如此年龄相当又一致的正常死亡是不可能的。更值得研究者注意的是，考古人员在墓中发现了挖墓人员当时取暖留下的灰烬，这就进一步说明挖墓时间是在冬季。而胡亥诛杀王子、公主、朝廷臣僚的时间也是在冬末春初的寒冷季节。这个并非偶然的巧合，更能令人有理由相信，这17座墓的主人就是那场宫廷血案的悲剧人物。他们的惨死以及惨死后给秦帝国带来的毁灭性结局，恐怕是秦始皇和胡亥都未曾预料到的。

千百年来，人们往往把秦帝国短命的原因一味地归结为秦之暴政以及刑罚的残酷、劳役和兵役的繁重，使"苦秦久矣"的天下百姓终于揭竿而起，将刚刚诞生不久的中国第一个专制帝国棒杀于幼年。

兵役劳役的繁重、刑罚的残酷，不能不说是导致秦帝国灭亡的重要原因，但非根本的原因。

秦亡的根本原因是胡亥篡位后的倒行逆施，人为地造成了秦统治集团的矛盾和分裂，削弱了统治力量，最终使秦王朝短期灭亡。正如三国时期著名政治家诸葛亮所指出的"秦王以赵高丧国"。而明代杰出的政治家张居正看得更广更细，说得也更清楚明了：秦王朝的"再传而蹙"，是由于"扶苏仁懦，胡亥稚蒙，奸宄内发，六国余孽尚存"等一系列原因所造成。这里的"奸宄"无疑是指赵高之流。

假如，胡亥继位后励精图治，稍微缓和一下社会矛盾，秦帝国不会如此快地大厦倾塌。假如，胡亥能维护朝廷内部官僚集团的团结和利益，即使山东起乱，秦王朝尚有足够的力量对敌。试想，当年的章邯匆匆武装起来的几十万骊山刑徒，就能将农民起义军周章打得大败，那么，在北疆屯守的秦王朝30万精兵以及大将蒙恬和章邯合兵一处，共同对敌，刘邦、项羽大军就未必能长驱直入，越过函谷关，至少不至于如此迅速地杀进咸阳，置秦于死地。

历史不能假设，历史没有重演的机会，后人看到的是秦帝国迅疾崩溃消失的结局。秦始皇帝陵的17座杀殉墓以及秦都咸阳城内的血雨腥风，无不昭示着这种结局的真正原因。诚如明末思想家李贽所叹："祖龙是千古英雄，挣得一个天下……卒为胡亥、赵高二竖子所败，惜哉！"

第八章 惊魂马王堆

地洞蹿出火球

1971年冬，借战备之机，解放军366医院决定派一支队伍在马王堆的两个土包下面挖掘一个大型防空洞，用来做官兵和医护器材防御之所。然而，随着洞穴不断推进加深，人们看到的不是中苏大战爆发，而是震惊世界的重大考古发现。

366医院派出的部队官兵在马王堆土包下差不多掘进20多米后，地下出现了赭红夹带白点的花斑土，越往深处掘进越坚硬。当战士们费了好大劲终于穿透红土层时，一个奇怪的现象出现了——一块又一块的白膏泥被挖了出来。面对这种奇异现象，战士们立即向院务处长做了汇报。

院务处长闻报来到施工现场，亲自钻进洞中，打着手电筒四处检查。面对坚硬的土层，处长下令停止挖掘，让两名士兵用钢钎向下打眼钻探。士兵拿起钢钎对准花斑土"叮叮当当"钻了约半个小时，当钢钎最后一次从花斑土中抽出时，钻孔里突然"哧"的一声冒出一股气体。恰在此时，院务处长斜倚在洞壁上划着一根火柴准备点烟。令他万没想到的是，含在嘴上的香烟未点着，火种却与从钻孔里冒出的气体遭遇，随着"砰"的一声响动，一团火球在洞中爆响、燃烧起来。院务处长说了句"大事不好，快跑——"，便箭一样从洞中蹿出，其他战士在极度惊恐中也跟着"呼呼隆隆"拥了出来。

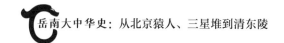

士兵们发现，院务处长的眉毛已被烧焦，两眼流着泪，红肿的脸上布满了点点簇簇的水泡，极像田野里散落着的小坟包。

"出现了重大军情，赶紧去报告白副院长！"倒霉的院务处长向身边的士兵下令，然后捂着脸向急诊室跑去。

分管后勤和战备工作的副院长白明柱赶了过来，问明情况后，大着胆子跟在两名战士身后进洞察看。当快摸索到洞穴尽头时，只见一道蓝中带红的火焰，像一条扭动摇摆的蛇，"哧哧"鸣响着从钻孔喷发而出。白明柱大惊，在他几十年戎马生涯和医务工作中曾遭遇过许许多多的怪事，像这样的异景奇情却从未见过。他不知如何是好，也不敢擅自下令应付，只好小心翼翼地退出洞口，飞奔到院长、政委的办公室汇报。

"火焰是什么样子？"院长问。

"蓝中带红，以蓝色为主，状如一条被卡住尾巴的毒蛇，'吱吱'叫着左右摇摆。"白明柱答。

"有什么气味？"院长又问。

"像手榴弹爆炸之后的臭味加一点酸涩味。"白明柱又答。

"有没有可能是之前埋下的炸弹？"政委异乎寻常地问。

"这个……"白明柱思索了一会儿，"这个我估计不足，但作为防范万一是必要的。"白明柱回答的同时又提出了自己的看法。

"有备无患。"院长接过话头，望了下政委，严肃而冷峻地说道，"现场官兵立即撤离该区域，并做好战备工作。立即报告军区司令部，建议火速派工兵团前来医院，用探雷器进行勘探。"

言毕，白明柱和一个参谋立即分头组织撤离并向军区报告。

约两个小时后，一个排的工兵携带探雷和排雷仪器，大汗淋漓地从野外奔来，进入洞中勘察。

此时，钻孔中喷射的火焰依然没有减弱，仍呈蛇状向外蹿动。工兵们架起仪器在四周仔细勘探了一番，没有发现炸弹踪迹，只隐约捕捉到一块面积硕大的异常阴影。这个阴影是什么物体？是吉是凶？会不会构成威胁？一时难以作出判断。工兵排长决定暂时撤到洞外，将情况上报团部，留待首长和探测专家研究后作出明确的指示。

在全部撤出之前，工兵排长命令几个战士提来一桶水向火焰喷射的钻孔倒过去。在他的脑海里，不管这火焰是炸弹的引爆线还是其他引燃装置，都必须立即扑灭，否则可能出现不测。当他将水"哗哗"地倒向钻孔时，强大的气体又将水喷出，火焰依旧"哧哧"地怪叫着向外蹿动。工兵排长改变战术，让士兵用袋子装满泥土，然后突然压上钻孔。十分钟后，袋子揭开，火焰已经熄灭，只是气体还像老牛喘气似的不住地向外喷出。

工兵们架着探雷器在马王堆上下左右又折腾了一番，确信没有发现炸弹后，开始撤离，并很快将所探情况逐级报到团部。年轻的团首长亦不知如何是好，忙派人将工兵团最富经验的一个工程师找来询问。这名老军人听完介绍，思索了一会儿说："早些时候我听说那里有古墓，是不是遇上了墓冢？"

为证实这个推断，在团长和政委陪同下，老工程师乘车来到马王堆做实地勘察。经过审慎勘察，这名工程师认定此处是一座古墓。

12月30日下午3点，正在值班的湖南省博物馆革委会副主任（副馆长）侯良接到发现墓葬的电话。他的第一个感觉是：完了，这座古墓遭到了破坏！

侯良立即将身边的老技工张欣如与年轻的业务人员熊传薪叫过来，三人分别找来自行车，急如星火地向马王堆赶去。

三人来到现场，见挖开的洞内仍有气体从孔内冒出。侯良突然想起了什么，说道："老张，我看这气体很神秘，我到医院去借个氧气袋，看能不能收集些气体回去研究。"说完，他走出洞口，一溜小跑向医院病房奔去。

当侯良拿着氧气袋重回洞中对准钻孔收集时，气体已极其微弱，收集未能成功。这个失败，成为轰动世界的马王堆汉墓发掘之后，科研工作中的一

大遗憾——墓中那闻名于世的女尸以及保存完好的文物都与这神秘气体息息相关。

几个人走出洞穴又到另外一个洞中观察，虽不见有气体冒出，却已是凌乱不堪。洞中底部的土明显不是原生土，而是墓坑填土，东壁发现一处椭圆形白膏泥。张欣如用自带的锄头挖了几下，很快发现了木炭。再挖下去，又发现了一根保存完好的硕大木枋。见此情形，这位经验丰富的老师傅说："这是一座墓，与刚才发现的那个墓并列，看来这下面是一个墓群，可能宝贝还在，了不得啦！"

侯良望着眼前张欣如挖开的洞口既惊且喜，悄声说道："不要再挖下去了，赶快复原，要是被外边的人知道，走漏了消息，就坏事了。"张欣如听罢，与熊传薪一起动手把挖开的洞口复原。

第二天上午，侯良找来革委会几个成员说明了情况，提出："马王堆古墓已被发现，是回填还是发掘？"经过一番讨论，最后决定，不能再做过去"老夫子"们那种打洞掏宝的傻事和错事了。如果要发掘，就要严格按照田野考古程序，先上报中央和省里，批准后再组织科学发掘。

真假马王堆

为争取时间，当天下午，侯良打长途电话找到湖南省博物馆馆员高至喜，高至喜此时正在北京故宫帮助国务院图博口进行出国文物展览筹备工作。侯良把发现马王堆古墓的情况向高至喜做了说明，并说有人认为，此处是汉代长沙王刘发或其母唐姬和汉景帝之嫔妃程姬之墓，让其速向国务院图博口文物领导小组副组长王冶秋汇报，请示可否发掘。

高至喜不敢怠慢，很快找到王冶秋做了汇报。王冶秋听后很干脆地说："那就发掘吧。"高至喜立即把这一指示打电话告知了侯良。

1972年元旦刚过，侯良带上5名工作人员来到马王堆，此行目的是对马王堆做一次全面调查，确定发掘位置，租借附近民房以便考古人员居住。同时，对考古大师夏鼐留下的一桩悬案尽可能地进行破译。

据史书和历代相沿的传说，这两个看上去紧密相连的大土包之所以叫马王堆，而不叫猪王堆、狗王堆、猴子王堆或老鼠王堆，与唐末五代时期被封为楚王并节制长沙的马殷、马希范父子这两位声名煊赫的人物有关。马殷父子在长沙经营数十年，给后人留下了许多文化古迹，其中"会春园""九龙殿""马王街"等至今犹存。两个连在一起号称马王堆的大土丘，相传就是马殷及其儿子马希范的墓地。但也有人说，此处是马殷父子的疑冢，故未称陵而称堆。

1951年前，无论是文人墨客、地方百姓，还是盗墓贼，都认为马王堆就是马殷父子的墓冢。

1951年秋，为了配合长沙市基本建设，保护抢救文物，夏鼐来长沙考察，他从别人的介绍中得知，1950年，当地的农民协会曾组织农民在马王堆一侧打洞取宝，但只挖了一些木炭，未得到一点宝物，只好匆匆收场了。

他与弟子石兴邦在马王堆两个耸立的大土丘上转了好久，始终没有做出发掘还是放弃的决定，只是对随同而来的程鹤轩说："这不是五代马殷父子的墓，而是一座汉墓，可能属于西汉早期，马王堆名不副实。通知湖南省政府造册保护吧。"说完，夏鼐率领众人返回驻地。马王堆的发掘只有留给后人来做了。

意想不到的是，就在夏鼐离开20年后，侯良等人又来到了马王堆。夏鼐当年留下的悬案也将随着此次发掘得以解开。

1972年1月16日上午10点32分，随着侯良挥动铁锹对荒草飘零的大土包刨下第一铲土，一场轰动世界的考古发现拉开了序幕。

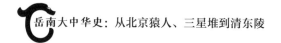

棺椁初露

随着挖掘工作的一天天推进，墓坑夯土一点点清理完毕，棺椁外层的白膏泥开始大面积地显露出来。

白膏泥又名微晶高岭土，颜色白中带青，酷似糯米粑一样又软又黏。大家集中精力，一铲铲、一筐筐地清理白膏泥。本想这白膏泥最厚不会超过半米，令人吃惊的是，这个墓穴的白膏泥竟厚达1.3米。更令人难以想象的是，在白膏泥的下部又露出了一片乌黑的木炭。木炭也像白膏泥一样，上下左右、密不透风地包裹着一个尚不明真相但可能是棺椁的庞然大物，其厚度为40厘米至50厘米。

这些木炭相对白膏泥而言，发掘和运送都方便、轻松得多，待把四周的木炭全部运出后，估算一下竟有一万多斤，堆在荒野犹如一座黑色的煤山。为了试验这些木炭的可燃性，发掘人员装上半筐拿到366医院厨房试烧，结果和现代木炭基本相似：点燃时，便开始燃烧，并冒出蓝中带红的火苗；若将火熄灭，木炭复又成为原来的模样。

这个试验结果很快传播开来，当地农民见有如此上等的可烧火之物，开始利用夜间工地无人看守之机，一担又一担地将挖出的木炭偷运回家，以代替木柴烧火做饭。

这个情形很快被考古人员发现，侯良当机立断，匆匆雇了两辆大卡车将剩余的木炭及部分白膏泥运回了博物馆，从而避免了更大损失。

如果说白膏泥的功能是像蛋壳一样护卫着象征蛋黄的棺椁，使其不受外部力量的冲击和雨水侵蚀。那么，这环绕着的木炭则像鸡蛋中的蛋清一样，同样具有防湿、防潮并能吸水的功能，以保持最里面棺椁的干燥。

当木炭的上部被取出后，发掘人员就发现了覆盖在墓室中那个庞然大物上的竹席。这一张张竹席刚出土的时候，都呈嫩黄色，光亮如新，如同刚从编织厂运来铺盖的一样，令人惊叹喜爱。但这神奇的外观只存在了短短十几分钟就开始像西天的晚霞一样转瞬即逝了。

正当考古人员紧张忙碌地照相、绘图、记录时，所有人都清楚地看到，那嫩黄崭新的竹席，如同阳光灿烂的天空突然被一块乌云笼罩，瞬间将整个天际变成暮色——未等考古人员将图绘完，嫩黄光亮的竹席已全部变成黑色的朽物。现场中有经验的发掘人员在颇感痛惜的同时，不禁仰天长叹："这是接触了空气的缘故啊！"

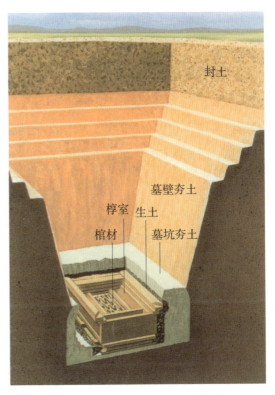

图8-1　一号墓内部形状与棺椁情形

当竹席全部出土后，经过仔细盘点，发现共有26张，每张长2米，宽1米，共分4排平铺，每张竹席的角上都明显地写有一个"家"字，但一时尚不知这个字的真正用意。

当最后一张竹席被揭开，大家梦寐以求的巨大棺椁终于露出了庐山真面目。

面对珍贵的棺椁，湖南省博物馆在广泛听取大家意见后，决定向省委、省革委会速做汇报，同时向北京方面汇报和求援。

北京方面派出中国科学院考古研究所技术室副主任王㐀与技术修复专家白荣金前往协助。王㐀是丝织品提取和保护方面的专家，前不久刚刚帮助阿尔巴尼亚成功修复了闻名于世的羊皮书，为国家争得了荣誉。白荣金前几年参加过满城汉墓的发掘，成功地提取和修复了出土的金缕玉衣。按照汉代墓葬多有金缕玉衣出土的特点，派白荣金前去则是最恰当的人选。就在发掘人员向北京求援的同时，为增加发掘力量，报请省委同意，将湖南省博物馆考古专家周世荣调回长沙，参加开棺工作。

4月14日，王㐀、白荣金乘坐的列车抵达长沙，二人把行李放入居住的湖南宾馆后，立即来到发掘现场，与湖南省博物馆的崔志刚、侯良、周世荣等人见面。当二人看到从墓穴中挖出的填土小山一样地堆在一旁时，心情为之一振，尤其是进入深达十几米的幽深墓穴，并亲眼看到那口奇大无比的木质棺椁后，更是惊叹不已。

发现珍宝

考古人员围绕如何开棺和提取文物展开讨论。根据王㐀的建议，发掘人员首先在墓坑之上搭起大棚以防雨水侵袭。同时在大棚内搭起照相架，以便更好地撷取发掘资料。与此同时，白荣金要求发掘队请来一名木匠带着全套工具，并准备若干木料在工地守候。一旦有出土文物需要用木箱盛放时，木匠可以用最快的速度按指定规格做好。同时，请一名铁匠守在工地，时刻准备打造所需发掘工具。碰巧，在离马王堆工地不远的一个民巷里就有一个小铁匠作坊开炉营业，省却了发掘队的一份心思。

经过一番讨论和紧张的准备，发掘方案和发掘工具相继定出备齐。按照之前商量好的方案，发掘人员很快将椁板打开。至此，一个埋藏千年的地下宝库豁然呈现在大家的眼前。

这是一个结构呈"井"字形的椁室，中间是光亮如新、刻画各种纹饰和图画的棺木，棺木的四边，是四个巨大的边箱，边箱里塞满了数以千计的奇珍异宝，这些宝物在阳光照耀下，灿烂生辉，耀眼夺目。在场者先是被惊得目瞪口呆，接着爆发出阵阵欢呼声——这是在地下埋藏了两千多年的稀世珍宝啊！

面对装载琳琅满目宝物的边箱，发掘人员必须第一时间进行清理和保护。经商讨，发掘人员首先将工作目标，对准四个边箱中的头箱。

图8-2　墓中出现的"井"字形椁室和器物分布情形，中间是墓主的内棺，棺盖板上平铺的就是后来轰动世界的帛画

只见箱内两侧摆着古代贵族常用的色彩鲜艳的漆屏风、漆几、绣花枕头和两个在汉代称为漆奁的化妆盒。其中一个奁盒是双层的，上层放置着手套、絮巾、组带和绣花镜套子。下层槽内放置有9个形状不同的小奁。经考古人员后来考证，此为九子奁。打开小奁，里面都是化妆用品，形同现代人常见的唇膏、胭脂、粉扑等物，看来这是一个女人用的物品。另一个外观基本相似的单层奁盒，里面除5个小圆奁外，还放置一个小铜镜和镜擦子、镊、木梳、木篦等物。另外有一把环首小刀，这些无疑都是梳妆用具。

图8-3　长方形粉彩漆奁

图8-4　一号墓出土的五子奁（开启），
内放秀粉、胭脂、头饰等物品

图8-5　一号墓出土的双
层九子奁（开启）

　　如果说这个奁盒仅仅是一堆化妆品和梳妆用具，倒不足以引起发掘人员重视，让发掘人员视若珍宝的是这个普通的化妆盒内藏有一枚角质印章，上写"妾辛追"三个字。

　　妾为古代妇女的谦称，那么"辛追"两字当是这个墓主人的名字。正是有了这个角质印章，世人才得以知道马王堆一号古墓的墓主，是一个叫辛追的女人。

　　在头箱两个漆奁的旁侧站立着23个造型优美的木俑，其中10个身着锦绣长袍，双手垂直拱于胸前，好像随时听候女主人的召唤。

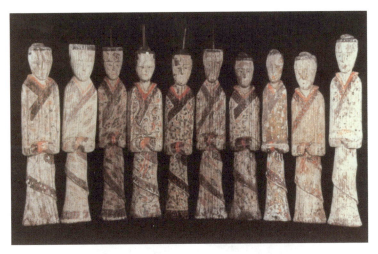

图8-6　一号墓出土的高级侍俑

图8-7　一号墓出土的彩绘木乐俑

　　据考古人员推测，这些木俑似乎是女主人贴身的高级侍女的模拟。在侍女的侧前，有5个乐俑跽坐，其中3个鼓瑟、2个吹竽，应是墓主人家的乐队。在这支乐队之前，有4个舞俑正在做翩翩起舞状。另外4个歌俑跪坐在地毯上似在放声歌唱。看上去，这是一个颇具规模的家庭歌舞团。从木俑的神态和形象中可以想象到竽瑟并奏、钟鼓齐鸣、舞姿翩翩、歌声悠扬的欢乐场景，领略到墓主人生前过着怎样的一种钟鸣鼎食、豪华奢侈的生活。

图8-8　一号墓出土的书有"君幸酒"的云纹耳杯盒，1套共7件

在头箱的中部，放置了多种盛酒用的漆钟、漆钫、漆壶以及用朱砂、红漆和黑漆书写有"君幸酒"三字的漆耳杯和漆卮杯。在一套漆器餐具上，多数有用红漆或黑漆书写的"君幸食"三字。从这些文字的字面表达意思看，似是让客人喝酒、吃饭的祝词。而整个头箱，似是墓主人生前起居、歌舞宴饮的生活模拟。

位于椁内的东、西、南3个边箱应是墓主人居处厢房的模拟。东边箱放置了312支竹简，上面记载着1000多件殉葬品的名称、质量、长宽等，这些被称作"遣策"的竹简就是墓中所有殉葬品的清单。除此之外，还有6个木俑和一个头戴高冠、身穿棉衣的"家丞"，它的脚下写着"冠人"两字，从其形象和文字推断，可能属于今天的大管家一类人物。在这个大管家的周围有59个立俑，似为一般的家庭用人。这些立俑的四周散布着鼎、盒、罐等漆器和陶器。这些器具种类繁多，光彩夺目，似是墓主人宴请宾客的礼器和用具，实为罕见珍品。

南边箱内的物件看上去有些普通，只是一个"家丞"率领39个立俑，余为钟、钫、釜、甑等陶器，似为墓主人的厨房和奴婢的住室。

西边箱有点特殊，它似是墓主人的贮藏室，又似钱粮库。因为里边堆放着33个规模颇大的竹笥（箱子），竹笥用绳索一道道捆着，在打结的地方有封泥，封泥上有"轪（dài）侯家丞"的印记。

墓中宝库

考古人员在西边箱发现了6笥丝织品，其中盛放服饰的竹笥2个，内装服饰19件；盛放缯的竹笥2个，内装丝织品54件。另外2个竹笥内盛放着香囊、鞋、衣着、手套等杂用织物20多件。就丝织品一项而言，此墓出土数量之大、品种之多、花纹之鲜艳繁复，堪称中国考古发掘中的一次空前大发现。

尽管中国丝绸已有5000多年的历史，但由于蚕丝是动物纤维，由蛋白质组成，极易腐朽，因此古代丝绸究竟发展到了什么样的水平，我们很难了解。长沙马王堆一号汉墓的发掘，首次揭开了这一谜团。

此次出土的丝织品，几乎包括了先前所了解的一切古代丝织物的品种。如绢、罗纱、锦、绮、绣等都是此前难得见到的实物。而丝织品的颜色又有茶褐、绛红、灰、朱、黄棕、棕、浅黄、青、绿、白等，花纹的制作技术又分织、绣、绘等不同工艺，且这些纹样又有各种动物、云纹、卷草、变形云纹以及菱形几何纹等。经初步点验、鉴别，出土的服饰类有绛绢裙、素绢裙、素纱禅衣、素绢丝绵袍、朱罗丝绵袍、绣花丝绵袍、黄地素缘绣花袍、泥金银彩绘罗纱丝绵袍、泥银黄地纱袍、彩绘朱地纱袍等十余种。可谓品种齐全，美不胜收。

特别值得提及的是，在西边箱出土的素纱禅衣，堪称稀世珍品。这种禅衣共出土两件，一件衣长128厘米，袖长190厘米，重量仅有48克；另一件是49克。按现代通行的50克为一市两计算，两件衣服都不足一两重，如果把袖口和领口镶的锦边去掉，有可能只有半两重了，其轻薄程度完全可以和现代生产的高级尼龙纱相媲美。

古人有对纱衣做过"薄如蝉翼、轻若烟雾"的描述，但后人没有见到过实物，并不清楚是一种什么样的

图8-9　一号墓出土的素纱禅衣，属直裾袍，汉代的便服

图8-10　一号墓出土的直裾丝绵袍、手套、绢裙

丝织物。随着这两件衣服的出土，人们才知古代文人的描述是栩栩如生，恰到好处。

《诗经·郑风·丰》说："衣锦䌹（jiǒng）衣，裳锦䌹裳。"这里所说的"䌹衣"，据考证就是这种没有里子的禅衣。它的原意是说，古时妇女们为了美观起见，喜欢把薄薄的禅衣罩在花衣上面穿。这和现代戏剧舞台上所使用的纱幕是一个道理，在布景外面罩上一层纱幕，会产生一种立体感，使人更觉其中的神秘美妙。由此可见，两千多年前的中国妇女，就懂得了这一美学原理。

发掘人员又在这个边箱中，发现了44篓泥半两钱（冥币）及泥"郢称"金版，另外有装在麻袋里的粮食稻、大麦、小麦、粟、大豆、赤豆以及梨、杨梅、大枣、梅等食物和瓜果蔬菜等。

有些器物上，都用红漆和黑漆书写着"轪侯家"三个字。由于当时发掘人员的主要精力是尽快将边箱内的文物取出并设法保护，对上面的"轪侯家""轪侯家丞"等字样，只是做了简单的推断，认为这个墓主人的身份应是轪侯的妻子或与轪侯家有关联的人，但到底是怎样的一种身份，一时难以断定。既然难以断定，发掘人员也就不再深究，最紧迫的任务就是要快速而又安全地抢救出土文物。

之所以说是抢救，是因为当庞大的椁盖打开后，由于空气、光照等进入和渗透，许多文物已物化变质，甚至消失不再。当老技工任全生伸手将东边箱那个被编为133号陶罐取出并打开时，惊奇地发现罐内装满了紫红色鲜艳的杨梅果。这些鲜果如同刚从树

图8-11　漆器上的"轪侯家"铭文

上摘下一般亮丽可爱，即便是那不算太长的果柄也鲜艳夺目。想不到就在搬动过程中，由于空气和光照的作用，鲜艳亮丽的杨梅果很快变成黑色的炭灰状。

图8-12　一号墓出土的云纹漆鼎

图8-13　一号墓出土的云纹漆鼎线描图

也是在这个边箱里，考古人员将一个编号为100的云纹漆鼎取出，揭开鼎盖，发现里边有近10片莲藕浸泡在水中。这些藕片质地白皙，如同刚刚切开放入其中，藕片之上那一个又一个小孔都清晰可辨，惹人爱怜。吸取了杨梅果氧化的教训，王予建议立即为其照相、绘图。当漆鼎搬到墓坑之外时，随着水的荡动和空气、光照的侵蚀，藕片已消失大半，待绘图和照相完毕后，所有的藕片在运往博物馆的路上，竟全部消失化成粉浆了。

当时，在现场负责器物记录、定名和总体编号的白荣金根据这一现象，立即联想到长沙地区两千多年来没有发生过大的地震。根据白荣金的联想，前来采访的新华社记者何其烈将此事写成内参发往北京。凑巧的是，正在搞地震普查的国家地震局领导人看到后，立即派两名专家赴长沙找到马王堆汉墓发掘的负责人侯良调查，并对漆鼎内的物质做了化学等诸方面分析研究，结果是：藕片在初出土时，本身早已溶化，也就是说藕片的灵魂已失，由于未受外界影响，才保留了外壳的整体形状。

地震专家到长沙地震台查阅当地有关资料，发现长沙地区自公元477年到马王堆汉墓发掘的1972年，共发生地震21次，其中20次为4级，1次为5级。也就是说长沙地区在近1500年中，没有发生过强烈地震。正因为没有大的地震发生，浸泡在漆鼎中的藕片才得以在地下宫殿中长久保存。由此可以推断，长沙应是一个远离地震带的地区，在以后的若干年内，当不会受到强烈地震的侵害。

藕片的消失，对文物本身是个不幸，但就地震研究而言，也算是意外收获吧。

打开内棺

边箱的文物全部提取并运往博物馆防空洞暂藏，发掘人员并未因此而感到轻松，谁都知道，位于井椁中央的那个巨大的内棺尚未打开，而这个内棺才是古墓的核心。也许就在内棺的里边，匿藏着这座千年古墓的最大秘密。

发掘人员花费了几天时间，终将井椁拆开，一副木棺孤零零地显现出来。由于四周椁板的护卫，木棺保持着闪亮的漆光，让人感到恐怖又掺杂着几分喜爱。毕竟像这样完好如初的千年木棺在长沙地区前所未见。

几个小时后，木棺被打开了。大家发现，所打开的不过是一层外棺，里边尚有一层或几层内棺。发掘人员再次开始了打开内棺的行动。

与第一层不同的是，第二层木棺外表用漆涂画了极其美丽的黑地彩绘，除底部外，其他五面，即左右两侧、头档、足档和顶盖都有一幅巨大的彩色画面，每幅画面均以银箔镶着0.14米宽的几何图案花边。边框中的巨幅画面均绘有大片舒卷的流云和神仙怪兽。这些散布于云气中间的怪兽，或打斗，或狩猎，或鼓瑟，或舞蹈，或与飞禽、猛兽、牛、鹿追逐，姿态万千，动作自如，描绘逼真。后经考古人员研究，这黑地彩棺的画面是采用堆漆画法的风格，即后世所传的"铁线描法"制作而成。

图8-14　一号墓出土的黑地彩绘漆棺

图8-15　一号墓漆棺上面虚纹画中一怪兽弹瑟图

图8-16　一号墓漆棺上的角虚击筑图

黑地彩棺按如前的方法被打开之后，里边又露出了一副朱地彩绘棺，这是第三层木棺。

这副朱地彩棺，是先用鲜红的朱漆为地，然后以青绿、赤褐、藕荷、黄、白等较明快亮丽的颜色彩绘出行云流水般的图画。在盖板之上，绘有一幅飘飘欲飞的云纹和二龙二虎互相搏斗的图画。四壁板的边缘，分别镶有0.11米宽的几何图案花边，在花边中间画着传说中的昆仑山，山上云气缭绕，形态各异的游龙、奔鹿和怪兽跃然其中，勾勒营造出一幅令人心驰神往的梦幻般的奇情异景。

　　按照往常的考古发掘经验，在古墓中见到两层木棺就是一件令人高兴的事情，有三层棺的古墓已属罕见，因为古代的封建制度对死者的用棺有着严格的等级规定。从流传的史料来看，天子之棺四重，诸公三重，诸侯两重，大夫一重，士不重。史料中的重应是重复的意思，若发现三层棺，说明墓主已位到诸公了，有这样地位的墓主，在一个地区是不多见的。

　　令众人大感惊奇的是，第三层木棺打开，里面还有一层木棺。想不到墓中的女人竟有这般多的花样，地位如此煊赫，除双层结构的木椁之外，竟有四层木棺包裹着她的芳身。

图8-17　马王堆一号墓墓主入葬示意图

　　里边的女人地位究竟多高，一时尚难断定，但从这层木棺的形状和外表装饰看，这应是最后一层木棺了。因为墓主的身份再高，也不会超过天子。

　　内棺的外表是用橘红和青黑二色羽毛贴成菱形图案，整个木棺长2.02米、宽0.69米、高0.63米。像这种用羽毛贴花装饰的木棺，在中国考古发掘中尚属首次发现。至于为什么要在木棺上贴上羽毛，大概是古人认为，凡人死后要升天成仙，而要升天就必须有相应的条件，这羽毛便是重要的条件之一，即《史记》《汉书》等史料上所说的"羽化而登仙"。

　　除奇特的羽毛贴花之外，在内棺的盖板上平铺着一幅大型的彩绘帛画。

整幅画呈"T"形，上宽下窄，顶部横一根竹竿并系以丝带，下部四角各缀一条20厘米长的麻穗飘带，全长250厘米，上部宽92厘米，下部宽47.7厘米。从形状上看似是旌幡一类的东西。由于帛画的正面朝下，一时还看不清内容。但考古人员已预感到，这将是一件极其宝贵的文物。

考古人员利用多种方法，小心翼翼地将整幅帛画揭取下来。帛画内容是天上、人间、地下三种景象，中间绘一个老年妇女拄杖缓行的场面。初步推测，当为墓主人出行升天的比喻。从整幅画面的图像看，系采用单线平涂的技法绘成，线条流畅，描绘精细。尽管有些地方模糊不清，但从清晰处可见到，此画在色彩处理上，使用了朱砂、石青、石绿等矿物颜料，对比鲜明强烈，色彩绚丽灿烂，堪称是中国古代帛画艺术中前所未见的杰作，是人类艺术宝库中最为贵重的珍品之一。

图8-18 一号墓出土的帛画《导引飞升图》

从4月27日凌晨4点一直到第二天下午4点，发掘人员绞尽脑汁，经过了无数次失败，终于将最后一层棺盖打开了。

盖板刚一掀起，一股难闻的酸臭味冲将出来，在场的人都感到难以忍受。此时的发掘人员却喜从中来，因为这股臭味就是一种报喜的信号，它意味着棺内墓主的尸体很可能尚未完全腐朽。

只见棺内装载着约有半棺的无色透明液体，不知这些液体是入葬时有意投放，还是后来地下水的渗透所致。在这神秘的棺液之中，停放着一堆外表被捆成长条的丝织品。从外表看去，丝织品被腐蚀的程度不高，墓主人的尸身或好或朽都应该在这一堆被捆成长条的物件之中。

由于棺中液体太多，文物又多半被浸泡在液体中，现场清理极其困难。经考古专家王予提议，决定将内三层木棺整体取出，运往博物馆再进行清理。

防腐保护

4月29日上午10点，王予、白荣金提着行李，离开发掘工地的住处，乘车来到博物馆暂住下来。田野考古发掘业已结束，根据行内的程序，他们今后的工作任务就是对出土文物进行室内整理和采取保护措施，以备后来进一步研究和展出。从北京来的技术专家胡继高、王丹华也相继来到博物馆，对出土文物进行保护性处理。

包裹着尸体的丝绸，被一一揭取开来，那件早已揭取了一半的"乘云绣"绢单衣被完全揭取后，王予和白荣金又用了一个星期的时间，相继揭取了第七层"信期绣"罗绮单衣，第八层灰色细麻布，第九层"茱萸纹绣"绣绢单衣，第十层，第十一层，直至第二十层贴身的"信期绣"罗绮绵袍。

至此，所有的丝织物全部被揭取完毕，一具女尸随之显露出来。不知什么原因，只见这个女人脚穿鞋子，却没有穿内外裤。

当女尸一丝不挂地展现在众人面前时，所有在场者都为之惊奇不已。只见女尸外形完整，面色如生，全身柔软光滑，皮肤呈淡黄色，看上去如同刚刚死去。伸展的双手各握一绣花小香囊，内盛香草。

考古人员用手指在她的脑门、胸部以及胳膊等部位按下去再放开，凹下去的肌肉和皮肤很快又弹起来恢复原状。掀动四肢，各关节可自由弯曲伸展。更令人惊奇的是，女尸眼睑的睫毛清晰可辨，左耳薄薄的鼓膜仍完好无损，就连脚指头的指纹和皮肤的毛孔也清晰可见。经测量，女尸全长1.54米，重34.3公斤，脚掌长达25厘米，几乎和现代女性的双脚长度相同。看来汉代的女人，确实没有裹脚习俗。

女尸的出现，令考古人员感到神奇和激动的同时，对其本身价值的评估和如何处置的问题，则产生了较大分歧。

一种意见认为，这具女尸埋藏地下两千多年不腐，属世界罕见的奇迹，它的价值可以与闻名于世的"北京猿人"相提并论。如果说"北京猿人"展示的是几十万年前人类的面貌、特征，那么，这具女尸可提供两千多年前人的特征以及生理结构、病理特征，从而展开对古代人类学、医学等多学科的研究。

另一种意见则认为，这具女尸是人体的遗存，不是人类创造的文化遗产，在考古学中属于标本性质，与文物的价值有极大的差异，或者根本不能称之为文物。实际上，这具女尸形同一具木乃伊，只不过是湿润新鲜一些罢了。而木乃伊在中国西北地区经常发现，在世界各地也到处可见，根本没有多少价值，更无法与"北京猿人"相提并论。就棺内的丝织品和尸体而言，其丝织品的文物价值远远大于女尸本身。因此，建议博物馆像处置几年前在山东发现的明鲁荒王朱檀的尸身一样将其扔掉，不必再为此劳神费力了。

面对两种不同意见，侯良决定打电话到北京故宫，让高至喜向王冶秋汇报，看作何处理。王冶秋听罢，极其干脆明确地指示道："女尸应妥善保存。"

湖南方面接到高至喜转达的电话，决定按王冶秋的指示执行，最终决定像医学院保存人体标本那样，向其体内注射酒精与福尔马林混合液，以保护内脏器官。此外，还专门请益阳有机玻璃厂制作了一个有机玻璃棺，将女尸移入盛放福尔马林溶液的玻璃棺内，做暂时性防腐保护。

一号墓主真实死因

1972年12月14日下午，女尸顺利解剖。1973年3月初各地来长沙的专家、学者，配合湖南医学院及长沙其他的参与单位，对女尸进行了各个方面的协作和研究，在解剖学、组织学、微生物学、寄生虫学、病理学、化学、生物化学、生物物理学、临床医学，以及中医中药学等诸多学科都取得了丰硕的研究成果。通过肉眼观察和病理组织分析、电镜观察、X射线观察、寄生虫学研究、毒物分析等，对女尸的死亡年龄、血型、疾病、死因等诸方面做了如下鉴定结论：

年龄：

1.利用骨骼哈弗氏管的测定推断，对照陈康颐主编的法医学关于"根据骨骼推测年龄"的数字依据。推断女尸生前年龄约为50岁。

2.利用X射线检查推断女尸生前年龄为40—50岁。

3.妇科检查推断女尸生前为更年期妇女。根据中国古代医学记载妇女绝经期的年龄为49岁，近代资料报道为45—52岁、国外资料为45—50岁的不同数字，推断女尸生前年龄为45—52岁。

4.从女尸的病理变化推断，女尸生前年龄为50岁左右。

综合以上各种不同推断，其结论是女尸生前为50岁左右。

血型：

采用凝聚抑制试验法，测出女尸头发与组织具有明显的"A"型物质，故断定女尸血型属于"A"型。

汞、砷含量：

根据碘化钠晶体探测器测定，女尸的含汞量比现代人高数百倍。在骨组织中含铅量较高。

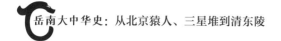

肠、胃解剖：

共发现内有138粒半形态饱满的甜瓜子。

其次，根据多种学科的检查诊断，墓中女主人生前共患有下列疾病和损伤性症状：

1. 动脉粥样硬化症。

2. 冠状动脉粥样硬化性心脏病（简称"冠心病"）。

3. 多发性胆石症（胆总管内、肝管内、肝内胆管内结石）。

4. 日本血吸虫病。

5. 第四、五腰椎间的椎间盘脱出或椎间盘变性。

6. 右桡、尺骨远端骨折，畸形愈合。

7. 左肺上叶及左肺门结核性钙化病灶。

8. 两肺广泛性炭末沉着。

9. 胆囊隔畸形。

10. 会阴二度撕裂的疤痕（说明生育过，曾有裂伤）。

11. 肠道蛲虫及鞭虫感染。

12. 体内铅、汞积蓄。

既然墓主人生前患有如此多的疾病和损伤性症状，到底哪一种是致她死亡的原因？当时有人认为存在着吊颈而死，或者被人一棒子敲死的可能。医务人员经过分析、研究，最后得出如下结论：

首先，排除吊颈而死的可能。因为女尸颈部没有绳索勒痕，就不能推断是吊颈而死。

尽管女尸头部皮层有瘀血的痕迹，但检查头部和全身未见机械性损伤，也就排除被外力一棒子敲死的可能。

从毒物化验来看，女主人生前有慢性汞（水银）中毒，但不是因中毒死亡。因为在女主人所在的西汉初期，由于生产技术的局限，尚未生产出能使她急性中毒死亡的"升汞"。女主人体内之所以有汞存在，主要是平时慢慢吞食下去的水银。据考古学家考证，西汉"炼丹"技术已盛行，多数贵族都以吞服"仙丹"而梦想长生不老。因"仙丹"主要是由汞制成，人吞服后就会慢性中毒，但这种慢性中毒不会致人猝死。因而，体内中毒不是女主人死亡的直接原因。

既然排除了自杀、他杀和中毒死亡的可能，女主人的死因到底是什么？

通过系统解剖和病理检查发现，女尸皮下脂肪、肠系膜脂肪、腹膜后肾周脂肪及结肠脂肪均较丰满，显示古尸死前营养状况良好。骶、背部没有褥疮，不像长期卧病而死。全身未见肿瘤，亦未见其他慢性消耗性疾病（如空洞性肺结核的病变）。消化道各段内均发现有甜瓜子，反映了患者临死前不久尚能从容进食。

若把上述几点联系起来思索，可以认为女尸的病死，不像一个慢性缓进，很可能是一个急性骤发的病死过程。也就是习惯上所说的急死或猝死。或者说，在出现症状或体征后立即或24小时内死亡。根据女尸食管、胃、小肠及大肠中还停留有不少甜瓜子的事实来看，女主人的死亡当在发病后24小时以内。

女尸全身多处动脉粥样硬化，但大、小脑表面及各切面未见出血征象，镜下左、右大脑中动脉未见粥样硬化病变，大、小脑各部位含铁量，经化学分析及光谱测定，没有显著差别，故可排除大量脑出血所致的急死。

最大的可能就是由于冠状动脉堵塞严重，加上胆石症急性发作为诱因，反射性引起冠状动脉痉挛，导致急性心肌缺血，这种情况，造成猝死的可能性最大。

这或许就是女主人死亡的真正原因。

马王堆汉墓出土女尸的死因得以解开，但对这个女人死后，历两千余年而不腐的谜团，仍是外界以及研究者热切关注的焦点。到底是怎样的防腐奇术，使她的尸身历千年而不朽？

防腐的三大要诀

通过历史文献和考古发掘推断，人死亡之后，其尸体防腐能否取得成功，处理好尸体当是一个最为关键的因素。特别是死后及时处理与否，尤其重要。因为人一旦死亡，其组织、细胞等都失去活力，并在其本身固有酶、酵素作用下发生分解，使各器官变软、液化、自溶。由于胃肠道细菌和体表的细菌大量繁殖，使肌肤身躯腐败霉烂。因此，要想使尸体保存下来，就必须做到延缓和阻断自溶、腐败的发展进程，而这个进程中的第一步，也是首要的一步就是对死者尸体的及时处理。

马王堆汉墓出土的女尸在解剖中发现其胃肠道内有138粒半形态饱满的甜瓜子。由此推断，她是在吃了甜瓜之后较短时间内猝死的。但在这个女人死后，其尸体做过怎样处理？丧仪情节又是如何？这些都缺乏可供研究者分析的具体记载。

尽管如此，研究者还是普遍认为，尸体的处理与葬仪不会超凡脱俗地远离其生活的时代，也就是说，不会脱离从奴隶社会遗留下来，在封建社会前期广为盛行的那套《周礼》范畴。其葬仪及殉葬品的制度也应和《周礼》《礼记》所记载内容差别不大。因此，在没有直接证据的情况下，只有利用这些间接证据来推断女尸采取防腐措施的可能性。

按照《周礼》和《仪礼》等规定，从人死亡到埋葬，大体可分为如下几个步骤：

第一，香汤沐浴和穿戴包裹。所谓香汤沐浴就是用香汤和酒擦洗死者的尸体。从史料记载中可以看出，用香汤和酒来给尸体沐浴不仅可以去除污秽使尸体变得"香美"，可能还有一定的消毒作用。如果在入殓前对尸体喷洒鬯（chàng）酒，则更有利于封棺后加速棺内的氧耗，建立缺氧条件。

当沐浴完毕后，紧接着要进行的就是穿戴，要求把洁净的内外衣和单被等紧紧捆贴尸体，借以掩盖体形面容之暴露。正如马王堆一号汉墓女尸那样，脸部覆盖面罩，身上穿贴身衣，外面包裹各式丝织衣着、衾被及丝麻织物共20多层。这种死后的穿戴和严密包裹的功能，除防止昆虫侵入尸体口鼻外，还有助于隔离空气，对阻滞尸体的早期腐烂有一定的作用。

第二，采取降温措施。尸体沐浴后，为了防止腐败以供瞻仰，周代已广泛应用了冰冻处理的办法，据《礼记·丧大记》载"君设大盘造冰焉，大夫设夷盘造冰焉……"郑玄注："此事皆沐浴之后。"又说："先内冰盘中，乃设床于其上。"冰盘之大小，盛用冰之多少，用冰时间的规定，都可以看出等级的森严。最高统治者帝王死后盛冰用大盘，汉代的大盘长一丈二尺，宽八尺，深三尺（西汉之1尺相当于今之0.7尺）。可见处理一个帝王的尸体，大约要用4立方米的冰。一个尸体放在4立方米的冰块上冷冻，自然会产生较好的防腐败、防自溶的效果。用冰时间，规定在仲春之后，秋凉而止。马王堆汉墓出土的墓主，作为贵族夫人，死后采用类似这种"寒尸"的降温方法是可能的。

第三，及早入殓封棺。《礼记·王制》中载有："天子七日而殡，七月而葬；诸侯五日而殡，五月而葬；大夫、士、庶人三日而殡，三月而葬。"由此看来，作为轪侯的夫人，死后停尸的时间不会很久，殓（包括小殓、大殓）应在死后五天之内。而在死后的第五天，就应把棺封起来加以存放，然后择吉日埋葬。

根据马王堆一号汉墓的墓坑工程和墓葬规模推断，估计在入土以前至少要有几个月的准备时间，所以殡而待葬的时间可以比较长些，但也不能排除尽早埋葬的可能性。如果葬得迟，则把尸体封存在密闭性能很好的棺具里，是入土前保存尸体的一个重要措施。

这座汉墓所用的棺具质量很高，内棺的盖口用胶漆封固，所以棺的密闭性能极佳。在这样的棺具内能保存尸体原因的可能是：当尸体入殓封棺以后，就处于密闭的条件中，由于棺内空间被包裹着的尸体和大量织物等塞满，故棺内留存的空气很少，尸体初期的腐败过程和棺内物质的氧化过程，很快就耗掉了棺内的氧气，从而形成了缺氧条件，尸体的腐败过程就可能延缓并最终停止下来。1956年至1957年，考古人员在广州清理的明代戴缙夫妇合葬墓，发现两尸的保存状况都比较好。根据墓中的文字记载，两尸都是死亡之后停棺三年多才下葬的。可见棺封密固可起防腐作用。

第四，汞、砷与酒精的应用。中国古代应用水银、砷以防尸体腐败的记载甚至多于香药防腐。史载秦始皇陵墓地宫就是"以水银为百川江河大海，机相灌输，上具天文，下具地理"。20世纪70年代的考古钻探证实了文献记载，说明秦始皇的丧葬用了大量水银。马王堆一号汉墓女尸在地下历经两千多个寒暑，肌肤、内脏、形体、颜色仍十分完好。达到如此防腐固定效果的因素当然是多方面的，但经过发掘之后的化学鉴定，在尸体处理上的明显特点有二：一为汞处理，二为浸泡。因为这座墓棺液沉淀物含有大量硫化汞、乙醇和乙酸等物，而棺液中硫化汞等在尸体的防腐固定上的作用也是较明显的。马王堆女尸能完整保存，与汞的保护作用是分不开的。

另外，出土的尸体还有一个不同于随葬品的特殊保存条件，即本身居于椁和四层套棺保护之中，棺内空间远比椁室空间小。尤其内棺是密闭的，尸体又为棺液所浸泡，如果没有一个密闭的墓室，随葬品中大量有机物必然很快腐烂，棺木也会腐朽，最后尸体也难免烂掉。因此，尸体入土以后得以长期保存的基本条件，就是要与深埋地下的密闭的墓室与密闭的棺具结合在一起，这样才有可能使入土前保存在棺内的尸体，在入土后得以继续保存下去。

当一号汉墓的白膏泥层被捅开之初，曾经有气体喷出，燃烧试验时呈蓝色无烟火焰。这就证明了墓室中积聚了大量可燃性气体，也就是平时习称的"火洞子"墓，或叫"火坑墓"。

类似这样的"火洞子"墓，历史上多有记载。王充在《论衡·死伪篇》中记叙王莽时"改葬元帝傅后，……发棺时憧闻于天，洛阳丞临棺闻臭而死。又改葬定陶共王丁后，火从藏中出，烧杀吏士数百人"。王充在论述这一现象时指出："臭闻于天"，系"多藏食物腐朽猥发""人不能堪毒愤"而造成洛阳丞之死，"未为怪也"。"火出于藏中者""非丁后之神也"。"见火，闻臭则谓丁、傅之神误矣。"可见在汉代，王充对"火坑墓"之形成已经给予了科学的解释。

马王堆一号汉墓自然也属于这种"火坑墓"的一座。一个密闭的墓室内积聚可燃性气体，同随葬品的保存良好有着很大的关系，而墓室的密闭性是同构筑墓室所用的材料——白膏泥的黏性和可塑性分不开的。

有一点需要提及的是，在已发现的汉代前后的墓葬中，那些较少使用白膏泥密封的墓葬，则只有残缺的椁底板而找不到一点骨骼了。至于根本没有使用白膏泥的墓葬，所有纤维物质都已腐蚀殆尽。如在新中国成立前后，湖南方面或盗掘，或正式考古发掘的四千多座较小的楚墓、西汉墓、东汉砖室墓，以及两晋、南朝、唐、宋墓，凡未用白膏泥者，尸体均已腐蚀无存，个别墓的棺上的漆皮也只能见到一点痕迹了。其他竹、木、漆、皮革、丝织物几乎全部腐烂，甚至连痕迹也荡然无存，随葬的一般性铜器也一触即破。这个奇异现象，在考古人员后来发掘的马王堆三号墓中也得到了确切的反映。

由此可见，使用白膏泥密封，加上深埋和填土夯筑紧密，以保护好棺椁，这是保存好马王堆一号汉墓女尸的一个最为重要的前提条件，也是女尸历千年而不腐最具决定意义的因素。

发掘二号墓

马王堆从外表看上去，只有两个大土包，也是历史上流传下来"马鞍堆""双女冢"等名字的原因。发掘之后，才知此处有三个墓冢。考古人员把一号墓旁不显眼的墓冢编为马王堆三号，而离一号墓稍远些的那个明

显的大土包，则编为二号。从一号墓打破三号墓地层关系推断，三号墓的筑
造和入葬年代应早于一号墓。

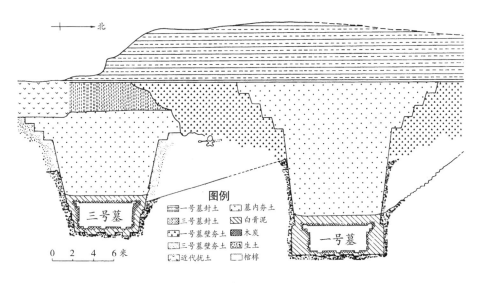

图8-19　一、三号墓打破地层关系剖面图

经过发掘，发现二号墓尽管屡遭盗掘，但仍有一些零零碎碎的小件器
物散落于棺椁之间。再细心胆大的盗墓贼，也不会将墓中的一切器物全部
盗走，除了时间上的仓促，还有一些器物，是盗墓者认为没有多大价值而
舍弃的。

1974年1月10日傍晚，正当考古人员在二号墓椁室中四处寻找和提取零
散的器物时，阴沉的天空突然飘起了雪花，至后半夜，雪越发大了。到11日
清晨，大雪已呈铺天盖地之势，远山近丘、荒野田畴到处是白茫茫的一片。
此时朔风骤起，雪花飞扬，气温突降到零下四至五摄氏度。这是长沙多少年
来未遇到过的大风雪天气。

雪花落地很快融化，雪水浸泡的污泥中，那鎏金的嵌玉铜卮、错金的铜
弩机，那银质或铜质的带钩，精美灵秀的铜鼎、玉璧、漆器、陶器等，在考

古人员耐心寻找下先后出土。

眼看又一个黄昏将至，被融化的积雪浸泡过的墓壁，已出现裂痕，说不定哪一刻整个墓壁就要崩塌，危及考古人员的性命。站在风雪飘零的墓坑之上负责指挥的李振军决定立即调来起重机，将棺椁吊出墓坑。同时将墓室中的污泥浊水全部装筐装桶用起重机吊出，同棺椁一并装入卡车，拉回省博物馆再做清理。

墓中的污泥浊水拉到博物馆后的第二天，考古人员对其进行了清理。这次清理当然不再采用墓坑中摸鱼抠蟹的方法，而是把一个铁筛放于水龙头前，把污泥一点点倒入筛中，再借用水管的水慢慢清洗。这个方法使污泥浊水中的大小器物无一遗漏地被筛选出来。

当从墓中挖出的污泥全部被淘洗完后，考古人员特别是发掘领导小组成员，心情稍感轻松的同时，不禁大失所望。想不到这个从外表看去令人充满信心与希望的二号墓葬，几乎是腹中空空。不但未见到一点骨渣，就连期望中的有价值的器物也没有一件出土。

面对此情此景，王冶秋、李振军怀着复杂的心情在省博物馆一楼大厅内来回踱步。可以想见，他们同样于心不甘。就在这众人感到沉闷、压抑、悲苦之时，李振军像想起了什么，急忙来到考古队员身边说："将那些破碎的椁板也抬来冲洗一下，说不定还有什么东西呢。"

这一提醒，众人尽管觉得有些道理，但也没抱太大的希望。几个人无精打采地将椁板抬到水龙头前，开始冲洗起来。随着哗哗的水流声，椁板上的污泥被一点点冲掉。令所有人意想不到的是，奇迹出现了。

就在椁板底部的污泥中，考古人员何介钧、胡德兴等人发现了对整个马王堆汉墓发掘至关重要的三颗印章。经鉴定，一颗是玉质私印，盝顶方形，长宽各2厘米，上刻阴文篆体"利苍"两字。另两颗是铜质明器官印，龟纽鎏金，长宽各2.2厘米，分别刻有阴文篆体"轪侯之印"和"长沙丞相"字样。

三颗印章的发现，在确切地证实了墓主人是西汉初年轪侯、长沙丞相利苍的同时，也揭开了千百年来蒙在马王堆汉墓之上的最后一层面纱。它以无可争辩的铁证向人们证实，马王堆一、二、三号汉墓，正是轪侯利苍一家的葬地。

这一非同凡响的发现，使所有考古发掘者都忘却了连日的艰辛，精神为之大振。回想当年，在一、三号汉墓发掘之后，虽然墓中随葬器物上写有"轪侯家"的物主标记和封有"轪侯家丞"的封泥，但仍有人坚持认为这些器物是轪侯一家送给长沙王的礼品。更有人依据文献记载，坚持认为是汉代的"双女冢""二姬墓"以及"长沙王妃"之墓等。

正所谓苍天不负苦心人，此次三颗印章的出土，使一切的争论和猜测都不辩自明，烟消云散，也使二号墓乃至整个马王堆汉墓的规格和考古价值大大地得以提升，当之无愧地列入20世纪中国最伟大的考古发现之一。

墓主家族关系初断

二号墓出土的"长沙丞相""轪侯之印"和"利苍"三颗印章，无疑是马王堆利苍一家墓地的确证。据《史记·惠景间侯者年表》和《汉书·高惠高后文功臣表》的记载，利苍是汉惠帝二年（公元前193年）被封为轪侯的，死于高后二年（公元前186年），由此可知，此墓距开挖之时已有2100多年的历史了。

在三号墓出土的一件木牍中，上书"十二年二月乙巳朔戊辰……奏主赙（藏）君"等字样。查西汉初期超过十二年的纪年，仅汉高祖有十二年和汉文帝前元有十六年。三号墓出土有带"轪侯家"铭文漆器，汉高祖刘邦在位时，利苍在长沙任职，尚未封为轪侯。据山东临沂银雀山汉墓出土的《元光元年历谱》，汉初在汉武帝太初改历以前，是使用颛顼历规制推算，汉文帝前元十二年二月，恰是乙巳朔。这样，就肯定了三号墓的年代，应为公元前168年。

　　至于一号墓的年代，由于它分别打破了二、三号墓的形制，从地层关系看来，是晚于这两座墓的。但是，一号墓和三号墓的随葬器物，无论是漆器的形制、花纹和铭文还是丝织品的图案，或者简牍文字的书体、风格都非常接近，如出一人之手。而一号墓出土的泥"半两"钱和三号墓填土所出"半两"钱，同样都是文帝时期的四铢半两。因此，一号墓和三号墓的年代应该相当接近，可能相距仅数年而已。

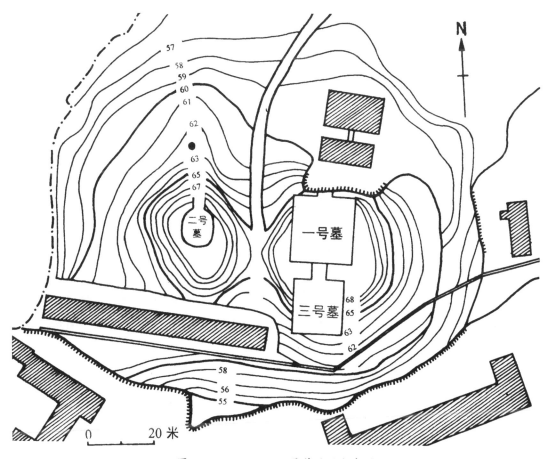

图8-20　一、二、三号墓平面分布图

弄清楚了马王堆三座墓葬的年代，那么三者之间的关系也就比较容易解决了。一号墓与二号墓东西并列，都是正北方向，两墓中心点的连接线又是正东西向，封土也几乎同大，这正是汉初流行的夫妻不同穴合葬的形式。利苍葬在西边，女尸埋葬在东边，正符合当时"尊右"习俗。因此，一号墓墓主，毫无疑问就是第一代轪侯利苍的妻子，她比利苍晚死大约20余年。

三号墓紧靠一号墓的南方，即利苍妻子的脚下，两墓墓口相距仅4.3米。据鉴定，一号墓女尸的年龄为50岁左右，三号墓墓主人的遗骸为30多岁的男性，二者相差20多岁，当是母子关系。三号墓的墓主应是利苍的儿子利豨。

当轪侯家族的世系被弄清之后，研究者接着迫切需要知道的，就是这个家族成员的生活经历及人生命运。轪侯利苍的生平，历史上没有专门的传记流传于世，只有《史记》和《汉书》分别在年表和功臣表中做了简单的提及（前文已述），且《史记》《汉书》两家在记载上又有不一致的地方。因此，只有将这些零散、简单的材料综合起来加以研究，再根据考古发掘的旁证材料加以推测，才能对轪侯家族不同人员的情况以及当时的社会风貌有一个基本符合史实的了解。当然，几乎所有的考古人员和研究者都感到，要追寻已逝去两千多年的利苍的踪影，就无法绕开同轪侯家族命运紧密联系在一起的两个关键性人物——汉高祖刘邦与长沙王吴芮。

刘邦建立了西汉政权，自己登上了九五之尊的帝位，国家名义上得到了统一，看来已是万事大吉了。但是，刘邦深知，国家初建，面临的问题和困难还很多，首要的问题出现在国家内部。当年自己起兵反秦以及在和强敌项羽的争霸战中，凭借一群乱世枭雄和政治野心家的支持与妥协，才有了后来这个局面。既然霸业已成，而江山是大家共同打下的，胜利的果实自然要大家来分享。所以，在垓下会战胜利之后，刘邦不得不把大片国土分封给往日那些与自己共赴生死的弟兄。他先后分封韩信为楚王、彭越为梁王、韩王信为韩王、吴芮为长沙王、英布为淮南王、臧荼为燕王、张耳为赵王以及后来取臧荼而代之的卢绾等8位异姓王。

就当时西汉所占有的版图看，太行山以东几乎都成了各诸侯王的封地，宛如战国末期残存的东方六国，占据全国半壁江山，与西汉中央王朝形成了对峙的政治格局。这些分封的诸侯王表面上对刘邦的中央政权表示臣服，骨子里却依然残存着非分之想，并潜藏着向朝廷发难的危势。

除此之外，另一个最为严重和棘手的问题是来自外部的"胡越之害"。胡是指北方强大的游牧民族匈奴；越是指秦末在百越故地上建立起来的南越国政权，这个政权在东南沿海一带有很大的政治、经济势力。《汉书·地理志》颜注引臣瓒说："自交趾至会稽七八千里，百越杂处，各有种姓。"从今天的地理位置来看，百越所包括的势力范围，应是中国广东、广西、福建以及越南北部等广大地区。假如这些地区的势力联合起来向西汉中央政权发动进攻，其后果自是严重和可怕的。

面对这种内忧外患的险局，一生都在琢磨如何"治人"而不是"治于人"的老谋深算的刘邦，同他的忠诚谋臣张良、萧何在反复权衡思量之后，采取了一项看似颇为得力的重要措施，这就是由中央朝廷选派代表到诸侯国担任丞相之职，其目的是通过这个代表人物去监视各路诸侯的不轨行动，并加强对他们的控制。正是由于这种具有非凡政治意义的考虑，被派往诸侯国担任丞相的人选，各方面条件就要求得异常严格，而首要的条件，自是要绝对忠诚于中央政权，也就是说非刘邦本人的心腹亲信是不能担当此任的。其次，被派去的人还应具备非凡的才能，要有能力控制住诸侯王及这个侯国的臣僚，使他们服从于中央政权。这二者互为唇齿，缺一不可。倘只忠诚于中央政权而无驾驭诸侯的本领，或只具有才干而不忠于中央，都会造成适得其反的恶果。

马王堆二号墓的墓主利苍，正是在这种政治背景和本身具备入选条件的情况下，被派往由吴氏家族为王的长沙国任丞相的。

利苍是何人?

为什么中央政权或者说刘邦本人选中了利苍，又为什么偏偏将他派往长沙国而不是其他诸侯国？结合史料和考古发掘，研究者曾做了这样几种推测，那就是利苍本人——

第一，来自苗族。

做这个推测的理由是：（1）"T"形帛画上画有苗族关于"九个太阳"的传说。（2）墓主没有穿裤子，随葬衣服中也没有裤子，数以百计的木俑也没有穿裤子。下身不穿裤子而只穿裙子是苗族自古以来的习惯。（3）苗族认为他们的祖先是蛋生的。一号墓出土一箱鸡蛋，是与墓主人的民族习俗有关。（4）苗族人死后忌用生前的银器、铜器随葬。马王堆汉墓没有用金银铜器随葬，是与苗族习俗相吻合的。（5）一号墓主蓄有苗族的发式。（6）用大量食品随葬也是苗族的风俗。另外，研究者还认为利苍在封为长沙丞相之前很可能就是当地苗族部落的首领。

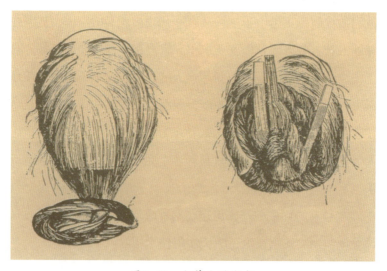

图8-21 女墓主的发式

第二，来自侗族。

认为墓主是侗族的理由是：（1）《汉书》称利苍为"黎朱苍"或"朱苍"，这是侗语对利苍的称呼。轪侯夫人"辛追"也属于侗族习惯的名字。（2）汉族是夫妻合葬，而侗族是母子合葬。一、三号墓是母子同葬一个山头，而二号墓利苍葬在另一个山头，正符合侗族的葬俗。（3）黑地彩绘棺上画的是侗族的神话传说故事。（4）墓中引魂幡作衣形，遣册也称它为"飞衣"，显然是侗族以衣招魂习俗的反映。（5）帛画中有许多鸟，反映了侗族偏爱鸟的习俗。（6）轪侯夫人辛追用的木梳和鹊尾鞋，也符合侗族妇女的穿着习惯。（7）墓中出土的乐器等保留了侗族古代葫芦笙的原始形态。（8）轪侯家用牛肉掺米粉腌制的"牛白羹"反映了侗族特有的饮食习惯。

第三，来自越族。

认为墓主是越族的理由：（1）长沙王吴芮曾"率百越佐诸侯，又从入关"，有功封王。故长沙王吴芮的丞相利苍也可能是百越中的头目之一。（2）从氏族看，"利苍"即"黎朱苍"。黎姓的远祖是传说中的"九黎"，即后来的"三苗"，也就是百越。又黎人即俚人，《隋书·南蛮传》说俚人"古所谓百越是也"。（3）墓主人梳的是越人的发式。（4）墓中遣册食谱中多狗肉，这是越人爱吃狗肉习俗的反映。（5）从葬制看，也是采用越人惯用的土坑竖穴墓。（6）三号墓出土的大批帛书多带迷信色彩，反映墓主"好巫术"和"信鬼神"。轪侯一家信奉的神是祝融和蚩尤，这些也是越人习俗的反映。

第四，来自楚地。

认为墓主利苍一家是楚人的理由：（1）据《姓解》记载："楚公子食采于利，后以为氏。"则利氏在当时是只有楚人才有的姓。（2）利豨（xī）是楚人的名字，因"楚人谓豕为豨"。（3）利苍的曾孙利秩（扶）因犯罪失去侯位，被放归老家江夏郡竟陵，而利苍封侯的封地在江夏郡的轪县，江夏郡是楚地，即今天湖北省汉水南岸的潜江，因此，利苍一家为楚人。

从以上推测看，不论是来自苗族、侗族、越族还是楚地，利苍的出生地应在汉水或长江以南地区。根据《汉书·高惠高后文功臣表》中平皋炀侯刘它栏中记载的"功比轪侯"四个字来看，利苍与刘它的经历必有近似之处。汉高帝年间，曾对列侯18人做了位次的排列，到了高后二年，又由丞相陈平主持，对当时的列侯137人进行了位次的排列，当时利苍被排在第120位，而跟利苍功劳相比的刘它，被排在了第121位。从刘它的经历看，其本名项它，原为项羽部下的一名将军，司马迁在《史记·项羽本纪》中曾提到过此人。刘、项垓下决战前夕，项它被刘邦手下大将灌婴俘虏于彭城。此后，刘邦对"项氏枝属"采取宽容收买的政策，赐姓封侯，授以高位。若干年后，汉中央政权将刘它与利苍的功劳相提并论，这就从另一个侧面说明了利苍与刘它有相同的经历，很可能利苍本人原来也是项羽的部将，在刘、项大决战的前后，弃项投刘。从利苍的籍贯看，他原来作为项羽部将的可能性也极大。此外，在利苍墓中发现一件错金的铜弩机，上刻铭文"廿三年私工室……"，从文字的风格和铭刻的款式看，它当制造于秦始皇二十三年。按照古代事死如事生的思想推理，这件铜弩机当是利苍本人生前使用过的实用兵器，并有可能陪伴利苍度过了颇为不凡的戎马生涯。这也是利苍有可能先在项羽、后在刘邦部下为将的一个间接证据。

在西汉王朝建立之后到利苍赴长沙国任丞相前他的这一段经历到底是怎样的，史料无载，也没有旁证或发掘实物可供推测。但从刘邦对他的信任程度来看，他似应在中央政权任职。不论做怎样的推测，利苍作为刘邦的亲信和中央政权信赖的人选赴长沙就职是无可争辩的。但是，在众多的诸侯国中，为什么要把利苍派往长沙而不是别的地方，刘邦及中央政权的谋臣为此做了怎样的考虑？要弄清这一点，还应看一看长沙以及其他诸侯国当时的政治背景。

关于长沙王吴芮的经历，史料多有记载。此人在秦朝时为番阳县令，很受当地百姓及江湖志士的敬慕。当陈胜、吴广等人举起反秦的大旗后，他亦率一帮生死弟兄开始与秦王朝为敌，并与项羽为盟。后来他转降刘邦，并在楚汉战争中立下了卓越战功，被刘邦于公元前202年封为长沙王。此时的长沙国是汉初分封的诸侯国中最为特殊的一个。西汉以前的长沙国只是秦时的一个郡，秦之前则属于楚国的地盘。虽然这次由郡改国后，在汉中央政权的诏令中明确规定以长沙、豫章、象郡、桂林、南海五地归长沙国管辖。但当时的豫章实属以英布为国王的淮南国，而象郡、桂林、南海三地则被独霸一方的南越王赵佗所占，吴芮实际掌管的范围仅长沙一郡之地，约为湘江河谷平原的十三县之地。据做过长沙王太傅的贾谊于公元前174年上书说，汉初的长沙国民户只有二万五千，按《汉书·地理志》长沙国户口比例推算，那时的人口数为十一二万。由此看来这个王国是较小的。虽然长沙国国小人少，却夹在汉朝廷所属领地与南越诸国之间，是阻挡百越诸侯国进攻汉中央的门户，而利苍的原籍可能就在长沙国的版图之内。他对长沙国的地理环境、风土人情应该比较了解和熟悉，故刘邦让利苍到长沙国任丞相，除了监视和控制长沙国外，还有一个除他之外别人很难胜任的重要任务，那就是监视百越之地的诸侯国的异常动静，特别是军事方面的行动。以他身经百战的经历，这个重担是能够胜任的。

利苍就是在这样复杂的政治背景中，肩负着中央政权及刘邦本人的重托走马上任了。他上任后的情形是什么样的呢？按《史记·五宗世家》载："高祖时诸侯皆赋，得自除内史以下，汉独为置丞相，黄金印。诸侯自除御史、廷尉正、博士，拟于天子。自吴楚反后，五宗王世，汉为置二千石，去'丞相'曰'相'，银印。诸侯独得食租税，夺之权。"从以上的记载可以看出，就在利苍上任的西汉初年，诸侯国王的权力相当大，在这个小朝廷里，除丞相要由汉朝中央任命外，其余所有官吏都由诸侯王自己任命。诸侯王是王国的真正统治者，而丞相的职权只是辅佐诸侯王进行统治。虽然此时王国丞相使用的是极富权威性质和中央级规格的黄金印，但由于他所领导的官属臣僚都是诸侯王的亲信，所以他的实际权力必然受到一定的掣肘和限制。可以想象，这个时期的利苍在长沙国所发挥的作用是不明显的。而其他

被派往诸侯国为丞相者的政治命运，也应该与他相似。

或许正因如此，才出现了虽有丞相监视，但王国还是不断叛乱和向汉中央政权发难的事情。继吴楚等七国叛乱之后，中央洞察到了这个弊端，汉景帝决定改诸侯国的丞相为"相"，并规定除了王国相由中央派遣以外，王国朝廷的其他高级官吏也统统由中央任命。这样，诸侯王被无形之中架空了，直接统治权完全被剥夺，而王国相的官印虽然由金印改为银印，从外表上看，似乎职权有所降低，实际权力却大大加强，并成为实际上王国的最高统治者。从利苍在长沙国为丞相的时间看，由于他在高后二年死去，生前使用的应为黄金印。但从马王堆二号墓出土的三颗印章看，除一颗私章是玉质外，另外两颗爵印和官印均为铜质，显然不是原印，而是专为死者殉葬做的冥印。至于当年利苍用过的黄金印流落到何处，则难以知晓。

诱杀英布的立功者

从《史记》和《汉书》的记载来看，利苍是在任长沙国丞相期间被封为轪侯的。也就是说，任丞相在前，封轪侯在后。那么他在长沙国任了几年丞相之后得以封侯，又是因为什么而受封的？为了回答这个问题，现将汉中央政权、长沙王、利苍三方面的关系表开列如下：

公元前202年	高帝五年	长沙文王吴芮始封，当年卒，子臣嗣
公元前201年	高帝六年	长沙成王吴臣元年
公元前194年	惠帝元年	长沙成王吴臣八年，卒，子回嗣
公元前193年	惠帝二年	长沙哀王吴回元年。利仓以长沙丞相受封为侯
公元前187年	高后元年	长沙哀王吴回七年，卒，子右嗣
公元前186年	高后二年	长沙恭王吴右元年。轪侯利苍八年，卒

据上表可知，利苍在任丞相之后到封侯之前的这段时间，应在汉高帝五年至惠帝二年间。另据史料载，早在利苍出任长沙国丞相之前，就有一个叫吴郢的人担任长沙国的"柱国"，这个官职是楚遗留下来的旧头衔，其权力和丞相是相同的。从吴郢的姓氏来看，极可能是长沙王的本家或者亲信，他在死前数年被免，利苍接替。从这个空间来看，利苍上任时应在汉高帝十年左右，距他封侯的时间有三至四年的样子。在这样短的时间内，是什么特殊的功绩使他跻身于列侯之中呢？尽管史料没有直接提及，但作为旁证，就不能不令人想到发生在这个期间的淮南王英布叛乱事件。

史料中关于英布的记载比较详细，此人是九江郡六县（今安徽省六安市）人，秦王朝统治时只不过是一介庶民，且有点乡间地痞流氓的习气。关于他的传记中，史家总是不肯漏掉这样一个故事，说英布少年时，有一个算卦先生对他说："你受刑之后就能称王。"到他壮年时，果真因为触犯大秦律法被处以黥刑（脸上刺字）。于是，英布笑着对别人说："以前有人说我受刑以后就能称王，大概就指的今日之刑吧。"周围的人听了不禁哄堂大笑，皆把他当作马戏团的小丑或不知好歹的疯子来看待。

这次受刑之后不久，英布被押至骊山修造秦王嬴政的陵墓，也就在这期间，英布结交了不少同为刑徒的豪壮之士，并瞅了个机会，率领一帮患难弟兄逃出骊山工地，流落到长江一带做了强盗。陈胜起义时，英布见天下已乱，正是英雄施展本领、实现政治抱负的大好时机，便率众投靠了番阳令吴芮，跟其一道举兵反秦。吴芮见英布威猛机智，是难得的英雄豪杰，便将女儿许配于他。

在之后天下纷乱的若干年内，英布先是转归项梁，项梁死后，又归属项羽，再后来又弃项投刘，跟随刘邦转战各地。他骁勇无比，屡建奇功，直至西汉王朝建立初年，被刘邦封为淮南王，成了一个诸侯国的小皇帝。至此，英布当年在受刑后称王的妄言竟真的变成了现实。可惜好景不长，到了高帝十一年（公元前196年）三月，刘邦在吕后的挑唆和主谋下，继谋杀了楚王韩信之后，又将梁王彭越送上了断头台。为达到杀一儆百的效果，刘邦竟命人将彭越的尸体剁成碎块，煮成肉酱，分别派人送给各诸侯王品尝。

英布与韩信、彭越在楚汉战争中曾立下了汗马功劳，刘邦称帝后，他们三人的命运紧密相连，可以说一损俱损，一荣俱荣。当英布得知韩、彭两人先后惨死的消息，并意外地收到了彭越的肉酱这一极其血腥和暗伏杀机的"赏赐"后，不禁惊恐万状，立即部署军事力量，以备不测。恰在这时，淮南国中大夫贲赫因和英布的姬妾偷情之事东窗事发，深知大事不妙，便仓皇逃往长安，向刘邦诬告英布谋反。英布知道贲赫逃到长安后，必然将自己的军事部署和意图报告刘邦，生性多疑的刘邦自然不会放过置自己于死地的机会，必然带兵前来征讨。于是，英布干脆一不做，二不休，屠杀了贲赫全家，起兵叛汉。

英布起兵后，先向东攻击荆国，荆王刘贾（刘邦的叔父）大败而逃，死于富陵乱军之中。英布合并了荆国军队，乘胜北上，渡过淮河，又将楚国刘交（刘邦的弟弟）的军队击溃，然后率大军向西挺进。一时，淮南国军队声势浩大，锋芒所及，无人能敌。西汉中央政权受到了极大威胁。在这危急关头，刘邦不得不强撑着病体，亲自统率大军前来征讨。高帝十二年（公元前195年）冬十月，刘邦大军跟英布军队在蕲县西面遭遇。刘邦见英布军锋芒甚健，不敢贸然迎战，便在庸城坚壁固守，英布也排兵布阵，欲与刘邦决一死战。刘邦打马从城中出来，望见英布所布军阵跟项羽当年的布阵很是相似，内心不免有些畏惧，便想用说服的办法劝英布罢阵息兵，但刚说了句"我平日待你不薄，你何苦要反叛呢"，英布却极不买账地说："什么反叛，我不过也想尝尝当皇帝的味道罢了。"

刘邦听后大怒，纵兵攻击。英布军抵挡不住，向后撤退。当渡过淮河后，双方又经过几次激烈的拼杀，英布再度失利，只好退到长江以南。正当英布欲寻机会重整旗鼓，再度反攻时，刚好长沙王吴臣（吴芮之子）派人前来，声称要接他到长沙国去休整。英布想到吴臣的姐姐是自己的妻子，两家素来交好，这吴臣应是真心实意地对待自己，便怀着感激之情率部跟随说客向长沙国而去。但英布万万没有想到，当他刚走到番阳县兹乡时，就被长沙王吴臣事先埋伏在那里的兵丁杀死了。

当刘邦得知长沙王诱杀了英布后，对吴臣这种审时度势、大义灭亲的举动非常感激，同时也对上任时间不长的丞相利苍表示赞赏。很显然，使长沙王能在这关键时刻毅然站在汉中央政权这一边并采取果断措施消灭英布，是与利苍的努力分不开的。或许，正是他的因势利导和种种努力，才使长沙王最终有了这个非凡的举动。从这一点上看，利苍没有辜负中央及刘邦本人的期望，出色地完成了任务。长沙王以及利苍立下的功劳本应得到中央朝廷的封赏，可惜刘邦在与英布交战中不幸被流矢所伤，待次年返回长安后，因箭创复发，不久即死去。或许鉴于异姓王相继叛乱的教训，或许是出于对吕后的防范，刘邦行将归天之际，他召集列侯群臣一同入宫，命人杀了一匹白马，一起盟誓道："非刘氏不得王，非有功不得侯。不如约，天下共击之！"这个时候，原来分封的八个诸侯王，除长沙王外，全部被除，其封地渐渐被九个刘姓王瓜分。

刘邦去世后，太子刘盈继位，是为惠帝，尊吕后为皇太后。惠帝年刚17岁，秉性懦弱，身体不好，由其母吕后临朝称制，掌握了实权。尽管刘邦生前为刘氏天下的稳定久远，想了种种招数，做了种种限制，但历史上的吕后时代还是不可避免地到来了。

吕后当权，开始思虑如何为她的娘家人谋取更高更大的职位，但毕竟刘邦刚死不久，鉴于虎死威尚在的政治惯性和"白马盟誓"的遗训，这就不能不使吕后在对臣僚分封赐赏时，暂且照顾大局。于是，从惠帝元年（公元前194年）开始，中央政权对在平叛英布的战争以及其他方面立下功勋的臣僚进行封赏，并对所有的列侯重新排了位次。从《汉书·高惠高后文功臣表》来看，那个因和英布的姬妾通奸东窗事发，而后跑到长安告英布叛乱的贲赫，以"告反"的功劳被封了个"期思侯"。惠帝二年四月，长沙丞相利苍

因功被封为轪侯，食邑700户，列120位。此时全国的列侯有180多人，利苍这个位次算是中间偏下。

利苍死于高后二年（公元前186年），死时有五六十岁。从他的年龄和任职的政治背景看，应该属于正常的死亡。利苍死后，其子利豨继轪侯位。据《汉书·高惠高后文功臣表》载，有醴陵侯越，于高后四年（公元前184年）以长沙相封侯。从时间上推算，这个醴陵侯越就是利苍的继任者，有可能利苍是在长沙国相任上死去的，他在职的时间应在8—10年。

太夫人的生命历程

通过考古发掘证实，马王堆一、二号墓属于不同穴的夫妻合葬墓。一号墓的女主人无疑是二号墓主轪侯利苍的妻子。研究者在尽可能地推测出利苍生前的经历及政治活动的轨迹后，对这位长眠两千余年不朽的神奇夫人生前的经历，也应做一个基本的推测。

首先是关于这个女人的姓名。考古人员在一号墓的殉葬品中，发现了一颗极其重要的上刻"妾辛追"三字角质印章，这当是墓主人的私章。这里的"妾"并非我们惯常认为的小老婆或姨太太，在汉代的制度中，男人称臣、女人称妾似乎是个通例，是谓"臣妾男女贫贱之称"也。不仅如此，即使皇后在皇帝面前也自称妾。《汉书·外戚传》载皇后上疏的一段文章中，就有"诏书言服御所造，皆如竟宁前，吏诚不能揆其意，即且令妾被服所为不得不如前。设妾欲作某屏风张于某所，曰故事无有，或不能得，则必绳妾以诏书矣"的内容。按说贵为皇后，已不再贫贱，但这里仍以妾称，大概出于谦虚之意。既然皇后在皇帝面前称妾，那么诸侯之妻也自然在位高权重的丈夫面前称妾，想来马王堆一号汉墓的主人即是如此。

"妾"字问题得到了解释，后面还有"辛追"两字需做说明。当这个印章出土时，有研究者认为墓主人姓辛，故称作辛氏。但后来有研究者给予了否定，理由是从汉代印章的制度来看，无论男女，在"臣"或"妾"的后面都只有名，而无姓。如《十钟山房印举》中所举的单面印章的例子"妾繻""妾剽"等就是如此。双面印则更清楚，一面是"姓款"，另一面则是"妾款"。如一面是"吕因诸"，另一面则是"妾因诸"。男的也是如此，如正反两面分别为"贾宽"和"臣宽"，"高长安"和"臣长安"。虽然这些印章时代有早有晚，但在汉代整体形式是统一的。因此，一号墓出土的印章中的"辛"字绝不是姓，称作辛氏自是不妥当的。但出于研究上的方便，将"辛追"两字合起来，只称其名也是可以说得过去的。

根据马王堆汉墓出土的器物及墓主的装饰，专家们对辛追及利苍的出生地，曾做了属于苗族、侗族、越族和楚地等不同的推测。但这些推测中，似乎没有人注重医学研究成果所提供的信息，如果将湖南医学院等医学科研单位在解剖辛追的尸体时，发现其直肠和肝脏内积有大量血吸虫卵这一事实加以考虑，或许会认为这个女人的故乡属于楚地，也就是当今湖南北部、湖北一带的可能性最大。因为血吸虫多产生于湖泊沼泽地区，据医学部门的研究报告，血吸虫卵一般都寄生在水中的钉螺体内，当血吸虫的毛蚴在钉螺体内孵化之后，便在水中四处活动。由于这种小虫活动力极强，几乎是无孔不入，且又小得难以用肉眼看到，所以当人体浸入水中之后，很容易被其乘虚而入，借着擦伤、破皮或某个部位的空隙钻入人体之中繁衍生长，并给人的生命带来极大危害。

从史料看，湖北一带的长江、汉水流域，原与云梦泽连成一片，形成了巨大的江河湖泽地区，而这个地区自古以来就是血吸虫病颇为流行的地方。由于面积庞大，受害的病人众多，加上医学水平和医疗条件的限制，几千年来总是得不到根治。这种境况直到中华人民共和国成立后才有了划时代的改变。可以想象，辛追体内的血吸虫卵，正是幼年时在这片沼泽湖泊中被感染所致。如果辛追的童年和青少年时代不是生活在此处，而是在更南端或偏东

南的少数民族地区，其体内的血吸虫卵问题就很难做出合理的解释。

长沙国的亿万富翁

自辛追携子随夫来到长沙国都城临湘定居之后，身为长沙国丞相的利苍算是有了个娇妻爱子皆备的完美家庭。现如今他们一家的住处早已荡然无存，甚至连一点可供探察的线索也没有为后人留下。两千年后的考古工作者只能从马王堆三座墓葬的出土器物中，推测利苍一家当年生活的情景。

显然，这三座墓葬中的器物远不能代表利苍一家的全部财富，但仅仅是这豪华无比、精美绝伦的三千多件珍品，已经让人深感震惊和意外了。一个受封仅700户的小侯，何以会聚敛到如此繁多精美的财物？其经济来源主要出自何处？这是一个研究和推测起来都极为烦琐的命题，似乎只有将利苍任丞相的长沙国、封侯之后的封地轪国以及汉中央政权等三个方面联系起来才能看出个眉目。

正如前文的推测，利苍是在任长沙国丞相三至四年之后才得以封侯的。在此期间，他的经济来源与封地轪国还没有发生关系，而主要靠长沙国以官俸的方式供给，间或也可得到中央财政的补给。那么，他得到的官俸是多少，长沙国的经济状况又是如何呢？

有研究者曾根据《汉志》户口数字和杨守敬编撰的《前汉地理志图》所载西汉人口密度图推断，当时的黄河流域人口密度最高达每平方公里200人，一般也在50人至100人。而长沙国的人口密度则小得多，根据《汉书·地理志》所载元始二年（公元2年）长沙国的户口数字来看，这时的长沙国面积大约为71 000平方公里，人口增长到23万多人，人口密度约为每平方公里3.3人，这距利苍为长沙国丞相的时代晚了约200年，按照汉初的情况看，那时长沙国的人口密度不会大于每平方公里2人，这个数字当是在西汉各封国中最低的。在以小农经济为主要生产、生活方式的汉初，人的多少是该地区开发的最原始、也是最根本的动力，没有人就谈不到大的开发和提高生产力。

长沙国人口密度如此之低，可见生产力与生产水平以及地区开发规模也是极其低下和迟缓的，经济状况自然也就低下。西汉政论家、文学家贾谊，曾奉汉文帝之命赴长沙国任长沙王太傅。三年之后重返长安时，在给皇帝上奏的《治安策》中说道："臣窃迹前事，大抵强者先反。淮阴王楚最强，则最先反；韩信倚胡，则又反；贯高因赵资，则又反；陈豨兵精，则又反；彭越用梁，则又反；黥布用淮南，则又反；卢绾最弱，最后反。长沙乃在二万五千户耳，功少而最完，势疏而最忠，非独性异人也，亦形势然也。"贾谊在此所说的"形势"，固然包括的方面很多，但其经济形势则是至关重要的一个因素。正是由于经济上的贫困落后，长沙国才始终未敢背叛中央政权。想起当年长沙王吴臣不顾亲情，用计诱杀自己的姐夫淮南王英布（黥布），是与自己处于弱小地位以及对中央政权的恐惧分不开的。

长沙国这种国匮民穷的状况似乎在相当长的一段时间内没有出现转机，《东观汉记》载："元和中，荆州刺史上言：臣行部入长沙界，观者皆徒跣。臣问御佐曰：'人无履，亦苦之否？'御佐对曰：'十二月盛寒时，并多剖裂血出，燃火燎之，春温或脓溃。'"元和（公元84年—公元87年）是东汉章帝刘炟的年号，上距利苍为长沙国丞相的时代已逾200多年，但此时长沙国的百姓贫穷得在寒冬腊月连鞋都穿不上，可以推想刚刚经过秦末之乱和楚汉战争的西汉初年的长沙国，其经济状况及人民生活水平会低下到何等程度。

就是在这样的情况下，利苍奉命赴长沙国任丞相。毋庸置疑的是，诸侯王的丞相是王国官僚机构中最高级的长官，王国里掌管内政的内史和掌握军权的中尉，都无一例外地要听命于丞相。诸侯王对王国人民的统治和剥削，也自然地通过丞相来具体执行。也就是说，此时的利苍是长沙国统治集团中

仅次于长沙王的第二号人物。

由于利苍上任的头几年并未封侯，故可推断他每个月的经济来源主要靠二万钱的官俸。当然，这个二万钱的官俸，仅仅是一个公开的硬性的经济收入数字。按《汉书·高帝纪》载高帝五年（公元前202年）的诏令说："其七大夫以上，皆令食邑。……七大夫、公乘以上，皆高爵也。诸侯子及从军归者，甚多高爵。吾数诏吏先与田宅，及所当求于吏者亟与。"颜注引臣瓒曰："秦制，列侯乃得食邑，今七大夫以上皆食邑，所以宠之也。"这里说的七大夫即公大夫，也就是二十等爵中第七等爵之名。看来刘邦对七等爵以上的贵族格外优待，除给他们食邑外，还命地方长官供给他们田宅。正是由于有了这道明令的庇护，从西汉初年开始，各地达官贵人四处巧取豪夺，横行乡里，鱼肉百姓，不仅兼并了大片土地，还抢占修筑了大量房宅。随着这股兼并抢占之风愈演愈烈，越来越多的百姓饥寒交迫，流落街头。可以想象，在西汉初年出任长沙国丞相的利苍，是不会错过这个发横财的机会的。就他显赫的地位和掌握的重权看，所抢占的田宅应不在少数，这个软性的数字，应该高于他的官俸百倍甚至千倍。如此一来，他家中聚敛的财富就相当可观了。

当然，以上说的是利苍只任丞相而尚未封侯之前的经济收入，当他于惠帝二年被封为轪侯之后，又无形地增加了一根强大的经济支柱。

从表面上看，利苍受封仅700户，为数不多，位次也不高。汉初列侯封户最多者为16 000户，最少者500户，而以封一二千户的人数比例最大。若单从封户来看，轪侯应算个很小的侯。但列侯这个级别本身就是非常高的贵族，他是汉初二十等爵中最高的一等（第二十等），是仅次于天子、诸侯王的贵族。当利苍初受封时，全国的列侯累计才有140多人，其中不少人兼任汉中央政权重要官职，没有兼任官职的多住在长安，随时参与国家大事。只要朝廷面临重大问题，皇帝便命丞相与列侯、中二千石、二千石等公卿共同商讨，朝廷需要人才，仍由这些人举荐。由此可见，列侯这个贵族阶层，是汉朝政权的重要支柱。正因如此，才在古代的文章中出现了"王侯"并称的词句。

利苍既封轪侯，那么他的封地自是在轪县，但这个轪县到底在哪里，他与封地的关系以及从封地中得到的财富又是多少呢？

关于轪侯的封地，文献上有两种不同的说法，根据两说来印证今天的地名，一说在今河南省境，一说在今湖北省境。当初考古研究人员在编写《长沙马王堆一号汉墓发掘简报》时，就根据史料定汉轪县"约在今湖北省浠水县兰溪镇附近"，但经过后来研究者深入细致的推理，利苍所封侯的轪县并非在湖北，而是在今河南省境内的光山县和罗山县之间。看来这个推测更可靠些。

按汉制，凡列侯所封之县改曰国，其令或长改曰相。轪侯虽封于轪国，但他在长沙国为官，家属仍居住在长沙国的都城临湘，与轪国并无行政上的隶属关系。轪国的实际行政长官是轪相，轪相是中央政权任命的官吏，并非轪侯的臣属。轪相与轪侯的关系只是按期将轪国700户的租税派吏卒运送到轪侯家而已。

显然，整个轪国的总户数绝不止700户，按《汉书·地理志》载，轪县所属之江夏郡共辖14县，总数为56 844户，这就是说平均每个县为4060户。即使当时的轪县再小，也应当在千户以上。故汉中央政权名义上将轪县改为轪国，实际上只是将轪县缴纳租税的民户拨出700户，让其本应上缴中央政府的租税转交于轪侯利苍一家，其余的租税仍归汉中央政权所有。

既然轪国700户的租税归利苍一家所有，这700户所交的租税数额又是多大呢？据《史记·货殖列传》载："封者食租税，岁率户二百，千户之君则二十万，朝觐聘享出其中。"这个记载当是西汉初期列侯封邑食税的证据。按这个证据推测，轪侯利苍封于惠帝初年，其时当是《史记》所载的食租税制度，也就是说，轪国被划出的700户，每户每年要出200钱供养轪侯利苍一家，算起来一年的总数应为14万钱，这便是轪侯利苍从封国所得到的经济收

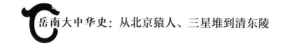

入的大体数字。

但是，另据《汉书·匡衡传》载："郡即复以四百顷付乐安国，衡遣从史之僮，收取所还田租谷千余石入衡家。"这段记载当是西汉中期以后，列侯封邑食租的证据。史家钱大昕在《廿二史考异》中，就匡衡的食租问题考证说："列侯封户虽有定数，要以封界之广狭，定租人之多寡，不专以户数为定。"这个推论是有道理的，尽管史载匡衡封邑仅为647户，但在三年中却收租谷千余石，可见其中必有不专以户数为限度，而采取或明或暗的手段，巧取豪夺，以此聚敛钱财之卑劣行为。可以想象，身居王国丞相之高位，又有列侯之高爵的利苍，也决不能就此为止，必然也同一切封建王公贵爵一样横征暴敛，扩大自己的经济实力，以达到醉生梦死、奢侈糜烂的生活目的。这一点从马王堆一、三号汉墓的出土器物中完全可以得到证实。

太夫人的生活再现

利苍在长沙国丞相位上被封为轪侯的第八年，即高后二年（公元前186年）死去了，死后葬入马王堆二号墓中。从仅隔一年（高后四年）他的丞相职位才被醴陵侯越接替来看，利苍似是死在长沙国丞相任上的，他的儿子利豨没能接替丞相之职，却承袭了轪侯的封爵。

尽管随着利苍本人死去，长沙国丞相的权位也远离了轪侯家族，但这个家族的封爵还在，其在社会上的地位和权势并未有大的损伤。就其财富而言，除了利苍在世时横征暴敛、巧取豪夺得来的大批田宅与钱物外，这个家族的经济收入一定还在不断地增长，权势依然，甚至是有过之无不及。这样推测的旁证就是《汉书·文帝纪》中留给后人的这句话："七年冬十月，令列侯太夫人、夫人、诸侯王子及吏二千石无得擅征捕。"这道诏令说明在此之前的列侯妻子或母亲可以擅自征捕百姓，而且征捕必已成风，直至造成了阶级矛盾的激化，对汉政权形成了巨大威胁，所以文帝才下令禁止。按照汉制，列侯之妻称夫人，列侯死，儿子复为列侯，列侯之母则被称太夫人，若儿子不再为列侯，则不能被称太夫人了。作为轪侯利苍之妻的辛追，在利苍为侯的时代自然称夫人，待利苍死去，儿子利豨继为轪侯，她当是尊贵的太夫人了。可以想象，处于这种高爵、权势和制度下的辛追，除了和他的儿子继续横征暴敛、巧取豪夺之外，还擅自征捕百姓，并像周亚夫那样"取庸苦之，不予钱"等事情自然不在话下。只要看一下一号墓中殉葬品，就不难推测出这位太夫人生前过的是一种怎样的生活。

我们来看一下其家庭属员的组成。据《汉书·百官公卿表》称："彻侯金印紫绶，避武帝讳曰通侯，或曰列侯，改所食国令长名相。又有家丞、门大夫、庶子。"家丞掌杂务，门大夫掌警卫，庶子掌文书。除此之外，还有舍人、大行等属员掌管应付宾客之事。在所属五员之中，以家丞、庶子为要职，而家丞又是列侯家的总管，一切财物都由他经手负责，应算是五员之中的头号人物。马王堆一号墓出土的带有"轪侯家丞"的封泥，则是一种史料与实物的印证。

饶有兴味的是，在马王堆一、三号墓中殉葬着数百个木俑。结合史料和考古发掘来看，以俑殉代替人殉现象的最早出现，当是在奴隶社会后期。一些奴隶主感到用大量的奴隶和牛马殉葬未免耗费生产力，损失太大，于是便渐渐产生了以俑代人的殉葬办法。

随着这个办法的普遍施行，俑的种类和代表的级别、地位也繁荣、规范起来。宋之前大多为木俑、铜俑、陶俑，宋、元之后，纸俑也出现了。其中有臣属俑、侍俑、奏乐俑、生产俑、杂役俑和武士俑等形形色色的俑。若把考古发掘出土的俑放在一起，足以形成一个俑的社会。

图8-22　一号墓帛画中部线描图，中间的贵妇人当是墓主辛追

马王堆一、三号墓中出土的这批木俑雕刻精细，造型生动，大量采用薄肉雕法，身体比例适当，面目端正，眉清目秀，观之栩栩如生，形同真人。若仔细观察，不难发现，这些木俑形体不仅大小不一，造型服饰也有区别，这说明它们之间的身份和等级有明显的差异。如在一号墓中的北边箱和南边箱内分别出土了两个身材高大、头戴高冠、身穿长袍、鞋底刻有"冠人"两字的木俑。从摆放的位置和不同的形体、装饰看，那两个高大的木俑很可能是轪侯一家的家丞，即轪侯家的大管家。身后的几十个彩绘木俑，比"冠人俑"要小一些，但身材修长、面目姣好，身着锦绣衣服，这似乎是辛追的侍女。从一号墓出土的帛画看，女主人身后跟着三个形影不离的侍女，由于特殊的身份，所以她们的形貌、穿着就非同一般。同这些侍俑形成鲜明对比的是，绝大部分彩绘立俑，形体矮小、造型重复，且一副愁眉苦脸的丑陋模样。这应代表一般的奴婢，当时称为"僮"。《史记·孝武本纪》载："其以二千户封地士将军大为乐通侯，赐列侯甲第，僮千人。"也就是说二千户的侯，可以拥有一千个奴婢。轪侯家族虽不足二千户，但拥有奴婢也不在少数。这些奴婢大概有一部分从事家庭劳动，有一些从事生产劳动。轪侯家的

土地极有可能让一部分奴婢参与耕种，墓中殉葬的那些丰富的粮食、蔬菜、水果和肉类大概是由她们参与耕种和饲养生产的成果。按照常理推断，轪侯家还可能设有家庭作坊，由奴婢具体操作、生产。而墓中出土的那些带铭文的工艺品，似不像是从市场购买而是由家庭作坊专门加工制造的。另外轪侯家的大量田宅，也应由这些奴婢参与管理和经营。由于这些"僮"地位低下，正如《史记·货殖列传》中把她们当作牛、马、羊同等看待的记述一样，故这些奴婢俑都是满脸的愁苦悲伤之情。

除以上几个不同类别的俑，在一号墓中还发现了一个由23个木俑组成的"家庭歌舞团"，其中鼓瑟吹竽的管弦乐队席地而坐，站立的歌舞俑似正在引吭高歌，为主人进餐、饮酒助兴。类似这样的俑在三号墓中还有发现，一个个都眉清目秀，有的在翩翩起舞，有的正在奏乐，有的在打击十个一组编成的钟和磬，其身旁的竹简上书写着：河间舞者4人，郑舞者4人，楚歌者4人，河间鼓瑟者1人，郑竽瑟吹者2人，楚竽瑟吹鼓者2人，建鼓者2人，击铙者1人，击铎者1人，击磬者1人，总数为22人。这个记载和场景，除充分反映了轪侯家族歌舞升平、钟鸣鼎食的糜烂奢侈生活外，更重要的是说明了这个歌舞班子来自全国各地。其中有本地的楚人、河南的郑人、河北的河间人，等等，其阵容颇似一个民族歌舞团。当然，这个歌舞团仅仅是轪侯家中一个小小的团体，无法代表全部。三号墓出土的3块木牍，上面记载着："右方男子明僮凡六百七十六人。"

"右方女子明僮凡百八十人。"

"右方……竖十一人。"

这里说的明僮，是指僮的明器，即墓中轪侯家奴婢的模拟造型。竖应指男奴一类。从这个记载看，利豨时代的轪侯家共拥有属吏、歌伎、奴婢等867人。这大概是轪侯拥有奴婢的底数。

从史料记载看，当时奴婢是一种财产，可以像牛、马、猪、狗一样任意买卖。关于买卖的价格史不多见，20世纪30年代和70年代，考古人员在甘肃居延发现了大批汉简，其中有的汉简上载："小奴二人，直三万。大婢一人，二万。"另外考古人员还在四川郫县发现了一块汉代的石碑，碑文有"奴□、□□、□生、婢小、奴生，并五人，直廿万"的字样。可见当时未成年的奴婢每人值一万五千钱左右，成年奴婢的价格则在每人二万至四万。就轪侯家中的奴婢而言，如果按每人三万钱计算，那么867人共需花费二千六百零一万钱。这只是按一般的通价计算，如果具有特殊技能的奴婢，则价钱就要高出这个数字十倍甚至百倍。《史记·扁鹊仓公列传》载，汉朝济北王家有一个能歌善舞的婢女，花费四百七十万钱才买到手中。当然，以上的数字只是在贫富者间"公平交易"才会出现的情景，而这种本身并不公平的"公平交易"通常也在封建贵族的权势淫威下变成泡影了，像《史记·绛侯周勃世家》记载的周亚夫"取庸苦之，不予钱"等，则是极为普遍的。从三号墓出土的那个由22人组成的"民族歌舞团"分别来自不同地区看，轪侯家如此众多的奴婢当不会全部来自长沙国和周围的地区，也不会全部都是以所谓的公平交易的方式花费钱财买进轪侯家的。其中必有一部分或大部分是轪侯家族利用特权从全国各地"擅征捕"而来，而轪侯家丁在擅自征捕中的淫威和四方百姓的恐惧与怨苦之情，亦是不难想象。

有了广博的田产、豪华的住宅、瑰丽的衣着、精美的器物、前呼后拥的奴婢以及赏心的音乐、悦目的歌舞，那么，轪侯家族的饮食又是怎样的一种情景呢？从一号墓出土女尸的重量分析，墓主人辛追生前一定极其肥胖，从一号墓出土的帛画所画人物来看更见分明，想来这位贵夫人生前一定是吃遍了山珍海味，这一点从墓中出土的随葬食品中可得到证实。

在一号墓殉葬的48个竹笥中，有30个盛有食品，三号墓盛有食品的竹笥有40个，在这两座墓70个竹笥所盛的食品中，除了粮食、水果还有不少肉类，虽然肉的纤维组织已腐烂，经过动物学家的鉴定，这些肉属于兽类的有黄牛、绵羊、狗、猪、马、兔和梅花鹿，属禽鸟类的有鸡、野鸡、野鸭、雁、鹧鸪、鹌鹑、鹤、天鹅、斑鸠、鹬、鸳鸯、竹鸡、火斑鸡、鹊、喜鹊、麻雀等，属鱼类的有鲤鱼、鲫鱼、鳡鱼、刺鳊鱼、银鲴鱼和鳜鱼等。三号墓有一个竹笥里整整齐齐地放着两只华南兔，另一个竹笥里层层叠叠地堆放着数十只鹌鹑和竹鸡。有些小鱼用文火烤焙后，用竹签穿着，放在竹笥里。一号墓有一笥鸡蛋，蛋黄、蛋白早已干缩成了薄纸片。

墓中殉葬的食品全是经过烹调后随葬的。在一号墓遣册上记载的36种肴馔和食品中，仅肉羹一项就有5大类24个品种，在肉羹之外还有72种食物，如"鱼肤"是从生鱼腹上剖取下来的肉，"牛脍"是牛肉切成的细丝，"濯鸡"则是把鸡放在肉汤中再行加工制成，除此还有干煎兔、清蒸仔鸡等等，可谓五花八门，应有尽有。

在此之前，有研究者依据屈原的《招魂》《大招》等名篇，研究出战国时期楚地的烹调方法有烧、烤、焖、煎、煮、蒸、炖、醋烹、卤、酱等10种。当马王堆汉墓殉葬的食品出土以后，根据实物和文字记载的研究，发现此时的烹调方法和工艺制作水平又有了新的发展和提高，除从屈原著述中得出的烹调方法之外，至少又增添了羹、炙、熬、濯、脍、脯、腊、炮、聚、醢、鲳、苴等10多种，烹调时使用的调料有盐、酱、豉、曲、糖、蜜、韭、梅、橘皮、花椒、茱萸等。从中国的烹调史看，湘菜的历史确是源远流长，至少早在春秋战国时期其整体风格和特色就已形成了，到西汉初年已奠定了湘菜的地位，马王堆汉墓中殉葬的食品即是明证。

一号墓随葬的高级锦绣丝绸衣服有6箱，总共达100多件。三号墓随葬的高级锦绣丝绸有11箱，其数量和品种都比一号墓多。这大量的锦绣，在当时是极其贵重的。据《范子计然》记载："绣细文齐出齐，上价匹二万，中万，下五千也。"即一匹好的刺绣要二万，中等的一万，差的五千。一号墓出土刺绣40件，除6件为单幅外，其余均是成件的衣服和被子。一件直裾丝绸袍子，经过量算，它的里和面要用衣料23米，一件曲裾袍子要用衣料32米，如果按每匹二万计算，则直裾袍一件价五万，曲裾袍价七万。因此，仅一号墓34件刺绣就价值二百万钱左右。估计一、二号墓随葬的锦绣丝绸价

值近千万。

从上述的轪侯家的漆器、奴婢、牛马、车辆、锦绣丝绸等几项，估计其价值有数千万钱。如果考虑到轪侯家还有大量的良田、房产以及金银铜钱等现金，其全部财产当在一亿钱以上。《汉书·食货志》记载："黄金重一斤，值钱万。"一亿钱则合黄金一万斤。汉代一斤相当于今天零点二五八公斤，一万斤则相当于今天二千五百八十公斤，即约两吨半黄金。像这样巨富的家庭，在汉代是少见的。可以想象，享受着封建专制特权，拥有广博的田产，居住着豪华的美宅，乘坐着气派的车辆，身穿华丽的衣着，使用着精美的器物，食饮着丰厚的美酒佳肴的墓主人，身边奴婢成群，前呼后拥。每逢宴聚之时，又钟鸣鼎食、鼓瑟吹竽，歌舞满堂，罗衣粉黛，过着何等的靡丽奢华的生活。但是，当轪侯家族正沉浸于人间天堂般的惬意与幸福之中时，死神却悄然逼近了。

无可奈何花落去

从已发掘的马王堆一、三号墓来看，一号墓的建造年代明显晚于三号墓，如果没有极为特殊的情况，便可以断定死神是先裹挟着第二代轪侯利豨进入阴界的，时间就是墓中出土的木牍上的记载，即汉文帝十二年（关于史料记载的错误后面详述）。利豨死后，轪侯的爵位由其子利彭祖袭承。

再从一、三号墓建造的年代相距不远这个考古发掘事实推测，大概在第二代轪侯利豨死后的第三年，曾享尽了人间富贵的太夫人辛追也撒手归天了。关于她的死因以及死时的年龄和具体时间等，医学界曾做过鉴定和推测，这里不再赘述。需要补充的是，这位太夫人死后残留在肠胃中的138粒半甜瓜子，有些让人怀疑甜瓜当时是否真的在中国存在。因为墓中出土了那么多的杨梅等瓜果，独不见甜瓜的存在，于是有人就做了这种瓜是从国外进口的假想，而多数研究者否认了这种假想的可能。虽然未能知道甜瓜在中国的栽培历史到底有多长，但以当时的交通条件而言，要从国外直接进口这种极易腐烂的甜瓜似是不太可能。相反的是，这种甜瓜不但不是从国外进口，很可能就产于长沙国本地，且与今天见到的盛产于三湘的甜瓜没有多大差别。

图8-23　马王堆一号汉墓出土女尸消化管腔内残存的138粒半甜瓜子

　　为了证明这个推测，就在辛追的尸体被解剖，医务人员从其肠胃中取出甜瓜子后，湖南省博物馆侯良等人曾找了个花盆，将几粒从尸体中取出的甜瓜子种于盆中，每天浇水、看护，希望这几粒甜瓜子能生根发芽，开花结果，让现代人类亲口尝一尝两千年前的瓜到底是什么滋味。但这个希望最后还是落空了，当侯良等人扒出瓜子观看时，只见瓜子的尖嘴处稍微吐了点细小的芽丝，就再也不生长了。据医学界人员分析，此时瓜子中至关重

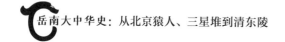

要的"酶"这个基因已不存在，所以也就没有生根发芽、开花结果的可能了。

辛追太夫人猝死的场景以及入葬的经过后人难以知晓。可以推想的是，当太夫人猝死这个消息传出时，整个轪侯家族以及属官、奴婢等必然十分惊慌，那个大管家也必定以丰富的经验，极其卖力地协助轪侯家的亲族人员料理后事。由于辛追死时正值盛夏，在热浪滚滚中，尸体保护尤为困难，这就要求对尸体做各种处理和尽快下葬。但如此尊贵的一位轪侯太夫人，又不能同一般的百姓那样，打制个薄棺草草埋掉了事，更何况西汉时期厚葬成风，《汉书·地理志》在叙述京都的风俗时说："列侯贵人，车服僭上，众庶放效，羞不相及。嫁娶尤崇侈靡，送死过度。"京都如此，其他地区当该大同小异。《史记·孝文本纪》载文帝遗诏说："当今之时，世咸嘉生而恶死，厚葬以破业，重服以伤生。"对此说得更加直接和明白。在这种风俗的影响下，轪侯家族的主政者，自然也要为这位太夫人来一个厚葬。

于是，在时间极为有限的情况下，丧葬的主持者和参与者在匆匆忙忙地将尸体进行了汤浴、包裹等处理后，又异常紧张地将必需的少量殉葬品进行加工制作，再从家中的器物中挑选出一部分作为殉葬品同尸体一道送入墓中。后来的考古发掘证实，一号墓中大多数随葬品都是平时实用之物，明器较少，且制作也较粗糙，这应是由于当时时间仓促、赶工之故。至于漆绘极为精美的棺材以及那幅极具艺术水平和价值的帛画等名贵物品，显然是死者生前就有所准备的，绝非仓促可办。那保护尸体的神奇妙法更不可能是哪个人急中生智顿悟而来，必定是行内人士经过长期的摸索，集众家防腐之经验而成的。如果不是妄断，给辛追施行防腐术的行内人士，一定曾参与或闻知过第一代长沙王吴芮死后的防腐处理过程，吴芮是被汉高祖刘邦亲自册封的西汉开国功臣，他的尸体在下葬四百年之后仍然形同真人，辛追的尸体历两千多年而完好，当是这种防腐奇术的充分再现和发展。

当然，辛追的尸体之所以历两千多年而不腐，是与深埋和密封分不开的。而这种规模庞大、费工费时的墓坑建造，显然只有封建统治阶级才能办得到，并且是靠奴役普通劳动者才得以实现。

就墓主人所处时代的丧葬风俗而言，穿治这个坟墓所征发的民夫绝不止一百人，也不止像汉景帝在诏令中规定的三百人。据《汉书·高帝纪》载，田横死时，刘邦以王礼为其治丧，发卒两千人。汉时列侯比王仅差一等，列侯的夫人或太夫人在仪制上大体和列侯本人相同。由此可以推知，轪侯夫人辛追的治丧人数也应和田横不相上下。若刨除为其打造棺椁、运载白膏等杂务人员，直接参加挖掘墓坑的最少也应在千人。这样整个墓坑的穿治可在一个月左右完成。

尽管穿治墓坑的日期明显缩短，但从发掘的情况分析，这个坟墓建造的年代依然应定在墓主人死亡之前。如果待人死后再投入一千多人建造坟墓，即使在一两个月的短时间内建成，那正处于炎热夏季的尸体的保存则是一个大难题，无论当时采取怎样的防腐奇术，死后一两个月再下葬，尸体还能呈现两千年后人们看到的栩栩如生的模样是不可能的。

不仅如此，从墓中出土的巨大棺椁看，多是用生长千年的大树制作而成的，其中72块巨大椁板，一块就重达1500公斤。如此庞大的木材在当时的长沙国很难找到，必须从很远的原始森林中砍伐运载而来。可以想象的是，仅伐木和运载一项也不是一两个月可以完成的。

关于一号墓建造的具体时间史无明证，从它晚于三号墓但二者的年代相距又不远推测，也许就在辛追年仅30多岁的儿子利豨死后，她在极度的悲痛之中，倍感人之生死无常，自己的寿限也是日薄西山，说不定哪一刻也将撒手人寰。在这种情感与恐惧的驱使下，她开始为自己的后事做各种准备。经过一番紧锣密鼓的操办之后，坟墓建成了，棺椁打就了，待一切即将全部完工之时，这位尊贵的太夫人于文帝十五年左右死了。

三号墓的墓主究竟是谁？

二、三号墓发掘不久后，考古人员在编写《长沙马王堆二、三号汉墓发掘简报》时，根据墓中出土的上书"文帝十二年"（公元前168年）等字样的木牍推断此墓的主人"显然不是利豨"。其理由是，尽管轪侯家族在《史记》或《汉书》中均没有详细的传记，但据《史记·惠景间侯者年表》以及《汉书·高惠高后文功臣表》记载，第二代轪侯利豨在位二十一年，死于文帝十六年。

这个记载，显然与三号墓出土木牍所记的十二年中间相隔三年。故此墓的主人，不是第二代轪侯利豨，而应是一位未继承爵位的兄弟——这个推断无论是当时参与马王堆汉墓发掘的考古人员，还是依靠发掘材料坐在斗室里查史论证的研究人员，似乎都深信不疑。

但是，马王堆明显是轪侯家族的墓地。据记载，利豨并没有离开长沙，马王堆应该有他的墓。于是，发掘领导小组决定一不做二不休，索性派湖南省博物馆研究员傅举有去请地质勘探队人员前来钻探，将神秘的利豨之墓弄个水落石出。

春节过后，傅举有开始带领地质勘探队钻探人员在马王堆寻找第二代轪侯利豨之墓。按傅举有的想法，如果真有遗漏的利豨之墓，就应该在其父母下首的某个位置，不太可能一个人孤零零地葬在别处。一连几天，他们把马王堆上上下下、前后左右地毯式钻过一遍，到了无处可钻时才停止工作。

钻探的结果令人大为失望，不但在一、二号墓的下首未再发现坟冢，整个马王堆四周，再也没有隐藏的墓葬了。傅举有只好宣布收工，带着巨大遗憾回到了博物馆。

就在整理三号墓出土的简牍时，傅举有发现遣册中，有"家丞一人""家吏十人"，以及"美人""才人""谒者""宦者"等记载。帛书整理小组的专家们认为，《汉书·百官公卿表》载"列侯……有家丞、门大夫、庶子"，《后汉书·百官志》载"列侯……其家臣，置家丞、庶子各一人"，三号墓主很可能就是第二代轪侯利豨。

在帛书整理小组专家的启发下，傅举有潜心研究，终于在9个年头之后，得出了新的结论——马王堆三号墓的真正主人，不是利豨的某一位兄弟，而是第二代轪侯利豨本人。《史记》《汉书》的作者司马迁、班固在这件事情的记录上出现了失误。

根据新的研究成果推断，利豨在父亲死后袭其爵位，成为汉朝第二代轪侯。只是这位轪侯没有像他的父亲一样成为长沙国丞相，而是长沙国武装部队最高司令官——中尉。从出土的驻军图等文物分析，这位中尉曾率部驻扎在九嶷山，与割据岭南地区的南越国赵佗大军对峙，并数次交战。因长期统兵在边塞镇守、作战，利豨身体受到损伤，在而立之年就突患急病死于军营之中……

傅举有的推断通过《考古》月刊1983年第2期发表后，引起考古学界、历史学界有关人员的关注，同时也引来了众多的附和之声。一篇又一篇的论文相继出现在不同的报纸杂志，竞相以不同的角度和侧面，证实傅举有推断的准确。后来虽有学者提出反对意见，但总没形成大的气候，傅举有之说遂成定论。

轪侯家族的兴衰

从一号墓建造的具体时间晚于三号墓，而三号墓又晚于二号墓推断，最早死去者，乃汉初刘邦时代就封侯的长沙国丞相利苍，其次则是利苍的儿子。由于第二代轪侯利豨死得过于突然，墓葬的修建也就显得粗糙和仓促，甚至有些慌乱。这一点，无论是从墓室中短缺的白膏泥，还是棺椁的多处裂隙都可以看出来。或许正因为如此，利豨的尸体才没有保存下来。

就在利豨死后的文帝十六年（公元前164年），第三代轪侯利彭祖正式袭爵，并于景帝中元五年，在欢庆汉中央政权平定吴楚等七国之乱的凯歌声中被晋升为中央奉常，定居长安。第二年，又晋升为中央九卿之一的太常，掌管朝廷极其重要的祭祀和礼仪。

汉武帝建元元年（公元前140年），第四代轪侯利秩（扶）出任东海郡太守。时东海郡辖38县，有35万多户，共有人口150多万。极富盐铁之利，且具有重要的政治、经济地位。利秩（扶）出任东海郡太守，说明汉中央政权对他予以重用。

正当轪侯家族的政治、经济地位日趋显赫时，利秩（扶）因"擅发卒兵为卫，当斩，会赦，国除。"。

利秩（扶）的"擅发卒兵为卫"，究竟是搞叛乱活动还是有其他原因，史料无载。但这个事件标志着整个轪侯家族在西汉云谲波诡的政治舞台上历经四代八十余年的表演，彻底结束了。

举世震惊的帛书与帛画

令这个家族没有想到的是，在遁迹两千年后，他们又以不同的面貌重返人间，接受现代人类的审视。

经各方专家的不懈努力，到1974年5月底，马王堆汉墓出土的大部分帛书、竹书、帛画内容，已辨别出来。

由于帛书不如竹简普及，在地下又容易腐朽，考古工作者在以往的发掘中发现的竹简较多，帛书极少。直到这次马王堆三号汉墓的帛书出土，才让众人大开眼界。

这批帛书都是以生丝平纹织成，其条纹细密、均匀，帛书的幅宽为48厘米左右。从字体的行文规律看，一般都是把帛横着摊开书写。整幅的每行约60字，有的70多字，半幅的30多字，字体大小疏密比较随便。除了个别的字用朱砂书写外，大部分用墨书写就。除少数帛画需要继续拼接外，整理人员把精力转移到对帛书内容的深入研究上来。

马王堆三号墓出土的帛书20多种，大约12万字。如此众多古书的发现，在近1700年的时间里只有1972年银雀山汉墓中发现的大批竹简可与其媲美。从这批帛书的内容看，只有少数几种流传下来。书的内容以古代哲学思想、历史为主，也有相当一部分，是当时自然科学方面的著作，还有各种杂书。

面对大多数久已失传的人类文化至宝，专家们惊讶地发现，有的古籍，不仅对现代人类是佚书，甚至古代两汉时期的刘向、班固等大史学家也没有见到过。帛书的出土，不仅丰富了古代史的内容，订正了史书的记载，还可作为校勘某些传世古籍的有力依据。同时，在文字学、训诂学、音韵学等方面，也为后世研究者提供了丰富的研究资料。

整理者将马王堆三号汉墓出土的帛书，依次编号为：

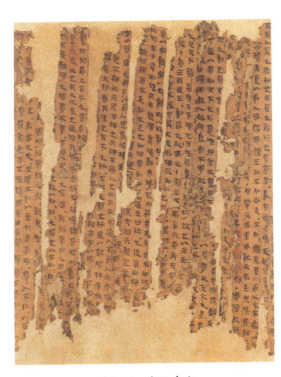

图8-24　老子帛书

（甲）1.《老子》甲本，无篇题。

2.《老子》甲本卷后佚书之一，无篇题。

3.《老子》甲本卷后佚书之二，无篇题。

4.《老子》甲本卷后佚书之三，无篇题。

5.《老子》甲本卷后佚书之四，无篇题。

（乙）1.《老子》乙本卷前佚书之一，《经法》。

2.《老子》乙本卷前佚书之二，《十大经》。

3.《老子》乙本卷前佚书之三，《称》。

4.《老子》乙本卷前佚书之四，《道原》。

5.《老子》乙本。

（丙）1.《周易》，无篇题。

2.《周易》卷后佚书之一，无篇题。

3.《周易》卷后佚书之二，《要》。

4.《周易》卷后佚书之三，《昭力》。

5.《周易·系辞》，无篇题。

（丁）与《战国策》有关的书一种，无篇题。

（戊）与《左传》类似的佚书一种，无篇题。

（己）关于天文星占的佚书一种，无篇题。

（庚）关于相马的佚书一种，无篇题。

（辛）关于医经方的佚书一种，无篇题。

（壬）1.关于刑德的佚书之一，无篇题。

2.关于刑德的佚书之二，无篇题。

3.关于刑德的佚书之三，无篇题。

（癸）1.关于阴阳五行的佚书之一，无篇题。

2.关于阴阳五行的佚书之二，无篇题。

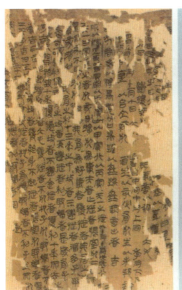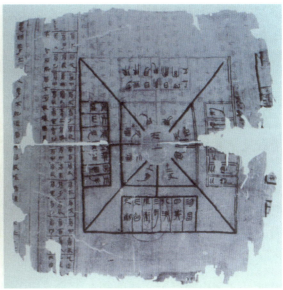

图8-25 帛书《阴阳五行》局部，此书有甲、乙两种写本，其内容根据阴阳五行学说占卜吉凶，是研究古代阴阳五行学说的极好资料

（子）导引图一幅。

（丑）地图一幅。

（寅）驻军图一幅。

（卯）街坊图一幅。

（辰）杂占。

早在1700年前的西晋咸宁五年（公元279年），一个叫不准的盗墓贼在河南汲县（今河南省卫辉市）一个坟墓中盗出竹简十余万言，一时震动朝野。尽管朝廷方面派学者对这批竹简进行了整理，并编辑成《竹书纪年》，但随着日后的战乱几乎都散失殆尽。清朝末年，在中国西北地区出土的汉晋木简及敦煌藏书，则多半被西方列强劫掠而去。正因如此，马王堆汉墓帛书的出土才显得弥足珍贵。《老子》本的发现，对研究战国至汉初法家思想的

演变，探讨当时统治阶级崇尚黄老之学等问题有着极其重要的参考价值，是中华民族学术思想宝库中不可多得的重要文献。

　　除有文字书写的帛书，马王堆汉墓出土器物中一个最大的特色，就是价值连城的帛画。

　　除了令学者们争论不休的《招魂图》或称《升天图》外，三号墓还出土了一卷图文并茂的彩色画。这幅画既不是山水，也不是花卉，因而更为奇特。只见在长1米、宽0.50米的画面上，用红、蓝、棕、黑诸色，分4排绘了44个人，其形状有男有女有老有少，有的穿短衣短裤，有的穿长袍，有的光背。大部分徒手，少数手持器械。这些人都是用工笔重彩绘在绢帛上，每一个人有一个运动姿态。图画原无标题，周世荣等专家根据人物的运动姿态及所标文字内容推定，这就是古代的《导引图》。此图是中国发现的最早的一幅健身图，它为研究古老而独特的"导引"疗法的源流提供了极其珍贵的资料。

图8-26　马王堆三号汉墓出土的《导引图》

中国古代的导引，是呼吸运动和躯体运动相结合的一种医疗体育方法。根据《庄子·刻意》李颐注：导引就是"导气令和""引体令柔"。这一注解比较合理地说明了组成导引这一运动的方法特点和要求。由于呼吸在此中占有重要地位，因此也称为"导引行气"或"行气"。这种导引术在春秋战国时已经普及，中国最早的医药文献之一《黄帝内经》上即记载有"导引行气"的方法。

《庄子·刻意》中说："吹呴呼吸，吐故纳新，熊经鸟申，为寿而已矣。此导引之士、养行之人、彭祖寿考者之所好也。"后汉时崔定在《政论》中也提到"熊经鸟申"和"吐故纳新"在强身延年方面的作用。三国时的名医华佗，把导引术总结为五禽戏，即"虎戏、鹿戏、熊戏、猿戏、鸟戏"。至今四川、重庆等地，还流行有《五禽图》导引方法。

有关"导引"的古代传说非常多，《云笈七签》中就有不少神仙之类的导引术式。其中彭祖导引法中说可除百病，延年益寿。彭祖为殷大夫，经夏商数代，活了700余岁。这虽然是一个虚构的故事，但它告诉人们，导引的起源很早，历史悠久，以及适当的运动可以使人健康和长寿。

除《导引图》外，马王堆三号汉墓出土的类似的医疗方面的书籍共有10种之多，其中有《五十二病方》《足臂十一脉灸经》等。

医学专家经过研究后认为，中国古代医疗技术的先进程度，已经远远走在了当时世界的前列。这些医书的发现不能不令人惊叹中国古代医学卓越先进的临床诊断知识水平。

马王堆汉墓出土的帛书、帛画整理、研究工作告一段落后，马王堆汉墓发掘的传奇故事也随之落下了厚重而神秘的帷幕。

第九章　南越国兴衰

千年隐秘

西汉建元四年（公元前137年）深秋，割据岭南万里之地的南越国发生了一件惊天动地的大事——一代开国雄主、南越王赵佗终于走完了100多个春秋的生命历程，极不情愿又无可奈何地抛下了为之经营、奋斗长达80余年的恢宏基业，撒手归天。

这位南越王被誉为"南天支柱"，他的归西使南越国朝野上下顿时陷入巨大惊恐和悲恸之中。继位的长孙赵胡强忍哀痛，在事务繁乱与动荡不安的局势中召来忠诚的臣僚、丞相吕嘉密议，为其祖父——南越国的缔造者赵佗举行自开国以来规模最为隆重，也最为特殊、隐秘的盛大葬礼。

早在此前的若干时日，素以英武刚毅、老谋深算著称的南越王赵佗，不知是出于对自己亲手创立的王国命运前途未卜的忧虑，还是出于对盗墓者的恐惧，在他处理一件件政务的同时，也对身后之事做了周密安排。他让自己的心腹重臣、丞相吕嘉挑选一批得力人马，在南越国都城番禺郊外的禺山、鸡笼岗、天井等连岗接岭的广袤地带秘密开凿疑冢数十处，作为自己百年之后的藏身之所，以让后人因难辨真伪而免遭盗掘。

现在，赵佗已魂归西天。根据祖父临终密嘱，赵胡与吕嘉以及几位心腹臣僚做了周密严谨的布置后，于国葬之日，派出重兵将整个城郊的连岗接岭处包围得密不透风。稍后，数个无论是规制还是规模都极为相似的灵柩，同时从都城番禺四门运出。行进的送葬队伍在灵幡导引下，忽左忽右，忽进忽退，左右盘旋，神秘莫测。当运出的灵柩全部被安葬完毕后，除赵胡和身边几个重要亲近大臣，世人无一知晓盛放赵佗遗体的灵柩以及陪葬的无数瑰宝珍玩到底秘藏于何处。

就在赵佗谢世26年后的汉元鼎六年（公元前111年），历时93年的南越国在汉武帝10万大军的强攻下宣告灭亡。

曾盛极一时、威震万里边陲的南越国，在西汉一统的华夏版图上消失了。但是，关于南越在立国近一个世纪中发生的恩恩怨怨、是是非非以及那些愉快或忧伤的故事，并未在世人的记忆中消失。尤令后人格外关切和念念不忘的是，南越王赵佗和他子孙的墓葬，连同陪葬的无数奇珍异宝到底匿藏于何处？

于是，一心想着发鬼魂之财的各色人等，很快便迈上寻掘陵墓的征途。他们借着当年南越国遗老遗少留下的种种传闻以及史书秘籍显露的蛛丝马迹，踏遍了南越国故都番禺城外的白云山、越秀山以及四周方圆数百里的无数山冈野岭，企图探查到南越王的真正葬所。遗憾的是，这些人无不枉费心机，空手而归。

许多年过去了，尽管世人对探寻南越王墓、掘冢觅宝的欲望未减，但南越王赵佗及后世子孙的亡魂仍安然无恙地匿藏在山野草莽的隐秘之处，未露半点峥嵘。

斗转星移，岁月如水，历史在几度流变中敲响了大汉王朝的丧钟。在这丧钟洪大凄凉的噪声中，一个由魏、蜀、吴三国争雄、狼烟四起的新时代随之到来。在这新一轮大拼杀、大动荡、大折腾的格局中，一次看似意外的事件引发了历史上规模最大也最为凶悍的寻掘南越王墓的狂飙。

黄武四年（公元225年）春，称帝不久的吴主孙权为纪念先父披荆斩棘创下的基业和施给后世子孙的福禄恩泽，诏令治下臣民广修孙坚庙以示永久的纪念。

诏令既出，举国响应，各地臣僚政客无不各显神通，争先恐后行动起来。隶属于东吴版图之内、统治长沙地区的臣僚同样不敢怠慢，想尽招数，倾尽财力，以应上谕。此时的长沙尚处于偏乡僻壤、地瘠民贫的穷困境地，致使当地官吏虽竭尽全力以图主子的褒奖，终因规模庞大的孙坚庙费工颇多，耗资巨大，加之时间紧迫而感到举步维艰，难以应付。就在尴尬与狼狈的境况中，不知哪个官吏顿起邪念，向长沙的最高统治者献出了发冢掘墓、以鬼魂之财弥补修造孙坚庙之缺的主意。

这个主意在长沙统治者反复斟酌思量后很快得到批准和实施。于是，部分官吏与一帮流氓无产者组成盗墓团伙开始明火执仗地大肆盗掘起来。只十几天工夫，凡长沙城郊能搜寻到的大墓巨冢尽被挖掘一空。即便是西汉王朝的开国功臣、汉高祖刘邦亲自册封的第一代长沙王吴芮的墓葬也未能幸免。当群盗众匪发掘吴芮"广逾六十八丈"的巨冢时，意外发现这位死于公元前202年的长沙王，他的墓虽历400多年的土埋水浸，墓主人仍衣帛完好，面色如生，犹如刚刚逝去一般。至于那随葬的大批奇珍异宝、丝帛服饰更是光彩夺目、艳丽如初，令人瞠目结舌。

随着长沙郊外无数巨冢大墓被盗掘，孙坚庙得以顺利建成。与此同时，长沙上层的大小臣僚也借机发了一笔鬼魂财。而作为一代霸主的吴主孙权，得知先父的功德碑已赫然矗立于长沙的庙堂，同时他也在得到长沙官僚进献的盗墓所得奇珍异宝后惊喜异常。他除了毫不犹豫地对长沙官僚们大加封赏外，也从他们的行动中受到启发，觉得发鬼魂之财实在是一个无本万利的好买卖。

在这个邪念的驱使下，他干脆一不做二不休，诏令官兵在都城建业（今南京）郊外悄悄干起了刨冢掘墓的勾当。当那些从坟堆里掘出的奇珍异宝源源不断地运往宫廷时，孙权更是精神大振，惊喜万分，并决定将这个买卖继续做下去。其地点不只局限于建业一地，还要将业务范围扩大到一切可能的

地方。

主意打定，孙权便找来一帮臣僚专门负责招聘行家里手，打探巨冢珍宝的处所。当孙权得知南越国的国王赵佗死后曾陪葬有大量奇珍异宝并且其墓一直未被后人盗掘时，立即命将军吕瑜亲率5000名精兵，翻越雾瘴弥漫的五岭，在南越国故地大张旗鼓地搜寻南越王家族特别是南越王赵佗的墓冢。

由于南越王赵佗及其后世子孙的墓冢极其隐秘，吕瑜和手下兵将于番禺城外的山冈接岭处伐木毁林，凿山破石，四方钻探。折腾了半年，总算找到了赵佗曾孙、南越国第三代王——赵婴齐的墓葬。从这座墓穴盗掘出"珠襦玉匣三具，金印三十六，一皇帝信玺，一皇帝行玺"等大批珍宝。但令孙权颇为遗憾的是，直到吕瑜的精兵不得不撤出岭南返回东吴腹地时，也始终未能获取有关赵佗和其长孙赵胡的墓葬秘所，哪怕是点滴的线索。

龟岗古冢

孙权兵发岭南掘冢觅宝的行动，引发了当地掘冢刨墓的风潮。当吕瑜的大军撤出后，整个岭南大地盗贼蜂起，无数双贪婪的眼睛盯上了番禺城外那连绵的山冈野岭。他们绞尽脑汁四处访凿，希图搜寻到连孙权大军都无从探访到的赵佗以及赵佗家族的墓葬。令盗贼们恼恨和失望的是，任凭怎样踏破铁鞋也寻觅不到，辉煌的梦想一个个变成泡沫，化为乌有。

历史的长河跨越千年时光隧道流淌到1916年5月11日，岭南台山一个叫黄葵石的农民在广州东山龟岗建房时，在地下挖出了一座南越国时期的古冢，从中出土了陶器、玉器、铜器等多件随葬品，同时还出土了上刻"甫一、甫二、甫十"等字样的椁板。

古冢的意外发现，立即轰动了广州乃至整个中国学界，唤起了人们渐已淡忘的记忆。许多研究者认为，这便是当年孙权派将军吕瑜寻而未获的南越国第二代王赵胡的墓冢。有的学者经过冷静而深入的研究，认为这座古冢只不过是南越国某位高级贵族的墓葬而已，而真正南越国第一、第二代王的墓穴仍在广州郊外的山冈接岭处，深藏未露。

于是，围绕东山龟岗古冢是否为南越王墓的问题，中国学界展开了一场旷日持久的争论。论战波及之广，连当时最为著名的金石学家、国学大师王国维也卷了进来。从王氏留下的文章看，他对此墓属于南越王的墓葬坚信不疑。

就在这场吵吵嚷嚷、各执一词的论战中，现代田野考古学由中国北方传入偏南一隅的广州。1931年，广州黄花考古学院成立，标志着岭南地区现代考古学的萌生与开始。

从20世纪50年代到80年代初，在为期30多年的风雨变幻中，考古人员根据汉朝陵墓大多远离都城百余里的特点，结合现代田野考古发掘知识，判断当年南越国的赵佗一定会承袭汉制，其陵墓不会建在广州近郊，而应在稍远的山峦深处。

由此，考古人员依据这种推断，将调查、探寻的目标重点放在了广州城外远郊县区的荒山野岭之中，并于20世纪50年代到60年代短短的10年间，在广州市郊34个地点发掘南越国时期的墓葬200余座。

但令这些新时代考古骄子颇为沮丧的是，如此大面积地去探寻和发掘，依然未找到赵佗及其子孙墓穴的半点线索。

随着时间的推移和现代田野考古经验的积累，广州市考古人员渐渐感到过去的推断可能存在着失误和偏差，也就是说，南越王赵佗及其子孙的墓冢可能在广州城的近郊而不是在偏远的山冈野岭。在这种新思维的驱使下，考古人员遂调整方向和目标，开始舍远求近，将重点放在城外近郊的调查和发掘上。

1982年，时任广州市文物管理委员会副主任并主管考古业务的著名考古学家麦英豪，率黄淼章、陈伟汉、冼锦祥等几员虎将，在广州城北门外一个叫象岗的小山包发现了一座规模较大的墓冢。这座墓冢的发现令麦英豪等人异常欣喜，认为可能与赵佗家族的葬所有关。但经实际发掘，才得知只是王莽时期一个早已被盗过的贵族的墓葬。考古队员再度由欣喜转为沮丧，对象岗这个山包的探寻也渐渐失去了热情，并将勘查地点移到他处。

这个时候的麦英豪及其手下几员虎将尚不知道，就在离他们发掘的王莽时期贵族墓冢仅50米的半山腰中，竟埋藏着他们昼思夜想、苦苦探寻的千年隐秘。

故事由这里展开。

五十万大军发岭南

公元前221年，曾在战国末期叱咤风云的齐、楚、燕、韩、赵、魏等山东六国，在秦国军队为期15年的征讨中全部灭亡。中原大地持续几百年的割据混乱局面宣告结束，中国第一个统一的专制中央集权国家——秦帝国形成了。

到此，北至今日的长城，南到长江南岸，东至东海、黄海，西到巴蜀，尽入秦帝国的版图。秦帝国的缔造者——秦始皇所建立的辉煌伟业，正如他自己所夸耀："德逾三皇，功盖五帝。"然而，刚刚诞生的大秦帝国还面临着两大强劲之敌的威胁，他们分别是北方的匈奴和岭南地区的百越。

就越人和匈奴比较而言，越族对中原的威胁要小一些，其主要原因是，岭南越族虽然人数众多，但农业经济不发达，多数尚处于刀耕火种的原始状态。且越人分为众多部落，分居于纵横几千里的山岭丛林之中，缺乏统一领导，在军事上没有形成一个核心力量，部落之间又不断相互征伐，难以形成一致对外的政治、军事同盟。

尽管越人在政治军事上对中原的威胁小于匈奴，但不代表威胁就不存在。越族毕竟是一个具有共同宗教信仰的庞大群体，且历史悠久，在长期相互攻伐和对外战争中积累了丰富的经验，并渐渐形成了勇猛无畏的作战传统。在春秋、战国之际，越人曾多次与中原诸国交战，使中原诸国吃了不少苦头。这样一个人口众多的民族对刚刚建立的秦王朝，具有相当大的威胁。这种威胁，对雄心勃勃、意气风发的铁血人物秦始皇以及整个秦帝国社稷而言都是无法视而不见的。要想保持帝国的强大和牢固，就必须对外来的威胁力量进行打击。

于是，秦帝国对岭南越人的征伐也就不可避免地发生了。

关于这场战争的经过，史书《淮南子·人间训》曾作了这样的描述："秦皇挟录图，见其传曰：'亡秦者，胡也。'因发卒五十万，使蒙公、杨翁子将筑修城，西属流沙，北击辽水，东结朝鲜，中国内郡挽车而饷之。又……使尉屠睢发卒五十万为五军：一军塞镡城之岭，一军守九嶷之塞，一军处番禺之都，一军守南野之界，一军结余干之水。三年不解甲弛弩。使监禄无以转饷，又以卒凿渠而通粮道，以与越人战。杀西呕君译吁宋，而越人皆入丛薄中，与禽兽处，莫肯为秦虏。相置桀骏以为将，而夜攻秦人，大破之，杀尉屠睢，伏尸流血数十万，乃发适戍以备之。"

从以上寥寥数语，可以看出战争的酷烈以及秦军攻伐的艰难。秦军主帅屠睢被杀及大量将士的伤亡，使整个南征的秦军受到了重创。占据桂林、象郡等地的秦军日夜凭城固守，身上的盔甲都不敢卸下。而此时秦军的粮草和军事装备在供给上又出现了空前危机，这就使已进入岭南地区的部队陷入极为不妙的境地。在这种局势下，秦军不得不调整作战计划，暂停对西瓯（西呕）族人的攻伐，由战略进攻转为战略防御。整个岭南战事进入了秦越对峙阶段。

秦越对峙的局面是暂时的，就秦始皇的性格和秦王朝的实力，绝不可能允许秦越长期对峙下去，既然战刀已经出鞘，就很难无功而返。为解决秦

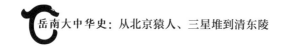

军的粮草、装备等供给问题，秦始皇下令，由史禄组织指挥十万军工开凿灵渠。于是，一项因战争需要而开凿的浩大水利工程在南中国拉开了序幕。

经过三年的开凿、修筑，兴安灵渠大功告成。这是世界上第一条船闸式人工航道运河，它沟通了湘、漓两条河流，湘水汇入漓水，使原本属于长江流域的湘水与属于珠江流域的漓水连接了起来，因而从长江流域出发的船只可以通过漓江，逾五岭而直接到达岭南地区。即使载重万斤的大船，也可以顺利通过，秦军的粮饷和军用物资得以大批地运往岭南，这就为被困的秦军带来了转机。

秦始皇认为征服岭南的时机已到，便于公元前214年毅然决定，由任嚣、赵佗两位将领，率楼船之士，再次发动对百越的进攻。

这次进攻和三年前不同的是，秦王朝和秦军将领吸取屠睢征战中的教训，战略上采取"发诸尝逋亡人、赘婿、贾人"，随大军行进，每当秦军占领一地便将部分移民留驻此处。不仅使秦军有了较稳定的后方根据地，同时也使秦军人力的消耗有所补充。而大批商贾在岭南经营，也为军队粮饷的补给创造了有利条件。

秦军凭着丰厚的粮草和精良的武器装备，在百越战场上开始了第二次大规模征伐。大军所到之处，兵锋凌厉，势如破竹，未费多大力气就击溃了西瓯族人的反抗力量，占领了今广西等地的西瓯地区。随后任嚣、赵佗又挥戈南下，乘胜进击，一举击溃了骆越族，占领了今越南中北部的骆越地区。至此，秦王朝于公元前218年发动的征服岭南的战争，终于在公元前214年，以秦军彻底征服岭南越族的胜利而宣告结束。

此后，秦始皇很快在该地区设立了桂林、象郡、南海等三郡，把岭南正式纳入秦王朝版图。为巩固占领区，防止越人反抗力量死灰复燃，加强对越人的控制，秦王朝采取军事管制性的戍守政策，并"置东南一尉，西北一候"，以加强对该地区的统治和防守。

所谓"东南一尉"，即在岭南三郡"置南海尉以典之"，由掌兵的南海尉专断一方，加强其军事应变能力。为避免分散南海尉的权力，秦王朝决定三郡一律不设郡守，只设监御史主管一郡事务。

所谓"西北一候"，即在岭南西北方的交通要道上建筑城堡，驻扎重兵，以防西瓯人北窜。这里的候，不是史书中常载的万户侯或千户侯，而是古代探望敌情的哨所，此乃驻兵监视之义。此外，沿五岭南北还设有很多戍守据点，各郡县治所及水陆关隘也驻有大量戍卒。这一切措施，目的是巩固秦王朝对岭南的占领，加强对该地区的统治，并防止越人逾南岭北犯。

秦始皇对尚处于相对闭塞、落后的岭南地区，除实行戍守政策，还采取了建立郡县，有组织地大量向岭南移民，开新道、凿宽灵渠等政治和经济措施。

秦统一前，中原到岭南没有人工开凿的道路，行人沿着五岭山脉南北分流的河道往来。这些地方山高岭峻，鸟道微通，不能行车，成为阻塞南北的天然障碍。随着秦向岭南进军，差遣了大量戍卒、罪人等修筑沟通岭南的道路。秦始皇三十四年，发配因犯在岭南从事苦役，主要是修筑岭南"新道"。秦末农民大起义时，任嚣嘱赵佗"兴兵绝新道"，即此也。赵佗"即移檄告横浦、阳山、湟溪关曰：'盗兵且至，急绝道聚兵自守。'"。可见秦末岭南"新道"已成为非常重要的交通要道。

所谓凿宽灵渠，是在灵渠原有的基础上继续扩展，使长江船只可以经湘江，过灵渠，入漓江、桂江南下，取西江东行而抵达番禺，或溯浔江西行而抵布山、临尘，使水道纵横的岭南无所不通。秦始皇开新道和凿灵渠，不仅是当时军事上的一项重大战略措施，而且在加强岭南与内地的联系、打破岭南闭塞局面、促进岭南开发建设等方面，都起了极其重要的作用。从此，岭南由野蛮卑湿之地进入了一个新的"王化"历史时期。

当秦军攻占岭南后，鉴于此地偏于东南一隅，越人势力尚存，而岭南与中央政权的联系又较困难，于是，秦王朝便任命任嚣为南海尉，并授予其政治、军事等专制一方的大权。而赵佗则为任嚣治下的龙川县县令。

任嚣掌握了岭南的军政大权，成为专制一方的"东南一尉"，便逐渐萌发了脱离中央政权、划岭自治的一套割据构想。这个构想的产生，除了受秦朝建立之前战国诸侯并立的影响外，更重要的还在于岭南具有可以实行割据的政治、军事、地理等方面的有利条件。就政治上而言，秦通过兼并六国的战争统一中原，到平定岭南，其间也就十余年。在这个天下初定、社会尚不稳固的短暂时期，许多人，特别是原六国贵族，以极其悲伤、感怀的心情，企图恢复战国时期诸侯并立之局面。由于条件不够成熟，他们不得不在秦统一六国后暂时潜伏起来，以待时机。而作为极具雄才大略的秦始皇在天下初定后，明显地意识到这股潜在力量的危险，采取了多种有针对性的措施，如"收天下之兵，聚之咸阳，销锋铸鐻，以为金人十二"，大修秦道直通山东六国腹地等。所有这一切，都是为了防止这股潜在的势力兴风作浪。但是，秦始皇苦心孤诣采取的这些措施，只是从表面上起到了一点作用，无法从根本上铲除山东六国的复辟势力，甚至就连秦中央政府官员骨子里的那种复辟思想也未能消融和根除。当时的秦王朝丞相王绾等人，公然向秦始皇宣称：四方之地，"不为置王，毋以填之"，并积极主张"立诸子"以安天下。借此可以看出，战国时期的诸侯并立局面对许多人仍有极大的吸引力。作为在岭南独掌军政大权的任嚣，自然会受到这种思想的影响，萌生据岭而守的割据念头。

老谋深算的任嚣在耐心地等待机会。出乎意料的是，这个机会很快便到来了。

秦帝国的覆亡

在"六王毕，四海一"的颂歌声中，一个专制主义中央集权的帝国于世界东方诞生了。

秦始皇在创造辉煌伟业的同时，其残酷的暴政也为秦的灭亡埋下了伏笔。

当年建功立业的雄心壮志，很快被好大喜功所代替。天下刚刚统一，秦始皇即下令大兴土木，广筑宫室，并在都城咸阳修建气派非凡的阿房宫，供自己寻欢作乐。征发天下刑徒70万人大规模建造骊山陵墓，作为自己死后的安乐之所。为防止原山东六国贵族、黔首们卷土重来，造反起事，特别在骊山陵四周布置了一支面朝东方的地下军团，永远守护着自己的灵魂，时刻警惕和镇压原山东六国的谋反作乱者，使秦王朝万世不休。

他滥用民力，施行苛政，直至造成"天下多事""蒙罪者众，刑戮相望于道"的悲惨局面。无论是朝廷的公卿将相，还是普天之下的黎民百姓，人人自危，苦不堪言。

秦二世胡亥登基称帝后，仍不顾天下民怨沸腾，强行下令征发"闾左"戍守边地。

秦王朝的丧钟敲响了。

丧钟的声音由中原传到了南越。南海尉任嚣闻知，立即意识到这正是割据岭南的天赐良机，准备付诸行动。遗憾的是，这时他忽然身染疾病，并一病不起了。

为了让心中的构想得以顺利实施，躺在病榻上的任嚣派人将自己的心腹助手、时任龙川县县令的赵佗招来，秘密嘱咐道："闻陈胜等作乱，秦为无道，天下苦之，项羽、刘季、陈胜、吴广等州郡各共兴军聚众，虎争天下，中国扰乱，未知所安，豪杰畔秦相立。南海僻远，吾恐盗兵侵地至此，吾欲兴兵绝新道，自备，待诸侯变，会病甚。且番禺负山险，阻南海，东西数千里，颇有中国人相辅，此亦一州之主也，可以立国。郡中长吏无足与言者，故召公告之。"

赵佗乃真定人（今河北正定县），率军征伐岭南之前的经历史无明载。有记载的是他到岭南后，曾上书秦王朝，要求派30 000名中原女子赴岭南为驻守岭南的将士"缝补衣服"。秦始皇打了个对折，选派了15 000名中原女

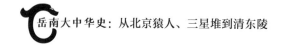

子去了岭南，这些女人自然成了岭南将士的配偶。

此时，同样具有雄才大略的赵佗，听了任嚣的密嘱，心中十分感动，当场答应按任嚣的构想予以行动。两人经过一番谋划，任嚣假借秦中央王朝的命令，委托赵佗代理南海尉职务，为赵佗顺利实施割据构想迈出了关键性的一步。

就在赵佗代南海尉不久，任嚣撒手归天。这个时候中原的局势是，秦大将章邯率40万大军正和以楚军为首的六国反秦联军相持在漳河地区（今河南省安阳市一带），而另一支由刘邦率领的起义军正沿着黄河南岸，向秦国首都咸阳急速进发。

面对如此纷乱的战局，继任的赵佗迅速实施任嚣的计划，所做的第一件事，便是向驻守在横浦、阳山、湟关的将领快马发出檄告，告知"盗兵且至，急绝道聚兵自守"。

赵佗所说的"盗兵"，表面上指的是反叛秦王朝的军队，实际上主要指的是中原可能派遣来镇压的秦军。因为横浦、阳山、湟关都位于秦所开辟的连通岭南的两条新道上，是兵家必争的战略之地。绝了此三关道，也就断绝了秦军南下岭南地区的通道。

当绝道闭关、聚兵自守的战略得以顺利实施后，赵佗接着采取了第二个步骤，诛秦吏代以党羽。

此时的赵佗虽然代理了南海尉并已行使职权，但他深知自己这个官职是任嚣假传皇帝圣旨而骗来的，心中自然不怎么踏实。且此时的南海郡许多官吏都是秦王朝派来的，不是赵佗的嫡系，对赵佗十分不利，所以赵佗以各种理由铲除之。

诛杀了这些秦吏后，赵佗选拔拥护自己的心腹担任郡守、令、长吏之类的重要职务。掌握军政大权的赵佗下令军民迅速修筑关防城池，加强岭南的防御力量。首先是对位于武水边的乐昌"任嚣城"，大举修筑加固。复在河对岸修筑一座"赵佗城"，与"任嚣城"呈掎角之势，相为呼应，用以隔绝通往岭北的险要水道。

与此同时，赵佗又在仁化北筑城以阻秦军南下；在岭南涟水、浈水交接处的涟浦关和清远各筑万人城一座。加固任嚣时代所建筑的番禺城——秦汉时期岭南最早出现的城市，以守卫番禺。如此这般，赵佗在岭南建立了以郡治番禺为中心的三道军事防线。

岭南兵变

公元前205年，赵佗发兵攻打企图趁中原之乱而独立的桂林和象郡，斩首级数千，扫除了反对势力，恢复了秦所置的岭南三郡，复现岭南地区统一局面。而此时，正是各路豪杰中原逐鹿之日。赵佗趁机自称南越王，建立了南越国。

关于赵佗何年称王，《史记》本传未载，只是说："秦已破灭，佗即击并桂林、象郡，自立为南越武王。"而《史记·郦生陆贾列传》称："高祖时，中国初定，尉他平南越，因王之。""他"即指"赵佗"。从这段记载来看，可知刘邦"中国初定"之年，即赵佗称王之年。

赵佗建立的南越国疆域，基本上与秦在岭南所设三郡辖区相当，除南界濒南海外，其余皆为陆地。具体的位置是，向东与闽越相接，抵今福建西部的安定、平和、漳浦；向北主要以五岭为界，与长沙国相接；向西到达今之广西百色、巴马、东兰、环江一带，与夜郎、句町等国相比邻；其南则抵达越南北部，南濒南海——这个疆域基本上维持到南越国的灭亡。

赵佗称王后，再一次加强了边防力量，并在南越国北部边界筑起了一条东西长达数千里的边防线。

当岭南的边防得以巩固，赵佗建南越国称王后，即着手治理这个王国。

一方面，他借鉴秦朝治理国家的得失，组织起一个中央集权、郡县分治的王国政府，但不效仿秦朝那样刻薄寡恩、滥施刑罚，而是有效地保护中原移民的政治、经济和文化传统，促进了生产力的发展；另一方面，赵佗采取入境随俗、遵从越人风俗习惯等措施，加强了民族融合与团结。

赵佗不仅大力提倡汉人与越族通婚，并身体力行做出表率。如南越国丞相、越人吕嘉家族中"男尽尚王女，女尽嫁王子兄弟宗室"，使赵氏与吕氏两大家族的关系盘根错节，利益趋于一致。再如南越所封的苍梧秦王赵光就与吕氏家族联姻，第二代南越王的一位夫人赵蓝亦出身越家女。第三代南越王婴齐也娶越女为妻，并生有子赵建德。

在赵氏统治集团的带动、鼓励下，中下级官吏兵卒及其他中原汉人与越族的通婚已相当普遍。尤其是原先的数十万秦兵，除部分与中原来的15 000名女子组成家庭外，大部分士卒都与驻地的越族通婚。

在经济方面，赵佗着手改变落后的农业生产状态。把中原地区先进的农业技术引进越族地区，并教民耕种，大力传授使用铁器和耕牛技术，以提高农业生产水平。同时在各郡县、市镇设立"市官"，由官府直接与当地土著居民进行商品交换，把交换所得的象牙、犀角、翡翠、珠玑、香药等，成批运到北边的关市去和汉帝国南来的商人贸易，并向他们购买大批的牛、马、铜铁工具和器皿，然后又用这些货物与土著居民交换，由此形成了一个循环往复、连续不绝的商品交易渠道。

此一策略，不仅扩展了岭南地区与中原的贸易往来，而且也丰富了岭南地区市场的交换物品，百越族人很快便获得了他们所喜爱的铜铁武器和工具。而这些新的工具大大提高了他们的生产力。南越王国政府则在这项贸易中获得了丰厚的利润，即使不向土著居民征收租赋也不会财政匮乏。同时又通过这项措施，使一些土著居民感到大有收益，从而拥戴王国政府及赵佗本人。

经济有了起色，文化教育事业自是不能落后。赵佗在岭南推行以诗书而化国俗，以仁义而结人心的措施。让越人读书认字，学习礼仪，灌输伦理道德，提高文化知识。越人"渐见礼化"。

正是赵佗的南越国王朝采取了较为合理、现实的民族政策，才收到了"和集百越""粤人相攻击之俗益止"的效果，同时也使"中县人以故不耗减"。在赵佗的有效治理下，南越国内民族关系和睦，汉越人民友好相处。这种和睦的民族关系为增强南越国的整体实力打下了坚定基础。

就在赵佗将要实现或正在实现上述一切计划的时候，位于岭北的秦王朝已被推翻有年。项羽、刘邦争夺天下的刀光剑影，辙痕血迹，早已在旷野里云散风干。汉王刘邦最终战败了不可一世的西楚霸王项羽，一统天下，在长安城面南背北，荣登大位，建立了大汉王朝。

——历史开始了新一轮进程。

图9-1　意气风发的赵佗像

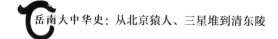

赵佗面北称臣

南越王国在中原战火纷飞的大动乱中建立起来了，而作为继秦之后新建立的汉王朝，对这个偏处东南一隅的独立王国，既不予承认，又无可奈何。

刘邦在楚汉之争中，为了合力击败项羽，先后分封了七个异姓诸侯王，他们是：楚王韩信、梁王彭越、淮南王英布、韩王信、赵王张耳、燕王臧荼、长沙王吴芮。这些异姓王的封国跨州兼郡，占据了战国后期东方六国的大部分疆域。他们手握重兵，各制一方，对中央权力的稳定与巩固形成了很大威胁。公元前202年，燕王臧荼反；公元前197年，赵相国陈豨反，勾结匈奴，自立为代王；公元前196年，彭越反。各诸侯王不断反叛，使刘邦不得不把主要精力放在对付、镇压国内各地的叛乱上，根本没有余力顾及五岭以外的南越国。而这时的赵佗建立南越国及经营岭南已有一段时间，也具有了一定的实力，这又迫使刘邦不得不慎重考虑对南越国的关系这个棘手问题。

随着时间的推移和西汉王朝政治、经济状况的好转，刘邦在对待南越王国的问题上思想也有了变化。在汉王朝依然没有足够的能力征服岭南的情况下，刘邦开始顺水推舟，承认赵佗南越称王的既成事实，并于汉十一年，派陆贾出使南越，颁布自己的诏命。

《史记·郦生陆贾列传》载："陆贾者，楚人也。以客从高祖定天下，名为有口辩士，居左右，常使诸侯。"

陆贾是较早地参加到秦末农民战争行列中的知识分子。公元前207年，刘邦率起义军由武关入陕，进军咸阳，子婴派重兵拒于峣关，刘邦用张良之计，"'使郦食其、陆贾往说秦将，啖以利'，秦将果欲连和"。于是，秦军设防懈怠，士气大减，刘邦达到了预期的目的，陆贾从此在农民起义军中崭露头角。当秦王朝被推翻以后，陆贾继续跟随刘邦参加楚汉战争，并成为刘邦重要的亲随谋士之一。

据史料记载，陆贾到达南越国的都城番禺后，只见赵佗态度傲慢，头发束成一撮，竖在头上，伸开两腿，像簸箕一样坐在大殿里。作为一位有着长期出使经验的政治家和辩士，陆贾对赵佗的这番举动好像早有预料。他不动声色，先将赵佗与中原的关系作为会谈的切入点并进言道："你本是中国（指中原地区）人，亲戚兄弟、祖先坟墓都在真定。而今你一反天性，背叛父母之国，不念祖宗，放弃中国传统装束，想要靠区区弱小的南越跟天子对抗，成为敌国，大祸怕就要来临。自从秦王朝失去控制，诸侯豪杰纷纷起来，只有汉王刘邦率先入关，占领咸阳，项羽背叛盟约，自立西楚霸王，诸侯成为他的臣属，可以说甚为强大。然而汉王刘邦从巴蜀出兵，用皮鞭笞打天下，遂诛灭项羽，仅仅五年时间天下平安。这不是人为的力量，而是天意如此。天子（指刘邦）已知道大王在南越称王，却不出兵协助诛灭暴秦和西楚，朝廷文武官员都主张派出大军，向大王（指赵佗）问罪，但天子怜悯百姓在战乱频仍中已经十分痛苦，才消原意，并且派我前来授给大王王印和互相通好的符节。大王应该恭恭敬敬地到郊外迎接，面北称臣。想不到你竟想凭借基础未稳的南越，倔强到底。汉朝廷如果得到报告，恐怕要挖掘焚烧你祖先的坟墓，屠杀你宗族，然后派一位将军，率领十万人马南下进攻，到那时，你的部下杀你投降，易如反掌。"

赵佗茅塞顿开，赶紧跳起来，规规矩矩地坐下，道歉说："我在蛮夷中生活得太久，忘了中国礼仪。"然后向陆贾请教说，"我比萧何、曹参、韩信如何？"

陆贾说："大王的贤明和能力，跟他们相仿。"

赵佗又问："我跟皇帝相比谁贤明？"

陆贾说："皇帝起自丰、沛，讨伐暴秦，诛灭强楚，为天下百姓兴利除害，继承五帝三王的伟大勋业，统治天下，中国人口以'亿'为单位计算，土地方圆万里，物产富饶，号令统一，自从开天辟地以来从未有过。而大王之众不过数万，而且遍地蛮夷，不是山峦崎岖，就是海滨水涯，一片荒凉，不过是汉的一个郡而已，大王怎么能跟皇帝相比。"

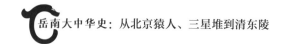

赵佗朗声大笑说："可惜我不在中国（指中原），所以在这里为王。假使我在中国，安知不如刘邦？"

此时赵佗自比于刘邦的夜郎自大与他见陆贾之初的"魋结箕踞"以及接着"蹶然起坐"等都是一致的，他满足于独霸岭南，但又不能得罪汉廷，他以这种井蛙式的表现向汉廷暗示他"欲自外乎蛮夷""无远大志"，以此求"杜兼并之祸于无形"。可见赵佗还是相当明智的。

最后，赵佗接受了汉朝的册封，"愿奉明诏，长为藩臣"。赵佗钦佩陆贾的才干和"威仪文采"，挽留他在岭南住了几个月，并对陆贾说："南越这个地方，我连个谈话的对手都没有，自先生来此，让我听到了许多闻所未闻的新鲜事。"当陆贾临走之时，赵佗送陆贾价值两千金的财物，算是饯行。

陆贾出色地完成任务回到长安，刘邦很是高兴，升陆贾为太中大夫，以资奖励。

烽烟再起

陆贾出使南越，使赵佗接受了汉朝的册封，南越国对汉朝称臣，遵守汉朝法律的约束。自此，南越国也就正式成为西汉的一个诸侯王国，双方在经济、文化等方面的联系大大加强，贸易互有所补，各获其利，中原地区获得了南越国的物产，丰富了中原人民的生活，而南越国也获得了发展农业生产所必需的工具及马、牛、羊等牲畜，有利于南越国社会经济的发展。

南越王赵佗岁修职贡，向汉天子奉献鲛鱼、荔枝、龙眼、珠玑等珍品。汉王朝则以蒲桃、锦缎等物报之。

然而，才过了不到一年，到了汉高帝十二年三月，刘邦想到南越国赵佗虽然表面接受诏封，称南越王，但他有带甲兵百万，又有五岭阻隔，尾大不掉，终是一件心事。加上朝中部分大臣及长沙成王吴臣又上书进谗言，刘邦遂生疑惧之心。南越之地不能真正划归到汉廷的版图之中，和当年秦始皇相比，终是一件憾事。为抑制南越王赵佗，刘邦又故技重演，封南武侯织为南海王。这个南海王虽是虚封，却像当年封长沙王吴芮一样，再次给南越王赵佗树立了一个敌人。

就在刘邦想方设法要彻底让南越国臣服时，他治下的淮南王英布又谋反了。英布的谋反，不仅使南越国彻底臣服的构想成为泡影，就连刘邦本人也走上了黄泉之路。

当刘邦平息了英布的叛乱，于次年返回长安后，因箭伤发，病情甚危，吕后为其请良医，医者入见刘邦，刘邦问道："朕疾可医？"医者答道："疾可医。"

不知刘邦出于怎样的一种心态和想法，他听了医者的话一反常态地大骂道："朕以布衣提三尺剑取天下，此非天命乎？命乃在天，虽扁鹊在世又有何益？"拒绝医治。

汉高帝十二年四月二十五日，刘邦崩于长乐宫，死时年62岁，在位13年。

刘邦去世后，太子刘盈继位，是为惠帝，尊吕后为皇太后。就南越与汉王朝的关系而言，在惠帝执政期间，汉王朝和南越国的友好往来得以继续发展。惠帝在位七年而崩，接下来由吕后摄政。吕后摄政的前四年，汉越双方的关系还能勉强维持原状，第五年（公元前183年）春，汉越关系发生了变化。

高后五年春，吕后突然下诏禁止中原铁器及雌性马、牛、羊等运往南越国，并颁布所谓"别异蛮夷，隔绝器物"的政令，不但有断绝与南越国贸易的内涵，而且有歧视南越国的意味。

面对吕后这突如其来的打击和歧视，南越王赵佗迅速做出反应。在没有得到确切情报，也不知道吕后为什么下这道诏令的情况下，赵佗凭着自己的政治嗅觉估计，认为"今吕后听谗臣，别异蛮夷，隔绝器物，此必长沙王计也，欲倚中国，击灭南越而并王之，自为功也"。也就是说吕后听信了长沙国的谗言才颁布这道诏令的。谙于政治的赵佗明白，在这种情况下，只有派人向汉廷说明才是上策。如若此时反汉，未必能取得胜利。想到这里，赵佗强按心中的怒火，先后派遣南越国的高级官员"内史藩、中尉高、御史平凡三辈"前往汉都长安，请求吕后改变政策。但令赵佗意想不到的是，吕后不但毫不讲理地扣留了赵佗派去的三位南越国的高级官员，不久还派人诛杀了赵佗在中原的宗族，并捣毁赵佗父母在老家真定的坟墓。

自古以来，对葬礼的重视已成为各民族发展中的共同规律之一。在孔子时代就强调孝事父母的中原汉族人民更是这样，捣毁别人父母坟冢之举被认为是不共戴天之仇。这一点，早在以前的战国之时就有实例可证。如燕昭王与其他几国联合进攻齐国，占领了齐国的绝大多数城池，这时齐仅剩下即墨、莒两城，攻即墨的燕军十分残暴，公然在即墨城外"尽掘垄墓，烧死人"，焚毁即墨人民逝去亲人的遗体，使守城的"即墨人从城上望见，皆涕泣，俱欲出战，怒自十倍"。由此可见人们对祖先坟冢的重视程度。

当吕后残忍、暴戾无常的做法传到岭南后，赵佗怒不可遏，愤然说道："先前高皇帝任命我当南越王，准许两国自由贸易往来，而今吕后采纳奸臣的建议，把我们视为蛮夷，不准卖给我们东西，这一定是长沙王进谗言所致。"悲愤交集的赵佗终于忍无可忍，决心拒汉称帝。

这年春，赵佗自上尊号为南越武帝，并"恨长沙王图己"而发兵攻打长沙国，连破数县而回。

吕后听到赵佗竟敢抗汉称帝，并进攻长沙国的消息后，大怒。立即下令削去赵佗以前受封的南越王的爵位，并派遣汉朝将军隆虑侯周灶、博阳侯陈濞率兵征讨南越国。由于赵佗在五岭战略要点早已派兵据险筑城，严加防守，所以汉军进军受阻。加之由于此时天气酷热，汉军士卒因水土不服而多染疾病，汉军的攻势始终未能越过五岭，致使汉越两军在以五岭为主要争夺地的战略区域形成了长期的僵持对峙局面。这种局面直到第二年吕后死后，汉军见难以获胜，才开始罢兵休战。

从史料记载中可以看出，造成汉越关系紧张甚至兵戎相见的局面，完全是由于吕后政策失误所致，究其原因，则是她缺少对东南地区形势充分认识的缘故。南越的反叛不仅使汉朝在东南边陲战火重燃，而且留给后世许多隐患和亟待解决的难题。其中最大的隐患是，汉伐南越，不但没有达到降服赵佗的目的，反而使赵佗作为一个抗击汉中央王朝的叛逆者，由于获胜而大大提高了自己的形象。这个结局使南越国在周围地区的威望陡然增高，许多邻国不得不对南越国另眼相看。不仅如此，赵佗借着他在汉越战争中的余威和汉王朝无暇南顾的机会，以兵威边，迫使相邻的闽越、西瓯、骆越等王国和部族向南越国臣服，由此建立起一个东西万余里的庞大王国，对汉王朝的南部边陲构成了极大的威胁。

汉越罢兵再言和

吕后死后，文帝即位。文帝即位不久，便颁诏大赦天下，修改苛刑酷罚，以松弛自秦王朝以来过分紧张的政治局面，缓和对民众的压迫程度，促进生产的恢复和发展。在对待附属国的关系上，文帝采取了"使告诸侯四夷从代来即位意，喻盛德焉"，并开始酝酿纠正吕后对南越采取的错误政策。正在这个时候，善于审时度势的赵佗考虑到南越国虽然成功地阻击了汉军的南下，但南越国与汉为敌对南越国没有一丝好处。鉴于此情，赵佗采取主动，派人送书给驻守在长沙国边境的汉将周灶，"求亲昆弟，请罢长沙两将军兵"。周灶接到赵佗派人送来的这封要求汉越和解的书信，不敢怠慢，立即送入汉朝廷请文帝定夺。

文帝接到赵佗的和解书，马上做出反应，除表示同意外，并以实际行动"为佗亲冢在真定置守邑，岁时奉祀"，又"召其从昆弟，尊官厚赐宠

之"，同时，还"罢将军博阳侯"，表面上解除了与南越国的武力对峙。汉文帝采取的这些非凡举动，为汉越双方紧张关系的解冻以及走向正常化开辟了道路。

为进一步达到赵佗解除帝号、俯首称臣的目的，文帝再次派陆贾出使南越。

此时陆贾已是一位七十五六岁的古稀老人了，他本来完全有理由推辞这个差事，但是为了汉越两族化干戈为玉帛，毅然受命，带上文帝的诏书、一名副使以及文帝赐给南越王赵佗的礼物——"上褚五十衣、中褚三十衣、下褚二十衣"，踏上了通往岭南的道路。

陆贾作为汉朝使者的到来，虽然是赵佗预料之中的事，但是他没有料到新即位的文帝会这么快就做出了相应的答复，这个举动反而使他有些惊慌不安，带着既有所希望又"甚恐"的心情接见了陆贾。

双方见面后，陆贾即递交了文帝的诏书，从历史留给后人的史料来看，文帝给赵佗的诏书是比较客观的。诏书中文帝首先承认了吕后对南越国的政策是"悖暴乎治"的，过错在汉朝方面；其次，又告诉赵佗，汉朝为恢复与南越国的关系也采取了一些措施，如撤去了靠近南越国边界的一支汉军，修葺赵佗父母坟冢等；诏书中还认为，汉越交兵，"必多杀士卒，伤良将吏，寡人之妻，孤人之子，独人父母，得一亡十"，对汉越双方都是不利的；最后文帝委婉地告诉赵佗：南越国与长沙国一样，都是高祖所封，其土地界限不能更改，希望赵佗"分弃前患，终今以来，通使如故"。

面对文帝的诏书，赵佗将做出怎样的反应呢？前文已述，赵佗在秦时就进入岭南，后又任南海尉以至划岭而王，此时执政已达38年，他对岭南的政治、社会经济等十分了解，他深知岭南虽然已有40余年的开拓史，而且社会经济水平比秦平岭南时增强了许多，但与中原汉朝相比，仍是绵力薄材，不可同日而语。所以南越国对汉的抗衡也是不能持久的，一旦中原"贤天子继出"，则完全可能趁势消灭南越国。故赵佗深知南越"诚非汉之敌"，可谓"明哲炳于几变，故能变逆为顺，以相安于无事耳"，自然也就"固不待贾之再来，而帝号之削，在佗意中久矣"。赵佗唯一没有料到的是，陆贾如此之快就到了南越。直至陆贾来到，交代清楚了汉朝天子的意图后，他深表恐惧与歉意，当即表示愿意接受中国皇帝的诏书，作为藩属，按期进贡。同时说："我听说两雄不俱立，两贤不并存。汉皇帝（刘恒）是一位贤明的天子，从现在开始，我不再称皇帝，撤销黄绫车盖、左侧大旗。"

陆贾这次出使南越，赵佗对他格外看重，相待优礼有加。

陆贾还朝时，赵佗"因使者献白璧一双，翠鸟千、犀角十、紫贝五百、桂蠹一器、生翠四十双、孔雀二双"等岭南地区的特产。赵佗一次上贡，即达1000多件物品、珍禽，可见赵佗与汉友好是诚心实意的。

陆贾顺利地完成了使命回到长安，向文帝详细汇报了出使经过，文帝十分满意，设宴庆贺陆贾的第二次出使安抚取得了圆满成功，达到了使赵佗再次对汉称臣的目的。由此开始，南越国与汉恢复了以前的关系，完全实现了双方关系的和好，赵佗对汉称臣，行诸侯之职，时时遣使入贡。

赵佗之死

汉文帝刘恒是以勤俭节约著称的皇帝，他开创了被后人称为"文景之治"盛世的先河。

文帝刘恒于后元七年（公元前157年）六月，崩于长安未央宫。孝文皇帝刘恒驾崩后，由子刘启即皇帝位。刘启生性纯厚慈仁，文帝时被立为太子，即位后是为孝景皇帝。

刘启继位后大赦天下，启用申屠嘉与周勃之子周亚夫为左右丞相，景帝承文帝节俭之风，继续采取与民休养生息政策。历史上把文帝刘恒与景帝刘启共治的时代称为西汉著名的盛世兆年"文景之治"。

继景帝之后，年仅16岁的刘彻于景帝后元三年正月即皇帝位。

武帝刘彻建元四年（公元前137年），南越王赵佗无疾而终，享年百岁余，成为迄今为止中国封建帝王中唯一的一位大寿者。

赵佗自秦始皇时代率军入岭南起，到汉武帝刘彻建元四年薨，在前后总计80余年的漫长历程中，称王称帝六十余载，在这个特殊的历史时期内，赵佗以自己的仁德、宽厚之心和满腔热情一统了岭南，缔造了南越国，使南越各族人民摆脱了刀耕火种的原始生产方式，向中原社会生产力发展水平靠近，岭南百姓富庶，国泰民安，成为支撑华夏大地的南天支柱。

南越王赵佗仙逝后，长孙太子赵胡继王位。他与丞相吕嘉，为其祖父赵佗举行了自立国以来规模最大的国葬。国中所分封的王侯、朝臣、将士、郡县之吏以及黎民百姓，纷纷从南越的四面八方赶至京都番禺，为其吊唁，连都城郊外十几里的村寨都住满了前来吊唁和送葬的人群。南越之地，可谓家家吊唁，人人万分悲痛。

发葬这天，南越国中所有鼓号齐鸣，送葬之车驾、人役绵延数十里之遥。赵胡按祖父赵佗遗嘱，将其葬于都城番禺城外的群山之中。为了使祖父赵佗永远安静长眠于黄泉之下。赵胡安葬祖父赵佗遗体时，多置疑冢。发葬的灵车从番禺都城四个城门同时出来，棺椁一模一样，下葬时又棺棚无定处。除丞相吕嘉和赵胡等少数几人外，其他人全然不知南越王赵佗棺椁的真正下葬之处。

在送葬的队伍中，丞相吕嘉是最年老的朝臣。他披麻戴孝，被两个家人搀扶着，曾几度哭得昏死过去。吕嘉昔日只是越族的一个少年，但他自幼聪慧好学，办事机灵，渐成大器。赵佗怜其才，拜吕嘉为军师，立国后又拜他为南越国的丞相。吕嘉在与赵佗相处的60余年的漫长岁月中，深受赵佗仁德、宽厚的影响，对赵佗敬重万分。今赵佗晏驾，巨星陨落，他自是悲恸欲绝。送别赵佗亡灵之后，吕嘉独居一室，仰望赵佗长眠的城外山冈悄然跪下，捶胸顿足大呼道："天邪！圣王一去，从此南越国将不复存在矣！"

象岗山中的黑洞

往事越千年。南越王赵佗陵墓所在位置，虽历代官家、民间盗墓者苦苦寻觅，始终未见踪迹。直到历史进展到1983年，才有了新的突破。

这年6月9日，广州市区北部一座号称象岗的小山包上，几十名民工正在噼里啪啦地凿石刨土。当海拔高度为49.71米的小山包被凿掉17米时，有民工突然发现自己的镐头下出现了一个不同寻常的变化，只见那风化得有些零碎的花岗岩石块不见了，代之而来的是一块又一块整齐排列的砂岩石板。

"哎！这是咋回事，怎么有这么好的大石板埋在这里？"有人用镐头敲打着石板，自言自语道。

大约过了一个小时，最早觉得有些异常的民工找了把长尖的铁镐插入石板与石板之间的缝隙里撬动起来。随着石板不断移动，缝隙越来越大，不时有碎石泥土稀里哗啦地掉在缝隙之内。

"奇怪哩！"撬动石板的民工说着，弯腰俯身想看个究竟，无奈缝隙太小，地下黑乎乎的，像个洞穴，什么也看不清。于是这个撬石的民工怀着一种难以言状的心情，将身边的几个同伴喊过来，让他们找来几把铁锹插入缝隙中同时撬动，石板的缝隙迅速扩大开来。大约半个小时后，有人拔出铁锹，擦着脸上的汗水再次俯下身去看个究竟。恰在此时，一束明亮的阳光照射下来，此人蓦地看到，在这石板下面竟然是一个硕大的洞穴。

"哎哟，快来看，这下面是一个洞哩！"民工抬头惊喜地喊着同伴。

石板下的洞穴黑乎乎一片，几个人什么也没看清，只是感到下面很像是一处人为的地下建筑。于是，有人开始声称这是当年部队修的一个防空洞，其目的和用途是预防苏联发射到中国的原子弹在广州爆炸。这个解释使部分人信以为真，但也有人感到仅仅是一个防空洞并不够刺激，便以不同的见地言称此处是日军侵华时，在这个山包中秘密修建的一座军火库，下面匿藏的必是成捆的炸药和炸弹。

在好奇心的驱使下，几十个民工围绕一块石板，或用锹或动镐，噼里啪啦地凿撬起来。眼看石板的缝隙越来越大，洞穴中的一切即将暴露于世。正在这个时候，一个人的突然到来，使这个行动未能进行下去。这个人就是广东省政府基建处的基建科长邓钦友。

邓钦友到象岗工地时，发现民工们围在一起正指指点点地议论着什么，禁不住走上前去看个究竟。他围着摇晃的大石板转了两圈，蓦然想到了什么，急忙让大家住手，随之跨到近前俯身从石板的缝隙中向下窥视。此时，缝隙的最宽处已被撬开达0.3米，洞穴内的形制基本可以辨清，散落其中的器物也影影绰绰地显现出来。

根据看到的情形，邓钦友初步推断，这个洞穴很可能是一座巨大的古墓。既然是古墓，就应当受到保护并迅速通知考古部门前来鉴别。他立即打电话给市文管会考古队，报告象岗发现的情况。值班的考古人员黄淼章接到电话，立即同考古队员陈伟汉、冼锦祥等骑自行车赶到象岗施工工地。

黄淼章等人挤进人群，立即对现场进行勘查，发现这个洞穴既不是部队修筑的防空洞，更不是侵华日军构筑的秘密军火库，而是一座石室古墓。从整体看上去，这座古墓构筑在象岗腹心约20米的深处，墓顶全部用大石板覆盖，石板的上部再用一层层灰土将墓坑夯实，以达到封闭的效果。

外部情形勘查完毕，黄淼章从怀里掏出装有两节电池的手电筒，俯身石板的缝隙，透过手电射出的光向下观看。由于下面的墓穴过于庞大，加之外部光线干扰，射到墓穴中的手电光显得极其微弱，如同萤火在黑夜中晃动。尽管如此，黄淼章还是窥到了墓穴前室的石壁、石门等较明显的建筑物。稍后，随着手电光的不断移动，黄淼章又在石室内散乱的一堆杂物中看到了一件类似铜鼎的器物，从这件器物的外部造型看，当是汉代之前的葬品。

陈伟汉和冼锦祥以及另外两名考古队员相继窥看了墓室，也感到有些不同寻常，但对此墓到底属于什么时代难以下确切的结论。黄淼章望着大家有些疑惑的脸说："你们在这里等着，我打个电话叫老麦来看看再做结论。"

说着，转身向山下走去。

约20分钟后，广州市文管会副主任、广州博物馆馆长、著名考古学家麦英豪来到了象岗山。这位中华人民共和国成立以来广州第一代考古学家，曾率领考古队员，几乎踏遍了广州地区所有的山山水水，调查、发掘了近千座墓葬，从而积累了丰富的考古经验和广博的学识，每当有较大的墓葬发现，必定由他亲自主持发掘。在广州现代田野考古的历程中，麦英豪始终起着举足轻重的作用。

听到黄淼章的电话汇报，麦英豪异常惊喜，他没有想到，他将要面对的就是苦苦探寻的那个千年隐秘。

不祥之兆

麦英豪来到工地，从腰里掏出装有五节电池的大号手电筒，身子半趴在地上，借着手电的强光从缝隙中向下窥视。由于光的亮度明显加强，墓室中的景物看上去比先前清晰了许多。随着手电筒光柱不断移动，麦英豪先是看到了用石块砌垒的墓壁，然后看到了硕大的石制墓门，接下来，看到了散落在墓室中的一堆凌乱不堪的器物。在这堆零乱的器物中有一个大号铜鼎和几件陶器格外显眼。

麦英豪将手电的光柱，在这几件器物上反复晃动，并从形制、特色等多方面观察判断，终于在脑海中形成了一个结论——这确是2000多年前汉代的一座石室墓葬。

尽管墓葬的主人是谁尚不知道，但仅从墓室的形制、规模以及随葬的器物来看，当是岭南考古史上一个前所未有的新发现。这次偶然的发现，将为岭南考古史增添新的极其光彩的一页。

麦英豪转身来到邓钦友的身边，心怀感激之情地说："邓科长，你可是又做了一件大好事啊！这是一座很有价值的古墓，是个重大的考古发现，没有你及时报告，说不定要遭到破坏。我们需要马上组织力量发掘，如果这个墓是完好的，恐怕你们的楼在这里就盖不成了，你还是早一点向省政府打个招呼吧。我们回去研究一下，看如何发掘。"

为避免影响面太大而引起人群围观，妨碍勘察，麦英豪决定当晚就进行勘探。

根据白天观察到的情形，象岗古墓墓顶石板的缝隙最宽处只有三十几厘米。显而易见，若从这样的宽度中钻入墓穴只有精瘦者可担当此任。麦英豪决定请业务主力、身体精瘦结实的黄淼章充当"孙行者"。

进入墓冢的人选确定，麦英豪和众人又商讨具体操作方法，准备了绳索、竹竿、手电筒等必需工具。眼看预定的时间已到，大家起身来到了夜色中神秘莫测的象岗山。

到了墓坑边上，麦英豪打开手电照了照墓顶石板的裂缝处，然后走上前去用手拍了拍黄淼章的肩膀，轻声叮嘱："小心点，下去后记好文物分布的大致情况，要注意保护墓内的迹象，尽量做到进退均踩同一个脚印。闻到不同气味或听到异响，迅速往上撤，如果来不及撤退，你就大喊几声，我们这边抓住绳子将你拽出来。听清了？"

"听清了。"黄淼章回答着，尽力使自己怦怦跳动的心平静下来，而后向墓顶石板的裂缝走去。

几束手电的光柱对准石板裂缝，黄淼章站在裂缝前，用手紧了紧上衣，两手扶竿，双脚跃起，轻灵快捷的身子一下便钻入地宫。

借着上面射下来的几束手电光柱，黄淼章低下头，小心地选好一个见不到器物的地方，将双脚踏上，然后打开自己肩挎的长筒手电，在地宫中观察起来。

只见这个墓穴全部用石块和石板建成，地宫的四壁完好，而墓顶的石板多数已经断裂，不少碎块落入地宫，硕大的石板有许多已变形移位，随时都有断裂塌下的可能。

黄淼章望着那些变形的石板不禁头皮发麻，毛骨悚然。他知道，只要有一块石板掉下来，自己就有被砸成肉泥的危险。他没敢移动身子，只是强迫有些眩晕的大脑稍微冷静了一下，借助手电的光束开始逐步观察。

他发现，自己身处的地方很像平时家中的一个厅堂，在厅堂的前后都有一道石门封闭，左右似有两个规模相同的厢房。这个厅堂的顶部和四壁都有朱墨绘的卷云图案，尽管此时厅堂内升腾回荡着腐朽而阴湿的茫茫雾气，使手电的光亮大为减弱，一时难以看得仔细、分明，但从整体可以看出，这座古墓的地下冥宫原本建造得极其精致、壮观，如此规模宏大又有卷云图案的石室墓葬，在岭南地区可谓前所未见、闻所未闻。

当他小心翼翼地穿过一条过道，跨入厅堂的一个厢房时（后正式定名为东耳室），眼前的景物惊得他目瞪口呆。手电的光柱穿过飘忽缠绕的迷雾，照射在一堆色彩斑斓的珍宝之上。只见那硕大的铜壶、铜缸、铜提筒、铜钫和无数的玉饰凸现在一层辨不清质地的零碎器物之上。这些器物光芒四射，灿烂夺目。在这堆瑰丽珍宝的不远处，一排硕大整齐的铜质编钟泛着暗绿色的幽光，高贵圣洁而又气宇轩昂地静卧在那油漆彩绘的钟架之上。

眼前的一切，使黄淼章如同置身于一个神奇的梦幻之中，情感和理智都难以让他相信，这竟是一个没有受到任何外界骚扰、完整地匿藏了2000多年的石室大墓，这座大墓连同墓中的一切，使黄淼章如痴如醉……

神秘人物是谁？

十几分钟后，黄淼章怀抱一件大玉璧、一个铜编钟、一个陶罐来到了墓室的裂缝之下。他仰起头，冲上面喊道："扔下三个包来，往上取文物。"

三个粗布包相继扔了下来，黄淼章分别将三件文物装入包中，解下腰上

系的绳子将包拴住，喊了句："拉上去，拉上去。"

借着几束手电的光亮，三件文物很快被陆续提了上去。稍后，黄淼章顺着竹竿在同伴们连拖带拉下，慢慢钻出了墓室。

"怎么样，里边的情况怎么样？"麦英豪急不可待地问着。

黄淼章抬手抹了一把脸上的汗水，望着麦英豪掩映在夜幕中的身影，气喘吁吁地说："墓室很大，没有被盗，里边有数不清的奇珍异宝……"

"好，陈伟汉，你安排几个人在这里轮流看护，其余的人带上文物跟我到考古队办公室去。"麦英豪听完黄淼章的话，情绪激昂地说。

一时间，广州市考古队办公室内灯火通明，烟雾缭绕。十几个人围着从象岗古墓中取出的三件文物和黄淼章画的一张墓室草图反复察看。巨大的墓室、彩绘的壁画、成排的编钟、硕大的铜鼎、瑰丽的玉璧……古墓的形制和珍宝，无不使在场者瞠目结舌、惊愕不已。

事实已清楚地向众人表明，如此巨大的墓葬和奇特珍贵的文物，在广州市考古队成立30多年来是首次发现。那成套的编钟说明墓主的身份非王即侯，而碧绿的大玉璧，又分明是瑞玉之首，绝非普通人家所有。这一切，无不在暗示每一个考古队员——一个匿藏2000多年的重要人物，很快就将走出阴暗幽深的地宫，登上历史重新搭建的舞台，再度向世人讲述那早已逝去的愉快或忧伤的往事了。

这个重要的神秘人物是谁，会不会就是让考古人员30多年来魂牵梦萦的南越王赵佗？

8月25日上午，三方（广州市文管会、广东省博物馆、中国社会科学院考古研究所）发掘队人员云集象岗，联合考古发掘正式开始。

发掘中尤其引起发掘人员注意的是，墓道中发现了铜器、陶器等殉葬品，并发现了刻有"长乐宫器"的四字戳印。

长乐宫原是西汉时期都城长安著名的宫殿建筑，位于长安城内东南部，与西边的未央宫东西并列，故又称东宫。自汉高祖刘邦驾崩、汉惠帝移住未央宫后，长乐宫便成为太后之宫，其遗址至今尚有部分保存。"长乐宫器"戳印的出土无疑向发掘人员昭示，墓室的主人很可能就是一度僭号"南越武帝"的赵佗或其家族中的某一位王。但究竟属于哪一代王，是否就是赵佗本人？发掘人员为此又开始了新的一轮猜想和议论。

在长达十余米的墓道尽头是两扇东倒西歪的石门。看来当初为墓主下葬的群臣、民夫在撤退时显得有些匆忙和慌乱。墓门关闭，便胡乱向墓道中填入乱石和泥土。石门在这些巨石碎土严重挤压和冲撞下，门轴断裂，使已经关闭的两扇硕大门板再度分离，并使中间敞开了一道足可容人进出的缺口。

这座已经敞开墓门的巨型大墓，历2000余年未被盗墓贼发现，实在是墓主的幸运。

墓室探宝

当发掘人员陆续进入被揭了顶盖的石制墓室时，最醒目和扎眼的是四壁满布的云纹图案，清新亮丽，笔触如行云流水，彩绘的大小不同的云朵，看上去如被飓风卷起，狂飙裹挟，形成了一种奔腾、飘逸、凌空飞旋的浩瀚气势。

整个前室的随葬物布置比较简单，除清理出的大铜鼎、玉佩饰、玉璧和石砚等较明显的文物外，发掘人员又在墓室的东侧发现了一处殉葬人的棺具遗痕，殉者的骨架、棺具早已腐烂如泥，仅见一片板灰残痕。在这片板灰痕的南北两头，分别有一把铁刮刀和环首铁刀，两者相距1.2米。在两把铁刀之间，排列着一组玉佩饰——散落的玉璧、玉环、玉璜和一件鎏金的铜环等器物，由北而南形成一条明显的直线。在这组玉佩饰的一个大玉璧旁，发现了一方铜质印章，印为方形，龟钮，阴刻篆文"景巷令印"四字，长宽均为2.4厘米，重27.97克。

据后来研究，印章上的"景"字为"永"字同音通假，"景巷令"即"永巷令"，汉代设永巷令这一官职，由宫中的宦者充任，专门掌管皇后、太子的家事。由此可推断墓中的这位殉葬者，生前当是南越国王室的"景（永）巷令"。墓主死后，便将其与漆木车模型同殉了。因为在墓室内靠西边的地方，还发现了一具木车模型的残痕，由此断定与之同殉。

当地宫前室的文物全部清理之后，发掘人员将清理的重点转向了东耳室。

从整体看上去，东耳室应是放置宴乐用具的处所，内中的铜器、铁器、陶器、玉石器、金银器、漆木器、象牙骨器、动物遗骸等器物琳琅满目，一眼望过去，让人感到眼花缭乱。让发掘人员最为激动和兴奋的，是室内那耀眼生辉、光彩照人的铜乐器和铜容器。

经初步观察和鉴定，象岗古墓东耳室存放的铜器皆为铸件，造型优美，有些铜器上有繁缛精美的纹饰，有的通体鎏金，特别是两套铜编钟，虽历2000多年的岁月侵蚀，依然散发着独特的魅力和逼人的光辉。

两套编钟分为钮钟和甬钟两种，钮钟为一整套共14件，从小到大依次

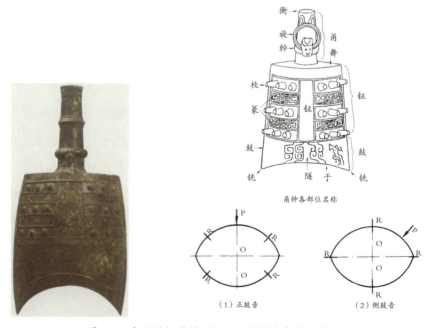

图9-2　出土的铜甬钟形状以及甬钟各部位示意图

排列在北墙壁的下方，并整齐地悬挂于木制横梁上。尽管木制横梁早已朽腐，但残留的木片和漆皮依然保持着当初入葬时的情形。这套钮钟通体泛着青绿色的幽光，方环状钮，口部作弧形，钟体横断面呈椭圆形，每件钮钟均保存完好。

与14件钮钟相连的一套5件的甬钟，同样是从小到大，依次摆放在耳室东侧的地面上，只是未见横梁木架。每件甬钟形制相同，外表都有丝绢包裹的痕迹，表明入葬前曾人为地包装过。在清理时，考古人员对两套编钟轻轻叩击，钟体发出了庄重、清新、典雅的声音，可见这两套青铜铸就的编钟，虽经2000多年的掩埋，仍风采依旧，声韵不减当年。

在青铜编钟旁侧，由耳室的前部往后，排列着两套共18件石制编磬（石制打击乐器和礼器）。石磬的排列顺序由小到大，依次平放在地面上。考古人员通过粗略的观察，发现石磬通休呈曲尺形，两面光素，股边短而宽，鼓边长而窄，股鼓相接处上部成角状，下边呈弧线形，顶部各有一圆孔，以作悬挂之用。

在石磬的上下左右，考古人员并未发现可供悬挂的木架或木架的痕迹。看来石磬入葬之初就没有打算要悬挂而是摆放在地面上的。

除此之外，考古人员还发现，这两套石磬不但未见丝织物包裹的痕迹，且石质较差，大多呈灰白色。可能由于墓中长期浸水以及墓底酸性土的侵蚀，石磬整体上保存状况相当差，尤其是贴于地面的那一面，腐蚀极其严重，甚至有的地方已成粉末状。

在东耳室所有的青铜器物中，

图9-3　铜提筒

形体最大也最为显眼的当是室内后半部中间位置的一套铜提筒。从形制上看，这套提筒是古代岭南人用来盛酒的器物。提筒分3件，按大小顺序相套在一起。3件提筒均保存完好，只是缺少顶盖，出土后经考古人员分析，可能上面分别有木盖，由于年久日深，木盖腐烂无痕了。

相套在一起的3件铜提筒，外部的一件最为硕大，通体像人们平时见到的圆桶，只是头部比圆桶还要大，外有船形纹图案，通高50厘米，口径46.5厘米，筒壁口部厚0.2厘米，底部圈足部分厚达0.35厘米。

大提筒内部的两个小提筒，其形状基本与外部的大提筒相同，只是形纹图案更显得别具特色。只见这组图案有饰羽人船4只，形象大同小异。4船首尾相连，船身修长呈弧形，两端高翘像首尾。首尾各竖2根祭祀用的羽旌，船头两羽旌下各有一只水鸟。中后部有一船台，台下置一鼎形物。中前部竖一长竿，竿上饰羽纛，即古代军队里的大旗，下悬木鼓。每条船上有6人，其中5人戴羽冠，冠下有羽翼，细腰，下着羽毛状短裙，跣足。其中一人高立于船台之上，左手前伸持弓，右手持箭，似属主持祭祀的首领形象。船台前三人，第一人亦左手持弓，右手执箭；第二人坐鼓形座上，左手执短棒击鼓，右手执一物；第三人左手执一裸体俘虏，右手持短剑，好像正在杀人。船尾一人掌橹，每只船饰以水鸟、海龟、海鱼等水生动物。

从主要人物活动看，似是两股不同的势力在相互攻伐，得胜的一方杀俘虏以祭河（海）神。岭南临海，山林密布，除生活在这里的各种部落相互攻伐外，海盗时常出没丛林大海，形成了岭南一大隐患。这个提筒以及图案的发现，为研究岭南冶金史和当时的社会制度提供了极其珍贵的史料。

据考古人员研究，象岗古墓出土的这类铜提筒，起源地应在越南，两广铜提筒是受到越南的影响而发展起来的。据麦英豪考证，南越国的统治势力已达今越南北部地区，两广铜提筒中的一部分可能是通过贸易输入进来，也可能是越南某些部落首领用以盛放贡品进献到南越王宫的。

墓主是谁?

从整个东耳室出土的大多数器物看,那盛酒的容器、伴奏助兴的钟、磬,以及后来出土的琴、瑟和用于娱乐的"六博"等,都标志着这是一个盛大豪华的宴乐场所,也折射出这个场所的主人具有的高贵身份。尤其在钟、磬旁边那个早已腐烂成灰的殉葬人,很可能就是墓主人带进来的一名"乐师"。当主人进入另一个世界后,也依然让这位"乐师"一同进入这幽暗的墓穴为自己的奢华享乐服务。看来这位墓主人确实气派非凡、霸气十足,具有唯我独尊、视天下人如草芥的派头。

那么,墓主人到底是谁?难道真的是人们千百年来苦苦探寻的南越王赵佗?如果不是赵佗,谁会有这番气派?

当考古人员在东耳室清理到最后一种器物时,蒙在墓主人脸上的那块神秘的面纱终于揭开了一角。

考古人员最后清理的是存放于东耳室后壁的一套青铜句鑃,这套句鑃共由8件组成,在岭南地区属首次发现。此器出土时多数大小相套,器型基本相同。器体上大下小,一面光而无文,另一面则阴刻篆文"文帝九年乐府工造"。

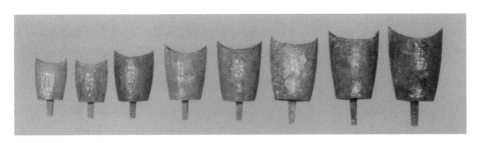

图9-4 全套句鑃

此次发现的刻铭"文帝九年乐府工造"句鑃,当是南越国乐府所铸。根据史料记载,只有南越国第二代王曾自称"文帝",这个"文帝九年"应是

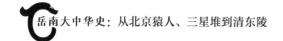

西汉武帝元光六年（公元前129年），而这个时候南越第一代王赵佗早已死去，在位的则是第二代王赵胡。

如果史书记载的南越第三代王赵婴齐之墓确实被孙权大军盗掘。那么，此墓属于赵胡或赵胡时代其家族主要成员的可能性极大，因为在婴齐之后继位的第四、第五代王，正逢刀光剑影的动荡乱世，不可能从容不迫地建造如此规模宏大的墓穴。只有赵胡或他同时代的高级贵族才有可能做出这旷世之举。

未久，考古人员又在一件铜伞柄饰旁和一个铜匜之内，先后发现了两枚上有"帝印"字样的封泥。这两枚封泥的出土，再次为考古人员提供了一个重要信息：所谓"帝印"，当指皇帝之印。这种直书"帝印"的封泥，在此前的中国考古史上从未发现过。按常规推断，封泥是缄封随葬品的信物，此墓中发现"帝印"的缄封，说明墓中的主人曾僭号称帝，而部分随葬品，也是这位称帝的墓主生前亲自缄封的。那么，这位僭号称帝的人到底是赵佗还是赵胡呢？

进入主棺室

9月20日，第二道石门被打开，考古人员陆续进入后室。

当考古队员李季在棺椁南端清理几堆散乱的陶璧时，偶然发现了一块四角钻有小孔的薄玉片。这块薄玉片的出现，并未引起李季格外关注，他当时简单地认为，这只不过是一块断石砸散的器物碎片而已。

但当他详细观察后，猛然感到这一发现非同小可。这个薄玉片的出现，是否意味着这是墓主用玉衣做殓服的一个重要信号？在高度的兴奋与渴望中，身旁的麦英豪指示李季沿一条直线迅速向棺椁位置清理。李季遵照指令，一边清理其他器物一边按直线向前推进，当接近棺椁并将棺椁的朽灰泥土用小毛刷一点点细细清掉后，一堆期待已久的白色带孔的小玉片凸现出来。

　　"玉衣，真是玉衣！"未等李季说话，众人便急切地叫喊起来。眼前的情景无疑向考古人员证实，墓主确是身穿玉衣躺在这冥宫之中。大家知道，既然以玉衣殓葬，墓主人尊贵的身份已不言自明，除了南越王，谁会有这样的气派？

　　于是，考古发掘队集中白荣金、杜玉生、冼锦祥、李季等最精干的力量，进行棺椁部位的清理。随着清理工作的不断深入，玉衣的轮廓渐渐凸现出来。只见玉衣紧贴棺底，几块大玉璧覆盖在玉衣的胸腹间，另外还有组玉佩、金银饰物等覆压其上。玉衣的两侧依次排列着几把长剑，头下置珍珠枕。

　　可能由于断石在棺椁朽腐散架后挤压的缘故，玉衣保存状况极为糟糕，整体已被坍压成扁片，平均厚度只有3厘米到4厘米，且多数玉衣片已散乱不堪，除两袖、裤筒、手套等部位的轮廓尚隐约可辨，面罩和双鞋则凌乱得难以分出原有的顺序和层次。尽管如此，考古人员依然情绪亢奋，喜不自禁，因为这毕竟是岭南地区乃至整个中国南部地区首次发现的一件汉代玉衣殓服。1968年，在河北满城刘胜夫妇的墓中出土了两件金缕玉衣，曾轰动世界。而今天，象岗古墓发现的玉衣也必将令世人再度为之瞩目。

图9-5　修复后的丝缕玉衣

就在白荣金、冼锦祥等人清理玉衣的过程中，发现玉衣内仍保留有部分遗体的残骸，绝大部分残骸已腐朽成粉末状的骨渣，只在玉衣的头罩部分尚有少许残颅骨片。这些残片大小不一，最小的为直径5毫米左右，最大的直径也仅有45毫米至50毫米。由头罩中拣出的残颅片，大多数已难辨其所属部位，少数较大的骨片经拼对黏合后尚可判断其所属部位。这几块拼接起来的残颅骨片成为判别墓主性别年龄的唯一资料。

后经中国社科院考古所鉴定专家以及北京医院口腔科主任李善荣等采取多种方法鉴定，象岗古墓墓主属一例男性个体，从牙齿的磨耗程度、主要颅骨缝的愈合情况以及牙槽骨出现萎缩和牙齿的结构等多方面考察，墓主的死亡年龄为35岁到45岁。

除残碎骨骼的发现，在散乱的玉衣片中还出土了一枚玉质印章。此印为方形，螭虎钮，螭虎周围刻有云气纹衬托。印文篆体，阴刻"帝印"两字，中间由一条线分隔，外加边框。这枚"帝印"的书体与早些时候出土于西耳室上刻"帝印"的封泥不同，这表明墓主生前最少曾使用过两枚"帝印"。

图9-6 "帝印"玉印。印面长宽各2.3厘米，印台高0.8厘米，通高1.8厘米

继这枚"帝印"之后，考古人员又在玉衣片中间部位接连发现了两枚刻有"泰子"的印章。此印章一枚金制，一枚玉制，都为阴刻篆文。其中金印为龟钮，外有边栏，中有竖界，印面右方刻"泰"，左方刻"子"。

图9-7　"泰子"金印

与金印不同的是，玉印为覆斗钮，外无边栏，内无中界，印面右方刻"泰"字宽大，"子"字瘦窄，两者比例失调，从字形上看，金、玉两印书体不同，不是一人所书。

印文作"泰子"两字的印章，在传世玺印中未曾见过，考古发掘中也属首次发现。这两枚印章的出土，在使考古人员感到新鲜惊奇的同时，也使大家陷入了迷惑。

"文帝行玺"惊现人世

古时泰、太两字互相通用，汉代册立嗣位的皇帝之子和诸侯王之子称太子。这个常规制度无疑在提醒现场的考古人员，墓主人显然不是南越国第一代王赵佗，也不会是第二代王赵胡，因为司马迁《史记》载，赵佗的父亲没有做过皇帝或诸侯王，赵佗为太子便无从说起。而第二代王赵胡乃赵佗之孙，既是王孙，生前也不会有"泰（太）子"的封号。有"泰（太）子"封号者除赵胡以后的家族成员，另一个便是在《交州外域记》和《日南传》中提到的曾率兵攻占交趾并大破安阳王的赵佗的太子赵始。

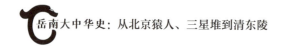

或许，这位太子未及嗣位而身亡，入葬时由后人将他的"泰（太）子"印一同送入这幽暗的墓穴之中。这个设想是否成立，考古人员一时难以定论。

让考古人员更感到困惑和不解的是，随着清理工作的进展，在玉衣片的中部又发现了一枚上刻"赵眜"的玉印。这枚玉印覆斗钮，横穿一小孔，印文阴刻篆书，中有竖线分隔，外加边框。

图9-8　"赵眜"玉印。长宽各2.3厘米，通高1.7厘米

从形制上断定，这枚印应是墓主的名章。这枚名章的出现，使墓主到底是谁的问题，变得更加复杂起来。若按此前发现的"帝印"来看，墓主当是一位僭号称帝的南越王。据《汉书》记载，南越国历史上只有第一代南越王赵佗和第二代南越王赵胡才僭号称帝。这就说明，墓主人不是赵佗便是赵胡。

而从"泰子"印看，墓主人应该是赵佗的儿子赵始或赵胡后辈的家族成员。再从"赵眜"的名章看，无论是《史记》还是《汉书》都没有赵眜此人的记载，这个赵眜是谁？是墓主本人还是陪葬的家族成员？综观以上4枚印章，竟出现了3个不同的推论，那么墓主究竟是谁？

要解开这个隐秘，还需要更加有力、确凿的证据来证实。让考古人员意想不到的是，一个至关重要的证据很快出现了。

就在第二天傍晚快要收工时，黄展岳在玉衣中间部位稍左的一块大玉璧上，突然发现了一件金黄色的物件。黄展岳眼睛一亮，细心剔除周围的泥土，轻轻拂去上面的灰尘，一条造型别致的金色小蟠龙立即凸现于四方台上。

只见一个方形的金块之上盘踞着一条游龙，游龙的身体盘曲成S形，首尾及两足分别置于金块的四个边角之上，龙首微昂，做欲腾跃疾走之状。整个游龙透出一股威严神圣、腾达飘逸的灵性。

麦英豪面露神圣之色，用一支细杆毛笔再次拂去金印上的灰尘，极度小心谨慎地伸出两个手指捏住沉甸甸的龙钮提起后放入手心，然后屏息静气慢慢翻转。整枚金印的正面显露出来，赫然铭刻着四字篆书"文帝行玺"——一件绝世2000余年的镇墓之宝横空出世。

图9-9　"文帝行玺"金印

众人情不自禁地"啊"了一声，接着是一阵欢呼。

"文帝行玺"的出土，无疑向大家宣告，象岗古墓的墓主，极有可能就是《史记》《汉书》两书所记载的曾僭称南越文帝的第二代南越王——赵佗

的孙子赵胡。

据史料记载，秦代以前，印章是用金、玉、银、铜制成，称"方寸玺"，人人皆可佩带。秦后，只有皇帝印章独称玺，并专以玉制成。玉制印章造型的不同，体现了拥有者不同的身份和社会地位。

秦始皇统一六国后，令良工用蓝田山美玉制成了一枚玉玺，玺钮雕刻犹如龙鱼凤鸟之状。丞相李斯以大篆书写"受命于天，既寿永昌"八字，刻于玺上。秦始皇和满朝文武对这枚玉玺非常看重，称为"传国玺"。此玺在历代不同人物手中流传了一千多年，直到元代末期，被败退的蒙古人携至漠北，下落不明。

象岗古墓出土的"文帝行玺"为阴刻小篆，书体工整刚健有力，字划的文道很深，如一条直沟，沟壁垂直光滑，表明印文是铸后加工刻凿的。而沟底像鳞片一样，满布一条条等距的小横划，由此可推断，这是用利器刻凿之后留下的痕迹。经测量，金印长3.1厘米、宽3厘米、高0.6厘米，通钮高1.8厘米，重148.5克。经电子探针测定，此印的含金量为98%强。

按文献记载，汉印边长该是汉尺的一寸，即现在的2.2厘米。皇帝的印是否还要大些以示区别？由于没有发现汉代皇帝印，无从比较，但和此前在咸阳发现的皇后之玺2.8厘米的宽度相比，还是比较接近的。

这枚金印出土时，印面沟槽内及印台的四壁都有碰撞的疤痕与划伤，有些地方磨得特别光滑，而这些地方正是抓印的手指经常接触的部位，由此可推断，这枚印是墓主生前的实用之物。

但有一点令人感到奇怪，按史料记载，汉代皇帝活着的时候，并没有自称为"某帝"者。那些所谓的"高帝""文帝""武帝"等称呼，全是在他们死后，由后代根据其生前功绩加拟的封号，叫作"谥"。如汉朝的"景帝"，是他儿子刘彻（汉武帝）继位时给追谥的。由此可知，汉代皇帝生前的印不会有什么"高祖之玺""武帝之玺"之类的印文。

另外，皇帝所用之印也不是他死了便可带走的，有的帝王死后虽然也可能带印陪葬，但多是临时刻出来的，不是生前治理国家时用的那一枚。如此看来，"皇帝信玺"才可以从汉高祖一直用到汉哀帝。

很显然，象岗古墓这枚金印的印文并不符合汉朝的制度。汉代帝印是用"皇帝""天子"之类可以通用的字眼，象岗古墓的墓主为什么却用个"文帝"呢？"文帝"是一个特定的称呼，只能指某一朝的其中一个皇帝，总不会是父亲叫文帝，儿子、孙子还自称文帝。

或许这正是南越国与中原不同的地方。从文献记载看，南越国的帝王，在生前就已经给自己上封号了。如开国的第一代王赵佗，自称是"武帝"。从象岗墓主人的印章可以看出，他自称"文帝"。

历史文献载，南越国到了第三代王就不敢再称帝了。他把以前的武帝玺、文帝玺都藏起不用。其实即使他称帝，像"文帝行玺"这枚印，也是不能用的。至于南越国是否有"传国玺"，后人尚不清楚，但像"文帝行玺"这样的金印无疑是属于一个帝王的印章。

南越王墓的形制

当发掘工作完成之后，关于整个南越王墓的构筑格局也随之显现出来。从总体上看，这座古墓先在象岗小石山的山顶向纵深劈开20米，凿出一个平面如"凸"字形的竖穴，前端两侧再加掏洞以建造耳室。全墓用红砂岩石砌筑，分前后两部分，共7个墓室。前部为前室和东、西耳室；后部正中是主棺室和后藏室，两侧为东、西侧室。前室顶部及四壁均有彩绘云纹图案，装饰富丽，象征墓主生前宴乐的厅堂，室中置帷帐、车具。东耳室是礼、乐、宴饮用器藏所，置编钟、编磬及大型酒器。西耳室置青铜礼器，各种铜、陶生活用具、兵器、甲胄、铁工具、车马帷帐、金银珠宝、象牙、漆木器及丝织品、五色药石与砚石丸墨，等等，数量达四五百件，是全墓储藏器物最多、最丰富的一个库藏。墓主棺椁置于后部主室正中，墓主身着丝缕玉衣。后藏室储放着膳食用具和珍馐。东侧室为姬妾藏所，西侧室为庖丁厨役之室。全墓的构筑格局以及随葬品陈设都是仿照人生前前朝（堂）后寝（室）布局设计的。

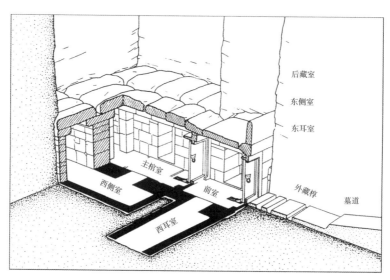

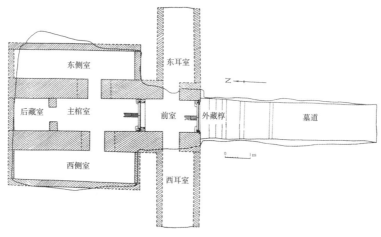

图9-10　南越王墓内部结构立体示意图

据《史记·南越列传》载，南越第一代国主赵佗自尊号为"南越武帝""乘黄屋左纛（dào），称制，与中国侔（móu）"。南越王墓是否可视作"按天子葬制"而营建的帝陵？只要就汉代天子诸侯葬制与南越王墓的形制作一个简要的比较便见分晓。

结合历史典籍和考古发掘，王陵的地面建制内容包括高大的坟丘、围绕坟丘的坟垣以及祠庙等形制。汉代坟丘的高度与墓主的身份密切相关。文献记载，武帝坟高二十丈（约合今48米）。象岗汉墓系南越国二主赵胡（眜）的陵墓，下葬于武帝时，当西汉中期。从建筑格局看，受中原王陵形制的影响，修建在象岗山体之中，而象岗在西汉时期，处于南越国都城——番禺城的西北角，属于都城的近郊。赵胡（眜）选择此地建墓，符合王陵建于国都附近的时代风尚。

赵胡（眜）墓的墓室建筑实际坑位面积只有100多平方米，仅相当于中山靖王刘胜墓（502平方米）的五分之一，连长沙国王后曹𡡓的墓（128平方米）也比它大。这无论从墓主作为外藩封国之王，还是僭称"文帝"的身份来说，似乎都很不相称。这个差异应和南越国当时的社会历史和经济发展程度紧密相关。在汉初，岭南地区要比中原落后，处于广种薄收的落后生产方式阶段中，生活水平很低。汉兴几十年，经过秦代留戍岭南的五十万大军和南越人民的共同辛勤劳动，到武帝时，岭南地区社会经济才有了飞速发展。中华人民共和国成立后广州近郊发现的南越国时期的墓群也反映了这一史实。南越国前期，墓的规模一般较小，随葬器物也少，大墓很少发现。那些规模较大、随葬器物丰富的大墓，几乎都出于南越国的后期——汉文帝、景帝以后到武帝元鼎六年南越灭亡这一个时期。

象岗赵胡（眜）墓与中原王侯墓相比虽显得过小，但在当时的南越境内绝不算小，相反，是一项巨大的工程。整座墓修在石英岩的地基上，这地基离山顶超过20米。也就是说，在动工建墓以前，先要从山顶向下挖一个20米深、面积略大于墓室底面的大坑。从已发掘出的墓室底部面积100多平方米来看，假设当时挖的大坑坑壁垂直，这个大坑的体积也有2000立方米。实际上，在施工时，垂直下挖一个20米深的大坑是很困难的，尤其象岗的石英岩，有些地方已经风化，如果垂直挖20米，肯定会出现塌方。因此，挖坑过程中必须采用不断扩展坑壁，阶梯式扩方的方法，墓坑的实际工程量肯定要大于2000立方米。可以想象，在2100年前钢铁工具还很不普遍的岭南地区，要在石山里凿出一个这样的大坑，该是何等艰巨！

我们的祖先在刚刚学会造房子的时候，是用小棍组成房架，用兽皮做挡风的墙壁。到青铜时代，中国北方的房子，主要是用夯土的方法来建墙，以木为柱；而南方的房子则主要是小结构的，用石头做材料的建筑。

经考古人员计算，南越王墓的墓室，一共用了750多块石头，所用的全部石料，包括砌墙石、挑檐石、柱石、顶盖石板等，都经过了不同程度的凿打。墓中的砌墙石，石头表面打磨得相当平整。不仅较小的砌墙石如此，盖在前室顶部的那块全墓最大的石板，面积有5.5平方米，石板的两面也都凿得异常平滑。根据现代手工打凿石料的经验，每开一立方米石料要两三天，而加工一块1.3米×0.3米×0.15米的石料六面平整，一个工人也要干两天左右。参考现代打石工人的工作定额，仅采石和凿石加工两项，南越王墓至少需要100个工人工作100天。运输石料的工作就更艰巨。根据地质科学工作者朱照宇先生的研究，南越王墓所用的砂岩来自番禺莲花山。那里有一个古老的采石场。采下的石料，据推测是沿珠江运到广州再到象岗的，这样，运送这批石料，估计100个工人要花两个月以上的时间。合起来估算，仅石料的开采、加工、运输就需要100个工人工作半年左右。那时不仅没有起重机械，没有汽车，连锤、凿也不如现代的工具那么坚硬。用人力打下这些硕大的石板，再用人力运送到墓室所在的工地，可以想象其困难的程度。

从整体来看，象岗南越王墓石墙的砌造，质量是较高的，每一面墙都砌得平直规整。在各个墓室连接的转角处，还特意用长、宽1米多的大石砌成"石柱"，既支撑沉重的顶盖石板，又保证转角位置的稳定性，从而保证了墓室结构的稳定。

需要特别提及的是，在这座王陵的建筑材料中，最沉重的，就是盖在墓顶上的石板。这些大石板一般都有2米多长，1米多宽，二三十厘米厚，重1500多公斤。最大的一块是铺在前室顶上、一面绘有花纹的那块顶板，面积达5.5平方米，重2000多公斤。这么沉重而庞大的石板在没有起重设备的古代，是怎样吊起来放到墓顶上去的呢？这成为研究者一个难解之谜。尤其困难的是前部东、西两侧那两个像隧道一样的耳室。这两个耳室是向山腹掏挖修成的，长6米多，宽只1.8米，顶部就是石山，铺顶的大石板重1500公斤以上，要把它抬起两米多高架到活动空间极小的顶部，又是多么的不易！

尽管象岗古墓在建造等方面的谜团一时难以揭开，但有一点是清楚的，那便是在岭南地区已发现的汉墓中，这是营造工程最艰巨、规模最大、出土遗物最丰富的一座汉墓。就整个中国而言，也是目前已知的年代最早的一座有彩绘装饰的石室墓。事实再一次告诉人们，象岗古墓的形制、规模与赵胡称帝的身份还是相符的。

鉴于以上诸问题已基本弄清，1993年11月10日，新华通讯社向世界播发了如下消息：

我国考古发掘又重大收获　广州发现西汉南越王墓

新华社11月10日电：广州市越秀公园西边的象岗发现一座西汉南越王墓，墓中出土遗物是岭南汉墓中出土数量最多，收获最大的一座。其科学价值，可与满城陵山汉中山靖王墓和长沙马王堆汉轪侯墓相比拟，在全国汉墓考古工作中占有重要地位。

…………

图9-12　墓内出土的角形玉杯，通高18.4厘米。据发掘者麦英豪研究，角形玉杯的雕琢工艺已达巅峰，是汉代玉器中的稀世珍宝

图9-11　墓主组玉佩。全组由32件不同质地的饰件组成，以玉饰为主，计有双凤涡纹玉璧、龙凤涡纹玉璧、犀形玉璜、双龙蒲纹玉璜各式各1件，玉人4件，壶形玉饰、兽头形玉饰各式各1件，玉珠5粒，玉套环1件，玻璃珠4粒，煤精珠2粒，金珠10颗

图9-13　清理后的透雕龙凤纹重环玉佩，直径10.6厘米

随着新华社消息的播发，全世界在强烈感知来自中国岭南地区古老文化的同时，也勾起了人们对早已逝去2000年的南越国兴亡的回顾与追思。

赵佗死后的南越国

南越国经历了69年风风雨雨之后，号称"南天一柱"的赵佗归天，正如丞相吕嘉所言：圣王一去，从此南越国将不复存在矣！

当南越王赵佗讨伐长沙成王时，赵佗威名大振，闽越王一时也役属于南越王。但到了汉武帝建元四年，即南越王赵佗仙逝的公元前137年，闽越国趁赵佗亡故、新君刚立、国内人心未定之机，出于自己狭隘的私利，竟悍然发兵侵略越、闽相倚边界的蒲葵关，并向南越国境内逼进。

显然，闽越此举是一场毫无理由、乘人之危的侵略性战争。战争发起突然，南越人无法预料。

就地理位置而言，闽越王国位于南越国的东方，以闽江流域为中心。在秦汉之际，闽越人的活动范围为东及今台湾、澎湖、琉球等海岛，西则直达赣东北等地，但以今福建省境内为最多。

秦统一中国之前，就存在着闽越王国，由首领无诸统治。后来，秦平闽越，以其地置闽中郡，将无诸废为君长。相传是"越王勾践之后"的无诸对此不满，盼望有一天能恢复王位。秦末，天下大乱，无诸趁机率领闽越人投奔鄱君吴芮而"佐汉"，及至刘邦称帝，建立西汉王朝，无诸也因佐汉有功，得以在公元前202年复立为闽越王，恢复了在闽越地区的统治地位。公元前196年，赵佗也受汉朝册封，建立了南越王国对汉的臣属关系。所以，两国在名义上是平等的，这种平等关系是两国关系史上的初期阶段。

高后五年（公元前183年）春，吕后下诏禁止与南越交往，赵佗遂抗汉称帝并发兵攻长沙国，克数县而去，又阻击南下的汉军，终使汉军未能逾岭。赵佗这一对抗中央的行动获得胜利，提高了南越国的威望，赵佗也就在以兵威边的同时，趁机遣使对闽越、夜郎等国施以"财物"，闽越国不得不予以接受，因而对南越国产生了一种役属的关系。也就从这个时候开始，两国的平等关系结束，闽越国开始了向南越俯首称臣的历史。也就是说，闽越国开始了对汉王朝、南越国的双重依附关系。文、景两帝时，这种关系仍保持不变。

意想不到的是，这次闽越国竟趁人之危，突然向南越发动了侵略战争，这标志着闽越对南越役属关系的结束，也标志着一个新的政治格局的形成。

面对闽越国发动的突然袭击，新继位的赵胡身穿孝服临朝，同臣僚们紧急磋商御敌方案。赵佗临终时曾把赵胡托付给丞相吕嘉，用赵佗的话说，凡遇大事不决时，就问丞相。此时的赵胡看了看仍处在悲痛中的吕嘉问道："丞相，闽越王率军攻打蒲葵关，并劫掠边境村寨，守将告急，怎么办？"

颇有文韬武略的吕嘉果断说道："自古兵来将挡，水来土掩！闽越王趁人之危，攻打蒲葵关，吾王不须多虑，发兵击之！"

赵胡又问众文武大臣道："列位爱卿，闽越王率兵来犯，本王当以何策御之？莫非也与丞相相同？"

文武百官齐道："正是，请吾王发兵击之！"

赵胡听了丞相和辅佐大臣之言，犹豫了好一阵子，然后说道："列位爱卿，以本王看，恰恰相反，本王决定不发一兵一卒。我南越今为汉臣，武帝陛下临朝不足五年，闽越与南越均为汉臣，今闽越发兵于边侵我南越，我南越当上书奏明朝廷，由朝廷派兵击之。这样，朝廷既不会怪罪我南越，又可以将闽越兵击退，我只需一书一帛，便可御敌，何须与之兵戈相见……"

丞相吕嘉听罢大惊，遂怒目圆睁强谏道："启禀大王，此事万万不可如此！先武帝奠基南越，如今带甲之众百万有余，只需三万人马，便可将入侵南越之敌击退，何必上书于汉廷。再说，从上书到汉兵至，需要多少时间？兵贵神速，如我不发兵击之，则闽越当视我惧怕其势，必然得寸进尺，步步紧逼，边关之害可就大矣。再者先武帝在世时，一再叮咛吾等群臣，南越之事当由南越自己决断，若自强可以立国，若倚他人者必贻害于国！大王若不听吾等逆耳之言，南越将岌岌可危矣！"

赵胡听罢，正色质问道："我们如果与闽越兵戈相见，则朝廷势必乘机发兵，取渔人之利。以本王看，闽越人攻打蒲葵关，只是为了抢夺些财物而已，与我国本体并无大碍。不如一书一帛，汉兵至，则闽越人必退！"

尽管众臣僚对赵胡的主张极不赞成，但最后还是无可奈何地看着这位新主给汉王朝发出了求援书。书中称："两越俱为藩臣，毋得擅兴兵相攻击，今闽越兴兵侵臣，臣不敢兴兵，唯天子诏之。"以赵胡的想法，如此上书，不仅向汉武帝表明了南越国忠于臣属之职，不兴兵互相攻击，同时又可使汉朝廷出面干涉。这样，就巧妙地把难题推给了汉廷。

汉武帝接到南越国使臣送来的求援书后，对赵胡的举动表示赞赏，认为南越国重信义，守职约。于是，汉武帝"为兴师"，遣两将军即大行王恢率军出豫章、大农韩安国率军出会稽，南北夹攻往讨闽越。

汉王朝直接发兵干预，大出闽越国统治者的预料，面对大敌当前的紧迫形势，闽越国上层统治集团发生了分裂。闽越王郢之弟余善杀郢而降，"使使奉王头驰报天子"，汉军于是停止进攻，上报汉廷，武帝乃改立无诸之孙"丑为越繇王，奉闽越先祭祀"。但在闽越国统治集团的内讧中，余善以杀其兄而"威行于国，国民多属"，拥有了相当的支持力量，因而"窃自立为王"。面对闽越国出现的这种情况，汉王朝采取了分而治之的策略，下令立余善为闽越王，从此闽越国一分为二，越繇王、闽越王并存。

在这场战争中，闽越出于掠夺财物的企图而发起侵袭，显然不是正义之举。而南越国既未损己之兵，又使敌军退却，看上去这是件一举两得的好事，但就在这件好事的背后，却暗藏着极大的隐患，这个隐患所导致的严重后果是赵胡始料不及的。

就在汉武帝派大将王恢出兵轻取闽越时，曾以兵威为后盾的番阳令唐蒙，奉诏来到南越国都城番禺，让南越王赵胡亲自入朝向皇帝谢恩。赵胡接到诏谕后，不知汉武帝到底是何意图，对这个诏谕采取了不冷不热的处置态度，没有立即奉诏前行。汉武帝见南越王赵胡无动于衷，接着，再次传诏，令严助赴南越说服赵胡前往长安。

严助，本名庄助，会稽人，"郡举贤良，对策百余人，武帝善助对，繇是独擢助为中大夫"。严助在汉廷是屈指可数的善辩之士，曾"与大臣辩论，中外相应以义理之文，大臣数诎"，所以汉武帝对他另眼看待，并委派他出使南越。严助到达番禺后，告诉赵胡汉天子已将闽越的事摆平。赵胡听后顿首，认为"天子乃为臣兴兵讨闽越，死无以报德"，表达了对汉的感激之情。当严助接着传谕让赵胡入汉朝亲自向皇帝谢恩时，赵胡这才回过味来，认识到问题的严重，不免大惊失色。原本南越号称有百万带甲之众，击败昔日役属的闽越易如反掌，但赵胡自作聪明地要请汉廷出兵。岂不知，古往今来，凡立国者，皆以己强而服众，只有自己强盛起来，别人才会俯首帖耳，唯命是听。而一旦你弱小，即使礼仪再周全、再诚实、再厚道，在强者眼里，你也只是形同粪土。赵胡过分看重汉廷的实力和与其的约定，而忽略自己百万带甲之众和据岭自守的天然屏障，想做个唯命是从、百依百顺的顺臣，这恰恰是汉武帝所期待的。

赵胡面对诏令并慑于汉朝廷的威势，不敢予以拒绝，也不敢跟严助入长安觐见天子。情急之中，他只好和几个近臣商量，随后称自己本愿同严助一同入朝觐见天子，以示谢恩，无奈自己继位时间不长，身体多病，不能去往长安，一旦病情有所好转，即刻赴长安觐见天子。为了表达自己的诚意，他特命太子赵婴齐跟严助一同赴长安为皇帝"宿卫"。

严助见赵胡如此说，不便强求，只好带上太子赵婴齐返回长安。

严助走后，赵胡同朝臣反复商量是否亲自去长安觐见天子之事。以丞相吕嘉为首的臣僚不同意赵胡亲赴长安，并劝谏说："汉兴兵诛郢，亦行以惊动南粤。且先王昔言，事天子期无失礼，要之不可以说好语入见。入见则不得复归，亡国之势也。"

臣僚们的劝谏，勾起了赵胡对亡祖父赵佗当年所留遗训的回忆，想起了汉、越几十年来相互存有戒心和敌视的历史。从此之后，他对汉廷一直称自己有病在身，不肯去长安觐见皇帝。

汉武帝见赵胡迟迟不肯入朝觐见自己，便以牙还牙，以种种借口，把太子婴齐质于长安不肯放回。赵佗当年的遗训应验了。

后来，丞相吕嘉用计，设法使太子婴齐返回南越。但赵胡自太子入朝后，萎靡不振，如同大伤了元气一般，不再见辅佐大臣。吕嘉等群臣以国家基业为重，数次入王宫进谏，总算使赵胡有了些起色，但已无力挽回南越国江河日下的颓局了。

在这种危机四伏的格局中，赵胡勉强支撑了十余年便抑郁而死，死后谥为文王。

多少年后，有学者认为赵胡已然答应了严助要亲自入长安朝见，后又"背入朝之约"，"一再售汉以疑"，造成了汉对南越的"益疑"，则"祸速"也。认为只要入朝见天子，"一修朝觐，礼成而还，恭恪之节愈昭，君臣之义愈密"，则南越国的江山愈固矣。对这种看法，现代史学家张荣芳、黄淼章提出了不同的见解和看法。

张、黄认为：经过汉初70余年的休养生息，汉王朝的国力已达到了最高峰。在这种大气候下，具有雄才大略的汉武帝要加强中央集权，势必要解决封国问题，打击割据势力。如武帝元朔二年（公元前127年）采纳主父偃的建议，下达"推恩令"等。联系当时形势，武帝对南越国是有征服的想法的。无论南越国如何讨好汉廷，只要汉朝国力强盛，是不会允许这个极具威胁的王国存在的。

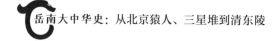

危机四伏南越国

早在汉武帝派唐蒙出使南越时，因食蜀产枸酱，无意中发现了从西蜀至夜郎，再从牂牁江（一说即今北盘江，一说即今都江）浮舟而下，可至番禺城的通道。唐蒙发现这条通道后，曾上书汉武帝说："南粤王黄屋左纛，地东西万余里，名为外臣实一州主。今以长沙、豫章往，水道多绝，难行，窃闻夜郎所有精兵，可得十万，浮船牂牁，出不意，此制粤一奇也。诚以汉之强，巴蜀之饶，通夜郎道，为置吏，甚易。"唐蒙的建议，是让汉武帝利用这条水道出奇兵制越，汉武帝听罢大喜，拜唐蒙为中郎将，带一千兵和许多汉帛丝绸财物等，赴夜郎国先行招抚。唐蒙带了大量锦缎，率一千人做护卫，出都南下，沿途经过许多险阻，才进入夜郎国。夜郎国王名叫多同，因为地处闭塞，素与外界不通，这多同还以为世上他夜郎最大，见到汉使唐蒙，不禁问道："汉朝与我谁大？"唐蒙欲笑不得，只得如实陈述。后世相传的"夜郎自大"的故事便源于此。唐蒙一边讲述汉朝如何强盛、如何富饶，又把锦缎置于帐前，五光十色，锦绣成章，夜郎王见所未见，闻所未闻，不由得瞠目结舌，表示愿臣属于汉，当下与唐蒙订立约章。

夜郎国在赵佗执政时期曾接受赵佗赠给财物，与南越关系密切，有役属关系。唐蒙对夜郎王厚送财物，晓谕威德，恩威并施，终于说服夜郎归汉，其附近的小部落也相约归附汉朝。汉武帝不失时机地在夜郎设犍为郡，为平定南越伏下了奇兵。

元狩年间（公元前122年—公元前117年），汉武帝以南越将叛，欲与越军用船进行水战为由，在长安西南开凿昆明池，周围四十里，建造楼船，训练水军，做好与越军进行水战的准备。

除此之外，汉武帝连连颁诏，拓边关，广绝域，西至沫若水（沫河和若河，即今大渡河），南至牂牁江，凿灵山道（今广西南部），架桥孙水（一说在今贵州瓮安西北），直达印都（西南州郡）。汉廷在这一带设立了一都尉、十县令，归蜀管辖。

就在汉武帝集中力量准备平定南越时，南越国本身也发生了变化。赵婴齐在长安时，曾娶邯郸樛（jiū）氏为姬妾，生子赵兴，而他在南越时，已娶越女为妻，生子赵建德。婴齐接南越王位后，受樛氏姬妾的迷惑，竟然向汉廷请求立樛氏为王后，赵兴为太子。出于利益的考虑，汉武帝批准了他的请求。赵婴齐这种舍长立幼的做法，打破了封建常规制度，为南越国的灭亡种下了祸根。当时，南越丞相吕嘉等人曾在立嗣的问题上劝谏过赵婴齐，"盍于婴齐择立太子之日，积极诚谏，以去就争，使改立建德，嘉为国重臣，争之不已。"遗憾的是，此时的婴齐已听不进这些臣僚的劝谏了，他这个荒唐的做法，成为导致南越国覆亡的导火线。

婴齐继位不久即病死，汉朝追封他为"明王"，太子赵兴继王位，母亲樛氏被封为王太后。这位太后长在长安，在未嫁婴齐之时，与一名叫安国少季的官吏有过暧昧关系，此事整个长安上层人物几乎人人知晓。元鼎四年（公元前113年），汉武帝专门派安国少季为使者，带上辩士谏大夫终军和勇士魏臣等到番禺，还派卫尉路博德将兵屯桂阳以接应使者，给南越造成内外压力，劝谕南越王赵兴和樛太后到长安朝见天子。

这个时候，南越王赵兴继位不久，年纪尚轻，太后又是汉女入越，人生地疏，朝中的实权掌握在丞相吕嘉手中，形势对赵兴母子十分不妙。更为不妙的是，自安国少季到达南越国后，这位樛太后徐娘半老却风情不减，竟与旧日情人安国少季再次私通，直搅得宫内宫外乌烟瘴气，出现了"国人颇知之，多不附太后"的局面。樛太后深知自己不得南越国民心，恐国中发生动乱，于是心生邪念，力劝赵兴和南越国臣僚向汉武帝请求内属："比内诸侯，三岁一朝，除边关"，主动放弃南越立国以来一直保持的相对独立的地位。太后的这一做法，无非是想借汉朝的力量来削弱吕嘉的大权，使势弱力孤的她和赵兴重掌实权，保住赵氏王室。

汉武帝接到南越王赵兴请求内属的上书，非常高兴，立即按汉朝之例，给越相吕嘉颁发银印，并赐给内史、中尉、太傅等南越高级官吏印章，其余的官吏由南越国自行备印。此举意味着南越王国高级官员由中央朝廷直接对其进行任命。汉武帝明令废除南越野蛮的黥劓刑罚等，推行汉朝法律，改其旧俗，同内诸侯。同时还命令使者全部留镇番禺，力求南越局势平稳。这道诏令预示着南越国将由一个独立自主的王国，变成汉廷真正的内属国了。樛太后和赵兴接旨后，喜不自禁，立即整理行装，准备入朝觐见天子谢恩。

赵兴母子的这一举动，引起了国内众臣的震怒，作为三朝丞相的吕嘉更是愤恨不已。于是，赵兴母子同以丞相吕嘉为首的政治集团的矛盾变得尖锐起来。

吕嘉，从历史留下的点滴记载看，为越人。清代梁廷枬的《南越五主传》中引用了已失传的《粤记》一书，说吕嘉"本越人之雄，佗因越人所服而相之，而南越以治"。吕嘉颇有政治才能，又很得越人的信服，赵氏王室需要他来和集百越。赵氏王室的重用使吕嘉感激涕零，他死心塌地为南越王国着想，备受赵氏王室的赏识。

南越国作为一个独立的割据王国，对汉称臣实际上是一种效仿周代的诸侯对于周天子似的称臣，也可以说是一种应付强敌的权宜之计。而在政治、军事、经济等各个方面，南越国是完全自主的，南越丞相的设置，则不同于同期汉朝各诸侯国的丞相由中央王朝委派，"不得与国政，辅王而已"。南越国的丞相是由南越王直接任命，其实际职能应该与西汉中央王朝的丞相一样，能直接参与处理军国大事，掌有重权。自从吕嘉坐上南越国丞相位置之后，除赵佗时代不算，从南越的文王赵胡、明王婴齐，直至四主赵兴，在长达20多年的时间内，南越的丞相再未易人，由此可见南越的相权在吕嘉手中已达到了登峰造极的地步。到南越王赵兴时，吕嘉已经"年长矣，相三王，宗族官仕为长吏者七十余人，男尽尚王女，女尽嫁王子兄弟宗室，及苍梧秦王有连。其居国中甚重，越人信之，多为耳目者，得众心愈于王"。吕嘉不但在朝内擅权，在外又与拥有重权的南越藩王勾结，造成内外呼应的掎角之势，这就更加强了他在南越国中的特殊地位。从史料看，吕氏家族中除了吕嘉任丞相外，还有吕嘉的弟弟为南越的"将"，即掌握着兵权。吕氏家族70多人都在朝中为官，吕嘉本人及其家族不但培养了一批亲信与部属，还博得了越族贵族的支持和南越国的中下层——广大越族百姓的信任。在以越人为主的南越国，吕嘉征服了越人的心，实际上也就掌握了南越国的权力。事实上，南越国自赵胡开始，便再未出现过像赵佗那样的"一代雄主"，不但如此，还颇有一代不如一代的味道，这一代又一代国王，只懂得吃喝玩乐、作威作福，面对这位三朝重臣，除了尽力去拉拢他寻求支持之外，似乎别无他法。

正是出于这样一种状况，才使吕嘉长期为相，并造成了擅权专政的局面，这种局面对南越国特别是赵兴母子显然是不利的。

且说正在整治行装准备赶赴长安的樛太后，通过耳目了解到，以吕嘉为首的一批朝臣反对内属的呼声越来越高，只是不肯当面谏阻，只将满腔怒火压在心中，以待时机总爆发。吕嘉也采取了暗中对抗的办法，称年老体衰、疾病在身而不上朝，也不与暂未离开南越的汉使者见面，软磨硬抗，以俟时机。种种迹象无不表明，欲除内属之患，必须首先除掉丞相吕嘉。于是，在樛太后心中，一个恶毒的念头涌现出来。她向赵兴说道："今丞相称病不朝，吾看他反内属之心不死，或许他要发动叛乱，不若早下决心除之。"

赵兴叹道："母后，不可！丞相忠心辅佐，南越不可无丞相之助，待吾慢慢说服他，只要他回心转意，满朝文武会听从的。"

樛太后见赵兴仍恋恋不舍丞相吕嘉，遂私下与汉使者勾通，以求彻底解决丞相吕嘉等反对内属汉廷之事。汉使者早就对吕嘉的态度和做法极为不满，于是，经过一番密谋后，终于想出了一条置丞相吕嘉及一切反对南越国内属的群臣于死地的计划，这个计划是：由樛太后在宫中设宴宴请汉使者及众大臣赴宴，借此机会，杀死吕嘉。

一切按计划进行。在宴席上，汉使朝东坐西，南越王赵兴和樛太后南北对坐，吕嘉与众大臣则面西而坐。当宴会开始后，樛太后借酒对吕嘉说："南越国内属是利国的事情，丞相总是不赞成，不知是何居心？"她想用这番话来激怒吕嘉，也激怒汉使，并借汉使之手杀掉吕嘉。由于吕嘉之弟是将军，带领士兵守在宫外，前来参加宴会的汉使安国少季等一时犹豫不决，未敢动手。吕嘉见情势不妙，立即起身离席出宫。太后按捺不住心中的怒气，竟亲自抄起长矛欲投掷吕嘉。南越王赵兴发现后，立即向前阻拦，使长矛未能投出。一场太后精心策划的南越宫廷"鸿门宴"就这样流产了。

吕嘉在其弟保护下安全回到家中，后一直托病不朝，私下却与其弟密谋发动政变。吕嘉知道赵兴不想把事情闹大，所以几个月没有采取行动。樛太后一直想着早日铲除吕嘉，却总未找到合适的人选和机会。

此时的南越上层已是杀气腾腾，危机四伏，整个国家走到了生死存亡的紧急关头。汉武帝获知这一信息后，一面怪罪安国少季等汉使怯弱无决断，同时认为，南越王赵兴和太后已经归汉，只有丞相吕嘉犯上作乱，不必兴师动众，决定派庄参率2000人出使南越，即可解决吕嘉的问题。但庄参认为：若汉以友好姿态去的话，仅几人就够了，如果是准备去动武，区区2000人无济于事。汉武帝听罢极为气愤，盛怒之下罢免了庄参。其时，一个叫韩千秋的郏县壮士，原来做过济北相，觉得这是一个投机和显示自己能力的难得机会，便自告奋勇说："一个小小南越有什么了不起，又有赵王做内应，只是吕嘉一人为害，给我勇士300人，一定斩吕嘉的头颅回报。"汉武帝听后龙心大悦，即派韩千秋和樛太后的弟弟樛乐于元鼎五年（公元前112年）四月带2000人前往南越，讨伐吕嘉。自此，拉开了平定南越的序幕。

历史的终结

当韩千秋、樛乐带兵南下的消息传到南越国后，吕嘉索性一不做二不休，决定孤注一掷，公开发动叛乱。在叛乱前，他首先造出舆论，说南越王赵兴太年轻，樛太后是中原人，与汉人有奸情，不顾赵氏社稷，只求汉皇帝的恩宠。又说樛太后以入朝为名，要把先王遗下的珠宝都献给汉帝以讨好谄媚，还说樛太后到长安后就会把众多的南越随员卖为奴仆，使他们有家不能归。这些虚实结合的宣传鼓动，加重了群臣以及越人对樛太后和赵兴等人的反感，倒戈叛乱之声占据上风，吕嘉见时机成熟，便迅速指挥弟弟带兵杀入王宫，杀死了南越王赵兴、樛太后及使者安国少季等。随后，吕嘉派专人通告苍梧秦王赵光及南越王属下郡县，"为万世虑计之意"，起兵杀死赵兴、樛太后和汉使者，并立婴齐越妻所生的长子术阳侯赵建德为南越王。

就在吕嘉发动叛乱，在南越国宫里宫外大肆屠杀之时，韩千秋、樛乐已率2000汉军逾岭进入南越，并攻下了几个边境小邑。吕嘉得知这一情报，心生一计，他命令南越军队佯装不抵抗，并开道给食诱敌进入。韩千秋等不知是计，因此轻敌冒进。当他们进至离番禺还有40里的地方，吕嘉突发奇兵反击，韩千秋、樛乐兵败被杀，2000名汉卒全军覆没。

吕嘉见南越王赵兴、樛太后及南征汉军相继被杀，有些得意忘形，他将汉使者的凭信——使节包好，连同一封"好为谩辞谢罪"的信，置于汉越交界的边塞上，又发兵据守南越各个关塞，准备与南下汉军决一死战。

吕嘉的行动，使汉武帝极为震怒，同时也认识到了南越国的实力。他一面抚恤死难者的亲属，一面下达征伐南越国的诏书。为了吸取上次人单势寡的教训，汉武帝下令调遣部分粤人及江淮以南楼船将士十万人于元鼎五年秋分兵五路进攻南越。这五路大军的进攻路线分别是：

一路以卫尉路博德为伏波将军，从长沙国境内出桂阳下汇水，从湖南经萌渚岭而入连州一线，再沿江到石门；二路以主爵都尉杨仆为楼船将军，出豫章，下横浦，从江西大庾岭入南雄一线；此两路均取北江而下，直至番禺都城。两路大军共计六万人马，是攻打南越的主力军。

三路、四路以越国投诚而来的归义侯郑严、田甲为戈船将军和下濑将军，出湖南零陵，或下离水，或至苍梧，沿西江而下，然后直通番禺；五路以驰义侯何遗率巴蜀罪人及夜郎军队下牂牁江，取道西江，会于番禺城下。

就在汉武帝派出十万人马分兵五路讨伐吕嘉之时，东越王余善想讨好汉廷，主动请求发八千将士助汉攻越。东越王余善之奏很快获得汉武帝同意，并要他即刻起兵。

此前，余善本来就是发动对南越国袭击的主谋之一，及至汉廷出兵，事情闹大了，又杀其王兄以求自保，是个相当狡诈之人。这次当他接到汉廷的诏令后，原计划由闽越进入揭阳一线，再经潮州水系由海路直抵番禺。但他又害怕受到南越的致命打击，所以，当他亲率八千将士到达揭阳后，以海风甚烈，难行舟船为由，就地待命。同时，余善又想讨好南越丞相吕嘉，把汉军发兵之举动，密派使者告诉丞相吕嘉。他企图两方讨好，以获渔翁之利。

当汉朝五路大军浩浩荡荡、杀气腾腾地向南越国扑来时，吕嘉及其手下军事将领凭借岭南的天险，指挥军队予以阻击，双方军队在岭南地区展开了激烈的争夺战。当战争持续到一年后的秋天，楼船将军杨仆一军首先逾岭破横浦关而入，顺凌水入浈水，到韶关之后再转入北江，并攻陷寻峡，继而又攻破番禺城北30里的石门，缴获了南越大批军粮船只，使汉军的供给得到充分的补充。石门攻破后，杨仆留下万名将士扼守石门，然后由波涛汹涌的北江水上直捣番禺，立即占据番禺城之东南；伏波将军路博德率将士在后，到达番禺，占领了城之西北面，猛攻番禺城。

番禺城依山面水而筑，历经秦尉任嚣、南越王赵佗和吕嘉的多次扩建加固，池深城高，汉军虽攻城多日，无半点进展。

后来，有谋士献策，需用火攻，方可破城。杨仆从其计，遂号令将士聚集柴木，纵火烧城，大败番禺守军。因番禺守军素闻伏波将军大名，又不知汉军杀来多少人马，就纷纷从城西北而出，这些南越兵卒几乎全部为路博德军所俘获。路博德遣使者好言招抚，令出逃士卒复入城内进行劝降。至此，守军人心涣散，遂全部投降，番禺只剩一座空城。此时已是元鼎六年十月。

南越王赵建德和吕嘉遂率其残部数百人逃出番禺，乘船东去，抵达福建漳浦县之太武山上。在山上仓促挖深沟筑高垒，筑城以自守，并与跟随的将士集体盟誓：宁为玉碎，不为瓦全，誓与此城共存亡。

汉军追来后，再度攻城，不久城破。无奈中，吕嘉裹挟赵建德逃亡海上，路博德派兵追赶，结果，伏波将军的校尉司马苏弘擒赵建德，原南越国的郎官孙都俘获了吕嘉。

吕嘉和南越王赵建德被擒后，南越国附属郡县不战而降，诸王侯官吏纷纷向汉朝投降。苍梧王赵光闻汉兵到来立即投降，揭阳令史定投降，原南越将领毕取率军投降，桂林郡监居翁劝谕骆越40万人一起归汉。至此，南越国全部平定。

战争刚一结束，汉军将领便快马将已擒获吕嘉及南越王的消息飞报长安朝廷。此时，汉武帝刘彻正出行至左邑桐乡，欣闻南越国已破，传诏天下，将左邑桐乡改名为闻喜县。

元封元年（公元前110年）春，武帝刘彻行至汲新中乡，又闻已得吕嘉首级送入长安，立即传诏，将汲新中乡改名为获嘉县。

汉武帝刘彻为惩罚已被杀的吕嘉，回到长安后，传诏将吕嘉的子孙宗族全部从南越迁至四川，并设置不韦县，以彰其先人吕嘉之恶。

至汉武帝元鼎六年（公元前111年），在历史上存在了五世93年的南越国宣告终结。

赵眜就是赵胡

就在南越王墓引起世人瞩目的同时，也留下了许多颇有争议的谜团，其中最大的谜团，就是墓主究竟是谁？若按司马迁《史记》和班固《汉书》记载，第二代南越王名叫赵胡。而墓中出土的印章却是赵眜，这个名字显然

与史书上的记载不符。那么，这个赵眜是否就是史书中记载的赵胡？如果不是，那又是谁呢？如果是，究竟是怎样弄错了？是谁将他弄错了？

南越王墓发掘完成不久，参加发掘的黄展岳、麦英豪等主要成员很快编写出了《西汉南越王墓发掘初步报告》一文，以广州象岗汉墓发掘队的名义，刊发于《考古》1984年第3期。

在这篇初步报告中，编写者认为"赵眜"就是"赵胡"，并对两者的关系首次做了这样的公开解释：墓主身着玉衣，身上有"文帝行玺"金印，故确定为第二代南越王。《汉书·西南夷两粤朝鲜传》记赵佗僭号为武帝，第三代南越王婴齐去僭号，而"藏其先武帝文帝玺"。今本《史记·南越列传》脱失"文帝"二字。这枚"文帝行玺"的发现，证明《汉书》记载是正确的，第二代南越王曾僭号为"文帝"。《史记》《汉书》本传均谓赵佗传孙胡，但发现的名章作"赵眜"，又有"泰子"印二枚，与《史记》《汉书》皆不合。我们认为，如果单从"赵眜""泰子"二印考虑，似可斟酌，但"赵眜"印、"文帝"印同出，说明这个赵眜只能是《史记》《汉书》中的第二代南越王赵胡。《史记》误"眜"为"胡"，或出自司马迁所据档案资料不实，致误；或司马迁并不误，后被班固传误，后人又据班固误抄改订《史记》正字，遂致一误再误。现在应据此印文改赵胡为赵眜，还他本来名字。

这份报告一经发表，在学术界产生了强烈反响，引爆了一场学术大争论。有学者赞成以上看法，亦有学者断然否定，并发表文章提出了新的见解。

面对世人的瞩目和学界多种不同的意见，以麦英豪、黄展岳等为首的南越王墓发掘人员，不得不对自己以前发表的观点认真思考和检查。经过深入细致的研究后，麦、黄等人觉察到，在过去编写的《西汉南越王墓发掘初步报告》和发表的文章中，存在着论证不足、漏误不实等缺憾，但他们确认的"文帝"与赵眜应是一人，赵眜即《史记》《汉书》所称的赵胡。

也有学者质疑，认为赵眜是赵佗之子，故称"泰子"，但麦英豪、黄展岳认为，对照墓主遗骸的鉴定研究，也有助于说明墓主与赵佗的祖孙关系。

从墓主遗骸的鉴定，可以判断死亡年龄为35岁至45岁。今以40岁估算，知墓主约生于汉文帝末年，是时赵佗应有八九十岁，耄耋之年生子，实为奇谈。故墓主绝非赵佗之子，甚明。把他看成赵佗的孙子，则符合实际情况。从古代帝王早婚，祖孙岁差又达八九十年这两个方面估算，墓主赵眜不会是赵佗的长孙，而应是赵佗的次孙中的一个。《汉书·西南夷两粤朝鲜传》载，汉文帝元年陆贾出使南越，赵佗上汉文帝书称"于今抱孙焉"。按文帝元年即公元前179年，至建元四年（公元前137年）佗卒，相隔有43年，就退一万步来说，汉文帝元年赵佗的孙子刚出生，到佗死之年这孙子已是43岁的壮年了，再加上南越二世在位约16年，如果二世是长孙的话，死时已是58岁或59岁将近老年的人了，这个岁数与墓主遗骸鉴定的年岁迥异。所以，这是论定墓主是佗的次孙的又一力证。再说墓中出土不少药物，反映了墓主生前多病。这一点与上引"后十余岁，胡实病甚"的墓主健康状况也是相符的。

由于麦英豪、黄展岳以大量的历史典籍和考古资料对象岗古墓墓主到底是谁的问题，做了严谨和较为科学的论述，当这篇长文抛出后，认同麦、黄两人观点的人越来越多，学界原来那极其热闹的争论渐渐沉寂。

无论如何，赵胡是赵佗的孙子，已是学界公论。

最后的秘境

根据文献记载，南越国共传5主93年，第一代王赵佗在位长达67年之久。第二代王赵胡是赵佗之孙，在位十余年病死，葬于象岗，其陵墓已经发掘。第三代王赵婴齐是赵胡之子，在位只有八九年。第四代王是婴齐之子赵兴，即位不久便被丞相吕嘉所杀，最后的亡国之主赵建德在位不久也死去。若把南越国第四、五主在位时间合起来，前后也只不过三年多。从两人死亡的结局看，生前和死后不可能建造与前辈匹敌或与自己身份相符的大型陵墓。而有精力和财力建造大型陵墓的只有前三主。第二主赵胡的陵墓已被发掘，那么整个南越国五主中，就只有一主赵佗和三主赵婴齐的陵墓尚未找到。

关于三主婴齐的陵墓，文献中已有被三国时吴主孙权派兵盗掘的记载。与这个记载有些关联的还有，1983年5月，也就是在象岗大墓发现之前的一个多月，广州市考古队在西村车辆段宿舍工地，曾清理了一座汉代大型木椁墓。墓坑长13米，宽6米，全部以河沙填实。这座墓堪称广州所见的汉代规模最大的一座木椁墓，遗憾的是墓室早已被盗。在发掘中，考古人员于盗洞内发现了玉舞人、玉璧、玉璜、玉剑饰等精美玉器若干件。当象岗古墓发掘后，将出土文物与之对比，发现木椁墓遗落的器物，不论是玉质还是雕琢工艺，都不在象岗古墓出土器物之下。据此推断，木椁墓的这些器物当是盗墓者在慌忙之中遗落的。过去广州也曾发掘过一些汉代大墓，但从未出土过如此精美的玉佩饰，这表明墓主有较高的身份。另外，从墓中出土的玉剑饰推断，墓主应为男性。根据以上种种迹象，考古人员推断，此墓可能就是文献中记载的南越国第三主赵婴齐的陵墓。

如果考古人员对木椁墓的推断属实的话，那么，在南越五主中，就只剩一主赵佗的陵墓没有找到。赵佗在位67年，且是南越国的鼎盛时期，他的陵墓一定比象岗赵胡的陵墓规格更高，内中的随葬品也一定更加华丽和壮观。那么，赵佗的陵墓到底秘藏在何处？这成为岭南考古中一个最大的谜团。为揭开这个谜团，广州市考古人员在发掘象岗赵胡大墓之后，经过查阅有关地方史籍和整理考古资料，对赵佗墓的秘所做出了种种推论。但真正找到这最后的秘境，揭开赵佗陵墓之谜，还有待于今后的考古新发现。

——历史在期待。

第十章　法门之光

佛光初照

公元前243年，西域沙门僧室利防等一行十八人，怀抱佛骨舍利前来东土，经过三年的艰难跋涉，穿越三十六国，终于踏上了中国的土地。此时正是秦始皇四年。

这年秋天，室利防等十八人来到了中国西部周原腹地，此处离秦国的首都咸阳，只有一步之遥了。

这天，当他们来到古周原大地[1]原美阳城附近，天色已近黄昏。室利防便和同伴商量，在美阳城西的佛指沟（后来得此名，原为无名沟岔，今岐山县内，法门寺西）休整，以待来日赶往咸阳。

当他们下得沟来，找到一个避风的地方，刚要安歇，忽有一僧人大叫："快看！"

众人闻听，蓦然抬头，朝他手指的方向望去。

只见整个美阳上空，飘逸荡漾起五彩祥云。这祥云一朵朵、一串串，相互辉映，灿烂辉煌。在五彩云朵覆盖下，金色的大地青烟袅袅，紫气升腾，形成了一幅美妙绝伦的奇情异景。

---

1 周原大地指宝鸡扶风、岐山一带，此地是周文化的发祥地和灭商之前周人的聚居地，因此被称为周原大地。

众僧人怦然心动，惊奇不已，连声呼叫："宝地，宝地，此处真乃圣地。"

不知过了多久，室利防突然看到一个周身透亮、金光耀眼的长者从远处缓缓走来。长者走走停停，最后在一个高坡上站住不动。室利防感到奇怪，随即感到一股温热在胸中翻腾，这股温热形成了一种无形的力量，使他不知不觉站起来，朝着长者大步走去。

当他来到跟前时，借着月光，惊奇地发现，长者正是早已寂灭的释迦牟尼佛。只见伟大的佛陀正站立高坡用慈祥的目光盯着自己。室利防惊骇之中，只觉一股热流涌入脑际，不禁大叫一声："佛陀，您可来也……"

"子等携我教法终达东土，实属不易，只是暂不要将我残存肉身显示于世。等众生普度、万民归佛之后，再显我灵骨吧。"佛陀说完，威严而不高傲、庄重而又慈祥地看了一眼室利防，随着一道闪亮的金光，佛陀踪迹全无。

"师圣佛陀！"室利防大叫一声，茫然四顾，只见东方微亮，明月西斜。晨曦的光照中，香风扑面，祥云飞舞，脚下的大地在微微颤动……

等众僧人找过来时，却见室利防脚下已突兀起一座高高的圣冢。

待室利防把夜见佛陀的情形说了出来，众人大为惊喜，急忙商量如何安置佛骨舍利。最后，大家一致同意，先将佛骨舍利全部埋入"圣冢"之中，然后再到咸阳面见君主。

室利防等人只带了佛经等物来到秦都咸阳面见秦王嬴政。待他们说明来意，意想不到的是，秦王把室利防等人的说法视为歪理邪说、蛊惑之魅。室利防等不但没受到礼遇，反而被打入了大牢。

后来，在臣僚劝说下，秦王把室利防等人放了出来，令其速回本土，不得驻留，所带各种佛经、器物被焚毁一光。

室利防等僧众灰头土脸地逃出城外，感慨万千，遂决定一行十八人，分成四路，以秦都咸阳为中心，分别向南向北、向西向东，流散民间，秘密与众讲经说法。他们约定每年四月初八佛诞日这天，在周原腹地美阳的"圣冢"会面，交流各自的传法经验。

第二天黎明，室利防等僧众步出咸阳地界，恋恋不舍地朝各自的方向进发。

一晃几十年过去了，室利防所率僧众已熟悉当地语言，开始在民间传播佛法。因缺少经书，只凭口传，佛法的普及面难以扩大。直到十八人先后去世，佛法在中国也未形成气候。

明帝梦佛

转眼已是东汉永平七年（公元64年）。这年春的一个深夜，汉明帝刘庄正在后宫熟睡，忽然一个身披金色外衣、头顶日光的神人自天而降，飘落到孝明皇帝就寝的大殿之前。

神人全身灿灿发光、面容慈祥，举止泰然来到大殿窗下。汉明帝受神感召，起身穿衣，出外迎请。那神人略作示意，瞬间化作一道耀眼的白光飘逸而去。汉明帝大叫一声，不觉醒来，才知刚才是南柯一梦。

第二天一早，汉明帝召来几个臣僚请教梦中缘由。其中有个叫傅毅的老臣博学多闻，对《周公解梦》研究颇深。闻知此情，他上前跪拜道："依臣推算，圣上梦见的金人，乃是西方圣人，号为佛陀。这佛陀能飞行虚空，身有日光，具六神通。佛陀显圣于陛下，昭示大汉国定会昌盛于天下。"

汉明帝听罢，惊异之色顿时全无，龙心大悦，当即召令群臣谋议如何才能将佛法引入大汉帝国。傅毅借此机会，将秦始皇早年驱逐佛家弟子的故事讲了出来，并大胆推断："佛门弟子一定还在西域传播佛法，只要派人西寻，不难获遇。"

当日，汉明帝即遣羽林郎蔡愔，博士秦景、王遵等十二人进入西域寻找佛门弟子，求迎佛法。

蔡愔等翻越葱岭，西出玉门，一路西寻。经过近两年时间，终于在月氏国发现了携释迦牟尼真像和《四十二章经》的沙门僧人迦叶摩腾、竺法兰。在蔡愔等人一番宣示、交涉后，两僧答应随迎佛队伍前去东土中国。蔡愔等人惊喜之余，立即同两僧携白马驮载一批佛像、经卷返回本土。

汉明帝永平十年（公元67年）秋，蔡愔等迎佛队伍抵达国都洛阳郊外。明帝得知消息后欢喜异常，亲自出城迎奉，诏令群臣将迦叶摩腾、竺法兰两位僧人安置在洛阳西郊外鸿胪寺，以国礼相待，并请两位高僧翻译佛经，与帝说法。翌年，汉明帝敕令在洛阳城西雍门外三里御道北兴建寺院。为铭记白马驮经之功，取名为白马寺。

圣冢现世

公元148年，也就是历史上东汉桓帝建和二年，西域安息国的高僧安世高为弘扬佛法踏上了中国的土地。这时，住在白马寺的伽叶摩腾和竺法兰两位高僧虽已去世，但佛法在中国的传播已有了相当规模。

当安世高来到周原腹地的美阳城外，天色已晚，便在一个村头觅一间闲置不用的破屋，住下来休息。

夜晚三更时分，睡意蒙眬中的安世高忽见窗外一片红光划过，照得漆黑的破屋如同白昼。他翻身而起，快步走出屋外。只见破屋北部的不远处，平地射出一道霞光。那霞光五彩缤纷，直冲斗牛。安世高心中大惊，凭自己多年的修行，当即判断出这是佛门圣物显现的灵光。

安世高怀着激动的心情赶到发光的地点，只见四面田野平整如水，唯中间高高凸起一堆黄土。看来这个荒冢野坟样的凸起物已经历了漫长岁月。这个凸起物到底始于何时？怎么会有佛门圣物的灵光闪耀？难道……安世高的心怦怦狂跳起来。他暗暗地记住这个地方，不再久留，日夜兼程赶赴东都洛阳，准备面见汉桓帝。

桓帝刘志，生活荒淫腐朽，为延年祈福、长生不老，开始迷信宗教。无论哪宗哪派他都热情接纳，几乎是逢神必拜，有仙必求。

安世高正是在这样一种情形下顺利觐见了汉桓帝，说出自己来中国弘扬佛法的打算。汉桓帝当即把这位西域高僧留在宫中为自己说法，并以国礼相待。

安世高在洛阳安顿下来并得到桓帝尊崇之后，仍念念不忘关中周原腹地那个散发灵光的荒冢。通过近两个月的了解观察，他已经确切地知道中国人尚不知释迦牟尼的佛骨舍利掩埋在哪个具体地方，甚至尚不知佛骨舍利早在公元前243年就与这片国土结下了佛缘。

安世高本是西域安息国国王的太子，自幼聪明绝伦，出家后曾游历西域三十多国，通晓各国语言，对佛教发展的具体细节了如指掌，尤其对南传佛教上部座系统理论学说的研究堪称一代宗师。正是凭着这些知识、经验和信息，他才觉得周原那个荒冢非同小可。

终于有一天，他向汉桓帝坦白了自己心底的想法："贫僧这次东来，路经关中周原美阳，发现那里有一处荒冢，荒冢之内夜有灵光溢出。依贫僧多年修行推知，这种灵光下边必有佛骨舍利。舍利生辉，佑及万国。陛下若得舍利，可保万福……"

桓帝听罢，神情振奋，立即令白马寺高僧静安法师等人跟随安世高到关中挖掘荒冢。

安世高等一行来到周原腹地美阳城外，找几十个当地乡民开始对荒冢挖掘。只半日工夫，他们便发现了一块带有梵文的青砖，接着又有七块方砖被挖出。安世高将这八块青砖拼凑在一起，仔细观察。砖上字迹极浅又加黄土泥水浸染模糊难认，但他还是分辨出来了。

青砖上的梵文为西域僧人室利防所书，大体叙述了公元前243年其一行十八人来中国的历程以及在秦都咸阳发生的故事，同时述及离开咸阳后在中

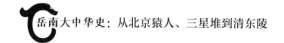

国活动的范围。最后，文中用了较大篇幅叙述这个"圣冢"的发现经过以及释迦牟尼的真身显世和嘱托。

看得出，室利防等人在咸阳城外分手后，每年的四月八日准时来到这"圣冢"不远的佛指沟聚会。直到三十年后的公元前213年，聚会才取消。也就在这一年四月八日，室利防等仅存的三人来"圣冢"做了最后拜谒，并趁夜深人静挖开"圣冢"，将早已刻好的青砖埋了下去，以使前来结缘的后人弄清事实真相。室利防等三人离开之后，最终圆寂于何时、何地，再也没有人知道了。

当然，室利防最重要的记述，是青砖之下埋藏的十九份佛陀舍利。

一切都已明了。安世高心中狂跳不已，指挥乡民继续向下挖掘。三尺黄土很快被掘开，盛装释迦牟尼佛骨舍利的宝函露了出来。几百年的泥水浸泡，宝函外部已经锈渍斑斑。安世高剔去渍斑，打开宝函，露出里面十九个晶莹透明的长颈陶壶，壶中各装一份佛骨舍利。舍利在壶中灿灿发光，曜曜夺目。

"阿弥陀佛……"安世高见此圣物激动得五体投地，泣不成声，昏厥过去。

建造佛塔

佛骨舍利很快送到京都洛阳。汉桓帝一见惊喜万分，加上安世高等僧众一番宣讲，更感神奇，于是下诏在宫中建造浮屠（佛塔），以金银制作佛像，重造舍利宝函，以示供奉。

安世高春风得意，在帝王之家和乡野百姓心中的地位扶摇直上。借向桓帝说法的机会，他提请皇帝颁布诏令，将宫中供奉的佛骨舍利分散于九州大地，建造精舍庙宇分别供养。这样做可以使佛陀的圣光普照整个华夏，大汉帝国也将会出现四海无波、八荒来服的鼎盛景况。

桓帝听取了安世高的建议，拨出官银，命白马寺高僧静安法师随安世高一道筹措分发佛骨舍利及在各地建造佛塔寺院事宜。

两人领旨后很快行动起来，并决定先在关中周原腹地美阳县"圣冢"之上建造宝塔，四周修筑寺庙，并在塔下挖掘地宫，以存放佛骨舍利。

很快，周原腹地的荒冢上架起了四层木塔。塔下地宫中，存放着用紫檀香木做成的棺椁。棺椁之内的金瓶中，供奉着佛陀最大的指骨舍利。木塔上方书写六个大字"真身舍利宝塔"。

宝塔建成之后，一座庞大威严的寺庙也拔地而起，气势雄伟、巍峨壮观的玉石山门上，高悬苍劲的"阿育王寺"（今法门寺）四个金色大字。

从此，继洛阳白马寺之后，中国又一伟大的佛教圣地、关中塔庙始祖——法门寺诞生了。

紧随其后，西晋的会稽鄮县塔，东晋的金陵长干塔，石赵的青州东城塔、姚秦的河东蒲坂塔，北周的瓜州城东古塔、沙州城内的大乘寺塔、凉州姑臧塔、洛州故都西塔、甘州删丹县塔、晋州霍山南塔，北齐的代州城东古塔，隋的益州福感寺塔、益州晋源县塔、郑州超化寺塔、怀州妙乐寺塔、并州净明寺塔、并州榆社县塔、魏州临淄县塔等十八座舍利宝塔，先后建成。十八份释迦牟尼佛骨舍利依次藏于塔中供奉。

由于佛塔寺院在中国的普遍修建和佛骨舍利适时分散供养，佛法犹如八面来风、四方开花，很快在民间盛行繁荣起来。释迦牟尼佛的圣光普照了九州大地，古老的东方中国，迎来了一个真正意义上的尊佛崇佛的新时代。

大明隆庆二年（1568年）八月十四日深夜，周原大地爆发了人类有史以来极为罕见的大地震。傲然挺立的法门寺四级木制回廊式释迦牟尼真身宝塔瞬间变作一堆断木瓦砾。这座在东汉桓帝年间，由西域高僧安世高亲自设计、监工筑造的宝塔，经历了一千余年的风雨，轰然倒下了。

明万历七年（1579年）春，在当时崇信佛法的李太后干预下，年轻的万

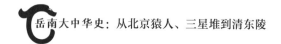

历皇帝下诏重建法门寺宝塔。

三十年后的万历三十七年（1609年），总体高度为十三层、四十六米的砖石结构法门寺宝塔，又一次巍然矗立在周原大地上。

像万历之后的明朝一样不幸的是，扶风法门寺宝塔在周原大地与苍生共处几十年之后，受到了一次致命打击。

清顺治十一年六月初八日（1654年7月21日）夜半，中国西部甘肃省天水周围发生8级大地震，震中烈度为11度。这次大地震波及200公里以外的扶风，烈度9度到10度。县城北门外"垣宇倾颓，压毙人畜"，法门寺宝塔洞内所藏镀金盾形牌和一些佛像，纷纷坠于地面，整个塔身向西南方倾斜五尺之多。塔体裂缝，西南角塔基下陷二尺多深，塔体重心偏离达五尺之多。这次重创，为宝塔在三百多年后轰然崩塌埋下了隐患。

随着岁月的进展和风雨剥蚀，法门寺宝塔开始凋零残破。晚清后期直至民国，连年的战乱，持续的灾荒，使整个法门寺变得支离破碎，荒草丛生，野狐出没，人烟几乎绝迹。

历史的脚步到了1976年，中国西南部的四川省松潘地区发生强烈地震，余波波及扶风法门寺，塔体进一步倾斜，裂度由此扩大，离最终的崩塌只有一步之遥。

1981年夏季，备受摧残的法门寺真身宝塔，在绵绵不断的淫雨中再也难以支撑残朽的躯体，不时有瓦片、泥土、碎块从身上掉下。

这年8月24日，一个风雨飘摇之夜，法门寺释迦牟尼真身宝塔——这位齿摇发苍、风烛残年的历史圣者，再也经不住历史的重负和风雨摧残，终于在一阵撼天动地的巨响声中，轰然倒下。

——法门寺真身宝塔进入涅槃。

就在闷雷响过，真身宝塔爆裂之时，扶风县驻法门寺文管所唯一的文管员王志英从居住的小屋里跑出，意识到跌落于残砖瓦砾之中的佛经、佛像有很高的文物价值，于是，他顾不得回屋拿雨具，立即冲进雨幕中的宝塔前，

图10-1 法门寺倒塌的半边残塔

从残砖瓦砾中捡拾佛经和佛像。法门寺住持澄观法师随之率众僧奔于塔下，搬砖运石，抢救文物。

抢救出的部分文物运往县博物馆保存后，很长一段时间里，法门寺就这样被遗忘在那里，直到韩金科的出现，他和周原父老重建宝塔的一腔热情、不断的坚持终于让相关部门注意到法门寺这座千年古刹。

1986年12月，陕西省人民政府决定，重新修复法门寺明代真身宝塔，责成陕西省文物局组成考古队负责重建前的地基清理工程。1987年2月28日，考古队全部人员进驻法门寺，开始了具有历史性意义的伟大行动。

发现地下玄宫

考古队进入法门寺的首要任务，是清理原塔基的地面废墟。当杂物被清除以后，正式发掘地基工作开始了。随着发掘的深入，原始的夯土开始出现。正在这时，只听"砰"的一声，进入土中的镬头触动了硬物。大家沉着的心为之一震。

"像是石头。"众人几乎同时喊出。参加发掘的扶风县文化局局长韩金科大声道："是不是触到了地宫？要真的是地宫，那可要加倍地小心行事。"

发掘在高度谨慎与小心中明显加快了速度，夯土越来越少，在塔基中心那巨大的台墩上，一块汉白玉石板的层面显露出来。

当大家小心翼翼地用手拨开石板上黏着的泥土时，只见一只线雕雄狮出现在石板正中央。狮身呈半蹲姿势，双目满含着雄性动物的挑战之光，微张的大口衔着一枚铁环。雄狮左脚前方部位，石板已碎裂成两块，但仍完好地闭合着，似无人动过。

韩金科小心地上前用手扒开中心部分的虚土，将线雕雄狮的石板中断为两截的角石取掉。石板下露出一道小缝，缝内一股阴冷之气直扑面颊，使他不禁打了个寒战。

韩金科慢慢俯下身子左眼闭、右眼睁，向缝内看去。里边漆黑一团，什么也看不见。他向旁边一挥手："快拿手电筒来。"

手电光穿过缝隙中缥缈的浓雾，照亮了一个硕大的空间。只见里面烟雾升腾，一片难辨分明的物体散发着灿烂光芒。

韩金科没有吭声，把手电递给曹纬，示意他察看。曹纬借着手电的光俯身向下望去，不禁大叫一声："下面是一座地宫，金碧辉煌，金碧辉煌！"

众人听罢，唰地围了上去。

省考古研究所的曹纬、县考古修塔队的傅升歧以及吕增福、淮建邦都是从事多年考古活动的专家。他们凭多年的田野考古经验，以及眼前这南北铺盖的石板式样与子午线走向重合的实物，初步推测，这是皇家地宫的规模，可能远远超过了眼见的面积。而地宫中珍藏的宝物，肯定会超出所有人的想象。现场的每个人，都为这一重大发现心魂激荡。

时间接近正午12点。

为使地宫珍宝万无一失，考古发掘队令所有的人员都要严守机密，并将刚才发现的裂缝原土封存，派几个人寸步不离把守。然后，他们立即向县委、县政府电话汇报，请求火速派保卫人员前来保护。随后，韩金科和曹纬二人乘车赴西安汇报。

下午4点，驻西安的考古工作者全部乘车到达法门寺。

石兴邦统领三级联合考古队，连夜投入工作。经过对现场认真、细致的观察，他们肯定了扶风县考古修塔队的推测，一致认为，塔基下就是一处南北走向的横卧式地宫。但目前的首要问题是，要尽快找到地宫的宫门。

从凤翔雍城考古工地赶来的韩伟，指挥考古人员王保平、吕增福、徐克诚等人，在寺院内罗汉殿北及原真身宝塔之间实施钻探，以图寻找地宫入口。

为尽快找到地宫神秘的宫门，考古队调来几十名民工一起发掘。

然而，整整一天过去了，仍不见地宫大门的影子。

时值春寒料峭，周原大地冷风袭人。夜幕降临时，仍然没有多大起色，毫无任何发现。有人开始怀疑，这地宫是不是一座地下迷宫？

4月5日凌晨，在罗汉殿北8.4米处，一民工于地下30厘米的地方试掘了两镢头，地下突然裂开一个小洞。民工大声叫喊起来："这儿有情况！"

众人哗啦一下围了过来。真的是地宫入口！至此，考古队员舒了一口气。

经过发掘，地宫入口宽达2米，根据考古人员钻探的其水平距离下降的数值，判断入口为砖砌的斜坡踏步漫道，大约有20阶，长度为5.6米。

地宫入口处的第一级台阶，是青石板铺成。

在地宫隧道里

考古清理人员从第一级台阶向里推进，台阶高16.5厘米至19厘米，宽27厘米至33.5厘米，长2米，由6块方砖加1块小条砖并排铺成一层。每级约3层，呈45度斜坡向下、向里延伸。每一级台阶上，都发现唐代粗瓷油灯盏及撒满了带翠绿色铜锈的唐开元、乾元、五铢等各式铜钱，很像关中周原榆树上生长的榆钱，飘落一地。另有数枚稀有的玳瑁币夹杂其间，使发掘增加了一层神秘之感。

从第14级台阶起，开元通宝铜钱越来越密。漫道北端的高浮雕门楣显露出来，但为一块巨石所封堵。当把填土清理后，知道为第20级台阶。台阶下面是一平台，略呈方形，东西长1.95米，南北宽1.75米，由五排方砖铺成，每排6块，表面平整，同样撒满了绿锈斑驳的各式铜钱。

紧接青石平台，有一堆重叠有序的石块。考古人员小心翼翼搬开这堆杂色石块，一数，共8块。石兴邦一下子顿悟："这是封门石。"于是，他指挥考古人员拿来导链，把封门石吊出地室入口。

待8块封门石搬掉后，凸现于眼前的是一个双扇素面青石门。地宫大门出现了。

石门高约1米，门扇正面无纹，不太光整。两扇门门环处，一把大铁锁紧紧锁住了进门扇的铁环。铁锁已因年代的久远而完全锈死，无法正常开启。

门框由较大的4块青石做成，门楣横架于其上，门楣东西两端夹填着石块，正面光滑平整，上有梵文痕迹。门楣上方有一硕大顶石，顶石上方安置一梯形石块，石块正中刻有两只对首飞翔的凤鸟。凤鸟周围衬有线雕缠枝纹，布局对称，构图明朗。石顶左上角有"醴泉县人王行□"等刻文。石兴邦一眼认出，这两只凤鸟就是迦陵频伽鸟，是一种佛典里象征吉祥瑞福的神鸟。鸟嘴微张，嘴里含着一枚珠丹，是献给佛祖的最珍贵的吉祥物。

图10-2　法门寺唐代地宫大门，门楣额刻有双凤

考古人员站在第一道石门前研究开启办法，最后决定，只有用考古学中特殊的手段和方法进行处理。

在开锁之前，考古队请来法门寺住持澄观、静一等法师在漫道平台摆案焚香，为即将开启的地宫大门诵经祈祷。

4月9日上午10点21分，富有经验的考古人员任周芳用一根锯条锯开了门上锈蚀的大铁锁，然后在录像机和辅助灯光照耀下，考古队员轻轻推开了两扇石门。

随着石门"咯嘣、咯嘣"地向两侧运转，一股阴森潮湿的雾气"呼"地喷射而出。雾气凝重急促，弥漫散发出一股刺鼻的霉味，刺得众人热泪直流、咳嗽不止，不得不撤离到石门两侧以避雾气。

待雾气渐渐散尽，录像机的灯光重新对准地宫。透过淡淡的雾气，考古人员看到，地宫隧道内石壁断裂严重，地面散铺着无数的铜钱和崩裂的碎石渣。

清理者依次进入地宫隧道。手电光下，可以看到隧道两边的石墙、顶部和地面均为黑色大理石镶砌，且用白石灰勾缝。铜币仍然散落满地。在数以万计的铜币中，又发现了几枚玳瑁币，与踏步漫道上玳瑁币加起来，一共13枚。这种玳瑁币在法门寺地宫洞开之前，中国大陆只发现过两枚！至此，法门寺地宫共出土古代货币计7万多枚、400多公斤，几乎包括了唐代全部货币品类。

沿着隧道向里推进，第二道石门出现了。

石门前为两块石碑所堵封。两碑字迹朝外，紧贴前室石门竖立。考古人员用了近三个小时，将两块石碑全部运出地宫。石碑刻满了以楷书书写的文字，字体看上去颇有中国传统书法飘逸大方、遒劲有力的气势。

第一块石碑，起首刻着如下文字：

> 大唐咸通启送岐阳真身志文
> 内殿首座左右街净光大师赐紫沙门臣僧澈撰内讲论赐紫沙门臣
> 令真书

第二块碑文较前一石碑字数要多，起首两行文字如下：

> 监送真身使
> 应从重真寺随真身供养道具及恩赐金银器物宝函等并新恩赐到
> 金银宝器衣物等如后

几位考古队员一边擦着满是汗渍灰尘的脸，一边反复琢磨字意。最后，不禁喜形于色亢奋激动起来。

"无价宝！无价宝啊！"最先悟出门道的考古专家激动得不能自已，跳着喊了起来，众人跟着陷入不可抑制的亢奋状态。稍后，在考古发掘记录册上，把前一块命名为《志文》碑，第二块命名为《物帐》碑。

图10-3 法门寺地宫出土的《物帐》碑，这是目前中国考古发现的唐代唯一最完整的物帐碑，碑文详载大唐咸通十四年迎奉佛骨后，皇室供佛器物的名称、大小尺寸、重量、施奉者姓名等

闻讯赶来的陕西省副省长、历史学家孙达人，仔细读完碑文后，喜形于色，高声对众考古人员放言道："了不得呀，了不得！有了这两块石碑刻文，就可以按图索骥，寻找珍宝。千年迷宫，就要再现它的谜底了！"

那么，这两块石碑到底说了什么呢？

第一块石碑主要记事。《志文》碑文述说了中国历史上从元魏至唐代帝王历次到法门寺礼拜佛骨的经过，其中包括历史上有名的也是法门寺最大一次劫难的"会昌灭佛"事件。从记载中，后人更加真切地了解了盛唐之时那波澜壮阔、气势恢宏又奇事百出的迎佛送骨活动。

第二块石碑主要记物，《物帐》碑上罗列着地宫里2499件文物清单。碑文详细记载了晚唐时期懿、僖二宗，惠安皇太后、昭仪、晋国夫人、谙头等皇室戚贵、内臣僧官供奉佛指真身舍利的金银宝器、衫袍衣裙等器物。

这是中国唐代考古发现的唯一最完整的物帐碑。碑文物主清楚，名称罗列明晰，有标重类注，为研究唐代政治、经济以及衣物宝器名称、制作工艺、衡制、纺织服饰等方面提供了丰富的资料。

正是有了两块石碑记载的一系列活动，才有了后来者在法门寺地宫看到的一切，并回眸历史长河中那些欢乐与悲哀、神秘与惊险的千年往事。

帝王初临

西魏恭帝二年（公元555年），也就是《志文》碑记载的元魏二年，发生了岐州牧拓跋育打开法门寺地宫，供养佛骨或瞻仰佛骨的事件。这是法门寺历史上第一次启奉佛骨的文字记载。

拓跋育曾为魏十二大将军之一，魏恭帝二年降爵为公，出任岐州牧一职。在被削官降级之际，他来到法门寺启奉佛骨，寻找一点精神寄托，请这位慈悲的圣者保佑。

就在拓跋育开启地宫迎奉佛骨的前后，发生了一件看似与法门寺无直接关系却关乎后来命运的一件事。

西魏大统七年（公元541年）一天深夜，一个女人在同州（陕西大荔县）般若尼寺一块木板上生下了一个男娃，取名为那罗廷，意为"金刚不可坏"。这个男娃在般若尼寺生活了十三年，后来成为大隋王朝的开国皇帝，就是后来的隋文帝，本姓杨，名坚。

有了般若尼寺这一段缘分，杨坚对佛教产生了特殊感情。据王邵《舍利感应记》载，隋文帝即位前，有位印度沙门来到他的府邸，送给他一包佛舍利，请其供养。

仁寿元年（公元601年）隋文帝敕令天下三十一个州各建舍利塔分藏他供养的那包舍利。次年再度颁诏，下令增五十个州建立舍利塔，以便分藏。

就在全国掀起建塔热潮的同时，仁寿末年（公元604年），时任右内史的李敏曾专门率人前来法门寺，修缮寺院和宝塔。

在这次修缮中，李敏等人打开了地宫，迎奉佛骨。随之在西北二十余里的风泉寺又兴建一座舍利塔。修建时，天空忽然出现祥云，僧人在观看的同时，将图景画了下来，名曰"陕州瑞相图"，后放到佛堂供奉。只是这幅图不知毁于何时、何人之手，后人不曾相见，只存于传闻中了。

继隋文帝之后，他的儿子隋炀帝杨广在即位的第一年，即大业元年（公元605年），继续大肆兴造佛寺，并于次年在东都洛阳上林苑设置译经馆，命高僧彦琮主持其事，征召达摩笈多和众多高僧学士从事佛经翻译，京都内外遍布僧尼，热闹异常，甚至日本岛国也闻风而动。大业三年（公元607年），日本的圣德太子派使者小野妹子和沙门（出家的佛教徒的总称）十余人来中国学法。隋炀帝在其他方面没有继承父业，唯在对待佛门一事上比他父亲有过之无不及。但就其一生的荒淫无道来看，他的所谓崇佛也实在具有讽刺意味。

尽管如此，由于杨家父子两代皇帝的努力，奉佛的热潮在表面上由低谷达到了一个高峰。随之而来的，是佛教在东土中国，进入了一个大红大紫的黄金时代，法门寺也由此迈向辉煌。

大业十三年（公元617年），各地反隋义军风起云涌。太原留守李渊听信儿子李世民劝告，在太原起兵反隋，并于这年冬十一月攻入长安，立代王杨侑为皇帝，改元义宁，自封为"大都督内外诸军事，尚书令，大丞相，进封唐王"。

义宁二年（公元618年）春，身为"大丞相"的李渊率部来到扶风一带视察民情，来到了法门寺。此时的法门寺，已改称成实寺。李渊受到热情接待后，按僧众的请求，下令将成实寺又改为法门寺。

李渊回长安不久，就代隋登上了皇帝的宝座，改年号为武德。他和法门寺之间的这一段因缘，对法门寺本身在唐代的存续发展起到重要作用。

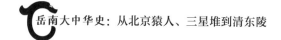

武德二年（公元619年），秦王李世民来到了法门寺。

李世民的到来让法门寺众僧欣喜异常。在寺院老僧普贤法师组织下，全体僧众为李世民诵经焚香，大肆颂扬其攻伐征战的英明功德。佛门教义的宗旨是反对战争和杀戮，六戒中的首戒便是不杀生。但此时的僧众顾不得那么多了，因为李家王朝像耀眼的旭日已经在东方升起，天下眼看要归这个家族了。

按僧众的请求，李世民亲自命人找来80名民间汉子来寺剃度，充作僧人，使法门寺僧人一下增加到110人，可见李世民对法门寺的看重和厚待。临别时，李世民又赠一批财物于寺院，以示对佛祖的尊崇和敬重。

李世民的到来，使法门寺声名鹊起，誉满京华，一时间天下寺院无一能与之匹敌。自此，法门寺具有了至尊至圣的历史地位。

李世民登基后，作为新朝皇帝，龙袍加身后的第一件重大举动，便是在曾经攻伐征战过的七处重大战场所在地建立佛家寺院。他的目的很明确，是要以弘扬佛法、崇敬佛祖的举动，笼络民心，消解反唐势力的斗志，使其安分守己，臣服大唐王朝。

这个时候，有一个人在讨得李世民欢心的同时，也有了一个流传后世的机会。此人便是法门寺地宫出土的《志文》碑上记载的"唐太宗朝刺史张德亮"。

太宗贞观五年（公元631年）二月，时任岐州刺史的张德亮，在得知法门寺被火焚烧（焚烧原因不详，可能是不慎失火被烧）后，立即奏报唐太宗，并获准修补塔寺。就在这次修补中，他听到一个"此塔一闭，经三十年一示人，令道俗生善"的传说和"古所谓三十年一开，则岁谷稔而兵戈息"的传闻。张德亮以"恐开聚众，不敢私开"为由奏报太宗，请"开剖出舍利以示人"。唐太宗恩准。

于是，这位刺史张德亮便率人打开了法门寺地宫，找出了佛舍利。之后的情景，《法苑珠林·敬塔篇》做了这样的记载：

> 既出舍利，遍示道俗。有一盲人，积年目瞑，怒眼直视，忽然
> 明净。京邑内外，奔赴塔所，日有数万。
>
> 舍利高出，见者不同。或见如玉，白光映彻内外。或见绿色，
> 或见佛形像，或见菩萨、圣僧，或见赤光，或见五色杂光。或有全
> 不见者，问其本末，为一生已来，多造重罪。有善友人教使彻到忏
> 悔。或有烧头炼指，刺血洒地，殷重至诚，遂得见之。种种不同，
> 不可备录。

李世民没有见到舍利。当时的舍利只在法门寺院内供奉展示，并未运到京都长安。但长安有不少人前来观瞻，有一盲人看后，突然复明。插曲的背后，还有一些罪恶多端之人，只有烧头炼指、刺血洒地才能看到舍利形状和颜色。至于他们把头颅用烈火烧烤一顿之后，看到的舍利是什么形状、什么颜色，文中没有提及。不难想象的是，除了一片漆黑便是一片惨白，因为他们的大脑神经已被烈火烧焦，剩下的恐怕只有麻木的肉身了。

张德亮取出的佛骨舍利何时放回了地宫，他本人和唐太宗都作何感想，史上未见记载。但经张德亮这一折腾，便有了法门寺地宫三十年一开的规矩，以及日后大唐王朝皇室六次浩浩荡荡迎奉佛骨的事件发生。

高宗迎佛骨

贞观末年，唐太宗的健康状况每况愈下。为了治病健身，唐太宗开始服食丹药，当他连续服食了一两年的"国产"丹药仍不见效后，这位垂垂老矣的皇帝便希望能得到异域的具有奇特疗效的神药加以治疗。皇帝的这种幻想康复长寿的急切心理，被一个叫作王玄策的大臣窥见。这个专靠迎合皇帝心理起家的王玄策，不失时机地向唐太宗进献了一名大唐与中天竺战争中俘虏

来的"胡僧"那罗迩娑婆寐。此僧"自言寿二百岁，云有长生之术"，宣称能配制金石秘剂。这个明显的谎言竟打动了唐太宗，于是唐太宗龙心大悦，命该僧入金飚门内驿馆配制丹药，又令兵部尚书崔敦礼率人协助制作。

经过近一年的炼制，由这位"胡僧"主持炼制的丹药出炉，兵部尚书崔敦礼为邀头功，赶紧捧送入宫。正在病中呻吟的唐太宗李世民见到期盼已久的仙丹神药送至床前，颇为激动，在感念"胡僧"忠心侍君的同时，很快将药服下。

然而，这聪明一世的李世民万万没有想到，他吞食的长生不老药竟成了送他入地狱的催命药。服下丹药之后，李世民病情迅速恶化，不到两个月，便暴疾而死，享年52岁。

唐太宗一生都很会利用佛教为自己的统治服务，他本人的性命及大唐帝国日渐兴盛的事业，都曾得到过佛门弟子的不少帮助和维护，想不到最后竟死于所谓的佛门弟子之手。也许该僧不是佛教徒也未可知。这一残酷的现实，恐怕是他始料不及的。

唐太宗魂归西天，太子李治登上了皇帝的宝座，是为高宗。

高宗对佛法向来看重，对西去取经的旷世名僧玄奘十分敬重，曾著文对玄奘的人生经历和功业表达赞美之情。玄奘病亡，他哀恸感伤，喟叹："朕失国宝！"也是他开了开启地宫、迎佛骨到皇宫供奉的先河。这便是后来法门寺地宫出土的《志文》碑所载的"高宗延之于洛邑"的事件。

根据《法苑珠林·敬塔篇》载，事件的具体经过如下：

显庆四年九月，以破译咒术闻名的山僧智琮慧辩、弘静，应召入朝，拜见高宗。在谈话中，两僧提到了法门寺，说法门寺年代久远，声名渐长，需要好好地弘扬和爱护。并提请皇帝："古老传云……三十年一度（佛骨）出，前贞观初已曾出现，大有感应，今期已满，请更出之。"结果获得批准。

上曰："能得舍利，深是善因。可前至塔所，七日行道，祈请有瑞，乃可开发。"

即给钱五千贯，绢五千匹，以充供养。琮与给使王长信等，十月五日，从京旦发，六日逼夜方到。

琮即入塔内，专精苦到，行道久之，未验。至十日三更，乃臂上安炭火烧香，懔厉专注，曾无异想。

这段记载不难读懂，无非是说智琮与王长信等人受皇帝之命来法门寺迎请佛骨。让人感到惊异的是，僧人智琮竟把炭火放在手臂上，以示对佛的敬重和崇拜。而这种崇拜和虔诚终于引发了一段神秘灵异事件。

忽闻塔内像下振裂之声。寻声往观，乃见瑞光流溢，霏霏上涌。塔内三像足下各放光明，赤白绿色旋绕而上至于桁桷（屋梁），合成帐盖。

琮大喜，踊跃欲召僧看，乃睹塔内，侧塞僧徒，合掌而立，谓是同寺。

须臾既久，光盖渐歇，冉冉而下，去地三尺不见。群僧方知圣隐。

中使王长信等同睹瑞相，流辉遍满，赫奕澜漫，若有旋转，久方没尽。及旦看之，获舍利一枚，殊大于粒。光明鲜洁，更细寻视，又获七粒。总置盘水，一枚独转绕，余七粒各放光明，炫耀人目。琮等以所感瑞，具状上闻。敕使常侍王君德等送绢三千匹，令造朕等身阿育王像，余者修补故塔。仍以像在塔内，可即开发，出佛舍利以流福慧……

初开舍利，二十余人同共下凿。

及获舍利，诸人并见，唯一人不见。其人懊恼自拔头发，苦心

邀请。乃置舍利于掌，虽觉其重，不见如初。

由是诸人恐不见骨，不敢睹光。寺东云龙坊人，敕使未至前数日，望寺塔上有赤色光周照远近，或见如虹，直上至天，或见光照寺城，丹赤如昼。旦具以闻，寺僧叹讶曰：舍利不久应开，此瑞如贞观不异，其舍利形状如小指，初骨长可二寸，内孔正方，外楞亦尔。下乎上渐，内外光净。以指内孔恰得受指，便得胜戴，以示大众……

以上记载了智琮等僧众和部分官僚打开地宫，并找到佛骨舍利的故事。舍利既出，整个天空大地祥兆瑞景就争相出现。需要指出的是，自从佛入东土甚至在佛未入东土而自身处于生灭之时，关于天空大地出现瑞兆的记载，就见于后人撰写的史籍中，尽管这瑞兆各异，但相差总是不大。在这次挖掘地宫找到舍利后，大家都看到了，唯一个人看不到，他便在懊恼羞愧中自拔头发。但当有人将舍利放到他的手掌之上时，他虽感觉到其物的重量，可惜仍视而不见其真面貌。

据此可以推论，这个人肯定不是僧人而是由朝廷派来的官员。因为僧人是不留头发的，既然没有头发，就不存在拔的问题。就当时的情形而言，普通老百姓没有资格进入地宫，所以断定他是由朝廷派来的。

接着往下看：

至显庆五年春三月下，敕请舍利往东都入内供养。时西域又献佛束顶骨至京师，……又追京师僧七人往东都入内行道。

敕以舍利及顶骨出示行道僧，曰：此佛真身，僧等可顶戴供养，经一宿还收入内。皇后舍所寝衣帐，准价千匹绢，为舍利造金棺银椁，雕镂穷奇。

这段记载是说唐高宗在得知法门寺佛骨舍利被挖出后，即下令运到东都洛阳的皇宫中供奉起来。所谓的"内"即大内皇宫。早在东晋时代，宫廷之内就建立了举行法事活动的地方，晋时称精舍，隋之后称内道场。隋炀帝时曾在内道场汇集佛道经典，编撰经文典籍目录，至唐代已大规模地发展了内道场制度，而其全盛时期则是在中晚唐以后。

唐高宗诏令将佛骨舍利迎入东都洛阳内道场供养，自然引起朝廷上下的震动，几乎所有的皇亲国戚、臣僚妃嫔都纷纷出资捐物，前来施舍供奉，京城内外一片欢腾的景象。

佛骨舍利在皇宫历经三年的奉迎、礼拜，在唐高宗龙朔二年（公元662年）送还法门寺。这年二月十五日，由京师派来的诸僧与臣僚，会同法门寺僧众打开了塔下的地宫，将佛骨藏于其中。

就在佛骨送还的时候，唐高宗赐绢一千五百匹，诏令惠恭、意方等禅师办理法门寺重修事宜，以示皇恩浩荡和皇帝本人对佛的崇敬之情。

当佛骨入地宫后，惠恭等僧人便四处征集材料和能工巧匠，开始了不日不夜，载营载葺，庄严轮奂，制置殊丽。危槛对植，曲房分起，栾栌斗拱，枕而盘郁的大修复。法门寺在这次重修中，更加辉煌壮丽，气势非凡，具有典型的皇家寺院气魄和格局——这时的法门寺已形成了二十四院并存的浩大规模。

继唐高宗之后，大唐历史上有武则天、肃宗、德宗、宪宗、懿宗也到法门寺迎奉过佛骨。武则天有生之年最后一次崇佛活动是在公元704年，曾派高僧大德前往法门寺迎取佛指舍利入宫供养。《志文》碑同时记载了唐中宗、代宗、僖宗三代到法门寺送佛骨或下诏修复的事件，当然也有唐武宗灭佛的事件。《志文》碑的发现像一盏明灯，照亮了大唐历史，同时也揭示了地宫的一段波折岁月。

地宫珍宝

发掘仍在继续。隧道尽头两块石碑的后面，又出现了一副双扇石门。

在门框的两个内侧面，均有一"天王力士"像，神态威勇，颇有一股不可战胜的护法气势。而两扇门上，各有一尊"菩萨"像，线条镂刻流畅，造型看似相同却又相异，显露隋唐壁画人物丰腴饱满的特点，生动可人，逼真传神。

两尊菩萨像打破了第一道门只涂黑漆的格局。两相比较，考古人员才恍然悟知，第一道门上的黑漆，原是有意赋予哀悼怀念佛祖之意。菩萨像的出现表示已进入道场中心。随着第二道石门打开，考古队员及数名佛门代表的心情愈发激动。

队员们看到，室内的铺地石为南北向两行，由于年代久远，不少地方已经拱起。

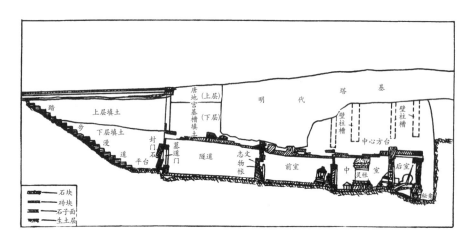

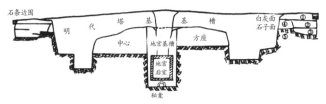

图10-4　法门寺真身宝塔唐代地宫纵剖面、横剖面图

考古学家石兴邦现场判断，石门开后显露的长长隧道为塔基地宫的前室。室中深处，是一堆又一堆码叠整齐的丝织品，以及石函、蹀躞十事、白瓷瓶，还有一铜质锡杖，甚为罕见。

锡杖乃鎏金单轮六环，由轮首、执手、杖樽三部分组成，原与木杖套接，木杖已朽坏，总长度不明。桃形轮上端两侧各套三枚锡环，经测量，锡环直径均为117毫米。桃形轮及圆环剖面均呈菱形，轮顶饰有智慧珠。执手为八棱形，杖末端为圆球形。轮高310毫米，宽270毫米，执手长317毫米，直径22毫米，杖樽长312毫米。此乃重要佛家礼品，显系哪位大德高僧之宝物。

再往前探寻，是一座汉白玉浮雕彩绘阿育王塔，通高785毫米，四面都刻有端庄秀丽的菩萨像。从雕刻手法看，属于盛唐时期制造，于懿宗咸通年间置于法门寺地宫前，显然进行了重新装绘。至于阿育王塔中盛装的秘密，只有打开才能知晓。

据《物帐》碑载，武则天、唐懿宗、僖宗、惠安皇太后等人供奉给佛祖的各类丝织品数量多达700多件，全部放于地宫之中。可惜地宫封闭条件和年代太久的原因，许多供物已碳化朽败，仅存残迹，丝绸织物也表层粉化。只有堆积叠压在底部的丝绸，色彩花纹保存完好，艳丽如初。

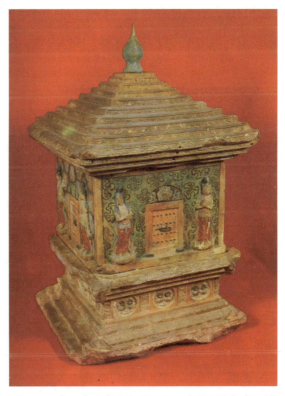

图10-5 法门寺地宫出土的汉白玉浮雕彩绘阿育王塔

前室所有珍贵文物，按严格的考古程序清理出地宫后，考古队员发现，在紧接前室的后面又是一个珍宝世界，考古学家命名它为中室。其内部结构与前室大致相同。

在中室的中间位置，竖立着一尊白如莹雪的汉白玉四棱塔状雕刻物。在它的前面正中位置，有一鎏金铜熏炉。汉白玉灵帐架在四棱塔的上面，灵帐上披有三领金袈裟，件件金光闪闪，令人叹为观止。金袈裟边上放有一双光彩照人的金鞋。

考古队员进一步往里探寻，又发现一个奇迹：在汉白玉灵帐后部靠北壁处，放有一大型银风炉。风炉的正前方，有三个金银棱檀香圆盒形木箱，高约13厘米，直径为40厘米。其中两个箱子装着一模一样的鎏金双凤纹银棺。在另一具檀香木箱内满装着世间罕见的唐代宫廷瓷器——秘色瓷。这批瓷器共计15件，有八棱秘色瓷净水瓶、秘色瓷盘、平脱银扣秘色瓷碗等。秘色瓷的旁边，出土了两件白瓷碗和一件白瓷瓶。

图10-6　八棱秘色瓷净水瓶

这一批精美器物正是《物帐》碑中所指明的供养器具，是整个唐代考古不可多得的珍品。

这批秘色瓷的出现，解决了长期以来考古界和工艺陶瓷界之间的争议。以往有关秘色瓷的讨论仅限于文献资料，而文献资料的记载众说不一，使研究和辩论双方都证据不足。法门寺地宫秘色瓷实物配合《物帐》碑记载，联系以前唐代考古发现，可以得出结论，秘色瓷的始烧年代在唐朝，或者更确切一些，在晚唐时期。

千年隐秘就此揭开。

第四道石门

当考古队员仔细清理完一件件文物，正要舒展一下腰背手足时，中室后壁又出现一道石门。此为地宫第四道石门，也是最后一道大门。

不知什么原因石门没有上锁，考古人员轻而易举地推开，进入后室。

眼前的景观，无疑是大唐帝国皇室精美物品的聚集地。小到生活用具，大到工艺玩物，应有尽有，一派富丽奢华的金银世界。质地之精巧，数量之众多，均是前面几个洞室发掘的金银器物无法相比的。

后室器物看似散乱随意放置，但考古专家们还是做出了"这大批的遗物以八重宝函为中心分布"的结论。

满室的奇珍异宝堆积如山，考古人员一件件清理、登记、现场保护。首先映入考古人员眼帘的是硕大的八重宝函。根据《物帐》碑记载，八重宝函乃存放佛祖灵骨的珍贵宝器（后来打开被证实）。

除八重宝函，最引人注目和惊叹的当属迎真身银金花双轮十二环锡杖。

长期以来，日本正仓院所藏白铜头六环锡杖，号称世界锡杖之王，大和民族的佛门弟子引以为荣。而在法门寺地宫后室出土的这件锡杖，高196厘米。杖首有垂直相交银丝盘屈的两个桃形外轮，轮顶为仰莲束腰座，上托智慧珠1颗。外轮每面各套雕花金环3枚，共12枚。外轮中心的杖顶

图10-7　迎真身银金花双轮十二环锡杖

又有忍冬花（即银金花，象征"益寿"）、流云纹、仰莲瓣组成的三重佛座，其上承托五钴杵与宝珠。杖身中空，錾刻有手持法铃、身披袈裟于莲台之上的沙门僧12位。这件锡杖整体造型雍容华贵，制作精绝，无论是工艺还是等级，都比日本正仓院150厘米高的白铜头六环锡杖等级要高，形制要宏伟得多，是不可多得的礼佛事佛之珍品。

与迎真身银金花双轮十二环锡杖同时发掘出土的还有一件纯金单轮十二环锡杖。通体用纯金制成，杖杆为圆柱形，顶部有桃形轮杖首。轮心之杖端，为跏趺坐于莲座上的坐佛，有背光，杖樽为宝珠形，轮顶为仰莲座智慧珠，轮侧各套有6枚锡环，总重221克。这件锡杖制作工艺精良取胜，巧妙绝伦，是顶级的佛教法器。

经过几天几夜的工作，地宫后室的地面文物清理完毕。此时已是深夜，考古人员带着满身的疲惫陆陆续续由地宫往上撤出，照明设备也开始关闭，准备撤离。

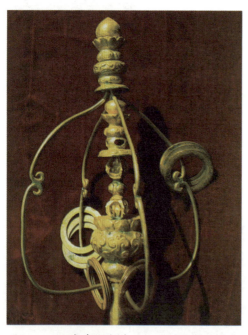

图10-8　迎真身银金花双轮十二环锡杖首部

就在这时，心细如丝的韩金科在即将撤出的最后一刻，恋恋不舍地以手摸了摸后室墙壁，发现壁画上的图案颇有点像在表现密宗的仪轨。忽然，脚下踩着的泥土使他心里一震："怎么这么虚松？"

疑惑中，他弯下腰用手一挖，大吃一惊：原来地宫后室的正面墙根下掏有一窑窝，里面好像藏着器物。他急忙大声喊道："等一等，快打开照明灯。"

这一嗓子使走在前面的考古

人员回过了头。紧跟着，总指挥石兴邦也拨开其他人赶了过来。

窑窝里确实有器物，而且是秘密藏贮地。石兴邦紧张而庄严地说："可能是一个秘龛。"

众人听罢，都惊讶不已。至高无上的佛教圣物可能就在这一秘龛之内。

于是，韩金科等人一齐弯腰动手，仔细清理。

很快，一尊外部包裹着夹金织锦的铁函显露了出来。众人欢呼，相互传看，而后一同将铁函抱出了地宫。此时是1987年4月28日。

秘龛铁函内盛放了什么圣物？为何放置得如此神秘？

开元密宗三大士

公元705年1月，中国历史上唯一的一代女皇武则天病重不起，早已按捺不住的宰相张柬之等抓住时机率兵进宫，杀死武则天的"嬖臣"张昌宗、张易之，拥唐中宗李显复位，并取消武周国号。是年冬天，武则天在忧郁中死去。

中宗李显成功坐上龙椅，但天生庸懦无能，专信韦皇后，而这位韦皇后为达到做皇帝的目的，先是残杀太子，后又谋害中宗。羽翼渐丰的李家后嗣李隆基统率御林军杀进皇宫，除掉韦皇后，恢复了其父唐睿宗李旦的帝位。公元712年，睿宗让位于太子李隆基——后来创立了"开元盛世"的唐玄宗。

唐玄宗即位不久，便对佛教采取了一定的限制。之前由于受武则天崇佛的影响，到中宗时期，普天之下已出现了"造寺不止，枉费财者数百亿；度人不休，免租庸者数十万"的奇特现象。而彼时的朝廷竟听任贵戚造寺度人，那些富户强丁多削发避役。到了睿宗景云二年（公元711年），懦弱无能的李旦，又准许贵妃、王公大臣之家建造功德院，浪费钱财无以计数，大

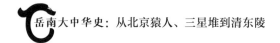

唐王朝的国计民生受到威胁。

玄宗即位后的开元二年（公元714年），根据朝臣姚崇的上书，年轻气盛的唐玄宗下诏，敕命淘汰伪滥僧尼1.2万余人，责令还俗，并传谕百官，以后不得私造寺庙。并同时规定，僧尼必须致敬君上，恭敬父母。自此之后，关于佛门僧尼是否应该恭敬君王的不休争论基本结束了。

尽管唐玄宗对佛教做了具体的限制，但并没有禁佛。相反的是在他执掌朝政期间，佛教在大唐疆域内迎来了造像的黄金时代。至今世界上最大的石刻佛像——乐山大佛，就出现在唐玄宗一朝和稍后的时期，这尊花费了90年时光雕凿而成的巨大佛像，在显示了"开元盛世"浩大气魄的同时，也展现了唐玄宗对佛的心态。与这个心态对应的还有鉴真和尚东渡日本事件。正是在朝廷的许可和支持下，鉴真和尚才得以多次组团东渡，并最终到达了日本，为佛教和大唐文化的传播做出了不可磨灭的贡献。

唐玄宗以自己的智谋才情将大唐王朝推入了"开元盛世"，开始要"殚耳目之玩，穷声技之巧"，尽情地享受一下人生——正是在这样一种时代背景下，三个不同凡响的印度和尚相继来到中国，他们分别是善无畏、金刚智和不空，史称"开元三大士"。

这"开元三大士"将一种叫作密宗教派的佛家理论带到中国，并在朝廷的支持下很快发展传播起来。

所谓密教，本是相对显教而言的。佛学中的显教，就是释迦牟尼佛所说的种种经典，因有文字语言，让人一目了然，故称显教。而密教则是毗卢遮那佛（法身佛）直接所说的奥秘大法，其教理组织不易说明，但以咒术、仪礼形式作为特征。比如文字的意义，本从声音而来，有"阿"之声音，而后有"阿"字，其声音又是依因缘而生，一对触耳，再闻不得，故声音亦毕竟不可得。这样，由文字音声上，可观诸法空不可得之理。也正因如此，密教以真言密咒为最根本修习方法。

密教不重教义理论，唯持高度组织化的各种密咒、仪规和神格信仰来进行修法。修法前必须建造"曼荼罗"，即建造坛场，坛场在室外净地或室内皆可，并配置或者图画种种诸佛菩萨威仪之像。每当开始修法时，都要口诵真言，直修到身、语、意三密相应，便可即身成佛了。

由于密教的佛法教义无法以一般文字语言说明，只可在身、语、意三密相应之间进行体会，于是就显得分外神秘，并且在这种神秘之中，也蕴藏着更为深邃、玄奥、广大、不可思议的意境。正因如此，它才深深吸引了一批信徒，并在中国很快扎下了根。

善无畏平素恬淡简朴，静虑怡神，来中国后，传法有道，声誉大起，被唐玄宗礼拜为国师。当时中国本土有一高僧法名一行，奉玄宗之命去见善无畏，请教佛法。谁知二人一见，相互倾心。从此，一行便投在善无畏门下，学习密教传承以及基本密法。以后，一行在主持大唐繁重的修订历法工作的同时，协助善无畏翻译出密典多部，其中就有《大毗卢遮那成佛神变加持经》七卷，即密教经典《大日经》。这部经卷，抒发佛门义理，精致严谨，深得密法真髓，千百年来备受推崇。

"开元三大士"的另一位天竺高僧金刚智，于开元八年（公元720年）来到长安，开始传授密法。他在唐玄宗的崇信下，于皇宫内外设坛灌顶，广度四众，朝野士庶争相皈依。从师于善无畏的一行，也拜在他的门下亲受其灌顶，秉承其所传密法，深得其要。后来金刚智收受一位来自狮子国（今斯里兰卡）的弟子，这便是位列"开元三大士"的不空。

金刚智在弟子不空及一行的协助下，也译出密教经典多部，其中有《金刚顶瑜伽中略出念诵经》四卷，以及《金刚顶一切如来真实摄大乘现证教王经》三卷，后人习惯上将两者并称《金刚顶经》，这部经卷，亦是密教根本经典之一。

就在善无畏、金刚智、不空、一行等创建汉地密教的同时，印度密教又有一支越过喜马拉雅山进入中国西藏，与西藏本土的苯教融合，流行并远播于西藏、青海、蒙古等地，形成了区别汉地密教的"藏密"，并成为西藏佛教的重要组成部分。

与此相反的是，随着唐末、五代的连年战乱，由善无畏、金刚智等首创的中土密教，渐渐法脉断绝，不为人知了。幸得当年来华求法的日本僧人最澄、空海、圆仁、圆珍等将汉密带回了日本，形成"东密"，并逐渐使这一佛教宗派发展、繁荣起来。

许多年之后，人们在法门寺地宫发现了早已断绝的"唐密曼荼罗道场"，因而也就从中窥到了中土密教的神秘和本质。这一切，当然是后话了，暂且不提。

却说这"开元三大士"在中土创建密教并很快扎根发芽、开花结果，这中间的原因除了密教本身极其神秘和组织严密的教理之外，还有一个明显的特点就是教义中深含着享乐淫逸的内容，其教派的始祖龙树曾宣称"人生唯有追求欲色为至乐"的荒淫论调。这个论调和正在追求欲色淫乐的唐玄宗一拍即合，并很快在大唐朝野内外传播开来。

唐玄宗对密宗教派的理论越来越崇信，最后到了一刻也难以分离的程度。他在长安宫中

图10-9　北京雍和宫密宗双身造像（汪尧民摹绘）

住得久了，要去东都洛阳散心，僧人善无畏也得令必须随驾前往，并不间断地向这位淫逸皇帝传授"五佛五智"说，即大日如来、阿閦、宝生、无量寿、不空成就的五种智慧，按照密宗理论，如果众生有了这五种智慧，虽食肉、饮酒、做男女之事也能达到"菩提"（觉或者智），这五种智慧必须由师父秘密传授才能得到。

正是在这样一种崇佛理论的具体指导下，唐玄宗才越来越迷恋女色，不问国事，最后导致了使大唐由兴转衰的"安史之乱"。

"安史之乱"的爆发以及"马嵬坡事变"的出现连同唐玄宗的仓皇南逃，给了太子李亨以篡夺皇位的可乘之机。他自奉天北上，收兵至彭原，率众马抵平凉。西北军人立即拥立李亨在朔方（关中灵武县境）即位，从此完成了玄宗朝向肃宗朝的更替。

就在马嵬坡事变刚过，唐玄宗面临逃亡去向问题，君臣分别选择了蜀中、太原、朔方、西凉等几个地方。随驾的高力士最后做了总结性发言："太原虽近，地与贼连，先属禄山，人心难测。朔方近塞，全是蕃戎，教之甚难，不达人意。西凉地远，沙塞萧条，大驾巡幸，人马不少，既无备拟，立见恓惶。剑南虽小，土富人强，表里山河，内外险固。以臣所见，幸蜀为宜。"高力士力主去巴蜀，恰合玄宗的心意，这就促成了玄宗幸蜀。

唐玄宗走了，太子李亨篡权成功，是为唐肃宗。面对刀光剑影的乱世，这位新即位的皇帝却无法回避高力士所担心的"朔方近塞，全是蕃戎，教之甚难，不达人意"的矛盾。虽然朔方军队将领郭子仪、李光弼等率部拥立肃宗并愿为之拼杀疆场，从而构成了大唐军队的主要支柱，但该部多为突厥人，极难顺从。后来肃宗又调集的西北各镇军人，也是成分复杂、信仰不同的少数民族军队，只凭传统的儒家忠君保国思想是不能稳定它的。而军心不稳，战斗力就无从谈起，并且蕴藏着随时倒戈的危险。为了求得各个民族军队在思想上的共识，让军队为大唐效力，唐肃宗不得不再次借用已在西北少数民族中有极大影响的佛教来团结各族将士，稳定军心，而法门寺已是极负盛名的佛门圣地，唐肃宗立即诏令平叛指挥部移驻当时被称为凤翔郡的扶风。

唐肃宗到了扶风，首先秘遣使者至已陷入"魔掌"的长安城，向"开元三大士"之一的不空求秘密法，以降服叛军"恶魔"。

不空接到诏令，立即指导肃宗在扶风设曼荼罗"降魔"。他召僧侣数百，每日念《大威德金轮佛顶炽盛光如来消除一切灾难陀罗尼经》，以招兵引将，消灾降魔。当时数百名僧众在曼荼罗内道场昼夜念佛，声闻禁外……不久，陇右、河西、安西诸路大军奔赴扶风，聚集在肃宗的大旗下，开始了向叛军的战略反攻。

至德二年，唐军收复长安，唐肃宗将这次胜利归于佛的神灵保佑，功劳首推僧人不空，并召不空入皇宫为皇帝行"转轮王七宝"灌顶大法，俨然一位忠诚的佛门弟子。

既然佛的神灵可以稳定军心，可以保佑唐军取得一次次胜利，那么就一定能保佑李家王朝政权的稳定与巩固。出于这种考虑，唐肃宗不顾当时战乱未平、国困民穷的尴尬处境，于上元二年（公元761年）诏令臣僚僧众到法门寺打开地宫，迎奉佛骨。

与此同时，李光弼正率领唐军与叛军史思明部在洛阳血战，而唐将康楚元在襄州反叛，并切断唐王朝的漕运粮道，大唐王朝尚处在风雨飘摇之中。由于财政的极度困难和战局的吃紧，迎奉佛骨的活动只持续了两个月便匆匆结束了。

唐肃宗不久病死，生前借助佛事活动平息"安史之乱"的目的虽未达到，但客观上为巩固李家王朝的政权起到了极大的作用。而经过兵祸战乱之后的李家王朝，以胜过以前的更大热情展开了迎奉佛骨的活动。

韩愈的谏佛骨案

唐宪宗李纯是在"永贞内禅"[1]的政治斗争中登上皇帝宝座的，他用优抚的办法招降诸州叛将，使持续近一个世纪的大唐帝国藩镇割据的内乱局面稍有好转。他当时被誉为是个治国有方、睿智明断的皇帝。

登上历史舞台的唐宪宗对先辈们特别是处于乱世中的肃宗、德宗两朝，借助佛教的力量来稳定、巩固李家王朝的做法坚信不疑。就在他登基的元和元年（公元806年），即诏令天下大德高僧全部赴京师长安阐扬佛法，并特地把名声正兴的知玄和尚召入内殿寻求佛道，同时赐予这位高僧"悟达国师"的名号。第二年，唐宪宗又诏令宦官吐突承璀等人任左右街功德使职务，掌天下僧尼道士，沙门僧端甫、灵邃分别为左右街僧事。由皇帝本人身边的宦官和高僧共同来管理沙门，在客观上进一步加强和密切了朝廷与佛门的关系。

应该承认，唐宪宗李纯算是中唐李家王朝中较有作为和智谋的皇帝。在乱世纷争的局势中上台的他，经过一系列惊心动魄的政治、军事斗争，尤其是元和七年魏博镇衙内兵马使田弘正归降唐廷之后，唐宪宗终于赢得了全面削平藩镇的机会和实力。元和十二年（公元817年），唐将李愬率部奇袭蔡州，将淮西吴元济生擒。元和十三年（公元818年），淄青节度使李师道亦请降归附。唐宪宗在征剿招抚的同时，又将这些归附的藩镇由大划小，分而治之，由朝廷统管，从而取得了自"安史之乱"之后的"中兴"局面。

元和十三年十一月，唐宪宗正在宫中处理政务，有功德使前来奏报："凤翔法门寺塔有佛指骨，相传三十年一开，开则岁丰人安。来年应开，

---

1 唐代宫廷政变。公元805年初，顺宗李诵即位，因病不能视事，重用王叔文、王伾实行改革，引起宦官及部分藩镇反对。三月，宦官俱文珍等逼顺宗立长子李淳为太子，改名李纯。八月，俱文珍与韦皋、裴均、严绶等人强迫顺宗禅位，改元永贞，李纯登基。次年正月，改元元和。这一年间的宫中纷扰，史称"永贞内禅"。

请迎之。"唐宪宗正在想着如何使自己的施政措施和取得的成果与"天命佛法"联系起来，立即准奏。元和十四年正月，唐宪宗诏令中史杜英奇带领宫人、高僧30人，手持香花赴凤翔法门寺迎奉佛骨。

出发前夕，杜英奇传令从凤翔至长安沿途各州、县，务必隆重迎奉佛骨，并授意沿途广搭彩棚，红毡铺地，以示对佛的敬重。

杜英奇一行来到法门寺后，先由宫人、高僧持香花来到塔下，然后焚香点烛，顶礼膜拜一番后，开启了地宫石门。杜英奇等人迎出佛骨，直奔京城而去。

自法门寺至长安两百多里的漫漫长道上，无论州县府衙还是村镇寺庙，处处筑起高台香刹，张灯结彩，跪而拜迎。

迎佛队伍进入长安城，街市上的巨商豪富争相举行盛大的迎奉仪式，到处结彩为楼，水银为池，金玉扎树，形成了一条条流金溢翠的五彩通道。自开元门到安福楼，被数人恭抬的盛装佛骨舍利的黄金宝函，几乎是从人群的头顶上踏过去的。为了向佛骨表达虔诚之意，砍肢割臂者不计其数，献儿献女、倾家荡产、极尽耗费者数以千万计。在一贞节牌坊前，有一老姬竟将一壶水银强行灌入女儿口内，使其当场中毒死亡，以此敬佛。

此时的京师长安，一场大雪刚刚停歇，宫阙禁苑、豪门房舍一片银装素裹。灿烂的阳光照射下来，使这座都城分外辉煌壮丽。年轻气盛、志得意满的宪宗皇帝身披华彩亮丽的裘衣披风，在浓妆艳抹、妖艳华贵的妃嫔的簇拥下，站在大明宫道场前的锦绣高台之上，专候迎佛队伍的到来。

在万民齐呼、声震苍穹的礼佛声中，浩浩荡荡的迎佛队伍来到了宫前道场。宪宗抢步上前，叩头拜佛。紧接着，文武百官、妃嫔仕女、太监僧人等也跪地拜佛，整个道场一片沸腾。随后，宪宗将佛骨留于禁宫，几废朝政，日日素衣斋食，焚香点烛，守于佛骨之前，并借助神灵的感应，欣然命笔，赋诗一首敬献佛灵，其诗曰：

功成积劫印文端，

不是南山得恐难。

眼睹数重金光润，

手擎一片玉光寒。

炼时百火精神透，

藏处千年莹彩完。

定果熏修真秘密，

正心莫作等闲看。

此诗一出，朝野大震，崇佛礼佛的狂潮再度掀起，"王公士庶，奔走施舍，唯恐在后。百姓有废业破产，烧顶灼臂而求供养者……"。

面对皇帝、官宦、四方百姓如此疯狂、如此痴迷、如此愚顽的礼佛之举，有一个人再也按捺不住心中的愤怒之情。他奋笔疾书，一气呵成了一篇《论佛骨表》，准备对这种礼佛之举坚决抵制，这个人就是官拜刑部侍郎的韩愈。文曰：

臣某言：伏以佛者，夷狄之一法耳，自后汉时流入中国，上古未尝有也。昔者，黄帝在位百年，年百一十岁；少昊在位八十年，年百岁；颛顼在位七十九年，年九十八岁；帝喾在位七十年，年百五岁；帝尧在位九十八年，年百一十八岁；帝舜及禹，年皆百岁，此时天下太平，百姓安乐寿考，然而中国未有佛也。其后，殷汤亦年百岁，汤孙太戊在位七十五年，武丁在位五十九年，书史不言其年寿所极，推其年数，盖亦俱不减百岁。周文王年九十七岁，武王年九十三岁，穆王在位百年。此时佛法亦未入中国，非因事佛而致然也。

汉明帝时，始有佛法，明帝在位，才十八年耳。其后乱亡相继，运祚不长。宋、齐、梁、陈、元魏以下，事佛渐谨，年代尤促。唯梁武帝在位四十八年，前后三度舍身施佛，宗庙之祭，不用牲牢，昼日一食，止于菜果，其后竟为侯景所逼，饿死台城，国亦寻灭。事佛求福，乃更得祸。由此观之，佛不足事，亦可知矣。

高祖始受隋禅，则议除之。当时群臣材识不远，不能深知先王之道、古今之宜，推阐圣明，以救斯弊，其事遂止，臣常恨焉。伏惟睿圣文武皇帝陛下，神圣英武，数千百年以来，未有伦比。即位之初，即不许度人为僧、尼、道士，又不许创立寺观。臣常以为高祖之志，必行于陛下之手。今纵未能即行，岂可恣之转令盛也！

今闻陛下令群僧迎佛骨于凤翔，御楼以观，舁入大内；又令诸寺递迎供养。臣虽至愚，必知陛下不惑于佛，作此崇奉，以祈福祥也。直以年丰人乐，徇人之心，为京都士庶设诡异之观、戏玩之具耳！安有圣明若此，而肯信此等事哉！然百姓愚冥，易惑难晓，苟见陛下如此，将谓真心事佛，皆云："天子大圣，犹一心敬信，百姓何人，岂合更惜身命？" 焚顶烧指，百十为群，解衣散钱，自朝至暮，转相仿效，惟恐后时，老少奔波，弃其业次。若不即加禁遏，更历诸寺，必有断臂脔身以为供养者。伤风败俗，传笑四方，非细事也。

夫佛本夷狄之人，与中国言语不通，衣服殊制，口不言先王之法言，身不服先王之法服，不知君臣之义、父子之情。假如其身至今尚在，奉其国命来朝京师，陛下容而接之，不过宣政一见，礼宾一设，赐衣一袭，卫而出之于境，不令惑众也。况其身死已久，枯朽之骨，凶秽之馀，岂宜令入宫禁！孔子曰："敬鬼神而远之。"古之诸侯行吊于其国，尚令巫祝先以桃茢祓除不祥，然后进吊。今无故取朽秽之物，亲临观之，巫祝不先，桃茢不用，群臣不言其非，御史不举其失，臣实耻之，乞以此骨付之有司，投诸水火，永绝根本，断天下之疑，绝后代之惑，使天下之人知大圣人之所作为，出于寻常万万也，岂不盛哉！岂不快哉！佛如有灵，能作祸祟，凡有殃咎，宜加臣身。上天鉴临，臣不怨悔。无任感激恳悃之至。谨奉表以闻，臣某诚惶诚恐。

刑部侍郎韩愈的文表一经呈上，无异于对大唐宪宗皇帝和众臣僚凉水灌顶，当头棒喝。那"乱亡相继，运祚不长""事佛渐谨，年代尤促"的语句，使满朝文武惊骇不已，皇帝本人怒火中烧，几乎昏厥过去。

唐宪宗将《论佛骨表》掷于地上，满腔怒火，嘴唇哆嗦着下诏立即处死韩愈。

雪拥蓝关马不前

韩愈在写《论佛骨表》时，是凭着一时的气盛还是思虑良久，在呈给大唐天子时，是否考虑到会有这样的悲惨结局出现等，史籍没有记载。有记载的只是当一群武士闻声而入，打掉他的乌纱帽用绳索捆绑时，他已面无血色，一句话也喊不出来了。

眼看韩愈大祸临头，很快将身首异处，宰相裴度急忙出班奏谏："韩愈出言不逊，罪有应得，然实则忠心耿耿，才如此直言不讳。昔太宗听魏徵直言，从其谏，才能亲贤疏奸，安邦治国。韩愈虽冒犯神威，然其苦谏亦是一片忠心，怎能轻而杀之？"

唐宪宗听后，仍余怒未息，愤然回驳道："好一个'枯朽之骨''朽秽之物'，'投诸水火，永绝根本'。昔太宗只为信佛，迎奉佛骨，才有了贞观之治。则天皇帝因为信佛礼佛，迎奉佛骨，才有了大唐的强盛。这且不算，然韩愈竟说出了'运祚不长''年代尤促'的混话，这不分明是在咒我

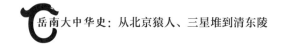

这个皇帝早日归天吗？作为人臣，如此狂妄，罪实难恕！"

此时，惊骇不已的群臣似乎已清醒过来，他们感到为此事杀了韩愈实在有些过分，便纷纷出来为韩愈求情。唐宪宗见众意难违，遂诏令将韩愈贬为潮州（今广东省潮州市潮安区）刺史，即刻赴任。

幸免一死的韩愈接到诏命，不敢久留，当天便辞别亲友，收拾行装，找了驾马车，带着家眷及几个仆人匆匆上路。车出长安南门，韩愈禁不住回头凝望，那辉煌壮丽的宫阙殿宇已经看不到了。

韩愈谏迎佛骨这件惊心动魄的公案，看起来以当事者被贬潮州结束，但事情又没有那么简单。就在韩愈走出长安都城渐没在黄尘古道之时，他的一位叫冯宿的朋友却又大难临头了。

时任礼部郎中的冯宿，原来与韩愈是同年同榜进士，由于有了这层关系，二人得中后在长安"朝夕同出入起居"。当韩愈打出了"古文运动"的大旗时，冯宿在他的旗下竭力为其鼓吹，亲自实践的《初筮赋》曾得到韩愈的好评。唐军征伐淮西时，二人同在还是大将军的裴度手下任职，韩任行军司马，冯任节度判官，均得裴度赏识。后来成为宰相的裴度之所以敢为韩愈冒死进谏并使韩愈免了杀身之祸，是与这期间所建立起来的感情分不开的。而冯宿为人"孝友忠信，清廉正直"，因为有了裴度的提携，升迁较快，遭到不少人的忌妒，加上他为了维护朝廷损害了某些地方藩镇的利益，当这些藩镇归顺朝廷后，自然还对冯宿怀恨在心，并设法整治他。韩愈案发，作为韩愈好友的冯宿自然成为对立面打击的重要目标，苦于找不到借口的对手，他们诬陷韩愈的奏表是由冯宿起草的。宪宗皇帝竟信以为真，诏令将冯宿贬为歙州（今安徽歙县）刺史。

韩愈被贬情有可原，而冯宿的被贬实在是有些冤枉。冯宿虽为当时的著名文人，然较韩愈却逊一筹，从《论佛骨表》的文风看来，当为韩愈所书无疑。再从情理上说，这种有杀头之险的奏表，韩愈似不会让冯宿代劳。冯宿的被贬，实则是由于朝廷内部政治斗争所致，其微妙处后人无从知晓，但韩愈一案成了他遭殃的导火线也是推之不过的事实。

当然，冯宿被贬一事，韩愈到了潮州很长一段时间后才知道。此时的他正在漫漫旷野里向蓝田关一带艰难挺进。

尽管春节早已过去，春风却迟迟未至，一眼望不见边的西部黄土塬上，依然是朔风凛冽，冰冷如铁。

雄奇峻拔的蓝田关渐渐近了，灰蒙蒙的天空泛起了片片乌云，乌云在朔风的吹动下滚转翻腾，起伏波动。天空越来越暗，乌云越滚越低，一场铺天盖地的大雪悄然而至。纷纷扬扬的鹅毛大雪遮住了古道尘沙，淹没了高塬沟壑，起伏的群山一片洁白，苍茫的天地一片混沌。韩愈的马车在这风急雪紧的旷野里急急前行。就在车马进入蓝田关时，车轮陷于大雪覆盖的沟岔，任凭御手怎样挥鞭叫喝，那全身已被冰雪捶打得精疲力竭的老马只能仰天长嘶，不肯举蹄前行。

天色越发灰暗，大雪越下越紧，韩愈无可奈何地环顾群山旷野，希祈得到意外的救援。就在这时，只见远处的雪雾中飞来一匹快马，马上坐着一位青春俊秀、飘逸洒脱的男子。那男子来到韩愈面前，滚鞍下马，叩首作拜。韩愈定神一看，来者竟是侄儿韩湘。

韩湘，乳名韩湘子，韩愈长兄韩会之子，幼丧父母，由其叔父韩愈抚养。少年时，韩湘入私塾求学，但他天生顽皮，不喜读书，并折腾得其他学生也无法将书读下去。在私塾先生的建议下，韩愈只好送他到一座寺庙中习经。但没过几日，寺院住持前来告状，说韩湘天性愚顽轻狂，无法调教。韩愈将这位侄儿叫来，愤然警告道："市井小民都要有一技之长，你如此放荡不羁，不学无术，将来怎么谋生活命？"

韩湘子望着叔父，竟笑而答道："我已有一技之长，恨叔不知矣。"说罢，乃指阶前一盆正在吐蕊的牡丹说，"叔父想要此花开成青、紫、黄、赤，任您吩咐。"

韩愈气恼中顺口说道："我不要青、紫、黄、赤，专要红、白、黑、绿

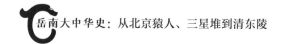

四色。侄儿不要再顽固不化，快好好读书去吧。"

韩湘并没有依言行事，而是极为神秘认真地用一块布将牡丹枝遮住，第二天，这株牡丹果然开成了红、白、黑、绿四色。最为神奇的是，花朵上竟有紫色字样，并连成一句诗：

> 云横秦岭家何在？
> 雪拥蓝关马不前。

韩愈和家人看到盛开的牡丹和诗句大为惊异，知道韩湘果有奇术，不再逼其读书。后韩湘辞归江淮，浪迹天涯，其间得到钟、吕二仙传授修行之术，并遁至终南山修道，得成正果，成为历史上流传的八仙之一。

史载韩愈在徐州任官时，浪迹中的韩湘曾专程拜访过韩愈，因叔侄已有多年不见，加之韩湘当时浪迹无着而蓬头垢面，韩愈竟一时没能认出。韩湘子走时，哭笑不得的他作了一首《赠徐州族侄》送给韩湘，算是这次相见的纪念，诗曰：

> 击门者谁子？
> 问言乃吾宗。
> 自云有奇术，
> 探妙知天工。

当韩愈获罪被贬来到蓝田关时，韩湘居住何处，怎么探知的消息，又从哪里弄了匹马在风雪中匆匆赶来，为何叔侄二人偏偏相会于蓝田关而不是别处，史籍少有记载。有传闻说，正处于欲进不能、欲退不可的两难局面的韩愈，见到这位侄儿飘然而至，自是百感交集，泪水涟涟，其心境的悲苦和内心的热情，自然胜过了早年在徐州官邸的接见。而此时的韩湘似乎还是那么顽固洒脱和放荡不羁。在叩首起身之后，他问韩愈的第一句话是："您老还记得当年那牡丹花上的诗句吗？说的正是今日之事也！"韩愈想起旧事，嗟叹再三，无可奈何又倍加感激地说道："我为你吟成一首完整的诗吧。"说着便面对风雪群山吟道：

> 一封朝奏九重天，夕贬潮州路八千。
>
> 欲为圣明除弊事，肯将衰朽惜残年？
>
> 云横秦岭家何在？雪拥蓝关马不前。
>
> 知汝远来应有意，好收吾骨瘴江边。

此即中国文学史上著名的《左迁至蓝关示侄孙湘》。

从这首诗的文风和气势来看，当是一代文豪韩愈所作无疑，而韩氏叔侄二人曾在蓝田关相见过大概也是事实。至于此时的韩湘是否就是后来八仙之一的韩湘子，还有以前那神秘的传闻是否真实，则很难推断了。[1]

一代文豪的反思

几乎忘记了已离开长安多少个日夜了。在韩愈的心中，这座辉煌壮丽又危机四伏的都城，已经渐渐淡远，它从此之后很可能不再容纳自己，那灯红酒绿、歌舞升平的生活也将不复存在了，属于自己的只有面前这漫漫古道、凛凛西风和一匹行将倒毙的瘦马拉着的一辆破车。道路曲折艰难，前景凶险难测，奔腾的思绪越来越难以平静，心情更加忧郁愁苦。

元和十四年（公元819年）三月十五日，经过了两个月的风寒冰冻，跋

---

1 关于韩湘子其人的生平，历史记载不一。他跟韩愈的亲属关系也有多种说法。据我们考察的资料来看，韩湘系韩愈之侄子，当更为可信。

山涉水，辗转行程，历尽千辛万苦的韩愈终于来到潮州。

经过一个时期的休整、反思，韩愈渐渐地从悲悯苦痛中摆脱出来，文化良知和人格的力量又促使他在这块被贬谪的土地上，再一次显示出文人的高贵胸襟。他决定在今后的残年余生里和这里的百姓同甘共苦，建设家园，共创大业，以实现自己的志向与政治抱负。

事实上，韩愈在潮州主政的一年多时间里，确为百姓做了几件好事。他提倡轻赋减税，与民休养生息，实行"自赎法"，解放了大批被卖身的奴隶，安定了社会秩序，使潮州从原始走向开化。所有这些，后人可从当时潮州百姓在海边设立的韩公祠，以及韩愈本人留下的《潮州祭神文五篇》（即《祭鳄鱼文》《祭止雨文》《祭城隍文》《祭界石神文》《祭大湖神文》）中看到。要说明的是，这五篇祭文不再是作者触景生情式的纯文学篇章，而是一种和当地民风民俗以及政治、文化等诸方面高度结合和沟通的产物。每篇祭文的背后都无一例外地附带着一个颇值得玩味的故事或叫事件，也正因如此，才赋予祭文更加广泛的意义和深刻的内涵，从中折射出韩愈的良苦用心和足智多谋的治理本领。

当韩愈走马上任并在潮州属地海门、神泉、惠来一带巡察时，发现田野的庄稼被大片大片糟踏殆尽，有的村落荒草丛生，房屋倒塌，一片凄凉惨景。问及原因，都说是因鳄鱼所害。原来这一带滩涂地势低洼，水过处留下一处深潭，潭方圆几十里，一望无际。潭中除了各种植物、鱼类生存之外，还潜藏着一种叫作鳄鱼的两栖爬行动物。它们勇猛凶残，身长丈余，牙尖齿利，口似血盆，每随潮来，数十成百，像一支临阵的军队，气势汹汹地自水中登陆，毁坏庄稼，咬食人畜，闹得四周百姓苦不堪言。为避鳄鱼之害，崇尚迷信道法的百姓，只好广修祭祀，向潭中抛牛抛羊，一些官僚乡绅甚至强迫百姓凑钱买来贫家的童男童女，抛入潭中以喂养鳄鱼。尽管如此，鳄鱼照常出潭为害，逼得大批百姓背井离土，逃难他乡。

作为一向反对鬼神并以"大儒"自居的韩愈，闻听后自是愤怒异常，他当即传令："主此谋者当杀。调集团练、乡勇，各备坚兵毒弩，尽杀丑类，为民除害。"

当各地的团练、乡勇们拿着武器会聚而来准备除害时，令韩愈大出意料的是，他的面前来了无数请愿的百姓。惊讶中的韩愈不知为何，问及缘由，才听几位白发苍苍的请愿者说："鳄鱼乃海龙之子，杀之不祥，若龙怒，将起波天之涛，淹没州县。天授年间，因百姓杀死一条鳄鱼，引起海水上漫，淹没了三县十八乡……"

韩愈明明知道此说荒唐，但面对如此众多的请愿者，他又显然感到民风民俗民心的不可违。既然百姓的思想被神主宰，聪明的韩愈只好假借神力来惩治害人的动物，这样可皆大欢喜。

想通了这一切，韩愈便扶起老者，慷慨陈词："我原想为民除害，怎能做此逆举。鳄鱼既是灵物，当不能杀。传令下去，兵马仍驻原地待命。各乡父老百姓，准备香烛纸马、锣鼓礼炮、旌旗猪羊等祭品，以隆重的仪式、盛大的规模，欢送鳄鱼归迁大海，自找它们那海神父母。"

韩愈的一通演讲，百姓皆欢呼动容，以感念的心情各自回家做各种准备。

七月十五日，这是当地百姓公认的海神的生日。按照韩愈的事先安排，天刚放亮，四乡百姓便敲着牛皮鼓，打着铜锣，抬着各种肉类祭品，携带鞭炮，从四面八方拥向指定的海神庙。作为刺史的韩愈也带领官兵，抬着祭品，打着龙虎旗，扛着火药铁铳炮来到海神庙。韩愈亲自在供桌前上香、烧纸，然后开始宣读那篇流传后世的《祭鳄鱼文》：

> 维年月日，潮州刺史韩愈，使军事衙推秦济，以羊一猪一，投恶溪之潭水，以与鳄鱼食，而告之曰……
>
> 鳄鱼有知，其听刺史言：潮之州，大海在其南，鲸鹏之大，虾蟹之细，无不容归，以生以食，鳄鱼朝发而夕至也。今与鳄鱼约，尽三日，其率丑类南徒于海，以避天子之命吏。三日不能，至

五日；五日不能，至七日。七日不能是终不肯徙也。是不有刺史
听从其言也；不然，则是鳄鱼冥顽不灵，刺史虽有言，不闻不知
也。夫傲天子之命吏，不听其言，不徙以避之，与冥顽不灵而为
民物害者，皆可杀。刺史则选材技吏民，操强弓毒矢，以与鳄鱼
从事，必尽杀乃止，其无悔！

韩愈读完祭文，命人将宰杀的猪羊、香饵用绳索拴在一条大船的后部，
然后抛向水中。大船拖着祭品在前边开道，沿岸万千百姓一齐敲锣、擂鼓、
鸣放鞭炮，并把事先做好的数万只纸船，点上香烛，放到水里，随水漂向大
海。士卒官吏则抬着火药铁铳炮，尾随纸船向水里放炮。一时间，鼓声、锣
声、炮声夹杂着百姓的叫嚣欢呼声震天动地，响彻云霄……

一场有神论者和无神论者联手主演的闹剧落下了帷幕。自此之后，鳄鱼
不再出现，百姓安居乐业。为了感谢这位刺史对百姓的恩德，一座韩公祠很
快在潭边建了起来，而这位旷世文豪一篇文章赶跑鳄鱼的故事也流传下来。

韩愈在看似一场闹剧中取得了预期的效果，并使他流芳千古。而这位无
神论者最终在当地百姓心中又成了神的原因在于：韩愈本人当初就已料到，
前有诱饵引路，后有炮火轰鸣，不要说是鳄鱼，就是海龙王也会跑掉的。鳄
鱼本属浅水动物，一旦进入深海，就会迷失方向找不到归路，自然也不会再
在这个深潭出现——韩愈的用心和聪明正在于此。

尽管这位韩刺史潮州主政期间，为百姓做了不少好事，但他本无意在此
久留，梦回朝廷重新施展抱负和充分享受人生的愿望日渐强烈。为了实现这个
愿望，在上任不满一年之时，他便颇有些违心地匆匆草拟一篇《潮州刺史谢上
表》（下称《谢上表》）呈奏唐宪宗。在这篇后人多有微词的《谢上表》中，
韩愈既承认了当初的过激言行，又表示了忏悔之意，对自己被贬不仅未有丝毫
怨言，反而一再表示对宪宗皇帝不杀之恩的感激之情，并极尽阿谀奉承之能
事。他的良苦用心终于使宪宗皇帝大为感动，在接到奏表的第二天，唐宪宗便

在朝中对众臣说："昨日接到潮州的《谢上表》，想起韩愈谏迎佛骨之事乃是对朕的一片忠心，朕岂不知，不过，作为人臣，本不该说朕信佛折寿，因而朕才加罪于他。"

唐宪宗这番述说，明眼人一听便知是想起用韩愈，意在试探众臣的意见。

当众臣正在考虑如何回答时，韩愈的宿敌、朝臣皇甫镈因怕韩愈归来对自己不利，便抢先答道："韩愈一向狂妄自大，可以酌情调至近处的州做刺史。"唐宪宗和众臣僚不好再跟这位皇甫大人较劲，皇帝只好诏令调韩愈为袁州（今江西宜春市）刺史。

韩愈的这篇《谢上表》没能达到预期的目的，却给后人留下了不少有损他人格的话柄，就连十分钦佩他为人为文的欧阳修也不得不说："前世有名人，当论事时，感激不避诛死，真若知义者；及到贬所，则戚戚怨嗟，有不堪之穷愁形于文字。虽韩文公不免此累。"明代的张萱在论及此事时，也不无感慨地说："始以谏佛骨见斥，既欲以请封禅而媒进，非两截人乎？"

不管后世怎么评说，韩愈的这篇《谢上表》还是多少给他带来了一点好处。除了地域上离京师长安更近之外，重要的是在政治上已迈出了回归的步伐，辉煌的殿宇离他也许只有一步之遥了。

元和十五年（公元820年），唐宪宗驾崩，他的迎佛折寿之举不幸被韩愈言中，死时年仅43岁。

宪宗死后，他的儿子穆宗继位，韩愈被重征入朝，任国子监祭酒。后又出任兵部、吏部侍郎等职。至此，这件历史公案总算有了个满意的结局。

会昌法难

韩愈终于回到了他梦中的京都，开始新的人生之路，关于他因谏迎佛骨而倒霉的一段历史也告终结。

但是，他谏迎佛骨而引起的是是非非并没有随着他回到长安而告终结，这个在中国佛教发展传播史上极具典型和预言性的事件，因其特殊的历史背景成为中国正统的儒道思想与外来文化碰撞和交流的焦点，也是自佛教东传以来各种矛盾斗争激化到最盛程度的标志。而韩愈的思想正是历史上佛教敌对势力反佛观点和愿望的具体反映。因此，这一引人注目又轰动一时的历史公案，才引得千百年来历代学者的高度重视和关注，才有了诸多异彩纷呈的评说观点。

其实，佛教自传入中国后，一直面临着本土宗教和本土文化的排斥和打击。当永平七年明帝夜梦金人并派遣羽林郎蔡愔等入西土求法，终于以白马驮经迎来佛教之后，就开始了五岳道士与佛教的设坛焚经之论战。此后西晋的佛道之争及萧齐的夷夏之争、三破之论，梁武帝舍道事佛，北齐废道……可谓烽烟迭起，争战不断。佛教与儒教、道教就是在这样一个起伏不定、烽火狼烟的大格局中，进行着它们的碰撞、倾轧、侵吞、分离和融合。佛教自来到东土有过几次的繁荣，又有几次的沉沦和劫难。在中国漫长的历史进程中，曾先后有四位皇帝发动过毁佛灭佛的典型事件。他们分别是韩愈谏迎佛骨之前的北魏太武帝、北周武帝和韩愈谏佛骨之后的唐武宗、后周世宗，史称"三武一宗"之厄。

抛却北魏和北周两位武帝的毁佛经过不表，接着唐宪宗一朝和韩愈的"谏佛公案"往下叙述。

随着宪宗的死去和其子穆宗的即位，韩愈虽已平反昭雪重新回朝为官，但他的反佛言论并未得到执政者的响应，如果有什么不同，那便是朝廷为避免佛门僧尼的鱼目混珠和滥竽充数，而进行了一次有效的整顿。

唐敬宗宝历元年（公元825年），敕令京师两街各建方等戒坛，命左右街功德使选择有戒行者为大德主持考试，凡童子能背诵佛经一百五十页者、女童能背一百页者，方能准许剃度。这在一定程度上避免了佛门的混乱，同时也使僧尼在入寺前就掌握了部分佛教知识，为以后的继续度化打下了基础。

中唐以后，由于连年的战乱和政治上的腐败，各地寺院也渐渐变成了娱乐场所，原有的那种神圣、肃穆、威严已不复存在。僧尼们为招引庶民百姓、达官贵人，往往卖法阿俗，也就是将佛教的讲说世俗化。这种"俗讲"逐渐受到公众的青睐，甚至出现了由皇帝本人敕命而进行的俗讲，有的俗讲僧还被赐予"赐紫""引驾""大德"一类古怪的官名。朝野内外，上自天子妃嫔，下到刁民荡妇，都争相拥入寺院，迷恋于说法、譬喻及刺激感官的音乐和唱词。

在这股悄然兴起的俗讲狂潮中，有一位叫文淑的僧人脱颖而出，大有鹤立鸡群之感，连敬宗皇帝都因他的盛名而亲临寺院聆听。而这位文淑所讲的正如《因话录》所载："假托经论，所言无非淫秽鄙亵之事，不逞之徒，转相鼓扇扶树，愚夫野妇，乐闻其说"。想不到堂堂大唐皇帝也混同于"愚夫野妇"以此为乐了。

一件神圣的事物，如果被它的操作者变得低级下流、淫秽不堪，便注定潜藏着巨大的危险和厄运。唐敬宗一朝将本来神圣、肃洁的佛教变成了淫秽的性感官刺激物，这无疑将招致佛门和僧民们的厄运浩劫。

继唐敬宗之后，即位的唐文宗已经觉察到父皇给佛门带来的巨大危险和潜在灾难。于是他果断采取措施，诏敕天下僧尼一个不漏地试考经文，如不及格，勒令还俗，试图使佛教发展正常化。遗憾的是，这位慧眼大智的皇帝在整肃僧尼队伍过程中又感到力不从心，已成气候的"俗讲"派僧尼和它的拥护者对这道诏令进行了强硬的抵抗和机智的周旋，文宗的整肃计划不但没有成功，反而增加了各派之间的矛盾甚至仇视，当这个无法控制的矛盾激化到顶点时，佛门和僧尼的灭顶之灾也算是正式到来了——这便是历史上最为著名的"会昌法难"。

随着文宗皇帝的死亡和武宗李炎的继位，中唐时期结束了。武宗在执政期间做的最为重大的事恐怕就是对佛门的荡灭。

在叙述武宗对佛门荡灭过程之前，不妨先看一看这场法难的真正内幕。

唐武宗本人素来偏好道术，排斥佛教。开成五年（公元840年）正月，唐武宗登基，这年秋天，他即召请道士赵归真等81人入宫，在三大殿修金箓道场。第二年，即改元后的会昌元年（公元841年）正月初四国忌日，唐武宗按照惯例敕命行香设千僧斋；到了六月十一日，武宗生日，于宫内集两街释门大德及道士四人谈经对论，结果两名道士被赐紫，释门大德却什么也没得到。当时，在中国传法的南天竺沙门宝月闻此极为不满，于是不经同意便擅自入宫，从怀中抽出奏表进呈武宗，请求回归本国。见其骄狂的模样和举动，武宗大怒，当即诏令将宝月收禁五日，不放其归国，并把他带领的三个弟子与通事僧等人各打七棒和十棒。宝月的逞骄犯颜，在武宗心里埋下了最终灭佛的种子。

武宗与道士赵归真过从甚密，赵归真和其弟子不时地为荡灭佛教煽风点火，并以"李氏十八子运尽"、由"黑衣天子"理国，附会为唐第十八代皇帝武宗将被僧人夺位篡权，挑拨武宗与僧尼的关系。赵归真曾在禁中设坛，要练身登霞，逍遥九天，康福长寿，永葆长生之乐。当他的做法最终失败后，便借口释教黑气碍于仙道，唆使武宗灭绝佛教，以便升天成仙。正是在这些挑拨、唆使下，武宗加紧了排佛的行动。

当然，会昌法难得以付诸实施与当时的政治形势密切相关。据粗略统计，截至武宗一朝，唐朝和尚被朝廷封官的达30人之多，其中不乏有司徒、司空、国公等一类的显官贵爵，甚至有的被封为将军而参与军机事务，涉及国家军事机密。至于那些虽无官爵，但与权贵交往密切因而气焰嚣张的僧人，更是屡见不鲜。由于僧众日渐形成的政治势力冲击了正常的封建政治秩序，就不能不引起臣僚的憎恶和皇帝的担忧，这种担忧最终促使武宗走向灭佛道路。

促使武宗灭佛的直接原因，应该是寺院经济的极端膨胀和僧尼的淫乱放纵。由于中唐时期特别是唐宪宗一朝大力扶植佛教，致使佛教势力和社会影响越来越大，成为中国佛教史上罕见的极盛时期。到唐武宗时，全国大中型寺院近5000座，小型庙宇多达4万余座，僧尼近30万人，寺院奴仆达15万人。有些寺院占有良田数千亩，形成一个又一个相对封闭的庄园。寺院内部的经济大权掌握在住持僧手中，僧尼们极少下田劳动，而是靠农民耕种，寺院以收取地租和发放高利贷作为经济来源。这种做法使寺院经济迅速膨胀起来，以致达到"十分天下之财，而佛有七八"的程度。由于佛门僧尼凭借皇帝的支持和扶植，巧取豪夺，不仅触犯了地主和贵族的利益，而且极大地影响了国家的财政收入，寺院经济逐渐与皇权利益严重对峙。在这种可怕局面下，佛门僧尼又不廉洁自律、一心事佛，而是迷恋咒术、烧炼、鸟文等邪术，有的僧尼犯淫养妻，不守戒行，甚至抢劫妇女，打砸烧掠，流氓成性，犯罪不止……这些自毁形象的表现和庞大的经济势力在使朝廷和贵族阶级感到不安和憎恶的同时，也到了非彻底解决不可的时候。

会昌二年（公元842年）三月初三日，在当朝宰相李德裕的奏请下，唐武宗敕命发遣保外无名僧，谕令不许置童子沙弥。

五月二十日，武宗将大内、两街供奉的大德裁撤20人。

六月十一日，武宗寿诞，按惯例僧道各2人入宫御前论议。同去年一样，道士得紫，僧人空手而归。

十月九日，唐武宗再度敕令：天下所有僧尼涉烧炼、咒术、禁气，身上杖痕鸟文，杂工巧，曾犯淫、养妻、不修戒行者，勒令还俗。若僧尼有钱谷田地，应收纳入官。如惜钱财，情愿还俗，亦令其还俗，充入两税户。

敕令下达后，有左街功德使奏报说，所属僧尼除年老及戒行精确者外，其爱惜资财还俗者达1232人。右街功德使奏报称，还俗者达2259人。唐武宗听罢再次敕令：寺院所蓄奴婢，僧人许留奴1人，女尼许留婢2人，其余一并放归本家，无家者由官方赁卖。

应该说，此时的武宗在反佛的问题上只是牛刀小试，并未大动干戈。从敕令的内容来看，对佛门以及僧尼的处理并不算过分，即使在这个时候，一些僧尼还可以带着大笔的钱财还俗度日，而寺院中的僧尼还有奴婢专门为其服务，可谓待遇不薄。可惜的是，骄横惯了的僧尼并不领武宗的情，他们想方设法给予对抗和蒙蔽，大有和武宗以及朝廷决一雌雄之势，并期冀换来像文宗一朝那样的结果。遗憾的是，这种错误的判断和各种对抗措施，只能加剧僧尼们自身的悲剧，加快毁灭的步伐，因为此时毕竟不是文宗而是武宗一朝了。

牛刀小试后的武宗，对佛门开始步步紧逼，大动干戈了。

会昌三年（公元843年）二月，唐武宗通过功德使颁令，僧尼业已还俗者不得再行入寺。五月二十五日，朝廷派人查问京城各佛寺外国僧人的来由。六月十一日唐武宗寿诞，召僧道入内论议，依然是只赐紫给道士。当时，有太子詹事韦宗卿向唐武宗进献《涅槃经疏》二十卷、《大圆伊字镜略》二十卷。唐武宗连看都没看一眼，当即命人将两部佛书焚毁，并颁布了令佛门弟子绝望的敕令：

> 韦宗卿忝列崇班，合遵儒业，溺于邪说，是扇妖风。既开惑之端，全戾典坟之旨。簪缨之内，颓靡何深。况非圣之言，尚宜禁斥，外方之教，安可流传。

唐武宗在这道敕令中把佛说视作"邪说"，认为"外方之教，安可流传"。他斥责佛本是西戎人，其经疏为胡书，说韦宗卿不知共遏迷聋，反而收集妖妄，抟惑愚人。可怜可叹的是这个韦宗卿不知出于何种心理，在这个不恰当的时候做出这种不恰当的事情，他当场被贬为成都府尹，离开了京师长安。随着韦宗卿的被贬谪，唐武宗又补发敕令，将宫内佛经、佛像一律焚毁。

就在这年四月，昭义节度使刘从谏死，三军以刘从谏之侄刘稹为兵马留后[1]，上表请授节钺，但朝廷没有批准，反而令刘稹护送刘从谏之丧前往洛阳。刘稹见朝廷不给面子，又故意要挟，于是在盛怒之下抗旨作乱。唐武宗下令出兵平叛，双方经过一年多的厮杀，朝廷于会昌四年七月才平息此乱。在此期间，刘稹府的部分兵丁、家人见大势已去，便纷纷潜逃至佛教寺院避难。武宗得知这件事后，立即敕令两街功德使查禁城中僧人，凡是朝廷"公案"上无名者尽行勒令还俗，遣送回原籍。各道、州、府也一同行动，清洗僧尼，对来由不明的僧人，一律捉拿问罪。从这一年起，两街惯例的佛法讲说被废止了。

自会昌四年（公元844年）开始，唐武宗进一步加快了毁佛的步伐，法难之中，法门寺的厄运也随之降临了。

这年三月，唐武宗在敕令"焚烧经教，毁拆佛像，起出僧众，各归本寺"的同时，又敕令：代州五台山、泗州普光寺、终南山五台寺、凤翔府法门寺，寺中原有佛指节，皆不许置供及巡礼等，如有人送一钱者，脊杖二十。如有僧尼等在前述处受一钱者，脊杖二十。诸道州县如有送供者，当处捉获，脊杖二十。于是，四处灵境，绝人往来，无人敢再送供。准敕勘责彼处僧人，无公验者，并当处煞，具姓名闻奏。

唐武宗对法门寺等采取的措施，与已提到的平定昭义刘稹之乱有极大的关连，即使进行"戡责"，也只有在"敕准"的情况下才能入寺勘验僧人。这一点，说明法门寺作为一所宫墙外的道场，依然具有皇家寺院的资格与名分。既然是皇家寺院，在一般情况下是不允许因公扰僧的，但在"会昌法难"中，法门寺的这种特权被取消了。特权一旦被取消，它的厄运和其他寺院一样，在一年之后也全面降临。

---

1 留后：唐代节度使、观察史缺位时设置的代理职位。

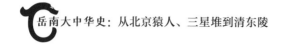
法门寺地宫大劫

以往的唐代都城长安长生殿设有内道场，专门安置佛像佛经，并抽调两街诸寺高僧37人，轮流入内持念。而现如今武宗竟下令焚烧经教，拆毁佛像，并将在大内的僧人驱逐回本寺，道场之内改放道教始祖老子之像。

会昌四年六月的寿诞日，唐武宗只召道士而不再召僧人入内论议，并敕令僧尼不许街里行、犯钟声，如有外出者，须于钟声未动前返回。各处僧尼不得在别处寺院留宿，违者治罪。

同年七月，唐武宗颁发敕令，拆毁天下山房、兰若、普通佛堂、义井、村邑斋堂及不入寺额者，其僧尼均勒令还俗。按照有唐一代的称谓，凡由官府所批并赐僧众名额者为寺，由私人或民众共同建造的佛庙称为招提、兰若、野邑、山房，等等。此敕令颁发后，仅长安城内就毁掉私人佛堂300余座，四方之内毁掉的就无法计算了。

同年十月，唐武宗又诏令，拆毁天下小型佛寺，经文佛像移于大寺，各寺大钟转送道观。其被拆佛寺的僧尼，不依戒行者，不论老少一律还俗，遣回本籍。对于年老且精于戒行者，分配到各大寺，虽有戒行而年少者，也一并还俗回籍。这一次，长安城又拆小寺33座，其他城乡拆毁庙宇更是不计其数。

道士赵归真对武宗说："佛生西戎，教说不生，夫不生者，只是死也。"赵归真见皇帝对自己的言辞颇有好感，并进一步迷惑鼓动皇帝说，倘炼丹服食，可求长生……武宗终于被他的话所打动，即令赵归真于大内筑造仙台，以炼制丹药。至此，唐武宗对佛道两家恶好的巨大反差，一览无余地显露出来。

唐武宗和佛教的短兵相接，并对佛教施以最为严厉的屠灭，在会昌五年全面展开了。

这年三月，唐武宗敕令天下寺院不得设置庄园，并令盘查清点天下寺舍的奴婢和财物，京城诸寺由两军中尉勘检，诸州府寺舍委令中书门下检查。

同时将城中寺舍的奴婢分为三等，分别收遣。自四月一日起，年龄在40岁以下的僧尼尽行勒令还俗，返还原籍。于是，长安城每天有300多名僧尼还俗，直到十五日才暂告一段落。自十六日起，令50岁以下的僧尼还俗，至五月十日方止。自五月十一日起，令无度牒者还俗，最后勒令有度牒者亦须还俗。到五月底，长安城内的僧尼已是一扫而光了。本土的佛僧不再存在，对于外国来的胡僧，唐武宗同样下了驱逐的诏令，凡无祠部牒者，亦须还俗，送归本国。如有不服还俗敕令者，朝廷在各佛寺大门上张贴的牒文是："科违敕罪，当时决杀。"

会昌五年八月，唐武宗再次下诏，对只有招架之功、已无还手之力的佛门子弟给予最为致命的打击。诏敕中称：

> 洎于九州山原，两京关，僧徒日广，佛寺日崇。劳人力于土木之功，夺人利于金宝之饰，遗君亲于师资之际，违配偶于戒律之间。坏法害人，无逾此道。且一夫不田，有受其饥者；一妇不蚕，有受其寒者。今天下僧尼，不可胜数，皆待农而食，待蚕而衣。寺宇招提，莫知纪极，皆云构藻饰，僭拟宫居。……岂可以区区西方之教，与我抗衡哉！

唐武宗认为，由于全国的和尚数量越来越多，寺院遍布，不仅在修建中要耗费很多的人力、物力和财力，而且大量金银财宝都流入寺院。与此同时，僧徒们又与官府勾结，害人坏法，威胁国家安全，不予以打击，大唐王朝就难以稳定和巩固。唐武宗的这道敕令，也许真正道出了他反佛和毁佛的初衷。既然佛教势力发展到足以跟朝廷抗衡的地步，作为朝廷的执政者自然就不能等闲视之，灭佛已成为国家所需和时代的必然。

在武宗发动的一系列灭佛运动中，全国共有4600座佛寺被毁，其他有关佛教建筑被毁4万余座，勒令还俗的僧尼达26万之多，没收寺院土地、财产

无以计数，收寺院奴婢为两税户达15万人。

关于"会昌法难"的具体情况，当时正在大唐求法的日本僧人圆仁，以其耳闻目睹的事实曾做了翔实的记述。圆仁于开成三年自岛国日本西渡大唐求法，可惜他生不逢时，来到中国后正遇上"会昌法难"，并于会昌五年五月底被大唐朝廷以无祠部牒为名，勒令还俗回国。回国后的他，根据自己在大唐的所见所闻和亲身经历，写成了在佛教史上极具重要意义的《入唐求法巡礼行记》。这部著作作为后来者研究"会昌法难"的细节，提供了强有力的依据。

"会昌法难"给佛教带来的毁灭性打击远不止这些。考古人员在法门寺地宫中发现的《志文》碑则进一步说明，这次法难其惊心动魄是难以想象的。其碑文载：

> 洎武皇帝荡灭真教，坑焚贝多，衔天宪者碎珍影骨，上以塞君命，盖君子从权之道也。缘谢而隐，感兆斯来。乃有九陇山禅僧师益贡章闻先朝，乞结坛于塔下，果获金骨，潜符圣心，以咸通十二年八月十九日得舍利于旧隧道之西北角。

这段碑文的大意是，"会昌法难"中，唐武宗曾敕令毁碎佛指骨舍利，但受命者只是毁碎了佛骨舍利的影骨（仿制品），搪塞过去。而那真正的佛骨却被秘藏起来，至咸通年间才在旧隧道的西北角处找到。

这看似简短、平淡的文字若细一琢磨，便不难发现其中暗含的一幕幕惊心动魄、刀光剑影的故事。一个个悬念促使我们去做一番寻根问底。首先是唐武宗对谁下达了要毁灭佛骨的命令？受命者是怎样来到法门寺的？法门寺僧众又如何得知了这个消息？这影骨是以前制造的还是地宫被打开后现场制造的？"碎珍影骨，上以塞君命"的主谋者，是朝廷派来的官员还是法门寺僧人？或者双方共同密谋？不管怎样，法门寺地宫发生的事，主谋者和参与者是冒着杀身的危险而做下的，倘有半点闪失，无数人的头颅将要落地，真身佛骨也将毁于一旦。尽管从后来的发掘中可以看出，当时法门寺地宫的大多器物——甚至包括地宫石门都遭到了大劫，但那枚真身佛骨安然无恙，这不能不说是世界佛教和整个人类的幸事。1987年4月28日深夜，当考古人员韩金科呼叫打开照明灯，从地宫的西北角一个隐秘的地方搬出一个宝函时，那枚在"会昌法难"中劫后余存的释迦牟尼真身指骨舍利就躺在里面，《志文》碑记载的内容被现实所验证。当然，那时的韩金科和考古人员还不知道这个重大发现，要等谜底揭开，还需一些时日。

"会昌法难"使法门寺同全国各地的寺院一样，遭到了殿宇被拆、地宫被毁、僧尼还俗、佛教经典湮灭散失的厄运——这是唐代乃至整个中国佛教发展史中所受到的最为严重的一次打击。这场"法难"从表面看来是由于武宗信仰道教，加之道士赵归真等人趁机怂恿鼓动所造成，但实际上是佛教势力和大唐朝廷势力之利益矛盾冲突的总爆发。任何事物超过一定限度，即向相反的方向发展。佛教势力的过分膨胀导致了灭门之灾，而朝廷势力过分地打击佛教对大唐的统治也极为不利。双方在冲突中的过分行动，则又预示着必然要有一个大的反复和重新解决矛盾的开端。

会昌六年（公元846年）三月，当毁佛行动还在进行之时，唐武宗便因服食赵归真等人贡奉的仙药暴疾而死，其叔父李忱继位，是为唐宣宗。唐宣宗即位后，立即诛杀鼓动武宗灭佛的道士赵归真、刘玄靖等人，并于当年五月下令恢复京都寺宇。

大中元年（公元847年）闰三月，唐宣宗再次下诏："会昌季年，并省寺宇，虽云异方之教，无损致理之源。中国之人，久行其道，厘革过当，事体未弘。其灵山胜境、天下州府，应会昌五年四月所废寺宇，有宿旧名僧，复能修创，一任住持，所司不得禁止。"

敕令颁布之后，各地方寺宇开始全面恢复，并从一个极端走向另一个极端。这一反复，使国家本来处于虚弱之态的财政蒙受了巨大损失，整个大唐

王朝也被折腾得步入衰途。

唐宣宗掀起的崇佛热潮，愈演愈烈，愈演愈狂，逐渐脱离了佛门的正常轨道。长安城内的大寺院，如慈恩寺、青龙寺、荐福寺、永寿寺等已开设戏场，戏场的活动有乐舞、俗讲、歌舞小戏、杂技魔术等诸种。此时的寺院变成了娱乐场，犹如今天的酒吧、KTV（配有卡拉OK和电视设备和包间）。

唐宣宗本人不仅亲往戏场，后妃公主也时常前去寻欢作乐，许多妃嫔公主在戏场同僧人眉来眼去，有的甚至勾搭成奸，在寺院秘室和皇宫禁地做男欢女爱之事。几年的时间，整个寺院就由冷清凄惨的景观发展到淫秽污浊之气充塞整个殿宇的地步了。

面对这种极不寻常的现状，在大中五年（公元851年），终于有一个叫孙樵的进士上表劝谏道："陛下自即位以来，诏营废寺以复群髡。自元年正月，即位以来，洎今年五月，斤斧之声，不绝天下，而工未以讫。闻陛下即复之不休，臣恐数年之间，天下十七万髡如故矣。"

这位进士的上表，只是劝谏皇帝不要耗费太多的钱财和人力广造佛寺，而没有指出那些淫秽不堪的现象，这显然是给皇帝留有面子，同时也为自己留了条退路。尽管如此，这位进士孙樵还是遭到了唐宣宗在盛怒中的一番严厉斥责。

宣宗在位没有几年便魂归西天，接替其位的便是以迎奉法门寺佛骨出了名的懿宗李漼（cuǐ）。

最后的圣光

这位新任天子，在奉佛的问题上比他的历代先祖有过之无不及。自他即位开始，便内结道场，聚僧念诵，并多次行幸寺院，大量布施财物。对于这位皇帝超常的举动，许多臣僚纷纷劝谏，希望其有所收敛，但他充耳不闻，依然我行我素。咸通三年（公元862年），又有左散骑常侍萧仿上疏，劝谏皇帝远避佛事，勤理朝政，并指出："昔年韩愈已得罪于宪宗，今日微臣固甘心于退黜。"而这位皇帝不同于他的祖先的是，对上表者既不贬官也不斥责，只是当作压根儿就没有这个人和上表之事。他照样潇洒大方地敕命于两街僧尼四寺各置方等戒坛度僧，并在大内经常以美味佳肴招待成千上万的僧人，他本人还亲自制作赞呗。每年遇到佛祖降生日，唐懿宗便敕令在宫中大肆庆贺，结彩为寺，宫廷伶人李可及"尝教数百人作四方菩萨蛮队"，"作菩萨蛮舞，如佛降生"。而咸通十四年举行的迎奉佛骨活动，使这股宫廷崇佛的热潮升到极致，佛教在大唐王朝也显现了最后一次辉煌。

懿宗一朝，已是老态毕露，大唐余日无多。藩镇势力的急剧扩张，南蛮、戍卒的不断反叛，苛捐杂税的日益增多，民众反叛情绪的日趋高涨，使一个雄踞东方长达两个多世纪的封建帝国走向衰亡。

咸通十四年（公元873年），懿宗在内外交困中身患重病，他感到来日不多，便将国家前途和自己的命运交给佛祖，希冀得到神灵的保佑和自身的解脱。这年三月二十二日，唐懿宗亲派供奉官李奉建、高品彭延鲁和左右街僧众到法门寺迎奉佛骨。朝中百官闻讯纷纷上疏劝谏，有的竟提出当年宪宗迎奉佛骨误国害民、自身不久晏驾之事。但懿宗决心已下，毫无收回敕命之意，并当着诸多臣僚面说出了令人无可奈何的话："但生得见，殁而无恨也！"由此可见这位皇帝对佛骨已迷狂到怎样的程度，对大唐帝国的前途和自身的能力是怎样的悲观和无可奈何。

后来的历史学家在谈到懿宗这个固执并有些自我麻醉意味的举动时，总是给予过多的责难，而同情者却几乎没有。客观地说，到了懿宗这一朝，他这个皇帝的确是越当越难，越当越觉得复兴无望。当然，这个原因要追溯到许久之前，应负责任的也不应是懿宗一人。早在唐宪宗死后不到三年，由于继位的穆宗不知李氏家族创业之艰难、"中兴"之辛劳，"谓威权在手，可以力制万方，谓疏冤在躬，可以坐驰九有"。于是，他所任非人，怠而荒政，上不理朝廷之秩序，下不恤黎民之痛苦，致使藩镇在蛰伏中重新抬头，朱克融再据卢龙，成德将王庭凑、魏博将史宪诚随之叛唐。朝廷虽发兵讨伐，但无济于事。直至唐最终消亡，河北再也没有收复过。到了敬宗一朝，出现了"中人擅权，事多假借，京师豪右，大挠穷民"，更是江河日下，日薄西山。文宗皇帝虽"有帝王之道，而无帝王之才"，终于导致"王室寖卑，政由阉寺"。藩镇作乱已构成大患，朝廷内部又出现宦官干政，更为晚唐错综复杂的形势蒙上了一层阴影。在这阴影笼罩下，多亏出了个宣宗皇帝还算有点帝王气度和才能，朝野内外大有"权豪敛迹""奸臣畏法""阉寺詟气"的新气象。遗憾的是这种气象没能维持多久便又复归原初，大唐王朝可能再度中兴的机会一去不返。宣宗死后，懿宗即位，这位新皇帝"器本中庸，流于近习"，压根儿就无法治理一个泱泱大国，上台不久便乱象横生，战事迭起，大唐王朝如一艘千疮百孔的古船向死亡的深海疾速滑去。

唐懿宗执政的十四年间，战乱从未中止，反唐的烈火越烧越烈。为了平息战乱，而进一步征兵敛税，这一做法的结果是"征二蜀之捍防，蒸人荡覆，徐寇虽殄，河南几空"。天下已形成了昏政、搜刮、反叛、再搜刮、再反叛的恶性循环，庸懦无能的懿宗皇帝渐渐将佛摆到了一个比任何时候都更重要、更神圣的地位。在这位皇帝的心中，自己注定已无力回天，只有佛可以保大唐不亡，可以为百姓带来福音。这或许就是懿宗在悲观绝望中的又一种侥幸心理和自我麻醉心态。于是，浩大的迎奉佛骨行动开始了。

这次迎奉佛骨的场面历史记载较为详细，其中《杜阳杂编》这样记述道：

> 十四年春，诏大德僧数十辈，于凤翔法门寺迎佛骨。百官上疏谏，有言宪宗故事者，上曰："但生得见，殁而无恨也。"
>
> 遂以金银为宝刹，以珠玉为宝帐、香舁，仍用孔雀毦毛饰。其宝刹小者高一丈，大者二丈。刻香檀为飞帘、花槛、瓦木、阶砌之

类，其上遍以金银覆之。昇一刹，则用夫数百。其宝帐香昇，不可胜纪。工巧辉焕，与日争丽。又悉珊瑚、玛瑙、真珠、瑟瑟，缀为幡幢。计用珍宝，不啻百斛。其剪彩为幡为伞，约以万队。

四月八日，佛骨入长安。自开远门（入）安福楼，夹道佛声振地。士女瞻礼，僧徒道从，上御安福寺，亲自顶礼，泣下沾臆。即召两街供奉僧，赐金帛各有差。仍京师耆老，元和迎真体者，悉赐银碗锦彩。

长安豪家，竞饰车服，驾肩弥路。四方耆老扶幼。来观者，莫不蔬素，以待恩福。

时有军卒，断左臂于佛前，以手执之，一步一礼，血流洒地，至于肘行膝步、嚙指截发（者），不可算数。又有僧以艾覆顶上，谓之"炼顶"。火发痛作，即掉其首，呼叫坊市少年擒之，不令动摇，而痛不可忍，乃号哭卧于道上，头顶焦烂，举止苍迫。凡见者无不大哂焉。

上迎佛骨入内道场，即设金花帐、温清床、龙麟之席、凤毛之褥，焚玉髓之香，荐琼膏之乳，皆九年诃陵国所贡献也。

初，迎佛骨，有诏令京城及畿甸于路旁垒土为香刹，或高一二丈，迨八九尺，悉以金翠饰之。京城之内，约及万数……又坊市豪家，相为无遮斋大会，通衢间结彩为楼阁台殿，或水银以为池，金玉以为树，竞聚僧徒，广设佛像，吹螺击钹，灯烛相继。又令小儿玉带金额，白脚。呵唱于其间，恣为嬉戏。又结锦绣为小车舆，以载歌舞。如是充于辇毂之下，而延寿里推为繁华之最。是岁秋七月，天子晏驾……

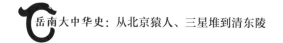

《资治通鉴》载：

> ……四月，壬寅，佛骨至京师，导以禁军兵仗、公私音乐，沸天烛地，绵亘数十里，仪卫之盛，过于郊祀，元和之时不及远矣。富室夹道为彩楼及无遮会，竞为侈靡。上御安福门，降楼膜拜，流涕沾臆，赐僧及京城耆老尝见元和事者金帛。迎佛骨入禁中，三日，出置安国崇化寺。宰相已下竞施金帛，不可胜纪，因下德音，降中外系囚。……十二月，己亥，诏送佛骨还法门寺。

如果把这两段记载组接起来，便可看到懿宗迎奉佛骨的全部过程。他沿袭唐高宗与武后两次迎奉佛骨的盛况，又在此基础上做了前所未有的发挥和创造。诸如导以禁军兵仗、沿途二百里道旁垒设香刹，等等，都是闻所未闻的，所耗费的人力、物力、财力更是无法计算。深为后人铭记的是，懿宗皇帝在城楼上看到迎来的佛骨舍利宝函，竟激动得流下了热泪。可以想象，此时的大唐皇帝一定是百感交集，希望、理想、痛苦、焦灼、幸福、欣慰……这一切都由一股热泪表达出来。遗憾的是，懿宗皇帝最终所渴望的祈福延寿没能实现，甚至连佛骨都未来得及送回法门寺就一命呜呼了。这个结局怎不令人扼腕叹息。

让后人感到不可思议的是，在大唐咸通十五年正月初四日，新即位的天子僖宗李儇匆匆下诏将佛骨送还法门寺时，随之供奉的金银宝物其数量和精美程度都极为惊人。多少年后，当考古人员打开法门寺地宫时，发现的财宝中有120多件是懿宗、僖宗两朝的供品。尽管由于懿宗的溘然长逝，使迎奉活动明显地具有了悲剧色彩，但众生所表现出的炽热的宗教情感不但没有减弱，反而得到加强。可能由于他们从自身的苦难和朝廷的危急中，预感到一种不祥的征兆和改天换地的迫在眉睫，才出现了"京城耆蠻士女"争相送别，呜咽流涕的场面，才有了"六十年一度迎真身，不知再见复在何时"的悲怆之间，才有了整个大唐帝国回光返照式的妄举。就在僖宗送佛骨于法门寺的30多年后，在中国历史上风云近300年的大唐王朝灭亡了。

随着唐末社会更大的动乱以及后周王朝的第四次禁佛运动，盛极一时的法门寺彻底衰败了。

随着百年战乱平息、王朝更替，以及中国政治舞台逐渐东移，关中周原大地那战车的辙道、骏马的蹄印、将士的血滴渐渐被岁月的流水冲刷得模糊不清。那盛极一时、声震四海的法门寺也已在战争的烟火中变成残垣断壁，荒草飘动。而那光照人寰的佛指舍利连同神秘的地下玄宫中的无数珍宝，在一夜之间悄然消失了。它的真伪及地宫的方位与形貌如同古罗马的庞贝城和荷马史诗中描绘的特洛伊古城一样，再也不被世人所知，并成为千古之谜。

斗转星移，阴阳轮回。

终于，沉闷的历史在静寂了千年之后，爆发了第一声惊雷。

1987年4月9日，遁失了1113年的法门寺地宫大门又轰然洞开。

于是，板结、沉睡的古周原惊醒了，地球人类震撼了。一个古老辉煌的帝国再度展示了它的盖世雄风。一位圣者带着深邃的智慧和普度众生的慈心悲愿，从容庄重地步出幽暗沉寂的地宫，来到了他熟悉而陌生的俗世凡尘。

法门寺地宫的洞开，连同万世不朽的圣骨以及奇珍异宝的面世，预告着一部绝不应该湮灭的辉煌的历史书卷，将重新昭示于人间大地。

八重宝函再现人间

1987年4月28日深夜，考古专家将匿藏于法门寺地宫西北角的一个神秘的铁函挖出之后，众皆欢呼。借着兴奋劲头，石兴邦等几名有经验的老考古队员又把地宫上上下下、角角落落检查一遍，确定再无贵重文物之后，全部

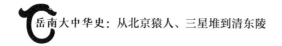
撤出地宫。

整理开始后，神奇的天象异兆，在古老的周原天地间出现了。

远近闻讯云集于法门寺讲经堂的几十名高僧，连续三个晚上在凌晨3点多钟的时候，都感到有异样玄象，像雨、像雾、像风、像气、像电，令人辗转难寐。其间，两位大德高僧仿佛见天空闪现数道七色佛光，且有鼓乐丝竹之声自天幕传来……

这一切是否意味着法门寺地宫开启，人类魂牵梦萦的佛骨舍利即将重见天日？

永生不灭的佛骨舍利安在？

想不到，那个祈盼已久的伟大时刻来临了。彩霞映照下的扶风县博物馆，正浸染在春夏之交的温馨中。那飞檐斗拱、雕梁画栋遮掩下的石子铺成的小径上，不时划过几缕暖暖的春风。数位身穿白色大褂的考古学家与文物保护专家无声地穿过一道道武警部队官兵组成的防线和岗哨，秩序井然地进入博物馆后院用展室改造的临时工作间。

从北京专程赶来的中国社会科学院历史研究所专家王㐷，满头华发映衬着清癯的面容，显得沉静而庄严。

屋里极静。王㐷来到上铺白布的工作台前坐定。台上放着一个洁白的四方铁盘，里面盛放着镊子、夹子、放大镜、胶带纸、卡片纸、笔等备用工具。

一切准备就绪。王㐷端坐在椅子上向韩伟示意，身边的工作人员捧来从后室发现的那个八重宝函，一个精致的黑漆檀香木函放到工作台上。经过一系列详细观测、研究、分析，王㐷和其他几位文物保护专家皆认为这个表面精美华丽、整体极为沉重的宝函，无论是外部装饰还是整体的重量，都在向大家宣示里面藏着非同凡响的秘密。

这个沉重华丽的宝函是供养佛骨舍利的圣器吗？

史书曾明确记载："至显庆五年春，三月，下敕请舍利往东都入内供养……皇后舍所寝衣帐准价千匹绢，为舍利造金棺银椁，雕镂穷奇。"

如果史书记载无误，这个宝函将意味着装有佛指舍利并和武则天有必然的关联。

宝函外部曾用红锦袋包裹，王矛一丝丝、一片片揭掉木函上的丝绸残痕，小心地放到早已准备好的白纸板上。宝函原貌很快显露出来。

图10-10　地宫后室供养第一枚佛指舍利的八重宝函（最外层已朽）

这是一个精美绝伦的黑漆宝函，整身呈正方形，边长为30厘米。雕花银棱略斜，盝顶，通体用檀香木制成，外壁四周是描金加彩的减地浮雕，雕刻极为精细。画面上有释迦牟尼说法图、阿弥陀佛极乐世界图、礼佛图等各种精美浮雕。一幅幅图画生动、形象、传神，色彩斑斓，美中见妙，无疑是唐代漆木器中罕见的珍品。而这样的木雕礼佛图，在以往的考古发掘中从未发现过。

宝函的正面有一鎏金锁扣，上面亮晃晃地悬挂着一把小巧玲珑的金锁。耀眼的金钥匙插在金锁孔内，钥匙上还系着一条红绸。王矛掏出手帕擦了擦手，方才轻拧那小小的金钥匙。"嚓"的一声，金锁登时弹了起来。

继之，函盖被轻轻揭开，一片黄白交错的光芒扑面而来。

宝函之内是一个鎏金四天王顶银宝函，用一条约5厘米宽的绛黄色绸带呈十字交叉状紧紧捆住。虽逾千年，绸带依然光泽鲜艳，如同新裁，面上遍

布蹙金二方连续金花，绸带尾系着数颗乳香粒。

解开绸带，又见函外用平雕刀法刻满画面，函顶錾两条并列的行龙，首尾相对，四周衬流云纹。每侧斜面均錾双龙戏珠，底饰卷草。四侧立沿各錾两只迦陵频伽鸟，身侧饰以海石榴花和蔓草。

函体四壁分錾"护世四天王"像：正面是北方大圣毗沙门天王，左面是东方提头赖吒天王，右面是西方毗留博叉天王，后面是南方毗留勒叉天王。与前一层相同，有一套金锁、金钥匙。

打开这重宝函，内有一素面盝顶银宝函，钣金成型，通体光素无纹，盖与宝函体在背后以铰链相连。

再向里揭开一层，是一鎏金如来盝顶银宝函，函顶和四面都镂刻有数尊稳坐莲花宝座之上的佛像。

鎏金如来盝顶银宝函内，又套着六臂观音顶纯金宝函。函盖面上是双凤，盖侧各有四只绕中心追逐的瑞鸟，中为四部圣洁交错怒放的西番莲蓬。函身与函顶交相辉映，雕有数幅圣贤大德佛祖图。正面为一奇妙的六臂如意轮观音图，她坐于莲台之上，两侧有八大侍从供养。函之左侧，为药师如来图；函之右侧，为阿弥陀佛图；函之背面，为大日如来图。

第六层宝函，散发着一片炫目的五彩之光，此为金筐宝钿珍珠装金宝函。这重宝函亦为纯金雕铸，上面錾满神异图画，它的十二棱二十条边和函盖、函身镶满各色宝石，函盖顶面和函体四壁有红、绿二色宝石镶嵌成大大小小的团花。连金钥匙的金链带上，也用三色宝石镶嵌着玲珑团花。浮光耀眼，一派仙宫极乐才有的珍奇境界。

第七层宝函内，装着金筐宝钿珍珠装珷石函。以珷石琢磨而成，盝顶，通体嵌饰珍珠，函身四面均用绿松石各镶两只美丽的鸳鸯和花卉。高11厘米，长宽各7.3厘米。精致的雕花金带为边，晶莹透亮的石板，形成了一个金镶玉砌的圣器。

此时，没有人想到，第七层宝函内竟会装一巧妙精绝、登峰造极的小金塔，这件高7.1厘米的宝珠顶单檐四门金塔，飞檐高翘，金砖金瓦层层逼真，塔身四壁刻满人物画，且有四扇可以开合的小金门。是为第八层，也是最后一层。

佛骨舍利面世

金塔座上，有一小银柱，仅2.8厘米高，盘口细颈鼓腰，喇叭口径处雕有十二朵如意云头，鼓腰上二平行线连为四组三钻纹杆状十字团花，衬以珍珠纹。腰底为莲瓣形，银柱托底也呈八瓣莲花状。间以三轮纹，柱底还有一墨书小字"南"。

图10-11 地宫出土的宝珠顶单檐四门纯金塔与第一枚佛指舍利

就在这根小银柱上，套着一枚偌大的指骨。

"啊！佛指！佛指舍利！"有人惊呼起来。接着，整个室内一片欢呼。

守候一旁的法门寺住持澄观法师于狂喜中敲起了木鱼，诵经祈祷。

王㐨身旁的丝绸专家王亚蓉强按激动心情，对这枚佛指进行系列测量。指骨重16.2克，高4.03厘米，上粗1.75厘米，下粗2.01厘米。上齐下折，色白如玉，三面俱空，一面稍高，骨质细密而泽，中空管状，髓穴方大，上下俱通，二角有纹，纹并不彻。日光灯下，似有灵性异彩绽放开来。更为神奇的是，高倍放大镜下，发现指骨外壁有隐隐的微细血管，内壁有七颗排列成"勺"形的小星组成的大熊星座。

渐渐冷静下来的专家将指骨和《物帐》碑文反复对照勘验，与记载完全相同。这证明地宫出土的这枚指骨就是佛祖真身指骨舍利。

王㐨与众位专家商议，按照出土佛祖指骨在中外考古史上的特殊地位命名为特级一号。

至此，隐遁真容1113年的历史之谜终于揭开。

王㐨深深舒了一口气，回过头问："今天几日？"

众人一查："5月7日，农历四月初八。"

"四月初八！这是佛祖释迦牟尼诞生的日子啊！"于是，众再惊呼："太巧了，太妙了，简直不可思议！"

激动不已的考古学家一时无法对这一历史巧合做出最恰当解释。而这个伟大的时刻永久留在了他们的记忆里。

又是一个银星璀璨的不眠之夜。

考古、文物保护专家继续着清理大行动。他们在汉白玉灵帐中发现一个珍藏着的铁函。铁函重29.9公斤，高52厘米，长宽各58厘米。由于尘封既久，函上一把铁锁已经生锈。如果说揭启八重宝函的秘密是按碑文记载而"索骥"，那么，眼前这件大铁函却出现了截然不同的情景。

不知是《物帐》碑记载疏忽还是别有其因，目前没有找到关于铁函情况的只言片语。

为严格而科学地摸清铁函内尘封的隐情，两日前的夜晚，考古专家在武警战士保护下，悄悄将其带到扶风县医院透视室，用医用X光机对它进行扫描，结果发现内有异状物。因铁函严重锈蚀，从拍出的X光片看，内部已模糊不清，无从推断内中藏着何等宝物。

这一次，韩伟先用一把大铁钳启开了厚厚的函盖。只见铁函内有一木盒，木质大部分腐烂，被红黄二色泥土紧紧固定于函中。启开木盒，内是彩绢，整整叠摞九层，每层花色各异。当最后一层彩绢取出时，一个闪闪泛光的鎏金银棺跃然现出。

这具鎏金银棺的形状和普通民间常见的木棺相似，与庆山寺发现的武则天令工匠制作的金棺更如出一辙。它前高后低，盖成瓦状，前挡高5.5厘米，后挡高3.1厘米。棺身长10.2厘米，宽4.5厘米。棺盖上，前端雕五彩花冠一顶，中间是两只拖着长尾的美丽凤鸟。小小的银挡板中间錾有精致的两扇小门，挂一把精制金锁，左右两面门扇上各镶三排九颗金星状小金钉，且各雕一位执戟、执钺的金刚力士。后挡雕一对披发金毛狮，足下流水纹成万顷波浪。棺身左右两侧棺板各雕一位守卫银棺的金刚力士，左执剑，右执斧，

图10-12 第二枚佛指舍利面世

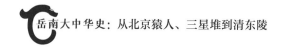

气宇轩昂。

整个银棺置于一座雕花金棺床上，左右两侧是雕花帘帷。棺床上，铺数层黑色绸绢，绢上织柳叶纹金花。

专家当场命名为：鎏金双凤纹银棺。

银棺棺盖轻轻开启，奇迹再现。只见棺内艳丽如画的织锦上，安卧着一枚佛祖指骨舍利！其大小、色泽、形状、骨质，与珍卧于八重宝函中的那枚几乎一模一样。专家们将这枚佛指舍利定为特级二号。

关于第三枚佛指的发现，奇特而神秘。

第三枚佛指，就存放在地宫后室秘龛中发掘出的那件铁函中。

打开之前，专家们就有一个困惑。这件铁函为什么如此独特，非要放置于地宫最阴暗的角落，且埋在地下一个秘龛之内？难道这就是"会昌灭佛"中被法门寺僧众偷偷藏匿起来的那枚佛指舍利吗？

一切准备就绪，铁函搬到工作台上。因年代久远，铁函周身布满锈斑，呈焦茶色。王㧕、王亚蓉、曹纬等专家用关中工具厂提供的刀具，小心地清除了函缝中的铁锈。曹纬用磨制锋利的钢制刀具，凿掉子母扣中的铁臂，随着函盖轻微的颤动，封闭严实的锈斑全部脱落，函盖毫无损坏地被轻轻打开，里面露出了两枚随球和几片腐烂变质的丝绸。凌晨1点半，第一片丝绸被取出，经初步鉴定为罗底蹙金珠袋（用以盛装随球）。袋下是一个小型鎏金银函。王㧕用铁丝编成一个长方形套框，慢慢套在小型银函之上，轻松地提取出来。

因为有了前两枚佛指发现的经验，现场的考古人员初步断定，在这个精美华丽的银函之中，一定会有佛骨秘藏。此时已是凌晨2点40分，法门寺中的澄观、静一、宽仁等四位法师闻讯赶到博物馆工作室，双手合十，向即将开启的银函祈祷。

文物保护专家王亚蓉轻轻剥离银函上的丝绸，银函慢慢打开。只见内有液体流动，经测量，液体高于函体底部27毫米，工作人员找来试管收取液

图10-13 供养第三枚佛指舍利的白玉棺

体，以作标本。而后，王亚蓉、王矛等专家先后对函内的物件进行清理，发现一个嵌宝水晶椁。

椁系水晶石造，通明透亮。椁盖上嵌镶黄、蓝宝石各一，体积硕大，炫耀夺目。椁盖雕观世音菩萨及宝瓶插花，四面皆雕文殊菩萨坐像及莲座花鸟。

打开水晶椁，是一口微型玉棺，亦系水晶石造。长40毫米，前宽23毫米，后宽20毫米。前高24毫米，后高22毫米。盖上雕普贤菩萨，前后两侧分别雕杨子、如意、经卷。整个棺体置于雕花壶门座玉石棺床之上。

5月10日8点6分，当考古专家揭开玉棺棺盖时，只见又一枚释迦牟尼灵骨静卧其中。众人于惊喜中，又是一片欢呼喝彩。

只见灵骨呈乳黄色，有裂纹，并有蜡质感，同时尚有星星点点的白色霉点附于其上。灵骨因在液体中浸泡千余年，骨质发软而不能摸磨。这枚显然不同于先前发现的两枚玉质灵骨的出现，使人再度想起"会昌灭佛"的记载和圣物出土的特殊神秘位置。专家最后断定，这就是历经劫难而不灭的释迦牟尼佛的真身骨指舍利。

根据出土的先后次序，专家们将其命名为"特级三号"。

这枚佛骨是当今世界独一无二、佛教界至高无上的至尊圣物。

面对这尊千余年乃得一见的神圣灵骨，站立一旁的澄观、静一、宽仁等四位法师身披袈裟，眼含激动的热泪于香案摆放花果，燃香祷告。缭绕的香雾中，四位法师躬身作揖，诵念声响彻殿宇，震动旷野。

第四枚佛指舍利在阿育王塔中发现的。

阿育王塔的全称叫汉白玉浮雕彩绘阿育王塔。全塔由塔座、塔身、塔顶、塔尖四部分组成。汉白玉雕刻工艺精湛绝伦，相叠天衣无缝。塔的周身涂色上彩，颇有云飞霞映、天上宫阙之势。

当四面的银质塔门打开时，只见塔身内平放着宝刹单檐铜塔，其形貌与史书记载的释迦牟尼佛讲经殿完全一致。

塔顶飞檐斗拱，宝珠葫芦状的尖刹，四体四面。前壁的两柱间安放一合双扇金门，金门雕花镂朵，门两侧有菱形小窗，其余三面均有六孔小门。整座塔设于一座须弥座上，须弥座设于方形孔门铜台基之上，每面又有长方形孔门六合。大须弥座上还有宽宽的月台，月台四面各有两位金刚力士守卫。四面外围均有护栏柱和雕花栏板。柱上分别有宝珠顶与金毛狮。月台四面还有通向远方的护栏双边踏步。

就在这座美妙绝伦的铜塔内盛装着一座明光闪闪的银棺。此银棺长8.2厘米，高6.4厘米，前挡板上刻着两位坐佛弟子，棺两侧各雕饰着一对迦陵频伽神鸟。棺座为银质，四面有壶门十三个，饰莲瓣一周。下面又有沉香木雕花棺床。银棺盖被揭开，佛指舍利随着一道灵光，呈现于考古人员面前。

图10-14　阿育王塔中的宝刹单檐铜浮屠

图10-15　外层是彩绘四铺菩萨阿育王石塔，内部是宝刹单檐铜浮屠

图10-16　鎏金双凤纹银棺。棺内供奉着第四枚佛指舍利

至此，法门寺地宫出土的文物中，共发现四枚释迦牟尼佛指舍利。除"特三"灵骨微黄、质地似骨以外，其余特一、二、四号三枚质地均类似白玉，地宫《志文》碑称之为"影骨"，也就是仿佛祖真身灵骨而制造的附属品。

从盛放灵骨的鎏金四十五尊造像盝顶银函上那錾有"奉为皇帝敬造释迦牟尼佛真身宝函"字样分析，这"一月映三江"之说合乎佛家之理。

法门寺地宫发现四枚佛指舍利的消息，一夜之间传遍了整个世界，其声光之远大，波动之剧烈，被称为"地球人类的震撼"。

自此，湮没沉寂千年的法门古寺再度走向人间大地，接受大千世界信徒的瞻仰膜拜。法门寺宝塔连同地宫出土的一系列奇珍异宝，以其独一无二的至尊地位，重现了大唐王朝的光辉，建构起全世界佛教圣地的金刚座，并以宏深博大、万世不朽的法门"教、理、行、果"，为人类造就和平博爱、永恒持久的福祉。

* 本章资料来源于《万世法门》，商成勇　岳南著，有删改。

第十一章 明朝那些事八

明十三陵发掘计划

　　1955年的最后一天，考古队队长赵其昌同探工赵同海携带着考古专用的各种工具，走出古城北京，冒雪北上，来到昌平县（今北京市昌平区）明十三陵这块昔日的皇家圣地。

　　寒风呼号，雪花纷飞。起伏的群山和荒芜的陵墓蒙上了一层白雪，沉睡了几百年的皇家陵园越发显得死寂与凄凉。赵其昌踏着没膝的积雪，越

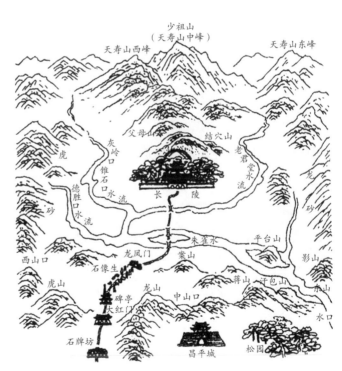

图11-1　长陵风水格局示意图（资料来源：胡汉生《明十三陵》）

过祾恩殿[1]，爬上长陵宝顶。

"会当凌绝顶，一览众山小。"站在大明成祖朱棣皇帝这座辉煌、雄伟的长陵宝顶之上，举目四望，群陵棋布，高低错落，黄瓦红墙，掩映在绿松白雪之间，真是一幅绝妙的风景画；俯首南眺，一条长达七公里的中轴线如同一道宽大壮美的银链，从遥远的天际横空而降，直通脚下，巨石雕刻的文臣武将排列两侧，形成一条"神道"，显示着威严而肃穆的皇陵气派。

帝王陵墓发展到明清时代，布局、建筑形式趋向定式，封土都采取宝城宝顶的形式。两朝30多个皇帝和上百个后妃的坟头，都是宝城、宝顶。其建筑方法是在地宫之上砌筑高大的砖城，在砖城内填土，使之高出城墙成一圆顶。城墙上设垛口和女墙，宛如一座小城。城墙称为"宝城"，高出的圆顶称为"宝顶"。这种宝城、宝顶和前方的明楼[2]构成一个整体，不仅突出地显示了陵寝的庄严肃穆，也增强了建筑艺术效果和神秘气氛。

从成祖朱棣在天寿山下建造长陵起，到明代最后一个皇帝思宗朱由检（年号崇祯）止，除景帝朱祁钰因故别葬外，其他诸帝都在天寿山附近营葬，共13处，成为明代中后期皇帝陵墓的集中区。陵区周围因山势筑有围墙，长达12公里，围墙设垛口、城关、敌楼，驻军守护。十三陵各陵建筑自成整体，布局、形制与皇祖朱元璋的孝陵一脉相承，祭殿在前，寝宫在后，门廊、殿堂、明楼、宝城排列得层次分明，严肃整齐，从宫前庄严的神道、石桥、无字碑，直达宝城，一线相贯，地势逐步升高，有曲有直，有高有低，远山近水，连成一个气势宏伟壮丽的建筑整体。

遗憾的是，这笔财富大都没能完整地保留下来。从正统十四年"土木堡之变"，来自北方的瓦剌大军在十三陵燃起焚烧殿宇的大火之后，这文明便开始了它悲剧性的毁灭。最能象征十三陵各陵建筑艺术与风格的祾恩殿经过

---

1 祾恩殿：即享殿，是祭祀时举行典礼的处所。
2 明楼：陵寝建筑中的明楼建在方城之上，作用接近碑亭，方城与宝城连成一体，明楼四面各开一门，四出重檐，屋顶为十字形穹隆，楼内置丰碑。

数次战火之后，也只剩长陵一座顾影自怜了。这座建成于宣德二年的辉煌建筑，历经五百余年沧桑而无恙。

明十六帝及其陵墓一览表

陵名	帝名	建元	庙号与谥号	享年	世系	在位年数	祔葬皇后
孝陵	朱元璋	洪武	太祖 高皇帝	71岁		31年 （1368—1398）	马氏
	朱允炆	建文	清谥惠帝		太祖长孙	4年 （1399—1402）	
长陵	朱棣	永乐	成祖 文皇帝	65岁	太祖四子	22年 （1403—1424）	徐氏
献陵	朱高炽	洪熙	仁宗 昭皇帝	48岁	成祖长子	1年 （1425）	张氏
景陵	朱瞻基	宣德	宣宗 章皇帝	38岁	仁宗长子	10年 （1426—1435）	孙氏
裕陵	朱祁镇	正统 天顺	英宗 睿皇帝	38岁	宣宗长子	22年 （1436—1449） （1457—1464）	钱氏、周氏
景泰陵	朱祁钰	景泰	代宗 景皇帝	30岁	宣宗次子	8年 （1450—1457）	汪氏
茂陵	朱见深	成化	宪宗 纯皇帝	41岁	英宗长子	23年 （1465—1487）	纪氏、王氏、邵氏
泰陵	朱祐樘	弘治	孝宗 敬皇帝	36岁	宪宗三子	18年 （1488—1505）	张氏
康陵	朱厚照	正德	武宗 毅皇帝	31岁	孝宗长子	16年 （1506—1521）	夏氏
永陵	朱厚熜	嘉靖	世宗 肃皇帝	60岁	宪宗孙	45年 （1522—1566）	杜氏、陈氏
昭陵	朱载垕	隆庆	穆宗 庄皇帝	36岁	世宗三子	6年 （1567—1572）	孝懿李氏、陈氏、 孝定李氏
定陵	朱翊钧	万历	神宗 显皇帝	58岁	穆宗三子	48年 （1573—1620）	孝端王氏、 孝靖王氏
庆陵	朱常洛	泰昌	光宗 贞皇帝	39岁	神宗长子	1月 （1620）	郭氏、王氏、刘氏
德陵	朱由校	天启	熹宗 悊皇帝	23岁	光宗长子	7年 （1621—1627）	张氏
思陵	朱由检	崇祯	思宗 愍皇帝	34岁	光宗五子	17年 （1628—1644）	周氏、田氏（妃）

风雪渐已停歇，夕阳西下，余晖洒在起伏的山峦上，泛起银色的光芒。苍凉的北国之冬一片肃静。赵其昌、赵同海两人经过对长陵三天的勘察，没有发现可供发掘的线索，心中暗想：这个陵墓规模太大了，能否找一个较小的陵墓进行试掘，等积累了经验再掘长陵呢？

三天之后的夜晚，北京市副市长、主管文教工作的吴晗家中，不大宽敞的书房灯烛明亮，长陵的照片、草图、各种数据资料和几块填土标本摆满了地板。吴晗和夏鼐静静地听着赵其昌的调查汇报："我们在长陵的宝城、宝顶上上下下来回跑了两天，找不到半点可供考虑的线索。在明楼后的宝城内打了两个探眼，全是填土，没有生土比较，打铲已经没有意义了。没有线索，仅靠臆测，会使我们走向失败……"

吴晗低着头，拿铅笔轻轻地敲打着桌子。夏鼐用放大镜不停地检查填土标本。书房中悄然无声。

赵其昌提出一个建议，打破寂寞的氛围："现在天寒地冻，调查中动土又很困难，能不能给我两个月时间，查查文献。十三陵的皇帝、皇后无论生前建陵或死后建陵，总不会同时死去。如果不能同时入葬，就有个再次挖开二次入葬问题。类似的问题，他们又是怎么处理的？我想带着一些问题再着重调查一下，在十三陵多住些日子。"

夏鼐一向重视调查，尤其注重结合文献的田野调查，遂说道："十三陵的建造，前后延续200多年，无论建筑布局和形制，早、中、晚期总是有些变化的。应该普遍调查，再归纳一下，比较异同，提出些问题来。然后再结合历史上的丧葬制度相互参照、印证，可能会有些收获。找到可靠线索，然后动工，才有把握，我看这样更好些。"

吴晗听罢表示同意。他指了指书架对赵其昌说："查文献，好！我这里讲明代的书不少，你随便拿去看，今天就可以带走些。再去调查，你打算住多久？"他转向夏鼐，"作铭（夏鼐字），多长时间合适？"

赵其昌伸出两个手指。夏鼐接下来说道："两个月可以，一个陵总要几天，两个月不算多。"

吴晗原以为两个手指是指两周，既然是两个月，也不再说什么了。

赵其昌的建议得到两位师辈人物的许可，突然感到肩上的担子沉重起来，顺口冒出一句："吴副市长，长陵是十三陵的祖陵，太大了，能不能找个小的，试掘一个？"

吴晗一怔，转身问夏鼐："什么叫试掘，哪个'试'？"

夏鼐笑笑："辰伯（吴晗字），考试的'试'！你考试考得不及格的'试'。"

吴晗微笑了一下，幽默地说："我比不得你聪明，当年进清华，数学考试确实不及格，惭愧啊！不过，我搞不明白，这个试掘与发掘有什么不同？"

夏鼐道："试掘与发掘，其实方法程序上完全一样，完工后整理材料没什么不同，照样印出报告，只是没有很大把握时叫法谦虚一些而已。国外也有这样的先例。"

吴晗听罢，表示认可。至于是否试掘，要等调查后的结果再定，而且还要上报北京市与中央批准。

夏鼐起身对赵其昌说："我与吴副市长意见一致，同意试掘，前提是要找到重要线索，否则试掘也无从谈起。你回去后，就先从查考文献开始吧。"

新的一年开始了，对于赵其昌来说，也是一个新的开始。

时年28岁的赵其昌，在北京大学历史系考古专业求学时，学的是旧石器、新石器、甲骨文金文、商周的青铜器，以及秦砖汉瓦、魏晋碑刻、唐宋诗文，等等。一下子转到明朝，真是个新课题、新工作，必须从头开始。

在夏鼐指导下，赵其昌开始了史料研究，重点自然是明清两代帝王陵墓的史料。他几乎跑遍北京各大图书馆，在浩如烟海的史籍中，查找着有关的资料，对《明实录》《大明会典》《明史》《国榷》《日下旧闻考》等经典，一一仔细揣摩，连明清人的笔记、野史，都尽可能一一翻阅。他要弄清众多的帝后、王侯、嫔妃和各种陵墓的建筑形制、布局规格、祭祀礼仪、

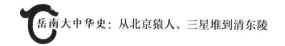

埋葬制度、随葬器物，以及帝王墓葬的发展演变过程，尤其是地下建筑的形制。不到两个月时间，关于十三陵的建造的起因与整体布局，他已基本查清，一个风云际会的历史时空和过往人物轮廓显现在眼前。

试掘献陵

积雪消融，枯草微露，赵其昌再度来到昌平十三陵区，携考古探铲作田野调查。

独自一人走进巨大的皇家陵园，赵其昌立感悲怆凄凉。辉煌的明楼、大殿、宝城俱已失去原有的风采雄姿而变得满身疮痍，残垣断壁、荒草凄迷，一代豪华璀璨的建筑群，已经成为一片废墟。"昔日皇陵形胜地，垒垒荒冢伴斜阳。"赵其昌和工作队的几位同志白天一座一座地仔细查看陵墓，晚上走访当地老乡。十三座皇陵，想要找到一点线索，真如大海捞针。

经过几天的探访，赵其昌决定把目标重点放在献陵。

献陵位于长陵西侧一里的黄泉寺山下，埋葬着朱棣的长子朱高炽。陵园规模较小，距长陵地域最近，入葬时间上前后紧接，从发掘工作考虑，如果试掘，以献陵最为合适。它不仅在埋葬制度、地下建筑结构等方面有很多可供参考之处，试掘之后还可以直接把设施、人员拉到长陵，工作、食宿解决起来都比较方便。于是他对献陵开始了第一步工作：查阅史书，收集资料，实地勘察，寻找线索。

朱高炽47岁当上了明朝的第四位皇帝，改元洪熙。十个月后驾崩，死后庙号为"仁宗"，葬于献陵。

把朱高炽称为"仁宗"，这"仁"字用得倒也确切。对于一个封建帝王来说，像他那样关心百姓疾苦的实在不多。洪武二十八年，他由祖父朱元璋亲自册立为燕王世子。朱高炽文笔华美，诸王世子中无人能与之相比。朱元璋时常让他帮助自己批阅奏章，而朱高炽选批最多的是那些关于百姓生活的，特别是各地上报灾情的奏疏，他总是立即让爷爷过目。朱元璋曾不解地问他：

"怎么你选的尽是些上报灾情的奏疏？"

"孙儿觉得民以食为天。现下有的地方闹灾，民不聊生，乃是最急迫的事情，才请皇爷爷优先处理。"

"嗯！"朱元璋点点头，又问，"尧在位时闹了几年水灾，汤时七年大旱，百姓又靠什么活下来的呢？"

"靠的是尧、汤圣人有恤民的政策。"

朱元璋听后大喜："你这孩子虽然生长在深宫，却关心民间疾苦。好！"

明朝开国皇帝朱元璋是农民起义领袖出身，深知民间疾苦，大明王朝建立后，实行了一系列较开明的政策，经济得到复苏，国库也颇为殷实。但朱棣即位后好大喜功，频繁地进行大规模征战，加之建都北京、疏浚运河等浩大工程耗费了大量人力物力。朱高炽登基当天，第一道命令就是追回第七次下西洋的郑和远洋船队，召回在交趾采办珍珠的中使和在西域买马的官员，并大幅减少为皇宫采购、烧铸、供应等一切花钱的行为。可惜这位雄心勃勃、一心强国富民的皇帝，在位仅十个月，就一命呜呼了。

图11-2　献陵明楼

献陵和其他各陵有一个明显的不同之处，就是在祾恩殿和明楼之间有一座小山相隔，把陵墓切割成两块。如今前方大殿已不存在，仅留有山后一片残破的建筑。赵其昌率人在山后的明楼和宝城内外查找线索，仔细辨别、分析当年入葬的隧道口可能留下的痕迹。明朝陵墓制度，一般是宝城内用厚实的黄土填满，并筑起高大的宝顶，但献陵的宝顶掩埋不住宝城内墙，显得极为简单和寒酸。

近半个月的勘察仍无线索，工作队开始分头探访。一个偶然的机会，他们得知附近村里存有祖宗留下的《陵谱》，据说上面记载有陵墓的建筑形制和入葬经过。这些村庄大多是由当年的守陵宫监发展而来，有秘籍存留也许可能。当赵其昌查访三天终于从当地一富农家中借来《陵谱》时，却不禁哑然失笑，原来所谓《陵谱》所记全是臆说传闻，毫无史料价值。

《陵谱》中关于献陵的记载：

> 仁宗朱高炽为太子时，每日在宫中游荡。其时，宫中规矩，凡夜晚宫中妃子门口挂红灯，太子方可进入。挂绿灯，表明内住长辈，不得入内。
>
> 一夜，朱高炽游宫，见一楼内窗棂上挂着红灯，便喝退侍从，径直入楼。待其宽衣上床后，却见床上竟是姨娘……
>
> 此事在皇宫里哗然传开，或曰太子对比其年长几岁之姨娘早有此意。当夜，是其事先将姨娘房门绿灯摘下，于窗棂之上换成红灯；或曰姨娘早对太子有情，是其亲摘绿灯，换上红灯……
>
> 仁宗皇帝驾崩，其子朱瞻基命人将父皇陵墓建于小土山后，使石碑殿堂及明楼宝顶互不能见，意在以小山将父皇仁宗与其姨娘之丑行遮掩。故此小山谓之"遮羞山"……

老乡们自然不会知道，据文献记载，这座陵墓的建造形制实则与风水有关。皇家园陵最重要的一条就是选择"龙脉"，这起伏的山丘就是"龙脉"的象征。建造献陵时，因这小山形如几案，是作为"龙脉"而完好保存下来的，史书上称为"玉案山"，殊不知风水反给这位仁宗皇帝蒙上一层不白之冤。

史书缺乏记载，《陵谱》只能当作饭后谈资，面对一座座巨大的陵园，他们却找不到一点可供科学发掘的线索。时间一天天过去，吴晗、夏鼐不断派人前来询问，赵其昌心急如焚，建议领导再派五名人员参与调查，以便加速工作进程。

五名人员很快来到十三陵区，组成一个考古工作队，归赵其昌带领。然而，工作队在陵区转了三天，还是未得到一点线索。正当工作人员一筹莫展时，两位全副武装的公安人员却找上门来。他们被当成盗墓贼叫到派出所审讯一顿，最终搞清是个误会。

这个让人忍俊不禁的插曲，却给工作队带来新的启示：能不能从被盗的墓葬中发现点线索，或者从盗墓者的口供里判断陵墓玄宫的结构？主意商定，工作队员再度分头行动。赵其昌去曾经被盗过的万贵妃墓地寻觅踪迹，另一名队员于树功则干脆去了监狱，想从盗墓者口中探出蛛丝马迹。只可惜，两路人马都无功而返。

城墙黑洞是地宫入口？

正当工作队困惑着找不到头绪的时候，吴晗和夏鼐有了新的想法，就是把定陵作为突破口。第一，定陵是十三陵中营建年代较晚的一个，地面建筑保存得比较完整，将来修复起来也容易些。第二，万历是明朝统治时间最长的一个，做了48年皇帝，史料可能会多一些。

定陵虽是明代陵墓中建成较晚的一个，至今只有300多年，但风雨剥蚀、战乱兵燹，使这座巨大陵园残破不堪。高大宽厚的朱红色外罗城早已荡然无存，陵墙两处倒塌，那辉煌的象征皇帝权力与威严的黄色琉璃瓦大殿只残存几排柱础石，似乎在向世间诉说着所经历的劫难。

据史料记载，定陵曾遭受过三次大火的焚烧，以致造成毁灭性的破坏。清军入关后，对明陵进行了大规模破坏，并放火焚烧了万历帝的定陵和天启帝的德陵。

此前不久，李自成率大军逼近京城，从柳沟入德胜口，因居庸关守将投降，十三陵被起义军攻下。李自成下令焚烧十三陵大殿，捣毁定陵、庆陵、德陵宫墙与宫门，整个十三陵"砖石遍地，大火三日不绝"。

顺治四年（1647年）以后，清朝出于政治上的考虑，为缓和民族矛盾，安抚明朝遗老，说江山并非得自朱明王朝，而是取自李自成之手，还对明陵进行了一定的保护，设陵户、给赡田、禁樵采，并对崇祯的思陵进行了修葺。乾隆五十年（1785年），高宗弘历在明成祖朱棣的"神功圣德碑"碑阴镌刻"哀明陵三十韵"，略示对明代帝王哀悼之意，并对曾经遭到破坏的定陵、德陵进行较大规模的修缮。

经工作队考察，所谓乾隆帝对十三陵的修缮，只是利用旧料拆大改小而已，这在定陵的祾恩门、祾恩殿遗迹中反映得最为明显。而天启皇帝的德陵，史料虽记有修缮事宜，但实际并未动工。

民国初年，陵区附近一个姓郭名五的人接替陵户，负责十三陵的看管和保护工作。政府除免其租税外，每年尚略有补助。当地一个闲汉王某感到护陵的差使有油水可捞，便找到郭五要当陵户，遭到郭五拒绝后，王某恼羞成怒，趁夜深人静，提一桶煤油悄悄来到定陵，把油泼在祾恩大殿上，放火焚烧。顿时，烈焰冲天，映红了整个陵区，方圆数十里可见烟火升腾。三天后，祾恩殿就变成了一堆灰炭。王某嫁祸郭五未成，自己反吃了官司，暴死狱中……

赵其昌手提考古探铲，又到宝城外侧，铲开一堆杂草和尘土，仔细辨析外罗城城墙的残迹。

图11-3　定陵全景

　　在十三陵全部陵宫建筑中，唯有嘉靖皇帝的永陵与万历皇帝的定陵建有外罗城，其他陵宫则没有。史料记载：永陵建成后，嘉靖皇帝前去巡视，他登上阳翠岭，往下一望，见只有明楼、宝城一座，便问督工大臣："陵寝这算完工了吗？"言下之意自然是不满。大臣见皇上不甚满意，赶忙说："还有外罗城一座未建。"自此之后，就日夜赶工加筑外罗城，定陵的建筑全仿永陵，因此也筑有一道庞大的外罗城。

　　外罗城原有朱门三孔，门楼重檐，上覆黄瓦，镶有山水、花卉、龙凤、麒麟、海马、龙蛇图像，约在康熙四十三年之后渐被毁坏。时至今日，这外罗城墙遗址也埋在黄土之下，只有一道朱红色的内罗城墙，历经沧桑劫难，一直忠心耿耿地守护着它的主人。

　　赵其昌扛起考古探铲，来到宝城墙下，自东向西仔细察看。7米多高的城墙，虽经300余年风雨剥蚀而变得残破，但仍不失它的威严。

赵其昌一步步向前走去，他感到脖子发木，腰酸腿痛，精疲力竭，在身边找块石头坐下，点燃一支烟，阵阵烟雾从喉管喷出，在眼前弥漫开来。顺着缥缈的烟雾，他望望远处的山峦和蓝蓝的天空，又把眼睛转向前方不远处的红色高墙。就在这一刹那间，奇迹出现了——在离地面3米多高的城墙上方，几块城砖塌陷下去，露出一个直径半米的圆洞。

"这是怎么回事？"赵其昌自问着，揉揉被太阳刺花的眼睛，紧紧盯住黑乎乎的洞口，心脏加剧了跳动。

他突然想起前几天一个老乡对自己讲过的话："长陵西面说不准是哪座陵墓，城墙外面塌了一个大洞。村里百姓遇到土匪绑票、日本鬼子抢烧，就藏在里面……"眼前的洞穴难道就是老乡所说的那个藏人的地方？假若是真的，此处必有文章可做。正可谓踏破铁鞋无觅处，得来全不费功夫！他再也无法抑制自己激动的心情，撒腿跑去。

"发现了，发现了！""快来看，快来看！"

洪亮的声音沿着宝城回荡，又从宝城传向旷野。

两个伙伴闻声跑来。三个人六只眼睛死死地盯着那个洞口。

没有梯子，附近又找不到大块石头和木料，怎么办？两个伙伴望着赵其昌激动的面孔，立即蹲下身："来吧，蹬着我们的肩膀上去看看，这个葫芦里到底装的什么药！"

赵其昌踩上他们的肩头，三人组成一个"众"字形，沿城墙慢慢地升起来。正午的阳光照射在洞口，里面的景物若隐若现，像是一个券门[1]的上端，光照处可辨别出砖砌的痕迹，但一时难以证实券门是否存在。三个人轮流看过一遍，仍未得出一致的结论。

"你们在这里守着，我去长陵村打电话请夏鼐老师来看看。"赵其昌嘱咐完同伴，转身向长陵村跑去。

---

1 券（xuàn）门：圆拱形小门。

夏鼐接到电话，立即驱车赶到定陵，同时还带来了几位年轻的考古工作者。

发掘队员按原来的方法搭成人梯，让夏鼐站在肩上沿墙慢慢升起。

夏鼐从腰中掏出手电筒，认真察看洞中的一切，不时地用探铲叮叮当当地敲打着洞中的砖石……一刻钟之后，才回到地面上。

队员们纷纷围拢上来，用期待的目光望着考古大师，希望尽快找到正确答案，揭开百年之谜。

夏鼐沉思片刻，转身望着大家："据我观察，里面的砌砖不像是原来筑成的，有再砌的痕迹，可能是一个券门的上缘。"

"宝城砌得这么结实，怎么会有券门藏在里头？"不知是谁问了一句。

夏鼐望望大家，似在讲解，又像自言自语："定陵的历史有300多年了，可能因为原砌的和后砌的两层砖之间衔接不紧，经过风吹雨打，外面的砌砖，也就是后来砌成的砖墙就塌陷了。"讲到这里，他望望赵其昌，不再言语。

赵其昌豁然开朗：定陵是皇帝生前营建的，万历十二年（1584年）开工，历时6年完成。这一点《明实录》记载得很清楚。可是，陵墓建成，人并没死，怎样办？地宫就必然再埋好。事实上，又过了30年，即万历四十八年（1620年）王皇后才死，紧接着万历皇帝也死了，二人一起入葬定陵。再度挖开入葬，二次砌砖的现象就可以解释了。不过，定陵明楼下面不建通道，棺椁灵柩又从何处进入地宫呢？

考古所的青年考古同行们也议论纷纷，有的说："如果真的是券门上缘，那它很可能就是入葬的通道。"这句话又提醒了赵其昌。史料记载，定陵仿永陵建筑，宝城外面都有一道外罗城墙。现在外罗城墙虽已毁坏，但遗址可以证实这道城墙的存在。"是不是可以得出这样一个结论：如果是入葬的通道，它正处于外罗城之内、内宫墙之外，帝后的棺椁进入大门之后，绕到宝城外面，再从这里进入地宫？"

赵其昌说完，看看夏鼐。大家顿时骚动起来："夏所长，会不会这样？"

夏鼐不露声色地点点头："说得有道理，我回市里和吴副市长商量一下下一步的打算。"说完，驱车同赵其昌向北京奔去。

一见面，未等夏鼐讲话，吴晗就急不可待地问："作铭，调查的结果怎样？"

"我看是一条极有希望的线索。"

"有把握吗？"

夏鼐望着老同学焦急的面孔，笑着说："辰伯，我看你对考古倒真是外行，我们只有挖开后才能下结论哟！"

吴晗的脸微微红了一下，在屋内踱了几步，用略带埋怨的口气说道："你倒是说一句有把握的话呀！"

夏鼐沉着地回答："像是通往地下玄宫的入口。"

吴晗立即站住，面露喜色："那就和大家研究一下，上报试掘，开始行动吧。"

迷路石？隧道门？

1956年5月18日下午，发掘队在定陵的宝城内侧，即与城砖脱陷处相对应的地方，做出了先开一条探沟的计划。在朝向明楼背后的方向，测好位置，钉上木桩，拉上绳子，立上木牌，墨书大字"T1"，表示第一道探沟。一切准备就绪，只等第二天破土动工。

按照绳子做出的标志，民工们一锹锹地挖下去，再把翻起的土小心地装入筐中运往远处。虽然是第一次动工，但民工们记住了考古队副队长白万玉老人的嘱咐："我们不是搞建筑工程，也不是挖水库建大坝，不要求速度，而是需要细致地观察和小心地操作……"民工们尽管对考古学一窍不通，更没听说过用科学考古的方法来发掘皇陵，在他们心中只有孙殿英那样的军阀和程老六那样的土匪夜间盗墓的模糊形象，但面前的景况让他们感到这项工程与众不同。每装进一筐土，都要经过仔细的检查，而且时常把地面挖开，用小铲一点点地刮，寻找可疑痕迹，干这种活儿，闻所未闻。

赵其昌和白万玉在工地四周密切注视着民工们的操作，几乎每挖出一筐土，白万玉都要仔细观察辨别土质的变化。两个小时之后，探沟已挖了3米多宽、1米多深。宝城内侧1.5米深处露出了一块砌在宝城城墙上不大的石条，这时，有个民工突然大喊一声："石条上有字！"

大家闻声而来，围住石条，赵其昌、白万玉也急忙奔过去。果然，在一块横砌的小石条上，显出模糊不清的字迹。赵其昌找来毛刷，蹲下身，轻轻地刷掉上面覆盖的一层积土，奇迹出现了：石条上露出三个雕刻粗糙的字。经过仔细辨认，两人几乎同时喊出："隧道门！"

那么，这三个粗糙的字到底意味着什么？回顾史料，他们做着这样的推断：自万历十八年（1590年）定陵建成，到万历四十八年（1620年）皇帝死去，前后经过了30年的漫长岁月。地下宫殿建成之后，就必然要用土封存起来，等待皇帝死去入葬时再开启墓道门。但是，皇帝的死期是无法预测的，一旦死去，就需要立即打开，等待皇帝的棺椁入葬。这一工作是由工部主管，如果找不到入口，延误葬期，营陵工匠必遭杀身之祸。经过长年累月的尘封土埋，入口定难寻找，这就要在入口的某个部位做一标记，以备急需。赵其昌想着，转过身看着白万玉，轻轻地说："我看这石条砌在宝城这不正不中的地方，会不会是当年建陵工匠偷偷留下的？"

白万玉点点头："我也在想，这石条上的字很可能是工部指使人或者工匠偷偷留下的。因为皇帝死后，入葬的日期要礼部决定，一旦日期定下而工部打不开地宫，从工部尚书、郎司到工匠都要问罪，所以才在这里留下记号。看来这里是通往地宫的隧道已不成问题了。"

果然不出所料，十几天后，在探沟挖到离地面4.2米处时，发现了两侧用城砖整齐平铺的砖墙。两墙之间距离8米，如同一条弧形的胡同由南向北弯曲伸张。这条隧道的出现，证实了当年皇帝的棺椁从这里入葬的推断。"隧道门"三个字正对着这条隧道的中心部位，后来发掘人员称这条隧道为"砖隧道"。

打开地宫的钥匙

进入7月，天空开始不断地下起雨来，发掘工作只得根据天气状况时进时停。

自宝城内挖开第一道探沟以后，工作进展极为顺利，民工们将填土砖石，一筐筐运出，一个多月的清理便告完成。在"隧道门"刻石下面，果然露出了一个用大城砖垒起的大门，事实证明了最早被发现的那个塌陷的缺口，就是大门外侧上面的边缘，也是通向地宫隧道的第一座大门。帝后棺椁入葬之后，大门就用城砖巧妙地堵死，磨砖对缝和城墙别无两样。当年的君臣工匠怎么也不会料到，数百年之后，这精心的伪装终究未能瞒过考古工作者的眼睛。

9月2日上午，刚刚开工不久，来自庆陵村的民工栾世海，一镐刨下去，传出钝器的撞击声。"嗯，这是碰到了什么东西？"他琢磨着，用镐头轻轻刨开积土，一块石头露出了地面。

"快来看，这是块什么东西？"他大声喊叫着，沟底的人立即围过去。白万玉见状，急忙喊道："轻点，别弄坏了！"

大家用铁锨沿石头两侧，轻轻地铲着土。10分钟后，一块小石碑出现在眼前。

一个民工突然大喊一声："上面有字！"民工队长王启发立即找来一根

竹片，小心地刮着字上沉积的泥土，老考古队员白万玉拿一把刷子走下探沟，边走边喊："快去找赵其昌！"

一刻钟后，赵其昌气喘吁吁地跑来了。他迫不及待地跳下探沟，拨开人群，挤到小石碑前。只见白万玉跪在地上，一点一点地擦着碑上的泥土。赵其昌急忙蹲在一边，问道："怎么回事？"白万玉拿着刷子的手轻轻地颤抖着，激动地说："这回可探出宝啦！"

赵其昌望着这块一尺多长、半尺多宽的小石碑，仔细地辨认着上面的字迹，当白万玉刚把泥土刷去，他就高声念道："此石至金刚墙[1]前皮十六丈深三丈五尺。"

话音刚落，人群轰然炸开，欢腾之声在这昏暗、潮湿的探沟中嗡嗡作响。大家扔掉手中的工具，兴奋地围着石碑来回转悠。

在浩瀚的明代史料中，对于陵墓的建制，只能找到一般历史概况的记录，如陵墓的营建年代、规模、用工用料、建造花费银两等事宜，至于玄宫的形制、结构史料绝不记载，这是明代一项极为严格的制度。但它既然存在，留下了痕迹，就必然会从帝后的丧葬制度中分析、辨别出这块小石碑所起的作用。

发掘队员围在石碑前，仔细地研究起来。正午的阳光洒进探沟，使小石碑闪着亮光，字迹越发清晰可辨。白万玉放下毛刷，神情严肃地望着大家，一字一顿地说："我看像是和隧道门一样的道理。"

刘精义惊讶地望望老人，又看了眼赵其昌："那么说，又是工匠留下的标记了？"

白万玉没有回答，从兜里掏出纸烟，径自抽起来。赵其昌冲刘精义点点头："白老说得有道理。皇帝也好，后妃也好，他们都是人，而人总是要死的。如果没有特殊情况，皇帝皇后不可能同时死去，既然如此，就出现一个

---

1 金刚墙：古建筑中凡是隐蔽不可见的墙体均叫金刚墙。陵寝建筑被土掩埋的墙体（系指出土之前），亦属其中一种，一般都特别厚实，所以称为金刚墙。

问题：是先死先葬，还是先死者要等后者死去，再同时入葬？"他一边吸着烟，一边推理似的慢慢讲下去，"从文献记载看，明朝帝后的入葬程序，习惯上是采用前者做法。以长陵为例，徐皇后先于成祖死，停灵在南京，等长陵玄宫建好后，才把她的灵柩从南京移来入陵。而后成祖皇帝死去，再开地宫，葬入长陵和徐皇后做伴。其他陵墓的主人也都采取这种方式。定陵是万历生前预先营建的，建成后，他并没有死，只好把墓室关闭，再用土封严墓道。等到他死后再重新掘开使用。所以，这块小石碑是工匠为了帝后入葬能顺利地打开地宫而偷偷埋下的标记。石碑上的刻字应该是可信的，这不是迷路石，确实是一把打开地宫的钥匙。"赵其昌说到这里，转身看看白万玉，老人微笑着点点头。

弱冠皇帝选陵寝

隆庆六年（1572年），明朝刚刚36岁的隆庆皇帝朱载垕自知病入膏肓，不久于人世，急忙召见大学士高拱、张居正、高仪入乾清宫听候遗诏。三人匆忙到来，见皇帝斜倚在御榻之上，面如死灰，气息奄奄，左右静静地站立着皇后、皇贵妃和10岁的太子朱翊钧。此时此刻，这位皇帝唯一放心不下的是侍立在病榻左边年仅10岁的爱子、未来皇位的继承人——朱翊钧。感到留给儿子的并不是一个国富民强、安康兴旺的帝国，他心里有一种莫名的恐惧，他无法预料大臣们将怎样对待这个儿子和朱家江山。他再也没有时间和精力护佑爱子了。在弥留人世的最后一刻，他伸出干瘦且毫无血色的手，转动着满含期待的泪眼，有气无力地向高拱、张居正、高仪三位同阁辅臣嘱托后事："朕不久于人世，三位阁臣好生辅弼皇嗣，以保江山万世不休……"

第二天，隆庆崩于乾清宫。

六月十日，皇太子朱翊钧登基，以次年（1573年）为万历元年，开始了他长达48年的统治。

万历七年（1579年），不满18岁的万历皇帝第一次到天寿山谒陵时，就开始考虑建造自己的陵寝了，只是当时担心张居正（1525—1582）等人劝阻谏争，所以此次谒陵并未公开提出预建自己寿宫的想法。从1582年冬天到1583年春天的几个月，一直纠缠于清算张居正等人相关事宜的万历皇帝，情绪陷入了混乱。继张居正之后出任首辅的张四维，洞察皇帝心理后，经过一番苦思冥想，终于得到了一条计策。他建议万历修建寿宫，万历皇帝欣然同意。

对于刚刚步入21岁青春年华的万历皇帝来说，这一看似奇特的抉择并非因为他认为自己死期临近。有研究者认为张居正的去世，使他越来越感到群臣阁僚并没有把皇帝当作一个有血有肉的人，而是把他当作一个机构来看待。万历虽然缺乏坚强的意志和决心，但并不缺乏清醒和机灵的头脑。如果仔细地回忆万历的人生，就不会遗漏这件事以及万历在这件事中所表现的思想脉络及人生感悟。那是1583年春，恰值三年一度的会试，按照传统，皇帝要亲自主持殿试。这次策文的题目出人意料地竟多达500字。他询问那些参加会试的举人，为什么越想励精图治，后果则是大臣更加腐化和法令更加松弛？

答案显然是无法靠几个参试的举人能准确地找到的。此时的万历皇帝陷入了更加沉重的精神重压中，他唯一的希望和寄托就是接受这精神上的活埋。

出乎万历意料的是，这次预筑寿宫不但没有遭到廷臣的劝谏和阻止，反而得到了极力迎合。事实上，直到他死也没弄明白，为什么廷臣在他所干的其他事上横加干涉，屡屡进谏，而对此事却如此宽容和谅解？也许群臣认为，此时的皇帝已经足以让后代的人们崇敬。同时，他虽正值青春年少，但是已御宇十年，具有足够的资格当此殊荣了。

根据张四维的建议，此项工程参照明世宗在嘉靖十五年选择山陵的惯例，命文武大臣带领钦天监人员及通晓地理风水之人，先行去天寿山选择

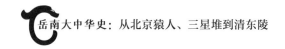

"吉壤"二三处，以便于皇上在谒陵过程中钦定。

万历十年（1582年）二月四日，礼部首次派遣祠祭署员外郎陈述岭一行去陵区勘察，择得谭峪岭、祥子岭、勒草洼三处吉壤。又经定国公徐文璧、内阁首辅张四维、司礼太监张宏及通晓地理风水的内外大小官员一起校勘，确认三处均为吉壤。

三处俱吉，自然不能都用，只能从中选择一处作为寿宫之地，而这个选择只能由皇帝自己决定。于是，万历假借恭谒山陵行春祭礼之名，决定在闰二月十二日进行第二次"谒陵"。

圣旨一下，朝廷内外一片忙碌。礼、工、兵各部按照自己的职责，仔细地做着准备。到闰二月九日，突然狂风大作，黄尘蔽日，群臣无不惊慌失措。内阁首辅张四维认为天时不利，前行无益，并引用明太祖朱元璋的《祖训》"谨出入"条，奏谏皇帝放弃这次"谒陵"。万历选择"吉壤"心切，不顾张四维的谏阻，毅然决定按原计划成行。

闰二月十二日，狂风渐小，红日初露。万历皇帝由定国公徐文璧、彰武伯杨炳护驾，"率后妃发京"。御驾前后，由镇远侯顾承光、左都督李文全、勋卫孙承恩统率刀府军卫官30名、大汉将军300名、其他武装士卒4000余人，浩浩荡荡，向天寿山行进。

御驾尚未出动，京城便开始戒严，每座城门都由一位高级文臣和武将共同把守。皇弟潞王当时尚未成年，即参加戒严事宜。他的任务是搬到德胜门的城楼上居住，密切监视御驾必经之路。这支声势浩荡的队伍到了郊外，皇帝及其家室住在沿路修起的佛寺里，其他随从人员则临时搭盖帐篷以供歇息住宿。在几十里路途上，一些地方官、耆老及饱学之士被引导在御前行礼，不能有差错。

万历出京的第二天，在由沙河巩华城赴天寿山的路途之中，皇帝的备用"飞云辇"不知何故突然起火。侍卫们赶上前扑救，总算保住"飞云辇"，未酿成大灾。这次事故，群臣再度大惊失色，议论纷纷。张四维认为，这是

"上天的警告"，即劝万历停止前行，但未得同意。

十四日，队伍到达陵区。万历此行的目的很明显，主要是寻觅及视察他自己的葬身之地。既然以谒陵为名，那么谒祭在所难免，种种仪式自然应当周到齐备。因此，在出发之前，礼部必须斟酌成例，拟订各种详情细节，有的陵墓由皇帝亲自祭谒，有的则由驸马等人代为行礼。十四、十五两日，万历在拜谒完长、献、景、裕、茂、泰、康、永诸陵之后，还要亲祭长、永、昭三陵后边的主山，后经张四维谏阻，才勉强作罢，只命驸马等人代行祭礼，以示诚意。

十六日，万历率队依次到祥子岭、谭峪岭、勒草洼三处详细查阅后，对三处地址皆不满意。十八日，万历回宫，并立即谕礼、工二部及钦天监诸官，再去选择二三处来看。礼部见皇帝如此挑剔，心中不快，即呈奏万历："臣等既已寡昧，请允许张邦垣多带些通晓地理风水之人，共同前去踏勘，唯此才能选取更多吉壤供皇上选择。"对于这个奏本，万历自然深知其中之意，但他未露声色，当即给予允可，并谕令："凡在京有谙晓地理风水的内外大小官员，都可到天寿山参与实地踏勘。"

万历的这一谕旨，不但未给礼、工二部带来方便，反而加深了选择"吉壤"的难度，导致官员之间矛盾重重，并生出许多阿谀逢迎、令人捧腹的可笑事件。

就在礼、工二部重新组织人马，紧锣密鼓地赴天寿山再择"吉壤"之际，一位名叫梁子琦的通政司左参议感到建立奇功的机会到来，于是向万历陈奏自己深晓地理风水，请命前去选择吉壤。万历急命梁子琦随礼、工二部一同前往核视。梁子琦获悉皇帝对自己的陈奏十分重视，便在实地踏勘中别出心裁，处处与礼、工二部及钦天监等人意见相左。三月二十三日，礼部尚书徐学谟将本部及钦天监择得的六处和梁子琦个人择得的八处，一并呈给万历皇帝。万历览奏之后，谕令礼、工二部再行实地踏勘，从十四处中选择最上吉地三四处并绘图来看。

四月三日，礼部尚书徐学谟、工部尚书杨巍通过实地比较之后，认为形龙山、大峪山、石门沟山三处"最吉"。梁子琦得知自己选择的石门沟山被列为"吉壤"，内心十分欣喜，仿佛高官厚禄就在眼前了。

令梁子琦遗憾和痛恨的是，首辅申时行的出任使他失去了这次加官晋爵的机会，最终落得贬职闲居的下场。

张四维继任首辅不到一年，父亲不幸病逝。张四维只能离职守制，在此期间，申时行代理首辅。但是张四维在居丧将要期满之时又突然患病不起。恰在这时，比申时行资深望重的大学士马自强和吕调阳也先后病故，命运之神自然地把这位资历最浅的大学士推到了政治舞台的前沿。

申时行和张四维不同，他以才干取得张居正的信任，而不是以谄媚逢迎见用。张居正死后，他承认张居正的过错，但并不借此夸大其过失作为自己上台的资本。他和张四维的差异为同僚所深知，也为皇帝所了解。

七月二十二日，万历皇帝谕令内阁首辅申时行、定国公徐文璧、司礼监太监张宏前去陵区核视。两天后，申时行等人回京。在给万历的奏文中有这样的陈述：除石门沟山坐离朝坎，方向不宜、堂局稍隘、似难取用外，看得形龙山吉地一处，主山高耸，叠嶂层峦，金星肥员，木星落脉，取坐乙山辛向，兼卯酉二分，形如出水莲花，案似龙楼凤阁，内外明堂开亮，左右辅弼森严，且龙虎重重包裹，水口曲曲关阑，诸山皆拱，众水来朝，诚为至尊至贵之地。又见大峪山吉地一处，主势尊严，重重起伏，水星行龙，金星结穴，左右四铺，拱顾周旋，云秀朝宗，明堂端正，砂水有情，取坐辛山乙向，兼戊辰一分。以上二处尽善尽美，毫无可议。

梁子琦得知此情后恼羞成怒，认为这是申时行与徐学谟故意与自己作对，盛怒之下，上疏皇帝，攻击徐学谟，奏称申时行与徐学谟本是儿女亲家，"附势植党"，故意不给皇上选择最上"吉壤"。

万历见到梁子琦的奏疏后，大怒，立即将徐学谟罢职。申时行见此情景，感到形势严峻，大祸欲临，只得上疏奏辩，并联合礼、工二部及钦天监重臣，一起揭露梁子琦在踏勘过程中好刚使气、固执褊狭、自以为是、不顾吉凶等罪行。由于申时行的特殊地位和在朝廷的威望，他们的陈奏自然使万历皇帝坚信不疑。于是，当即谕旨："子琦挟私渎奏，夺俸三个月。"

梁子琦的陈奏使徐学谟被罢职的同时，自己也遭到了惩罚。然而，这个惩罚对于他来说只是一个信号，不久之后，还将有更大的灾难落到他的头上。

九月六日，万历皇帝再次以行秋祭礼为名，率后、妃进行第三次谒陵。九月九日，万历亲登形龙山、大峪山主峰阅视，经过反复比较之后，谕旨内阁："寿宫吉壤，用大峪山。"这里所指大峪山，原称小峪山，真正的大峪山在昭陵主峰。因万历忌讳"小"字，便不顾与父皇昭陵的大峪山重名，将"小"改"大"，小峪山变成大峪山。

九月十九日，礼部上疏，认为陵址既已选定，就应该钦定日期营建。但万历仍然不允，非要待两宫圣母太后看后才能确定。为此，御史朱应毂以谒陵耗费太巨，陈请两宫太后不必再去阅视，但仍未得到万历皇帝的允可。

十一月十三日，在申时行的暗中指使下，贵州道试御史周之翰再次上疏弹劾梁子琦说，已奉皇上谕旨，寿宫定在大峪山下，可见徐学谟当初对皇上并未欺罔。徐学谟既已被罢职，梁子琦岂宜独留？

万历皇帝览奏之后，立降梁子琦为右参议，令其闲住，永远不许起用。

梁子琦接到圣旨，悲愤交集。落到今天这般地步，是他始料不及的。也只有在此时，他才真正知道面对这个强大的文官集团，他所要做的是什么。

万历十一年（1583年）九月十三日，万历皇帝奉两宫太后并率后、妃进行第四次谒陵。十六日，万历与两宫太后亲登大峪山主峰阅视。两宫太后也一致认为大峪山最"吉"。

至此，近一年半的"吉壤"纷争总算告一段落。

经过万历皇帝的四处搜刮和群臣的东拼西凑，定陵总算于万历十八年（1590年）六月全部建成。整个工程总耗银800万两，相当于国库两年的全

部收入。

当万历大摆酒宴为忠实于他的臣僚加官晋爵之时，他不会想到也无法想到，世界局势已经发生了翻天覆地的变化，大明帝国的末日也将来临。

泥水中拖曳前行的皇帝棺椁

万历十一年，就在万历皇帝清算张居正并到天寿山寻找自己死后乐园的这一年，生活在白山黑水之间的女真族人、25岁的努尔哈赤开始显示他过人的军事才华。

由于明朝辽东总兵李成梁用计杀死了努尔哈赤的祖父和父亲，他便凭借祖上遗下的13副铁甲和族人一起对明发难。当万历皇帝接到边廷传来努尔哈赤要求归还祖父、父亲尸体的消息时，他绝没有料到不久的将来，就是这位努尔哈赤会和大明分庭抗礼。万历皇帝心平气和地封努尔哈赤为建州卫都督，并加龙虎将军衔。万历的册封，使努尔哈赤如虎添翼。他不断吞并周围部落，在征战中创立和完善自己的军事组织；与此同时，他下令开采金银铜矿，置办冶炼，鼓励民间养蚕，发展手工业生产。努尔哈赤已不满足于做明朝的臣民，他觉得自己应该拥有更多的土地和人民，就像历史上所有的君主那样，凭着不断进取赢得天下。这样的理想和由此而来的奋发精神，是在故纸堆和脂粉中长大的万历皇帝所不具有的。

从万历十一年到万历四十六年（1618年），正当万历浑浑噩噩、沉溺于酒色之中，热衷于搜刮珠宝时，努尔哈赤已经在东北的莽莽雪原上建立起了一支与明王朝争夺天下的军队。同时，趁明军抗倭援朝、辽东空虚之机，继续扩张势力，并针对明帝国狂妄自大和辽东总兵李成梁的骄横，巧妙地实行对明朝表面恭顺，暗中称王称汗、积极发展势力的两面政策。经过35年的积极准备，终于在万历四十六年四月十三日，以发布"七大恨"告天为起点，把进攻的矛头正式指向明朝，从此，拉开了中国历史以清代明的序幕。

努尔哈赤亲率两万铁骑，直入要地抚顺，迫使守将李永芳投降，并将救援的张承荫等将领一举击毙。然后，乘胜进兵抚顺东南的鸦鹘关，再克清河，一路势如破竹，锐不可当，大军横扫北国朔漠平川，疾速向关内挺进。这时万历和他的臣僚们才感到事态发展的严重性。

边防的军事危机飞报皇帝，但是万历自己不能统率兵将，在平日又没有整顿军备，自然更谈不上离开京城巡视边关了。既然他的权力产生于百官的俯伏跪拜之中，那么在这边关危难、大兵压境之际，万历皇帝只能盲目听从大学士方从哲的请命，慌忙之中任命那位在抗倭战争中讳败为胜的杨镐为将，从而使明军在关键的一仗中丧师失地。

万历见明军已无力阻挡努尔哈赤的铁骑，就通过太监找来阴阳术士王老七，施展阴阳之术，以破敌军。王老七一番占卜之后，跪请皇帝说道："女真人之北关，与其祖坟风水有关。如将房山金人陵寝捣毁，泄其王气，明军可能转为胜矣。"万历皇帝闻听此言，大为惊喜，于是谕令兵部急速派人赶往房山，捣毁金人陵寝。

金朝原是由居住在长白山和黑龙江流域的女真族建立，12世纪初，其部落联盟的首领完颜阿骨打战胜辽，夺得了东北和华北的统治权，当上了皇帝，是为太祖。阿骨打死后，原葬于东北海古勒城西的泰陵，其弟太宗之陵原来也在上京。贞元元年（1153年），海陵王迁都燕京之后，又把他们二陵及其同葬十陵迁到中都（今北京）。两年之后，房山寿宫建成，便把棺椁运往房山陵地安葬。由此，这里便形成金代太祖、太宗、十帝和其他后妃王公的数十处陵墓组成的皇家陵区禁地。

明军进入房山金人陵区之后，大肆焚烧盗掘，整个陵区烈焰升腾，烟尘四起。不到两个月，建筑规模和历史艺术价值比明十三陵毫不逊色的房山金陵，毁坏殆尽。

事情到此并未结束，万历皇帝死后，他的孙子天启皇帝朱由校见努尔哈赤不但没能自灭，反而锐气剧增，又听阴阳术士之言，在房山金人陵区修建一座关公庙，以压其胜……而最后的结局是清军入关，多尔衮下令捣毁十三陵，以报房山金陵被毁之仇。其中定陵遭其毁坏最为严重，宝城垛口、明楼地面的花斑石、外罗城等建筑全被焚烧捣毁，辉煌的定陵园林只剩一座明楼。这个报复性的毁灭要在万历死后24年才得以应验，当然这是后话。

面对这艘帝国古船，万历已经准备好了一切，决心沿着他选择的道路径直走下去。病入骨髓的他自知必定先于古船沉没，尽管船上救命的号子喊得翻江倒海，他却再也无力顾及了。

万历四十八年（1620年）四月六日，孝端皇后王氏气绝身亡，按照她生前的地位要葬于定陵地宫。为担心雨水进入玄宫，礼部左侍郎孙如游上疏说：皇后发葬，惯例要出百日，可玄宫隧道不可久泄，眼下正处大雨季节，臣等非常担忧。万历皇帝连战事都不再顾及，哪还有心思去理睬这些事，所以王皇后的棺椁一直没有入葬。从此，群臣们不再过问，只管在沉沦中苟且偷生。

七月二十一日，万历皇帝终于一病不起。这位"难识君王真面目，三十余载匿深宫"的帝国君主，在将要撒手归天的弥留之际，竟然连太子朱常洛也不见，更不允许大臣们去问安，他只要既带给他欢乐又带给他苦恼的郑贵妃陪伴。两人相对，多少往事涌上心头。他庆幸，在这郁闷苍凉的人生旅途中，能和这位美丽聪明的爱妃相遇。同时，他又感到无限的内疚和忧虑，他辜负了爱妃和爱子的期望，使她和她的儿子落到今日天各一方、茕茕孑立的可怜境地。他无法知道自己死后，太子朱常洛会对郑贵妃施以什么样的残酷手段。他第一次感到了时间的珍贵与紧迫，在这阳气尚存的最后一刻，他强打精神，谕令方从哲等几位重臣前来接受顾命。

当方从哲等几位大臣赶到乾清宫时，见万历皇帝面如土灰，奄奄一息，急忙跪地痛哭流涕。万历轻微地抬了抬手，示意方从哲上前，两滴浊泪夺眶而出。他颤巍巍地拉了拉方从哲的手，有气无力地说道："念郑贵妃待我好，册立为皇后，死后葬入定陵寿宫同朕做伴……"说完，撒手而去。

万历死后，皇太子朱常洛即位，年号泰昌，是为光宗。朱常洛的一生，大部分时间都是在逆境中度过的，由于长期忧郁苦闷，清闲无聊，只得把全部精力寄托在酒色上。虽然他年龄还不到40岁，身体的健康状况却已到了崩溃的边缘。

万历驾崩之后，郑贵妃知道自己地位岌岌可危，为了保住自己的地位，一反过去之常态，千方百计地逢迎讨好这位新皇帝，除了赠送大量珍珠异宝以外，又赠送八名绝色美女供他享用。结果，由于色欲过度，这个一生受尽苦难的皇帝，不到一个月就一命呜呼了。

从万历四十八年四月六日到九月一日，明帝国先后死去一后二帝，这在中国历朝的宫廷史上都是极为罕见的。朱常洛的儿子、16岁的小皇帝朱由校（年号天启）一登基，就要大办丧事。可此时宫廷内部正争权夺利、钩心斗角、吵闹不休，边关异族不断入侵，内地农民起义风起云涌。此种情形，万历皇帝的丧事举办得如何，是可想而知的。

按惯例，送葬前杠夫要在北京德胜门外"演杠"十天，按正式送葬的要求，抬着一具木箱，木箱上方中心位置放着满满一碗水，演练到滴水不洒为止。但这一切都无人要求了。九月二十八日，万历皇帝、孝端皇后梓宫同时发引。护丧的是孙如游、黄克缵、李腾芬、王永光等24员大臣，共有军夫8000人抬灵。走在最前面的是引幡队，举着花花绿绿的万民旗、万民伞；后面紧跟上千人的法驾卤簿仪仗队，高举如林的金瓜钺斧、朝天镫，幡旗蔽日。跟在棺椁后面的是十路纵队的兵丁；最后面是由数百辆车子组成的文武百官、皇亲国戚的车队。整个送葬队伍蜿蜒十几里，所到之处，凡有碍通行的建筑物，无论大小，一律拆除……由于事前未演练抬棺技巧，又因棺椁太重，一路上常有绳索损坏，行走极慢。早上从宫中走出，天黑才到德胜门，只好再增加600名杠夫。二十九日傍晚，当棺椁运到沙河时遇到风雨，先是北风大作，黄尘升腾弥漫，接着大雨飘落。风雨潇潇，天地苍茫，送葬队伍乱作一团。恰在这时，托灵龙木（主杠）轰然断裂，万历皇帝的棺椁一角坠地，跟随的重臣闻此不测之事，急喊"停下献酒……"竟无人理睬，棺椁依然在泥水中拖曳而行。直到十月三日，棺椁才进入寿宫。

掌管大明帝国48年的万历皇帝朱翊钧，确实是愧对祖先于地下。虽然他死后24年明朝才被农民军和大清帝国灭亡，但后来的政治家和历史学家都承认这样的评价：明朝灭亡的原因不在崇祯，而在万历。至少在万历年间，帝国沦亡便开始了。

谁在隧道石上留下文字？

1957年元旦过后，定陵发掘工地又加紧了工作进度。为了尽快打开隧道大门进入地宫，发掘委员会决定把人力运土改为机械化搬运，以传统的考古方法和现代化设施相结合，摸索出一条考古发掘的新路子。

几个月后，石隧道终于全部显露出来，在40米长、20米深的隧道里，赵其昌、白万玉仔细地察看着巨石的结构和一切可疑的迹象，在离沟底两米多高的花斑石条上发现了墨书字迹，擦去上面的尘土，字迹清晰可辨。其内容多是记载时间、姓名、籍贯、官职以及石质的优劣等。工作队详细地抄录了上面的一切记载：

四月廿六日管队金虎下口

廿六日刘精

山东胡西儿

……

墨书的位置和结构极不工整，颇似顺手涂抹而成，有的地方还出现"画押"字样。经分析认为，这些墨迹当是石料的验收人员所书，从墨迹所示官职看，大部分属于军职人员。万历十八年正月癸丑，文献记载："巡视京营科道官洪有复等奏言，寿宫做工班车，人多工少……"可见当时的陵工大都用军兵，隧道石上所留墨书字迹证明了这一点，文献与遗迹吻合。

经过一周的发掘，终于穿透土层，到达了金刚墙。仔细勘察过后，新的奇迹出现了。金刚墙有一个隐约可见的开口，开口上窄下宽，呈"圭"字形，由墙的顶部延伸下来，原用23层城砖加灰浆砌封，封口不露任何痕迹。但是，由于石隧

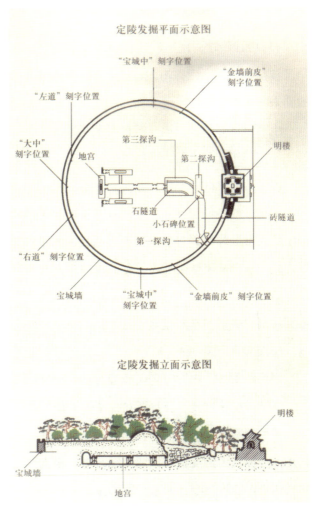

图11-4　定陵发掘示意图

道内填土的长期挤压，致使封砖略向内倾，封口渐渐显露出来。可以断定，这封口里面就是埋葬帝后的玄宫大门了。

"找到了，终于找到了！"赵其昌激动地大声叫喊起来。民工们也呼啦围上来观看这神秘的封口，20米深处，顿时回响起嗡嗡的欢腾之音。

打开金刚墙

9月19日傍晚，民工们伴着刚刚落下的太阳来到发掘工地。工作队成员早已披挂整齐，下到探沟，将梯子搭上金刚墙，等待这考古历史上伟大时刻的到来。

十来盏汽灯吊在上面，照得人眼花缭乱。

一切都按计划进行，摄影机不停转动，开始记录下这令人难忘的时刻。

因为砖缝之间没有用灰浆黏合，赵其昌毫不费力地将24公斤重的城砖撬开了一角。他把铁铲挂在梯子侧，两手抓住砖边向外慢慢抽动，王启发和探沟中的人群屏住呼吸静静地等着。赵其昌憋足气力，猛地向外一拉，宽厚的城砖终于全部从墙体中抽出。夏鼐在沟底大喊一声："当心毒气！"

话音刚落，只听"噗"的一声闷响，如同匕首刺进皮球，一股黑色的浓雾从洞中喷射而出。紧接着又发出"哧哧"的怪叫，就像夜色中野兽的嘶鸣，令人不寒而栗。

"快趴下！"白万玉老人喊道。

赵其昌抱住城砖，就势趴在梯子上，低下头一动不动。

黑色的雾气伴着怪叫声仍喷射不息，一股霉烂潮湿的气味在金刚墙前弥漫开来。雾气由黑变白，渐成缕缕轻烟，由沟底向上飘浮。人群被这股刺人的气味呛得阵阵咳嗽，大家赶紧捂住口鼻。

赵其昌把砖递给王启发，咳嗽着跳下木梯，眼里流出泪水。夏鼐指着缥缈的雾气说："这是地宫中多年积聚的腐烂发霉物质产生的气体，只要放出来，就可进入地宫了。"

雾气渐渐稀少，王启发和刘精义爬上木梯，继续拍动城砖，抽出来后下面的人一块一块地接过排列在一边。夏鼐在沟底为抽下的城砖编号，同时绘图、拍照、记录、摄影等工作也在紧张地进行着。

砖一层层抽掉，洞越来越大。当抽到15层时，洞口已经有2米多高。夏鼐宣布停拆，他爬上木梯，打开手电筒向洞内照去，里面漆黑一团，手电的光芒如同萤火虫在黑暗里流动，仅仅一个小光点，什么景物也照不分明。他把身子探进洞内，侧耳细听，乌黑的墓道一片沉寂，静得令人发紧。他让人递过一块小石头，轻轻扔下去，洞内立即传出清晰的落地声。赵其昌急切地说道："夏老师，我下去看看吧。"

夏鼐走下木梯，抬起手臂，测了下未拆除的砖墙，沉思片刻，点点头叮嘱："千万要小心。"白万玉拿根绳子跑过来："为了保险，还是在你腰里拴条绳子吧。"

赵其昌戴好防毒面具，衣服袖口全部扎紧，腰系绳索，手拿电筒，登上木梯，来到洞口。

"要是洞中无事，你就打一道直立的手电光上来，如果发生意外，你就拉动绳子，我们想办法救你。"白老再次叮嘱。

赵其昌点点头，表示记住了，然后转过身，两手扒住洞口的砖沿，跳了下去。

进入地宫隧道

一会儿过后，只见洞内唰地射出一束手电光，橙红色光柱照在洞口上方，不再动弹。

"没事了。"洞口处的人们都松了口气欢呼起来，跳到嗓子眼儿的心又落了下来。其他考古人员看到这信号后，便也接连下到洞内。

几个人打着手电筒在漆黑死寂的洞穴内摸索着前行，不时踩着木板、绳索之类，发出响声。每个人的心脏都加快了跳动，每个人都百倍地警觉和小心，每个人都在盘算可能遇到的意外情况。里边的空间很大，摸不到边缘，看不到尽头，充斥整个空间的只有黑暗和腐烂霉臭的气味。一道道红黄灯光在黑暗中晃动，光柱里飘浮着尘埃和蒙蒙雾气。不知道过去了多长时间，时间在他们的心中已变得毫无意义。他们在极度紧张和亢奋中向前走去。50多年后，我们发现赵其昌曾在当时的一篇日记中这样描述自己的心境："地宫里面静悄悄、黑乎乎、雾茫茫。太寂静了，静得让人心里发慌、发毛、发蒙、发怵，一股难以名状的恐怖与凄凉之感渗入骨髓。"突然，刘精义和冼自强几乎同时喊道："地宫大门！"

石破天惊，死寂中响起一声炸雷，幽深的墓道里顷刻响起嗡嗡的回声。众人打个寒战，顺着手电光束的方向望去，只见两扇洁白如玉的巨大石门突兀而现，高高地矗立在面前。雾气缭绕，光亮如豆，看不清巨门的真实面目，大家只好按捺住要跳出胸膛的心，一步步向前移动、移动。

在6道手电光照射下，大家来到门前，终于看清了它的本来面目。原来这是用整块汉白玉石做成的两扇石门，历经300多年仍晶莹如玉，洁白如雪。每扇大门雕刻着81枚乳状门钉，两门相对处的门面上，雕有口衔着圆环的兽头，称为"铺首"，使石门显得格外庄严和威武。

赵其昌向前轻轻推了下石门，不见任何响动。夏鼐将手电光沿2厘米宽的门缝照过去，只见有一块石条把大门死死顶住，这样无论使出多大力气，都无法将门推开。大家伫立门前，心中都在发着同一感慨："好一座神秘的巨门啊！"

"自来石"

发掘人员从洞内撤出来后，聚集在木板房，极度兴奋地探讨着地下玄宫内石门的奥秘。门内有石条把两扇大门死死顶住，使外来的冲击力无法破门而入，这是肯定的。那么，这块石条是谁放进去的？放好后人又怎样出来的呢？难道是殉葬的妃嫔宫女，在入葬人员撤出玄宫后，她们在里面搬动石块把门顶住？显然，这是不可能的。

根据史料记载，殉葬的妃嫔宫女都是先被杀死之后，才和帝后的棺椁一起入葬。这一点，除奴隶社会外都被发掘现场所证实。况且，按照明代的葬制，只有皇帝皇后才有资格入玄宫，即使是名位尊贵的皇贵妃，也必须严格遵守这种制度，绝对不允许葬入玄宫。明代虽有妃嫔宫女殉葬的记载，但也只是把这些女人吊死后另葬别处。是否地下宫殿还有别的秘密通道，在帝后入葬完毕之后，让工匠用石头把门堵死，然后再从秘密通道出来？尽管在后来的发掘中，又发现两条通往地宫的甬道，但工匠堵门的假设，还是被排除了。既然要防止后人开门入宫，那么这条通道被堵死，工匠出来的秘道之门又由何人在里面封墙？假如这条秘道先被后人发现，工匠所做的一切不就前功尽弃了吗？

妃嫔宫女和工匠在地宫内封门的假设不能成立，就只有一种可能存在，那就是在帝后安葬完毕后，活人全部撤出，把门关闭，里面的石头自动将门堵住封严。那么又是一种什么力量使石头自动把门顶住呢？

木板房内烟雾弥漫，议论纷纷。大家提出一个个假设，又一个个将这些假设在科学的分析中予以否定。谜团连着谜团，在大家的心里滚动翻腾，使发掘者心力交瘁。远处传来一声鸡啼，天就要亮了。

第二天下午，赵其昌带人再次来到玄宫的石门前，研究开门的方法。赵其昌试图在石门四周找到像"指路石"一样的密码，但希望落空了。大门上的乳状门钉，有的是后来嵌入雕好的凿槽之内，四周的石墙也严丝合缝，找

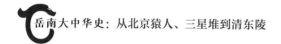

不出任何蛛丝马迹。研究工作不得不回到查访文献史料上来。

早前，赵其昌曾经在北京西郊、东郊发掘过几座明清时代的贵族墓。当时有些墓道的石门，是采用石球滚动的方法将门顶住的。即先在石门内侧做成一个斜坡石面，门槛处凿出沟槽，槽的顶部放好石球，用敞开的门挡住。入葬完毕，人走出门外，两门逐渐关闭，石球便沿着地面斜坡滚动，直到石门完全关闭，石球在两门交合处的一个更深的石槽内停住，门也就被堵死了。

石球顶门为打开定陵地下玄宫之门提供了启示。从门缝看进去，石门之后可能是用一根石条顶住的。石条虽不同于石球，原理应是大同小异：在两扇门关闭时，将石条抵于门后槽内；人走出后，石条随着石门的关闭慢慢倾斜；石门完全关闭时，石条也随之滑向两扇门的中央，于是石门得以完全顶死。这个设想极有可能，而且也必须如此，才能顶住石门。

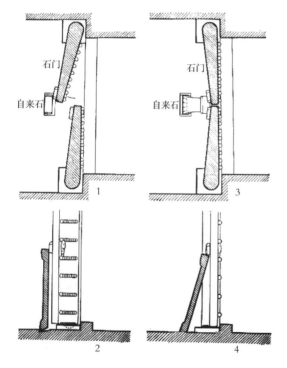

图11-5 玄宫石门关闭示意图

1. 关闭前（平面）

2. 关闭前（侧面）

3. 关闭后（平面）

4. 关闭后（侧面）

原理已经弄清，就要设法挪开石条，开启大门。工作队在浩如烟海的史料中，终于从有关明末崇祯帝入葬的记载中，找到了大门洞开的"钥匙"。

拐钉钥匙

故事还要从崇祯十七年（1644年）开始讲起。

李自成率领大顺军队拿下居庸关，直抵北京城下。三月十七日晚上，明朝最后一个皇帝崇祯朱由检，遥望城外到处都是火光，沉闷的炮声不断冲入耳鼓，知道大势已去，仰天长叹一声："只是苦我全城百姓！"急惶惶回到乾清宫，端起酒杯一饮而尽。周皇后见崇祯已丧失斗志，明亡在即，垂泪说道："妾事皇上一十八年，你一句话也听不进，致有今日。"说完拔刀刎颈而死。

16岁的长平公主牵着父亲的衣襟，泪如雨下。崇祯咬咬牙，叹口气说："你为何偏生于我家！"然后拔出宝剑，左手以袍掩面，右手举剑砍下。随着一声撕心裂肺的惨叫，公主的左臂落到地上。崇祯还想再砍，但手软无力了，只好作罢。崇祯手执三眼火铳，率领几十名太监冲出乾清宫，骑马直奔安定门，想夺门而走。但此时安定门已经封闭，无法开启。外城也被攻破，大顺军队冲杀而来。崇祯皇帝只得下马，看看身边的太监已经跑掉，只有王承恩一人立于马前。君臣两人只好弃马登上煤山（今景山）。崇祯脱下外服，要过王承恩随身携带的笔，借着火光月色，在白缎衣里上写下了他的最后一份诏书："朕自登极，十七年，内地三陷，逆贼直逼京师。虽朕薄德匪躬，上干天咎，然皆诸臣之误朕也。朕死无面目见祖宗于地下，故自去冠冕，以发覆面。任贼分裂，无伤百姓。"

崇祯皇帝把衣服挂在树上，将冠摘下，散开头发，披在脸上，在老槐树上自缢而亡。

同年四月三十日，李自成与清兵交锋兵败，落荒而走，北京为清军所占。昌平县的几个乡绅出于对旧时君主的效忠，主动组织起来拿出钱财发丧。崇祯生前未来得及为自己建陵，只是给他的宠妃田贵妃在陵区的锦屏山下，建造了一座豪华陵墓。乡绅们便将崇祯和周皇后的棺木运往田贵妃的墓中安葬。史料载：工匠用了4个昼夜，挖开了田贵妃墓，见到了地宫大门。用拐钉钥匙将石门打开后，把田贵妃棺移于石床之右，周皇后棺安放石床之左，崇祯棺木放在正中。田贵妃死于无事之时，棺椁完备，崇祯皇帝有棺无椁，于是工匠们把田贵妃之椁让给了崇祯。安葬完毕，关闭石门，填上了封土……

发掘人员从这段记载中得知当年工匠打开地宫之门，使用的是"拐钉钥匙"。要打开石门，必须先推开顶门石条，但又不能让它完全倾倒摔坏，这就必须使用一种特制的工具。"拐钉"，顾名思义，一定是个带弯的东西……事情进展到这里，赵其昌一拍大腿，大声嚷道："我明白了！"

他找来一根小手指粗的钢筋，把顶端弯成半个口字形，像一个缺了半边的无底勺子。他拿到大家面前："你们看，这是不是'拐钉钥匙'？"众人恍然大悟。听来极为神秘的东西，其实并不神秘，一经出现在现实中，却是那么平淡无奇。

地宫石门轰然洞开

10月5日上午，发掘人员进入地宫，准备用自制的"钥匙"开启石门。

地宫的石门虽深埋地下，但它气势之磅礴、形态之巍峨、艺术之精湛，丝毫不比紫禁城的巨大城门逊色。

隧道内依然黑暗潮湿，气味熏人。尽管发掘人员已有一些了解，但面对这幽深的地宫和巨大的石门，心还是怦怦直跳。

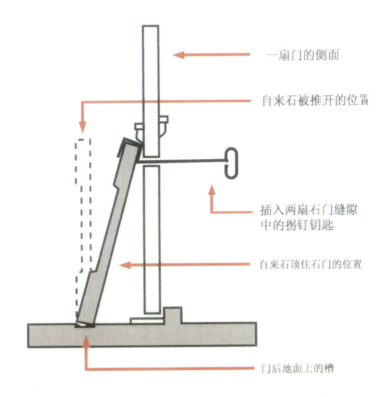

一扇门的侧面

自来石被推开的位置

插入两扇石门缝隙
中的拐钉钥匙

自来石顶住石门的位置

门后地面上的槽

图11-6　拐钉钥匙破解自来石封闭大门图示（制图：蔡博）

赵其昌手拿"拐钉钥匙"，将长柄的半个"口"字形钢筋竖起来，慢慢插进门缝。待接触到石条上部后，又将"口"字横过来套住石条的脖颈。一切准备就绪后，他屏住呼吸轻轻推动，"钥匙"渐渐向里延伸，石条一点点移动起来，直到完全直立方才停止用力。"石条我拿稳，你们开门吧。"赵其昌两手攥紧"钥匙"一端，对白万玉说。

白万玉把人分成两组，列队两扇门前，喊一声："开！"队员们一齐用力，石门轰然而开。雾气缭绕，灯光暗淡，看不清真实面目。为了做到万无一失，白万玉和赵其昌商定先点燃汽灯照亮墓道。

门上方，横亘着一块长方形青铜，两头凿有圆形轴窝，使粗重的门轴上部巧妙地穿进轴窝中。经测量，青铜长3.6米，宽0.84米，厚0.3米。早在一年前，赵其昌就在查阅文献时，发现过这样一段史实：

庆陵修建时，工部郎中万燝在宫廷内外搜集碎铜，利用废铜炼制铜管扇，节省工料。万燝为人正直，由于他平时不满太监们胡作非为，引起了太监们的忌恨，太监们便告发他借机发青铜财。皇帝得知后，立即召人问罪。一阵痛打之后，万燝感到十分委屈，抹泪苦辩，才免于治罪。后来铜管扇制成用于陵中，皇帝和群臣才明白他当初的苦衷。

一年多来，赵其昌常常对这个典故所说的铜管扇进行琢磨，总未得到解答。今天看到这券门上部的青铜门梁，才茅塞顿开，铜管扇原来就是这根铜门梁。如果券门上部没有这种青铜炼制的铜管扇，其他东西很难承受这沉重石门的摩擦力。可见那位工部大臣是颇费了一番心思的。

石门的制作不仅工整细致，而且十分精巧。门轴一侧厚达0.4米，铺首一侧仅为0.2米，只相当于门轴一半的厚度。门轴一侧粗厚，才能承受更多的重量，开门时不易损坏；铺首一面较薄，无形中减轻了石门的重量，也减轻了门轴的负荷，使通高3.3米、宽1.7米的巨大石门开关极为容易。

石门内侧，与门外铺首对称的地方有凸起部分用以承托石条，石门关闭后，石条上端顶住门内凸起部分，下端嵌入券门地面上一个凹槽内，以使门外无法推开石门。面对这扇精致辉煌的巨门，无论是发掘者还是来此参观的游客，无不惊叹古代建筑者非凡的创造力和出色的艺术才能。

测量、画图、照相……一切都在有条不紊地进行。大家来到石条前，详细勘察，只见上面有模模糊糊的11个墨笔楷书小字："玄宫七座门自来石俱未验"。字迹的出现，不仅使发掘者知道了顶门石条原名"自来石"——聪明的工匠创造了一个多么形象而韵味无穷的名字！同时也得知这幽深的玄宫内，还有六道石门等待他们去打开。

假墓疑冢？

按照自来石的提示，发掘人员穿过20米长的前殿，又看到一座紧闭的石门。纵横9排共81枚乳状门钉，在朦胧的光亮里闪闪烁烁，如同暗夜里无尽苍穹中密布的群星，令人遐思，使人陶醉。九是自然数字中最大的一个，石门上纵横九排乳状门钉，意在象征吉利与权威，这是帝国皇帝"九五之尊"的具体体现。

他们拿出"拐钉钥匙"，用开第一道石门的方法，将第二道门打开。

一盏汽灯照亮了三个汉白玉神座（供案）。中央一个神座较大，显然是皇帝的灵座，两边较小，是为皇后之灵位准备的。中央神座的靠背雕四个龙头，伸向两端。靠背后面又雕一条纹龙，做戏珠状，四周为浮雕云纹，大有腾云驾雾之势。两侧的神座踏板前放置"五供"[1]，中央为黄色琉璃香炉。五供前有一口巨大的青花龙缸，缸内贮有蜡质，蜡面有铜制圆瓢子一个，瓢子中有一根灯芯，芯端有烧过的痕迹，这便是史书上所说的"长明灯"——万年灯。

根据痕迹判断，长明灯在安葬时是点燃的，当玄宫封闭后，因氧气缺乏，才渐渐熄灭。蜡质表面一层已经凝固，后经鉴定，为芝麻香油制成。这口青花龙缸，不但是定陵出土文物中的珍品，同时也是中国青花瓷器中的罕见之作。缸的高度和口径均为0.7米，外部刻有"大明嘉靖年制"的题款，颈和底部有莲瓣纹饰，中部绘有云龙纹，云似飘移流动，龙如初入苍穹，二龙一前一后，腾云驾雾，直冲天宇，一种栩栩如生的动感使整个器物充满神韵。

发掘人员在发现神座和长明灯的同时，又在北壁和南壁上，分别发现两道券门。券门不出檐，无任何装饰，里边各有一座石门，用青石建成，没有

---

1 中国民间祭祀用盛供品的五件器皿。由香炉一只、烛台与花觚各一对的五件器皿组成一套，合称"五供"。

铺首和门钉。券门上横以铜管扇，穿以门轴，形式虽同前殿中殿之门，但尺寸却小得多，仅高2.2米、宽0.9米，门内侧同样用自来石顶住。发掘人员用"拐钉钥匙"打开左边石门，沿券道而进，迷茫的雾气中出现了一座巨大的棺床。棺床中间有一个方形孔穴，里边填满黄土，这也就是"金井"。四周空空荡荡，一无所有。一般来说，金井是一个直径10多厘米、深不到1米的方形或圆形孔洞，里面放有陵址点穴时的第一撬吉土。在金井的位置放置棺椁。

从定陵玄宫左配殿的棺床和布设的金井看，这里应放皇后或妃子的棺椁，那么为何这里没有放置？左配殿西侧墙壁上也有一座石门，打开后里面也没有棺椁。

是否都放在右配殿？发掘人员分析着，提起汽灯，走出小券门，顺利地将右配殿的石门打开，满怀希望地走进去。就在灯光照亮配殿的刹那间，大家的希望彻底变成失望以至绝望了。和左配殿同样大小的棺床上，空空荡荡，只有一个孤零零的金井在棺床中央孑然独处。发掘人员在殿中察看，没有一丝被盗掘的痕迹。在配殿西端，同样发现一座石门，将自来石移开，里面也是无有发现。

所幸的是，按照自

图11-7 定陵地下玄宫透视

来石书写的"玄宫七座门"提示，还应该有一座门尚未打开，这是大家心中的最后一线希望。定陵发掘的成败在此一举。

发掘人员走出右配殿狭窄的券洞，沿宽敞的中殿继续向里探寻。显然，大家的脚步比先前加快了，地面上散落的腐朽木板被踩得嘎嘎响动，微弱的汽灯光犹如暗夜的灯塔，导引着夜航者在迷蒙辽阔的雾海中颠簸前行。

最后一道石门出现了。

发掘人员犹如发现新大陆一样，在绝望中迎来灿烂曙光，一种生命的骚动和灵魂的激情喷涌开来，在这地下27米的玄宫深处升腾迸裂。30年后，发掘队长赵其昌回忆那个短暂的瞬间，曾做过这样的描述："我们几乎是扑到门前的，可到了门前谁也不愿意去打开它。这座石门和最先开启的两座相同，只要移开自来石就可以打开大门，看到里面的景物。我的心怦怦地跳动着，格外紧张。以前的紧张是惧怕黑暗的气氛和不良气体之类的侵蚀，这次的紧张则是担心，担心这最后一线希望变成泡影。我拿起拐钉钥匙向门缝插去，可因为手抖得厉害，试了三次都没有成功，最后还是白老接过去将自来石移开。大门轰鸣着向两边移动，金石之声在乌黑的地宫深处回荡，像是在寂静的夜晚，突然刮起飓风、掀起海浪，令人毛骨悚然。这时没有人再去注意暗箭和有害气体，一双双眼睛瞪得溜圆，屏住呼吸，注视着前方。事实上，这座门内涌出的雾气最大最浓，像是有人在前方扬起一把黄尘，使我们无法睁开眼睛，泪水顺腮流淌。灯光在茫茫雾气里越发暗淡昏黄，而且不住地跳动。强大的气流和嗡嗡的回声提示我们，里面的空间一定很大。

"希望产生于失望之中。当我们顶着烟雾霉气进入大门之后，一个令我们目瞪口呆的奇迹出现了，三个硕大无比的朱红色棺椁静静地排列在棺床之上。

"我们激动地拥抱在一起，没有人说话，幽深的地宫一片寂静，迷蒙昏暗的灯光里，只有一行行泪水在各自的脸上流淌、流淌……那是一次世间罕见的辉煌而独特的拥抱。"

图11-8　玄宫后殿中三具棺椁发掘时原状

万历和他的"野蛮"妃子

万历六年（1578年），礼部奉慈圣皇太后旨意，选得锦衣卫指挥使王伟的长女王氏为万历皇后，并择得黄道吉日，由张居正等人主持，于二月十九日完成了皇帝的大婚典礼。

对于16岁的万历皇帝来说，这次大婚并不是一件撼动人心的大事。他和这位13岁少女结婚，完全是依从母后的愿望。太后年高，望孙心切，在她心中对孙子的企盼是越早越好、越多越好。按照祖制，皇后一经册立，皇帝再册立其他妃嫔即为合理合法，她们都可以为皇帝生儿育女。

万历皇帝不只对这位王皇后没有兴趣，对其他的妃嫔也同样毫无兴趣可言。朱红色的宫廷固然壮丽辉煌，但是欠缺大自然的灵光风采，因而显得平淡无奇。即使雕梁画栋之上刻满了栩栩如生的飞禽走兽，也因缺少鲜活的血液而显得干枯单调。按照节令，宦官宫女们把身上的皮裘换成绸缎，再换成轻纱，直至打扫落叶，疏通御沟……这一切越来越显得重复无聊，在遵循固定节奏流逝的时光中，既缺乏动人心魄的事件，也没有令人羡慕的奇遇。这种冷酷的气氛笼罩一切，即使贵为天子，也只好无可奈何地仰天长叹。

明代的宫女大都来自北京和周围省份的平民家庭，像选后妃一样，容貌的美丽与否并不是唯一标准。凡年在十三四岁或者再小一点的女子都可列在被选范围之内，但是她们的父母必须是素有家教、善良有德的人。应选后妃的条件包括：相貌端正，眉目清秀，耳鼻周正，牙齿整齐，鬓发明润，身无疤痕，性资纯美，言行有礼。宫女的标准有别于后妃，各方面标准比后妃略低。她们在经过多次的挑选后，入选者便被女轿夫抬进宫中，从此再难跨出皇宫一步。这些可怜的宫女，只有在骚人墨客笔下，她们的容貌、生活才显得美丽而极富浪漫色彩。实际上，皇宫里的几千名宫女都归皇帝私有，她们中的绝大多数只能在奴婢生活中度过一生，个别幸运者也是在无限期待中消磨时光。

宫女们的最后结局也不尽相同。有的可能到中年时被皇帝恩赐给某个宦官，与之结为"夫妻"，即所谓"菜户"或"对食"；有的则被送到罪臣之妇干活儿的洗衣局去洗衣打杂；倘皇帝一时兴之所至，也会把一些人放出宫去，这些大多是皇帝不能"临幸"的前朝老年宫女。留在宫中的，倘若在繁重的劳动、森严的礼节、不时的凌辱中支持不住而得病，也不能得到医治。宫女死后的待遇更是悲惨至极，她们和内监的死葬一样，被送到北京阜成门外进行火葬，骨灰则被放在枯井中，连一块平民入葬的棺材板都得不到，更

勿论说家人在灵前凭棺一恸了。

既然现实制度无法改变，被选入宫内的女人就要竭尽全力得到皇帝的青睐和亲近。唯此，才有可能使悲惨的命运有所改变，并可能带来一生的荣耀。这一点，在万历的母亲慈圣太后身上就曾得到鲜活的体现。慈圣太后原为一个普通宫女，只是在一个偶然的机会被穆宗看中，私幸后生下幼子朱翊钧，才逐渐得宠，而终于登上了皇太后的宝座。

一个极为罕见的契机在1581年悄然来到。一天，年已19岁的万历皇帝本想到慈宁宫拜见母亲，却不料遇到一个婷婷袅袅走来向他请安献茶的宫女王氏。17岁的王氏端庄秀美，颇有姿色。慈圣太后恰巧不在宫中，一个体态丰腴、情窦初开的妙龄女子和一个拥有至高无上权力的青年皇帝在一起，其结果是不难猜想的。万历欲火顿炽，拉住王氏便私而幸之。此时的万历万万没有料到，这一时的冲动竟影响了他的一生，并导出一场爱情悲剧。

按规矩，万历在私幸之后就该赐一物件给王氏，作为临幸的凭证，何况这一举动已被文书房的内宦记入《内起居注》。因为皇帝的子孙是不许有赝品的。但由于王氏是母亲宫中的宫女，虽然没有人会因为这件事去指责他的不轨，但年轻皇帝感到此事不大光彩。他不顾王氏那哀怨的眼神，穿衣束带后径自走出慈宁宫。万历觉得一切会随着那片刻欢乐的过去而永远消失，不料春风一度，王氏却暗结珠胎了。

王氏身怀有孕，几个月后就因体形的变化被慈圣太后识破并盘问出来。这位老太后面对此情此景，想起自己作为宫女时的苦难与辛酸，对王氏的境况深表理解，同时也为自己有了抱孙子的机会而大为高兴。一日，万历陪慈圣皇太后酒宴。席间，太后向万历问及此事，他却矢口否认。对万历一向管束严厉的慈圣太后，立即命左右太监取来《内起居注》，叫万历自己看。事实面前，万历窘迫无计，只得如实承认。慈圣太后望着儿子失魂落魄的样子，好言相劝："吾老矣，犹未有孙。果男者宗社福也。母以子为贵，宁分差等耶？"

在慈圣太后力主之下，王氏被册封为恭妃。王恭妃果然不负众望生下一个男孩，这个男孩就是一生遭万历冷遇和歧视的短命皇帝——光宗朱常洛。

皇帝首次得子，在这个封建思想极为浓厚的国度里，自然是一件喜事。由此，皇帝下诏全国减税免刑，派使节通知和本朝关系友好的域外邦国……表面上看这是一场喜剧，而实际上却是一场悲剧，这场婚姻以喜剧开始却以悲剧结束的根源，是万历遇到的另一个女人，即在1582年3月刚被册封为淑嫔的郑氏。这位长得乖巧玲珑的小家碧玉，尽管14岁进宫，两年之后才受到皇帝的殊宠，但她一经介入万历的生活，就使这位青年皇帝把恭妃王氏置于脑后。更不寻常的是，他和这位少女的热恋竟终生不渝，而且还由此埋下了本朝一个极为惨重的政治危机，最终导致大明帝国身受重创而最终沉沦。

郑贵妃之所以能赢得万岁的欢心，并不只是因为她的美貌，更多的是由于她的聪明机警、通晓诗文等他人少有的才华。如果专恃色相，则宠爱绝不可能如此历久不衰。郑妃透彻地看清了作为一个异性伴侣所能起到的作用，应该怎样以自己的青春热情去填补皇帝精神上的寂寞。别的妃嫔对皇帝百依百顺，心灵深处却保持着距离和警惕，唯独郑妃是那样天真烂漫、无所顾忌。她敢于挑逗和讽刺皇帝，同时又能聆听皇帝的倾诉，替他排忧解愁。在名分上，她属于姬妾；但在精神上，她已经不把自己看成姬妾，而万历也真正感到了这种精神交流的力量。她不但不像别的妃嫔一样跟皇帝说话时低首弯腰，一副奴才相，反而公然抱住皇帝，摸他的脑袋……这种"大不敬"的"野蛮"行为，除她之外是无人敢做的。也正是她表现的不同，万历才把她引为知己而更加宠爱，不到三年就把她由淑嫔升为德妃再升为贵妃。

万历十四年（1586年），郑贵妃生下儿子朱常洵。由于万历对待王恭妃和郑贵妃的态度不同，长达几十年的"国本之争"由此拉开了序幕。

还在朱常洵出生以前，首辅申时行就曾建议万历早立太子。但万历皇帝不愿把自己不喜欢的女人生的儿子立为帝位的合法继承人，便以皇长子年龄尚小为借口推托过去。朱常洛5岁时，王恭妃还只是妃位，而朱常洵刚刚出生，郑贵妃即被封为皇贵妃，这不能不令那些早就疑心重重的大臣怀疑万历要废长立幼。他们不愿因对此事让步而被记入史册，让后世觉得朝中无忠君爱国之人。

就在册封郑贵妃的当天，户科给事中姜应麟即上疏，给正热血沸腾的万历心中泼了一瓢冷水。姜应麟在疏中用的言辞极为尖锐沉重，他无非是希望万历能收回成命，名义上说先封王恭妃为皇贵妃，而实际上则是要万历封皇长子为太子。结果使得姜应麟及后来为姜说情的吏部员外郎沈璟、刑部主事孙如法一并获罪。接着又有南北两京数十人上疏，万历对此虽置之不理、我行我素，但心中极其恼火。近400年后，明史研究学者黄仁宇先生在论述万历这一时期的生活和政见时，曾有过独特的见地：万历皇帝对于自己的"私生活"被人干预感到难以忍受，他觉得这如同把金银首饰、玉器古玩赏赐给一个自己喜欢的人一样，别人无权干涉。而此时的臣僚对万历皇帝越来越"出格"的作为同样感到困惑：贵为天子，怎好如常人那样感情用事、为所欲为呢？像历朝大臣一样，他们总是把希望寄托在一个好皇帝身上，而最要紧的就是那个"好皇帝"是他们辅佐之人。这样，他们获得赏赐时，不管是官阶或者财物，都会随着皇帝的声望而提高欣赏之物的价值。

国本之争

自从册封郑贵妃为皇贵妃引起群臣几乎一致的反对以来，万历对临朝听政十分厌恶。这时候，慈圣太后已经在慈宁宫中安度晚年，五更时分不再到万历住所呼喊"帝起"并携之登辇上朝了，张居正已死，冯保被贬，那位被称为"和事佬"的当权者首辅申时行，抱着万历有朝一日自会觉悟的幻想，对皇帝一再迁就。这样，万历皇帝在那些国色天香、销魂荡魄的六宫佳丽与板着面孔吹毛求疵的大臣之间，选择了前者。只有置身其中，他才能感到片刻宁静与欢乐。尤其是在那位体态娇柔、情投意合的郑贵妃面前，他才感到作为一个人的真实存在。

既然大臣敢放胆抨击万历隐私，那么皇帝身边的宦官也就不再为向外廷传递一些秘闻而感到忐忑不安。万历皇帝日常生活放纵的消息不断传出，加上皇帝不时以"头眩"为由不举行早朝，那些虎视眈眈纠偏的大臣就又发起新一轮的"攻击"。万历被激怒了，上疏干涉皇帝"私生活"的礼部尚书洪乃春被拖到午门外廷杖六十，然后削职为民，以致最后愤郁而死。这以后廷杖几乎成了万历对付那些对他和郑贵妃之间的关系敢于置喙的大臣最主要的手段了。

就像黄仁宇先生指出的那样，大臣们被杖之后，立即以敢于廷争面折而声名天下，并且名垂"竹帛"。死是人人都惧怕的，但只是屁股上挨几板子就可以名垂千古，为此而冒险的也就大有人在。万历皇帝在这些前赴后继的劝谏者面前，到底还是精疲力竭了，他头脑中自当皇帝始就存在着的那点儿幻想也随之破灭。母亲和张居正赋予了他满腹经纶、道德伦理、为君准则、三纲五常……似乎一切都已具备，但就是没有赋予他坚强的意志和自信，而这一点恰是一个人最应该具备的精神财富。正因为如此，他才失去了祖宗们那样的真正至高无上的权力和权威。表面看来，他是因为郑贵妃而万念俱灰走上了一条自我毁灭的不归路，而实际上他的灰心是因为他无力驾驭这个庞大的帝国机器造成的。贪财好色并把希望寄托在虚无缥缈的来世，只是他消极对抗的手段，既然这个帝国机器造就了这样一个皇帝，那么，历史也只能让他沿着这个轨道走下去了。

在慈圣皇太后的干预下，万历无可奈何地立朱常洛为"皇太子"。

郑贵妃听到万历要立朱常洛为太子的消息，虽然感到大势已去，但她还是要做最后一搏。早在几年前，万历皇帝为讨郑贵妃的欢心，曾许愿将来封朱常洵为太子。郑贵妃施展聪明，让皇帝写下手谕，珍重地装在锦匣里，放在自己宫中的梁上，作为日后凭据。现在时机已到，她必须出示这张王牌以制其敌了。可是，当郑贵妃满怀希望地打开锦匣时，不禁大吃一惊：一纸手谕让衣鱼（蠹虫）咬得残破不堪，"常洵"两字也进了衣鱼腹中！迷信的皇帝长叹一声："此乃天意也。"最终不顾郑贵妃的泪眼，而把朱常洛封为"太子"，把朱常洵封为"福王"，封地洛阳。

至此，前后争吵达15年之久，使无数大臣被斥被贬被杖打、万历皇帝身心交瘁、郑贵妃悒郁不乐、整个帝国不得安宁的"国本之争"，才算告一段落。但事情远远没有结束。

慈圣皇太后终于走到了生命的尽头，告别她为之费尽心血但仍牵肠挂肚的朱家江山和不争气的儿子，溘然长逝。就在临死之前，她又办了一件足以令群臣热血沸腾、让万历十分尴尬、让郑贵妃恨之入骨的大事。

按照明朝祖制，所封藩王必须住在自己的封国里，非奉旨不得入京。但郑贵妃的儿子朱常洵却恃父母之宠，竟在皇宫中十多年不赴封地洛阳。正当皇帝和群臣为朱常洵就藩一事争得难解难分之际，行将就木的太后出现了，她先是召问郑贵妃："福王为何未赴封国？"

极其聪明伶俐的郑贵妃沉着地回答："太后明年七十寿诞，福王留下为您祝寿。"

慈圣太后毕竟深怀城府，她冷冷地反问："我二儿子潞王就藩卫辉，试问他可以回来祝寿否？"郑贵妃无言以对，只得答应督促福王速去封国就藩。

万历皇帝敌不住太后和大臣们的轮番攻击，在慈圣太后去世一个月后，终于让福王赴洛阳就藩去了。临行那天早晨，天空阴沉，时有零星雪粒落下，北国的冷风从塞外吹来，使人瑟瑟发抖。宫门前，郑贵妃和儿子面面相对，泪如泉涌。福王进轿起程的刹那间，已是两鬓斑白、长须飘胸的万历皇帝再也控制不住自己的感情。他抬起龙袖，想遮掩自己发烫的眼睛，但混浊的泪水还是哗哗地流了下来。

回到宫中，万历皇帝即卧龙榻，悲恸欲绝。他感到深深的内疚，因为自己到底还是辜负了郑贵妃的一片痴情，没能把朱常洵立为太子。自己虽贵为天子，而终被群臣所制，让爱子离京而去。一切都在失去——权威、父子深情、荣耀……备受创伤的心中只剩一个郑贵妃了。

正是出于这种心理，万历才在生命最后一刻，遗命封郑氏为皇后，死后葬于定陵玄宫。可300余年后，定陵玄宫洞开，人们发现所有的棺床上都没有郑贵妃的影子。后殿并列的三口朱红色棺椁，中间是万历皇帝，左边是孝端皇后王氏，右边是孝靖皇后王氏，也就是太子朱常洛的母亲。这一悲剧性的安排，确乎在他的意料之外。既然生前就已对臣僚失去威力，那么在他死后，这种威力就更不存在。他的遗诏没能实现，因为大臣们认为大行皇帝（对刚死去皇帝的称呼）的遗诏"有悖典礼"。皇帝将死，再来册立皇后，谁来主持这个册封仪式？

不过，这出悲剧不是太子朱常洛所为，因为他只当了29天皇帝便命赴黄泉。倒是朱常洛的儿子、16岁的朱由校在当上皇帝后，将他的祖母王贵妃追尊为孝靖太后，并从东井把棺椁迁来，和万历皇帝、孝端太后一起葬于定陵玄宫，成就了这段"好事"。

万历皇帝宠爱的郑贵妃比他多活了10年，她被认定是祸国殃民的妖孽，得不到朝中群臣的同情。这10年，她住在紫禁城一座寂寞的宫殿里，和她的爱子福王天各一方，饱尝母子分离之苦和世态炎凉。1630年，郑贵妃在凄苦郁闷中死去，带着无比的绝望与怨恨走进了银泉山下一座孤零零的坟墓。而她的儿子福王朱常洵倒真是一个祸患。就藩洛阳后，朱常洵昏庸无道，鱼肉人民，在郑贵妃死去11年后，为李自成农民军所杀，尸体跟鹿肉掺在一起，被做成"福禄酒肉"，供军士填了肚子。

走进阴冷的地下玄宫，面对三口朱漆脱落的巨大棺椁，留给人们的印象仍是命运的残酷。假如中间棺椁内的万历皇帝还有知觉，大概是不会瞑目的。因为他心爱的女人，这唯一一个把他当成"人"的女人，并没有长眠在他身边。他们的恩爱生前未得到认可，死后同样无法如愿，这不能不算作一出凄婉的爱情悲剧。同时，面对棺椁，也不能不为帝国叹息。传统观念不可逾越，一个年轻聪颖的皇帝在政治生涯中无法充分利用自己的创造力，个性也无从发挥，反而被无形的锁链牵引进阴森可怖的洞穴。一位富有诗意的哲学家说："生命不过是一种想象，这种想象可以突破人世间的任何阻隔。"在这地宫深处，潮湿霉烂的棺木和胶结污腐的油泥给人的感觉，却是无法冲破的凝固和窒息。更为可悲和令人遗憾的是，那个曾经为万历皇帝付出过青春和爱情的郑贵妃，一直为后人所唾骂。即使史学家也未必给予这个悲剧性女人公正的评价。"女人乃亡国之祸水"，同样是对郑贵妃的结论。在"国本之争"这个主题上，尚有为数众多的历史研究者，其观点依然站在400多年前万历一朝的臣僚一边。似乎郑贵妃天生就该安分守己地做任人宰割的妃嫔，而不应有做皇后的非分之想；万历皇帝天生就该和王恭妃恩恩爱爱，不应有真正的爱情……这些有悖常情的论断大多出于一种僵化、保守、人云亦云的思想，无疑有失公允，弄得是非渐已分明的历史，再度蒙上了一层难以辨认的锈迹。

这是郑贵妃的悲哀，也是后来者的不幸。

就在玄宫打开的当天，长陵发掘委员会的吴晗、邓拓、郭沫若、沈雁冰、郑振铎、夏鼐等先后来到定陵。面对这座幽暗、深邃、辉煌的地下宫殿，这些饱览经书、学贯中西的一代文化巨匠，无不为之惊叹不已。像这样一座恢宏的大殿，通体没有一根梁柱，历300余年无丝毫损伤，不能不说是一个罕见的奇迹。

玄宫外形想象图

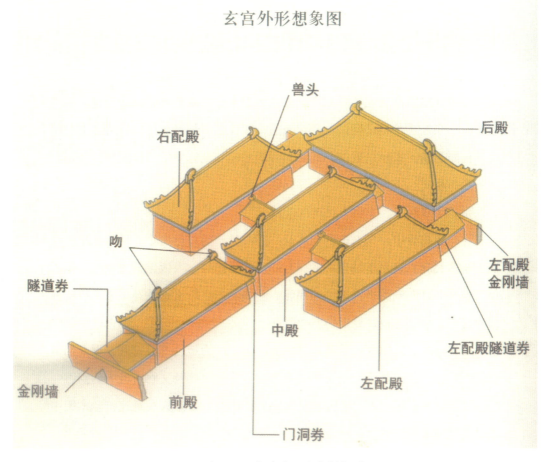

图11-9　定陵地下玄宫模拟图

　　定陵玄宫的这种五室布局形式在我国尚属首见，因此很不易为人们所认识。有建筑研究者认为，定陵地下玄宫是地面庭院式布局的反映，主室和配室就是正殿和配殿，三个主室代表三进院子。定陵玄宫建筑是按照外朝和内廷两部分建筑规划设计的，以象征人君之居的特点十分明显。

　　定陵发掘，从1956年5月19日开始，到1957年9月21日打开玄宫，宣布告一段落。

孝靖皇后的孤魂

面对三口巨大的棺椁和26箱因木质腐朽而四散零乱的随葬品，考古工作人员需要做的，就是迅速清理殉葬器物和揭开三具尸体之谜。

面对定陵玄宫这座地下文物宝库，发掘人员做着各种猜测和准备。三具尸体保存完好还是早已腐烂？葬式如何？穿什么服装？现代京剧舞台上的服饰是仿照明朝的式样制成的，那么，万历皇帝和两位皇后的穿戴是否和京剧中的帝后相同？

带着诸多疑问，发掘人员走向女尸。

在三口棺椁中，居右侧的损坏最严重。外层的椁已腐烂、塌陷，棺也出现了诸多裂缝。这是孝靖皇后的梓宫。这位可怜的女人因比万历皇帝早死十年，埋在东井左侧的平岗地，棺椁腐烂较快。加之后来她的孙子朱由校将其棺椁迁出，移放定陵，故损伤尤为严重。

最先清理这口棺椁，是夏鼐做出的决定。因为地宫一旦打开，里面的恒温将不存在，外来气流与地宫中的空气融合，对尸体及文物有极大的损害。所以夏鼐断然决定一部分人清理孝靖皇后的棺椁，其余人员迅速抢救木箱中渐已腐烂变质的殉葬品。

打开孝靖皇后的棺木，发掘人员首先看到的是一床平铺的织锦经被，呈鹅黄色，织杂花，锦上有朱红色经文。由于时代久远，经文字迹辨认不清，仅中部残存的"南无阿弥……"还可依稀认出。

掀开锦被，不见尸体，却塞满了织锦、金、银、玉等殉葬品。似乎不是盛放尸体的棺木，倒是一个珍宝仓库，各种美妙绝伦的艺术品和价值连城的宝器，构成了一个色彩纷呈的世界。

图11-10　孝靖皇后的十二龙金凤冠（复制件）

　　帝后陵墓的殉葬同它的建造一样，自有它的发展演变过程。从已有的发掘资料看，在原始社会早期阶段，生产力较为低下，人们对死者的埋葬并不注意，更不可能有什么珍贵物品为死者殉葬。考古发掘证明，殉葬应是产生于有意识的埋葬行为以后，人们在埋葬先人或同伴的遗体时，往往会想到他们生前所用过的和喜爱的东西，把它们和他（她）同时埋起来。其出发点大约有两点：一是作为纪念性的，不一定受宗教迷信观念的驱使；二是灵魂观念引起的，认为人死后到另一个世界，仍像世间一样生活，同样需要生产工具和日用品以及爱好的玩物，为了使他们在阴间生活得更好，就用殉葬的方式把这些东西送给他们。

中国的殉葬制度大约是从原始氏族制度形成的时候开始的。如距今一万八千年前的山顶洞遗址的下洞里，所埋葬的一个青年妇女、一个中年妇女和一个老年男子，已经有了生产工具和装饰品等殉葬物。其中有取火用的燧石，有石器生产工具和作为装饰品的穿孔兽牙。

随着氏族公社制度的发展，生产力有了一定的提高，殉葬物品也相应增多起来。在当时的墓葬中，殉葬品一般都有一套二件或五件用于炊煮、储盛、打水和饮食方面的陶器，少量的生产工具和骨簪、骨珠、玉坠、陶环之类的装饰品，还有一些作为防身武器的工具。这时还没有棺材之类的葬具。

从这一时期殉葬物品所反映的情形来看，这些东西为数仍有限，都是他们个人日常用的物品，与各氏族成员之间所有的物品不相上下，数量与质量基本相同。由于一些生产工具制作不易，而且还需使用，如磨制的刀斧石器等，所以殉葬较少。我们从这个时期的殉葬中，可以看出原始氏族公社的社会情况。随着父系氏族公社的发展，生产有了剩余，一些产品被少数人所占有，逐渐形成贫富之间的分化。从殉葬品中，也可以看出这一分化的过程和情况。生产工具的大量占有和精美装饰品之多，均显示出死者生前占有财富的能力。如南京北阴阳营青莲岗文化墓葬里的殉葬品，70%有生产工具和其他很多贵重物品。有一座墓殉葬石器12件，实用陶器4件，玉器、玛瑙等装饰品11件，个别墓内有石器工具达20多件，其中有精美的石斧、石刀。山东泰安大汶口文化氏族墓葬中，一般富有的殉葬品有三四十件，最多的达180多件。其中有精美的彩陶、黑陶、白陶器，磨制精细的石制、骨制生产工具和精美的装饰品，有的墓葬中还发现了透雕刻花的骨梳和象牙筒。与此同时，在另一些地区的墓葬中殉葬品却极少，甚至全无。殉葬品的多少，反映了贫富的分化，同时说明奴隶社会制度已在萌芽之中。这种殉葬制度自奴隶社会后，愈演愈烈，直到清朝之后才逐渐减少。

在孝靖皇后棺内的织锦经被下，有两套精美鲜艳的服装。上衣是黄缎夹袄，对开襟，织金线连成，袖既宽又长。下衣黄缎裙，所穿夹裤用黄缎做成，裤腰左侧开口，颇具现代意识；腰用黄缎带子裹紧。这是定陵出土的近200匹成料和服饰中最为辉煌珍贵也是保存最好的两件瑰宝。

它的珍贵在于整体用刺绣的工艺制成。衣上精致地绣有100个童子，象征多福多寿多子孙，取其"宜男百子"之意，以示皇室子孙万代永世兴旺。衣服前襟及两袖之上用金线绣出9条姿态各异的蛟龙，并以八宝纹和山石、树林、花卉纹样为背景，巧妙地与百子的各种活动融为一体，形成一种人和动物及自然三种生命同呼吸共命运的风情画。100个童子神态各异，身着不同服饰，进行着各种不同的游戏，都栩栩如生，情趣盎然。

图11-11　红素罗绣平金龙百子花卉方领女夹衣（复制件）

一共40组画面构成一个色彩斑斓的儿童乐园。如"打猫图"，一只小猫在花草中追赶蝴蝶，孩子们则追赶着小猫。在"考试图"中，有的假扮教书先生，有的认真书写，有的拿着书本，眼睛盯着外面的大千世界。这幅图既显示出了老师的严肃认真，又表现了考生的紧张心情，同时透视出学生们欲摆脱桎梏，回到大自然中去的美好愿望。各种复杂的心态交相辉映，各种不同的向往、不同的追求、不同的形态，都展现得淋漓尽致。而"沐浴图"

更生动活泼，美妙可爱。这是百子图中极为重要的一幅，也最富有生活气息。画面上四个童子正出演一场闹剧：一个裸体小男孩躺在木盆里洗澡，小伙伴手提喷壶为他浇水。洗得正惬意，突然跑来两个孩子，将一根木棍伸进盆下用力上撬，顿时盆水四溢，浴童坐立不稳，急忙招手求饶。有的画面为小儿身着大人服装，扮演各种戏剧角色。在"官员出行图"中，孩子们身穿长袍，头戴乌纱，腰系玉带，骑着竹马；前后臣僚成群，有的打旗，有的执伞，有的奏乐，有的鸣锣开道。整个画面热闹而滑稽，严肃而可笑，把朝廷臣僚的形象和心态含蓄委婉地勾勒出来，让人开怀一乐的同时，也留下某种思考与回味的余地。"跳绳图""捕鸟图""放爆竹图""捉迷藏图""摘鲜桃图"等等，每一幅图都捕捉故事中最富有表现力、最富情趣的情节，惟妙惟肖地表现出来，儿童的稚气、活泼、纯朴、天真无邪，跃然于锦缎之上。百子衣不仅构图精巧优美，内容丰富多彩，而且刺绣技艺娴熟，针法细密，配色得体，再加上金线的大量应用，使整个服装荡漾着艺术的灵光和天然的神韵，它是来源于自然又缥缈于自然之外的更高层次的艺术结晶。

图11-12　暗花罗方领女夹衣绣斗殴图

图11-13　暗花罗方领女夹衣
绣观鱼、玩鸟图

图11-14　暗花罗方领女夹衣
绣招蜻蜓、斗蟋蟀、沐浴图

发掘人员掀开百子衣和两床锦被，那位一生历尽苦难的女人的尸骨终于出现了。她安详地躺着，头部位置有不少金、玉、宝石、钗簪，面稍向南侧卧；左臂下垂，手放腰部；右臂向上弯曲，手放头部附近；脊椎骨上部稍弯，下肢伸直；肌肉已经腐烂，只有一个残存的骨架。

看来这位悲惨的女人，生前未得到幸福，死后同样未能得到万历的照顾。从她那姿态中，仍让人感到一种不甘于屈辱却又无可奈何的悲怆命运。她的身下铺满了纸钱与铜钱。这是供她在地下的灵魂生活之用。她生前的肉体没能用上金钱，没能得到爱情和幸福，不知地下的亡魂能否得到人世间不能得到的一切？面对这堆纸钱，越发让人感到人生的凄苦与悲哀。但愿这些纸钱铜币能使她孤苦的亡灵有所慰藉。

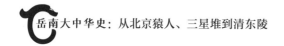

孝端王氏

万历皇帝梓宫的左侧放置着他的原配孝端皇后王氏的棺椁，其大小形状和右侧孝靖皇后的棺椁相同，保存较好。尽管椁的外侧出现裂缝，但无塌陷。从已脱漆的木质看，亦为香楠制成。

发掘人员撬开木椁，一口木棺露了出来。棺外有椁，意在以椁护棺，从而更有效地保护尸体。从国内外出土的帝王陵墓来看，棺椁质料不同，层数也有较大差异。在埃及图坦卡蒙法老陵墓的发掘中，就曾发现有石椁和两层黄金制作的棺。而中国晚期朝代的帝王，则大多采用两层木质棺椁的形式。这从定陵和清东陵帝后的墓葬中可得到证实。

在孝端皇后棺木内的两侧，放置着4块玉料。这种玉料在帝后三人的棺椁外侧已发现27块，到清理结束后发现，唯独孝端的梓宫内又增放4块。玉料大小形态不一，大部分都有文字。有的用墨笔直接写在玉料上，有的贴着写有墨笔字的纸，也有的两者兼备。写在纸条上的文字大都工整清晰，写在玉料上的笔锋粗糙，字体粗大，且不清楚。少数还有编号，都是记录玉料的名称、重量：

> 玉料十三斤
>
> 菜玉一块重十三斤
>
> 六十八玉料十五斤
>
> 六十八
>
> 菜玉料一块重十五斤十二两
>
> 七十二号
>
> 浆水玉料一块重十
>
> 浆水玉料一块重十一斤
>
> 二斤八两

浆水玉料一块重二斤八两

……

根据文字记录，最小的一块1斤10两，最大的一块48斤。有一块写明13斤，发掘人员试称则是16.5斤，不知是当初的失误，还是明代度量衡与今天的差异，或者玉料本身发生了变化。其中一块玉料似有一条锯过的缺口，大概是当初用绳索之类的东西捆勒而成。在另一块玉料上，还特别标明"验收人"三字。

中国历代帝王的殉葬品中，大多放有玉料，即所谓的"金井玉葬"。"金井"是为了接地气，保证灵魂长生不灭，"玉葬"则是为了保护尸体不腐烂变质。据《汉书·杨王孙传》称"口含玉石，欲化不得，郁为枯腊"。

玉料殉葬自战国时期开始有了新的变化。在河南洛阳的考古发掘中，曾清理过一批战国时期的墓葬，发现有些死者的面部有一组像人脸形的石片，身上也有石片，脚下还有两件兽形石片。这些石片上都有穿孔，可能是为了编缀在一起以便覆盖在死者的面部和身上，这就是后来出土的玉衣的雏形。

到西汉时期，帝王对玉料护体更深信不疑。他们不再满足于用玉料殉葬，而是把玉片制成衣服，套在尸体之上，一同入葬，以期尸体永世长存。这种观念在东汉时期达到了极致。河北满城汉墓出土的刘胜、窦绾夫妇的金缕玉衣为此提供了证据。刘胜和窦绾除身穿金缕玉衣外，还在胸部和背部放置了许多玉璧，且口有玉含、鼻有玉塞、两眼有玉石掩盖、两耳有玉填，结果，1968年发掘人员清理他们的墓葬时，却见玉衣尚存，而其中的尸骨朽烂得仅剩几枚残齿和一些骨渣。

以玉衣作为葬服，从西汉一直延续到东汉末年，到三国后期，魏文帝曹丕认为，此乃"愚俗所为"而下令禁止使用。从考古发掘的情况看，也确未发现魏晋以后的玉衣，由此推断，这种习俗可能从魏以后真的被废除了。

魏晋以后的帝王陵寝中，虽然也有玉料、玉器出土，但从规模和质量

来看，不再考究，只是一种象征而已。定陵玄宫出土的31块玉料中，只有浆水玉、菜玉两种。浆水玉略带浅青色，表面稍有些润泽，菜玉像枯萎的白菜叶，浅黄中伴有浅绿。据《格古要论》的评述，两种均为玉中下品，很可能来自新疆、甘肃等地。

图11-15　金盖金托玉碗

但从随葬木箱中清理出的玉制容器来看，却是别具一番风采。这些碗、盆、壶、耳杯、爵等器物质料细腻润泽，琢工精致，不少器物上都配有金制附件，镶有宝石、珠玉，显得光彩照人。细心的观光者如果注意一下摆在定陵博物馆橱窗里的那只玉碗，就不难窥见这批玉器纯美的质地和精湛的艺术造型，即使站在镶有玻璃的橱窗外，也能从碗的一面透视到另一面。其通体之细薄、造型之优美、光彩之夺目，如果不具备先进的技艺、奇特的构思和熟练的操作能力，是断然达不到如此精美绝伦的程度的。

把殉葬的玉料和容器进行比较和研究，不难看出明代对玉葬的观念，已不再限于保护尸体，而仅仅是一种形式了。

孝端皇后的棺木很快被撬开，里面露出一床绣有莲花和九龙纹的织锦被及殉葬的衣服、金器、漆盒等物。发掘人员小心翼翼地一件件取出，皇后的尸体出现了。

只见她上身穿一件绣龙袄，下着绣龙裙和黄缎裤，静静地躺着。绣龙袄袖筒肥大，通体用黄线缂丝制成，绣有蝙蝠、寿字和"卍"符号。两袖之上，由于织品的宽幅不够，出现了接头的痕迹，但接上的用料"寿"字倒写，蝙蝠也是头向下，别的衣服也常有字迹倒过来的现象。这显然不是一种失误，而隐含有一种"福倒来"和"寿倒来"的寓意。这是一种建立在方块字加丰富想象力基础上的一种独特文化，大概只有中国人才有这种文字游戏和思维方式。

孝端皇后的肌肉已经腐烂，但骨架完好。她头西足东，左臂下垂，手放腰部，右臂直伸；下肢交叠，左脚在上，右脚在下，裤管扎在袜子内，脚腕外用细带勒住，下穿一双软底黄缎鞋。依然像在皇宫一样，端庄文雅，向南侧卧。

万历一朝，继张居正死后30余年的漫长岁月中，朝廷逐步走向混乱和衰亡，皇帝昏庸，朝臣无道，相互钩心斗角，厮杀得不可开交。这时只有两个人清醒着，一个是首辅申时行，另一个就是孝端皇后王氏。

中国历朝的制度，按理应当说是不能听任党争发展的。尤其在万历一朝这种混乱的局势下，只有使全部文官按照"经书"的教导，以忠厚之道待人接物，约束自己的私心，尊重别人的利益，大事化小，小事化无，朝廷才能上下一心，同舟共济。要是官员们口诵经典中的词句，称自己为君子，别人为小人，在道德的掩盖下争

图11-16 孝端皇后像

权夺利，这就是把原则整个颠倒了。这种做法无疑会导致文官集团的涣散，进而导致帝国无法治理。早在1587年，万历的棺椁抬到大峪山下葬的时候，申时行就曾鹤立鸡群地站在帝国的最高处，得出"自古国家未有如此而能长治久安者"的结论。在大明帝国江河日下的危急时刻，申时行竭尽全力，以种种方法缝补皇帝与臣僚、臣僚与臣僚之间的裂痕。可惜，这种调和折中的苦心，在帝国制度强大的惯性面前显得捉襟见肘，最后以失败告终。

尽管孝端王氏从来没有真正得到过万历皇帝的爱，但她能够清醒地认识到自己的地位和处境，以一个中国女性特有的驯服与忍耐力，做着自己应该做的一切。她在道德与人性二者的夹缝中，找到了一条适合于自己生存的道路，并以她的殷勤、守制，给万历的母亲和臣僚留下了良好的印象。足以体现她清醒的事例，是对"国本之争"的处理上。在长达数十年道德与政治的旋涡中，她既不倾向臣僚，也不指责万历，只是以她的聪明与机智站在二者之外，洞若观火，使争斗双方都对她无可奈何。即使后来万历皇帝在争斗失利之后，想对她施以打击，废掉她的皇后之位，但由于她在处理诸多问题上完美无瑕，而不得不让万历打消这个念头。

她一生无子，而又得不到皇帝的爱，作为最有权力享受一切的皇后来说，这无疑是个悲剧。但她面对现实把痛苦埋在心里，清醒地认识到这场悲剧中自己要扮演的角色并义无反顾地演下去，才没有像王恭妃、郑贵妃以及其他宫女妃嫔那样更加悲惨。或许这也算作一种不幸之中的万幸吧。

她安详地躺在万历皇帝身边，头枕一个长方形锦制枕头，残存的发绺上插满了镶有宝石的金簪，冷眼观望着世间的一切。她那交叠的双腿，给人的印象依然是超尘脱俗、看破阴阳两个世界的非凡女性。

她头上的装饰显然比孝靖皇后的昂贵与华丽，几乎每一根金钗玉簪上都镶有祖母绿和猫睛石。猫睛石在万历一朝曾是宝石中最珍贵的品种，据说它产于南洋一带，物以稀为贵，堪称无价之宝。史书中曾有这样一段记载：江南一位少妇，头戴一支镶有猫睛石的簪子，虽然猫睛石并不太大，但被一位商人发现后，用极为昂贵的代价仍未到手。于是，狡猾的商人设法结识了她的丈夫，且终日以酒席相待。如此两年，最后商人才透露了他的心愿，猫睛石方到手中。这个故事不免具有野史性质，但由此可见猫睛石的价值之昂贵。

图11-17　V型3式镶宝珠金簪；III型镶珠宝金簪；VIII型镶宝金簪

图11-18　V型I式镶珠宝鎏金银簪；I型镶珠宝金簪；I型镶珠宝鎏金银簪

图11-19　镶珠宝花蝶鎏金银簪

图11-20　镶珠宝玉龙戏珠金簪

在孝端皇后尸骨的下面，铺有一床缀着整整100枚金钱的褥子，金钱上铸有"消灾延寿"的字样。褥子两侧，放置了大量的金钱元宝。元宝两面都刻有文字，刻文内填朱。其文字为：

上：九成色金十两
底：万历四十六年户部进到宛平县铺户徐光禄等买完
上：九成色金十两
底：万历四十六年户部进到大兴县铺户严洪等买完

从元宝的刻字看，都是九成色金十两锭，且均为万历四十六年大兴与宛平二县所进，铺户也只有徐光禄和严洪两家。这就更加证实了史料中关于除"金取于滇"之外，京师的专设铺户也必须为宫廷重价购买的记载。

图11-21　金锭底部铭刻

孝端皇后棺中的金银元宝孝靖却没有，有些史学家认为是万历对孝靖的薄葬造成二者的差异。这个说法难免有些偏颇。因为孝靖葬时仅为皇贵妃，而孝端葬时则为皇后，按照当时的等级制度，自然不会等同。

万历皇帝地宫现身

终于到了打开万历皇帝的棺椁的时刻。

这个宽、高均为1.8米，通长3.9米的巨大棺椁，依然悠然自得地稳卧在玄堂中央。在明亮的水银灯下，这位帝国皇帝终于要在世人面前露出真容了。

朱红色的椁板为松木精制而成，四壁以银锭形卯榫压住，再用铁钉钉牢。虽历经3个多世纪，仍不失当初的威严和庄重。盖底板异常厚重，两侧钉入4枚大铜环，想必这是为了梓宫运送及入葬时运输方便而设。因为有铜环相助，这巨大的棺椁就可从百里之外平安地运到玄宫。椁板之上，放置着木制仪仗幡旗之类的殉葬品，形式排列有序，大有两军对垒、兵戎相见之势。

夏鼐亲临现场，队员们用铁制的锐器将椁板慢慢撬开拆除，一口楠木制成的梓宫露了出来。只见棺木上方盖有一块黄色丝织铭旌，两端镶有木制龙牌。铭旌中央金书6个醒目的大字："大行皇帝梓宫"。

最后一口梓宫就要开启，幽深的玄宫内悄无声息。发掘人员撬动棺盖，锈蚀的铁钉在缓缓晃动，厚重的棺盖露出了缝隙，锐器沿缝隙向里推进，"咯吱、咯吱"的声响如同棺内的主人发出的呻吟。

队员们用手把住棺盖，憋足力气，随着夏鼐一声令下，厚重的棺盖倏然而起，然后摇摇晃晃地将棺盖放在了棺床上，只见里面塞满了各种光彩夺目的奇珍异宝。一床红地绣金的锦缎花被，闪着灿灿荧光，伴随着各色金银玉器、织锦龙袍。这无疑是一个集大明帝国物质、文化、艺术的宝库，是一部详尽的明代帝国史书。

掀开锦被，里边露出了形态各异、色彩不同的道袍、中衣、龙袍等衣料。发掘人员按照放置的顺序，小心地拿出上层的一件道袍。道袍用素黄绫做成，设有纱里，右面开襟，腋下有带，巧妙地将开襟绑住；道袍通体肥大，外形同今日道士所穿服装相类似，不同的是背后有错襟，两侧开口至

两腋，这样的造型，穿起来也许更方便些。底襟里面有丝线绣字，字迹清晰可辨：

万历四十三年正月十八日造

长三尺九寸六分

绵九

两袍的里面放有纸条，文字除和绣字相同之外，另有：

本色素绫大袖衬道袍

袍身宽二尺一寸

袍内填有棉絮，但分布极不均匀。根据制造年月和袍的成色进行分析，这件道袍万历生前并未穿过。事实上，整个明朝的君主都崇尚佛教，而对道教都比较冷淡。朱元璋和朱棣两朝，都有佛门高僧辅佐政事。当年还是燕王的朱棣，正是靠庆寿寺僧人道衍即姚广孝的帮助才夺得了帝位。万历的生母慈圣太后，生前多次捐献银两修缮佛庙，万历和郑贵妃邂逅之后，也时常双双到佛寺进香，以求佛祖保佑他们百年好合。明代君主对佛教的崇拜，是否与他们的祖先开国皇帝朱元璋曾当过和尚有关尚无结论，但这方面的因素，至少会对他们的思想产生影响。

除嘉靖皇帝外，明代君主对道教冷漠，但并不排斥，仍然把道教作为一种文化遗产加以容纳。万历皇帝棺内的道袍或许可做实证。

这件道袍的出现绝非偶然，它同故宫、天坛、紫禁城那辉煌的建筑一样，说明了处在资本主义萌芽时期的帝国在对待文化方面的胸襟。这与清朝后期渐已形成的小巧精致的建筑及封闭的文化心态形成鲜明的对照。不管郑和率庞大的船队七下西洋的最终目的和结果如何，就它的气魄而言，是后来的大清帝国所不能企及的。假如资本主义工业文明提前300年被引进中国，明代的君臣也绝不会像慈禧太后惧怕火车一样恐慌不安。可惜，历史的进步从来就不是以时间的流动而自然生发的。

在各类袍服、衣料的下层，深藏着一件稀世珍宝，这就是万历皇帝的缂丝十二团龙十二章衮服龙袍。衮服是皇帝在祭祀天地、宗庙、社稷、先农、册拜、圣节和举行大典时所穿的礼服，是龙袍中最为珍贵的精品。

明代初期，禁用缂丝做服，以示节俭。至宣德年间，随着节俭之风被享乐腐化所代替，缂丝才重新发展盛行起来。朝廷设内织染局，专以缂丝"通经断纬"的技法制造衮服。由于衮服的制造工艺复杂，造价昂贵，即使最熟练的织匠，每天最多也只能织一寸二分，织完一件衮服，大约需要10年时间。定陵出土的万历皇帝的这件十二团龙十二章衮服，应算是目前我国所见到的唯一的缂丝衮服珍品。到1983年，定陵博物馆委托南京云锦研究所研究复制一件，该所积30多年的经验，花费了整整5年时间，终于织造完成，填补了明代龙袍织造技术失传300余年的空白。

当发掘人员清理到第十一层时，发现一条两边对折的锦被。打开锦被，万历皇帝的尸骨显露出来。一个令大家猜测了两年的谜，终于被揭开了。

这已不是保存完好的尸蜡，而是一具形貌可怖的骷髅。这位"大行皇帝"静静地躺在一床锦被上，骨架头西脚东，毫无血肉的面颊稍向南偏，左臂下垂，手压在腹部，细长的手骨攥着一串念珠，像在祈祷神灵的保佑。右臂向上弯曲，手放在下颌附近，一缕黄褐色胡须挂在唇边，似在悠然自得地捋着胡须畅谈军国大事，这个姿势显然是入葬时人为摆设而成。脊柱上部稍有弯曲，左腿伸直，右腿微屈，两脚向外撇开。身穿的龙袍大都腐烂，腰部束一条玉带，头戴"翼善冠"，发髻梳理完好，足蹬高筒长靴，裤脚装在靴子内。上身打扮像是一位儒士，而下身及长靴又给人一种武士的感觉。如此文武兼备的服饰，在其他陵墓的出土中很少见到。

根据两位皇后和万历帝的骨架情形来看，明代帝后的葬式，似乎比较随

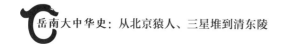

意，并无特别之处。这位一生享尽荣华富贵，精神却备受磨难的皇帝，在地下生活了三百多年之后，终于又返世还阳了。假如他的灵魂真的活着，面对人世沧桑，又该想些什么？

他所驾驭的帝国古船已经沉沦，他所钟爱的女人早已化为灰土，就连取其祖宗基业而代之的大清帝国也已成为昨天的故事。历史就是这样造就着一切，又毁灭着一切。大江滚滚东去，浪淘尽千古风流人物！

万历的尸骨被轻轻地拿出棺外。经北京口腔医学院教授周大成鉴定，根据万历皇帝及两位皇后的口腔和牙齿状况，做出如下结论：

> 万历的口腔疾患较复杂，除患过严重的龋齿和牙周病之外，还有楔状缺损、氟牙症、偏侧咀嚼等症。孝靖皇后亦有很多龋齿和中等程度的牙周病，只有孝端皇后的牙齿比较健康。
>
> 三个头骨所具备的共同特点是，牙齿的磨耗程度非常轻微，有的牙齿几乎看不出磨耗的痕迹。据我国出土的一些材料证明，无论是北京猿人、山顶洞人、新石器时代人以及战国时代人的牙齿颌面磨耗都相当严重，这与他们的食物粗糙是分不开的。而这三个头骨牙齿的颌面费耗如此轻微，足以说明他们的食物极为精细。也正是过细的食物，造成了他们的龋齿和牙周病。
>
> 第二个特点是，万历及孝靖皇后的一些牙齿上都有楔状缺损，这是由于刷牙方法不合理所致。可见当时宫廷里使用牙刷已相当普遍。
>
> 第三个特点是万历的氟牙症。中国最早的氟牙症化石实物是1978年5月在山西和河北交界处的许家窑村发现的。这是属于旧石器时代中期的三个人的牙化石，上面都有明显的黄褐色小窝及斑点。据了解，今天生活在那里的人，仍然都患有氟牙症。许家窑村人的氟牙症和万历帝的氟牙症极为相似。这在我国古代口腔疾病史

上是一项重要发现，渊源有待进一步查证。

北京市公安局刑事科学技术研究所对万历和孝靖皇后残存的头发进行了鉴定，结论如下：

> 万历一束为生前梳理时的脱发，一束为尸体上所留。孝靖一束亦为尸体所留。
> 万历帝头发血型为AB型。
> 孝靖后头发血型为B型。
> 注：孝端皇后残存头发，同尸骨一起毁于"文化大革命"，无从查证。

经中科院古脊椎动物与古人类研究所研究人员对万历尸骨的复原得出结论：

> 万历生前，体形上部为驼背。从骨骼测定，头顶到左脚长1.64米。

幽深的地宫，阴雾凄凄，虽然已到炎热的夏季，但发掘人员还必须身穿厚厚的绒衣甚至棉衣才能抵御袭人的寒气。霉烂的腐臭和刺鼻的福尔马林味融合在一起呛进人们的肺管，使大家经常咳嗽不止。

在清理随葬品中皇帝的冠冕、皮弁等物时，由于串珠的丝绳霉烂，玉珠已经散落，零乱地摊放在梓宫一角，且实物腐朽叠压严重，形制很难辨认。冕、弁关系到礼仪制度，世间没有实物存留，目睹这种情形，夏鼐亲自承担了清理任务。他拖着病体爬上了木架，把一个枕头垫在胸部，趴在木板上，整整用了四天四夜的时间，把冕冠和皮弁的形式、结构、尺寸、色泽以及串珠的系结式样、数目，一一记录下来，并绘制了草图，为日后的复制工作提供了重要依据。

图11-22　金翼善冠

梓宫清理工作临近尾声，棺床的木箱也一个个被打开。在万历棺椁旁边，发掘人员发现了一箱著有文字的谥册。册为檀香木板做成，原木色，不髹不染，每册十板，用丝绳缀结而成，外被织锦，内刻谥文。文皆阴文正楷，直行读，自右至左。册的两端木板不刻字，描金云龙纹。谥册的文字，

图11-23　万历皇帝的玉带钩

图11-24　心字形金带饰

实际上是对万历一生功绩的概括和总结，通篇尽为溢美之词，字里行间充溢着一股皇恩浩荡、强民富国的韵味。假如不了解万历一朝的历史真情，仅凭谥册推断，那该是一派欣欣向荣、四海升平、辉煌灿烂的景象。

可惜，可悲的现实毕竟不是凭几位儒臣的华丽辞藻就能掩饰得了的。在这一点上，万历及其臣僚远没有太祖朱元璋直爽和聪明。朱元璋在为皇陵立碑时，为避免儒臣对他及帝国的粉饰，亲自主笔，以真挚的情感、冷峻的笔锋客观地描绘了自己的生平和创业的艰辛。撇开他那文采飞扬、气魄恢宏的碑文不论，仅凭直面人生和面对现实的勇气，就足以让后人称道。而万历的谥文，除了对他悲怆的人生及行将沦丧的帝国有一丝安慰外，于世人又有何裨益呢？

尾声

定陵发掘自1956年5月破土动工到1958年7月底清理工作基本结束，历时两年零两个月，以总计用工两万余人次、耗资40余万元的代价，终于使这座深藏三百多年的地下玄宫重见天日。

1985年3月，定陵发掘报告的撰写工作进入尾声。夏鼐听取了赵其昌、王岩的汇报后，兴奋地说道："考古所的工作，我可以少管、不管，定陵发掘报告的事我要管到底。有困难我帮你们解决，争取尽快完成。"

1985年6月15日上午，夏鼐像往常一样正在办公室忙碌。突然他急剧地咳嗽起来，一股热流从胸中升起，沿食道喷涌出来。一低头，两口鲜血溅到地上，他觉得头昏眼花全身无力。多年的田野考古工作，使他的胃、肝和心脏受到极大的损害，疾病越来越多地缠绕着他的身心，消耗着他的生命。夏鼐预感到今天的征兆不同寻常，便放下手中正在批阅的一份文件，缓缓地来到院内，想呼吸几口新鲜空气，活动一下筋骨，以便继续坚持工作，待稍有空闲时，再去医院诊治。

夏鼐在院子里踱了几步，又猛然立住脚，转身向办公室走去。他要通了定陵博物馆的电话，让赵其昌立即将发掘报告的初稿送来。报告当天下午便送到夏鼐办公室，只是夏鼐已经住进医院。赵其昌和一位工作人员将报告送至医院，夏鼐捧着厚厚的书稿，仰起苍白憔悴的脸，微笑着对赵其昌说："看到它，我就放心了，走后对老同学也有个交代。"

1985年6月19日，一位工作人员到夏鼐的病房请示工作，却发现他永远地睡着了，床头放着定陵发掘报告的初稿，稿纸上留下了用红笔圈画的密密麻麻的字迹。

就在这一年的冬天，定陵博物馆原馆长、88岁高龄的朱欣陶，也在广州与世长辞。他的骨灰运回北京，撒在了他热爱的十三陵的土地上。

* 本章资料来源于《风雪定陵》，岳南　杨仕著，有删改。

第十一章 寻找清东陵

箭插清东陵

明崇祯十七年（1644年）初夏，位于中国东北的清军将领多尔衮，在明朝驻山海关总兵吴三桂的接引下，统率八旗劲旅走出白山黑水，跨过山海关，大败李自成农民军，迅速攻占北京。同年九月，皇太极第九子、不满7岁的福临和清皇室人员由沈阳抵达北京。十月初一，福临在臣僚的簇拥下，亲到京师南郊告祭天地，即皇帝位，正式颁诏天下，宣布清王朝对全国的统治，改年号为顺治，并从这一年起称为顺治元年。

这时的福临虽然君临天下，但毕竟年幼，在宫中自然无所作为，一切军政大事统由其叔父、被封为摄政王的多尔衮主持。

顺治七年（1650年）十二月，多尔衮在古北口外行猎时坠马受伤，不久即死于喀喇城。顺治八年（1651年），14岁的顺治皇帝终于摆脱了羁绊，开始亲政。

一个风和日丽的春天，顺治帝带领群臣外出打猎，当一行人沿长城向东来到河北遵化县（今河北省遵化市）所辖马兰峪镇一带凤台山时，顺治来到一处高坡，勒住坐骑，举目四望。只见高山连绵，冈峦起伏，隆起的山脊在蓝天白云掩映下若隐若现，犹如一条条天龙奔涌腾越，呼啸长空。在天龙盘旋飞舞的中间，一块坦荡如砥的土地，蔚然深秀，生机盎然。东西两向各有

一泓碧水，波光粼粼，缓缓流淌，形似一个完美无缺的金瓯。顺治在惊讶于这天造神赐的宝地后，大声说道："此山王气葱郁，可为朕寿宫！"

言毕，顺治命随行堪舆大臣和钦天监官员架起罗盘，按八卦方位、二十四山向，运用阴阳五行玄妙之机进行测算。所属臣僚和术士们已窥到皇帝的心事，又感到此处确是王气逼人、气度非凡。于是，在测算一阵后，他们添油加醋地说："皇上圣明，深得搜地之窍，令观之支法，见龙脉自太行而来，势如巨浪，重峦叠嶂，茂草郁林，实属万乘之葬也。再看那山势如五魁站班，指峰拂手，文笔三峰，惚若金盏，形若银瓶，恰似千叶莲花，真乃上上吉地也！"

顺治闻听，大喜，来到一块向阳之地，跳下坐骑，双手合十，两目微闭，十分虔诚地向苍天高山祷告一番，而后解下随身玉佩，系于金漆箭翎之上，弯弓满月，振臂一射，那箭便穿云度日，飞落于正面凤台山的山皋之前，入地盈尺，铮铮有声，"箭落穴定"。

臣僚、术士们赶到山前，找来铁锹在地上挖出一个磨盘大的圆坑，谓之"破土"。这个圆坑便是陵寝地宫"金井"的位置。待将来陵寝地宫修好后，将第一锹土放入地宫"金井"之中，标志着皇帝死后依然拥有皇天后土，并和他生前的大地永远血脉相连。

待这一切结束后，顺治传谕，改凤台山为昌瑞山，臣僚领旨。臣僚们又找来一斛形木箱，盖在"破土"的位置，不再让它见到日、月、星三光，同时委派人员在此日夜守护，以待动工兴建。

尽管顺治帝选定了陵址，但由于当时清兵入关不久，基业方定，战火频仍，整个中国西部、南部、西南尚处于清兵与南明小朝廷以及各种武装势力的生死搏杀中。在这种形势下，顺治帝以国事为重，一直未建自己的陵寝，直到死后的康熙一朝，才将陵寝建成。

顺治入葬清东陵

顺治入主中原后，经历了许多政治风浪及建国立业的辉煌壮举。但不幸的是，他二十四岁时染上天花而早早过世。

顺治死后，由与其生前关系最为密切的僧人茆溪森禅师主持，在景山寿皇殿前焚尸火化。

顺治尸骨的火化，在清王朝入关后的历代帝王中仅此一例。究其原委，一是顺治生性好佛，并到了如醉如痴的程度。这位生前已被玉林禅师取了佛家法号为"行痴"的皇帝，自然愿意以佛家弟子圆寂后需火化的规矩行事。除此之外，是为遵循故土先祖之习，因为满洲的女真族在关外的风俗就是死后火化。顺治崩时，清军入关只有十几年的光阴，本民族的风俗时尚还依然保留如初，帝崩而火化是自然之事。葬仪到了他的儿子康熙皇帝一朝已经开始汉化，继而朝野臣民也随之改变得相当彻底。当康熙的儿子雍正皇帝驾崩时，新登基的乾隆皇帝曾对葬仪的汉化专门作了说明并作了严格的规定：古之葬者，厚衣之以薪葬于中野，后世圣人易之以棺椁，所以变通宜民，而达其仁孝之心也。本朝肇迹关东，以师兵为营卫，迁徙靡常，遇父母之丧，弃之不忍，接之不能，故用火化以便随身奉持，聊以遂其不忍相离之愿，非得已也。自定鼎以来，八旗、蒙古各有宁居，祖宗墟墓悉隶乡土，丧葬可依古以尽礼。而流俗不察或仍用火化者，狃于沿习之旧，不思当年所以不得已之故也。朕思人子事亲送死，最为大事，岂可不因时定制痛自猛省乎？嗣后如远乡贫人不能扶柩回里，不得已携骨归葬者，姑听不禁外，其余一概不许火化。倘有犯者按律治罪，族长及佐领等隐匿不报，一并处分。

顺治帝死去以及尸骨火化后，由于他生前选定的陵寝尚未完工，灵骨暂停放于景山寿皇殿，以待陵寝工程正式完工后入葬。

孝陵陵寝的建筑，是在基本上沿袭明十三陵建制的基础上，加以发展和改进而成，开创了清代独有的陵寝风格和规制。孝陵之后清代各帝陵寝，其建筑风格和模式基本相同。只是顺治帝的孝陵由于当时国家财政困难以及政权不甚稳固，某些地方在质量上较之后代显得有些粗糙。但它作为清代帝王陵寝的建筑设计蓝本，保持了它独有的历史地位，并延续发展了下去。

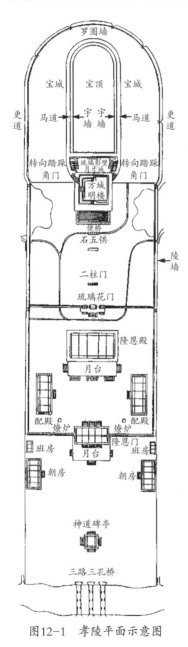

图12-1 孝陵平面示意图

孝陵陵寝整体建筑由神道碑亭开始，往北依次为东西朝房、东西班房、隆恩门、东西燎炉、东西配殿、隆恩殿、陵寝门、二柱门、石五供、月台、方城、明楼、月牙城、宝城、宝顶。周围是高大的红墙环绕，与隆恩门相衔接，全长5600多米。整座陵寝，以金星山为朝山，影壁山为案山，昌瑞山、雾灵山和东北的长白山为来龙，在东侧马兰河、西侧西大河的萦绕下，山水相映，构成了一幅世之罕见的完美的山水风景图画，充分体现出陵址的选择者和陵寝建筑设计者的独具慧眼和匠心所至。

顺治帝崩后，还是有二人为之殉葬而死。这二人一为孝献皇后的族妹、妃子董鄂氏，一为太监傅达理。董鄂氏以身殉帝后，被追封为贞妃，初葬黄花山，后迁葬孝东陵。太监傅达理被葬于陵区外许家峪东，陵墓称贞臣墓。

康熙二年四月二十二日，顺治皇帝的棺椁迁往孝陵。这一天黎明，清廷王以下、奉恩将军以上的内大臣及侍卫，分列于景山寿皇殿外，公侯伯以下满汉文武百官全部聚集到东华门外，年少的康熙亲自奠酒，哀乐声中，悲恸不已。群臣无不热泪纷纷，如丧考妣。梓宫每经过门、桥之地，都要停下进行奠酒之仪，每天宿驻享殿皆供献奠酒，举行哀礼。至六月初六日，顺治梓宫抵达孝陵，与两个月前逝去的孝康章皇后（佟佳氏）、孝献端敬皇后（董鄂氏）合葬于地宫。康熙七年正月十一日所立的孝陵神功圣德碑之上，有"皇考遗命，山陵不崇饰，不藏金玉宝器"，故而有孝陵为空券之说。而有的传说则是孝陵地宫内只葬有一把扇子、一双鞋子。这个传说是附会顺治出家的故事而来。实际上，孝陵地宫内宝床上只放有三个骨灰坛。顺治居中，两个皇后分居左右，与碑文相符。不知是满洲女真族的旧有风俗起了作用，还是顺治笃信佛法而得以佛祖保佑，这个"不藏金玉宝器"的空券，在两百年后清东陵的连续浩劫中，竟一次次躲过了盗墓者的洗劫而安然无恙，并成为清东陵所有陵寝中唯一一座没有被盗掘的陵墓。

康熙入葬景陵

顺治帝崩后，年仅8岁的玄烨顺利继位，建立了康熙朝，并成为功绩赫赫的一代英主。

康熙六年（公元1667年），玄烨14岁，开始亲政。如果说康熙皇帝在亲政前无所作为，他的治国天才是由于自己的年幼和四大臣的牵制掣肘而无法发挥，那么在亲政后，玄烨的旷世才华便迅速显示和爆发出来。清代历史上，康熙除了文治武功堪称最杰出的皇帝外，还有三个之最。这便是后宫的女人最多，其中有名号的后妃就有55位，其他侍奉的无名号的女人则不计其数。其次是子女最多，一生共有子35人，女20人，共计55人。再一个是在位时间最长。从顺治十八年（1661年）即位，至康熙六十一年（1722年）驾崩，共在位61年。

按照中国人的风俗和生活准则，多子、长寿被视为人生难得的福气，但在康熙朝却变成了一种灾难。康熙生前已成年的儿子就有近20个，而每个儿子都渴望自己能接过父皇的权杖过几天皇帝瘾，并且每个儿子都有这种希望和可能。但康熙帝在宝座上居然61年不下来，这就不能不让一些儿子心焦和气愤甚至对他产生了仇恨。而这时的康熙又偏偏在立太子的问题上，立了废，废了立，反复无常，狡黠多变，又使儿子们在希望与绝望、绝望与希望中加深了矛盾并引发了一场混战。当这种父子之间、兄弟之间的矛盾与混战交织而来时，一代英主康熙大帝也无可奈何了。

康熙六十一年（1722年）十一月初七，康熙驾临京城郊外的畅春园。初八，有旨传出：皇帝偶然受了风寒，由于龙体欠安，从初十到十五，将为冬至的祭祀大典进行"斋戒"，一应奏章都不必送来。皇帝的"斋戒"和独居静休本是一件正常的事，没有引起多少人的格外关注。但就在这看似平静的宫廷生活中，有一个人极敏锐地看到了平静的背后那可能改朝换代的非凡时刻的到来——此人就是皇四子胤禛。

还在各位皇子围绕皇位的继承问题而结交朝臣、培植私党并闹得矛盾重重、沸沸扬扬之时，皇四子胤禛却显得老练、持重，他的言行也未引起父皇和兄弟们的格外看重和猜疑。在父皇和众皇子的眼中，这位四阿哥好像是一位颇为安分守己对皇位没有多大兴趣的人。但后来的事实证明，所有的人都看错了。他的一切做法只不过是来自门下谋士戴铎的告诫："父皇英明，做儿子的就很难。太张扬外露，势必会引起父皇的疑心。若一点也不显山露水，又会被父皇和众兄弟看不起，从而弃之不顾。故此，两者之间的分寸，势必要把握得恰当。"极端聪明老练的胤禛，在听了戴铎的告诫后，一直在露与不露之间悄悄地做着文章。他没有像其他皇子那样明火执仗地结交朝臣、培植私党，而是暗中结交了两个重要人物隆科多和年羹尧。隆科多是当朝皇后（孝懿皇后）的胞弟，官拜步军统领，掌管京城的戍卫。年羹尧则是四川巡抚，在与准噶尔作战的西线战场拥有一支精锐军队。结交这两个人的目的是，一旦京师有变，由隆科多控制。若西征中的胤禵有变，年羹尧可派兵与之抗衡，迫使胤禵无法用武力达到争位的目的。皇四子胤禛算是一位真正能审时度势并悟透了权力争斗原则的天才。就在康熙患病畅春园，而众皇子尚处在梦中的关键时刻，长期蛰伏的胤禛要引弩待发了。

手握京师卫戍兵权的隆科多，已严密地控制了北京。凡是可能与胤禛为敌的皇子及王公大臣，都已处于他的监视和控制之中。与此同时，胤禛又手写密书，派心腹星夜兼程送给四川巡抚年羹尧，令他火速率领精锐之师以奉皇帝密诏的名义，接近胤禵的兵营。一旦这位皇十四子有反常举动，将予以搏杀，能歼之则歼，不能歼则牵制其兵力，使其无法杀回京师……就在这一切布置妥当之后，胤禛与隆科多等在康熙驾崩的当晚，装载遗体回京，同时封锁了皇宫，不许其他皇子进入。后来又经过一连七天的秘密筹划，皇四子胤禛正式登基坐殿了，这便是历史上的雍正皇帝。

雍正登基后，尽管仍潜伏着各种威胁，但他公开要做的第一件大事，自然是对先皇葬仪的办理。

早在康熙十五年，康熙皇帝就下旨在昌瑞山顺治孝陵东南一里左右的地方兴建自己的寿寝。经过六年的紧张施工，到康熙二十年营建完成。初葬孝诚、孝昭皇后，二十八年葬孝懿皇后。康熙的寿寝，尽管秉承了孝陵的建筑格局和规制，但由于康熙朝在经济上的日趋繁荣，综合国力的明显加强，因而较之顺治的孝陵，其布局更加严谨集中，建筑水平有明显提高，工艺更趋精美。康熙六十一年十二月初三日，康熙的梓宫被安奉在景山寿皇殿。雍正元年二月十七日，当朝臣僚恭拟康熙皇帝的陵名九字进呈雍正，雍正亲自刺破手指，以指血圈定"景陵"二字，于是康熙陵寝定名为景陵。至三月二十七日，康熙的梓宫由寿皇殿发引，四月初二日梓宫抵达陵区，暂安放于景陵隆恩殿。五月二十三日，雍正的生母仁寿皇太后因病崩逝。九月初一康熙葬于景陵地宫。给康熙祔葬的还有孝恭仁皇后（雍正生母）、敬敏皇贵妃。

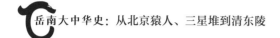

雍正另建清西陵

雍正十三年（1735年）八月二十三日子夜，雍正刚刚做了十三年皇帝，便驾崩于圆明园，后葬于易州泰陵地宫。

雍正朝创立了秘密建储制度，皇帝对选定的储君秘而不宣，而将传位诏书藏于乾清宫正大光明匾额后锦匣内。雍正死后，总管太监到乾清宫取下秘匣，当即开读，乃是"皇四子弘历为皇太子，继朕即皇帝位"。这时皇四子弘历等已闻讯奔入宫来，遂即奉遗诏，并命庄亲王允禄、果亲王允礼，大学士鄂尔泰、张廷玉为四辅臣，议定明年改元乾隆。

自清王朝入关，顺治、康熙两朝的帝王后妃在京师以东的昌瑞山下建造陵寝后，便开创了"子随父葬，祖辈衍继"的"昭穆之制"。"昭穆"为古代宗法制度。宗庙次序，始祖居庙中，以下父子递为昭穆，其左为昭，其右

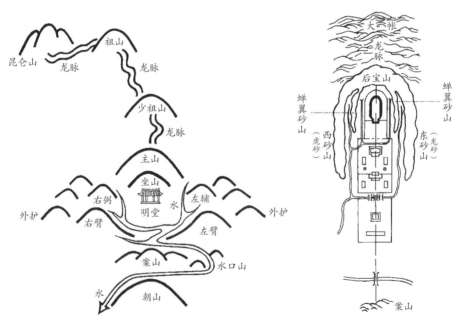

图12-2　左右二图分别为风水宝地环境模式图、清代帝陵风水形式模式图（清·样式雷绘）

为穆。父为昭,则子为穆,父为穆,则子为昭。这种方法也用于坟地葬位的左右次序。早在古代的《周礼》一书中就曾有"先王之葬居中,以昭穆为左右"的规范记述。

雍正即位后,随着政权的不断稳固,开始想起建造陵寝一事。雍正四年(1726年),诏谕允祥、张廷玉和工部、内务府官员办理陵寝事务。允祥等臣僚率领术士们先在马兰峪的昌瑞山脚下选择吉地,但没有选中相宜的地方。后来选中了九凤朝阳山,离孝陵、景陵不远,风水甚佳,得到了雍正的同意。但后来精通堪舆的臣僚术士再三相度,又认为九凤朝阳山"规模虽大而形局未全,穴中之土又带砂石,实不可用"。因此,雍正废掉了这处陵址,让臣僚们再行勘察。但这帮臣僚不知是由于什么缘故,久久找不到佳穴。又不知出于怎样的一种考虑,雍正开始命怡亲王允祥和汉大臣高其倬舍弃京师以东,到京师西南一带山脉采卜。允祥等人受命后,经过多处勘察,至易县境内的太平峪兴隆庄一带发现了"万年吉地",并回宫竭力向雍正荐引。按照允祥等人的说法,此处西依云濛山,北靠泰宁山,东傍丘陵地,南临易水河,堪称"乾坤聚秀之区,为阴阳和会之所,龙穴砂水,无美不收。形势理气,诸吉咸备"。雍正览奏之后,也认为此处是"山脉水法,条理分明,洵为上吉之壤"。但是,若在此处选择陵址,显然违背了子随父葬的规制,他不便马上表态,只说那地方虽美,但距父亲的景陵和祖父的孝陵"相去数百里,朕心不忍"。而私下他却在暗示群僚为自己寻找依据和借口。臣僚们心领神会,很快就引经据典,找出了一大堆看起来颇具情理的依据。允祥联合大学士们奏称道,汉唐诸陵虽都建于陕西,但汉高祖、文帝、景帝、武帝之陵却分布于咸阳、长安、高陵、兴平等县,唐高祖、太宗、高宗、玄宗诸陵则分散于三原、醴泉、乾县、蒲城等地。据此典法,在易州建陵,与古礼不为不合。且遵化与易州都属畿辅之地,离京师不远,完全可以建陵。群臣果然不负厚望,一番引经据典,使雍正的意图得以顺利实施。雍正八年(1730年),位于易州的泰陵开始动工兴建,至乾隆二年(1737年)宣告竣工，同年三月初二，雍正帝的梓宫被安葬于泰陵地宫。至此，清朝入关后沿袭的"昭穆之制"的丧葬规范被雍正轻而易举地打破，历史在这里无声地拐了弯。清朝自入关后，帝王的陵寝开始以京师为坐标，逐渐分为两大陵区。那便是位于北京以东遵化县马兰峪附近的清东陵和位于北京以西易县境内的清西陵。

乾隆复归清东陵

雍正不明不白地暴崩了，他的儿子弘历光明正大地成了历史上著名的乾隆皇帝。乾隆登基之后要做的一件关乎清王朝也更关乎自己的大事就是选择万年吉地。

自从雍正打破了"子随父葬，祖辈衍继"的丧葬制度而埋骨于京西易县境内后，登基不久的乾隆也跟随其父，派臣僚在西陵区域选择万年吉地。当吉地选好后，乾隆却突然改变主意，又派臣僚到东陵选择。

乾隆七年，大学士三泰、果毅公讷亲、户部尚书海望，会同钦天监监正进爱等进入东陵区域勘察地形。数日后相得胜水峪"龙盘虎踞，星拱云联，允协万年之吉"。乾隆览过绘图后，甚是满意，并诏旨于第二年二月初十日动工兴建。至此，清王朝丧葬规制的长河在雍正朝拐弯之后，又在这里改道分岔。长河的主流从此一分为二，一条流向东陵，另一条流向西陵，从而形成了中国历代王朝丧葬史上的独特规制和景观。如此做法的思想脉络和内在干系，主要是乾隆考虑到，若从自己起历代皇帝都葬于西陵，那么东陵必然有香火渐衰、冷清无助之感，日久定会荒废不堪。为兼顾东西两陵的盛衰，他才做出了这一抉择。关于这一点，乾隆在六十年（1795年）将皇位让于其子嘉庆时，在十二月二十日的谕旨中说得很是明了："向例，皇帝登基后即应选择万年吉地。乾隆元年，朕诏登大宝，本欲于泰陵附近地方相建万年吉地，因思皇考陵寝在西，朕万年吉地设又近依皇考，万万年后，我子孙亦思近依祖父，俱选吉京西，则与东路孝陵、景陵日远日疏，不足以展孝思而申爱慕。是以朕万年吉地建在东陵界内之胜水峪，若嗣皇帝及孙曾辈，因朕吉地在东择建，则又与泰陵疏隔，亦非似续相继之义。嗣皇帝万年吉地自应于西陵界内卜择，着各该衙门即遵照此旨，在泰陵附近地方敬谨选建。至朕孙缵承统绪时，其吉地又当建在东陵界内。我朝景远庞鸿，庆延瓜瓞，承承继继，各依昭穆次序，迭分东西，一脉相连，不致递推递远。且遵化、易州两处，山川深邃，灵秀所钟，其中吉地甚多，亦可不必于他处另为选择，有妨小民田产，实为万世良法，我子孙惟当恪遵朕旨，溯源笃本，衍庆延禧，亿万斯年，相承勿替。此则我大清无疆之福也，此谕。"

乾隆的诏谕除说明了他将寿宫选在东陵的原委外，还做了"兆葬之制"的硬性规定，即若父在东陵，则子在西陵；父在西陵，则子在东陵。也就是说雍正在西陵，乾隆应在东陵，而乾隆在东陵，他的儿子则在西陵，他的孙子应选东陵，以此类推，不可违旨。当这个东、西二陵兼顾的设想出台后，乾隆唯恐哪位不肖子孙像他父亲那样独出心裁，东、西二陵都不选，另立门户，再选出个南陵或北陵，这样他设想的"兆葬之制"势必被打破，造成无法依附、无章典可循的混乱局面。为此，他又专门做出规定，非东即西，不能再随便另选陵址，这样就断了后世不肖子孙别出心裁的念头。所有这些，在体现了乾隆顾全大局的同时，也完全可窥到他当时在处理这类事务上的良苦用心。只是令乾隆本人以及随他入葬东陵的后世子孙想不到的是，他的中途易辙和这道谕旨的下达，使他们在一百年后，共同迎来了陵寝被盗、尸骨被抛的厄运。而当这种厄运到来之后，世人不免做出种种假想，假如乾隆当年葬入西陵，他的子孙也效仿而做，是否还会有一百年后东陵被盗的凄惨景象？乾隆是否会同他的子孙如同今天人们看到的清西陵的主人一样，安然无恙地就寝于地下玄宫之中？

乾隆朝继承了康熙、雍正朝的盛世，建陵时正值国家鼎盛、国库丰盈之际，故此整个陵园、地宫的建筑均是遍选天下精工美料，仅其木材就分别来自四川、广东、广西、云南、贵州及东北兴安岭地区的原始森林，而这些木材中又以珍贵的楠木居多。其石料则取自北京房山和蓟县（今天津市蓟州区）盘山的石场，砖料由山东临清、江苏专工制造，瓦料由京西琉璃厂运送，即使土料也是由数十里外精选的含沙量适当的"客土"。整个陵寝由圣德神功碑、五孔桥、石象生、牌楼门、神道碑亭、隆恩门、配殿、隆恩殿、方城、明楼、宝顶以及地下玄宫等主体建筑组成，其神道南端与孝陵相连。整个建筑群规模宏大，布局严整，材料精致，工艺精湛。尤其是地下玄宫的建筑风格和艺术水准，是中国历代帝王陵寝中所罕见的。陵寝工程从乾隆八年（1743年）开始兴建，至乾隆十七年（1752年）主体工程基本告竣，先后经历九年的时光，共耗银203万两。

乾隆六十年，乾隆鉴于祖父康熙在位61年驾崩，以不超越祖宗和功高盖祖为名，毅然决定将皇帝位让给皇十五子颙琰，本人则升为太上皇，但实际上仍牢牢掌握着朝中大权。不管实际上怎样玩弄权术，毕竟乾隆在名义上做了60年的皇帝后将皇位让给了儿子。十五子颙琰即位后，改年号为嘉庆，大清历史上一个新的朝代诞生了。

嘉庆四年（1799年）正月初三，乾隆驾崩于养心殿，卒年89岁。他的驾崩当数一个八十九岁老人精气血脉耗干后的正常死亡。这是继清太祖努尔哈赤在关东建国、世祖顺治入关统治中国以来，六代帝王在奔赴黄泉路上的第一次平常事，也是整个大清王朝近300年历史进程中，少数几个没有在死亡情节上留下悬案的帝王之一。

嘉庆四年九月十五日，乾隆梓宫入葬东陵胜水峪被称为裕陵的地下玄宫。随其赴葬的有后妃五人，分别是孝贤、孝仪两位皇后，慧贤、哲悯、淑嘉三位皇贵妃。就其祔葬人数而言，与康熙景陵相同，是为数不多的。

早在乾隆五十二年三月十一日，乾隆就降旨：待自己入葬之后，在为其建造功德碑时，式样要仿照新修的明长陵碑亭，发券成造。其规模大小不可超过景陵。但是乾隆崩后，嘉庆六年破土动工的裕陵大碑楼，却违背他的遗愿而完全仿照康熙景陵大碑楼的规制建造了。这一点是乾隆生前没有想到的。

尽管嘉庆在碑楼的建造上违背了乾隆的遗愿，但他亲手为其父御制了碑文，并由乾隆第十一子、清代著名书法家成亲王永瑆书写。在这洋洋洒洒4300余字的碑文中，嘉庆对乾隆大加颂扬，称他"兼尧舜禹汤文武孔子之勋德，帝王以来未有若斯之盛者也"。同时还称他"四德无违，十全有奭，文谟武烈，丕显丕承"。此时的乾隆已被吹捧成一个十全十美的历史完人。

让后人耿耿于怀和颇有微词的是，由于这位风流天子的追蜂引蝶、游玩取乐，滋长了大小臣僚的好大喜功、奢侈浪费、贪污腐败的风气，为贪官污吏创造了借口和培植了繁衍生存的土壤。整个乾隆朝，从皇帝到臣僚再到大小官吏，就是在这样一种吹吹打打、热热闹闹的放纵、贪欲和一次次的折腾中，使大清的元气受到极大的消耗，帝国航船受到重创，使好不容易出现的"康乾盛世"迅速衰落下去。

道光再迁清西陵

自嘉庆元年（1796年）开始，嘉庆的昌陵便按照乾隆的旨意在易县清西陵区动工兴建，至嘉庆八年（1803年）竣工完成。整个陵寝建筑耗银数百万两。嘉庆二十五年（1820年）七月二十五日，嘉庆帝驾崩于热河（今承德）行宫，终年六十一岁。道光元年（1821年）三月二十三日葬于清西陵昌陵地宫。跟他同葬的仅有一人，那便是道光皇帝的生母、被封为孝淑睿皇后的喜塔腊氏。

嘉庆帝驾崩后，由他的第二子、时年三十九岁的旻宁继位，年号道光。

道光登基之后，在选择陵址的问题上，对当年乾隆所作"兆葬之制，迭分东西"的谕旨还是颇为看重的。既然祖父乾隆葬于东陵，父皇嘉庆葬于西陵，那自己就该葬于东陵。于是，他在登基不久的道光元年（1821年）九月二日匆忙降旨："国家定制，登极后即应选择万年吉地。嘉庆元年奉皇祖高宗纯皇帝敕谕，嗣后吉地各依昭穆次序，在东陵、西陵界内分建。今朕诏登大宝，恪遵成宪，于东陵界内绕斗峪，（后改为宝华峪）建立吉地。"

谕旨降下后，道光派庄亲王绵课、大学士戴均元、尚书英和、侍郎阿克当阿全权负责办理陵寝工程，并定于当年十月十八日破土动工。庄亲王等人接旨后集中一切精力兴建陵寝，经过七年的艰苦努力，终于在道光七年（1827年）九月宣告竣工。

为了表示重视，道光在竣工之日亲临东陵宝华峪祭奠，并将先前薨逝的孝穆皇后的梓宫安奉于地宫之中。当道光看到陵寝规制完备、建筑坚固、艺术精湛之时，心中甚喜，并欣然传谕：免原工程大臣庄亲王绵课应缴前借俸银四万两，大学士戴均元晋加太子太师衔，其子即以户部员外郎升郎中，归还热河都统英和一品顶戴及花翎。对穆彰阿、敬征、宝兴、继昌等臣工均论功行赏，有关匠役也得到了相应的赏赐。

道光八年初夏，道光出京越塞行围打猎。一天夜里，忽然梦见已逝的皇后在海中向他呼救，道光遂被噩梦惊醒。待他静了心神刚刚入睡，忽又被海中皇后的呼喊惊醒，一连三次，道光连惊带吓被折腾得全无睡意。他静下心对这个怪诞的梦反复琢磨了一会儿，终于悟到可能陵寝中地宫浸水，故此已入葬的皇后有梦托来。第二天一早，道光传旨，派人将自己的陵寝地宫打开，他要御驾亲临验看。

当道光再度来到陵寝地宫时，发现靴底潮湿，墙角处有水浸出。道光见了大为惊奇和愤慨，他惊奇自己的梦果然灵验，看来皇后的灵魂确实尚在阴阳两界不死不灭；愤慨的是地宫才关闭几个月，就有如此不祥之兆出现，那待自己寿终正寝后，几十年，几百年，又会是怎样的一种模样？那时的地宫不成了江河湖泊之势？自己躺在大海或江河湖泊里，尸骨何以幸存，灵魂怎能安息？若非皇后死后有灵，事先托梦于自己，待驾崩之后，儿孙面对这个浊水滔滔的地宫，该如何是好？

想到这里，道光怒火冲天，立即传谕留京王大臣会同刑部堂官，对选陵修陵大臣庄亲王绵课、大学士戴均元等主要人员及地宫浸水原因"切实根究"。谕旨一下，那些在几个月前才得以加官晋爵的臣工大员还没从惊喜的美梦中醒过来，已被全部捕进刑部衙门，兴师问罪了。

被捉拿在案的臣僚臣工相互推诿，相互指责，无一人敢出面承担责任。但经过一年多的严审和追访，终于查出了地宫浸水的三大原因。一是"北面墙帮间有石母石滴水"，虽已"用工拦挡，令水旁流"，但"仍恐日久墙内蘸湿"。二是原议两旁安设龙须沟出水，"因英和告以不用安置，是以停止"。同时英和还以"土性甚纯，无泉石"，"龙须工程可以停办"等语上奏过道光，情同欺上。三是英和在建陵时保奏牛坤督工，言"有伊在彼，英和即不必经常亲自督工"。而牛坤则声称自己"不管工程"，双方互为推卸，致使地宫工程质量受损，造成浸水之憾。

道光对修建陵寝不力的官员加以惩办，本为消解心头之恨、胸中之愤和借以示众，对事情本身的解决并无裨益，地宫依然浸水不止。这时的道光理应下令对地宫的浸水采取补救措施，但不知出于一种怎样的考虑，他下令将这座征用了数十万工匠和数百万夫役、历时七载才修成的陵寝，无论地上还是地下的建筑全部废掉拆除，并不顾乾隆当年规定的"兆葬之制"，又毅然在易县西陵的龙泉峪另选陵址，重新建陵，致使几百万两白银铸成的建筑全部毁于一旦。清王朝的丧葬历史的河流再度在这里拐弯，道光将这段历史画了个圆圈之后，又回到了当年雍正的起点上。而道光在陵寝问题上的受挫，恰恰成全了他百年之后尚能安寝的凤愿，将厄运悄悄地转嫁于他儿子的头上。当几十年后的那个夜晚，东陵传出恐怖的爆炸之声时，此时的道光连同他的先祖雍正，一定会为当年的选择感到暗自庆幸。

道光十一年，道光帝的慕陵在西陵龙泉峪破土，至十六年竣工，历时五年。此项工程吸取了宝华峪地宫浸水的教训，选择了高平之地。在建陵过程中，道光一直提倡俭约行事，实际耗银却达240万两，比号称清陵之冠、耗银为203万两的乾隆的裕陵还多耗费了37万两。若再加上宝华峪工程的一建一拆的耗银，可超过两个裕陵，哪里还有什么"俭约"可言？

道光三十年（1850年）正月十四日，六十九岁的道光帝驾崩于圆明园慎德堂。咸丰二年三月初二日，葬于清西陵慕陵。祔葬的有孝穆、孝慎、孝全三位皇后。

道光驾崩后，他的第四子、年仅二十岁的奕詝继承大位，年号咸丰，以次年（1851年）为咸丰元年。

由于本当葬入东陵的道光改葬西陵，这就迫使他的儿子咸丰帝不得不在东陵兴建陵寝。咸丰二年九月十五、十六两日，咸丰趁谒陵的机会，亲自来到臣僚们为他选定的东陵界平安峪、成子峪、辅君山等三处山势进行阅视。经过一连几年的反复比较，到咸丰八年，东陵界的平安峪被正式选定为万年吉地，并于咸丰九年（1859年）四月十三日申时破土。

咸丰帝的陵寝在整个修建过程中，有两大突出特点：一是随朝政的变迁几次更换承修监工大臣；再是大量使用了道光帝废掉的宝华峪陵寝中的旧料，并开创了新的陵寝修建格局。

由于咸丰朝战乱不止，财政困难，国库空虚，其陵寝的修建不得不用道光帝当年在宝华峪废掉陵寝的旧料，其中石料、砖料使用最多。与此同时，在建筑规制和遵守祖宗成宪的基础上，又部分吸收道光帝慕陵的做法，对一些地上建筑进行了裁撤，如圣德神功碑楼、二柱门等，再加以改造创新，形成了独特的建筑格局，从而成为以后兴建的惠陵和崇陵仿制的典范，在整个清王朝陵寝史上起到了承前启后的作用。遗憾的是，咸丰没有亲眼看到自己陵寝的竣工，就在战乱的苦痛中含恨崩逝了。

这位在晚清历史上被称为"战乱皇帝"的咸丰，一定死不瞑目，孤魂不安。纵观他的一生，实在令人扼腕叹息和万般无奈。咸丰即位不久，就爆发了声势浩大的太平天国运动。短短数年之后，太平军定都天京（今南京），派兵北伐，逼近天津，大清王朝面临严重危机。此时的咸丰派僧格林沁、胜保镇压太平军，令琦善、向荣率大军围困天京。几年之后，太平军击破清军对天京的包围，整个江南几乎全部落入太平军之手，大清王朝只剩摇晃不定的半壁江山了。

就在这战火纷飞、硝烟四起、江山摇撼之际，英、法又于咸丰六年发动了第二次鸦片战争，次年攻陷广州。咸丰八年，大沽炮台失陷。咸丰十年，英、法联军再次攻陷天津。

这年的八月初八日，咸丰带领皇子、后妃及部分亲信大臣仓皇出逃热河行宫。英、法联军侵入北京，在北京大肆洗劫并焚烧了举世闻名的圆明园。就在这战火未熄、硝烟未散的局势中，留在京中办理和局的恭亲王奕䜣秉承咸丰的旨意，分别与英、法订立了《北京条约》，除开放天津为商埠外，同时割让九龙给英国。

咸丰十一年（1861年）七月十七日，悲愤交集的咸丰在忧郁中驾崩于热河行宫，卒年三十一岁。咸丰崩逝后，其长子载淳继位，年号同治。

咸丰十一年九月二十三日，咸丰帝的梓宫由热河启程，十月初三日到达京师，并先后安奉于乾清宫、观德殿。

同治元年九月九日，咸丰帝的梓宫由京启程运往东陵。由于此时咸丰帝的定陵尚未竣工，只好将梓宫于风水墙外的隆福寺行宫暂安。

同治四年八月，定陵主体工程告竣。同年九月二十二日辰时，咸丰帝入葬定陵地宫，祔葬地宫的是原配皇后萨克达氏。萨克达氏逝于道光二十九年十二月，道光三十年正月，咸丰帝即位后追封为皇后。

不知归葬何处的同治帝

咸丰帝热河驾崩后，由他当时唯一的一个年仅六岁的儿子载淳继承大位，年号同治，第二年（1862年）为同治元年。

同治即位后，尊封咸丰帝的皇后钮祜禄氏为"母后皇太后"，徽号"慈安"。尊封自己的生母、贵妃叶赫那拉氏为"圣母皇太后"，徽号"慈禧"。由于慈安居于东宫，慈禧居于西宫，历史上又将其称为东、西太后。

自此，大清的朝堂上，两宫皇太后开始了以皇帝的名义行使太后职权的"垂帘听政"。同治本人也开始了永无休止的作为傀儡皇帝的政治生涯。

按照清朝祖制，历代皇帝都是登基后即选陵址、建陵寝，同治登基自然不能例外。但令人费解的是，同治当了十几年的皇帝，两宫太后一直不开口提修建陵寝一事。太后没有恩准，作为傀儡皇帝的同治自然不敢吭声。

同治十三年（1874年），同治因染上梅毒而撒手人寰，年仅十九岁。

同治驾崩后，由于无嗣继位，便由慈禧做主，将慈禧胞妹的儿子、同治的堂弟兼表弟、年仅三岁半的载湉接入宫中，并很快让其继承大位，年号光绪，第二年（1875年）改元光绪元年。

光绪继位后，同治的皇后阿鲁特氏，因慈禧的专横暴虐而深感自己以后处境危艰，前程渺茫，遂于同治去世之后的光绪元年二月二十日，在宫中吞金自杀，卒年二十二岁。皇后自杀，举朝皆惊，无不为之扼腕痛惜。

帝后先后崩亡，理应尽快归葬，但由于慈禧的专权，直到此时同治的陵寝尚未建造，帝后的梓宫只好移奉隆福寺暂安。

由于此前的咸丰帝已葬于东陵，按照清廷祖制，作为儿子的同治理应葬于西陵。这时权柄在握的慈禧却偏偏不理祖宗那一套规制，反而大行逆道，断然决定在东陵的双山峪为同治建陵。

光绪元年八月，同治的惠陵开始在双山峪动工兴建，到光绪四年九月建成，建造工程仅用了三年零一个月的时间。在整个清东陵的皇帝陵寝中，这座陵寝不仅建造时间最短，就其整体规格和质量而言也是最为低下和次劣的。清东陵五座皇帝陵寝中的最后一座陵寝，就这样匆匆收场了。

光绪五年三月二十六日，同治帝、后的梓宫在停放了五年之后，被一同葬入东陵界内的惠陵地宫。

六十多年后的1945年至1948年期间，同治帝后的惠陵被盗掘3次，皇帝的尸骨被捣毁，而完好如初、身体仍富弹性的皇后阿鲁特氏，衣服被剥光，腹部被剖开。盗墓者如此惨无人道的做法，竟是为了要得到当年皇后吞于腹中并由此死命的一点点黄金。上帝无眼，苍天不公，一对生前境遇悲惨的男女，又突遭罹难，实在让后来者欲哭无泪，为人世竟有这么多的不幸而悲天长悯！

慈安、慈禧定东陵

去则去矣。虽未彻底万事皆休，但总算得到了短暂的安息。而继任的光绪皇帝，此时正受着比同治还要凄惨、还要痛苦不堪的煎熬。在光绪登基直至驾崩的三十四年中，专横跋扈的慈禧从未提起过给光绪建造陵寝一事。慑于慈禧的淫威，满朝文武，未有一人敢提及此事。与此相反并形成鲜明对比的是，慈禧对自己的陵寝建造却一刻未忘，同时做出了令人骇怪的举动。

早在同治五年（1866年），三十二岁的慈禧就命臣僚、术士赴清东陵陵区为自己和慈安选择陵址。在初选的过程中，有的因水位不良，有的因山势不佳，有的因隔河修御路困难，均未选中。

到了同治十二年，同治与皇后行完大婚仪式并在太和殿举行亲政大典后，于三月初恭谒东陵。就在这次恭谒中，同治奉慈禧的旨意，率领臣僚、术士为东、西两宫太后在东陵界内选择的万年吉地做最后勘定。经过几日的勘察，他们相定一处穴基，认为此地确是"地势雄秀，山川环抱，实乃万古上吉之地"。同治返京后，遂呈陵址蓝图请两宫太后阅示，慈安、慈禧两太后甚是满意。此处有两座后山，原来一座名为平顶山，一座名为菩陀山，尊奉慈禧和慈安两太后的旨意，同治十二年三月十九日，同治以朱笔改平顶山为普祥峪，改菩陀山为菩陀峪。随后打桩立记，拟在普祥峪修建慈安陵，在菩陀峪修建慈禧陵。

清宫历代皇后，慈禧作为最热衷权势、最显赫的一位皇后（尽管咸丰驾崩后才得到这个虚位）当数无疑。这个女人在实际统治大清王朝近半个世纪里，曾闹出了许多违背祖制的事情，让后人为之揣度猜测，争论不休。但是，在单独建造陵寝这一点上，慈禧并非首创。

开皇后单独建陵之先河的，是康熙五十六年薨逝的顺治帝的皇后博尔济吉特氏，即孝惠章皇后。

孝惠章皇后十四岁入宫，被封为妃，继之被册立为中宫皇后，因不久后入宫的董妃董鄂氏艳丽聪慧，颇受顺治的宠爱，孝惠章皇后曾一度遭到冷遇，皇后的位子差点让董鄂氏取而代之。她入宫不到七年，董鄂氏撒手人寰，次年顺治帝也驾崩归天，年仅二十一岁的孝惠章皇后自此开始了寡居的生活。

由于康熙的生母于康熙二年就早早地薨逝，年仅十岁的康熙便由孝庄太皇太后、皇太后博尔济吉特氏提携看视，母子之情极为深厚，康熙对这位年轻的皇太后也倍加孝敬。在后来的数十年间，康熙多次陪伴皇太后去热河行宫避暑、五台山进香、拜谒祖陵、外出巡视，母子感情不断地加深。康熙五十六年十二月初六日，皇太后病逝于宁寿宫，享年七十七岁。康熙得知皇太后的死讯后，悲恸万分，亲自带病守灵，并降旨要隆重治丧，还坚持为皇太后上谥号为孝惠章皇后。

在此之前，按照清王朝的祖制，无论皇后死于皇帝之前还是之后，都应葬于皇帝陵内。康熙二十六年，清太宗皇太极的皇后、顺治的生母、康熙朝的孝庄太皇太后薨逝。死前留下遗嘱："太宗文皇帝安奉已久，卑不动尊，此时未便合葬。"并希望将其葬于东陵以和儿孙们长期为伴。对于这份遗嘱，康熙极其为难。由于清太宗皇太极的陵寝远在盛京（沈阳），奉运的确不便，康熙又不愿违背太皇太后的遗愿，只好降旨将灵柩暂安奉于清东陵风水墙外的"暂安奉殿"直至雍正三年，才在"暂安奉殿"原处就地起建陵园，葬入地宫。

按照祖制，这次孝惠章皇后理应葬入顺治的孝陵地宫，与先皇共安息。康熙却没有这样做，而是打破祖制，在孝陵东侧为孝惠章皇后单独修建了一座陵寝，名为孝东陵。这是清王朝修建的第一座皇后陵寝。康熙为什么要如此安排，一直成为后人争论不休的话题。据清东陵研究者、历史学家徐广源先生推断，康熙的做法可能出于下面两个原因：其一是受孝庄太皇太后遗嘱中"卑不动尊"等语的影响和启示，认为先皇的梓宫已入葬半个多世纪，孝惠章皇后不宜重开已封闭的地宫，葬入孝陵，以卑动尊；其二是数十年来，康熙与孝惠章皇后之间的母子情深，促使他单独为其修建陵寝以示孝敬和报答提携看视之恩。当然，徐广源先生的推断只能算作一家之言，到底真情是否如此，尚需进一步考证。但不管作何推断，孝惠章皇后的孝东陵还是兴建了起来，并于康熙五十七年入葬地宫。自此，孝东陵作为清王朝兴建的第一座皇后陵寝，开创了历代王朝为皇后单独建陵之制。至雍正五年，雍正帝将康熙二十年在东陵建成的专葬妃嫔的"妃衙门"正式尊奉为妃园寝。整个清东陵形成了皇帝、皇后、妃嫔等各自不同的陵寝。当历史的车轮滚动到慈禧掌权的时代，作为名正言顺的皇太后，为自己建造陵寝亦是顺理成章的事情了。

由于清王朝自嘉庆之后，国力大衰，财政屡屡出现赤字，故素以"节俭"为名的道光帝屡次谕示："以后历代皇主，万年吉地地宫尺丈规模，着遵照慕陵规制。"慈禧却不管先祖的那一套，她指示建陵的大臣，除了采用慕陵规制外，还要采取众陵之长，臣僚们自是心领神会。后来的事实证明，定东陵除仿照慕陵、昭西陵之外，还吸收了咸丰帝定陵的长处，其中在地宫的庑殿蓑衣顶用新样城砖灰砌，就显然来自定陵。康熙朝所建的第一座皇后陵——孝东陵，没有下马牌、神道碑亭，以后在清西陵陆续建成的泰东陵、昌西陵、慕东陵等三座皇后陵，也只增加了下马石牌，而未设神道碑亭。但定东陵下马石牌、神道碑亭一应俱全，完全逾越了祖制。可慈禧不管这些，不仅将地面建筑搞得奢靡豪华，其地宫建筑也独具特色。其雕刻之华美、选料之精良、设计之合理，无不令人惊叹称奇。连乾隆的裕陵都没有的排水系统，在此却极为精巧地安设齐备，那六个古钱状的排水沟漏，将地宫积水汇于两条地下龙须沟，而后再顺势注于陵院外的东西马槽沟内，保持了整个地宫的干燥。许多年后，当盗墓者将东陵十几座陵寝打开时，发现几乎每座陵墓的地宫都有深浅不同的积水，唯定东陵干燥如初，其原因就是这古钱状的排水系统产生的作用。

慈禧、慈安两太后的定东陵，自同治十二年八月二十日开始施工，至光绪五年六月二十二日同时竣工，历时七年。慈安的普祥峪陵寝用银266.5万余两，慈禧的菩陀峪陵寝用银227万两。两陵除规格相同外，占地面积均为2.2万多平方米。

在定东陵建成不到两年的光绪七年（1881年）三月十一日初更时分，慈安皇太后驾崩了。光绪七年九月十七日卯时，葬于东陵界内的普祥峪定东陵地宫。

由于慈禧和慈安的两座陵寝并列东西，面南背北，中间只隔一条用于排水的马槽沟。慈安身为东宫太后，却葬在了西面的普祥峪陵寝，而晚死的慈禧自然就只能占用东面的那座菩陀峪陵寝了。东太后西葬，西太后东葬，这个看似颇不在情理的葬制，不免让人迷惑和引起后人的议论。

其实，清朝入关并建东陵以来，自顺治的孝惠章皇后独自建陵之后，凡比皇帝晚逝的皇后，都无一例外地单独建造陵寝，并以先皇帝的陵寝之名和自己陵的方位命名。如孝惠章皇后的陵寝在顺治帝孝陵的东侧，就定陵名为孝东陵，其他如"泰东陵""昌西陵""昭西陵"等陵名，均是以皇帝的陵名加方位而成。因咸丰帝的陵寝称定陵，慈安、慈禧两陵均坐落于定陵东侧，故统称定东陵。因为陵名的确定是以咸丰帝的定陵为中心而不是以整个陵区为中心而得，那么，慈安葬于西边，从地理位置上就更靠近咸丰帝的定陵，而慈禧葬入东边，就相对距定陵或者说咸丰帝要远些。因慈安生前的地位一直高于慈禧，这个葬制是合乎情理的。况且皇陵中的神路设施，均按"以次接主"的规制而成，咸丰帝的神路接顺治帝的孝陵神路，而慈安的神路又接咸丰帝的神路，那慈禧的神路又接于慈安的神路之上。由此更可看出，慈安尽管葬在了西边，不但不能说明其地位低下，反而证明她的地位要高于慈禧。这也正是决定她葬于西侧的根本原因。

慈禧陵为何重建？

慈安皇太后死了，慈禧最终登上了权力的顶峰，更是无所顾忌。

甲午战争的乌云在使大清付出了惨重的代价。但普天之下不但没有迎来灿烂的阳光，还遭遇了百年罕见的水灾、旱灾、虫灾，数千万灾民在水火交融中无家可归，生死无着。此时的慈禧却不顾国家大量割地赔款、财政极端紧张的现实，更不顾百姓流离失所、饿殍遍野之惨痛，她怀着没能在颐和园举行六十庆典的缺憾和多少年后也没有人完全猜测得出的一种极其复杂的心理，毅然颁旨重修她那东陵地界的定东陵。她近似疯狂地颁旨，召集天下精工巧匠，于光绪二十一年十一月二十四日正式重修菩陀峪定东陵，并诏令群臣在重修中首先要做的事，就是将隆恩殿前的那块丹陛石换掉。

按清宫规制，丹陛石上的"龙凤戏珠"石雕图案本应是龙在上、凤在下，象征皇帝为天、皇后为地，天地结合，也就是阴阳结合。世上的万事万物正是在这天地、阴阳的相互依赖、结合中产生的。正在垂帘听政的慈禧却不管祖制和这来自自然界的道理。她要反其道而行之，诏令臣工一定要将丹陛石雕刻成凤在上、龙在下，以示自己为天，皇帝为地，自己为上，皇帝为下。于是，一块凤在上、龙在下，"凤龙戏珠"的丹陛石浮雕很快刻就，并镶于定东陵的隆恩大殿前最显要之处。

丹陛石上除了那雕得活灵活现、栩栩如生、凌空展翅的翔凤和腾水穿云的蛟龙，在丹陛石最下端的"海水江岸"图案中，还雕刻着一只小小的壁虎从崖石缝内钻出来，前身微露，两只带有五个爪的前腿伸出，口内吐出一股如意云朵。这只小小的壁虎，在外人看来只不过是一点装饰或点缀，有

和无都无碍大局，但慈禧对此一直耿耿于怀，念念不忘。因为内行人知道，这只壁虎虽小，其暗含的寓意却甚大。唯鉴于其暗含的重大寓意，清宫才作为一种祖制保持、流传下来。这个隐意的来源起自壁虎本身。历代王朝将壁虎命名为"守宫"，并在宫中屡有试验和应用。清朝宫廷虽不再饲养壁虎，但对其"守宫"的声名却深信不疑，故在兴建的陵寝的丹陛石上都暗刻一只壁虎，以为"镇物"。这种雕刻之法作为清宫的一种祖制保留了下来。至于

图12-3　慈禧陵毁弃的御路石与右下角暗雕的小壁虎

慈禧面对这个"镇物"，是否想到了有辱她的尊严，或是感到自己葬入地宫后灵魂真的被镇住而不得自由因而暴怒异常，也只有她自己才能解释了。

不管怎么解释，慈禧对丹陛石上那只小小的壁虎产生了恐惧是肯定的。正因为如此，决定要重修定东陵的慈禧才下令首先将隆恩殿前的那块丹陛石换掉，重新安设没有壁虎的石雕。

对于这个明显违背祖制的诏令，再也没有人敢提出异议了。经过几十年的苦心经营，年过六旬的慈禧已经取得了政治上的绝对权威，满朝文武也在不断地与她交手、摩擦、顶撞后，纷纷败下阵来，并渐渐变得唯命是从、心悦诚服，不敢有丝毫非分之想了。他们唯一能做的是，将带有壁虎的石雕换下后，偷偷埋入定东陵一侧的地下，意在留给后人窥测当年的真相和评说慈禧此举的是非功过。

重修后的隆恩殿及东西配殿，工艺高超，规模庞大，豪华富丽，用料精致，因而靡费惊人，不仅超越了清朝历代祖陵，就连明、清两朝二十四代皇帝居住的紫禁城也没有如此奢华。清宫祖制规定，凡帝后陵的隆恩殿内，只许在四根明柱上贴金，做缠枝莲花或盘龙行云状。哪怕是代表着皇权神威，帝王登基时受百官朝拜的紫禁城内的金銮殿（太和殿）也只有六根贴金明柱。在慈禧陵三殿内外，却有六十四根金柱傲然矗立。这些金柱还不是一般的表示性的贴金，而是用铜做成半立体镂刻的盘龙，铜上鎏金，光华四射，闪闪耀目。尤其是在立体状的龙头上安装了带有弹簧的龙须。这龙须借助空气的流通，自行来回摆动，如群龙低吟，妙不可言。人们在惊愕慈禧奢华靡费的同时，又不能不对工艺设计者们那富有灵性的天才杰作表示叹服和崇敬。

慈禧的菩陀峪定东陵自光绪二十一年十一月二十四日兴工重建，历时十四年，直到慈禧崩亡前不久，始得完竣。其整体工艺水平、豪华程度，为中国明、清两朝二十四代帝后陵寝之最。当这座独一无二的辉煌陵寝竣工的信息通过朝臣奏于慈禧时，躺在病榻上已病入膏肓、行将归天的慈禧，脸上

露出了满意的喜色，内心极其欣慰。这次总算在形式上大大地超过了慈安，并让自己生前死去的这位对手无可奈何了。

光绪、慈禧崩

光绪三十四年十月廿一日（1908年11月14日傍晚）酉刻，年仅38岁的光绪皇帝驾崩于西苑南海中的瀛台。

就在光绪死后的第二天，即十月廿二日，紫禁城内的空气进入了短暂的凝固之后，"砰"的一声炸开，本朝惊天动地的大事终于发生了——驾驭大清帝国近半个世纪、权倾朝野的铁血女人、74岁的慈禧皇太后咽下最后一口气，死于西苑仪鸾殿。自此，一个行将全面崩溃的帝国残局，不可更改地落到了醇亲王载沣之子、一个年仅3岁的男孩溥仪的肩上。

令人扼腕叹息的是，在光绪登基直至驾崩长达三十四年的岁月里，不但一生竭力倡导的改革事业未能成就，图谋报国的壮志未竟，就连自己的陵寝也未兴建。直到他驾崩后，才由他的异母弟、新登基的宣统皇帝溥仪之父、醇亲王载沣派人在西陵界内找了一块叫绝龙峪的地方，开始兴建清王朝统治时期的最后一座皇帝陵寝。光绪帝倒霉至此，醇亲王愚蠢至此，已无复加。生前的哀婉凄惨、身陷囹圄总算过去，但死后以真龙天子之身又落到绝龙峪中，可知他的孤魂该是怎样的忧愤与悲惨，可见大清王朝确也是命当该绝了。而当大清王朝正式宣告灭亡时，已驾崩三年的光绪皇帝，那硬邦邦的尸体还躺在紫禁城一间漆黑的屋子里，直到五年后的民国二年（1913年），才将其葬于崇陵地宫之中。

与光绪不同的是，那位一生都在恃宠专权、作威作福的慈禧，生前享尽人间荣耀与辉煌，死后更是气派非凡，华贵异常。在她崩亡二十四天后的十一月十六日，慈禧的"佛体"入殓于棺椁之中。

伴她放进棺椁的还有大量金银珠宝和其生前宠爱之物，整个棺椁造价昂贵，豪华无比。其木料均取自云南的深山老林，只是这些木材的运费就耗银数十万两。当棺椁成型后，先用一百匹高丽布缠裹衬垫，然后再反复油漆四十九次，始装殓慈禧尸骨。

图12-4　慈禧太后安葬时由纸人纸马组成的仪仗队

图12-5　慈禧太后出殡时的棺椁和杠夫

从慈禧崩亡到棺椁抵达东陵，其间将近折腾了一年，最后总算于宣统元年（1909年）十月初四日巳时，葬入菩陀峪定东陵地宫。整个葬礼共耗费白银一百二十多万两，为大清历代帝王后妃葬礼之最。

正当慈禧躺在华贵舒适的地宫里，任凭幽灵自在穿行，并为她生前死后的无上"荣耀"而志得意满、沾沾自喜时，她没有想到，辉煌夺目的紫禁城已进入大清帝国日落后的黄昏，光芒灿烂的昌瑞山也将很快王气不再，并进入一代王朝彻底衰败的暮色之中。

就在溥仪登基不到三年的辛亥年（1911年），大清帝国的丧钟被南方的革命党人敲响。随着武昌起义的爆发，全国掀起了暴风骤雨加冰雹般的反满狂潮。同盟会领袖孙中山顺应时势于1912年1月1日，以中华民国临时大总统的身份在南京宣誓就职，成立临时政府，改年号为民国元年。

新政府的成立，使日薄西山的清王朝在革命党人的胁迫以及本朝北洋大臣袁世凯的诱逼、欺骗下，极不情愿又无可奈何地做出了让小皇帝溥仪退位的决定。

随着皇帝退位诏书和民国优待清室条件公布天下，宣告了大清王朝统治中国的正式终结。

自明山海关守将吴三桂迎清兵入关，多尔衮定都燕京（北京在辽金时期的旧称）以摄政王开基，入主中原，奠定大清基业，此时也

图12-6 《京师公报》发布的清帝退位"号外"

以摄政王终结。大清王朝共传10主，凡268年。若加上入主中原之前，清王室在满洲称帝的2主（清太祖努尔哈赤，清太宗皇太极），总计12朝。

按照清廷和民国政府事先达成的协议，紫禁城一分为二，以乾清门广场为界，前朝部分即三大殿和文华、武英等殿归民国政府所有，内廷部分即后三宫和东、西六宫等处，仍为清廷人员占据。

在这以后的十几年里，紫禁城内小朝廷穷奢极侈的生活方式未有丝毫的改变，宫里宫外驻有大批护军，森严气氛一如既往。满蒙王公旧臣遗老以及念佛吃素的僧侣们，照例进进出出，向高踞在宝座上的"小皇帝"叩头礼拜。大批太监、宫女、侍卫供"小皇帝"和"后、妃"及"皇室"人员役使，并有"内务府""宗人府"等衙署为小皇帝和"皇室"人员操办事务。

在各色大旗、各种势力你方唱罢我登场中，历史迎来了以直系军阀曹锟为政府总统的不凡的1924年以及在这一年里发生的"北京政变"。这次政变在促使"贿选总统"下台、紫禁城内的小朝廷烟消云散的同时，也为几年之后清东陵发生的惊天盗掘案埋下了深深的伏笔。而盗案的主角，就是中国近代史上著名的盗陵将军——孙殿英。

接近清东陵

1928年4月30日，奉系军阀张宗昌兵败后放弃济南，仓皇向东逃窜。张宗昌的部下徐源泉率孙殿英等部也先后弃山东退到天津南仓，继又退到河北蓟县、马兰峪一带。6月29日，孙部退至北京以东的蓟县城。

正在徐源泉、孙殿英走投无路时，蒋介石出于自身利益考虑，派遣亲信要员、专门负责动员北方各军响应北伐的何成濬，对徐源泉、孙殿英策反。徐、孙二人见奉、鲁军大势已去，只好暂时答应倒戈，并接受了蒋介石的改编。徐源泉被任命为国民革命军第六军团总指挥，孙殿英为第六军团第十二

军军长，其部下设了四个师、一个独立旅和一个工兵团，外加部分手枪队等。至此，孙殿英摇身一变，又成为国民革命军的一员将领。

孙殿英部来到蓟县后，把军部设于城内的一座寺庙中。随后，孙殿英即命人召来遵化、玉田、蓟县三县的官僚、豪绅、商贾商量军队的粮饷事宜。这三县的头面人物来到军部听了孙殿英的叙说后，个个脸上布满愁容，支支吾吾表示自己有困难。遵化、玉田、蓟县一带又地瘠民贫，比不得江南鱼米之乡，筹集粮饷自是困难重重。但话又说回来，既然要保存这支军队，就要吃饭花钱，尽管孙殿英部已改编为国民革命军，但这只是一个名分，蒋介石是不会将手中的钱财花在这支被招安的部队身上的。别无选择，纵有万般困难，孙殿英也要从当地筹集粮饷。

正当孙殿英欲以一军之长的雄威对面前的士绅采取高压手段时，却听遵化县的来人说道："眼下奉军溃退，许多军队由兵变匪，在这一带打家劫舍，抢钱抢粮，当地老百姓仅有的一点救命钱财几乎都被抢劫一空。马兰峪原有匪首马福田，本是一名多年巨匪，盘踞马兰峪一带无恶不作，于去年秋曾被奉军岳兆麟军长收编，马福田成了团长。谁料想奉军败退，马福田重又率部下四五百人归山，倒行逆施，更甚往昔，烧杀淫掠，肆意横行。在将当地老百姓的钱财劫抢一空后又窜往清东陵，捣毁殿宇，刨坟掘墓，将大量金银器具及坟中珍宝盗出，运往北京变卖，据说一笔就成交十二万元之巨……"

"什么？"孙殿英听到这里，原来那迷迷瞪瞪的头脑像被电击一般，跷起的二郎腿迅速收回，腾地从椅子上站起来，冲遵化县的来人急切地问道："这清东陵离本军部有多远？"

"几十里地，翻过两个山头就到了。"来人答。

"清东陵不是有军队守护吗？怎么可以让马福田之匪类任意横行？"

"别提了，清东陵的驻军早没了。现在只有几个半死不活的老头子在看护，像没主没家的孩子一样，地面上的珍贵东西几乎全被抢光了，树木也被砍伐殆尽了。"

"噢？"孙殿英听到这里，脑子里瞬间闪过一个念头，心中的热血加速流动，布满麻孔的黑脸涨起一丝红润。他站起身，倒背着手异常激动地在地上来回走动着。过了好一会儿，他停住脚步，眼睛放出一种兴奋和有些神秘的光说道："保境安民是我军之首责，现在我就和诸位达成个协议，从明日起，我军即出动队伍在防区内剿灭匪患，保一方平安，你们也要尽心尽责地为我筹集粮饷如何？"

众人见孙军长如此一说，也就不便再硬着头皮顶下去，只好苦笑着答应，各自回去。

等这帮官僚、豪绅一走，孙殿英立即向副官详细询问了东陵地区地形，并把师长谭温江召来说："你速将队伍拉到靠近东陵的马伸桥驻防，并派得力人手查清东陵的一切情况向我呈报。我有一种预感，你我弟兄发一笔横财的机会可能到来了。"

谭温江望着孙殿英那兴奋而得意的神色，沉默了片刻，似有所悟，不再追问，当即遵令，调集全师人马向离东陵不远的马伸桥赶去。一到马伸桥，谭温江让参谋长等安排驻防事宜，自己则带上副官及部下团长赵宗卿等十余人打马飞驰清东陵。经过近一天的查访，清东陵的一切情况全部查清。当天夜里，谭温江飞马向蓟县军部赶去。

清东陵自1663年葬入第一个皇帝顺治之后，其时共有帝、后、妃陵寝十四座。这十四座陵寝又分为三百多座单体建筑，均以昌瑞山下的孝陵为中心，分布在东、西两侧，依山就势，高低有差，错落有致，主次分明。陵区外围的黄花山等地还有十多座园寝，那是清代王爷、皇子、公主、勋臣、保姆等人的葬地，其陵园规制与妃园寝相似，均以绿色琉璃瓦盖顶。整个陵区沿燕山余脉昌瑞山而建，着意山川形势的自然美与建筑景观人文美的和谐，达到了"陵制与山水相称"的目的。昌瑞山为东西走向，正中主峰突起，两侧群峰层层低下，宛如一道天然屏障。明朝初期，出于战略上的考虑，曾在山脊上建有蜿蜒起伏的长城，明代中后期的一代名将、抚远将军戚继光曾率部在此地镇守。清朝建陵时，因长城有碍于"风水"的统一和完整，清政府便下令拆除了山顶十多公里的长城，打通了南北125公里、东西宽窄不等约有20公里的陵区。整个陵区始以昌瑞山为界，分为南、北两个区域。昌瑞山以北为"后龙"。这"后龙"区域山连山、岭套岭，气势磅礴，绵亘不绝，顺着雾灵山脉，直达兴隆、承德地界，可谓群山千里，气象非凡。在"后龙"区域内，分设内、中、外三条火道并有重兵看守。昌瑞山以南为"前圈"，以层峦叠翠的昌瑞山为后靠，东依马兰峪起伏的鹰飞倒仰山，西傍蓟县高耸入云的黄花山，南抵天然翠屏、犹如倒扣金钟的金星山，陵区的最南端，则有天台、烟墩两山对峙，形成一个险峻的陵口，名为兴隆口，亦称龙门口。清代建陵时，兴隆口有一口深不见底的水潭，潭中之水墨绿幽深，即使大旱之年，潭水也永远不会干涸。相传，兴隆口的烟墩山有一泉眼与渤海相通，潭中有龙王的第八子率领鱼鳖虾蟹众水族看守门户，因此兴隆口又叫龙门口。每当旱季，西大河水势减弱，行人从此口经过，便能感受到这里气氛萧瑟，冷气森森。兴隆口还是清朝帝后妃嫔入葬东陵时，运送梓宫和彩棺或帝后拜谒陵寝时的必经之路。通过时，在这里架设木桥，銮驾过后即将木桥拆除，以防闲杂人等通过。由此，兴隆口不仅是孝陵，而且亦是整个清东陵的一个天然门户。

自清建陵以来除原有的山林，又不断在前圈和后龙栽植大批陵树，使整个陵区苍翠蔽日，一望无际，名曰"海树"。在陵区中心，各座陵寝附近所栽的陵树，行列整齐，各有定数，名曰"仪树"。这种仪树顶部树枝斜伸，亭亭如盖，具有龙飞凤舞的姿态，由此取名叫作"盘龙松"。整个前圈和后龙所栽的全部树木，据清末时的估计，在八百万棵以上。民国二年（1913年），文人陈诒重曾将所见到的清东陵陵园景色以诗记之，并做了如下诗注：

初至，从龙门口入，两崖壁立，一泓泠然，绝水而驰，溅沫如
雪。水侧春草膴茂，夹毂送青。更前则群松蔽山，苍翠弥望，殿寝
黄瓦，乍隐乍现于碧阴之中。好风徐来，清香满袖，清肃之气，祛
人烦劳。

从陈诒重的诗注中可以看出，民国成立初年，清东陵还保持着原有的磅
礴气势。由此也可以看出，为培植、保护这个陵区，清王朝的历代帝王都曾
费了多么大的心血。

由于清朝历代帝王都认为能够在上吉之地建陵，便可以"开福祉于隆
基，绵万年之景运"，故陵寝在他们的心目中占据着十分重要的位置。为了
保护陵区的安全，在陵区周围开割了火道，竖立了红、白、青三道界桩，界
桩外是20里官山，并在前圈东、南、西三面筑起了40里的风水围墙。

当然，清东陵之所以未遭火灾和人为的破坏，保存完好，这与清王朝
派遣的最为精锐的八旗兵丁直接守护各陵有重大关系。按清王朝规定，凡皇
帝陵，设总管1员、翼长2员、骁骑校2员、章京16员、甲兵80名左右。这些
官兵每月分成8班，每班有章京2员、甲兵10名，昼夜传筹巡逻。到光绪朝中
期，驻扎在东陵的八旗兵总兵力有1100多名。

除此之外，设在马兰关的绿营是专门保护东陵陵区安全的军队。雍正元
年下辖3个营，随着陵寝的不断增建，到嘉庆五年，马兰镇已下辖8个营，人
数由原来的600名扩展到1000余名，到光绪九年，人数猛增至3157名。

按清王朝规制，除皇宫大内，皇家陵区可称得上是第一禁区，许多保
护皇陵的法令、规定都明文载入《大清律》中。如法令中有"车马过陵者及
守陵官民入陵者，百步外下马，违者以大不敬论，杖一百"；"如延烧殿宇
墙垣，为首拟绞监候，为从杖一百，流三千里""树株关系山陵荫护，盗砍
与取土、取石、开窑、放火者，俱于山陵有伤，亦大不敬也。不论监守、常
人，为首者斩，为从者充军"。

由于清王朝的一系列禁令和法规，加上几千名八旗兵丁的日夜守护防范，直到溥仪退位、大清灭亡之时，整个东陵界内尽管时有小范围的失火、砍伐、偷盗等现象发生，但毕竟未在整体上对陵区形成危害。这个时候的清东陵应该说是生气蓬勃，风水景色俱佳。

当溥仪退位、清朝灭亡后，根据民国政府对清室的八项优待条件之规定，清东陵的护陵人员、机构仍然承袭清制。属于"皇族私产"的清东陵，按照"一体保护"的规定，还留有400名八旗兵丁看护，同时宗人府、礼工部等机构也分别继续承担陵区的一切事务。按优待条件，民国政府每年要拨发白银四百万两供清室支配。但由于民国政府的拖欠以及溥仪小朝廷的挥霍，用于东陵各机构人员的俸银俸米被迫减半支付。这样勉强维持到1914年（民国三年），民国政府将东陵红桩以内地界划归清室管辖，守陵人员以薪饷无着、急需解决旗民生活困难为由，推举护陵大臣报请溥仪在紫禁城的小朝廷，准予开垦土地，以此用以维持生计。1921年，直隶省成立了所谓的"东荒垦植局"，自此，东陵界内的土地及树木被大规模地毁坏。

1928年6月，国民革命军北伐入京，奉军溃退关外，东陵陵寝及荒垦植局由北伐军战地政务委员会接收，但未派人负责经营，更未派一兵一卒前来保护。

随着政治时局的风云变幻、人事的不断更迭，"东荒垦植局"已变成公开毁坏土地、盗伐陵树的代理机构。在虎去狼来、你争我夺的短短十余年中，东陵陵树遭到了空前洗劫，原前圈、后龙的"仪树"和"海树"被盗伐一空。当年群松蔽日、苍翠弥望的万顷青山，到1928年已变成童山濯濯了。更为严重的是，东陵的地面建筑也被各路军阀和当地土匪盗劫拆毁。先是各殿宇所有铜制装潢，如铜钉、铜字等全部被盗，继而各殿隔扇、槛框、窗棂被拆盗一空。尤其在奉军溃败、北伐军来到之时，东陵处于无人过问管理的真空状态。身为护陵大臣的毓彭，见时局如此混乱，也不再尽心守护，开始串通监护人员，索性将各陵隆恩殿前月台上陈设的大型鼎炉、铜鹤、铜鹿等拆运偷售，中饱私囊。当地土著见护陵大臣都监守自盗，于是纷纷涌进陵区，群起拆毁殿庭，肆意盗卖。其间有一伙盗贼趁着混乱，竟掘开了惠妃陵寝，进入地宫，抛棺扬尸，盗走了大量珍宝。此风一开，许多土匪、强盗都把目光盯上了陵内地宫中的珍宝。而这时奉鲁两军大举溃退，整个京津地区遍布着一股股、一撮撮亦兵亦匪、由兵变匪的队伍，许多散兵游勇因不愿随奉军退往关外而四处流窜，清东陵正成为他们最合适的蚕食和劫掠之地。

谭温江将在东陵查访到的被破坏、劫掠的情形一一向孙殿英做了汇报。

孙殿英听完，紫黑色的脸上露出怒色，恨恨地骂道："看来那宝贝都便宜了李景林了。俺老孙以前没想到要在死人身上发财，这会儿算碰着了，他们能做这里的买卖，俺为啥不能做。淞艇（谭温江的字）弟，据你所知，那东陵里还有什么物件可捞一把？"

"地上的几乎全被抢光了，即使剩下的一点，也没啥捞头，要做，就只能是地下了。"谭温江回答。

"你是说掘墓？"孙殿英欠起身子问道。

"是！"谭温江干脆利索地回答，眼里放着刺人的光。

孙殿英立即在军部召开紧急会议，他要向众将官正式摊牌了。孙殿英提出崩皇陵解决军饷问题，并进一步说道："满清欺侮汉人近三百年之久，咱崩他的皇陵就是替汉人报仇，就是革命。孙中山搞同盟会革满清的命，冯焕章（冯玉祥）用枪杆子逼宫革宣统皇帝的命，现在满清被推翻了，咱只好崩他的皇陵，革死人的命了。这也是继承孙中山先生的遗志，为革命做出的贡献嘛。"随后宣布了具体行动方案。

当众将官到达东陵指定位置后，旋即严密封锁了东陵地区。周围三十里禁止一切行人通行，从山沟到树林，三步一岗、五步一哨，陵区的东、西、南、北分别由一个机枪连和迫击炮连交叉把守。在狰狞可怖的夜幕的遮掩下，一场旷世罕见的盗宝事件在东陵拉开了序幕。

这时天已大亮，炸药及引火装置等皆已备齐。谭温江向盗掘慈禧陵的工兵团团长颛孙子瑜下达了"炸"的命令，其他官兵暂时撤后，由颛孙子瑜亲自指挥引爆。这工兵团的专业特长就是攻坚克垒、炸墙摧城，在军阀混战、战事频繁的岁月，多少坚墙固垒都在他们的攻击下顷刻化为废墟，如今这堵封闭地宫入口的金刚墙自然不在话下。随着颛孙子瑜的一个信号，埋在墙壁中的炸药顷刻引爆。在"轰轰隆隆"的爆炸声中，琉璃壁下烟尘升腾，碎石纷飞，金刚墙在炸药那巨大威力的撕扯下，裂开了一道长长的豁口。颛孙子瑜指挥工兵巧妙地沿着裂缝和豁口拆除砖石，不大工夫，一个黑乎乎的洞口露了出来——慈禧陵地宫入口找到了。

原来这东陵帝后陵寝的格局规制大体相同，所有的宝顶与地宫都建在宝城之内。有所差异的是，皇帝的陵寝如乾隆的裕陵，其明楼下的古洞门后边为一小院落，迎面是一堵高大的砖墙堵塞，俗称"哑巴院"，实称"月牙城"，因城内前半部呈现月牙式弧形而得名。慈禧陵寝没有"哑巴院"，在青砖墙两边各有一条扒道，拾级而上可达宝顶、明楼。其古洞门迎面高墙正中修砌了一道光彩华丽的琉璃照壁。正是这道看上去极其美观的墙壁，巧妙地掩饰了地宫入口的券门。东陵地宫的秘密在此，修陵工匠们的绝顶聪明亦在此。

颛孙子瑜找来手电，极其小心地趴在洞口旁边，侧着身子向里察看，只见洞内黑暗幽深，股股阴森的带着霉臭的气体飘荡而出。由于气体的阻隔，手电光的穿透力只有四五米远，能见度极低，对洞内的情形几乎一无所知。

早在盗掘东陵前的蓟县军部会议上，对地宫入口打开后，由哪些官兵进入、哪些官兵监视、哪些官兵护卫及取出宝物后的处理等都做了极其详尽的谋划和安排。为防止各路力量私匿财宝，孙殿英特别从十几年前在河南拉杆子时就跟随他的忠实的庙道会信徒、久经考验的流氓无产者中挑选出二十多人，分别安插在谭、柴、丁等部，以做名义上的协助、暗中的监视。同时规定，凡陵中挖出的一切财宝，无论轻重贵贱，各支队伍都要清点封箱，全部送马伸桥临时总指挥部，除留下部分购买枪支弹药外，剩下的日后再按功劳大小、人头多少予以分配，有私匿者，杀无赦！

慈禧地宫大门轰然洞开

地宫漆黑一团，十几个人进去后相互看不见对方的身影，死寂的空间隐约传出各自急促的呼吸和皮靴踏动地砖的杂乱的回声。颛孙子瑜让士兵们排成两列纵队，沿地宫砖墙的一侧站定，然后让前面的八人分别平端子弹上膛的大枪，后边的士兵手拿铁斧、镐头等盗掘工具和长筒手电，颛孙子瑜夹在中间，握紧日本制造的连发手枪，开始悄无声息地蛇行前进。地宫的入口处是几十米的斜坡，由高及低，越走越深，这是当年修陵的工匠为滑放棺椁而特设的一段甬道。由于斜坡较陡，进入者不得不半蹲着身子，小心谨慎地一点点向下滑动，而越往下滑，霉臭的气味越重，刺眼呛鼻，几乎让人窒息。好不容易下到最底端，迎面一道高大的汉白玉石门挡住了去路。几道微弱的手电光穿过黑沉沉、湿漉漉的霉雾射过去，在大门的上下左右来回晃动，门铺上那对刻着暴睛凸目、龇牙咧嘴的古怪兽头，几乎同时进入了众人的视线。由于霉雾的遮掩和惨淡光亮的晃动，那对兽头若隐若现，朦朦胧胧，似活的一般狰狞可怖。

颛孙子瑜命令兵士们上前推门。兵士们稍稍平息了下紧张的情绪，一个个聚到门前开始合力推门。谁知那厚重的石门像一座山一样，任凭十几个兵士怎样用力都傲然挺立，纹丝不动。

"给我砸！"颛孙子瑜改变了命令，十名持斧拿镐的兵士甩开膀子，抡圆了镐头利斧，用尽全身力气向石门砸去。只见镐头利斧所到之处，立时火星四溅，碎石横飞，整个地宫响起了"锵锵嘟嘟"的回声。近半个小时过去了，除将两扇大门的下部砸下一片碎石之外，其他一无所获。

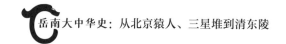
"先给我停下。"颛孙子瑜说着，拿着手电筒在石门的上下左右来回照射了几遍，终于从石门闭合的缝隙处看出了问题的症结。由于缝隙很小，只能侧眼窥视，他隐约地看到一块巨石从里边顶住了大门。

这时的颛孙子瑜尚不知道，里边这块石头叫"自来石"。此石呈长方形，底部镶嵌在一个事先用平面石凿出的槽中，上部顶在两扇石门背面那同样是事先凿就的槽中，类似寻常百姓家顶门用的木棍。只是这里由木变石且顶抗力较之木棍要高出千万倍。这类自来石在历代帝后陵寝中多有应用。

这个闭门方法只有亲自参与帝后陵寝修筑的工匠和当朝的极少一部分臣僚知晓，其他人绝不知底细。即使朝廷关于帝后葬仪的秘密档案中，对这看似平常却极为重要的关键一环也绝少记载。作为行伍出身的工兵团长颛孙子瑜，面对慈禧地宫大门后边的这块自来石，当然不会知道破解的秘密。

然而，颛孙子瑜不愧是工兵出身，对这两扇石门在利用人推和镐头、利斧砸劈都无效的情况下，立即以职业的敏感和惯有的经验想出了两个办法：一个是用炸药引爆，其次是用粗重的木棍顶撞。两个方法前者先进，后者原始，但在工兵学的教科书中，都有自己的位置。通过对地形地物的详细观察，颛孙子瑜觉得非到万不得已，在地宫中不适宜动用炸药引爆，而用原始的木棍顶撞法比较适合。当年曾国藩的湘军围困太平军的天京，在攻打坚固的城门的最后关头，湘军就是靠了木棍顶撞法将门硬撞开的。这里不妨再来一次湘军攻占天京的办法。

幽深黑暗的地宫中，一丈五尺长的大树干如同一条青黑色的巨蟒，腾云驾雾向石门的中间部位奔来，木石交撞间，先是"咚"的一声闷响，接着是"咔嚓""咯吱吱"连续的响动，巨大的冲击力将千斤重的自来石撞断，崩成数截，石门轰然洞开。由于冲击力的惯性，树干带着四十名士兵冲进门内三四米远后，树干落下，几十人扑倒在地滚作一团。原始的撞击方法生效了。

进入门洞券，没有发现任何异样的东西，再往前走不远，又出现了一道高大的汉白玉石门。颞孙子瑜再次让兵士将树干抬过来，像前次撞击方法一样，又将这道石门撞开。

静了一会儿，颞孙子瑜带几名士兵手持手电筒绷紧了神经向前照射。只见面前是一个硕大的空间，空间中有一个明显高出的平台，平台上有一个巨大的黑乎乎的东西，在这东西的四周飘散着一股又一股黑白色的雾气。

在这次进入地宫之前，谭温江曾专门嘱咐："如发现棺椁，不要开启，待向我报告后，再商量具体办法。"看来这个猛虎一样伏卧的黑乎乎的东西，就是慈禧的棺椁无疑，应该就此收兵，待向谭师长汇报后，再做开棺的打算。颞孙子瑜想到这里，令手下的兵士将大树干抬起来，人和树干一同撤出地宫。这时已是7月9日夜间。

劈开慈禧的棺椁

谭温江听说发现了慈禧的棺椁，兴奋异常，急忙召刘副官和手下的将官同颞孙子瑜一起商量开棺取宝的办法。为使各派势力有所平衡，最后谭温江决定让刘副官、颞孙子瑜各率手下官兵共同进入地宫取宝。与此同时，谭温江又命手下亲兵在地宫入口分别朝里朝外架起了四挺机枪，以对付可能为争夺珍宝而发生的不测。当这一切都安排妥当，谭温江又命人骑马飞驰马伸桥临时指挥部，向孙殿英报告地宫目前的情况。

当士兵和军官们穿过两道石门进入盛放棺椁的后室时，刘副官先命持马灯和手电的士兵在慈禧棺椁周围以及整个后室都照射了一遍，见未有异样的东西和不测之物出现，便命所有的人将平台（宝床）上那巨大的棺椁围了起来。

颞孙子瑜先围着棺椁察看了一圈，以便找到开启的部位。只见棺椁四周严丝合缝，金光闪耀中，除外部刻画着一些曲里拐弯像虫子一样的符号外，没有一丝缝隙可供剜撬。颛孙子瑜这时尚不知道，中国封建帝后的棺木大多分为几层，外层叫椁，里层称棺。战国之后、明代之前，帝后的棺椁多达六层，只是明之后才渐渐减少，一般是两层，外层为椁，里层称棺。慈禧同样沿用了这个习俗，将棺木做成了外椁里棺两层。这棺与椁分别采用云南原始森林里极为名贵的金丝楠木制成。此木材不仅质地坚硬细腻，花纹均匀秀美，同时还清香可人、沁人肺腑。棺椁制成后，外部要刷七七四十九道油漆。待慈禧入殓后，工匠们又在外层罩以金漆，在有效地填补了缝隙的同时，又呈现出金碧辉煌、华美富丽的奇特效果。

至于外部那像虫子一样的符号，则是佛教界四大天王的经咒。颛孙子瑜同样不知道，这金椁里面那具红漆填金的内棺，其棺盖之上还刻有九尊团佛及凤戏牡丹、海水江崖等图形。同时棺的内外还满布填金藏文经咒等古老的文字符号——这是清代帝后棺椁中独有的一种宗教形式，其寓意在于让死者灵魂得到佛祖与神灵的保佑。

但此时，万能的佛祖与神灵面对这荷枪实弹、持斧拿镐的兵士，再也无能为力了，一场旷世劫难就要来临。

颛孙子瑜和刘副官凑在一起简单商议了几句，立即下令工兵团的弟兄劈椁开棺。五名兵士挥斧扬镐，用足了力气"喊里咔嚓"一阵连劈带砸，不多时就将那金光四射的外椁搞得千疮百孔，四处摇晃。紧接着，又是一阵力劈猛砸，厚重的外椁很快就被劈砸成一块块破板烂片了。颛孙子瑜指挥工兵先将椁盖撬起，几十名士兵围上来一齐动手，将盖木掀于地上，两边的椁木随之稀里哗啦崩散开来——一具红漆填金的内棺出现了。

这具内棺显然比巨大的外椁小了许多，也单薄了许多。不用问，几十年前曾经在大清王朝最高权力宝座上呼风唤雨、威震四野的慈禧太后就躺在里边，那令官兵们朝思暮想、梦寐以求的绝世珍宝也在这具木棺中。只要劈开这层木棺，一切的梦想都将变为现实了。此时，所有的人都屏住呼吸瞪大了眼睛望着这具木棺，所有的人都忘记了地宫黑暗的恐怖，开始想入非非、摩拳擦掌，恨不得立即将这具木棺合抱抱出，独吞自享。官兵们虽未见珍宝，却都眼珠滴血，陷于一阵迷狂之中。

　　棺盖很快被刺刀和利斧撬开，慢慢移于地上。由于刚才的气体基本跑净，棺中再无阴风黑雾冲出，只有一股浓重的霉臭气味散发开来。棺中的尸骨和珍宝被一层薄薄的梓木"七星板"覆盖，上面用金线金箔勾勒成一行行的经文、墓志及菩萨真身像。掀开"七星板"，下面露出了一层柔和光亮的网珠被，当兵士用刺刀挑出网珠被时，棺内唰地射出无数道光芒，这光芒呈宝蓝、微紫、嫣红、嫩绿等各种颜色交替混合着射向地宫。整个地宫波光闪烁，如同秋后西天瑰丽的彩虹，耀眼夺目，灿烂辉煌。整个地宫后室如同白昼般光亮起来。只见一个形同鲜活的女人，身穿华贵富丽的寿衣，头戴九龙戏珠的凤冠，凤冠之上顶着一株翡翠青梗金肋大荷叶，足下踩着翠玉碧玺大莲花，静静地仰躺在五光十色的奇珍异宝之中。那长约二尺的玉枕放着绿色荧光，金丝九龙凤冠上一颗重四两有余的宝珠，金光闪烁，流耀含英。整个棺内如同旭日初照中的大海，碧波荡漾，碎光迭起，光彩流溢。

图12-7　慈禧棺椁中的翠白玉白菜

颛孙子瑜弯腰低头，先从棺中拣出六匹神形各异、雕刻精湛的翡翠马，而后又拣出情态毕肖、栩栩如生的十八尊金罗汉，捧出一枝鲜艳瑰丽的大号珊瑚树，只见这枝珊瑚树全身长满了一串串连理的樱桃小树，青梗、绿叶、红果，娇艳欲滴，鲜亮无比，更为奇特的是，有一棵樱桃树上还站立着一对珠玉镶成的斑斓翠鸟。颛孙子瑜转了下身子，又从棺内左边小心地取出玉藕一枝，藕上长着绿色荷叶，开放着粉红色莲花，莲花的旁边还吊着几颗黑色荸荠，如同刚从水中取出一般鲜美瑰丽。在玉藕的旁边，站立着一棵特大号的翡翠白菜，其形呈嫩芽状，绿叶白心，青梗上落着一只鼓眼伸颈、振翅鸣叫的绿色蝈蝈和两只红黄相间的马蜂，整个造型美丽绝伦，妙趣横生，极富田园生活情趣和艺术魅力，让人不能不感叹它的缔造者那鬼斧神工的天才创造。当这棵翡翠白菜被抱出后，他又从棺中的一角，取出一个宝石西瓜。这西瓜绿皮紫瓤，中间呈切开状，黑色的瓜子散布其中，活灵活现，娇艳可人，如同一件上帝特别恩赐的宝，为满头大汗的官兵解渴清凉而独设。所有的人望着这件诱人口胃的"活宝"都觉得瓜香四溢，涎水奔流，难以自控。在西瓜的旁边，摆放着一个晶莹透亮的羊脂玉碗，碗中盛放着一串紫玉雕凿而成的葡萄。同那宝石西瓜一样，这串葡萄鲜活的造型，以假乱真的神奇效果，将面前的官兵带进了多少年前一代奸雄曹孟德创造的"望梅止渴"的绝妙心理境地。而旁边一个水晶盘中盛放的红宝石的枣子、黄宝石的李子，一个个晶光闪亮，润泽鲜艳，又将官兵带进了欲醉欲仙的无尽的遐想之中。

所取宝物一律送到隆恩殿，由孙、谭等人当场查验。最后，孙殿英极为谨慎而严厉地补充道："地宫内进出之人，除刘、李等四人外，其他任何人不准出入，如发现胆敢私自出入者，格杀勿论！"

刘、李二人领会，分别找来自己的一名亲兵，扛着早已备好的木箱进入地宫，将珍宝一箱又一箱地抬将出来，送到隆恩殿。

水漫乾隆地宫

就在谭温江部盗掘慈禧陵的时候，柴云升部也正在全力寻找乾隆裕陵的地宫入口。由于柴云升本人对乾隆陵知之甚少，故他的部队一开进陵寝，便像无王的工蜂一样嗡嗡叫喊着，四处搜寻，遍地盗掘。有的登明楼，有的入跨院，有的上宝顶，上上下下，窜来窜去，一片忙碌，更是一片混乱。

直到第二天接近中午，所有的官兵都累得大汗淋漓、气喘吁吁，躺在地上再也举不起手中的镐头、铁锹了，但依然没有什么进展。旅长韩大保在绝望中蓦地想起，要到谭温江部和丁绰庭部察看一下这兄弟部队的进展情况。当他带着极为沮丧的心情来到慈禧陵寝前，听了谭温江的介绍，恍然大悟，立即返回乾隆的陵寝，重新行动起来。

有了慈禧陵的前车之鉴，韩大保指挥手下官兵在明楼前的琉璃影壁下，急如星火地挖掘起来。终于，地宫入口找到了。这时已是7月9日的深夜。

由于地宫内部情况不明且时间紧迫，不可能也绝不允许等到天亮再进入地宫，韩大保只好硬着头皮让两名胆大的亲兵先进去察看一下情况。

这两个士兵当然不知道最先接触的是一个斜坡甬道，这条甬道有四五丈长，同慈禧地宫一样是专门为滑放墓中主人的棺椁而特设的。当棺椁送入地宫入口后，在斜坡甬道上铺放一根根滚木，棺椁压在滚木之上，并借助其下滚的力量轻轻滑入地宫的第一道石门处，然后再慢慢移于后室。更令这两个"傻大胆"难以想象的是，此时的乾隆地宫已渗满了四五尺深的地下水。这些水由于久积不散，在和棺木、尸体混合后形成了一种霉变后的毒菌散布于整个地宫之中，若过量吸入这种毒菌，便会置人于死地。

当两人摸索着又向前走了十几步时，相继滑入地宫内的污水中被活活淹灌而死。

一个小时后，韩大保等人发现进入地宫内的亲兵仍无动静，便又悄悄凑上前来商量对策。韩大保立即仿照慈禧陵的办法，动用炸药炸崩了地宫入

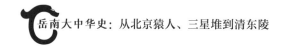

口，以让其尽可能地扩大，这样上下活动的范围也就大了许多。

韩大保又亲自选了两位亲兵令他们进入地宫看个究竟。为避免两个"傻大胆"生死不明的悲剧，两位兵士在进入地宫前，除装备了照明手电、手枪和手雷外，重要的是在各自的腰中拴上了一条长长的绳子，由外边的官兵拽住，一旦发生不测，无论是死是活都能将人拖出地宫。

一切准备就绪，两位兵士沿着斜坡甬道渐渐下滑，发现了地宫腥臭的黑水以及在黑水中漂浮着的两位"傻大胆"的尸体。两位兵士见状，在大吃一惊之后，迅速转身，呼喊着向外退去。由于外面已拽紧了绳索，他们未费多大力气就连爬带跑地蹿出了地宫。

两位兵士喘着粗气，将地宫中的情况向韩大保做了报告。韩大保听后嘴里边喊声倒霉，立即向师长柴云升做了汇报。在无其他办法的情况下，两人决定连夜派人赴天津购买消防用抽水机，同时将情况报告孙殿英。

进入地宫后室

天亮时，五台抽水机同时从天津运到东陵。韩大保指挥官兵插管抽水，约两个时辰，地宫的积水已抽去大半。韩大保命人将两位"傻大胆"的尸体捞出来，又按照慈禧地宫开门的办法，命兵士砍来一棵大树干，让四十名弟兄抬着进入地宫，准备撞击第一道石门。

所有的灯光相继照过来，只见高大厚重的石门分成东西两扇紧紧关闭。东扇石门之上雕刻着代表大智的文殊菩萨，菩萨的右手高举一柄宝剑，据说这柄宝剑能斩断人间的一切烦恼，左手承托佛家经卷，可使众生增长智慧。西扇雕刻着代表大力的大势至菩萨，右手持降魔杵能驱散邪恶，左手执法铃可传播法音。韩大保等人当然不懂得这些，他们只看到石门上的图像挥剑弄棒异常古怪，开始以为是设下的暗道机关，但经过反复察看后，觉得没有什么稀奇，韩大保这才放心地一挥手，喊道："给我撞！"于是，兵士们运足了力气，抬着沉重的树干，踩着黑水烂泥，呼呼啦啦地向石门撞来。只反复三次，第一道石门的自来石被撞断，大门轰然洞开。门上那两位挥剑弄杆的佛法无边的菩萨，眼睁睁地看着这群疯狂的官兵冲了进去而毫无办法。佛法失灵了。

官兵们越过石门，进入地宫第一道门洞券，各种灯光四处照着，抬树干的兵士们慢慢前移。灯光的照耀中，只见门洞券的东西两壁雕刻着四大天王像，也称为四大金刚。据佛教传说，四大天王为佛陀释迦牟尼的外将，他们各居须弥山的一方，保护着东西南北各自所属的天下，由此又称"护世四天王"。四大天王手执的法器，谐音为吉祥之意。南方增长天王的宝剑舞动生"风"，东方持国天王的琵琶谐音要"调"，北方多闻天王的宝伞遮风挡"雨"，西方广目天王手握水蛇降服归"顺"。这"风调雨顺"四个字满足了人们追求美好生活的愿望，代表着世代人类的夙愿。此时，只见四大天王身披甲胄，立眉张目，威风凛凛地站立在大门两边，沉默而又冷峻地注视着盗墓者每一个战战兢兢又疯狂贪婪的动作。遗憾的是尽管他们法力无边，但还是不能跳下墙来为墓中的主人保驾。于是，门洞券里八个册宝座上的漆金木箱被一哄而上的官兵砸了个稀烂，里边的宝玺香册被一抢而光。当这一切结束之后，韩大保指挥兵士再度向前推进。

第二道石门出现了。

同第一道石门基本相似，这两扇石门的西扇雕刻着代表大愿的地藏王菩萨，右手高执画绢，据说能满足众生无边之善愿，东扇为代表大悲的观世音菩萨，右手高擎念珠，象征佛法无边。

韩大保先围着石门转了几圈，又举起拳头朝两位菩萨的身子轻轻捅了几拳，然后传下命令，继续撞门。又是三次猛烈撞击，第二道石门被撞开。

有了这两次成功开门，官兵们个个精神振奋，勇气倍增，在韩大保的指挥下，顾不得脚下的臭水污泥，又嗷叫着向前冲去，并很快来到第三道石门

跟前。

　　同前两道石门相似，第三道石门，西扇雕刻着代表情德虚空的虚空藏菩萨，右手托月牙儿，象征着清凉；东扇雕刻着代表除去盖障的除盖障菩萨，右手擎太阳，象征光明。在韩大保的指挥下，这道石门又以同样的方式被撞开。

　　第四道石门，也是最后一道石门又横阻在众官兵的眼前。想不到这乾隆爷的地宫跟慈禧的地宫不同，竟有这么多道石门。

图12-8　东方持国天王浮雕塑像　　　图12-9　西方广目天王浮雕塑像

图12-10　裕陵地宫第一道门洞券内的南方增长天王雕像

图12-11　裕陵地宫第一道门洞券内的北方多闻天王塑像

　　石门的东西两面依然分别雕刻着同前三道石门基本相似的菩萨像。东面是代表大富贵的慈氏菩萨，右手托执法轮，象征勇于进取，誓不退转。西面是代表大行的普贤菩萨，右手高执法杵，能降众妖魔鬼怪，成就一切善愿。

　　此时的官兵根本弄不明白，为什么这四道石门要刻上八尊菩萨，更无心和无力去观赏品评这八尊菩萨的艺术魅力。此时他们所关注的是地宫中可能出现的奇珍异宝。多少年后，当这座陵墓的地宫因这次的盗掘而被迫清理并对外开放后，观光者进入这个由四道石门和三个主要堂券组成的全长54米的"主"字形的地下宫殿，会看到在所有券顶和四周石壁上都满布着佛教题材的雕刻。它不仅是中国古代一座不可多得的石雕艺术宝库，同样也是一座庄严肃穆的地下佛堂。那四道石门上的八尊菩萨，均采用高浮雕手法，肌体丰满，神态自若；菩萨脚下，水波涟漪，芙蓉怒放，活灵活现，观之如仙露喷洒，扑面扑来，可谓中国古代佛雕艺术的极品。

　　韩大保正指挥手下的弟兄集中全力，准备一鼓作气攻破这最后一道石

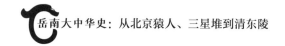

门，然后进入主墓室，好实现那个潜藏于心中已几天几夜的辉煌的发财梦。但是，无论手下的弟兄怎样用力，粗重的树干撞到石门上，只是发出一声又一声"嘭、嘭"的响动，却无法使石门洞开。

韩大保甚觉意外，挥手让满头大汗的兵士们停止行动，自己来到石门前详细察看起来。令他百思不得其解的是，这道石门看上去跟前三道没有什么两样，但就是撞不开，莫不是乾隆皇帝的灵魂在冥冥之中作怪？或者是门上的这两位菩萨在起作用？韩大保在门前转来转去，总是不得要领。最后，他牙关一咬，猛转身，对众官兵说："弟兄们，把这根树干给我抬出去，我要用炸药炸开。"

"是！"众兵士答应着，抬起树干，蹚着黑臭的积水，哗哗啦啦地向外走去。

当一切准备就绪后，几位工兵实施了最后行动。只见他们将引线点燃后，迅速撤出地宫，同韩大保等人躲在地宫入口四周观察动静。

约十分钟后，地宫深处传出一声山崩地裂的爆响。几乎与此同时，每个人都明显地感到大地在剧烈颤动，陵寝中的大殿、明楼、宝顶都纷纷摇晃起来。随后，一股浓烟从地宫入口喷射而出，许久才渐渐散尽——看来，这次成功了。

韩大保怀着异常兴奋的心情，亲自点了从河南老家带出的二十名"子弟兵"，携带各种工具进入地宫，准备搜寻财宝。可当他们来到第四道石门跟前时，发现三具棺椁被压在了重达三吨的石门之下，根本无法劈砸。由于地宫中积水太多，原本放在后室"宝床"上的棺椁，像船一样浮了起来。当外边动用抽水机抽水时，这些漂浮在水面上的"船"，便随着水的流动和吸力离开了"宝床"滑到石门背后，并将石门紧紧挤住。由此，韩大保手下的弟兄才无法用树干撞开石门。当石门被炸倒后，自然地将这三具挤上来的棺椁压住而让盗墓者一时无从下手了。

韩大保打着手电，在门前四周蹿上爬下地转了几圈，终于想出了一个办法。他令手下的亲兵先用利斧将三具棺椁的挡头砍开，再让兵士像钻狗洞一样钻进去，把棺椁中的尸骨连同随葬的宝物一起掏出来。韩大保等只要看到是黄色的或发光的器物都纷纷抢夺，其他的全部抛入地宫的污泥烂水中。

乾隆皇帝一生风流成性，生前酷爱文艺，吟诗成集，御笔文墨举国广布。同时本人又广收名帖名画及珍异古玩，在主持朝政的六十年中，所收珍品无以计数。按照古代"生之同屋，死之同穴"的传统理论，这些珍品大部都被其带入了地宫。关于乾隆本人以及在后室安葬的五位后妃，到底带去了多少奇珍异宝，因研究者一直未能找到一张像慈禧地宫那样的葬宝图，还无法准确估算。但从一些零碎的史料记载来看，裕陵地面之上的隆恩殿内，当年就曾陈设了各种金玉珠宝、名人字画等上千件。可以想象，一座隆恩殿都收藏如此之巨的稀世珍品，作为棺椁盛放安置的地下玄宫，又会是怎样的一种壮观惊人的场面！但这位一生活了八十九岁的皇帝，倾其一生搜集而来的一卷又一卷旷世罕见的名帖字画、孤本秘籍都被当作一堆又一堆的废纸草芥扔于烂泥浊水之中。官兵们一边丢弃，一边大肆诅咒这位混蛋皇帝，为什么不在棺椁中多放些黄金珠宝，而没完没了地放些废纸烂画。

韩大保等将压在石门下的三具棺椁中的珍宝盗抢一空后，又跃过石门，摸索着进入地宫后室。

在地宫后室那宽达十二米的艾叶青石宝床上，原本停放着六具棺椁，即乾隆皇帝与他的两个皇后孝贤、孝仪及慧贤、哲悯、淑嘉三位皇贵妃。尽管这座地宫在清代所有陵寝中是葬入人数最多的，但从乾隆一生拥有四十一位后妃的数量来看，依然是微不足道的。究其原因，还在于当时形成的未成文的两个条件。其一，只有死在乾隆之前的后妃，才能进入地宫随葬。因为一旦乾隆本人驾崩，金棺葬入地宫后，便关闭石门，填平墓道，再也不能打开，以免泄漏龙气。这第二个条件是，随葬的后妃必须是生前被皇帝所喜爱，死后经过乾隆本人的恩准才能进入地宫随葬。而皇帝本人讨厌的后妃死得再早，也要另立陵寝，而不能享受这一特殊的"圣泽"。

由于乾隆和另外两位后妃的棺椁已浮到石门之后，宝床上只剩三具棺椁歪斜不定地停放在那里。韩大保等一见到这三具棺椁，大喜过望，他们做梦也没想到，一个地宫会有这么多盛放宝贝的棺椁放入其中，兵士们蜂拥而上，争抢棺中的宝物。无数的商周铜鼎，汉玉浮屠，宋瓷瓶壶，金质佛像，连同大宗的玉石、象牙、珊瑚雕刻的文玩、古董、名帖字画、古书纸扇……均被抢的抢、扔的扔，整个地宫后室灯影闪闪，人影幢幢，水声哗哗，争吵打骂之声此起彼伏。持续了将近三个时辰后，韩大保见能拿得出的珍宝已全部搜尽抢光，才一声令下，带领"子弟兵"匆匆退出了被折腾得一片狼藉的地宫。

地宫之外，孙殿英派来的冯养田、梁朗先等人带着多辆马车，早已等候多时。当最后一批珍宝被过目验收并装上车后，冯养田以参谋长的名义，向柴云升部和丁绶庭部下达了悄悄撤出东陵，回原驻防地待命的命令。所盗珍宝全部押运到马伸桥临时指挥部，由孙殿英验收后，再召开会议予以分发。

7月10日夜，孙殿英在马伸桥临时指挥部悄悄完成了验宝和高级军官们的分宝事宜后，当即命令所属部队连夜向顺义、怀柔一带开拔，连续三天三夜的东陵盗宝随之落下了帷幕。孙殿英部以近三十大车宝物的收获，宣告了东陵盗掘案的成果和在人类文化史上留下的千古遗恨。

趁火打劫

就在孙殿英率部向顺义、怀柔一带大举撤退之时，躲在东陵外围的土匪、歹徒以及奉军、直鲁残军的散兵游勇，闻风而动，纷纷向东陵这个再一次成为真空的藏宝之地赶来。当他们发现各座陵寝均被凿挖得千疮百孔，而慈禧、乾隆二陵地宫已被盗掘时，遂趁着混乱再次将原本就堵塞不严的入口扒开，打着灯笼火把，提着口袋和各种防身武器冲进慈禧、乾隆两陵的地宫，再次进行了洗劫。兵匪、歹徒们的行动，渐被附近民众所闻。于是，一帮又一帮的民众像刚刚从箱中放出的无王之蜂，成群结队地提着草筐、口袋向陵区涌来，并将地宫中散落下的珠宝玉器又详细搜了一遍。乾隆地宫由于泥水混杂，散落的宝物已很难寻觅，民众们便携来耙钩，像在田野中搂草，又像在河沟中捕捞鱼虾一样，在泥水中四处打捞、搂钩，将珠宝玉器以及乾隆和后妃们破碎的尸骨一起装入带来的草筐、口袋，带出地宫。然后或挑或背或用车拉，将草筐、口袋弄到陵区之外的河中，用铁筛反复涮洗，以淘选出金粒与珠宝。至于那些被裹挟而来的破碎的尸骨，自然是扔入河中随水而去，可谓一场真正的洗劫。许多兵匪、歹徒及民众由此又大发了一笔横财。东陵再度陷于大失控、大混乱、大劫掠之中。

孙殿英的最后归宿

1946年4月，孙殿英奉命调往豫北平汉铁路上的汤阴县城驻防。1947年，全国各地的解放军已开始由战略防御转为战略进攻，并在华北战场上取得了辉煌的战果。到1947年3月初，解放军开始调集重兵围攻汤阴，意在尽快拔除国民党中央军设在豫北的这个重要据点，为全面进攻河南打开通道。

当汤阴城外的几个据点被包围之后，为减少人员伤亡，争取以和平方式解决孙殿英部，负责指挥这次战役的解放军第三十六纵队司令员姚一鸣派一当地农民给孙殿英送去了一封劝降书，劝其放下武器，接受投降。想不到孙殿英见信后，恼怒异常，当场把劝降书撕得粉碎，并对前来送信的农民说："你回去转告姚一鸣，等我打完了仓库里的三千发炮弹再说，现在不谈。"

姚一鸣见劝降无效，知道这孙殿英乃是不见棺材不落泪的悍夫匪类，便下令各部对孙部发起猛烈攻击。

1947年5月2日，解放军攻占汤阴，孙殿英和他的部队全部被俘。

汤阴解放以后，孙殿英被解放军刘伯承部队带到了邯郸峰峰矿区，而后又转到了武安。在武安，刘伯承将军念当年两军相会于山西晋城的情谊，待他还算不错，后来大军南下，刘伯承走了，就再没人优待他了。孙殿英后被押往河北武安县（今河北省武安市）牛头村晋冀鲁豫军区军法处关押。一代枭雄，历经沧桑，在1947年9月30日病死在牛头村，时年仅59岁。

劫后余生清东陵

就在末代皇帝溥仪离开天津张园，偷偷跑回大清帝国爱新觉罗氏的发祥地——中国东北部的白山黑水之间，并在日本军国主义势力的扶持下成立"满洲国"后，日本方面出于笼络溥仪和监视长城沿线、控制华北地区的目的，自1933年始，便以守护清东陵为公开名义，将"满洲国"兵、"日本宪兵队"开进东陵地区驻扎，并成立了"东陵地区管理处"等机构，并由这个机构全面负责清东陵防护、祭祀等一切事宜。直到1945年8月15日日本宣布投降，这个名义上护陵、实际上却是一个特务机构的组织才解体。

1945年8月，日本将军队撤出清东陵后，因时局动荡不安，当年图谋盗陵而被孙殿英部击溃的马福田、王绍义残部，在外流窜多年后，又突然卷土重来，欲实现当年那个未竟的梦想。只是这次马福田没有露面，由王绍义具体组织实施。这王绍义经过十几年的养精蓄锐，势力似乎比当年大得多，为匪作盗的经验也越发丰富。他率领一千余众，携枪扛炮，借着月黑风高向清东陵扑来，并一口气盗掘了康熙的景陵、咸丰的定陵、同治的惠陵、慈安太后的定东陵等四座帝后陵寝。地宫中的棺椁被劈，尸骨被抛，珠宝几乎被盗抢一空。

自孙殿英部于1928年首次大规模盗掘清东陵后，至1950年2月的二十二年中，清东陵地区的所有帝后陵寝，除顺治皇帝的孝陵由于传说里面没有珍宝，地宫没有被打开外，其他陵寝地宫全部被打开并被盗掘一空。陵中的珍宝除极少一部分回缴到人民政府外，绝大部分在军匪、歹徒的手中，或变卖、或藏匿、或被毁、或遗失，至今下落不明。

中华人民共和国成立后，于1952年成立了清东陵文物保管所。1961年，国务院把清东陵列为首批全国重点文物保护单位，并逐年拨发专款对陵寝建筑进行维修和保护。1978年，清理整修后的乾隆裕陵地宫对外开放，1979年，清理整修后的慈禧、慈安两陵对外开放。随后，裕陵妃园寝、景陵皇贵妃园寝及咸丰帝的定陵又相继开放，如今顺治帝的孝陵、康熙帝的景陵也已清理、整修后开放。曾经辉煌无比又凄惨无比、历尽劫难和屈辱的清东陵，在经历了一个个月黑风高、鬼哭狼嚎、群魔乱舞的漫漫长夜之后，又迎来了一个新的血色黎明。

跋

考古碎片重组中华史

　　《岳南大中华史：从北京猿人、三星堆到清东陵》［（平装本），以下简称《岳南大中华史》］于2022年春节期间出版发行，在社会上引起一阵不大不小的轰动或曰喧嚣，有的读者为之叫好，认为角度新颖、架构宏阔，是近些年难得一见的好书。有的读者却认为书中材料还不够充分，特别是夏商周三代，需要进一步加大田野考古发掘的调查研究，以便提取更多的有价值的材料予以证明试设的逻辑，如此才能成为一部丰腴饱满、结构严谨并在学术上站得住脚的大著作。读者的意见我铭记在心，借这次再版的机会，谈一下这部著作的写作过程和自己的感悟，与大家共勉。

　　一个受过现代教育的人，历史这门课是绕不开的，只是，此前多数人所接触的《中国通史》或相似的书籍，尽管叙述方法、角度、内容等有所不同，但多是以论带史，纸上来纸上去，类似于纸上谈兵。《岳南大中华史》与前者有所不同，在角度和局面上有所创新突破，即通过一百年来的田野考古发掘，用出土的遗迹、遗物推断和验证中华民族文化与文明的来龙去脉，亦即中华大家庭与个体的人，在历史长河中所隐含的生命延续密码。对此，在数万个考古遗址、墓葬中，着重选择了十二个最为重大、最有代表性的遗址与陵寝，连同数十个在学术上同样重要的小型遗址及相关遗物，按其相互关联的程度，组织、连接，于考古碎片中重新构建和书写中华文明的发展历程，以及劳动人民创造的伟大史诗。

人类发展与延续的缓急快慢需要很多条件促成，科学的发生、进步亦是如此。如果说欧洲在15世纪到17世纪，产生过以迪亚士、麦哲伦、哥伦布、达·伽马等为代表人物的大航海时代，那么，20世纪则是中国考古大发现的时代。一百年来，通过考古学家的探铲与辛勤汗水，在中华大地上揭开了久远的湮没在历史尘烟深处的隐秘，过往的人类身影和艰难前行的脚印得以显现，干涸的历史长河重新流淌。

像大多数近现代科学技术一样，田野考古学首创于西方，在相当长的一段历史时期为"泰西人"所独有，中国人只在古董鉴赏与器物买卖圈里打转。1856年，西方的考古学家在德国尼安德特山谷深处发现了尼安德特人头盖骨，1891年又在爪哇岛上发现了爪哇人头骨，而此时的亚洲大陆却是一片空白。直到20世纪二三十年代，中国的裴文中、贾兰坡等地质、考古学家，才在北京南部的周口店龙骨山发现了距今约五十万年的旧石器时代的"北京人"头盖骨（当时的说法）。通过对遗址、遗物以及残留灰坑的发掘鉴定，考古学家得出了"北京人"已经使用和知道保存火种的结论。

火的应用和保存，对猿人来说是一个划时代的革命性飞跃，此后的进化将以加速度向前推进，这是全球人类进化史上一个了不得的大事、要事。另经当时世界一流专家鉴定，认为"北京人"就是爪哇人和尼安德特人的祖先，换句话说，即由"北京人"进化到爪哇人和尼安德特人，然后又进化到智人和现代人类。——此一发现被誉为"地球人类的震撼"，其结论得到当时世界科学界的普遍承认与礼赞。（七十年后，科学界又提出人类起源非洲并向各地迁徙说。）

1921年春，北洋政府聘请来华工作的瑞典地质、考古学家安特生博士，在中国河南渑池仰韶村一处史前遗址中发现了彩陶，这一发现尽管比法国人类学家摩尔根在美索不达米亚苏萨地区发现彩陶几乎晚了半个世纪，但它标志着具有划时代意义的田野考古学在欧亚大陆上最古老的国家之一——中国的诞生。

安特生把仰韶彩陶与此前俄属土耳其斯坦安诺遗址出土的彩陶做了对比，认为仰韶彩陶与其有相似之处，很可能二者同源同宗。经过研究推算，安特生认为仰韶文化晚于打制石器时代，早于青铜时代，属一种新石器时代晚期文化，时间约在三千年前。这一论断，否定了一些外国学者声称中国没有石器时代文化的预言，而具有史前历史的彩陶的发现，使上古中华民族的盛世时代不仅是一个推测或近似怪诞的想象，这些发现打破了西方历史学家一贯认为东亚是印度—欧罗巴文明界外的理论。

之后不久，国民政府中央研究院史语所傅斯年、李济、董作宾、梁思永、吴金鼎等专家学者，在山东济南章丘城子崖发现了黑陶所代表的龙山文化，以及安阳殷墟后冈三叠层——仰韶、龙山、商文化，这一连串的发现连同后来的考古学家于老官台、大地湾等处文化的发现、发掘，从根本上否定了以安特生为首的"泰西人"提出的"中国文化西来说"。同时证明，中华文化既非西来，亦非东来，它就诞生在这块辽阔广袤的黄土之上，它的创造者就是那些行走在山川大地上的"黄土的儿女"。

再后来，考古学家通过对河南登封二里岗遗址、偃师二里岗遗址、安阳殷墟遗址，山西陶寺遗址、晋都新田遗址、晋侯墓地，陕西丰镐遗址等大型遗址、墓葬的发掘，验证了传说中的夏王朝和史书记载中的商王朝、周朝的存在，揭示了这些朝代人类生存状况和他们创造的文化与文明形态。而考古人员在陕西临潼发现、发掘秦始皇帝陵兵马俑坑，透过出土的八千兵马俑和大量青铜兵器，连同陵园出土的不同类型的陶俑、青铜器物、石质兵器、铠甲等遗物，对大秦帝国以及那个时代中华民族文化与文明进程在整个世界的地位，有了一个清晰的了解和判断。

通过考古实物推断，当中华民族的历史进展到春秋战国和大秦帝国一统的时代，其物质实力和人类素质、民族整体的文明高度，与西方的迦太基汉尼拔时代、亚历山大时代，以及稍后的金色罗马时代完全可以匹敌，甚至有超越的趋势。当年亚历山大大帝以倾国之力率部东征，行至锡尔河为止，未能进入中华民族的领地。倘若亚历山大铁骑越过锡尔河，踏上中华大地，一场血战自不可避免，而就当时的政治、经济、军事实力论，中华民族的文化与文明完全可以抵御外来入侵者。——这一大胆提法是否正确，可另行讨论，但就田野考古发现、发掘成果的相互对比、勘验，得出这样一个结论，无论是对作者本人还是读者或不无启发。

就《岳南大中华史》一书的写作方式与方法言之，主要特点有三：

首先，本书以点带面，通过十二个世界级的考古发现，以发掘出土的实物编排亮相，让读者看到祖先实实在在的过往生活，以及在生活中形成的独特的中华民族文化习俗与礼仪。尽管有些习俗和礼仪在今天看来是腐朽的、封建的、落后的，却是有血有肉的人类进程中一个不可或缺的存在。如此构成了真实的而不是虚空的历史影像，重新建构起读者对中华民族远古先辈物质与精神层面的认知。

同时，透过这十二个伟大的考古发现、发掘现场，简要地把北京猿人用火的时代；智人——刀耕火种的旧石器时代；人——农业与定居的新石器时代，以及烧制陶器的亚细亚文明的早晨——城邦与文字产生，国家形成的文明成熟时代——秦汉以降的上世、中世、近世人类有史籍记载的新历史时代等，借助考古发掘成果一一检验并表述出来，让读者看到历久弥新的中华民族史诗，运行着一条涌动不息的大动脉，而这条动脉历五千年苦难历程与战争兵燹没有中断，从而独步天下，未有匹敌者。

这个脉络的表现程式和文本书写内容为：夏朝（二里头遗址为代表）、商朝（安阳殷墟、三星堆遗址为代表）、周朝（晋都新田、晋侯墓地为代表）、春秋（曾侯乙墓为代表）、战国（银雀山汉简为代表）、秦（秦始皇兵马俑坑为代表）、汉（马王堆汉墓、南越王墓为代表）、唐（法门寺地宫为代表）、宋元（无代表性考古遗址，略）、明（定陵地宫为代表）、清（清东陵为代表），以此由远及近、由点成线地连接起来，以物证对应史籍，加以论述。

其次，每一个考古遗址或陵寝、墓葬的发掘，都充满了惊险传奇故事。书中尽可能地对描述的遗址、遗物以及发现、发掘经过加以调查、梳理，形成了考古物证—史料史籍—发现、发掘故事三者融会贯通的写作格局。如此这般书写，在阅读的层面避免了读者味同嚼蜡或不知所云的感受。反之使读者兴趣盎然，如亲临其境，仿佛进入了古今同框、远古与现代相互交替的空间。在这个空间里，读者可直接与祖先们对视、对话，聆听他们的欢乐与苦难，感知他们的艰辛与血泪，以及贯穿古今的精神歌吟。

最后，本著除十二个世界级考古发现、发掘现场外，另有十几个小型考古发掘现场穿插其间，在弥补大的历史阶段空白的同时，也令读者感知田野考古的神秘性与实际工作之不易。正是通过考古学家们长年辛勤劳作，才使中国考古学在国内成为一门显学，并在短短的时间内走向世界，且有力压群芳之势。也正是得益于这百年的考古成果，才有了今天的我们重新认识中华历史原貌的可能，从而增强了民族自信心和精神力量，更有勇气与担当面向未来。

当然，这部书的缺点也是明显的，即相对于百年考古的伟大成就，所表述的考古遗址、遗物还是少了些，给人一种"块"大于"条"的不流畅之感，如在各朝代之间起承转合的时候，更需要有硬实的考古遗址、遗物来佐证，以推进历史演化的内在与外在的逻辑，如此才能形成一部前后照应、层层递进的历史文学作品，而这恰恰是书中所缺乏的。特别是宋、元两个时代，几乎没有利用有影响的、可信的考古遗址、遗物来加以描述，成了本书不可绕开的缺憾。尽管这个缺憾与宋、元两个历史朝代的考古发现、出土遗物较少，或与相关材料不丰有关，但全部舍弃，或视而不见，总不是上上之策，何况有的宋、元遗址从考古成果来看，完全可加以利用，以使这部作品更全面、更流畅、更优秀。这是读者给予的批评意见，也是本人所认可和为之惭愧的。对此，我计划在未来几年，拿出专门时间，迈开脚步，有针对性地选择访问、研究五十到一百个具有代表性的遗址、遗物，把考古成果尽可能地、适当地融合于各个不同的历史阶段书写之中，以在结构、内容和逻辑上弥补书中的遗漏和不足，使作品更加完整与尽可能地完美，以不辜负读者的期待与厚望。

2022年3月10日于北京亚运村